Fischer Weltgeschichte

Band 36

Weltprobleme zwischen den Machtblöcken
Das Zwanzigste Jahrhundert III

Herausgegeben von
Wolfgang Benz
und
Hermann Graml

unter Mitarbeit von
Rudolf von Albertini
Franz Ansprenger
Hans Walter Berg
Dan Diner
Jürgen Domes und Marie-Luise Näth
Imanuel Geiss
Erdmute Heller

Fischer Taschenbuch Verlag

Fachredaktion: Walter H. Pehle
Umschlagentwurf: Wolf D. Zimmermann
unter Verwendung eines Fotos ›Bettelnde Kinder‹,
Bildarchiv des Süddeutschen Verlages, München
Harald und Ruth Bukor zeichneten die Abbildungen 11 und 12

Illustrierte Originalausgabe
mit 13 Abbildungen und Grafiken
Veröffentlicht im Fischer Taschenbuch Verlag GmbH,
Frankfurt am Main, April 1981

43.–44. Tausend: April 1991

© Fischer Taschenbuch Verlag GmbH, Frankfurt am Main 1981
Satz: Fotosatz Otto Gutfreund, Darmstadt
Druck und Bindung: Clausen & Bosse, Leck
Printed in Germany
ISBN 3-596-60036-7

INHALTSVERZEICHNIS

Rudolf von Albertini, 1923 in Zürich geboren, studierte in Zürich, Basel und Paris. Promotion zum Dr. phil. 1949 und Habilitation 1954. Professor für Neuere Geschichte in Heidelberg von 1957 bis 1967, seither in Zürich. Präsident der SWISSAID seit 1973. Publikationen: *Das politische Denken in Frankreich zur Zeit Richelieus* (Köln 1951); *Das florentinische Staatsbewußtsein von der Republik zum Prinzipat* (Bern 1955); *Dekolonisation. Die Diskussion über Verwaltung und Zukunft der Kolonien 1919–1960* (Opladen 1966, amerikanische Ausgabe 1971); *Moderne Kolonialgeschichte* (Köln 1970: Neue Wissenschaftliche Bibliothek, Bd. 39 – als Hrsg.); *Europäische Kolonialgeschichte 1880–1940* (Zürich 1976, amerikanische Ausgabe in Vorbereitung)

Franz Ansprenger, 1927 geboren, studierte in Berlin Geschichte, arbeitete in den Jahren 1953 bis 1958 als Redakteur bei der französisch-deutschen Zeitschrift ›Dokumente‹, Habilitation 1964. Lehrt an der Freien Universität Berlin im Fachbereich Politische Wissenschaft, gründete dort die Arbeitsstelle Politik Afrikas. Seine wichtigsten Buchveröffentlichungen: *Politik im Schwarzen Afrika* (Wiesbaden 1961); *Versuch der Freiheit* (Stuttgart 1972); *Auflösung der Kolonialreiche* (München 1966, ⁴1981); *Die Befreiungspolitik der OAU* (Mainz 1975); *Juden und Araber in Einem Land* (Mainz 1978).

Hans Walter Berg, 1916 in Varel/Friesland geboren, studierte Geschichte, Kunst- und Literaturgeschichte in München und Geschichte des Fernen Ostens in Ann Arbor (USA), wo er 1937 den M.A. erwarb; 1939 Promotion zum Dr. phil. Kriegsteilnehmer; nach dem Kriege politischer Redakteur beim ›Weserkurier‹, 1952–1971 Asien-Korrespondent der Rundfunkanstalten und des ARD-Fernsehens sowie deutscher, österreichischer und Schweizer Zeitungen. Seit 1971 Sonderkorrespondent der ARD. Er produzierte die Fernseh-Dokumentarserien ›Gesichter Asiens‹ und ›Asiatische Miniaturen‹ (mehr als 100 Filme), rund 250 ›Weltspiegel‹-Berichte, über 2000 Rundfunk- und Zeitungskommentare.

Dan Diner, geboren 1946 in München, aufgewachsen in Israel, israelische und deutsche Staatsbürgerschaft, Studium der Rechts- und Sozialwissenschaften, 1973 Promotion mit einer Dissertation über Waffenstillstandsrecht zum Dr. jur., 1980 Habilitation im Fach Gesellschaftswissenschaft an der Goethe-Universität in Frankfurt/M., seit 1985 Professor an der GHS Essen.

9

Seine Veröffentlichungen liegen schwerpunktmäßig in folgenden Bereichen: Arabisch-israelischer Konflikt, Völkerrecht, Militärwissenschaften, politische Theorie und Orientwissenschaft. 1980 legte er seine Habilitationsschrift im Athenäum Verlag vor: *Israel in Palästina. Über Tausch und Gewalt im Vorderen Orient.* 1982 erschien: *Keine Zukunft auf den Gräbern der Palästinenser. Eine historisch-politische Bilanz der Palästina-Frage.*

Jürgen Domes, geboren 1932 in Lübeck, studierte Politikwissenschaft, Geschichte und Evangelische Theologie, Dr. phil., 1960–1962 Forschungsassistent an der Universität Heidelberg, 1964–1968 Akademischer, 1968–1969 Wissenschaftlicher Rat, bis 1975 Professor am Otto-Suhr-Institut der Freien Universität Berlin, seitdem o. Professor der Politikwissenschaft und Direktor der Arbeitsstelle Politik Chinas und Ostasiens an der Universität des Saarlandes. Seine wichtigsten Buchveröffentlichungen: *Kulturrevolution und Armee* (Bonn 1967); *Vertagte Revolution. Die Politik der KMT in China 1923–1937* (Berlin 1969); *Die Ära Mao Tse-tung* (Stuttgart 1971, ²1972); *China nach der Kulturrevolution* (München 1975); *Socialism in the Chinese Countryside* (1980); *Politische Soziologie der Volksrepublik China* (Stuttgart 1980).

Marie-Luise Näth, geboren 1944 in Rerik, 1969–1972 Wissenschaftliche Assistentin, Dr. phil., 1973–1977 Assistenzprofessorin am Otto-Suhr-Institut der Freien Universität Berlin, derzeit Forschungsassistentin bei der Arbeitsstelle Politik Chinas und Ostasiens an der Universität des Saarlandes, Lehrbeauftragte für Politikwissenschaft an der Universität Trier. Ihre wichtigsten Veröffentlichungen: *Die Außenpolitik der Volksrepublik China. Eine Einführung* (Opladen 1972, zusammen mit Jürgen Domes); *Chinas Weg in die Weltpolitik* (Berlin 1976); *Strategie und Taktik der chinesischen Außenpolitik* (Hannover 1978).

Imanuel Geiss, geboren 1931 in Frankfurt/Main, studierte bei Franz Schnabel in München, dann bei Fritz Fischer in Hamburg Geschichte, Promotion zum Dr. phil. 1959, Habilitation 1968. Seit 1973 Professor für Neuere Geschichte mit besonderer Berücksichtigung der sogenannten Dritten Welt an der Universität Bremen. 1970 Gastdozent an der Universität Tel Aviv, 1980/1981 Gastprofessor an der Universität Gdansk. Wichtigste Buchveröffentlichungen: *Der polnische Grenzstreifen 1914–1918. Ein Beitrag zur deutschen Kriegszielpolitik im Ersten Weltkrieg* Hamburg/Lübeck 1960, polnische Ausgabe 1964); *Julikrise und Kriegsausbruch 1914. Eine Dokumentensammlung,* 2 Bde. (Hannover 1963/4, gekürzte Taschenbuchausgabe bei dtv – Bd. 293 – unter dem Titel: *Juli 1914,* München 1965, ²1980, englische Ausgabe 1967 – GB – und 1968 – USA –); *Panafrikanismus. Ein Beitrag zur Dekolonisation* (Frankfurt 1968, englische Ausgabe 1974); *German Foreign Policy 1871–1914* (London 1975); *Das Deutsche Reich und die Vorgeschichte des Ersten Weltkrieges* (München 1978); *Das Deutsche Reich und der*

Erste Weltkrieg (München 1978); *Geschichte griffbereit*, 6 Bde. (Reinbek 1979–1981).

Erdmute Heller, geboren 1930 in Schwäbisch Hall/Baden-Württemberg, studierte in Istanbul/Türkei und München Geschichte und Kultur des Nahen Orients und Turkologie, daneben Romanistik und Neuere Geschichte, 1960 Promotion zum Dr. phil. in München. Seitdem freie Journalistin und Moderatorin des Bayerischen Rundfunks. Zahlreiche Veröffentlichungen in führenden Tages- und Wochenzeitungen wie ›Die Zeit‹, ›Süddeutsche Zeitung‹, ›Die Weltwoche‹ u. a. mit den Schwerpunkten Nahost-Länder, Islam, Arabisch-Israelischer Konflikt bzw. Palästina-Frage. Sie produzierte den Fernsehfilm ›Das Land der bitteren Kakteen. Eine palästinensische Lebensgeschichte‹ (1980 im BR).

Vorwort

Vierzehn Jahre liegen zwischen dem erstmaligen Erscheinen des Bandes 34 (Das Zwanzigste Jahrhundert I) der Fischer Weltgeschichte und diesem Buch. Der Auftrag des Verlags an die Herausgeber, einen abschließenden Band der Reihe zu organisieren, stellte uns vor Probleme, die im Rahmen der bisherigen Konzeption nicht lösbar waren. Der Band 34 beschränkt sich auf die Entwicklung in Europa bis zum Zweiten Weltkrieg; die Geschichte unserer Zeit ab 1945 ausschließlich auf Europa zentriert fortzuschreiben, wäre aber ein schon in der Absicht verfehltes Unternehmen. Es ergab sich zwingend die Notwendigkeit, die Fischer Weltgeschichte mit zwei Bänden – die wiederum jeweils in sich geschlossen sind – zum Ende zu führen. In dem im Frühjahr 1982 erscheinenden Band 35 (Das Zwanzigste Jahrhundert II) wird der Versuch unternommen, die historischen Entwicklungslinien bis zur Gegenwart innerhalb Europas nachzuzeichnen, im vorliegenden Band 36 stehen Weltprobleme im Mittelpunkt, deren historische Dimension unsere Zeit bestimmt.

Für die Konzeption beider Bände fühlen sich die Herausgeber allein verantwortlich, das Verdienst am Gelingen gebührt aber vor allem den Autoren. Herzlicher Dank gilt der Geduld und fachkundigen Umsicht, die Dr. Walter H. Pehle als Lektor dem Unternehmen widmete.

W.B.–H.G.

Einleitung

»In der kurzen Zeitspanne eines einzigen Lebens hat unsere moderne Technik die gesamte bewohnte Welt durch die Vernichtung der Entfernung plötzlich zu einer Einheit verknüpft. Alle Völker, Kulturen, Glaubensgemeinschaften auf dem Erdenrund stehen heute, zum ersten Mal in der Geschichte, in unmittelbarem physischen Kontakt miteinander. Und doch bleiben wir geistig fast ebenso entfernt voneinander wie zuvor, weil Menschenherz und -sinn dem Tempo, das die mechanischen Erfindungen einschlagen, nicht zu folgen wissen. Dies besagt, daß wir in eine der gefährlichsten Epochen eintreten, die die menschliche Rasse je zu durchschreiten gehabt hat. Wir müssen in enger Berührung miteinander leben, ehe wir noch einander erkennen gelernt haben.«

Diese Feststellungen des Altmeisters universaler Geschichtsbetrachtung Toynbee (zu finden in seinem Vorwort zu Kurt Breysigs 1955 erschienener Geschichte der Menschheit) sind 25 Jahre später noch ebenso beängstigend aktuell wie zur Zeit der Niederschrift.

Im Zweiten Weltkrieg war in Amerika, anläßlich der Diskussion über die Kriegsziele, die Vision der »einen Welt« entstanden. Unter der Formel »One World« vollzogen die Vereinigten Staaten die Abkehr von ihrer isolationistischen Tradition und suchten nach Mechanismen zur Sicherung eines künftigen Weltfriedens. Die Koalition gegen Deutschland und Japan sollte in einer Allianz der Sieger eine dauernde Fortsetzung finden, als globale Ordnungsinstanz sollten nach der Idee Roosevelts vier »Weltpolizisten« – USA, Großbritannien, Sowjetunion und China – fungieren, eine ursprünglich ganz machtstaatliche Konzeption, die dann – zur demokratischen Legitimation – in die Planungen für die Organisation der Vereinten Nationen eingebaut wurde. Nur zu bald stellte sich aber heraus, daß die Kriegskoalition keine Fortsetzung als ordnungsstiftende Friedenskooperative eines Großmachtkonsortiums finden konnte. Von den als Weltpolizisten vorgesehenen Nationen erwiesen sich bis auf die USA alle entweder als unfähig, uninteressiert oder überfordert. Der »One

World«-Traum schrumpfte so zur politischen Motivation einer pax americana zusammen, die ungeachtet der Realitäten sowjetisch-amerikanischer Konfrontation, des Kalten Krieges und des Stellvertreterkriegs der beiden Großmächte in Korea, bis zum Ende des Vietnam-Engagements der Vereinigten Staaten aufrechterhalten wurde.

In der Mitte der 50er Jahre, zu einer Zeit, als das Wunschbild der »einen Welt« immer stärker zu den von den beiden Führungsmächten USA und UdSSR dominierten Machtblöcken in Kontrast geriet, formierten sich die afrikanischen und asiatischen Staaten, die ihre juristische Unabhängigkeit nach dem Zweiten Weltkrieg erlangt hatten und nun nach Wegen suchten, die koloniale oder quasikoloniale Vergangenheit durch Zusammenarbeit zu überwinden und den gemeinsam erhobenen Anspruch auf gleichberechtigte Mitwirkung an der Weltpolitik durchzusetzen. Auf der Bandung-Konferenz von 1955, bei der 340 Delegierte aus 23 asiatischen und 6 afrikanischen Staaten erstmals gemeinsam ihre Wünsche und Ziele artikulierten, definierte sich diese Gruppe, die in der Folge rasch wuchs, als »dritte Kraft« zwischen den Machtblöcken. Ihr Selbstverständnis leiteten die jungen Staaten vom gemeinsamen kolonialen Schicksal in der Vergangenheit und von gemeinsamen Entwicklungsproblemen in der Zukunft ab: Unterschiedliche ideologische Positionen galten in der damaligen, unmittelbar nachkolonialen Gegenwart als bedeutungslos. Aus der Sicht der Industrienationen waren dies die »Entwicklungsländer«, und bezeichnenderweise dauerte es seine Zeit, bis sich der Begriff »Dritte Welt« durchsetzte. Die Ansprüche auf Partnerschaft, die von den Staaten der »Dritten Welt« gestellt wurden und werden (wobei die sog. »Entwicklungshilfe« bis heute kaum mehr als einen Bruchteil des schieren Mehrwerts der Industrienationen, gewährt nach Prinzipien politischer Opportunität, darstellt), sind ja noch immer nicht eingelöst, weder von den Nationen des Ostblocks noch von denen des Westblocks.

Die erste Entwicklungsphase dieser »Neuen Welt« des 20. Jahrhunderts ist heute in einem historischen Sinne überschaubar. Ihre charakteristischen Konflikte und Probleme sind erkennbar und darstellbar geworden, da und dort können längerfristige Entfaltungstendenzen ausgemacht werden, und auch die bestimmenden Merkmale der Beziehungen zwischen der »Neuen Welt« und den führenden Mächten jener Imperien, aus denen sie sich befreit hat, treten mittlerweile deutlicher hervor. Andererseits wächst in den Industrienationen die Einsicht nur langsam, daß die von den Staaten der »Dritten Welt« geforderte Partnerschaft

einfach gewährt werden muß, wenn Krisen in der »Dritten Welt« und zwischen »Dritter Welt« und Industrienationen vermieden werden sollen, die sehr wohl zu globalen politischen Katastrophen führen können. Gewiß, jedermann in den Industrienationen weiß, daß die ehemals kolonialen oder halbkolonialen Regionen Afrikas und Asiens ihre Selbständigkeit erlangt oder erkämpft haben und daß ihr Eintritt in die Staatengesellschaft – ihre Rückkehr in die sichtbare Geschichte – in ihrem Verhältnis zu den Industrienationen zwangsläufig eine essentielle Veränderung bewirkt hat, die grundsätzlich lediglich die Wahl zwischen tödlicher Feindschaft und gleichberechtigter Partnerschaft läßt. Aber das Bewußtsein folgt dem Wissen oft nur zögernd. Die aus dem Zeitalter des Kolonialismus ererbte Neigung, den befreiten Regionen bloß eine dienende Rolle zuzugestehen, ist noch immer recht weit verbreitet, und die Zähigkeit, mit der sich diese Neigung am Leben hält, dürfte ihre Ursache nicht zuletzt darin haben, daß es, ganz simpel gesagt, an den Kenntnissen fehlt, die allein den zur Überwindung der überkommenen Neigung erforderlichen Bewußtseinswandel zu beschleunigen vermöchten. Zwar hat der Vorgang der Dekolonisation viel Aufmerksamkeit gefunden, zumal zu ihm Kriege gehörten, in die europäische Mächte direkt oder indirekt verwickelt waren. Die Entwicklungsprozesse jedoch, die in den befreiten Regionen die ersten Jahrzehnte der Selbständigkeit prägten, vor allem die Probleme, die sich – durch die Befreiung teils sichtbar gemacht, teils geschaffen – einer positiven Entwicklung wieder und wieder in den Weg schoben, stehen den meisten Angehörigen der Industrienationen nur undeutlich vor Augen.
Es ist mithin nicht allein eine mögliche, sondern auch eine notwendige Aufgabe, historische Darstellungen der ersten Phase der »Dritten Welt« in Angriff zu nehmen. So schien es, nachdem die Geschichte der Industriestaaten Europas, Asiens und Amerikas schon in anderen Bänden der »Fischer Weltgeschichte« bis zur Gegenwart behandelt ist, angemessen und geboten, den Abschlußband dieser Reihe ausschließlich dem jüngsten und für unser aller Zukunft vielleicht wichtigsten Problemfeld des 20. Jahrhunderts zu widmen. Eine irgendwie geartete »Vollständigkeit« bei der Beschreibung jener außereuropäischen Zone, die heute noch zwischen den großen Machtblöcken in Ost und West steht, konnte freilich erst gar nicht versucht werden. Ein Gesamtbild der Ereignisse im Grenzbereich zwischen Vergangenheit und Zukunft, der Gegenstand zeitgeschichtlicher Forschung und Darstellung ist, kann nur aus jeweils begrenzten thematischen Ansätzen gewonnen werden. Die Gesamtheit der historischen

Erscheinungen und Entwicklungen abzubilden, *alle* Fakten und Daten zusammenzutragen, ergäbe zwar ein Kolossalgemälde, würde aber weder die Strukturen noch die Dimensionen der Ereignisse erkennen lassen, auch nicht die Abhängigkeit einzelner historischer und politischer Prozesse voneinander. Selbst geographische Vollständigkeit verbot sich. Großräume wie Zentralasien, Afrika, Süd- und Mittelamerika sind schließlich Thema eigener Bände der Reihe, teilweise reichen die Darstellungen bis zur Gegenwart. Andere politisch-geographische Regionen, z. B. der australische Kontinent, spielen in der globalen Interaktion (noch) eine so bescheidene Rolle, daß ihre Beschreibung entfallen durfte. Bis zu einem gewissen Grade gilt das sogar für Lateinamerika. Auf einen speziellen Beitrag zu den Problemen des ibero-amerikanischen Halbkontinents konnte nicht allein aus dem schon genannten technischen Grund verzichtet werden. Auch im Bewußtsein der ungeheuren Möglichkeiten Lateinamerikas, das etwa 370 Millionen Menschen in großer ethnischer, kultureller, regionaler und gesellschaftlicher Vielfalt bewohnen (zum Vergleich: Australien hat bei einem Drittel der Fläche Lateinamerikas weniger als 15 Millionen Einwohner, die zu mehr als 90 % britischer Abstammung sind), war zu bedenken, daß die Fäden, die Mittel- und Südamerika mit dem Gang der Weltpolitik einst recht eng verbanden, im 19. Jahrhundert, nach der Unabhängigkeit der einzelnen Staaten von ihren europäischen Kolonialmächten, weitgehend abgerissen sind. Jedenfalls ist heute undeutlich geworden, ob und in welchem Sinne Ereignissen in Lateinamerika, so dem Putsch gegen Allende in Chile (1973) oder den Tragödien in Nicaragua (1979) und Bolivien (1980), weltpolitische Bedeutung zukommt. Die Entwicklungsprobleme Lateinamerikas und die ökonomische wie politische Dominanz der Hegemonialmacht USA gehören daher derzeit noch in den Rahmen regionaler Analyse und Darstellung.

Die Beiträge des hier vorgelegten Bandes konzentrieren sich auf jene Zonen der »Dritten Welt«, in denen weit über die Region hinauswirkende Formierungsprozesse stattfinden oder aber die um Einfluß ringenden Supermächte Krisenherde schaffen, die auf die ganze Welt ausstrahlen. In dieser Beschränkung kam es ferner darauf an, wichtige Entwicklungslinien, Problemkreise und Interaktionsfelder auszuwählen, um repräsentativ die Vielschichtigkeit des Geschehens historisch vorzuführen. Auch mußte es darum gehen, den mit dem Eintritt der »Dritten Welt« in die Geschichte entstandenen oder, besser gesagt, an die Oberfläche gekommenen Grundkonflikt zwischen ihr und den Industrienationen zu beschreiben und zugleich verstehbar zu machen, daß wir es bei ihm mit einer Problematik von globalem Charakter zu tun haben, die Jahr um Jahr gefährlicher wird. Manche Ereignisse und Krisen, die uns alle in Atem hielten oder noch immer für Schlagzeilen sorgen, wie etwa der Sturz Reza Pahlevis im Iran und die sowjetische Invasion in Afghanistan, sind allerdings in ihrer Bedeutung noch nicht zu ermessen; wir wissen nicht, ob es sich um Vorgänge von weltbestimmendem Ausmaß oder »nur« um Dramen auf Nebenschauplätzen der Weltgeschichte handelt. Auch solchen Ereignissen ist Aufmerksamkeit gewidmet, aber nur dann, wenn historische Ursachen als typisch erkannt werden können.

Es entspricht der gewählten Konzeption, daß der erste Beitrag des Bandes nicht einem bestimmten geographischen oder politischen Raum der »Dritten Welt« gilt, auch nicht einer einzelnen Entwicklungslinie, sondern einem für die Gesamtzone charakteristischen Phänomen. Es ist wohl evident, daß im Laufe der ersten historischen Phase der »Dritten Welt« nicht allein, wie selbstverständlich, ein Zuwachs an Konflikten in und zwischen den neuen Staaten entstand, der zur Summe der am Ende der Dekolonisation in der übrigen Welt zu verzeichnenden Konflikte einfach zu addieren ist. Neben der simplen Vermehrung ist doch auch ein qualitatives Element zu beobachten. Abgesehen davon, daß wir eine auffallende Zunahme von Konflikten zu registrieren haben, die außerhalb der Region gelegene Staaten unterschiedlichen Gewichts, von den ehemaligen Kolonialmächten bis zu den Supermächten USA und Sowjetunion, immer wieder zu politischen und militärischen Interventionen nötigen oder verlocken, die also ständig für globale Verwicklungen und Gefahrenmomente sorgen, ist nicht zu verkennen, daß die Konflikte selbst oft ungewöhnlich explosiv sind und ungewöhnlich häufig gewaltsam ausgetragen werden. Die ganze Zone leidet offensichtlich unter hochgradiger Gereiztheit.

Imanuel Geiss spürt der Frage nach, ob diese Gereiztheit nicht durch eine besondere Art der Verwundung erklärt werden kann. Dabei begnügt er sich nicht mit naheliegenden Deutungen, wie sie das gemeinsame Schicksal ertragener Kolonialherrschaft zu liefern vermag. Ohne zu vernachlässigen, daß die Kolonialherren, die mit hart durchgesetzten Friedensgeboten gewiß auch einen positiven Einfluß ausübten, klaffende Wunden schlugen und im übrigen selbst mit ihren Friedensgeboten nicht selten lediglich Entwicklungsstaus verursachten, die kaum anders wirkten als Verletzungen, wird untersucht, wie eine ohnehin tief gestörte Region auf die für uns alle bestimmenden Rahmenbedingungen des 20. Jahrhunderts reagieren mußte: auf die Ideen,

Gesellschafts- und Wirtschaftsformen, die in den Nationen der Kolonialherren entstanden waren, d. h. auf Nationalismus, Sozialismus, Kapitalismus, Planwirtschaft, auf die von den Ideen, Gesellschafts- und Wirtschaftsformen dort inspirierten Typen der die erste Hälfte unseres Jahrhunderts kennzeichnenden expansionistischen Außenpolitik, d. h. auf die nationalistisch und jeweils kapitalistisch oder sozialistisch grundierten Imperialismen, schließlich auf den gewaltsamen Austrag der von den Ideen, Gesellschaftsformen und Imperialismen produzierten Konflikte, d. h. auf die beiden Weltkriege. Erst die Berücksichtigung beider Faktoren, der Kolonialherrschaft und des globalen Rahmens, führt zur Erkenntnis. Nachdem die Kolonialherren in ihren Kolonien vielfach desolate Zustände auf dem Felde der gesellschaftlichen Entwicklung geschaffen oder am Leben gehalten, ihre Herrschaft lange Zeit mit inhumanen Mitteln verteidigt und die beherrschten Völker oft zur gewaltsamen Erkämpfung der Unabhängigkeit verurteilt hatten, geschah es mit einer gewissen Zwangsläufigkeit, daß in den Staaten der »Dritten Welt«, wenn man sie einmal als Markt für Ideenexport aus den Industrienationen sieht, auch als Markt für den Export von Vorbildern der Konfliktbewältigung, vor allem die härtesten Ausgaben von Integrationsideologien wie Nationalismus und Sozialismus und namentlich die Muster gewaltsamer Ausfechtung von Konflikten Abnehmer fanden, nur selten hingegen temperierende humanistische und liberale Leitbilder. Für eine Marktforschung dieser Art liefert die Südafrikanische Republik, wo der skizzierte Auswahlmechanismus noch heute am Werke ist, gerade jetzt klassisches Anschauungsmaterial.

Indes konnte Imanuel Geiss nicht bei den allgemeinen und allen Staaten der »Dritten Welt« gemeinsamen Gründen für die außergewöhnliche Fülle und Heftigkeit ihrer Konflikte stehenbleiben. Mit einer Analyse der Geschichte der neuen Staaten verschafft er sich die Möglichkeit, an einer genügend großen Anzahl von Beispielen zu zeigen, daß jeder Staat irgendwann in der Vergangenheit, und zwar meist noch vor der Kolonialzeit, seine spezielle Wunde empfing, nämlich einen von der autochthonen Gesellschaft nicht verkraftbaren Einbruch fremder Eroberer. Der Schritt vom Allgemeinen zum Besonderen erlaubt es, die spezifische Konfliktanfälligkeit der »Dritten Welt« im Rahmen eines ersten Entwurfs einer Typologie der Konflikte und einer endlich auch mit der historischen Dimension arbeitenden Konflikt-Theorie darzustellen. Daß er in der Tat den Finger auf einen Faden zu universalhistorischen Erkenntnissen gelegt hat, belegt Geiss mit der Evidenz, die er durch einen Blick über die »Dritte Welt«

hinaus gewinnt, durch einen Blick auf drei permanente Krisenherde Europas: Auch in Zypern, Makedonien und Nordirland reagierte die Gesellschaft mit einer ausgesprochen fiebrigen Entwicklung, als sie nach unverdauter früher Eroberung und quasikolonialem Schicksal auf die Bedingungen des 20. Jahrhunderts traf.

Krisen sind allerdings oft auch Übergänge zu Phasen neuen Aufstiegs. In Europa war die Renaissance einerseits Krise und beginnender Zusammenbruch der Welt des Mittelalters, andererseits öffnete diese Krise den Weg zu einer bis dahin unvorstellbaren geistigen, politischen und wirtschaftlichen Kraftentfaltung. Es ist zweifelhaft, ob wir in die Deutungen der Konflikte des größeren Teils der »Dritten Welt« solch optimistische Erwartungen mischen dürfen. Wenn aber Erdmute Heller die arabischislamische Welt, wie es schon im Titel ihrer Untersuchung heißt, »im Aufbruch« sieht, so kommt darin zumindest die zu Zuversicht führende Erkenntnis zum Ausdruck, daß jene Welt in eine produktive Bewegung geraten ist. Außer Frage steht, daß der Gürtel arabisch-islamischer Staaten innerhalb der in unserem Band behandelten Gesamtregion eine Sonderstellung einnimmt. Niemand wird dabei die Bedeutung der Tatsache unterschätzen wollen, daß eine erkleckliche Anzahl arabisch-islamischer Staaten Öl besitzt. Die Verfügungsgewalt über Öl verleiht ihnen eine globale wirtschaftliche und gerade gegenüber den Industrienationen auch politische Bedeutung, wie sie die anderen Staaten der Region – das gilt selbst für China – bislang auch nicht annähernd erreichen konnten; außerdem erlaubt ihnen das Öl, wenigstens den Anschluß an die Technik des 20. Jahrhunderts aus eigener Tasche zu bezahlen.

Erdmute Heller macht jedoch klar, daß für die Sonderstellung und für das Selbstbewußtsein, das die arabisch-islamischen Staaten ihren Status durchaus begreifen und ihre wirtschaftlich-politische Macht ungeniert gebrauchen läßt, nicht weniger wichtige Gründe in der Geschichte zu suchen sind. Die alte kulturelle Tradition und das politische Selbstgefühl der Araber, die einst selbst gewaltige und nicht nur zerstörerische Eroberer waren, ist auch während der Zugehörigkeit der meisten arabischen Teilvölker zum Osmanischen Reich nie gebrochen worden. Zumindest im Prinzip eher Teilhaber eines Imperiums, in dem sie sich aus einer Vielfalt von Ursachen und keineswegs nur auf Grund eines simplen Eroberungsakts befanden, sahen sie sich als Hüter der heiligsten Stätten des Islam sogar in einer hervorgehobenen religiösen Rolle. Nachdem sie sich sukzessive von der Zentralmacht gelöst hatten, die letzten während des Ersten Weltkrieges auch schon unter dem Einfluß eines aus Europa übernommenen modernen Nationalismus, gerieten sie zwar unter die Botmäßigkeit europäischer Mächte, doch mußten sie nur selten Herrschaftsformen erdulden wie der größere Teil des schwarzen Afrika und wie viele asiatische Kolonialgebiete. Ein Protektorat, wie es Frankreich in Marokko ausübte, die eigentümliche Form der »indirect rule«, die Großbritannien in Ägypten ausbildete, und die nominelle Selbständigkeit, die etwa der Irak oder Jordanien nach ihrem Ausscheiden aus dem Osmanischen Reich unter britischer Dominanz besaßen, haben sicherlich modernisierende Entwicklungen behindert, andererseits aber weder die überlieferten Traditionen vernichtet noch das arabische Selbstbewußtsein durch zu starke Versehrung pervertiert. So konnte sich ein arabischer Nationalismus entfalten, der, teils in Verbindung mit sozialistischen Ideologien, vor allem jedoch in einer – freilich mit inneren Widersprüchen belasteten – Verbindung mit einer Renaissance des Islam, tatsächlich als Motor einer erstaunlichen politischen Erholung fungiert. Die Wichtigkeit dieser islamischen Renaissance, die gerade deshalb erhebliche politische Konsequenzen hat, weil sie vielfach im religiösen Sinne echt ist und gar nicht nach einer irgendwie gearteten politischen Funktion fragt, ist nicht weiter zu betonen. Auch ist nicht zu verkennen, daß die Sonderentwicklung und die Sonderinteressen der einzelnen arabischen Staaten weniger in einem gesamtarabischen Nationalismus aufgehoben als durch die religiöse Gemeinsamkeit überwölbt werden. Ohne die gemeinsame Religion scheint es für die arabisch-islamische Welt keinen dritten Weg zwischen den Machtblöcken geben zu können.

Freilich wissen wir aus der europäischen Geschichte, daß religiöse Gemeinsamkeiten gegenüber politischen Sonderinteressen einen schweren Stand haben. In etlichen arabisch-islamischen Staaten geriet die religiöse Erneuerung, deren Kehrseite ja der Versuch zur Verteidigung oder Wiederbelebung traditioneller Lebensweisen ist, überdies bereits in harte Konflikte mit der Tendenz zur gesellschaftlichen und politischen Modernisierung. Auch darf nicht übersehen werden, daß der Gürtel arabisch-islamischer Staaten trotz politischer Erholung und optimistischer Aufbruchstimmung noch weit davon entfernt ist, eine politische und militärische Kraft angesammelt zu haben, die der Kraft der großen Machtblöcke und der mächtigeren Industrienationen vergleichbar wäre. Daß 1956 die britisch-französische Suez-Aktion kläglich scheiterte und seither kaum Nachahmer fand, sollte kein Anlaß zu voreiliger Beruhigung sein. Damals hat sich nicht die arabisch-islamische Welt gegen zwei europäische Staaten durchgesetzt, vielmehr ist das Suez-Abenteuer durch den Machtspruch der beiden Supermächte Sowjetunion und USA beendet worden, und an der eben daran erkennbaren politisch-militärischen Schwäche des arabisch-islamischen Staatengürtels und an der Abhängigkeit des Friedens in dieser Zone von einer relativen Übereinstimmung der Weltmächte hat sich inzwischen nicht viel geändert. Daß die arabisch-islamischen Staaten für die übrige Welt von vitaler wirtschaftlicher Bedeutung, ihr aber politisch-militärisch unterlegen sind, ist jedenfalls bei entsprechender weltpolitischer Konstellation eine starke Versuchung zur Intervention und damit für die absehbare Zukunft ein hohes Risiko.

Das Risiko ist nicht zuletzt deshalb schwer beherrschbar, weil es in der arabisch-islamischen Welt seit Jahrzehnten einen Unruheherd gibt, der die in der Region beheimateten Kontrahenten veranlaßt, selbst für die permanente politische Präsenz regionfremder Mächte zu sorgen. Seit der Staat Israel existiert und mit seiner arabischen Umwelt in bitterer Feindschaft lebt, glauben weder Israelis noch Araber auf die politische und militärische Unterstützung durch USA und Sowjetunion verzichten zu können. Sie haben damit die beiden Weltmächte nicht nur in einer auf Grund eigener Interessen und aus Gründen globaler Rivalität ohnehin vorhandenen Interventionsneigung bestärkt, sondern bereits so tief in ihren Konflikt verstrickt, daß mittlerweile sowohl Washington wie Moskau einen Rückzug vermutlich für unmöglich halten. Mit der Sowjetunion ist natürlich der ganze Ostblock involviert, und auch die nicht-sozialistischen Staaten Europas sind, mit und ohne Ermunterung durch die USA, auf vielfältige Weise in den Nahostkonflikt verwickelt. Es ist daher von enormer, unter Umständen sogar von existentieller weltpolitischer Bedeutung, daß der israelisch-arabische Konflikt wenigstens in einem Aggregatzustand gehalten wird, der eine offene Konfrontation aller unmittelbar und mittelbar Beteiligten vermeidet. Muß die Hoffnung auf Entschärfung oder gar Beilegung des Konflikts Utopie bleiben?

In seiner Betrachtung des Staates Israel und dessen Position im Nahostkonflikt läßt Dan Diner den derzeitigen Kurs und die künftigen Möglichkeiten der arabischen Politik beiseite; beides wird ja in der Darstellung Erdmute Hellers plastisch. Dan Diner konzentriert sich, wie es einem aus Israel kommenden Wissenschaftler angemessen ist, auf die Frage, ob und wie Israel einen Beitrag zur Erfüllung jener Hoffnung leisten könne. Es ist kaum zu bestreiten, daß diese Frage in vielen europäischen Ländern, auch in den USA, lange Jahre fast als etwas anrüchig galt und jedenfalls nicht mit dem gebotenen Ernst gestellt wurde. In besonderem Maße trifft das, verständlicherweise, auf die Bundesrepublik Deutschland zu. Das deutsch-jüdische und damit das deutsch-israelische Verhältnis steht unter dem Schatten, den die Judenverfolgung während der NS-Herrschaft, gipfelnd in der Ermordung von Millionen, natürlich auch noch auf unsere Gegenwart wirft, und nicht zuletzt deshalb haben sich Staat und Bevölkerung der Bundesrepublik sowohl materiell-politisch wie emotional in einer Weise pro Israel engagiert, die kritische Kommentare zu israelischer Politik nur noch als Freundschaftspflicht zuläßt. Daß die von Dan Diner aufgeworfene Frage indes heute in vielen europäischen Ländern, auch in den USA, mit größerer Intensität und mit mehr Verständnis für die Haltung der Araber, namentlich der Palästinenser, diskutiert wird, hängt damit zusammen, daß die arabischen Staaten die Abhängigkeit der Industrienationen vom arabischen Öl zu politischen Pressionen benutzen, liegt aber zugleich an der Politik, die Israel in den letzten Jahren verfolgt hat, und vor allem an der Erkenntnis, daß der nahöstliche Krisenherd, weil er weit über den Nahen Osten hinaus Verheerungen anzurichten vermag, einfach ausgelöscht werden muß und daß eine solche Arbeit die Mitwirkung aller Parteien des Streits erfordert. Aus diesen Gründen kann sich, das liegt auf der Hand, auch die Bundesrepublik, die zudem ihrer Freundschaftspflicht gerecht zu werden hat, von der Erörterung des Themas, welche israelischen Konzessionen notwendig und möglich sind, nicht ausschließen.

Die Antworten, die Dan Diner gibt, sind freilich alles andere als ermutigend. Sein Ausgangspunkt ist die sicherlich berechtigte Annahme, daß Israel in erster Linie ein definitives und befriedigendes Wort zur Fixierung seiner Grenzen und zur Lösung der Palästinenser-Problematik sprechen muß, wenn es die Basis für ein dauerhaft beruhigtes Verhältnis zur arabisch-islamischen Umwelt schaffen und damit seine unverzichtbare Leistung zum allmählichen Absterben des Nahostkonflikts beisteuern will. In dieser Annahme ist bereits die Folgerung impliziert, daß also Israel die expansionistischen Züge in seiner Politik zu tilgen und den arabisch-islamischen Bewohnern seines Territoriums die Teilhaberschaft am israelischen Staat anzubieten hätte. Danach aber kommt Dan Diner, indem er die wechselnden Situationen der israelischen Geschichte hinter sich läßt, das verwirrende Oberflächenmuster wechselnder taktischer Züge ignoriert und statt dessen die bestimmenden Einflüsse der Grundidee des Staates Israel auf die praktische israelische Politik zu erkennen sucht, mit unerbittlicher Logik zu der höchst unbequemen, aber kaum anfechtbaren Feststellung, daß der zionistisch-jüdische Nationalstaat Israel zu beiden Konzessionen schlechterdings unfähig ist. Die Konsequenz ist unabweisbar: Wenn Israel leben möchte und trotzdem der Nahostkonflikt sein Explosionspotential verlieren soll, muß der Staat das Prinzip, das seine Entstehung ermöglichte und bis heute sein Lebensgesetz geblieben ist, nämlich den religiös motivierten Anspruch auf einen religiös wie ethnisch rein jüdischen Nationalstaat, der grundsätzlich allen Juden der Welt Platz bietet, opfern und eine Staatsidee entwickeln, die Israel nicht länger zu einer bescheidenen, doch permanenten Expansion verdammt und andererseits als Grundgesetz eines multireligiösen und multinationalen Gemeinwesens tauglich ist. Niemand vermag derzeit zu sagen, ob Israel, bewohnt von Landnehmern und Pionieren, auf denen die Erinnerung an eine mehrtausendjährige Flüchtlingsgeschichte lastet, den Willen, die Kraft und die politische Phantasie zu einer solch revolutionären Umwandlung der ideologischen Grundlagen des Staates aufbringt oder aufbringen kann. Ein großer Teil der israelischen Bevölkerung wird in Feststellungen, wie sie Dan Diner getroffen hat, nur die Aufforderung zur Selbstaufgabe sehen. Das ändert nichts daran, daß Dan Diner den wohl einzigen Weg aus einer auf die Dauer unerträglichen Konfrontation weist, zeigt aber, daß hier Hemmnisse bestehen, die allenfalls einen langsamen Prozeß der Veränderung erlauben. Der Krisenherd im Nahen Osten wird noch geraume Zeit bestehenbleiben, und solange er schwelt, werden Israel und die arabisch-islamische Zone kaum zur Eigenständigkeit finden können und stets zur Einmischung raumfremder Großmächte und Machtblöcke einladen.

Im Gegensatz zum arabisch-islamischen Staatengürtel, der also die zuletzt gewonnene weltpolitische Bedeutung für die absehbare Zukunft sicherlich behalten wird, scheint Indochina, wo während der sechziger Jahre die großen Ideologien unsres Jahrhunderts und die Weltmächte am zähesten und am erbittertsten um Positionsgewinne rangen, in letzter Zeit, ungeachtet der blutigen Dramen in Vietnam und Kambodscha, in den Windschatten der globalen Auseinandersetzungen geraten zu sein. Die postkoloniale Geschichte der unglücklichen Länder Indochinas zwingt aber zu dem Schluß, daß auch Vietnam, Kambodscha und Laos dem Kreuzfeuer widerstreitender Ideen und Interessen nicht so bald entrinnen werden. Es ist richtig, daß die drei Länder, anders als die arabischen Staaten, für wirtschaftliche Interessen, namentlich aus dem Kreis der Industrienationen, sowohl als Märkte wie als Lieferanten wenig attraktiv sind. Hans Walter Berg legt außerdem dar, daß es nach dem militärischen und politischen Rückzug der USA und nach der Abwehr erster Einmischungsversuche Chinas immerhin eine Chance zur politischen und wirtschaftlichen Erholung und damit zur Sicherung der Eigenständigkeit gibt, falls es nämlich dem stärksten Staat, Vietnam, gelingt, unter seiner Hegemonie eine Indochina-Föderation zu etablieren, die zum Widerstand gegen weitere Interventionen kräftig genug ist. Aber die Länder Indochinas haben in den Augen der unmittelbaren und ferneren Nachbarn nach wie vor erhebliche strategische Bedeutung. Im Verein mit der Schwäche Indochinas ist das ein Gefahrenmoment ersten Ranges, zumal in allen drei Ländern die ethnisch, religiös und ideologisch sehr heterogenen politischen Gruppierungen so schwach sind, daß sie selbst fremde Hilfe suchen müssen, wenn sie Herrschaft erringen oder behaupten wollen, erst recht dann, wenn errungene Herrschaft zur Schaffung stabiler wirtschaftlicher und politischer Strukturen ausgenutzt werden soll. Die Sowjetunion wird sich an Indochina gewiß nicht desinteressieren, und ob die Vereinigten Staaten längere Zeit auf politische Präsenz an diesem Teil ihrer pazifischen Gegenküste verzichten werden, ist trotz des Traumas, das der Vietnamkrieg hinterlassen hat, durchaus fraglich.

China, der große Nachbar, der schon während der Befreiungskämpfe gegen die französischen Kolonialherren und dann während des Vietnamkrieges als Protektor national- und sozialrevolutionärer Kräfte fungierte, ist in Indochina ohnehin nach wie vor stark engagiert. Daß die chinesischen Führer derzeit nicht etwa die potentielle Ordnungsmacht Indochinas, nämlich Vietnam, unterstützen, sondern im Gegenteil der vietnamesischen Hegemonialpolitik, wenn auch vorerst erfolglos, nach Kräften entgegenarbeiten, einmal selbst mit militärischen Mitteln, läßt den Schluß zu, daß sie zumindest bestrebt sind, die Lage für eine künftige chinesische Hegemonie, vielleicht sogar für den Einbau Indochinas in ein chinesisches Imperium, offenzuhalten. Gleichwohl muß die Frage, ob denn ein solchermaßen ehrgeiziges China noch zu der durch Eroberung und Kolonialismus verwundeten und entsprechend entwicklungsgestörten Region gerechnet werden darf, bejahend beantwortet werden. China hat im 19. und in der ersten Hälfte des 20. Jahrhunderts bei reduzierter und zeitweise suspendierter Souveränität in einem halbkolonialen Status existiert, nahezu hilflos der Interessenpolitik europäischer Mächte, Rußlands und der USA ausgeliefert; gleichzeitig wurde das Land von furchtbaren Bürgerkriegen erschüttert, litt es unter japanischen Aggressionen. Wie lange derartige Störungen nachwirken, zeigen gerade die ersten Jahrzehnte der kommunistischen Herrschaft. Kaum hatten die chinesischen Kommunisten die Periode der offenen Bürgerkriege beendet und damit jenes

Minimum an Ordnung geschaffen, das Grundbedingung politischer und wirtschaftlicher Erholung ist, als sie auch schon begannen, China mit Serien höchst widersprüchlicher gesellschafts- und wirtschaftspolitischer Experimente von einer Krise in die andere zu stürzen. Wir sollten das weniger als Indiz für eine vielleicht auf Unfähigkeit zurückgehende Sprunghaftigkeit der neuen Herren verstehen, auch nicht als Ausdruck immanenter Defekte der Ideologie oder des politischen Systems, sondern eher als Hinweis darauf, daß Zahl, Schwere und Hartnäckigkeit der überkommenen Krankheiten die Ärzte zu einem ständigen Wechsel des Augenmerks zwangen und zu fortwährender Änderung der Therapie verführten.

In ihrer Analyse der jüngsten Entwicklung Chinas liefern Jürgen Domes und Marie-Luise Näth reiches Material für die Annahme, daß sich in China seit der sogenannten Kulturrevolution und seit dem Tode Maos ein Beruhigungs- und Normalisierungsprozeß vollzieht, der schon bis jetzt einen Gewinn an Stabilität gebracht hat und noch mehr Stabilität zu bringen verspricht. Auch ist zu beobachten, daß die innere Kräftigung die chinesischen Führer bereits zu einer selbstbewußteren und aktiveren Außenpolitik ermutigt. In den ersten Jahren nach dem kommunistischen Sieg im Bürgerkrieg hat China, das ja damals nicht nur in Indochina, sondern auch in Korea engagiert war, erstmals die Neigung erkennen lassen, alte imperiale Traditionen des Reichs der Mitte zu erneuern. Heute macht sich diese Neigung, die, von der Hilfeleistung im Vietnamkrieg abgesehen, auf Grund der inneren Konflikte längere Zeit kaum Möglichkeiten zur Entfaltung hatte, in der chinesischen Außenpolitik wieder stärker bemerkbar. Nachdem noch das maoistische China die Abhängigkeit von der Sowjetunion abgestreift hatte und dann vor allem innerhalb der kommunistischen Bewegung gegen Moskau arbeitete, suchen die chinesischen Führer seit einigen Jahren mit der Annäherung an die USA auch aktive antisowjetische Außenpolitik zu treiben und sogar in Europa im antisowjetischen Sinne Einfluß zu nehmen. Aber derartige Manöver sind gegenwärtig doch noch Ausdruck der Unterlegenheit, vergleichbar etwa den zwischen 1919 und 1939 unternommenen Anstrengungen polnischer Regierungen, zum Schutz gegen einen überlegenen Nachbarn die Deutschlandpolitik Frankreichs zu beeinflussen; nach wie vor ist Chinas Fähigkeit zur Mobilisierung der zweifellos vorhandenen Kräfte und Energien begrenzt. Die erreichte innere Beruhigung ist zudem noch wenig konsolidiert und der Rückfall in eine neue Krisenperiode durchaus möglich. Immerhin können Jürgen Domes und Marie-Luise Näth einen Formierungsprozeß schil-

dern, der den Eindruck vermittelt, daß mit China ein Teil der
»Dritten Welt« wenigstens die Chance zu einer eigenständigen
Existenz zwischen den Machtblöcken und zudem die Chance zur
positiven Nutzung einer solchen Existenz erstritten hat.

In Afrika, das als das klassische Feld europäischer Kolonialherrschaft gilt und es bis zu einem gewissen Grade auch war, ist die
Situation naturgemäß um einiges bedrückender. Von der Periode
des Kolonialismus tief gezeichnet und schon vor der Eroberung
durch Europäer ein Kontinent des Leidens – wie haben dort viele
Völkerschaften noch im 19. Jahrhundert unter vornehmlich arabischen Sklavenjägern gelitten –, steht Afrika offensichtlich auch
nach der Abschüttelung der weißen Herrschaft vor schier
unüberwindlichen Problemen. Wirtschaftlich und strategisch von
erheblicher Bedeutung, daher kaum anders als früher Objekte des
Wettbewerbs der Weltmächte und aller sonstigen Interessenten
um Einflußgebiete und wirtschaftlich-politische Stützpunkte,
ohne die Hilfe nicht-afrikanischer Staaten, gerade auch der ehemaligen Kolonialmächte, kaum lebens- und sicherlich nicht ent-
wicklungsfähig, daher zu nachhaltigem Widerstand gegen die
fortwährende Einmischung von außen nicht recht in der Lage,
haben die jungen afrikanischen Staaten namentlich während der
Befreiungskämpfe und in den ersten Jahren der Selbständigkeit
zudem eine solche Fülle gegensätzlicher Ideologien, Programme
und Rezepte für ihre wirtschaftliche und politische Zukunft
aufgenommen oder von fremden Protektoren verordnet bekommen, daß auch deshalb der ständige Kampf zu ihrem Lebensgesetz zu werden droht.

Franz Ansprenger, der zunächst schildert, welche Rolle die
Gewalt in der afrikanischen Politik spielt und unter den Bedingungen der Entkolonialisierung zunächst spielen mußte, hebt in
seiner von kritischer Liebe bestimmten Darlegung der Grundfra-
gen des post-kolonialen Afrika besonders hervor, daß es vielen
afrikanischen Befreiungsbewegungen in solchen Verhältnissen
und angesichts eines scheinbar undurchdringlichen Gestrüpps
von Aufbauproblemen schwerfällt, den Entwicklungssprung von
der Kampforganisation zur politischen Organisation zu tun, die
Bekämpfung von Feinden oder Feindbildern mit konstruktiver
politischer und wirtschaftlicher Arbeit zu vertauschen. Daß derartige Elemente der Befreiungsperiode so lange prägend wirken
können, ist allerdings weder ihrem Zusammentreffen mit den aus
der Kolonialzeit stammenden Verwerfungen in der politischen
und wirtschaftlichen Entwicklung Afrikas noch ihrer fortwähren-
den Aufladung in einer von härtesten Ideen- und Interessenkon-
flikten bestimmten Atmosphäre allein zuzuschreiben. Eine wei-

promising

tere und sehr wesentliche Ursache für die Konservierung von
Haltungen aus der Befreiungsperiode liegt in der Tatsache, daß es
auf afrikanischem Boden mit der Existenz der Südafrikanischen
Republik ja noch immer Kolonialismus gibt. Die Feststellung ist
wohlbegründet, daß dieser Versuch zur Behauptung weißer
Herrschaft auch in den Regionen Afrikas, die keine unmittelbare
Berührung mit Südafrika haben, Energien bindet und dort im
Denken wie im Verhalten vieler Afrikaner einen Antikolonialismus am Leben hält, der mittlerweile als bedeutendes Hindernis
für den Schritt zur »zweiten Befreiung«, d. h. zur Konzentration
auf die konkreten Aufgaben der post-kolonialen Gegenwart
wirkt. Schilderung und Analyse Ansprengers enthalten jedoch
auch verheißungsvollere Züge und Einsichten. Zumindest in
einigen afrikanischen Staaten scheint der Übergang von der
kämpferischen Befreiungsmentalität zur bewußten Akzeptierung
der jetzt gestellten Aufbauprobleme inzwischen in Gang gekommen zu sein; macht dieser Prozeß Fortschritte, so ist endlich auch
die Ablösung der erborgten Vorbildern folgenden quasi-soziali-
stischen und quasi-faschistischen Diktaturen durch eigenständig
afrikanische politische Systeme möglich.

Voraussetzung dafür ist freilich, daß das Grundproblem des
Kontinents bewältigt werden kann: Nahrung und Arbeitsplätze.
Mit einem solchen Satz ist aber keine Besonderheit Afrikas
genannt. Hier liegt zugleich das Grundproblem der ganzen
Region, obgleich sie auch Ausnahmen aufzuweisen hat. Wenn in
diesem Zusammenhang eine illustrierend-vergleichende Verwendung von Begriffen aus der Gesellschaftsgeschichte erlaubt
ist, so wird – cum grano salis – gesagt werden dürfen, daß die
internationale Staatengesellschaft mit der Überwindung des kolonialen Imperialismus ihr Feudalzeitalter verlassen hat und in eine
kapitalistische Phase eingetreten ist, in der die bislang eher
ständische Schichtung schwindet und einer Klassenstruktur Platz
macht: Neben den Resten der alten Aristokratengruppe, die teils
ärmer, teils reicher geworden sind, kennt die Staatengesellschaft
heute eine Bourgeoisie und ein oft unter dem Existenzminimum
lebendes Proletariat. Das internationale System verfügt in der
Einrichtung der Vereinten Nationen über die Basis für eine
parlamentarische Entwicklung der Staatengesellschaft, und die
Länder mit proletarischem Status haben die Möglichkeit zu einer
parlamentarischen Wahrnehmung ihrer Interessen bisher auch
gerne genutzt. Sozusagen revolutionäre Akte des Proletariats
sind auf längere Sicht allerdings nur dann zu vermeiden, wenn
im Rahmen der gegenwärtig noch praktizierten internationalen
Kooperationsformen sein erstes und wichtigstes Bedürfnis befrie-

27

digt wird oder wenigstens Aussicht auf Befriedigung hat, nämlich die Sicherung einer zumindest erträglichen Existenz.

Dieser »sozialen Frage« der Staatengesellschaft, die unsere Zukunft bestimmen wird, gilt der letzte Beitrag des Bandes. Es liegt auf der Hand, daß Rudolf v. Albertini bei seinem Thema die Leser nicht schonen kann. Mit unwiderlegbaren Fakten und unanfechtbaren Konklusionen zwingt er uns zwei Erkenntnisse auf, die, zusammen gesehen, zunächst einmal ratlose Verzweiflung erzeugen: Wenn er einerseits begreiflich macht, daß die Existenzprobleme der sogenannten Entwicklungsländer einfach gelöst werden müssen, weil sonst die »Dritte Welt« zum Untergang verdammt ist und der heute schon in scharfer Konfrontation gegebene Nord-Süd-Konflikt sich unweigerlich zu einer Auseinandersetzung steigern wird, die nur in einer globalen Katastrophe enden kann, so führen seine Analysen auf der anderen Seite zu der Feststellung, daß die Existenzprobleme der Entwicklungsländer, obwohl seit langem erkannt, bislang weder gelindert noch gar bewältigt werden konnten und daß sich überdies auch noch keine Möglichkeit zu ihrer Bewältigung abzeichnet. Die Kette der Anstrengungen, die von den Entwicklungsländern selbst wie von den Industrienationen unternommen wurden, ist lang, die Zahl der anfänglich vernünftig und praktikabel wirkenden Rezepte nicht gering, aber sämtliche Anstrengungen blieben bis heute fruchtlos und sämtliche Rezepte produzierten schon kurz nach ihrer Anwendung neue Störungen oder Gefahren; auch zeitweilig mit einigem Erfolg versuchte Programme scheiterten am Ende doch, und zwar vornehmlich an der zur Zeit offensichtlich noch schwer einzudämmenden Bevölkerungsvermehrung in der »Dritten Welt«. Eine bloße Verstärkung der finanziellen Leistung der Industrienationen, so möglich und notwendig sie ist, hätte offenbar auch nur einen begrenzten Effekt.

Es ist wohl evident, daß neue Ideen gefunden und – dies vor allem – bei der Realisierung neuer Ideen Wege zu vertrauensvollerer und besser koordinierter Zusammenarbeit erschlossen werden müssen. Mehr Vertrauen erfordert aber bei allen, denen zur Überbrückung der Kluft zwischen Nord und Süd Partnerschaft aufgetragen ist, erkennbaren guten Willen, und guter Wille setzt wiederum voraus, daß jede Seite für den potentiellen Partner Verständnis hat und dieses Verständnis auch glaubwürdig zeigt. Die Erkenntnis historischer Entwicklungen und Zusammenhänge und damit auch die Ausbreitung und Vertiefung von Verständnis zu fördern, ist die Absicht dieses Bandes.

1. Historische Voraussetzungen zeitgenössischer Konflikte

Von Imanuel Geiss

I. KONFLIKT UND EROBERUNG

Die Geschichte unseres Jahrhunderts ist bestimmt von Konflikten – internationalen wie internen auf je nationaler Ebene. Von der unmittelbaren Vorgeschichte des Ersten Weltkriegs über den Zweiten Weltkrieg zieht sich eine Kette von Kriegen, Revolutionen und Bürgerkriegen, die in einem engen Zusammenhang mit den beiden globalen militärischen Konflikten stehen. Seit 1945 ist die Furcht vor einem denkbaren Dritten Weltkrieg eine Grundkonstante unserer historischen und weltpolitischen Realität geworden.

Allein die Aufzählung der wichtigsten kriegerischen Konflikte seit 1900 ergäbe eine lange Liste, die gleichwohl unsere Existenz mitbestimmt, da Kriege mit ihren ökonomischen und sozialen Rückwirkungen nun einmal zu den tiefsten und einschneidendsten Eingriffen in die Entwicklung der Menschheit gehören.

Allen Friedensbemühungen privater wie institutionalisierter Art zum Trotz – getragen von Pazifisten einerseits, Völkerbund und UNO andererseits kam es immer wieder zu Kriegen. Rasante Industrialisierung, rascher Bevölkerungsanstieg in den sich gerade industrialisierenden oder an der Schwelle zur Industrialisierung stehenden Gesellschaften, neuerdings auch drohende Verknappung elementarer Ressourcen – Rohstoffe, Energie, Wasser, Boden – und wachsende Umweltbelastungen durch die Industrialisierung selbst lassen vermuten, daß sich Verteilungskämpfe um das Weltbruttosozialprodukt weiter verschärfen werden, global wie intern.

Angesichts der vielfachen Gefahren, die erstmals die Existenz der Menschheit schlechthin bedrohen, hat im letzten Jahrzehnt die Friedensforschung auch in der Bundesrepublik erheblichen Auftrieb erhalten[1], blieb aber überwiegend auf Ansätze und Methoden der systematischen Sozialwissenschaften beschränkt. Die kompetente Behandlung der historischen Dimension ist bisher weitgehend ausgespart worden, Versuche zur punktuellen Selbsthilfe fielen abschreckend dilettantisch aus.[2] Die Nichtbeteiligung selbst von interessierten Historikern an der Friedensforschung ist zu bedauern, da die Geschichte den Forschern für das zu vermeidende Gegenteil von Frieden – den Krieg – eine schier erdrückende Fülle an empirischem Material bereitstellt. Die Erhaltung des Friedens ist aber eine zu wichtige Sache, als daß die systematische Erforschung seiner elementaren Voraussetzung – Abwesenheit von Krieg – nur den sozialwissenschaftlich orientierten Friedensforschern überlassen bleiben sollte. Die Erkennung der Mechanismen, die in der Vergangenheit zu kriegerischen Konflikten geführt haben, wird vielmehr zu einer Art gesellschaftlicher Gesamtverpflichtung für die Historiker der Welt.

Das Hauptinteresse der folgenden Untersuchung gilt daher den historischen Voraussetzungen der wichtigen kriegerischen Konflikte seit 1945, während Verlauf und Ergebnisse an anderer Stelle behandelt werden. Um dem konflikthistorischen Überblick eine innere Einheit zu geben, wurden tunlichst nur Konflikte ausgewählt, an denen sich die Auswirkung von historischen Eroberungen besonders leicht erklären lassen. Als gemeinsamer Nenner schält sich nämlich für eine überraschend große Zahl zeitgenössischer Konflikte seit 1945 das Faktum einer Eroberung irgendwann in der Vergangenheit heraus, einer Eroberung, deren politische und soziale Konsequenzen noch nicht soweit bewältigt wurden, daß die durch sie entstandenen Herrschaftsverhältnisse inzwischen gleichsam verdaut worden wären: Eine Fremdherrschaft entstand, die durch Klassen- und Ausbeutungsverhältnisse modifiziert oder verschleiert wurde, aber als ungelöste nationale oder soziale Problematik bis in die jüngste Vergangenheit oder gar in die Gegenwart hineinragt.

Der Unterschied zwischen historisch »verdauten« und politisch noch virulenten Eroberungen läßt sich gut an Hand der Britischen Inseln erläutern: Die normannische Eroberung Englands von 1066 ist heute nur noch historische Erinnerung, schafft in sich keine akuten politischen Probleme mehr. Aber die modifizierte Fortführung der normannischen Expansion nach Schottland und Irland, jetzt von England aus, ließ historische Tatbestände entstehen, die noch heute zur Erklärung des schottischen Ressentiments gegen England und des seit über einem Jahrzehnt erneut schwelenden Bürgerkriegs in Nordirland unentbehrlich sind. Erst recht gibt es vor allem in der sog. Dritten Welt zahlreiche Konflikt- und Spannungsherde, deren historische Erklärung früher oder später zu einer noch unverdauten Eroberung in der Vergangenheit führt. Ihnen gilt im Folgenden besondere Beachtung, wenn auch nicht geleugnet werden soll, daß es selbstverständlich noch andere historische Faktoren zur Erklä-

30

rung von zeitgenössischen Konflikten gibt. Der Mechanismus konfliktträchtiger historischer Eroberungen soll eben nur die Türen öffnen, zu denen dieser Schlüssel paßt. Andere Türen zu Einsichten in die jüngste Weltgeschichte mögen andere Schlüssel erfordern.

Unter Konflikten sind hier zwei Arten von gewaltsamen Zusammenstößen zu verstehen – zwischenstaatliche Konflikte zwischen zwei oder mehreren Staaten (Kriege im engeren und traditionellen Sinn) einerseits, innerstaatliche Konflikte (Bürgerkriege, Revolutionen) andererseits. Beide Arten von Konflikten hängen eng miteinander zusammen, eben weil soziale und nationale Faktoren in der Vorgeschichte eines Konflikts oft nur um der theoretischen Analyse willen voneinander zu trennen sind, z. B. im Vietnamkrieg oder im sich verschärfenden Konflikt, den die Apartheid im südlichen Afrika hervorgerufen hat. Gerade in modernen Revolutionen bedingen nationale und soziale Faktoren oft einander, so daß die Übergänge von der überwiegend nationalen Revolution zur überwiegend sozialen Revolution meist fließend sind.

Kriege und Eroberungen sind natürlich erst recht unlösbar miteinander verknüpft und sind so alt wie bisher alle bekannte Geschichte. Selbst wo sich Kriege kurz- oder mittelfristig als ökonomisch lukrativ für Sieger und Eroberer erwiesen, z. B. bei Gründung des Römischen Reichs oder des Britischen Weltreichs, stellten sich langfristig – früher oder später – negative Rückwirkungen ein: Aufstände, Kriege, Inflation, ökonomische und soziale Krisen, die zum politischen Abstieg oder gar zum Kollaps führten. *Alle* Kriege, Bürgerkriege und Revolutionen kosten kurz- oder mittelfristig Geld und verursachen auch beim zunächst siegreichen Eroberer – früher oder später, direkt oder indirekt – schwerwiegende soziale und innenpolitische Probleme. Klassisches Beispiel für diesen Mechanismus ist der Zusammenhang zwischen den Punischen Kriegen und den Bürgerkriegen in Rom (»Römische Revolution«).

Eroberung ist die gröbste und buchstäblich handgreifliche Form zur Errichtung von Herrschaft eines Volkes über andere Völker oder über ein anderes Volk. Sie war typisch für agrarisch orientierte Gesellschaften mit aristokratischen Führungsschichten, die in der Regel, von einigen Ausnahmen abgesehen (Römische Republik u. a.), meistens in eine wie auch immer bezeichnete monarchische Spitze ausliefen. An einigen Stellen der Erde und in einigen Zeiten der Weltgeschichte fand das Prinzip des erobernden und herrschenden aristokratisch-monarchischen Machtstaats seine machtpolitische formale Überhöhung in Großreichen mit imperialem Zuschnitt, oft ausgedrückt in einem kaiserlichen oder kaiserähnlichen Herrschertitel. Der Herrschaftsanspruch zielte auf kontinentale oder regionale Hegemonie bis hin zur sog. »Weltherrschaft«, die ursprünglich nur Herrschaft über die bekannte Welt bedeutete. Moderne Varianten waren die neuzeitlichen Kolonialreiche in Übersee, ergänzt um Rußland, das seine entsprechende Expansion zu Lande bis nach Zentralasien und zum Pazifik vollzog.

Die politische Ethik des modernen demokratischen Nationalstaats auf der Basis der Industrie fühlt sich zwar theoretisch dem Verzicht auf Eroberungen verpflichtet, wie er sich im Annexionsverbot durch den Briand-Kellogg-Pakt von 1928 sogar schon einmal völkerrechtlich niederschlug. Aber die praktische politische Realität kompliziert sich durch die Tatsache, daß die modernen Nationalstaaten bei ihrer Konstituierung die Grenzen und außenpolitischen Aspirationen des jeweiligen Ancien Régime übernahmen. Das Weiterwirken älterer außenpolitischer Traditionen und Expansionslinien läßt sich auch bei kommunistischen Staaten beobachten, die für sich beanspruchen, den radikalsten Bruch mit der Vergangenheit auch in den Außenbeziehungen vollzogen zu haben. Vor allem die UdSSR und die Volksrepublik China einerseits, Jugoslawien und Bulgarien andererseits übernahmen die »nationalen« Grenzen bzw. Gebietsansprüche von ihrem jeweiligen vorrevolutionären Staat. Aus solchen sich überschneidenden Gebietsforderungen entstanden Spannungen auch zwischen kommunistischen Staaten, die jederzeit (wieder) zum Konflikt führen können oder schon dazu geführt haben: UdSSR–China; Bulgarien–Jugoslawien um Makedonien; Vietnam–Kambodscha, mit der Konfrontation VR China–Vietnam als Folgekonflikt.

Bürgerkriege sind als innerstaatliche Konflikte fast so alt wie die historisch überlieferte Staatlichkeit und durchziehen, unter welchem Namen auch immer, die gesamte Weltgeschichte, selbstverständlich auch die Geschichte des 20. Jahrhunderts. Aber stärker als je zuvor sind Bürgerkriege oft mit explosionsartigen gesellschaftlichen und politischen Prozessen verbunden, die wir uns als Revolutionen zu bezeichnen angewöhnt haben. Auch die großen Revolutionen des 20. Jahrhunderts stehen in engem Zusammenhang mit den beiden Weltkriegen und sind ohne das Zusammenwirken von nationalen und sozialen Faktoren nicht angemessen zu verstehen. Klassisches Beispiel ist die Chinesische Revolution: Sie entstand als mehrfach in sich abgestufte nationale Reaktion gegen die auch nach über 250 Jahren noch als Fremdherrschaft empfundene Herrschaft der Mandschu-Dynastie, die ihrerseits durch Eroberung 1644 die Macht ergriffen hatte, gegen die ökonomische Vorherrschaft der imperialistischen Mächte, die sich auf die politische Beherrschung Chinas in der einen oder anderen Form rüsteten, zuletzt gegen den Eroberungsversuch Japans, der in den Zweiten Weltkrieg einmündete.[3] — *led in to*

Schon diese wenigen Beispiele für jüngste Konflikte zeigen, wie eng die beiden Weltkriege unseres Jahrhunderts mit den Einzelkonflikten verknüpft sind. Da beide Weltkriege die Geschichte der Menschheit so tief geprägt haben wie sonst kein anderes Einzelereignis, ist es unumgänglich, sie hier zum besseren Verständnis der Partikular-Konflikte mit ihren welthistorischen Voraussetzungen und Konsequenzen wenigstens ganz summarisch einzuführen. Zu ihren globalen historischen Voraussetzungen gehört auch der moderne Imperialismus, der seinerseits historische Voraussetzung für alle anti-imperialistischen Befreiungskämpfe und Revolutionen in der Dritten Welt ist.

Um unnötige Wiederholungen zu vermeiden, werden Konfliktfälle, die in anderen Beiträgen ausführlicher und von kompetenteren Spezialisten behandelt werden, hier nur knapp erwähnt, allenfalls für den inneren Zusammenhang dieses Kapitels kurz skizziert. Eine relativ ausführlichere Skizze erfolgt vor allem bei den Konfliktfällen, die in anderen Beiträgen unberücksichtigt bleiben oder die so wichtig, in ihren historischen Voraussetzungen so kompliziert und für das bessere Verständnis der Gesamtkonzeption dieses Beitrages so unentbehrlich sind, daß auf sie nicht zu verzichten ist. Dies gilt vor allem für den Nahostkonflikt. Hauptschwerpunkt ist aber, um es noch einmal zu betonen, ohnehin die Erklärung der historischen Voraussetzungen von zeitgenössischen Konflikten, so daß gelegentlich unvermeidliche thematische Überschneidungen zu anderen Beiträgen nicht irritieren sollten.

II. DIE BEIDEN WELTKRIEGE ALS RAHMENBEDINGUNGEN ZEITGENÖSSISCHER KONFLIKTE

Der enge innere Zusammenhang zwischen den beiden Weltkriegen ist heute so selbstverständlich geworden, daß – inhaltlich durchaus mit einem gewissen Recht – schon von der »Zeit der Weltkriege« die Rede sein kann.[4] Daß sich der Zweite aus dem Ersten Weltkrieg ergab, ist inzwischen schon längst zu einem historischen Allgemeinplatz geworden. Wichtiger ist, daß das gewichtigste Doppelereignis unseres Jahrhunderts logischerweise gemeinsame historische Voraussetzungen hat, aber auch in sich abgestufte entsprechende Konsequenzen – Inflation, Wirtschaftskrise, Kommunismus und Revolution in Teilen der Welt (Rußland, Osteuropa, China), Untergang des imperialistischen Systems, Entstehung neuer Nationalstaaten, teilweise mit sich anschließender sozialer (kommunistischer) Revolution.

fortsetzung

a) *Imperialismus und Weltkriege*

Der Imperialismus als welthistorische Voraussetzung für den Ersten und damit auch für den Zweiten Weltkrieg lenkt den Blick auf die frühen Handels- und Kolonialreiche der südwest- und westeuropäischen Seemächte seit dem Übergang zur Expansion Europas in Übersee um 1500. Mit ihr verknüpft sind so komplexe Prozesse wie ursprüngliche Akkumulation und industrielle Revolution, moderne Revolutionen und Nationalismus, der auf dem Balkan 1914 zum Attentat von Sarajevo führte, aber schon vorher Konflikte hatte entstehen lassen, die auch im und nach dem Ersten Weltkrieg weiterwirkten.

Alle genannten welthistorischen Faktoren sind in sich, erst recht in ihren mannigfachen Verknüpfungen untereinander, so kompliziert, daß sie sich an dieser Stelle nur als resümierender Hinweis in die knappe Skizze einsetzen lassen: Seit Beginn der überseeischen Entdeckungen, im allgemeinen Bewußtsein verknüpft mit der Entdeckung Amerikas durch Columbus (1492) und des Seewegs nach Indien durch Vasco da Gama (1498), entfaltete sich die Expansion Europas in Übersee auf der Grundlage der sich seit dem Spätmittelalter allmählich bildenden Nationalstaaten: Portugal, Spanien, die Niederlande, Frankreich und England. Ihre Konkurrenz wirkte sich auf den Expansionsprozeß zunächst stimulierend aus, richtete sich bald aber auch so weit gegeneinander, daß die frühen Kolonialmächte, vor allem Portugal und Spanien, von jüngeren aufkommenden See- und Kolonialmächten zurückgedrängt und teilweise aufgesogen wurden.

Die frühen Handels- und Siedlungskolonien bildeten in der zweiten Hälfte des 19. Jahrhunderts Ansatzpunkte zum weltweiten System des Imperialismus, das somit über mehrere Jahrhunderte in Etappen entstand: Mittel- und Südamerika sowie die Großen Antillen im 16., Nordamerika und Indonesien im 17. bis zum 19., Indien im 18. und 19., Afrika und die meisten bis dahin unabhängig gebliebenen Teile Südostasiens, vor allem Burma und Indochina, im 19. Jahrhundert. Unabhängig geblieben waren vor allem Japan, Siam (Thailand), Afghanistan, Äthiopien, China. Japan reihte sich nach einer inneren Krise und einer gezielten Modernisierung auf der Basis der Industrialisierung noch vor 1900 in die Reihe der imperialistischen Mächte ein, ebenso wie die inzwischen unabhängig gewordenen USA. China schien um 1900 an der Schwelle zur zumindest ökonomischen Aufteilung unter die imperialistischen Mächte zu stehen. Äthiopien behauptete sich zwar 1896 noch einmal gegen den italienischen Imperialismus liberaler Prägung, unterlag aber 1936 der faschistischen Variante unter Mussolini.

Im 19. Jahrhundert rückte England mit seinem Britischen Weltreich in die Position der faktischen Weltherrschaft ein – dank seinem Vorsprung in der Industrialisierung (»Werkstatt der Welt«), seinem Parlamentarismus, dem bürgerlichen Rechtsstaat und seiner starken Flotte. Kern des Britischen Weltreichs war Indien. Die konkurrierenden Kolonialmächte suchten sich tunlichst einen Platz in der Nähe von Indien, wie Frankreich, das England in Indien 1757 unterlegen war und seit 1858 Indochina eroberte, oder suchten sich ihr Indien in Afrika, wie die Kolonialagitation in Frankreich und Deutschland nach 1871 immer wieder betonte.[5]

Auch Rußland, das seine mit dem Imperialismus vergleichbare Expansion zu Lande betrieb[6], versuchte im 19. Jahrhundert Indien zu erreichen, dessen Eroberung England 1856 gerade abgeschlossen hatte, ein Jahr vor dem Großen Aufstand von 1857/58. Afghanistan kam so unter den Druck der englischen Expansion von Süden, der russischen Expansion von Norden. England und Rußland gerieten vor 1900 mehrfach fast an den Rand von Kriegen über Afghanistan. Zur Linderung des russischen Expansionsdrucks erreichte England in dem für die Vorgeschichte des Ersten Weltkriegs wichtigen Arrangement von 1907 die Erhaltung Afghanistans als neutralen Pufferstaat zum Schutz von Indien, gleichzeitig übrigens auch die Aufteilung des benachbarten Persien in drei Einflußzonen – den Norden für Rußland, den Süden (mit dem für die Marine wichtigen und ökonomisch lukrativen Erdöl) für England, die Mitte um Teheran für die Perser.

Seit der Mitte des 19. Jahrhunderts traten vier weitere Nationalstaaten in das sich ausbildende imperialistische System ein, wie üblich nach vorausgegangenen inneren Krisen und einer neuen Konsolidierung, die erst die Expansion in Übersee ermöglichte: Zwei lagen jeweils in Europa und in Übersee – Italien, Deutschland; Japan, die USA. Italien und Deutschland hatten nach Jahrhunderten des Machtvakuums seit dem Untergang des antiken Römischen Reichs bzw. des mittelalterlichen Römischen Reichs der Deutschen und nach bürgerkriegsähnlichen Konflikten mit dem Risorgimento (1859/61) und der Reichsgründung (1871) moderne Nationalstaaten auf der Basis der annähernden nationalen Homogenität und des konstitutionellen Systems gebildet. Beide – Italien und das Deutsche Reich – waren im wesentlichen Produkte der industriellen Revolution, des modernen Nationalismus und Liberalismus. In Übersee konsolidierten sich die schon älteren Staaten Japan und die USA nach inneren Konflikten und Bürgerkriegen – Japan nach der erzwungenen Öffnung für den Handel mit dem Westen durch die USA 1853/54, die USA nach ihrem vierjährigen blutigen Bürgerkrieg 1861–1865. Alle vier neuen Nationalstaaten schalteten sich früher oder später in die Expansion in Übersee ein und forderten ihren Anteil an der kolonialen Verteilung der Welt. Ihre Dynamik schuf wesentlich die Spannungen, aus denen zunächst der Erste Weltkrieg entstand, ein Vierteljahrhundert später der Zweite Weltkrieg.

Eine führende Rolle fiel in diesem Prozeß Deutschland zu, nicht nur im Zweiten, sondern auch im Ersten Weltkrieg, aber im Zweiten Weltkrieg trat Japan im Fernen Osten an die Seite Deutschlands, ergänzt durch das faschistische Italien unter Mussolini. So entbehrt es nicht der inneren historischen Logik, daß von den drei erst kurz vor 1900 zur kolonialen Expansion aufbrechenden neuen Nationalstaaten drei im Zweiten Weltkrieg sich im Bündnis der angeblichen kolonialen »Habenichtse«, der im imperialistischen System »Zukurzgekommenen«, zusammenfanden, um den Status quo des imperialistischen Systems anzufechten: die Achsenmächte Deutschland, Italien, Japan. Sie waren faschistische Diktaturen (Deutschland, Italien) bzw. ein militärautoritärer Zwangsstaat ohne eine direkt faschistische Ideologie (Japan).

Für den Ersten Weltkrieg ausschlaggebend war die Weltpolitik des Deutschen Reichs, der bewußte und offen proklamierte Versuch Deutschlands, nach seinem Aufstieg zur stärksten Großmacht auf dem europäischen Kontinent schon kraft der Reichsgründung von 1871 zu einer Weltmacht aufzusteigen, ebenbürtig dem Britischen Weltreich. Als größte Militärmacht des Kontinents wollte sich Deutschland, gestützt auf sein rasch wachsendes Industriepotential, seit der Jahrhundertwende auch noch die zweitstärkste Kriegs- und Schlachtflotte der Welt zulegen, wenigstens qualitativ der britischen Flotte ebenbürtig. Die neuere Forschung hat überzeugend nachgewiesen, daß die von Kaiser Wilhelm II. und seinem Großadmiral Tirpitz forcierte deutsche

Schlachtflotte von vornherein als offensives Instrument gegen England gedacht war.[7]

Die europäische Mächtekonstellation vor 1914, die sonst üblicherweise das Bild beherrscht, war in Wirklichkeit nur ein Ausschnitt aus dem imperialistischen System, eben auf Europa beschränkt. Die Verknüpfung mit den überseeischen Komponenten ist stets im Auge zu behalten, weil sie ständig auf die europäische Szenerie einwirkten, während umgekehrt die europäischen Faktoren auch die Entwicklungen im überseeischen Bereich des imperialistischen Systems beeinflußten. Die Interdependenz zwischen beiden Bereichen läßt sich gut am Aufstieg Englands zur seebeherrschenden Weltmacht und an einem wichtigen Aspekt der Außenpolitik Bismarcks mit ihren Auswirkungen zu Beginn des 20. Jahrhunderts erläutern.

Voraussetzung für den Aufstieg Englands zur führenden See-, Handels-, Industrie- und Kolonialmacht war die lange Periode des inneren Friedens seit Abschluß der Englischen Revolution von 1640–1660, die mit der »Glorious Revolution« von 1688/89 gleichsam ratifiziert wurde. In seiner Insellage sicherte sich England durch die Politik des »Gleichgewichts der Kräfte«, der »Balance of Power«, gegenüber dem Kontinent ab, um das Aufkommen einer kontinentalen Hegemonialmacht zu verhindern, die England in Übersee wie in seiner heimischen Basis hätte bedrohlich werden können. Nach dem vorausgegangenen Scheitern Spaniens richtete sich England seit dem späten 17. Jahrhundert gegen die Expansion Frankreichs unter Ludwig XIV., anschließend unter der Französischen Revolution und Napoleon I. bis zum Wiener Kongreß 1815. Im 19. Jahrhundert richtete sich die Gleichgewichtspolitik Englands gegen das zaristische Rußland, das vor allem auf dem Balkan, im Kaukasus und in Zentralasien expandierte. Die russische Expansion traf vor allem das Osmanische Reich und verknüpfte so die britische Politik des Gleichgewichts mit der Orientalischen Frage.

Seit der Jahrhundertwende, seit dem spektakulären Übergang des wilhelminischen Deutschland zum Bau einer mächtigen Schlachtflotte und zur Weltpolitik, fühlte sich England herausgefordert, so daß sich das Prinzip der »Balance of Power« fortan gegen Deutschland richtete. Damit ist bereits die wohl wichtigste Determinante in der europäischen Mächtekonstellation vor 1914 genannt, die Konfrontation England–Deutschland. Ihr ordneten sich die anderen Mächte unter, unter Zurückstellung älterer Rivalitäten: England wollte nicht zulassen, daß das seit 1871 geschwächte Frankreich durch Deutschland noch einmal niedergeworfen würde. Und mit dem schon erwähnten Kompromiß von

1907 zwischen England und Rußland über Afghanistan und
Persien ergänzte England das schon ältere französisch-russische
Bündnis von 1892/94 und die ihr folgende Entente Cordiale
England–Frankreich von 1904 um ein bilaterales Abkommen mit
Rußland. Wie die russisch-englische Verständigung von 1907
bestand die Entente Cordiale formal nur aus einer Verständigung
Englands und Frankreichs über ihre jeweilige Expansion in Über-
see: Ägypten für England, Marokko für Frankreich.
Eine weitere Verknüpfung zwischen europäischen und überseeischen Faktoren bietet ein zentraler Aspekt der Außenpolitik
Bismarcks: Nach dem Sieg über Frankreich 1870/71 ermunterte
er Frankreich geradezu, sich territoriale und emotionale Kompen-
sation für den Verlust von Elsaß-Lothringen in der kolonialen
Expansion in Übersee zu holen, vor allem durch den Aufbau eines
geschlossenen Kolonialreichs in Nord- und Westafrika. Bismarck
lenkte also die innereuropäischen Spannungen vom Zentrum in
die Peripherie ab, in die koloniale Expansion, um so den Bestand
des soeben durch drei Einigungskriege geschaffenen Deutschen
Reichs zu sichern.[8] Ähnlich gehörte es schon seit langem zum
klassischen Repertoire europäischer Diplomatie, innereuropäi-
sche Konflikte auf Kosten des ohnehin zerfallenden Osmanischen
Reichs, des sprichwörtlichen »kranken Mannes am Bosporus«, zu
vermeiden oder zu schlichten. *settle, neutrale, arbitrate*
Rund ein Vierteljahrhundert lang funktionierte Bismarcks
Ablenkungsstrategie nach Übersee. Als aber die imperialistischen
Mächte die weitgehend machtfreien Räume in Übersee durch
Einbeziehung in ihre Kolonialreiche in der einen oder anderen
Form weitgehend ausgefüllt hatten, kehrten die nach außen
abgeleiteten Spannungen wieder nach Europa zurück, teilweise
ausgelöst durch Konflikte auf überschneidende Interessen
im kolonialen Bereich. Klassisches Beispiel, an dem sich der
Mechanismus am besten zeigen läßt, ist Faschoda 1898: Frankreich stieß mit einer Militärexpedition vom Westen zum Nil,
England nach Niederwerfung des Mahdi-Aufstands im Sudan
remained vom Norden. Beide Mächte trafen bei Faschoda aufeinander und
verharrten einige Monate lang in Konfrontation und am Rande
eines englisch-französischen Krieges. In der Isolierung des bevor-
stehenden Burenkriegs und beunruhigt durch die sich schon
abzeichnende Herausforderung der deutschen Weltpolitik, suchte
England den Kompromiß, während Frankreich unter Außenminister Delcassé England als potentiellen Verbündeten gegen
Deutschland sah. So führten koloniale Verwicklungen im Sudan
zur Entente Cordiale von 1904, deren Hauptbedeutung darin zu
sehen ist, daß sie das Bündnis England–Frankreich vorbereitete.[9]

Die nach außen abgeleiteten Spannungen kehrten also seit der Jahrhundertwende nach Europa zurück und verschärften sich in einer Kette von eskalierenden Krisen. Jeweils zwei Krisen in West und Ost sind zu unterscheiden, die sich, zeitlich verschränkt, in atemberaubendem Wechsel ablösten: die beiden Marokkokrisen von 1905/06 bzw. 1911 auf der einen Seite, die bosnische Annexionskrise von 1908/09 und die beiden Balkankriege von 1912/13 auf der anderen Seite. Zusammengenommen bezeichnen die beiden Krisenfronten im Westen und Osten bereits die späteren militärischen Hauptfronten des Ersten Weltkriegs, die West- und Ostfront. Die Krisenfront im Westen setzte den seit den Napoleonischen Kriegen traditionellen Konflikt zwischen Deutschland und Frankreich fort. Die beiden Krisen im Osten waren in Südosteuropa zentriert, auf dem Balkan, und verknüpften Südosteuropa mit dem zwischen Rußland und Deutschland allmählich entstandenen Konfliktpotential. Die besondere welthistorische Bedeutung des Südostens liegt darin, daß hier, mit dem sprichwörtlichen »Pulverfaß Europas«, die Auslösung des Ersten Weltkriegs erfolgte.

Daß der Balkan zum auslösenden Faktor des Ersten Weltkriegs wurde, hat viele historische Ursachen: Expansion Rußlands, aufsteigender Nationalismus der Südslawen auf dem Balkan, Panslawismus, Zerfall der traditionellen Großreiche – des Osmanischen Reichs einerseits, Österreich–Ungarns andererseits – alles noch kompliziert und bis zum Weltkonflikt verschärft durch die Komponente der deutschen Weltpolitik, die über Südosteuropa in den Nahen Orient zielte.

b) *Orientalische Frage und Nationalismus in Südosteuropa*

Der Schlüssel zum Verständnis des ungewöhnlich komplexen Sachverhaltes ist die sog. Orientalische Frage[10], also die Frage nach der Zukunft der nicht-türkischen Teile im Osmanischen Reich. Seit der Friede von Kütschük-Kainardschie mit Rußland 1774 den Niedergang der osmanischen Macht vor aller Welt demonstriert hatte, kam das bekannte Bild vom »kranken Mann am Bosporus« auf, stellte sich die Orientalische Frage. Europa unmittelbar betraf die Zukunft der christlichen Völker auf dem Balkan unter osmanischer Herrschaft, neben Griechen und Albanern vor allem Südslawen. Schon unter Einwirkung der Französischen Revolution eröffnete der Serbische Aufstand von 1804 die Kette der nationalen Aufstände und Befreiungsbewegungen auf dem Balkan, die immer stärker die europäischen Großmächte in die Balkanfragen mit hineinzogen.[11]

Als erste Großmacht engagierte sich Rußland, das hier eine Gelegenheit fand, seine bisherige Expansion über das eigentlich russische Territorium hinaus fortzusetzen. Oberstes Ziel war Konstantinopel, seitdem Katharina das »Griechische Projekt« von 1781 verfolgte, die Errichtung eines neuen griechischen Kaisertums in Konstantinopel unter russischem Protektorat, womit sie seinerzeit den nächsten russisch-türkischen Krieg auslöste. Die russische Intervention fand zudem mit der »brüderlichen Hilfe« für glaubensverwandte Orthodoxe und stammesverwandte Slawen unter dem türkischen Joch eine willkommene ideologische Verbrämung.

So entstand in der zweiten Hälfte des 19. Jahrhunderts der Panslawismus als treibende Ideologie für die russische Expansion. England versuchte zwar, das Osmanische Reich gegen Rußland zu stützen, zuletzt sogar mit dem Krimkrieg gegen Rußland (1853–1856), sah sich aber in ein auf die Dauer unlösbares Dilemma gestürzt: Mit seiner liberalen Grundstruktur stand England dem südslawischen Nationalismus näher als der orientalischen Despotie des Sultans.

Nach der frühen Unabhängigkeit eines noch kleinen Griechenland (1831/39) unter dem Schutz der europäischen Großmächte gewann die südslawische Nationalbewegung eine Eigendynamik, die Europa schon im 19. Jahrhundert mehrfach an den Rand eines allgemeinen Krieges führte: Der Krimkrieg blieb noch lokalisiert. Die große Orientkrise von 1875–1878 führte zum 8. russisch-türkischen Krieg (1877/78) und wurde erst im Berliner Kongreß 1878 gelöst.[12] Der Konflikt um Bulgarien (1885–1887), u. a. ausgelöst durch die makedonische Frage, komplizierte die Konfrontation zwischen Rußland und Österreich-Ungarn.

Nach der Vertreibung der Türkei aus Europa im 1. Balkankrieg (1912) führte der Streit um Makedonien zum 2. Balkankrieg (1912–1913), in dem Bulgarien gegen Serbien und Griechenland unterlag. Die beiden Balkankriege aber bezeichnen die zweite der beiden großen Krisen im Osten bzw. Südosten, die dem Ausbruch des Ersten Weltkriegs vorangingen.

Die erste dieser beiden Krisen, die bosnische Annexionskrise, geht mittelfristig ebenfalls auf den Berliner Kongreß von 1878 zurück, denn damals hatte Österreich-Ungarn das Recht erhalten, die beiden seit 1875 gegen den Sultan aufständischen Provinzen zu besetzen. Die Umwandlung der Okkupation in die formelle Annexion (1908) provozierte den Widerstand Serbiens, das sich unter dem Druck Rußlands den vollzogenen Tatsachen beugen mußte, nachdem Deutschland seinerseits das hinter Serbien stehende Rußland mit einer verschleierten Kriegsdrohung zum Einwirken auf Serbien gezwungen hatte. In Bosnien-Herzegovina selbst provozierte die Annexion unter der jungen heranwachsenden Intelligentsia eine Radikalisierung des Nationalismus, vor allem in der kleinen Gruppe »Jung-Bosnien«. In ihrer Ungeduld über die politische Rechtlosigkeit steigerte sich die Gruppe »Jung-Bosnien« bis zur Vorbereitung des politischen Attentats, dem der österreich-ungarische Thronfolger Franz Ferdinand am 28. Juni 1914 zum Opfer fiel, in Sarajevo, der Hauptstadt Bosniens.[13]

c) *Der Erste Weltkrieg und seine Folgen*

Die Schüsse von Sarajevo trafen auf ein Europa, in dem sich über die Jahrzehnte wieder einmal Spannungen bis zur Konfliktreife angesammelt hatten: An die Stelle der traditionellen Hegemonialmächte Frankreich und Rußland war seit der Jahrhundertwende Deutschland getreten, das mit seiner Weltpolitik, gestützt auf eine atemberaubende Industrialisierung, das Bündnis Frankreichs und Rußlands von 1892/94 gegen sich geradezu herausforderte. Während Frankreich seit 1870/71 ganz in die Defensive gedrängt war, zielte die russische Expansionslinie auf den Balkan und schwächte durch Unterstützung des südslawischen Nationalismus langfristig die Stellung Österreich-Ungarns, das seinerseits mit Deutschland im Zweibund verbündet war, erweitert durch den Beitritt des im Grunde freilich ebenfalls anti-österreichischen Italien.
Die Bildung der Entente Cordiale zwischen England und Frankreich (1904) und ihre Erweiterung zur Triple Entente durch die Verständigung England–Rußland (1907) galt in Deutschland als »Einkreisung«, als Vorbereitung zu einem Angriffskrieg gegen das junge Deutsche Reich, das sich in der Aufteilung der Welt unter die imperialistischen Mächte benachteiligt fühlte. Verbunden mit einer romantisierenden Reichsideologie, wie sie vor allem die professorale deutsche Geschichtsschreibung betrieb, entstand so eine nach außen gewendete Dynamik, die sich in eine immer deutlicher greifbare Kriegsbereitschaft umsetzte. Jede der großen internationalen Krisen im Jahrzehnt vor 1914 steigerte und präzisierte einen zuletzt schon handgreiflich werdenden Willen, eine weitere Machtsteigerung des Deutschen Reichs, den Aufstieg zur mit England gleichberechtigten Weltmacht, zu erzwingen, notfalls auch mit Krieg.[14] Seit der 2. Marokkokrise

von 1911 wurde dieser Zusammenhang in internen Beratungen der Reichsspitze ebenso wie auf dem rechten Flügel der öffentlichen Meinung offen ausgesprochen. Die nächste große Krise – der 2. Balkankrieg von 1912/13 – führte zu dem von der neueren Forschung vor über einem Jahrzehnt entdeckten sog. »Kriegsrat« vom 8. Dezember 1912, in dem der Kaiser mit seinen höchsten militärischen Beratern den Kurs absteckte: verstärkte Rüstung zu Lande, diplomatische und psychologische Vorbereitungen in Deutschland auf einen zumindest begrenzten Kontinentalkrieg gegen Rußland und auch gegen Frankreich.[15] Erst sollte aber die Flotte einen Rüstungsstand erreicht haben, der den Krieg gegen England nicht von vornherein aussichtslos machen würde. Aus Sachzwängen ergab sich ein Termin, von dem an Deutschland im Prinzip zum Kriege bereit war: die Fertigstellung des U-Boot-Hafens Helgoland und die Erweiterung des Kaiser-Wilhelm-Kanals zur Aufnahme modernster Schlachtschiffe. Beide Projekte waren Mitte Juni 1914 abgeschlossen, zwei Wochen vor dem Attentat von Sarajevo.

Die deutsche Taktik in der sich rasch entfaltenden Julikrise 1914 bestand darin, das an sich, im Bewußtsein seiner eigenen inneren Schwäche, zaudernde Österreich-Ungarn zu »energischen Schritten«, wie es immer wieder hieß, gegen Serbien zu mahnen, also zum Krieg.[16] Die übrigen Mächte warnten vor der Illusion eines begrenzten, lokalisierten Krieges, weil er den Mechanismus der machtpolitischen Interessen und bündnispolitischen Verflechtungen in Gang setzen müsse: Rußland half Serbien gegen Österreich-Ungarn, Deutschland half Österreich-Ungarn gegen Rußland, worauf Frankreich und Deutschland in Konflikt gerieten. Die deutsche Führung hoffte, bei einem bloßen Kontinentalkrieg mit Hilfe des Schlieffenplans erst Frankreich, dann Rußland in zwei »Blitzkriegen«, wie es einen Weltkrieg später hieß, niederwerfen zu können: Die Hegemonie Deutschlands auf dem Kontinent wäre somit erreicht. Aber genau um dieses Ergebnis zu verhindern, trat England gegen Deutschland und Österreich-Ungarn in den Krieg ein, obwohl es formal durch keine Bündnisverpflichtungen an Frankreich und Rußland gebunden war. Nur eine derartige Ausweitung des zumindest in Kauf genommenen Kontinentalkriegs zum Weltkrieg war der deutschen Reichsführung unangenehm. Trotzdem tat sie nichts, um den anlaufenden Kontinental- und Lokalkrieg im letzten Augenblick abzublasen. Im Gegenteil: Die im Schlieffenplan einprogrammierte Verletzung der belgischen Neutralität beseitigte in England die letzten Hemmungen zum Kriegseintritt am 4. August 1914.

Die Verknüpfung von globalen und partikularen Faktoren –

Imperialismus, Industrialisierung, Nationalismus, Revolution einerseits, je nationale Faktoren andererseits – setzte sich auch in den welthistorischen Auswirkungen des Ersten Weltkriegs fort: So wie der Erste Weltkrieg aus einer Bündelung von Konflikten entstand, sog er weitere partikulare Konflikte gleichsam in sich auf und setzte neue Konfliktstoffe frei, die teils in den Zweiten Weltkrieg führten, teils in neue partikulare Konflikte. Nach dem Ende des Ersten Weltkriegs kam es bis zum Jahr 1923 zu einer ganzen Serie von europäischen Folgekonflikten: Konflikte zwischen Deutschland und Polen um Oberschlesien (1919/21), zwischen Polen und Sowjetrußland um Weißrußland/Ukraine (1919/21), der anglo-irische Krieg (1919/21), fortgesetzt vom irischen Bürgerkrieg (1921/22), der Konflikt zwischen Italien und Jugoslawien um Fiume und Triest (1920), zwischen Polen und Litauen (1920), der griechisch-türkische Krieg (1920/22), der erst mit dem Frieden von Lausanne endete (1923). Hinzu kamen kriegerische Konflikte zwischen Armeniern und Türken (1918–1922) und blutige Zusammenstöße zwischen Juden und Arabern in Palästina (ab 1919), die zur engeren Vorgeschichte des noch heute virulenten Nahostkonflikts gehören.

Der gleichzeitige Zusammenbruch von vier dynastischen Großreichen in den Jahren 1917 und 1918 – Rußland, Deutschland, Österreich-Ungarn, Osmanisches Reich – ermöglichte in Ost- und Südosteuropa sowie im Vorderen Orient den Aufstieg neuer oder die Vergrößerung schon älterer Nationalstaaten. Auf der Ebene der zwischenstaatlichen internationalen Beziehungen stellte sich eine neue Konfrontation heraus, entsprechend den Ergebnissen des Ersten Weltkriegs für die jeweiligen Staaten: Der sich allmählich auflösenden Front von Verteidigern des Versailler Systems und des von ihm festgelegten neuen Status quo (Frankreich, Polen, England, Rumänien, Jugoslawien) standen die Mächte gegenüber, die sich aus unterschiedlichen Ausgangslagen zur Revision des Versailler Systems, d. h. zu seinem Umsturz anschickten: die Verliererstaaten Deutschland und Ungarn, ergänzt um Staaten, die formal zu den Siegern zählten, sich aber in ihrem Expansionsdrang nicht befriedigt fühlten, nämlich Italien und Japan. Einen regional begrenzten Revisionsdruck übte die ideologisch ganz anders orientierte Sowjetunion auf Polen und die neuentstandenen baltischen Staaten (Litauen, Lettland, Estland) aus, dem sie in der Anfangsphase des von Deutschland provozierten Zweiten Weltkriegs auch erlagen (1939/40).

In das durch den Zusammenbruch der alten Großreiche und dynastischen Monarchien entstandene Vakuum strömte auf der einen Seite des politischen Spektrums die sozialistisch-kommunistische Revolution, die sich nur in Rußland mit der Oktoberrevolution 1917 durchsetzen und gegen Bürgerkrieg und Interventionskrieg behaupten konnte, auf der anderen Seite der Faschismus, zunächst in Italien (1922), zugespitzt auch in Deutschland mit dem Nationalsozialismus (1933). Die Polarisierung zwischen Kommunismus und Faschismus bestimmte weitgehend die politische Entwicklung zwischen den beiden Weltkriegen, auf nationaler Ebene in zahlreichen Ländern, auf internationaler Ebene seit dem Sieg des deutschen Faschismus 1933. Zwischen den extremen Kräften von Kommunismus und Faschismus wurden andere Kräfte zerrieben, die 1918 zunächst auch politisch wirksam geworden waren – Sozialdemokraten, Liberale, nationale Demokraten, christlich oder agrarisch fundierte Konservative, eher nationalistische Konservative (wie die Deutschnationalen in Deutschland). Entsprechend ist die zwischenstaatliche Polarisierung zwischen den faschistischen Mächten, zuletzt zusammengefaßt in der Achse Berlin–Rom–Tokio, und der UdSSR zu verstehen. Die Ausweitung des politischen Spektrums nach links zum Kommunismus, nach rechts zum Faschismus bewirkte jene innere und äußere Polarisierung, die zum Konflikt zwischen Kommunismus (staatlich organisiert in der UdSSR) und Faschismus (staatlich organisiert vor allem in Italien und Deutschland) führte, anschließend in den Zweiten Weltkrieg.

d) *Der Zweite Weltkrieg und seine Folgen:*
Dekolonisation und Kalter Krieg

Eine der wichtigsten welthistorischen Wirkungen des Ersten Weltkriegs war somit nicht zuletzt der Zweite Weltkrieg, der seinerseits wesentliche Wirkungen des Ersten Weltkriegs fortsetzte, erweiterte und steigerte: Die kommunistische Revolution setzte sich fort, in Ost- und Südosteuropa ermöglicht oder erzwungen durch die Präsenz der Roten Armee, in Jugoslawien als Folge des Widerstands gegen die deutsche Besatzungsmacht fast aus eigener Kraft, während die britisch-amerikanische Präsenz ein Übergreifen der sozialen Revolution auf Griechenland verhinderte. In China siegte die kommunistische Revolution 1949 aus der Dynamik des zuletzt erfolgreichen Widerstands gegen die japanische Aggression.
Welthistorisch entsprach dem plötzlichen Zusammenbruch der dynastischen Großreiche am Ende des Ersten Weltkriegs der allmähliche Zerfall der europäischen Kolonialreiche im Zuge der

weltweiten Dekolonisation nach dem Zweiten Weltkrieg. Die Dekolonisation nach 1945 machte spektakulär sichtbar, was sich nach dem Ersten Weltkrieg hinter der Fassade der scheinbar unerschüttert weiterexistierenden Kolonialreiche bereits angebahnt hatte. In beiden Fällen übernahm Indien, frühes Zentrum der Expansion Europas in Übersee und das Herzstück des modernen imperialistischen Systems, die Schrittmacherrolle – nach dem Ersten Weltkrieg mit seiner Forderung nach Autonomie und unmittelbar vor Ausbruch des Zweiten Weltkriegs, erst recht nach dem Zweiten Weltkrieg mit seiner zuletzt auch durchgesetzten Forderung nach voller Unabhängigkeit. Unter dem Druck eines sonst drohenden nationalrevolutionären Befreiungskriegs räumte das vom Krieg erschöpfte England – gegen den Widerstand der Konservativen unter Winston Churchill – unter der Labour-Regierung Attlee 1947 seine indische Position, wodurch die völlige Auflösung des Britischen Empire eingeleitet wurde.

Die Unabhängigkeit Indiens wurde zugleich Auftakt für die Dekolonisation im übrigen Asien bis hin zur Niederlage der Niederlande (1949) und Frankreichs (1954) in ihren Kolonialkriegen zur Rückeroberung der ihnen durch den Zweiten Weltkrieg entglittenen Besitzungen Indonesien und Indochina. Es schloß sich nahtlos die Dekolonisation Afrikas an, eingeleitet einerseits durch die nationale Emanzipation Ägyptens vom faktischen Protektorat Englands, andererseits durch die Autonomie für Nigeria und Ghana (1951) sowie die Aufstandsbewegung in Algerien (1954). Unter dem Anprall des neuen Nationalismus in den sog. Entwicklungsländern zerbrachen nicht nur die europäischen Kolonialreiche, sondern auch Versuche, die Dynamik der nationalen Emanzipation und sozialen Revolution durch quasi-föderative Konstruktionen zu kanalisieren – das britische Commonwealth of Nations und, in Nachahmung des Commonwealth, die französische Union Française bzw. die Communauté Française.

Formen, Verlauf und Ergebnis der vielfältigen Konflikte, die im Zuge der weltweiten Dekolonisation zwischen Kolonialmächten und Kolonialvölkern abliefen, waren seit 1945 zu einem erheblichen Teil durch die Rivalität zwischen den beiden Supermächten USA und UdSSR beeinflußt. Der sog. Ost-West-Konflikt, ausgetragen im Kalten Krieg, der sich unmittelbar an den heißen Zweiten Weltkrieg anschloß, wirkte direkt oder indirekt in den Dekolonisationsprozeß hinein. Auch unter dem Druck der drohenden und teilweise erfolgten Unterstützung von Aufständischen durch die UdSSR auf politischem wie militärischem Gebiet (Waffenlieferungen, Ausbildung von Militärkadern) räumten die früheren Kolonialmächte insgesamt weitgehend kampflos ihre

kolonialen Positionen. Während der Kalte Krieg (bisher) nur an
einer Stelle zum lokalisierten Krieg, teilweise mit Stellvertreter-
funktion, umschlug, in Korea, kam es in einigen Ländern zu
langwierigen und blutigen Befreiungskriegen, die erhebliche
Rückwirkungen auf die übrigen damals noch abhängigen Kolonialvölker hatten: Vietnam, Algerien, Kenya, Malaya, Guinea-
Bissau, Angola, Moçambique, Zimbabwe (Rhodesien). Die Fortführung in Südafrika, der letzten Bastion europäischer Herrschaft aus der kolonialen Expansion, steht unmittelbar bevor.

III. KONFLIKTE NACH 1945 – ZUR SYSTEMATISIERUNG UND KATEGORISIERUNG

In diesen Rahmen der beiden Weltkriege und ihrer Auswirkungen sind die zahlreichen Konflikte zu stellen, die seit 1945 die
Welt erschütterten und mehrmals die Welt immer wieder an den
Rand eines Dritten Weltkriegs führten (Koreakrieg, Nahostkonflikt, Kuba, Vietnam, Afghanistan). Ähnlich wie nach dem Ersten
Weltkrieg auf dem Balkan und im Vorderen Orient kam es nach
dem Zweiten Weltkrieg in geänderten politischen Verhältnissen zu so vielen gewaltsamen Konflikten der verschiedensten
Art, daß schon ihre Aufzählung ermüdet: Bürgerkrieg in Griechenland (1945–1949), China (1946–1949), Philippinen (1946/49),
Malaya (1948–1957), Burma (1948 bis ca. 1972), Kolumbien
(1953–1957), Kuba (1954–1957), Sudan (1955), Tschad (seit
1966), Nigeria (1967–1970), Libanon (1975–1979), Kambodscha
(1970–1975, seit 1978), Nikaragua, um nur die wichtigsten zu
nennen. Hinzu kamen der Koreakrieg (1950–1953), die kolonialen Befreiungskriege in Indonesien (1946–1949), Vietnam
(1946–1954, 1959–1975), Kenya (1952–1956), Algerien
(1954–1962), Guinea-Bissau (1959–1974), Angola (1961–1975),
Moçambique (1962–1974), Eritrea (seit 1962), Zimbabwe
(1972–1980), Westsahara (seit 1975).

a) *Internationale und nationale Konflikte*

Zwei Kategorien lassen sich unterscheiden – internationale
(äußere) und nationale (innere) Konflikte. Abgesehen vom Koreakrieg (1950–1953), entstanden internationale Kriege aus dem
Anspruch zur Revision von Grenzziehungen: Indien–Pakistan
um Kaschmir (1947–1949, 1965) bzw. Bangla Desh (1972), die

(bisher) vier israelisch-arabischen Kriege (1948–1949, 1956, 1967, 1973), Äthiopien–Somalia um Ogaden (1978). Manche Bürgerkriege wurden nur durch offene militärische Intervention von außen entschieden oder, soweit sie noch andauern, vorläufig entschieden, so in Griechenland (1949), Malaya (1957), Nigeria (1970), in Uganda durch Intervention Tansanias (1979), während die militärische Intervention Indiens der Sezession von Bangla Desh in die nationale Unabhängigkeit entscheidend half (1972). Kriegerische Konflikte besonderer Art waren die Suezaktion Englands und Frankreichs gegen Ägypten im Zusammenwirken mit Israel (1956) und die gleichzeitige Niederwerfung des Ungarn-Aufstands durch die UdSSR, formal auf Hilfeersuchen einer ungarischen Bürgerkriegspartei. Ähnlich lassen sich militärische Interventionen der UdSSR in der ČSSR (1968) und in Afghanistan (1979–1980) als Sonderformen jüngster Konflikte verstehen, ebenso entsprechende Interventionen der USA in anderen Ländern zur Einsetzung ihr genehmer Regierungen, mit oder ohne Einsatz US-amerikanischer Streitkräfte: Iran (1953), Guatemala (1954), Libanon (1957–1958), Vietnam (1964/65–1972), Dominikanische Republik (1965), Griechenland (1967), Kambodscha (1970), Chile (1973), um nur die eklatantesten Beispiele zu nennen. In diesen und anderen Fällen wird deutlich, daß die formal an sich sinnvolle und übliche Unterscheidung zwischen inneren und äußeren Konflikten nicht ausreicht, da die Intervention äußerer Faktoren oft erst den Ausgang des Konflikts bestimmte, zumindest kurzfristig. Gerade der Sturz des Schahs im Iran (1979) zeigt aber, wie eine Intervention von außen – in diesem Fall durch die USA zur Wiedereinsetzung des schon ins Exil gegangenen Schahs (1953) – mittelfristig doch zum Scheitern der ausländischen Intervention führen kann (1979), mit weitreichenden möglichen Konsequenzen, die sich im Augenblick (Mitte 1980) noch nicht abschätzen lassen.

Mit diesem Vorbehalt bleibt die grobe Unterscheidung von überwiegend nationalen und internationalen Konflikten dennoch weiterhin sinnvoll, wenn das Hineinwirken von auswärtigen bzw. internen Faktoren genügend beachtet wird. Für nationale Konflikte seit 1945 lassen sich fünf Varianten unterscheiden:

1. Eine unterdrückte und ausgebeutete Minderheit nimmt für sich das demokratische Recht auf politische Mitbestimmung in Anspruch und gerät so in Konflikt mit der herrschenden Mehrheit. Die Spannungen können sich in sporadischen Eruptionen ausdrücken (Afro-Amerikaner in den USA in den »Heißen Sommern« 1964–1968) oder in langwierige blutige Bürgerkriege führen (Sudan 1955–1972, Nordirland seit 1966).

2. Einem Bevölkerungsteil, der in dem von ihm bewohnten Landesteil die Mehrheit darstellt, werden politische Rechte (z. B. Autonomie) durch die nationale Verfassung oder durch internationale Verpflichtungen zwar in Aussicht gestellt, aber dann doch verweigert oder nach einiger Zeit wieder genommen, so daß es zur Sezession in die neue nationale Unabhängigkeit kommt (Bangla Desh gegen Pakistan 1971) oder zur versuchten Sezession in einem bisher noch nicht entschiedenen nationalen Unabhängigkeitskampf (Eritrea gegen Äthiopien seit 1962).

3. Nationale Unabhängigkeitskriege gegen europäische Kolonialmächte wiesen, ähnlich wie die Partisanenkriege im Zweiten Weltkrieg, auch Elemente von Bürgerkriegen gegen mit der Kolonialmacht kollaborierende ältere Führungsschichten auf, so daß die anfänglich überwiegend nationale Revolution im oder nach dem nationalen Unabhängigkeitskampf in die soziale Revolution umschlug – Vietnam, Algerien, Guinea-Bissau, Angola, Moçambique.

4. Eine durch vor-koloniale traditionelle Herrschaftsstrukturen unterdrückte Mehrheit reagiert nach Erlangung der nationalen Unabhängigkeit gegen die herrschende autochthone Minderheit, mit durchaus unterschiedlichem Erfolg: In Rwanda setzte sich die Mehrheit der schwarzen Hutu-Bauern gegen die hellhäutigere Krieger-Aristokratie der Tutsi nach einem Aufstand (1959) und in einem Referendum durch (1961) und behauptete sich gegen eine militärische Intervention der gestürzten Tutsi von außen (1963). Dagegen scheiterte ein entsprechender Versuch der Hutu im benachbarten und analog strukturierten Burundi in zwei blutigen Massakern der siegreichen Tutsi an den aufständischen Hutu (1965, 1972). In Sansibar stürzte ein Aufstand der traditionellen, überwiegend schwarzen, Unterschichten die Herrschaft der seit Jahrhunderten einheimischen Araber, nur einen Monat nach der nationalen Unabhängigkeit Sansibars (Dezember 1963) in einem blutigen Massaker an den Arabern (Januar 1964). Bis zu einem gewissen Grad läßt sich hier auch der Konflikt zwischen Griechen und Türken auf Zypern einordnen, wenn auch die historischen Verhältnisse etwas komplizierter sind.

5. Eine Variante dieses Modells stellen Konflikte in dynastischen Machtstaaten imperialen Zuschnitts dar, nachdem sie durch inneren Umsturz die bisherige Klammer der kaiserlichen Zentralgewalt beseitigt haben: so in Äthiopien (1975) und im Iran (1979). Beide Staaten beruhen in ihrem gegenwärtigen Umfang auf historischen Eroberungen. Es war von vornherein, nach allen historischen Erfahrungen, zu erwarten, daß die bisher nur mit der Krone verbundenen ehemals unterworfenen Bevöl-

kerungsteile nunmehr im Zeitalter von Demokratie und Mitbestimmung zumindest die Autonomie für sich beanspruchen oder
in den Sog von nationalen Vereinigungsströmungen geraten
würden, die von schon bestehenden Nationalstaaten ausgehen
mußten. Der Konflikt Äthiopien–Somalia um den Ogaden
(1978–1979), die inneren Konflikte in den Gebieten der nationalen Minderheiten des Iran zwischen dem regierenden Mehrheits-
volk der Perser und den Autonomieforderungen in strategisch
oder ökonomisch (Erdöl) wichtigen Grenzgebieten lassen sich
durch diesen Mechanismus erklären. Ähnlich sind auch Spannungen oder gar Konflikte zwischen den herrschenden Amharen
in Äthiopien und den anderen nationalen Minderheiten zu
erwarten, es sei denn, sie erhielten in der neuen Volksrepublik
eine wirkliche innere Autonomie. Zum Verständnis dieses historischen Mechanismus ist ein vergleichender Seitenblick auf
ältere, ähnlich strukturierte dynastische Machtstaaten und ihre
innere Entwicklung unter dem Druck revolutionärer Entwicklungen hilfreich, auf das Osmanische Reich, das Russische Reich und
Österreich-Ungarn, jeweils in der Endphase ihrer Existenz und
nach ihrem Zusammenbruch bzw. ihrer revolutionären Umgestaltung.

Für internationale Konflikte seit 1945 lassen sich zwei große
Kategorien unterscheiden: Entweder entstanden sie ganz oder
überwiegend aus der Ost-West-Konfrontation im Kalten Krieg
(vor allem der Koreakrieg) oder es lagen ihnen ältere Konflikte
zwischen zwei oder mehreren Staaten zugrunde, deren historische Wurzeln sich bis in die vor-koloniale Zeit zurückverfolgen
lassen. Wichtigste Beispiele sind die Konflikte zwischen Indien
und Pakistan, der Dreieckskonflikt Somalia–Kenya–Äthiopien,
der Nahostkonflikt, der Konflikt Vietnam–Kambodscha. Dagegen
ist der Krieg zwischen Uganda und Tansania (1979), der zum
Sturz Idi Amins führte, überwiegend auf innerugandische Faktoren zurückzuführen. Der Konflikt auf Zypern entstand als interner, nationaler Konflikt, provozierte aber sofort die Konfrontation von Griechenland und der Türkei bis zum Rande eines
internationalen Konflikts, mit lähmenden Konsequenzen für die
NATO in Südosteuropa. Der Nahostkonflikt und der Zypern-
Konflikt zeigen, wie internationale Konflikte außerhalb des Kalten Kriegs gleichwohl von der globalen Ost-West-Konfrontation
zutiefst beeinflußt werden.

Die meisten Konflikte außerhalb der Ost-West-Spannungen gin-
gen bzw. gehen in der Regel um die Zugehörigkeit umstrittener
Gebiete, die entweder außerhalb der beteiligten Staaten (z. B.
Zypern, das seit 1959 einen eigenen unabhängigen Staat bildet)

oder in dem einen oder anderen der am Konflikt beteiligten Staaten liegen: Gebiete in der Sahara, die zwischen Algerien und Marokko um 1965 umstritten waren; von Somalis bewohnte Gebiete in Kenya und Äthiopien, die von Somalia beansprucht wurden bzw. werden; Gebiete im Himalaya entlang der MacMahon-Linie, die zu einem Grenzkrieg zwischen Indien und China führten (1962). Ähnlich gelagert waren die Grenzkonflikte zwischen der UdSSR und der VR China um die Ussuri-Region (1968–1969). In der Regel waren solche Gebietsforderungen nur von regionaler Bedeutung und hätten die nationale Existenz des betroffenen Staates wohl kaum tangiert. Ausnahme war die Forderung Marokkos nach Annexion Mauretaniens (1960), wobei ein gerade in die Unabhängigkeit entlassener Staat sofort wieder verschwunden wäre. Ähnlich bedrohten Gebietsforderungen Ghanas unter Nkrumah (bis 1966) die nationale Existenz des benachbarten Togo. So wie Territorialforderungen Marokkos die nationale Unabhängigkeit Mauretaniens im Keim erstickt hätten, versuchten bzw. versuchen Mauretanien (bis 1979) und Marokko durch Aufteilung der früheren Spanischen Sahara nach dem Rückzug der Spanier (1976) die Bildung eines neuen Nationalstaats Westsahara zu verhindern.

b) *Historische Eroberungen als Konfliktpotential*

Die Begründungen und Rechtfertigungen der jeweiligen Konfliktparteien für Aufrechterhaltung bzw. Beendigung von angefochtenen Herrschaftsverhältnissen oder staatlichen Grenzen liefern einen Schlüssel zum tieferen Verständnis der in den Konflikten wirksam werdenden Mechanismen: Meistens sind Gebietsoder Herrschaftsansprüche ganz oder überwiegend historisch begründet, nur in Ausnahmefällen offen ökonomisch, wie beim neuerdings wieder aufgebrochenen Konflikt zwischen dem Iran und dem Irak um den Schatt-al-Arab oder beim Streit zwischen Marokko und dem noch nicht anerkannten, um seine Unabhängigkeit ringenden Staat Westsahara, der seine reichen Phosphatvorkommen verständlicherweise für sich behalten möchte.
Besonders kompliziert verlaufen Konflikte, wenn Angehörige eines Volkes, das auf mehrere Staaten verteilt ist, im Zeichen des nationalen Selbstbestimmungsrechts die Vereinigung in einem nationalen Staat fordern, selbst wenn sie bisher nie einen eigenen geschlossenen Nationalstaat besaßen, wie die Somalis, die heute in Somalia, Äthiopien und Kenya leben. Immerhin haben sie mit Somalia bereits eine staatliche Ausgangsbasis für die Vereinigung

aller Somalis zu einem Groß-Somalia. Ähnlich fordert Bulgarien den Anschluß Makedoniens als nationale Wiedervereinigung, womit die Existenz Jugoslawiens gefährdet erscheint. Im Unterschied dazu haben die Armenier und Kurden keinen eigenen nationalen Kernstaat, die Armenier im Rahmen der UdSSR immerhin eine autonome Sowjetrepublik. Während die Armenier in ihrer Vergangenheit immer wieder Perioden der nationalen Unabhängigkeit aufzuweisen haben, hatten die Kurden, die sich von dem altorientalischen Volk der Churriten ableiten, seit dem Untergang des Mitanni-Reichs (ca. 1500 v. Chr.) keinen eigenen Staat mehr und gehörten stets zu Großreichen im Vorderen Orient oder, wie seit der Neuzeit, gleichzeitig zu mehreren Staaten.

Teilweise stützen sich konfliktproduzierende Gebietsansprüche auf die vorübergehende Zugehörigkeit des betreffenden Territoriums irgendwann in der Vergangenheit, wie die Annexionsforderung Marokkos gegenüber Mauretanien (1960), neuerdings auch auf das nördliche Gebiet von Westsahara, oder im Konflikt zwischen der Türkei und Griechenland um Zypern. Aus dem Rückgriff junger Nationalstaaten auf imperiale Traditionen zum Zeitpunkt der je größten territorialen Ausdehnung in der Vergangenheit entstanden und entstehen Konflikte dort, wo aus der Geschichte abgeleitete konkurrierende Gebietsansprüche aufeinanderprallen, vor allem in Makedonien, das seit dem Berliner Kongreß 1878 ein akuter oder latenter Konfliktherd zwischen Bulgarien und Serbien/Jugoslawien ist. Aus demselben Mechanismus erklären sich auch ältere, inzwischen weitgehend historisch gewordene Konflikte im Anschluß an den Ersten Weltkrieg um umstrittene Gebiete vor allem in Osteuropa, namentlich Polens mit Litauen, mit der ČSR (um Teschen) und mit der jungen Sowjetrepublik Rußland.

Ideologisch besonders delikat wird die Situation, wenn sich junge Nationalstaaten oder revolutionäre (kommunistische) Staaten in ihren Gebietsstreitigkeiten auf Grenzziehungen älterer Mächte imperialistischen oder imperialen Charakters berufen, weil ihr antiimperialistisches Pathos in Gegensatz zur Anerkennung der vom jeweiligen Ancien Régime gezogenen Grenzen gerät. So beriefen sich um 1965 Marokko und Algerien in ihrem Streit um ökonomisch interessante Grenzgebiete in der Sahara (Phosphate) jeweils auf (unklare) interne Verwaltungsgrenzen der französischen Kolonialmacht, während Kenya aus strategischen Gründen die von der britischen Kolonialmacht gezogene Grenze im Nordosten gegen Somalia behauptete und die Existenz einer – im Krisenfall vielleicht politisch unzuverlässigen – nationalen Minderheit von Somalis in Kauf nahm. Ähnlich lagen die Dinge im Grenzkrieg zwischen Indien und China um die MacMahon-Linie, also um eine von England im Himalaya zwischen Tibet/China und Indien gezogene Grenze, auf die sich Indien berief, während die Volksrepublik China die Gültigkeit der MacMahon-Linie von 1913 bestritt.[17]

Eine andere Variante desselben Prinzips ist der Grenzkonflikt zwischen der UdSSR und der VR China um die Ussuri-Region. In diesem Fall berufen sich beide kommunistischen Weltmächte auf Grenzlinien ihrer jeweiligen imperial-dynastischen Vorgänger-staaten. Während die UdSSR von der völkerrechtlichen Gültig-keit der 1689 und 1860 abgeschlossenen Grenzverträge zwischen dem zaristischen Rußland und dem kaiserlichen China ausgeht, rechnet die VR China diese Verträge zu jenen »ungleichen Verträgen«, die die imperialistischen Großmächte seit dem Ende des Opiumkriegs (1839–1842) dem Chinesischen Reich aufge-zwungen hatten, weshalb die VR China heute generell die Gül-tigkeit solcher »ungleicher Verträge« bestreitet. Im chinesisch-sowjetischen Grenzkonflikt schlägt also das Prinzip Eroberung auf eine für kommunistische Staaten besonders groteske Weise durch: Gewiß gehören die fernöstlichen Territorien der UdSSR zu den Eroberungen der »weißen Zaren«, aber ehe die damals in China herrschende Mandschu-Dynastie diese Gebiete an das expandierende Rußland hatte abtreten müssen, hatten die Mandschus, ihrerseits Usurpatoren in China (seit 1644), die-se Gebiete kurz vorher erobert, die zudem nicht von Han-Chinesen bevölkert waren, sondern von Nomadenstämmen, die den Mongolen näherstanden als den Chinesen. Ähnlich behaup-tet die VR China alle – auch eindeutig nicht-chinesische – Gebiete, die einst die »weißen Kaiser«, wie man sie analog zu den »weißen Zaren« nennen könnte, erobert hatten, vor allem Tibet und den größten Teil der Mandschurei sowie die Innere Mongolei und Sinkiang (Ost-Turkestan).

Der gemeinsame Nenner für alle bisher genannten Konflikte erschließt sich erst aus der historischen Dimension: Der Versuch zur Erklärung zeitgeschichtlicher oder gar zeitgenössischer Kon-flikte führt stets in die Vergangenheit, weit über den modernen Imperialismus hinaus, oft um Jahrhunderte, im Extremfall gar um Jahrtausende zurück. Diese Erfahrung allein sollte Veräch-tern der älteren Geschichte und den Verfechtern einer meist ganz eng auf die Industrialisierung des je eigenen Landes beschränkten Wirtschafts- und Sozialgeschichte oder gar der Zeitgeschichte zu denken geben: Zeitgeschichte jenseits eigener Nationalschranken läßt sich heute überhaupt nicht verstehen ohne wenigstens umrißartige Kenntnisse der älteren europäischen und außereuropäischen Geschichte, gelegentlich bis zur Antike und in den alten Vorderen Orient zurückreichend, wie vor allem der Nahostkonflikt.

Allen bisher genannten und im Folgenden näher zu skizzierenden zeitgenössischen Konflikten liegen politisch und sozial unbewältigte Eroberungen zugrunde. Die Eroberungen schufen Herrschafts- und Ausbeutungsverhältnisse, die in unser Zeitalter von Demokratie und nationaler Selbstbestimmung hineinragen, mögen die Herrschafts- und Ausbeutungsstrukturen inzwischen noch so modifiziert oder verschleiert sein: Gelegentlich ließ in früheren Kolonialländern nach oder unmittelbar vor der nationalen Unabhängigkeit bereits die Einführung des demokratischen Prinzips das Verhältnis zwischen herrschender Minderheit und beherrschter Mehrheit in das Gegenteil umschlagen, was zu Konflikten führte, wie auf Zypern (Türken–Griechen) und Sansibar (Araber–Afrikaner), in Rwanda und Burundi (Tutsi–Hutu). In der Sahel-Zone wie in anderen Regionen (Teilen Westafrikas) veränderte die europäische Kolonialherrschaft das Verhältnis zwischen traditionell beherrschten oder ausgebeuteten schwarzen Bauern und berberischen Sklavenjägern aus der Sahara bzw. zwischen Küstenvölkern (Ibo, Fanti, Ewe) und sklavenjagenden Völkern des Inlands (Yoruba, Fulani/Haussa, Ashanti) und verschaffte den traditionell unterlegenen Völkern eine günstigere ökonomische, soziale und politische Ausgangsbasis für die Zeit nach der Unabhängigkeit. Vor allem die Sahelzone ist ein Spannungsgebiet, in dem die Rache der schwarzen Bauernmehrheit jetzt die Saharabewohner (Tuareg, Berber) voll trifft: Die einstigen »stolzen Wüstensöhne« werden nun zu marginalen, zurückgebliebenen und verhaßten Minderheiten, so daß sie sich gegen die neuen Diskriminierungen auflehnen. Das ist der historische Hintergrund für den seit 1966 in wechselnder Intensität tobenden Bürgerkrieg im Tschad. Gleichsam stumm und ohne Aufsehen vollzog sich derselbe Konflikt während der schrecklichen Dürrekatastrophe bis 1975, als die Hilfsgüter und Hilfsmaßnahmen für die am härtesten Betroffenen, die Einwohner in der Sahara selbst, von den von Schwarzen gestellten Zentralregierungen, nach Zeitungsberichten, weitgehend zurückgehalten wurden.

Elementare Voraussetzungen für das Entstehen zahlreicher zeitgenössischer Konflikte ist also die politische Nachwirkung des historischen Prinzips der Eroberung, wenn auch in mannigfachen Variationen, so daß es in zeitgenössischen politischen Konfliktsituationen nicht immer leicht zu erkennen ist. Die folgenden Beispiele sind meist dem Bereich der Dritten Welt entnommen, was historisch gewiß kein Zufall ist: Allein schon die große Zahl von politischen und sozialen Faktoren nationaler und regionaler Art in der Dritten Welt schaffen eine größere Zahl von Reibungsflächen, Spannungen und Konflikten. Historisch entsprechen die Gesellschaften der Dritten Welt dem Zustand des Balkans nach dem Ersten Weltkrieg, nach dem endgültigen Untergang des Osmanischen Reichs und Österreich-Ungarns, nur daß in der Dritten Welt die Kolonialreiche der imperialistischen Mächte bzw. die imperialen Machtstrukturen einheimischer herrschender Völker (Äthiopien, Iran) zerfallen sind und nun Konfliktpotential freisetzen, analog dem Konfliktpotential in und zwischen den neuen Nationalstaaten unmittelbar vor und nach dem Ersten Weltkrieg. Der vergleichende Blick auf ältere historische Konflikte in Europa vor 1914 und auf zeitgenössische Konflikte, die in Europa lokalisiert sind (Nordirland, Makedonien, Zypern), zeigt, daß hier grundsätzlich dieselben Mechanismen am Werke sind, die aus historisch erklärbaren Gründen zur Zeit im Bereich der Dritten Welt am häufigsten durchschlagen, aber der allgemeinen Geschichte angehören.

c) Die Wirkung europäischer Kolonialherrschaft

Allgemein ist für alle Länder der Dritten Welt, die früher zu europäischen Kolonialreichen gehörten, folgender historischer Mechanismus zu beachten, der Charakter und Verlauf bisheriger internationaler (äußerer) wie nationaler (innerer) Konflikte zumindest teilweise prägt. Auszugehen ist vom Schlüsselbegriff der »Pax colonialica«, in Anlehnung an den älteren Begriff der »Pax Romana«: So wie es keine imperiale Propaganda oder Apologie ist, daß das Römische Reich in den von ihm eroberten Gebieten Konflikte der autochthonen Bevölkerung auf Jahrhunderte mit der »Pax Romana« beseitigte, so ist es auch keine imperialistische Propaganda oder Apologie, daß die imperialistischen Mächte mit ihrer von außen erzwungenen Friedensordnung, eben der »Pax colonialica«, Konflikte zwischen den Beherrschten (nicht aber mit ihren »Pazifikationen« zwischen Beherrschten und Herrschern) vorübergehend beseitigten.
Genaueres Hinsehen läßt einen historisch noch komplizierteren Sachverhalt erkennen: Bei der Errichtung ihrer Kolonialherrschaft nutzten die imperialistischen Mächte, wie wohl auch vorher bei allen Expansionsprozessen imperialen Charakters geschehen, in vielfältiger Weise innere Konflikte aus: Bürgerkriege in bestehenden einheimischen Staaten unterschiedlicher Größe,

Kriege zwischen einheimischen Staaten. Die Kolonialmächte konnten verschiedene Faktoren gegeneinander ausspielen und wurden nicht selten direkt als von außen kommende Schiedsrichter oder Vermittler des Friedens hineingezogen oder dankbar begrüßt. Für unseren Zusammenhang wesentlich ist die eine Konsequenz dieses Tatbestandes: Die europäischen Kolonialherren konnten und wollten die vielfältigen Konflikte innerhalb ihres Machtbereichs gar nicht lösen, schon in der Regel wegen ihrer mangelnden Kenntnis der genaueren Verhältnisse und der historischen Voraussetzungen dieser Konflikte. Noch gravierender war, daß die europäischen Kolonialmächte keine in die Zukunft weisenden Kriterien hatten, vermutlich auch nicht haben konnten, zu wessen Gunsten sie die zahlreichen Konflikte konstruktiv auflösen sollten. So begnügten sie sich in der Regel mit der kurzfristig-pragmatisch erfolgreichen, mittelfristig und langfristig meistens jedoch verheerenden Taktik, jene einheimischen Kräfte zu stützen, die aus Eigeninteresse bereit waren, den inneren Frieden in Zusammenarbeit mit den Kolonialherren aufrechtzuerhalten oder sich ohne größere gewaltsame Konflikte den neuen Kolonialmächten zu unterstellen. Das waren im allgemeinen die autochthonen traditionellen Herrscher, deren Herrschaft oft auf einer schon länger zurückliegenden Eroberung beruhte. Als bequemste und billigste Methode zur Errichtung der Kolonialherrschaft und zu ihrer Aufrechterhaltung erwies sich die »Indirect Rule«, die aus vorgegebenen politischen Verhältnissen in dem von der englischen East India Company eroberten Indien entstand, die später aber Captain Frederick Lugard aus Indien bei der kolonialen Eroberung des Sultanats von Sokoto im nördlichen Nigeria auf analoge Verhältnisse bewußt übertrug. Da Lugard das Prinzip der Indirect Rule systematisierte und theoretisch untermauerte[18], erscheint es als typisches Produkt der britischen Kolonialherrschaft. In Wirklichkeit bedienten sich auch andere Kolonialmächte (ohne Benutzung des Namens) der Indirect Rule, wo immer sie innere Herrschafts- und Sozialstrukturen der unterworfenen Völker praktisch unangetastet ließen und – mit oder ohne Protektorat – den einheimischen Gesellschaften weitgehend innere Autonomie einräumten, also durch einheimische traditionelle Führungseliten regierten.
Insgesamt lief die Indirect Rule auf das Festschreiben des jeweiligen sozialen und politischen Status quo hinaus, gelegentlich noch unter Ausweitung der politischen Rechte oder des geographischen Machtbereichs für einheimische Herrscher, wie in Teilen Britisch-Westafrikas (Nigeria, Ghana). Fest- oder Fortschreibung des Status quo bedeutete aber auch, daß die verschiedenen Kon-

flikte in der einheimischen Gesellschaft und zwischen einheimischen Gesellschaften gleichsam nur auf Eis gelegt waren, dann aber bei Herannahen der nationalen Unabhängigkeit oder nach der Unabhängigkeit wieder auftauten und von neuem virulent wurden.

Die Konservierung autochthoner Herrschaftsstrukturen verschärfte durch die Konservierung von Konfliktsituationen zugleich auch die neuausbrechenden Konflikte. Grundsätzlich gibt es zwei Möglichkeiten für diese Verschärfung: Entweder folgte der Versteinerung der politischen Herrschaftsverhältnisse durch die Kolonialmacht eine um so härtere Auseinandersetzung nach Wegfall der »Pax colonialica« (Afrikaner–Araber auf Sansibar, Hutu–Tutsi in Rwanda und Burundi) oder die Kolonialherrschaft veränderte, zunächst unmerklich, das Kräfteverhältnis zugunsten der traditionell Unterlegenen, wenn sie die durch die Kolonialmächte gebotenen Modernisierungschancen (christliche Mission, Schulen, Kolonialverwaltung, Cash Crops) entschlossener nutzten und am Vorabend der nationalen Unabhängigkeit plötzlich mit einem Modernisierungs- und Bildungsvorsprung gegenüber den traditionell dominierenden Gruppen dastanden (Fanti-Ga in Ghana, Ibo in Nigeria, die schwarze Bauernbevölkerung in Französisch-Westafrika gegenüber den Berbern/Tuareg in der Sahara, der negroide Süden gegenüber dem arabisch-muslimischen Norden des Sudan). Eine besondere Variante des ersten hier genannten Modells repräsentieren Staaten, die aus der europäischen Kolonialherrschaft als weiße Siedlungskolonien entstanden waren, sich formal für unabhängig erklärten und nun als formal modifizierte Fortsetzung europäischer Kolonialherrschaft ihre Rassen-Klassenherrschaft mit Gewalt fortzusetzen suchen und suchten (Südafrikanische Republik und Rhodesien, seit 1980 wirklich unabhängig als Zimbabwe). Hier bewirkte die Apartheid als Systematisierung von Kolonialherrschaft und Rassismus jene Versteinerung der politischen Herrschaftsstrukturen, die anderswo unter einheimischen Herrschern im Schutze der »Pax colonialica« eingetreten war.

Einfacher und direkter wirkte sich der Mechanismus der historischen Eroberung selbstverständlich dort aus, wo europäische Kolonialmächte einheimische Sozial- und Machtstrukturen zu zerschlagen suchten, um mit Methoden der »Direct Rule« durch Enteignungen Platz zur Errichtung von europäischen Siedlungskolonien zu schaffen. Der Aufstieg der Kolonialvölker war dort nur durch blutige und langwierige nationalrevolutionäre Befreiungskriege zu erzwingen, in offener und massiver Konfrontation zwischen Kolonialvölkern und Kolonialmacht: so in Algerien,

Kenya, Guinea-Bissau, Angola, Moçambique, Zimbabwe, demnächst auch in der Südafrikanischen Republik. Vietnam gehört strukturell ebenfalls in diese Kategorie, obwohl es dort nicht zur Bildung von weißen Siedlungskolonien kam und wenigstens die Spitze der einheimischen Machtstruktur, der Kaiser von Annam, formal beibehalten wurde.

IV. INTERNATIONALE KONFLIKTE SEIT 1945

Die wichtigsten internationalen kriegerischen Konflikte seit 1945[19] waren bisher der Koreakrieg (1950–1953), der angesichts der jüngsten innenpolitischen Instabilität Südkoreas jederzeit wieder ausbrechen könnte, und der Nahostkonflikt mit bisher vier israelisch-arabischen Kriegen (1948–1949, 1956, 1967, 1973), zuletzt der Krieg Irak–Iran (1980) mit noch unübersehbaren Auswirkungen. Eher nur von regionaler Bedeutung waren die insgesamt drei Kriege zwischen Indien und Pakistan (1947–1949, 1965, 1971), zwischen Indien und China um die MacMahon-Linie (1962), schließlich der zwischen Äthiopien und Somalia um den Ogaden (1978).

Allen internationalen Konflikten seit 1945 ist gemeinsam, daß sie ohne förmliche Kriegserklärung begannen, wie sie eigentlich die Haager Landkriegsordnung von 1907 zwingend vorschreibt, so daß sie formal eigentlich gar keine Kriege waren. Deshalb fanden sie, soweit sie nicht noch weitergehen, bisher ihr (vorläufiges?) Ende allenfalls durch Waffenstillstände. Die einzige Ausnahme ist neuerdings der Friedensvertrag zwischen Ägypten und Israel (1979), der nach dem Willen der beiden beteiligten Mächte und der USA den Auftakt zu einer allgemeinen Friedensregelung im Nahen Osten bilden soll, aber erst noch seine Dauerhaftigkeit wird erweisen müssen.

a) *Der Koreakrieg*

Der bisher einzige heiße Krieg im Rahmen des Kalten Krieges war der Koreakrieg. Die unmittelbare Voraussetzung war ein Vorgang, der in das Epochenjahr 1945 selbst fällt: die zunächst als provisorisch gedachte Teilung des Landes im Anschluß an das Ende des Zweiten Weltkriegs auch im Fernen Osten. Ähnlich wie in Deutschland wurden aus den Besatzungszonen mit der ganz willkürlichen Grenze am 38. Breitengrad zwei unterschiedlich strukturierte Teilstaaten, eine kommunistische Volksdemokratie im Norden, ein westlich orientierter Teilstaat im Süden, der aber unter Syngman Rhee quasi-diktatorisch regiert wurde. Zum Verständnis des Kriegsausbruchs reicht daher im Grunde die Rivalität zwischen einer kommunistischen und einer westlich orientierten Führungsgruppe, die die nationale Wiedervereinigung in Unabhängigkeit jeweils unter ihrer Führung erzwingen wollten, jeweils gestützt auf miteinander konkurrierende Weltmächte – der Norden auf die UdSSR und auf die gerade gegründete, damals noch verbündete VR China, der Süden auf die USA samt ihren Bundesgenossen. Dieser vordergründig aus der Zeitgeschichte hinreichend erklärbare Konflikt erhält seine historische Tiefendimension jedoch aus der älteren Geschichte Koreas: traditionelle kulturelle und politische Abhängigkeit des Landes von China, Vermittlungsstation der chinesischen Kultur nach Japan, das seinerseits in der frühen Neuzeit bereits einmal versucht hatte, Korea zu erobern (1592–1598). Im Zuge seiner beginnenden imperialistischen Expansion gelang Japan ab 1876 schrittweise die ökonomische, dann auch militärische und politische Beherrschung Koreas, so daß es Korea formell als japanische Provinz annektierte (1910). Vorher hatte Rußland Anspruch auf Korea erhoben, war aber an Japan im russisch-japanischen Krieg (1904/05) gescheitert, worauf in Rußland die erste Revolution ausbrach (1905/06). Die japanische Politik der Ausbeutung und Unterdrückung provozierte jedoch in Korea Widerstand, und zwar, wie üblich in entsprechenden Situationen seit dem Ersten Weltkrieg, mit einem bürgerlich-nationalistischen und einem kommunistischen Flügel. Die Kapitulation Japans am Ende des Zweiten Weltkriegs sollte dem Land die Chance zur ungeteilten Unabhängigkeit eröffnen, aber die Teilung in eine Sowjetische und eine US-amerikanische Besatzungszone gab nur den gegensätzlichen Flügeln des Widerstands den Weg frei, sich jeweils uneingeschränkt in der Besatzungszone der ihnen ideologisch näherstehenden Weltmacht politisch durchzusetzen – die Kommunisten im Norden, Syngman Rhee im Süden. Die Wiedervereinigungspolitik Südkoreas trug in ihrer Aggressivität sicher erheblich zum Kriegsausbruch 1950 bei, u. a. genährt aus der Tatsache, daß Syngman Rhee aus der von den Japanern 1910 abgesetzten Königsdynastie stammte und ein früherer Vertreter des nationalistischen Widerstands gegen die Japaner war. Andererseits hätte ein unter kommunistischen Vorzeichen vereintes Korea in die Kontinuität vom zaristischen Rußland zur kommunistischen Sowjetunion gepaßt, wie sie sich neuerdings immer schärfer abzeichnet. Auch die Intervention der VR China im

Koreakrieg gegen Jahresende 1950 paßt in ein traditionelles Muster: die Suzeränität Chinas über Korea bis zum Ende des 19. Jahrhunderts. Das Eingreifen chinesischer »Freiwilliger« war eine strategische Sicherheitsmaßnahme zum Schutze der Mandschurei und der jungen Volksrepublik, als sich die von den USA geführten UN-Truppen dem Yalu, dem Grenzfluß zwischen Nordkorea und China (Mandschurei), näherten, kann aber auch als Ausdruck eines klassischen regionalen Hegemonialanspruchs Chinas gesehen werden, gemäß der traditionellen Ideologie des imperialen China vom »Reich der Mitte«, das eigentlich die »Barbaren« rings um China zum Wohle der Welt und der Barbaren selbst zu regieren hätte. Wiederum umgekehrt hätte sich die Beherrschung ganz Koreas durch ein an die USA angelehntes Regime aus dem Süden ganz in die Strategie des US-amerikanischen Imperialismus gefügt, der versuchte, im Fernen Osten die Gegenküste zu seiner pazifischen Westküste zu kontrollieren, und 1950 gerade China an die Kommunisten »verloren« hatte, woraus als Reaktion nach innen die für die USA traumatische Erfahrung des McCarthyismus entstand.

Die gegenwärtigen Konflikte in Südkorea erklären sich aus einer rasanten Industrialisierung nach westlich-kapitalistischem Muster, die eigentlich erst nach dem Sturz Syngman Rhees (1960) und der ihm folgenden Militärdiktatur (1961) einsetzte. Rasche Industrialisierung ohne politische innere Freiheit ließ schwerwiegende soziale und politische Spannungen entstehen, die sich seit der Ermordung des Staatspräsidenten Park (Oktober 1979) entladen und möglicherweise den Wiedervereinigungskonflikt in und um Korea ganz neu aufrollen.

b) Der Nahostkonflikt

Im Gegensatz zum Koreakrieg ist der Nahostkonflikt so stark historisch fundiert, daß zu seiner adäquaten Erklärung ein gewaltiges Stück Weltgeschichte in den Blick kommen muß – die ganze Vorgeschichte von Juden, Arabern und Palästina bis zum Zweiten Weltkrieg und der Staatsgründung Israels (1948). Das Leitmotiv »Eroberung« wird dabei in vielen Variationen auftauchen. Zurückzugehen ist um mehr als drei Jahrtausende, bis zur Eroberung des späteren Palästina durch die hebräischen Stämme nach dem Exodus aus Ägypten (vermutlich ca. 1250 v. Chr.). Kurz nach der hebräischen Landnahme kamen im Zuge der Expansion der »Seevölker« (ca. 1200 v. Chr.) die Philister in den Südwesten des Landes und unterwarfen zum größten Teil die sich allmählich als Israeliten (»Israel« = »Volk Gottes«) begreifenden Hebräer. Mit den Philistern trat erstmals das die Geschichte Palästinas besonders komplizierende Motiv der erobernden Flüchtlinge in die Geschichte des Landes ein, denn die Philister waren ihrerseits vermutlich aus Kreta vor der dorischen Wanderung ausgewichen (woraus sich der biblische Ausdruck »Krethi und Plethi« erklärt, d. h. die Kreter und Philister). In Abwehr des Eroberungs- und Hegemonialanspruchs der Philister bildeten die Israeliten nach schweren Kämpfen erstmals ein einheitliches Königtum unter Saul (ca. 1020 v. Chr.), gefolgt von dem jüdischen Großreich unter David und Salomon (ca. 1000 – ca. 928 v. Chr.), das seinerseits eroberte Gebiete umfaßte, vor allem das der Aramäer um Damaskus.

Das jüdische Großreich war jedoch nur im Machtvakuum nach dem »Seevölkersturm« möglich, als die traditionellen Großmächte des Vorderen Orients – Ägypten, Assyrien/Babylon, Hethiterreich – gleichzeitig nachhaltig geschwächt bzw. vernichtet wurden. Bald nach Salomon spaltete sich das jüdische Großreich in das Nordreich Israel mit der Hauptstadt Samaria und das kleinere Südreich mit der Hauptstadt Jerusalem. Mit dem Wiedererstarken der traditionellen Flügelmächte Ägypten und Assyrien/Babylon in Mesopotamien wurden die beiden jüdischen Teilreiche zerrieben (722, 586 v. Chr.), so daß sich, wie üblich in der Geschichte, die Erinnerung an das Großreich unter David und Salomon verklärte, bis in die Sphäre des Religiösen: Die Wiedererrichtung eines jüdischen Reichs unter einem neuen David als Messias (griechisch: Christos) wurde zum Zions- und Messiasglauben der alten Juden, erst recht nach der Zerstörung des Tempels in Jerusalem durch die Römer unter Titus (70 n. Chr.).

Nach einem weiten historischen Umweg der Juden, der sie bis nach Westeuropa und ins westliche Rußland führte, entstand vor 1900 aus dem jüdischen Messias- und Zionsglauben unter dem Druck von politischer Rechtlosigkeit und Verfolgung im Zeichen des modernen Antisemitismus als gleichsam säkularisierte Version der Zionismus, um den verfolgten Juden einen eigenen Nationalstaat zu schaffen. Nach einigen Jahren der anfänglichen Unsicherheit präzisierte sich die geographische Lage des zu gründenden »Judenstaates« in Palästina.

Nach der Eroberung des alten Israel durch die Assyrer (722 v. Chr.), Judas mit Jerusalem durch die Babylonier (586 v. Chr.) folgte die Eroberung durch die Perser (539), die gleichwohl das Ende der Babylonischen Gefangenschaft (586–538) und religiöse Autonomie für die Juden brachte. Die Eroberung durch Alexander den Großen (332) ging einher mit dem wachsenden Druck der Hellenisierung, auf den ein Teil der Juden mit einer kulturellen Reaktion und dem bewaffneten Befreiungskampf gegen drückende Steuerforderungen samt Plünderung und Entweihung des Tempels in Jerusalem sowie gegen das Verbot des Jahwe-Kults reagierten: In den Makkabäerkriegen (166–160 v. Chr.) entstand noch einmal ein jüdischer Staat, bereits abgesichert durch ein Bündnis mit Rom (161 v. Chr.). Im Zuge der römischen Expansion in den Osten gerieten auch die Juden schrittweise in Abhängigkeit von Rom, zunächst als verbündeter Klientelstaat (64 v. Chr.), anschließend, in einem komplizierten Prozeß aufgeteilt in mehrere politische Einheiten unterschiedlichen Status, als faktischer Teil der Provinz Syria. Die Eroberung Jerusalems und die Zerstörung des Tempels (70 n. Chr.) raubten den Juden die geschlossene territoriale Basis in der Heimat. Nach dem letzten großen Aufstand unter Bar Kochbar (132–135) wurde Jerusalem abermals zerstört und den Juden verwehrt: Kaiser Hadrian griff auf den schon bei Herodot überlieferten Namen »Syrien der Philister« (»Syria e Palaistien«) zurück, woraus der neue Name Palästina entstand.

Die arabisch-muslimische Eroberung (ab 637/38) brachte eine neue Bevölkerung in das Land, die allmählich die Mehrheit bildete und sich insgesamt gegen alle weiteren Eroberer hielt: gegen Kreuzfahrer (1099–1187/1291), Mamluken (1291–1517), osmanische Türken (1517–1918). Aber wenn auch die Araber die Mehrheit im Lande blieben, ging die soziale und politische Vorherrschaft doch auf die Mamluken bzw. später die Türken über, so daß die Araber nun ihrerseits – wie die allmählich wieder anwachsende Minderheit zurückwandernder Juden – von *ihrem* Großreich der Vergangenheit nur noch träumen konnten, vom Kalifat von Damaskus bzw. Bagdad. Ökonomisch war Palästina verödet, nachdem die Mamluken 1291 alles Kulturland systematisch zerstört hatten, um der Rückkehr der verhaßten »Franken« aus dem Westen vorzubeugen. Der allgemeine ökonomische Rückgang der gesamten Mittelmeerregion seit der Entdeckung Amerikas und des direkten Seewegs nach Indien (1492/98) und Vernachlässigung unter Mamluken und Osmanen gaben dem Land den Rest: Palästina wurde ein riesiges Wüsten- und Sumpfgebiet mit wenigen Rest-Städten.

In diese Situation brachte die Expedition der Franzosen unter Napoleon Bonaparte nach Ägypten (1798–1799), die bis nach Akkon (heute im Norden Israels) kam, eine erste Wende, denn der moderne arabische Nationalismus gegen Mamluken und Türken nahm von der französischen Intervention seinen Aus-

gang. Die Eröffnung des Suezkanals (1869) wirkte sich, wie auf
die gesamte Mittelmeerregion, auf Palästina stimulierend aus.
Noch vor dem modernen Zionismus, der seinen Ausgang von den
antisemitischen Pogromen in Rußland nach der Ermordung von
Zar Alexander II. (1881) nahm, begann eine anfangs noch spär-
liche landwirtschaftliche Besiedlung durch rückwandernde Juden
aus Osteuropa (1870/78), die ihrerseits nach der großen Pest von
1348/49 vor den Judenverfolgungen vor allem in Deutschland
nach Polen ausgewichen und durch die Teilungen Polens überwiegend nach Rußland, teilweise auch zu Österreich (Galizien)
gekommen waren.
Der von Theodor Herzl ab 1897 organisierte Zionismus proklamierte die Eroberung des »Landes« (»Erez Israel«) und die
Errichtung einer »nationalen Heimstätte« für die vom europäischen Antisemitismus bedrängten Juden. »Eroberung« war,
angesichts der damaligen politischen Verhältnisse, nicht als militärische Eroberung zu verstehen. Aber auch die zunächst betriebene und allein mögliche »friedliche Eroberung« durch systematischen Aufkauf von Land und Gründung von landwirtschaftlichen Siedlungen bewirkte und bezweckte die Schaffung von
Tatsachen, die eines Tages die Grundlage für die politische
Herrschaft legen würden. Da die Mehrheit der Zionisten aus
religiösen oder praktisch-politischen Gründen die von einer kleinen Minderheit (»Kulturzionismus«) vertretene Konzeption
eines gemeinsamen jüdisch-arabischen Staats verwarf, reifte so
allmählich der seit 1945 chronisch gewordene Nahostkonflikt
heran: Je mehr Juden in Palästina einwanderten und sich systematisch als Staat im Staat, im jüdischen »Yishuv«, organisierten,
desto heftiger reagierten die palästinensischen Araber. Sie wan-
derten zum größten Teil aus umliegenden arabischen Ländern
ein, angelockt von dem durch die jüdischen Siedlungen initiierten
Erschließungs-, Entwicklungs- und Modernisierungsprozeß. Die
palästinensischen Araber stiegen so zu den am intensivsten
modernisierten Arabern auf, ohne aber zu adäquaten politischen
Organisationsformen zu finden.
Die Türken hielten die jüdische Einwanderung noch unter Kontrolle. Der Erste Weltkrieg, die Balfour-Declaration (1917), die
Eroberung Palästinas durch die Briten (1917–1918) und das
britische Völkerbundmandat über Palästina (1920) ebneten den
Weg zum Aufbau eines jüdischen Gemeinwesens, das zwischen
den beiden Weltkriegen bereits alle Züge einer provisorischen
und inoffiziellen Staatlichkeit trug. Antisemitische Ausschrei-
tungen der »Weißen« im russischen Bürgerkrieg (1920), der
Antisemitismus im neuen Polen und die pro-jüdischen Sympa-

thien der britischen Mandatsverwaltung führten zu verstärkter jüdischer Einwanderung nach Palästina. Der Konflikt verschärfte sich durch die Einwanderung von Juden aus Zentraleuropa, die, im Unterschied zur Einwanderung aus Osteuropa, ab 1933 Kapital und moderne technische Kenntnisse mitbrachten. Für sie wurde Palästina zum rettenden Asyl vor der physischen Vernichtung durch den deutschen Faschismus. Vor allem in den dreißiger Jahren schuf die systematische Besiedlung von strategisch wichtigen Gebieten mit Wehrdörfern die Basis für die Gründung eines jüdischen Staates (1948), der anschließend im 1. jüdisch-arabischen Krieg (1948–1949) durch militärische Eroberung erweitert und befestigt wurde.

Ähnlich wie vor über 3000 Jahren die Philister kehrten also die modernen Juden, deren Vorfahren vor rund 2000 Jahren aus ihrer Heimat vertrieben worden waren, im 20. Jahrhundert als flüchtende Eroberer in die Heimat ihrer Vorfahren zurück, auf die sie im Laufe der Jahrhunderte aber nie verzichtet hatten. Daher ist der Territorialanspruch des modernen Zionismus und des modernen Staates Israel so weit in die Geschichte zurückreichend begründet und zugleich so stark religiös überhöht wie kein anderer Anspruch in den Konfliktherden der Zeitgeschichte. Umgekehrt beziehen die palästinensischen Araber, die im Namen Palästina eine verwickelte historische Kette mit den alten Philistern verknüpft, eine historische Analogie zur Begründung ihres Widerstands gegen die Staatsgründung Israels aus einem vergleichsweise jüngeren Abschnitt der langen Vorgeschichte des Nahostkonflikts: So wie die lateinischen Kreuzfahrerstaaten letzten Endes von den Muslims (den Mamluken) vernichtet wurden, so werde auch der Staat der aus dem Westen (Europa) gekommenen Israelis wieder verschwinden. Die historische Perspektive wäre bedrückend genug, denn der Sieg der Mamluken 1291 verurteilte Palästina für 600 Jahre zur buchstäblichen Verödung und Verwüstung. Ähnliches könnte bei einem gewaltsamen Sieg der Araber über Israel erneut eintreten: Vernichtung der Bewässerungs- und Kultivierungsanlagen im Laufe von erbitterten Kampfhandlungen, zusätzlich zu den dabei üblichen Massakern. Inzwischen verschärfen die Israelis den Konflikt mit ihrer formellen Annexion Ost-Jerusalems und der gegenüber der arabischen Bevölkerung erzwungenen Ausweitung jüdischer Siedlungen im Norden und Süden Israels (Galil, Negev) wie in den von Israel seit 1967 besetzten Gebieten (West Bank = Westjordanien, Golanhöhen). Zudem reklamiert Israel unter Menachem Begin die West Bank als »Judäa« und »Samaria«, als Teil des historischen »Erez Israel«.

Wegen der besonderen historischen Situation als »Heiliges Land« für gleich drei Weltreligionen (Judentum, Christentum, Islam), wegen besonderer ökonomischer Interessen (Wasser), der strategischen Lage im »Fruchtbaren Halbmond« und in der Nähe des Suezkanals, am Ostrand des Mittelmeers und am Nordrand des Persischen Golfs sind so viele Energien und Emotionen investiert, daß eine dauerhafte, friedliche und konstruktive Lösung des Nahostkonflikts schwer zu erkennen ist. Eine rationale und humane Lösung, die den Interessen aller beteiligten Bewohner des Landes selbst gerecht werden könnte, ist vielleicht nur in einem von den Kulturzionisten selbst vorgeschlagenen wie auch immer gearteten gemeinsamen jüdisch-arabischen Staatswesen denkbar, sei es als Bundesstaat, sei es als Konföderation. Voraussetzung dazu wäre allerdings der Verzicht der Juden auf die biblische Verheißung des Landes an Abraham durch Jahwe (1. Moses, 17,8), mit dem Israel, zumindest inoffiziell und intern, den Anspruch der modernen Juden auf Palästina/Israel gern begründet. Erst der Verzicht auf die religiös motivierte und sanktionierte nationaljüdische Staatsgründung könnte den im Lande lebenden Menschen die Chance zu einer Existenz in Sicherheit und Frieden wenigstens eröffnen, für die Araber wie für die seit einem Jahrhundert wieder rückgewanderten Juden. Eine solche Lösung wäre nur bei konsequenter Anwendung des Prinzips der Gleichberechtigung und freien Selbstbestimmung für alle beteiligten Bevölkerungsgruppen denkbar, wozu das Prinzip des Föderalismus, in welcher Form auch immer, eine Handhabe gibt.

Die Probleme einer solchen Staatsneugründung in Palästina/Israel wären gewiß nicht gering, aber sie wären mit Sicherheit geringer als die, die sich für den Vorderen Orient wie für die Menschheit aus der Fortsetzung von bisher vier israelisch-arabischen Kriegen ergäben, denn theoretisch könnte besonders am Nahostkonflikt jederzeit der Dritte Weltkrieg hängen – mit unübersehbaren Konsequenzen. Beide Seiten – die arabische wie die jüdisch-israelische – müßten darauf verzichten, aus dem trügerischen Glanz imperialer Eroberungen – dem Großreich Davids und Salomons vor rund 3000 Jahren, dem arabischen Kalifat vor rund 1000 Jahren – Gebiets- und Herrschaftsansprüche abzuleiten, die unvermeidlich miteinander in Konflikt geraten. Wer schon die Geschichte zur Rechtfertigung politischen Handelns bemüht, sollte die ganze Geschichte kennen und beachten: Das jüdische Großreich hielt nur rund zwei Generationen und konnte nur im Machtvakuum nach dem Seevölkersturm entstehen. Analog war die Staatsgründung Israels nur in dem

Machtvakuum nach dem Untergang des Osmanischen Reichs und in der Auflösung des Britischen Weltreichs möglich. Die Rückkehr autochthoner Macht in den klassischen Machtzentren Ägypten und Mesopotamien (Irak, Syrien) droht auch das moderne Israel auf die Dauer wieder zu zerreiben. Ein regionales Arrangement oder der Untergang, früher oder später, sind die einzigen Alternativen für die moderne Staatsgründung der Juden, wenn man die ganze Geschichte zu Rate zieht.

c) Der Konflikt auf dem indischen Subkontinent: Indien – Pakistan – Bangla Desh

Anders kompliziert sind die historischen Verhältnisse auf dem indischen Subkontinent, und wer will, mag zur Erklärung seiner Konflikte seit 1945 nicht minder weit zurückgehen wie zur Erklärung des Nahostkonflikts: Bald nach Abrahams Einwanderung in das ihm verheißene Land Kanaan (ca. 1800 v. Chr.) legten die in Indien einwandernden Arier mit ihren Eroberungen die Grundlagen der artikulierten indischen Geschichte. Seitdem erlebte Indien immer wieder Eroberungswellen, die den Subkontinent ganz oder teilweise erfaßten und seine Geschichte zutiefst prägten. Eine soziale Realität stammt gar aus der Eroberungszeit der Arier – das Kastenwesen, das offiziell zwar im modernen Indien verboten ist, aber faktisch weiterbesteht. — *strictly speaking*

Da sich Pakistan als islamische Republik begreift, würde es, strenggenommen, ausreichen, von der Zeit auszugehen, als der Islam nach Indien kam und sich in Teilen des Nordens durchsetzte. Bei der Sezession des Staates Bangla Desh von Pakistan schlugen jedoch auch noch ältere historische Mechanismen durch. Die militärisch-politische Geburtshilfe, die Indien dem Unabhängigkeitskampf von Bangla Desh leistete, erleichtert die Einordnung dieses Konflikts, wie sie sich hier fast von selbst ergibt. *classification*

Ausgangspunkt zu jedem Verständnis der indischen Geschichte ist die klassische Eroberungsgesellschaft, die die Arier nach ihrem allmählichen Eindringen in den indischen Subkontinent ab ca. 1400 v. Chr. zunächst im Nordwesten errichteten. Anfangs gab es vier streng voneinander geschiedene Stände: Brahmanen (Priester), Ksatriyas (Krieger), Vaisyas (Bauern) und Sudras (Nichtarier und deklassierte Arier). Durch ständige Teilungen der drei unteren Stände entwickelte sich das indische Kastenwesen, in dem die Brahmanen die soziale und politische Führungsrolle behielten, unter allen wechselnden Eroberern. Die Kette der

Großreiche auf indischem Boden braucht hier nicht näher zu interessieren: Maghada-Reich, Maurya-Reich, Kushan-Reich, Gupta-Reich, Sultanat von Delhi, Moghul-Reich. Wichtig für unseren Zusammenhang sind im Augenblick drei Gesichtspunkte: Vor der britischen Herrschaft gelang es nur zwei Großreichen, den indischen Subkontinent fast vollkommen politisch zu einigen – dem Maurya-Reich unter Ašoka (271–231 v. Chr.), weshalb das Löwenkapitell der Ašoka-Säule von Sarnath aus dem 3. Jahrhundert im Staatswappen der Republik Indien zu finden ist, und dem Moghul-Reich unter Akbar dem Großen (1556–1606) sowie unter Aurangzeb (1658–1707). Der Islam kam mit muslimischen Eroberungen ab 711 in mehreren Wellen nach Indien, blieb auf Nordindien beschränkt und breitete sich erst richtig im Moghul-Reich aus. Innerhalb des nördlichen Indien bildete sich im Westen, im Panjab, eine starke kriegerische Tradition heraus, deren Träger auf die von ihnen immer wieder eroberten und unterworfenen Gebiete verächtlich herabblickten, wie zuletzt noch bei der Sezession von Bangla Desh im Konflikt mit Pakistan sichtbar wurde.

Zu diesen drei Faktoren trat ein vierter hinzu, der alle drei so miteinander verknüpfte, daß nach der Unabhängigkeit Indiens schwere Konflikte entstanden – die vielfältigen Auswirkungen der britischen Kolonialherrschaft. Nach Abschluß der englischen Eroberung Indiens (1757–1856) erschütterte der Große Aufstand die gerade eben vollendete britische Herrschaft (1857–1858). Eine Antwort der Engländer war – neben der militärischen Niederwerfung des Aufstandes und der Abschaffung sowohl des formal noch bestehenden Titels eines Groß-Moghuls als auch der bisher regierenden East India Company (1858) – die Gründung von zunächst drei Universitäten in den frühesten Zentren englischer Herrschaft: Madras, Bombay, Kalkutta (1857). Ziel war die Ausbildung einer modernen Oberschicht, die zur Mitarbeit in der kolonialen Verwaltung fähig und bereit war. Aus diesen Universitätsabsolventen kamen die Gründer des All-India National Congress (1885), der ersten umfassenden Bewegung in einer europäischen Kolonie, die in den modernen Nationalismus einmündete. Mitbegründer des Congress war Motilal Nehru, der Vater Pandit J. Nehrus, aus einer alten Brahmanenfamilie, die ihre Abkunft ursprünglich aus Kaschmir herleitete. Die Familie der Nehrus mit ihrem Brahmanen-Hintergrund ist kennzeichnend für die große Bedeutung, die Brahmanen auch in der modernen indischen Nationalbewegung spielten.

Das muslimische Element stand demgegenüber in der politischen Modernisierung zurück und ordnete sich zunächst im National

Congress unter. Erst mit der Gründung der All-India Muslim League (1906) machten sich die Muslims politisch selbständig. Ihre Forderung nach getrennter politischer Repräsentanz der Muslims in Indien war die Vorstufe zur Forderung nach einem eigenen muslimischen Staat (1940), die mit der Entlassung in die Unabhängigkeit Indiens und der Staatsgründung von Pakistan auch in Erfüllung ging (1947).

Im Augenblick der nationalen Unabhängigkeit brachen aber innere, seit Jahrzehnten angestaute Spannungen in einen ungeregelten Konflikt zwischen Hindus und Muslims, in einen unerklärten Krieg zwischen den beiden gerade gegründeten Staaten Indien und Pakistan aus. Es kam zu einem entsetzlichen gegenseitigen Massaker mit geschätzten zehn Millionen Toten und einem Mehrfachen an Flüchtlingen auf beiden Seiten: Überlebende Muslims in Minderheitsgebieten hatten die Tendenz, nach Pakistan zu fliehen, überlebende Hindus aus dem Staatsgebiet Pakistans in die neue Republik Indien. Der Konflikt weitete sich geographisch aus und setzte sich zeitlich fort im Krieg Indiens und Pakistans um Kaschmir (1947–1949), der noch eine zweite Auflage erlebte (1965).

Die Erklärung der historischen Ausgangssituation zum Kaschmir-Konflikt ist nur möglich durch die Einbeziehung der allgemeinen Geschichte Indiens, von der Kaschmir eine regionale Variante darstellt: Als eine der beiden Haupteingangspforten für Eroberer Indiens aus dem Nordwesten mußte Kaschmir besonders intensiv und häufig die Wellen verschiedener Eroberer über sich ergehen lassen. Die komplizierende und zusätzlich konfliktproduzierende Abweichung von der allgemeinen indischen Geschichte trat aber erst ein, als nach der Islamisierung um die Wende zur Neuzeit Kaschmir von Sikhs aus dem Panjab erobert wurde (1846), die anschließend eine hinduistische Dynastie begründeten. Bei der Teilung Indiens 1947 ergab sich so ein Konflikt zwischen der muslimischen Bevölkerung und dem hinduistischen Fürsten; optierte die muslimische Bevölkerung für den Anschluß an Pakistan, so der Hindu-Maharadj für den Anschluß an Indien. Bei der Wahl zwischen Volkssouveränität und Fürstensouveränität entschied sich das sonst so demokratisch argumentierende Indien unter Pandit Nehru pragmatisch-opportunistisch für die Fürstensouveränität. Die von Nehru bei dieser Gelegenheit wieder herausgekehrte ursprüngliche Abstammung seiner (Brahmanen-)Familie aus Kaschmir verlieh der indischen Position noch eine zusätzliche aus der Geschichte abgeleitete Note, diesmal mit persönlich-emotionalem Charakter. Kaschmir wurde entlang der 1949 erreichten Waffenstillstandslinie geteilt,

Pakistan und Indien halten jeweils ihren Anspruch auf das ganze Kaschmir aufrecht. Auch der kurze Krieg von 1965 brachte keine Entscheidung, eine Lösung ist nicht in Sicht, es sei denn der Status quo auf der Basis der Teilung wird zum stillschweigend hingenommenen Dauerzustand.

Wieder eine andere Variante indischer Geschichte und des muslimischen Faktors in Indien repräsentiert die Vorgeschichte des Konflikts, der zur Sezession Bangla Deshs von Pakistan führte. Bangla Desh umfaßt den überwiegend muslimischen Teil Bengalens, der bei der Teilung Indiens 1947 zu Pakistan kam. Bengalen, das zwischen der Zugehörigkeit zu indischen Großreichen und einer längeren und kürzeren Phase der Unabhängigkeit (ca. 750–nach 1200, 1740–1765) schwankte, wurde erst nach Eroberung durch das Sklaven-Sultanat von Delhi muslimisch (1200), verstärkt nach Eroberung durch das Moghul-Reich (1576). Die Sezession Bengalens vom Moghul-Reich (1740) leitete die Auflösung des letzten nicht-europäischen Großreichs vor Errichtung der britischen Kolonialherrschaft ein. Das übervölkerte Bengalen litt im Zweiten Weltkrieg unter einer schweren Hungersnot (1942–1943) und wurde bei der Teilung des indischen Subkontinents zwischen Indien und Pakistan ebenfalls geteilt. Nach den schweren wechselseitigen Massakern mußten beide Teilgebiete Flüchtlinge aufnehmen, der als Ost-Pakistan bezeichnete Teil vor allem muslimische Flüchtlinge aus Bihar, die in dem ohnehin übervölkerten und verarmten pakistanischen Teil Bengalens zusätzliche Probleme und Spannungen verursachten.

Außerdem sah sich der muslimische Teil Bengalens in Pakistan benachteiligt: Obwohl Ost-Pakistan bei weitem die Mehrheit der Bevölkerung Gesamt-Pakistans ausmachte und mit dem Export von Jute dem Gesamtstaat die größten Devisengewinne einbrachte, wurde Ost-Pakistan zentral von West-Pakistan aus regiert, von Panjabis mit ihrer traditionellen kriegerisch-arroganten Gesinnung gegenüber den eher zivilen Bengalis. Die Folge waren ökonomische Auspressung, Vernachlässigung und politische Rechtlosigkeit der Bengalis in Pakistan. Der Versuch der Panjabis, ihre Sprache, Urdu, als einzige Staatssprache auch Ost-Pakistan aufzuzwingen, scheiterte am Widerstand der Bengalis (1954). Sie forderten nach dem überwältigenden Sieg der Awami-League (1970) die innere Autonomie. Die große Flutkatastrophe von 1971, die durch die Vernachlässigung Ost-Pakistans durch die Zentralregierung in West-Pakistan verschlimmert, wenn nicht gar ermöglicht worden war (Unzulänglichkeit von Deichbauten), provozierte die Forderung nach der vollen Unabhängigkeit, die die Bengalis, zuletzt mit indischer Waffenhilfe, auch erzwangen (1971/72). Die schweren inneren Probleme, die seither zu einer Kette von Staatsstreichen führten, blieben freilich ungelöst.

d) *Der Konflikt Äthiopien–Eritrea und Äthiopien–Somalia um den Ogaden*

Ähnlich wie die großen Konflikte auf dem indischen Subkontinent lassen sich auch die jüngsten Konflikte in und um Äthiopien unter der Rubrik internationale Nachkriegskonflikte zusammenfassen, obwohl formal der Konflikt Äthiopien–Eritrea eine interne Angelegenheit Äthiopiens ist. Die historische und innere Struktur des Konflikts um Eritrea ist ganz ähnlich der zwischen Pakistan und Bangla Desh, wenn auch Eritrea noch nicht seine Unabhängigkeit errungen hat, und die Parallele zu den nationalen Befreiungs- und Unabhängigkeitsbewegungen im Bereich der Dritten Welt und vor dem Ersten Weltkrieg in Südost- und Osteuropa ist nicht zu verkennen.

Der Schlüssel zum Verständnis beider Konflikte, um Eritrea und den Ogaden, wie auch für denkbare weitere innere Konflikte in Äthiopien, ist der imperiale, auf Eroberung beruhende Charakter des alten kaiserlichen Äthiopien: Das heutige Eritrea war einst Ausgangspunkt der Vorläuferstaaten Äthiopiens, deren Träger ursprünglich als Kaufleute, Siedler und Krieger aus Südarabien (Jemen) gekommen waren. Eritrea ermöglichte zudem die günstigste Verbindung zur See, stand aber seit der muslimisch-arabischen Eroberung 634 unter muslimischer Herrschaft. Der Unterschied zwischen dem koptischen Äthiopien und dem seit nun über einem Jahrtausend muslimischen Eritrea schuf die elementare und letzten Endes entscheidende Voraussetzung für den gegenwärtigen Konflikt. Zwei weitere historische Erfahrungen spitzten die Unterschiede zu Spannungen zu: Das Küstenland Eritrea unter wechselnder muslimischer Herrschaft isolierte Äthiopien nicht nur von der See, sondern wurde auch immer wieder Ausgangsbasis zur versuchten oder vorübergehenden Eroberung des ins Binnenland abgedrängten Äthiopien, zuletzt durch die italienische Kolonialmacht (1887, 1896, 1935–1936). Wie üblich kämpften zuletzt auch Eritreer auf seiten der italienischen Eroberer als Kolonialtruppen. Die unterschiedliche Behandlung von italienischen und eritreischen Gefangenen auf dem Schlachtfeld von Aduwa nach dem Sieg über die Italiener 1896 unterstreicht dramatisch die historische Situation zwischen Äthiopien und Eritrea: Die italienischen Gefangenen erhielten

Pardon, die Gefangenen aus Eritrea wurden als »Verräter« massakriert.

Zwischen 1855 und 1896 war das äthiopische Kaiserreich – nach drei Jahrhunderten des Zerfalls – wieder erneuert worden. Sogleich ging es, wie üblich, seinerseits zur Expansion über und versuchte alle Gebiete zurückzuerobern, die das alte Äthiopien und sein Vorgängerstaat Aksum im Laufe der Jahrhunderte verloren hatten. Die Eroberung Eritreas war angesichts der beginnenden kolonialen Expansion Italiens unmöglich, aber zum Ausgleich expandierte Äthiopien nach Süden: Rund die Hälfte des heutigen Äthiopiens besteht aus Territorien, die erst nach 1855 erobert wurden. Im Südosten eroberte Äthiopien den Ogaden (1897–1898), eine Trockensavanne, die von meist nomadisierenden Somalis bewohnt war. Schon vorher war ein Teil der Somalis unter dem Druck der äthiopischen Expansion nach Süden ausgewichen, in den Nordosten des heutigen Kenia, woraus sich übrigens die Territorialforderungen Somalias gegenüber Kenia erklären. In dem zentralistisch regierten Äthiopien waren die Angehörigen der unterworfenen Völker gegenüber dem Reichsvolk der koptischen Amharen, wenn sie nicht bis in die 50er Jahre teilweise Sklaven waren, stets Staatsbürger 2. Klasse, auch nach dem Sturz der vorübergehenden italienischen Kolonialherrschaft (1935/36–1941) im Zuge des Zweiten Weltkriegs und nach der Wiedereinsetzung des Negus Haile Selassie als Alleinherrscher.

Nach dem Zweiten Weltkrieg erhob Äthiopien selbstverständlich Anspruch auf Eritrea, aus historischen wie strategisch-ökonomischen Gründen (Zugang zum Meer). Die UNO überließ Eritrea Äthiopien, aber mit der ausdrücklichen Auflage, daß Eritrea innerhalb Äthiopiens die innere Autonomie erhalten solle (1952). Zehn Jahre lang hielt sich Haile Selassie an die auferlegte Beschränkung seiner Autokratie. 1962 kassierte er die Autonomie und annektierte Eritrea als einfache Provinz. Mit geradezu klassischer Reinheit trat sofort der Konfliktfall ein: Es bildete sich prompt die Eritrean Liberation Front (ELF), die noch im selben Jahr den Kampf um die Unabhängigkeit Eritreas eröffnete. Die ELF erhielt die Hilfe der Arabischen Liga – Reflex der muslimischen Eroberung von 634 und der sich anschließenden Islamisierung Eritreas – und zunächst auch der UdSSR. Der Unabhängigkeitskampf verlief nach den klassisch gewordenen Regeln des Partisanen- oder Guerillakriegs. Seine ökonomischen und moralischen Kosten höhlten die Monarchie aus: Der Sturz der Monarchie, der in die Revolution einmündete, begann – während der großen katastrophalen Dürre, die auch Äthiopien traf – als Meuterei von Armee-Einheiten in Asmara, der Hauptstadt Eri-

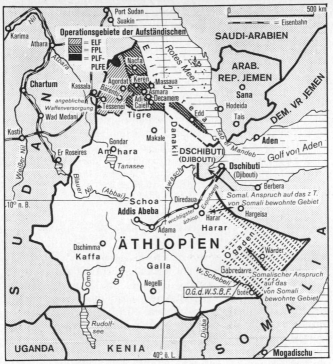

Abb. 1: *Krisengebiet Äthiopien-Eritrea-Ogaden*

ELF = Eritreische Befreiungsfront (muslimisch), FPL = Eritreische Volksbefreiungsfront (extremlinks), PLF/PLFE = Volksbefreiungsstreitkräfte (sozialrevolutionär). O.G.d.W.S.B.F. = Operationsgebiet der »Vereinigten Westsomalischen Befreiungsfront« (UWSLF), die die »Wiedervereinigung« des Ogaden mit Somalia fordert (Stand Mitte 1977)

treas, aufgrund der schlechten materiellen Bedingungen ihres Kampfes gegen die Unabhängigkeitsbewegung (1974).

Wie andere revolutionäre Regimes vor ihnen verteidigen aber auch die Revolutionäre Äthiopiens die territoriale Integrität des von ihnen übernommenen Staates: Das neue Regime in Äthiopien betrachtet ebenfalls Eritrea als Teil des nationalen Territoriums, ist aber willens, Eritrea wieder die Autonomie zu gewähren, so wie in der Periode von 1952 bis 1962. Nun aber ist die ELF nicht mehr bereit, von ihrer maximalen Forderung nach nationaler Unabhängigkeit abzugehen. So geht der Konflikt weiter, mit dem Unterschied, daß die UdSSR jetzt auf die stärkeren Bataillone Äthiopiens setzt und die nationalrevolutionäre Unabhängigkeitsbewegung als »kleinbürgerlich« fallenließ.

71

Einen entsprechenden Stellungswechsel vollzog die UdSSR auch gegenüber Somalia, das vor 1975 umfangreiche sowjetische Waffenhilfe erhalten und Sympathie für seine Territorialansprüche gegen das noch kaiserliche Äthiopien gefunden hatte. Als Somalia nach bewährtem Muster durch »Freiwillige« eine bewaffnete Sezessionsbewegung im äthiopischen Ogaden unterstützte und 1978 den Ogaden schon fast erobert hatte, schickte die UdSSR entscheidende Waffenhilfe und Militärberater, teilweise aus Kuba, die den Sieg des inzwischen revolutionierten Äthiopiens sicherstellten. Seitdem kämpfen übrigens kubanische »Militärberater«, u. a. als Piloten, auch gegen die Unabhängigkeitsbewegung in Eritrea, der bis vor kurzem noch die Sympathie des revolutionären, einst unter entsprechenden Bedingungen entstandenen Kuba gegolten hatte.

e) *Der Konflikt China–Vietnam–Kambodscha*

Eng verwandt mit dem Prinzip Eroberung ist das Prinzip Hegemonie: Wer Eroberungen macht, beansprucht die Vorherrschaft in einer engeren oder weiteren Region. Aus dem traditionellen Hegemonialanspruch als politischem Ordnungsfaktor läßt sich der Dreieckskonflikt China–Vietnam–Kambodscha verstehen. Er beweist zugleich, wie ideologieneutral manche Mechanismen der Weltgeschichte sind, denn analoge Konflikte hätten sich auch vor 500 oder 1000 Jahren in derselben Region abspielen können und spielten sich, mutatis mutandis, zwischen politischen Faktoren zu jener Zeit auch tatsächlich ab.

Schlüssel zum Verständnis des zeitgenössischen Dreieckskonflikts in Südostasien sind ein von Macchiavell zuerst formuliertes (aber nicht von ihm erfundenes) Prinzip und der Hegemonialanspruch des kaiserlichen China, gestützt auf seine Ideologie vom Reich der Mitte, das von Barbaren umgeben sei und deshalb die Welt beherrschen müsse. Macchiavell destillierte aus dem System der Beziehungen zwischen den italienischen Mittelstaaten um 1500 u. a. den Grundsatz heraus: Der Nachbar ist der Feind, der Nachbar des Nachbarn daher der natürliche Verbündete. Dieser Mechanismus läßt sich in der gesamten Weltgeschichte beobachten und funktioniert auch im Dreiecksverhältnis China–Vietnam–Kambodscha. Die chinesische Ideologie vom Reich der Mitte erklärt immer noch am plausibelsten den regionalen Hegemonie- und Ordnungsanspruch, den auch die Volksrepublik China gegenüber dem kommunistischen Vietnam in dem jüngsten Grenzkrieg Anfang 1979 an den Tag legte. Die VR

China agierte wie einst das kaiserliche China, wenn es in Ausübung seines Suzeränitätsanspruchs den einen seiner Klientelstaaten gegen den anderen beschützte, z. B. Malakka (1409) gegen das expandierende Siam.

Die meiste Zeit seiner historischen Existenz gehörte Vietnam zum politischen Machtbereich Chinas, entweder direkt als chinesische Provinz bzw. als Militärprotektorat oder indirekt als der chinesischen Suzeränität unterstellter Klientelstaat. Aus diesem Abhängigkeitsverhältnis ergab sich für Vietnam die wohl stärkste kulturelle Sinisierung in ganz Südostasien, so daß noch Ho Tschi Minh, als er 1942 in nationalchinesischer Gefangenschaft war, sich abends irgendwie Tusche, Pinsel und Papier besorgte und Gedichte in der Sprache der klassischen T'ang-Periode (618–906) schrieb. In der Phase des revolutionären Befreiungs- und Unabhängigkeitskampfes kam die alte historische Verbundenheit zwischen China und Vietnam zunächst in der organisatorischen und materiellen Hilfe zum Ausdruck, die die chinesische Kommunistische Partei den vietnamesischen Kommunisten zukommen ließ, nach der Gründung der Volksrepublik China (1949) auch in Waffenlieferungen.

Nach dem endgültigen Sieg der vietnamesischen Kommunisten und der militärisch-revolutionären Wiedervereinigung Vietnams (1975) stellte sich rasch eine Entfremdung ein, gefördert durch den sowjetisch-chinesischen Konflikt. Hier schlug das Macchiavell-Muster durch: Vietnam, das keine direkten Grenzen zur UdSSR hat, wurde zum Verbündeten Moskaus gegen den unmittelbaren Nachbarn China. China wiederum fand einen Schutzbefohlenen weiter südlich in Kambodscha, das keine gemeinsame Grenze zu China hat und sich nun seinerseits einem sub-hegemonialen Anspruch des neukonstituierten Vietnam gegenübersah. Das kommunistische Vietnam beanspruchte im Rahmen Indochinas (Vietnam, Laos, Kambodscha) eine (natürlich so nicht benannte) Hegemonialstellung, zunächst gegenüber dem ebenfalls 1975 kommunistisch gewordenen Laos, dann aber auch gegenüber dem gleichzeitig kommunistisch gewordenen Kambodscha, das nach einer kurzen Übergangszeit unter der formalen Leitung von Prinz Sihanouk rasch in eine extrem linke kommunistische Position abdriftete.

Die Spannungen zwischen Vietnamesen und Kambodschanern waren schon vorher zutage getreten, als sich 1970 das nichtkommunistische Südvietnam an der amerikanischen Invasion Kambodschas zum Sturz der neutralen Regierung Sihanouk beteiligte. Die Leiden der kambodschanischen Bevölkerung unter einem extrem linkskommunistischen Regime gaben dann dem neuen Vietnam den Vorwand, als gemäßigte Ordnungsmacht einzugreifen, zugleich in Betätigung eines traditionellen Überlegenheitskomplexes der Vietnamesen gegenüber den Kambodschanern: Bereits im 14. Jahrhundert war der spätmittelalterliche Vorläuferstaat Kambodschas, Champa, Vasallenstaat Vietnams geworden (1312); später von Vietnam völlig erobert (1471), wurden die Cham ins heutige Kambodscha abgedrängt und gerieten auch dort wieder zeitweilig unter die Oberherrschaft Vietnams. Aus diesen historischen Eroberungs- und Verdrängungsvorgängen erklären sich die Spannungen zwischen Vietnam und Kambodscha, die auch zwischen den beiden 1975 kommunistisch gewordenen Staaten sofort massiv als kriegerische Konflikte durchschlugen. Da sich die von Vietnam zunächst aus der Hauptstadt Pnompenh vertriebenen Roten Khmer in abgelegenen Gegenden halten, muß nun Vietnam abermals einen Guerillakrieg führen, jetzt aber aus der Position der Besatzungsmacht, die in konventionellen Waffen überlegen ist. *unruly*

Aus dieser Konstellation erklärt sich der chinesische Grenzkrieg gegen Vietnam von Anfang 1979: China wollte, wie seine Führung offen erklärte, dem ungebärdigen Vietnam »eine Lektion erteilen«, u. a. mit dem Ziel zu beweisen, daß die vietnamesische Armee durchaus nicht »die beste Armee der Welt« sei (ein ganz und gar unproletarischer Anspruch, den offenbar auch die Rote Armee der UdSSR kultiviert). Ein weiterer Grund war unausgesprochen nur aus der Geschichte der chinesischen Außenpolitik abzulesen: daß Vietnam, historisch eigentlich nur ein Klientelstaat Chinas, sich nicht ungestraft Ordnungsfunktionen des traditionellen und eigentlichen Suzeräns anmaßen darf, gar gegen einen Schützling, in diesem Fall Kambodscha. Wie weit Vietnam diese »Lektion« akzeptiert oder gar befolgt, wird vermutlich vom Ausgang des Partisanenkriegs gegen die Roten Khmer in Kambodscha abhängen, der seinerseits dem noch schwach entwickelten Vietnam ähnliche ökonomische und moralische Kosten aufbürden könnte wie einst der Vietnamkrieg Frankreich und den USA, wie neuerdings der Krieg in und um Afghanistan, den sich die UdSSR aufgeladen hat.

Jüngstens hat Vietnam durch seine Angriffe auf Flüchtlingslager in Thailand mit Anhängern des Pol-Pot-Regimes das Verfolgungsrecht gegen revolutionäre Partisanen nunmehr gegen das an sich konservative Thailand angewandt, dasselbe Verfolgungsrecht auf Nachbarländer, das Nationalrevolutionäre und Kommunisten der jeweiligen Kolonialmacht oder imperialistischen Macht leidenschaftlich bestritten hatten, so Frankreich gegenüber Tunesien im Algerienkrieg, den USA gegenüber Laos und Kambodscha im Vietnamkrieg, Südafrika und Rhodesien gegenüber afrikanischen »Frontstaaten«. Auch die UdSSR könnte seit ihrer Intervention in Afghanistan gegenüber Pakistan, Iran und der VR China in eine ähnliche Situation geraten.

f) Afghanistan

washover

Zum Verständnis der afghanischen Geschichte ist es wichtig zu wissen, daß das Volk der Afghanen eines der jüngsten in der Weltgeschichte ist. Jahrtausendelang wurde das heutige Afghanistan von einer Eroberungswelle nach der anderen überspült – Perser, Makedonen/Griechen, Seleukiden, Inder, Tocharer (Yüeh-chih), Hephtaliten (Weiße Hunnen), Perser, Araber, verschiedenen Wellen von Türken, Mongolen, Timur Lenk und Timuriden, Moghul-Reich, Perser. Erst um 1000 n. Chr. tauchen die Afghanen in arabischen und persischen Quellen auf, zunächst als Nomaden. Noch später, zwischen dem 14. und 18. Jahrhundert, ging ein Teil der afghanischen Stämme zum Ackerbau über.

agriculture

Die Sprache der Afghanen, das Paschtu, gehört zur großen Sprachenfamilie des Indo-Arischen. Seit der Eroberung durch das altpersische Reich der Achämeniden gehörte Afghanistan überwiegend zum persischen Kulturbereich, so daß Persisch bis 1936 einzige Staatssprache war, neben das dann die Volkssprache des Paschtu trat. Die eigentlichen Afghanen (Paschtunen) machen nur rund 50 % der Bevölkerung Afghanistans aus. Die andere Hälfte besteht aus Angehörigen von Gruppen, die durch Eroberung ins moderne Afghanistan gekommen waren, vor allem der Tadschiken, deren Sprache eine Variante des Neupersischen ist, und etlicher Stämme mongolisch-tatarischer Sprache und Herkunft. Seit der arabischen Eroberung ist Afghanistan muslimisch, überwiegend sunnitisch. Nachdem sich die kulturell dominierenden und politisch lange herrschenden Perser endgültig vom sunnitischen zum schi'itischen Islam bekehrt hatten (ca. 1500), entstand ein religiöser Gegensatz zum schi'itischen Persien, erst recht nach dem Scheitern des letzten Versuchs, in Persien die sunnitische Richtung wieder durchzusetzen (1747). Die religiöse Trennung von Persien unterstrich oder verstärkte die allmähliche politische Emanzipation Afghanistans von Persien.

Erst zu Beginn des 18. Jahrhunderts schlossen sich die afghanischen Stämme zu einem politischen Machtfaktor zusammen, im Machtvakuum des niedergehenden neupersischen Reichs der Safaviden-Dynastie (1499–1722), dem Afghanistan damals zugehörte. Die erste gemeinsame Aktion der vereinigten Afghanen nach außen war die Eroberung Persiens (1720–1722) und der Sturz der Safaviden (1722). Nach Vertreibung der Afghanen aus Persien (1725) entstand ein zentraler Staat Afghanistan in zeitlichem Zusammenhang mit dem endgültigen Fehlschlag des Versuchs, in Persien die Sunna durchzusetzen (1747). Der neue Staat expandierte wie üblich und eroberte angrenzende Teile Zentralasiens (vor allem Gebiete der Usbeken und Tadschiken) sowie den Nordwesten des indischen Subkontinents (Kaschmir, Panjab, Belutschistan, Sind). Der Verlust der nordwestindischen Gebiete (um 1800) führte zu einer schweren Staatskrise und zur vorübergehenden Auflösung der Zentralgewalt (1818). In Kabul bildete sich ein neues Kraftzentrum heraus (1826), das sich gegen eine erste militärische Intervention Englands im 1. englisch-afghanischen Krieg (1839–1842) behauptete, so daß der Herrscher von Kabul den Titel eines Emirs annahm (1842). Aus dem Emirat von Kabul bildete sich durch eine Kette von neuen Eroberungen endgültig der moderne Staat Afghanistan (1863), der durch seinen letzten Krieg gegen Persien die heutige afghanisch-persische Grenze festlegte (1863).

Die späte nationale Konstituierung Afghanistans erklärt, warum die Afghanen seitdem mit großer Zähigkeit die errungene Unabhängigkeit verteidigten. Die Expansion Rußlands vom Norden durch Zentralasien nach Indien und die Expansion Englands vom Süden zur strategischen Sicherung Indiens, u. a. durch Kontrolle über den von den Afghanen beherrschten Khaiber-Paß, drohte Afghanistan zwischen den beiden imperialistischen Groß- und Weltmächten, zwischen der größten Landmacht (Rußland) und der größten See- und Kolonialmacht (England), zu zerreiben. Aus dieser historischen Konstellation erklären sich die anschließenden Konflikte Englands mit Afghanistan (2. englisch-afghanischer Krieg, 1878–1880; Massaker eines englischen Expeditionskorps) einerseits, zwischen England und Rußland andererseits, so daß England und Rußland im ausgehenden 19. Jahrhundert mehrfach am Rande eines Krieges über Afghanistan standen. Afghanistan verlor den Khaiber-Paß (1880) und weitere Gebiete an Britisch-Indien (1880, 1890–1893), die heute zu Pakistan gehören und von Afghanistan seit 1947 wieder zurückgefordert wurden. Die Paschtunen-Stämme Pakistans im Grenzgebiet zu Afghanistan sind seit der sowjetischen Militärintervention in Afghanistan (1979/80) Aufnahmegebiet für Flüchtlinge aus Afghanistan und Ausgangs- und Versorgungsbasen für militärischen Widerstand gegen die sowjetischen Truppen. Als Kompromiß zwischen England und Rußland kam es zu dem

Abb. 2: *Die sowjetische Intervention in Afghanistan*

Am 27. 12. 1979 marschierten im Zusammenhang mit einem Miltärputsch sowjetische Truppen in Afghanistan ein. Verschiedene Widerstandsbewegungen organisierten sich am 21. 3. 1980 als »Islamische Allianz für die Freiheit Afghanistans (IALA)«

berühmten Arrangement von 1907 über Afghanistan (und Persien), das Afghanistan als Pufferstaat zwischen Rußland und Indien neutralisierte, damit Afghanistan aber auch die Unabhängigkeit sicherte. Afghanistan verdankte also seine nationale Existenz der indirekten Abwehr des russischen Expansionsdrucks durch England zum Schutz von Britisch-Indien. Im Schutze der Neutralität vollzogen sich soziale und innenpolitische Veränderungen in Afghanistan, teilweise bereits unter indirektem Einfluß der russischen Oktoberrevolution. Die UdSSR organisierte ihre nicht-russischen Minderheiten in Zentralasien, von denen einige als nationale Minderheiten auch in Afghanistan zu finden sind (Tadschiken, Usbeken), als eigene Sowjetrepubliken, die an der Industrialisierung der UdSSR teilnahmen. Nach dem Zweiten Weltkrieg konzentrierte die UdSSR ihre Entwicklungshilfe vor allem auf das benachbarte Afghanistan, u. a. durch Bau von Straßen und Ausbildung afghanischer Offiziere. Zwei Umstürze, getragen von in der UdSSR ausgebildeten Offizieren, beseitigten die Monarchie (1973) und errichteten das anschließende Zwischenregime (1978), so daß die herrschenden Kräfte in Afghanistan sich als sozialistisch-kommunistisch betrachteten. Gegen die damit verbundene praktische Preisgabe der seit vielen Jahrzehnten traditionellen Neutralität, auch gegen einschneidende Reformen in einem noch immer streng muslimischen Land, entstand eine autochthone Widerstandsbewegung, derer die afghanische kommunistische Zentralregierung mit eigenen Kräften nicht Herr wurde. Die UdSSR erklärte durch Breschnew,

77

uncompleted

daß Afghanistan fortan Teil der sozialistischen Staatengemeinschaft sei (Juni 1979), was nach der Logik der Breschnew-Doktrin und der ihr seinerzeit folgenden Invasion der Warschauer-Pakt-Staaten (außer Rumänien) in der ČSSR (1968) eine kommende Militärintervention der UdSSR auch in Afghanistan bereits ankündigte. Nur ein halbes Jahr später erfolgte die Militärintervention tatsächlich. Historisch läßt sie sich als Versuch zur Vollendung einer aus weltpolitischen Gründen seinerzeit (1907) abgebrochenen Eroberung einordnen, jetzt unter veränderten weltpolitischen Bedingungen (Zerfall Britisch-Indiens und des Britischen Weltreichs) und unter neuem ideologischen Vorzeichen (kommunistische Weltrevolution). Die sowjetische Militärintervention verschärfte den einheimischen Widerstand in Afghanistan selbst, der seitdem auch mit Hilfe von außen rechnen kann, und bedrohte die bisherige Politik der friedlichen Koexistenz zwischen den Weltmächten und der weltweiten Entspannung (Olympiaboykott, Embargo u. ä.). *more delicate*

Absehbar sind bereits Rückwirkungen auf die UdSSR: Afghanistan wird dort vermutlich dieselbe Wirkung haben wie der Vietnamkrieg in den USA. Die ökonomischen Kosten des Krieges werden die ohnehin stets anfällige Sowjetwirtschaft schwer belasten. Die dann eintretenden psychologischen Effekte in der UdSSR und in den sozialistischen Staaten sind heute noch nicht absehbar. Sie werden sich noch verschärfen durch die moralischen Kosten, die die unvermeidlichen personellen Verluste der Roten Armee und der Roten Luftwaffe in Afghanistan nach sich ziehen werden, und durch den weltweiten Schwund an Vertrauen in die friedlichen Absichten der von der UdSSR verfolgten Politik der Koexistenz. Die Folge könnte eine tiefe Krise in der UdSSR und im System der sozialistischen Staatengemeinschaft sein, die nichts mehr mit Machenschaften der westlichen (»imperialistischen«) Mächte zu tun hätte, sondern in Moskau hausgemacht wäre. Die jüngsten Vorgänge in Polen (1980) sind vielleicht ein erstes Vorspiel.

V. INNERE KONFLIKTE   *decrease, decline*

Die Konfliktfälle Indien–Pakistan–Bangla Desh und Äthiopien–Eritrea–Somalia zeigen, daß Konfliktherde gleichzeitig äußere (Pakistan–Indien, Äthopien–Somalia) und innere Konflikte

(Pakistan–Bangla Desh, Äthiopien–Eritrea) hervorbringen können. Andererseits drohen interne Konflikte (Bürgerkriege, nationale Unabhängigkeitskriege) durch Intervention von außen oder durch die Rückwirkungen zumindest auf die unmittelbaren Nachbarn eines Konflikherdes immer wieder, sich zu einem regionalen oder sogar globalen Konflikt auszuweiten. Als innere Konflikte gelten daher im Folgenden solche Konflikte, deren Ursachen primär im Innern eines Staates oder Kolonialreichs zu suchen sind, selbst wenn sie sich zu regionalen oder überregionalen Konflikten entwickelten (z. B. Vietnamkrieg).

a) Die Afro-Amerikaner in den USA

Die elementare historische Voraussetzung der heißen Sommer 1964–1968 in den USA war der frühere Status fast aller Vorfahren der Afro-Amerikaner als Sklaven und der damit verknüpfte transatlantische Sklavenhandel. Sklaverei und Sklavenhandel führen jedoch in ganz andere historische Dimensionen, stellen jedenfalls keine klassische Eroberung dar wie bei den bislang dargestellten Konfliktfällen. Sie sind, mit ihren innerafrikanischen, europäischen und amerikanischen Voraussetzungen, buchstäblich Kapitel für sich, erst recht die Geschichte der Afro-Amerikaner in der Neuen Welt, vor allem in den USA.[20] Der Grundkonflikt in den USA entstand aus dem Anspruch der Afro-Amerikaner, die bisher im wesentlichen für Weiße, allenfalls noch für Amerikaner japanischer und chinesischer Abstammung geltenden Rechte der amerikanischen Verfassung voll auch für sich gelten zu lassen. Sie trafen damit die USA an der empfindlichen Nahtstelle zwischen demokratischem und weltverbesserischem Pathos auf der einen Seite (in dieser Beziehung verwandt mit der »Reich-der-Mitte«-Ideologie der Chinesen wie mit dem russisch-sowjetischen Erlösungsanspruch panslawischer-kommunistischer Art) und der harten Realität von Diskriminierung und ökonomisch-sozial-politischer Zweitklassigkeit bestimmter Bevölkerungsgruppen, besonders der Afro-Amerikaner.
Bemerkenswert ist die Beobachtung, daß die heißen Sommer kamen und ihren Höhepunkt erreichten, als sich die inneramerikanische Krise mit der sich abzeichnenden Intervention der USA im Vietnamkrieg (Tonking-Resolution, August 1964) zu entfalten begann, aber nach den Osterunruhen 1968, eine Reaktion auf die Ermordung von Martin L. King, plötzlich abbrachen, während sich die inneramerikanische Krise um den Vietnamkrieg weiter verschärfte, bis hin zur Watergate-Affäre und zum Sturz des Präsidenten Nixon (1974).

Nur nebenbei sei vermerkt, daß die Situation der Westinder und Pakistani in England, die in einem etwas anderen Mechanismus auf Grund der Freizügigkeit innerhalb des britischen Commonwealth in die verfallenden Kerne der britischen Industrie- und Hafenstädte als ihren »Ghettos« eingerückt sind, am besten in Parallele zur gegenwärtigen Situation der Afro-Amerikaner zu sehen ist. Nach frühen (1960) »riots« in Notting Hill Gate, einem Stadtteil Londons, beweist der jüngste Ausbruch in Bristol (1980) die Explosivität dieses neuen sozialen Sprengstoffs. Entsprechend ist die Situation des modernen Sub-Proletariats der »Gastarbeiter« im westlichen Europa zu sehen, in Frankreich der Algerier.

b) *Namibia*

Während im übrigen Südafrika der nationale Unabhängigkeitskampf der afrikanischen Mehrheit gegen die Kolonialherrschaft oder gegen eine modifizierte Fortsetzung der Kolonialherrschaft (Rhodesien) zu Ende gegangen ist oder unmittelbar vor dem Ende steht (Namibia), hat der Endkampf gegen die Apartheid in der Südafrikanischen Republik offensichtlich gerade erst begonnen, wie die jüngsten Anschläge südafrikanischer Guerillas gegen die Kohlehydrieranlagen Südafrikas (Juni 1980) beweisen. Die nationalen Befreiungskämpfe in Angola, Moçambique und Zimbabwe (Rhodesien) erklären sich so eindeutig aus der Reaktion gegen die koloniale Eroberung, daß sich ein näheres Eingehen erübrigt. Historisch sehr viel komplizierter ist die Situation in Namibia (früher: Deutsch-Südwestafrika), wo sich Eroberungsvorgänge durch ethnisch und in ihrer sozialen Entwicklung heterogene innerafrikanische Faktoren überlagerten und vermischten, so daß sich innerafrikanische Hierarchien ergaben: Auf der untersten Stufe standen bzw. stehen die San (früher Buschmänner genannt), die meist von den Khoi-Khoi (früher: Hottentotten) abhängig waren, die ihrerseits von viehzüchtenden Bantus, den Hereros, teilweise verdrängt, teilweise überlagert wurden. Hinzu kamen noch Mischlinge, die sog. »Bastards«, die mit überlegenen europäischen Feuerwaffen, die sie leichter von ihren europäischen Vätern beziehen konnten, einen expansiven und quasi-hegemonialen Druck auf alle anderen Gruppen ausübten.
Über diese schon hinreichend komplexe innerafrikanische Gesellschaft legte sich die weiße Kolonialherrschaft, erst die deutsche Kolonialmacht, die durch Enteignungen Platz für deutsche Siedler zu schaffen suchte und das Aufbegehren von Hereros und

Khoi-Khoi (»Hottentottenkrieg«) zum Massenmord mit den Dimensionen eines Genozid vor allem gegen die Hereros ausnützte (1905–1906). Die Eroberung Deutsch-Südwestafrikas durch Südafrika während des Ersten Weltkriegs (1915) machte die Bahn frei für die Herrschaft Südafrikas, formal unter einem Völkerbundsmandat (1920), das nach dem Zweiten Weltkrieg als UN-Treuhandschaft fortgesetzt wurde, bis 1949 die Annexion folgte, die von der UNO für völkerrechtlich ungültig erklärt wurde (1966). Die Einwanderung von Buren und Südafrikanern englischer Abstammung verstärkte das weiße Element, das überwiegend positiv zur Apartheid stand, zumal schon die deutschen Siedler von sich aus die klare Rassentrennung als Basis weißer Kolonialherrschaft praktiziert hatten. Die Südafrikanische Republik mußte sich dem innerafrikanischen Druck der Freiheitsbewegungen, nach dem Verlust der Vorfelder Zambia, Angola, Moçambique, Botswana, Swaziland, zuletzt auch Rhodesien (heute: Zimbabwe), soweit beugen, daß sie den Weg Namibias in die Unabhängigkeit widerwillig freigibt, wenn auch Südafrika

Abb. 3: *Krisenherde in Afrika (1978/1979)*

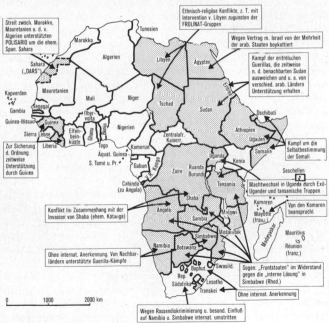

81

offensichtlich versucht, ein unabhängiges Namibia unter seiner Kontrolle zu halten (Turnhallenkonferenz in Windhuk, 1977). Die komplizierte innerafrikanische Ausgangslage wird aber eine glatte Lösung außerordentlich erschweren, so daß mit heftigen inneren Konflikten zu rechnen ist, spätestens nach Eintritt in die Unabhängigkeit.

c) *Südafrikanische Republik*

Analoge Probleme, aber im größeren Maßstab, stellen sich in der Südafrikanischen Republik selbst: Sie hatte zur Zeit der europäischen Kolonialherrschaft stets den höchsten weißen Bevölkerungsanteil unter allen europäischen Kolonien auf afrikanischem Boden aufzuweisen und sie ist das früheste und am intensivsten industrialisierte Gebiet Afrikas. Als ökonomische und militärische Großmacht ist die Südafrikanische Republik das letzte Rückzugsgebiet des europäischen Kolonialismus und Rassismus auf dem afrikanischen Kontinent. Zuvor war die Region das letzte Rückzugsgebiet der steinzeitlichen Sammler und Jäger der San vor der Expansion der Khoi-Khoi, die ihrerseits vor der Expansion der Bantu im Zuge der säkularen Bantu-Wanderung auswichen. Das heutige Gebiet der Südafrikanischen Republik wurde zuletzt von der Bantu-Expansion nach Süden erreicht und war die erste weiße Siedlungskolonie in Afrika (1652). So treffen sich historische Extreme in der Südafrikanischen Republik am äußersten Ende des afrikanischen Kontinents: Letzte und erste Etappen historischer Entwicklungsprozesse liegen dicht beieinander, ja bedingen sich teilweise gegenseitig: Die zuletzt angekommenen Bantus werden die letzte zur Unabhängigkeit aufsteigende Gruppe von Afrikanern sein, die ersten weißen Siedler und Begründer europäischer Kolonialherrschaft in Afrika werden die letzten Weißen sein, die ihre Bastionen, ihr »Laager«, werden räumen müssen.
Der eigentliche Konflikt in der Südafrikanischen Republik steht erst unmittelbar vor Ausbruch seiner »heißen« Phase. Trotzdem lassen sich seine historischen Voraussetzungen bereits klar erkennen und, bei aller Kompliziertheit der verschiedenen ineinander verschlungenen Entwicklungsprozesse, auch relativ leicht erklären: Am bequemsten läßt sich die Vorgeschichte des Südafrika-Konflikts an Hand der Entwicklung der Apartheid und ihrer Entfaltung verfolgen. Historischer Ausgangspunkt ist die Gründung von Kapstadt (1652) durch die holländische Vereenigde Oostindische Compagnie (V.O.C.) als Versorgungsstütz-

punkt für die Schiffe der V.O.C. von und nach Indonesien. Die ersten holländischen Siedler trafen auf die sozial schwach entwickelten und politisch fast unorganisierten San und Khoi-Khoi, die keinen effektiven Widerstand gegen die weiße Landnahme zu leisten vermochten. Am Anfang stand, mangels europäischer Frauen, die Vermischung mit diesen afrikanischen Gruppen, so daß eine relativ starke Mischlingsbevölkerung (»Coloured«) entstand, ergänzt um Sklaven aus Indonesien und Westafrika (eingeführt über die Westindischen Inseln) und deren Nachfahren. San und Khoi-Khoi wurden zwischen der weißen Expansion der Buren von Süden und der schwarzen Expansion der Bantu von Norden so gut wie zerrieben, wichen teilweise auch nach Westen aus, ins heutige Namibia. Erst am Great Fish River trafen um 1750 die beiden Hauptexpansionslinien der Buren und Bantus, beide übrigens viehzüchtende Halbnomaden, aufeinander. Nach einer jahrzehntelangen Aufstauung der Bantus am Great Fish River begann 1799 der erste regelrechte Krieg der Buren gegen die Bantus, fortgesetzt in zahlreichen von den Buren so genannten »Kaffernkriegen« (von »Kaffer« = pejorative Bezeichnung der Buren für Afrikaner). Jahrzehntelang blieb der Grenzkrieg ohne Entscheidung, bis die Eroberung der Kapprovinz durch England (1806) und die endgültige Besitznahme durch England (1815) eine neue Konstellation bewirkten: Schon der britische Versuch zur annähernd humanen Behandlung der Afrikaner, erst recht die Abschaffung der Sklaverei im Britischen Empire (1834), provozierte einen Teil der Buren zur Sezession im Großen Trek (ab 1835). Sie umgingen in weitem Bogen die Barriere des Great Fish River. Nahezu gleichzeitig führten im Bantugebiet Expansionsstau und Bevölkerungsvermehrung zur politisch-militärischen Explosion der Zulu unter Shaka (1818–1828), die verheerende Wirkung für die spätere Entwicklung der Afrikaner hatte: Vor der blutigen Eroberung durch die Zulu floh ein Teil der Überlebenden in alle Richtungen, während andere durch Krankheit und Hunger umkamen, so daß die Trekburen auf ihrem Großen Trek durch weite Gebiete kamen, die sie für menschenleer hielten, die jedenfalls so dünn und von einer geschwächten und verängstigten Rest-Bevölkerung besetzt waren, daß der Buren-Mythos vom angeblich menschenleeren Land entstehen konnte, der eine erhebliche Rolle in der Rechtfertigung der Landnahme spielt. Die Trekburen gründeten zwei Republiken, Oranje (1854) und Transvaal (1852), die sich nach harten Auseinandersetzungen die Anerkennung der Unabhängigkeit von England erkämpften (1881). Unterdessen hatten die Briten ihre liberale Politik bis zu einer Verfassung für die Kapkolonie fortgesetzt, die auch den Coloured den Zutritt zu einem Zensus-Wahlrecht einräumte (1852). Andererseits stellte England drei Territorien, in denen sich Flüchtlinge vor der Zulu-Expansion gesammelt hatten, unter seinen Schutz vor der sie anschließend bedrängenden Buren-Expansion – Betschuanaland (heute: Botswana), Basutoland (heute: Lesotho) und Swaziland.

Der Übergang zur Industrialisierung auf der Basis von Diamanten (1867) und Gold (1886) veränderte abermals die Situation: Einerseits drängten Weiße meist englischer Abstammung vor allem nach Johannesburg (Transvaal) und forderten dort politische Gleichberechtigung mit den Buren, so daß es zu schweren Spannungen zwischen Buren und »Uitlanders« (»Ausländern«) kam, die schließlich in den Burenkrieg (1899–1902) mündeten. Andererseits zeichneten sich die Anfänge der systematisierten Rassentrennung gerade in den entstehenden Industriegebieten ab, die ersten Stufen zur späteren Apartheid. Die beginnende Diskriminierung der Afrikaner durch die Buren wurde Teil der propagandistischen Rechtfertigung der konservativen Regierung Englands für den Krieg gegen die Buren. Aber nach der militärischen Eroberung der beiden Burenrepubliken Oranje und Transvaal (1900) ließ England, das einen blutigen und langwierigen Kleinkrieg von Guerilla-Einheiten (»Kommandos«) beenden wollte, der mit peinlichen moralischen Kriegskosten verbunden war (sog. »Konzentrationslager« zur zwangsweisen Internierung von Nicht-Kombattanten, um den Kommandos, gemäß der später von Mao-tse Tung entwickelten »Fisch-Wasser-Theorie«, das Wasser zum Überleben abzugraben), die Sache der Afrikaner fallen und überließ sie im Frieden von Vereeniging den Buren (1902): Die Buren erhielten die innere Autonomie im Zusammenschluß mit der Kapprovinz und Natal, erhielten Aufbaukredite und freie Hand gegenüber den Afrikanern. Es gehört zu den superben Ironien der neueren Weltgeschichte, daß aus der Empörung des liberalen England über die imperialistische Expansionspolitik ihrer konservativen Regierung gegen die »tapferen« und um ihre Unabhängigkeit kämpfenden Buren die Imperialismustheorie des Liberalen und Pazifisten John Hobson entstand, die Rudolf Hilferding, Rosa Luxemburg und Lenin zur sozialistisch-kommunistischen Imperialismustheorie weiterentwickelten, offensichtlich ohne je zu merken, daß die Buren, Ausgangspunkt liberaler und antiimperialistischer Sympathien, den reaktionärsten Rassismus vertraten, den es in den letzten 150 Jahren gegeben hat.

Nach der Gründung der Südafrikanischen Union (1910) auf der Basis einer weitgehenden Autonomie, die mit dem Dominion-

Status faktisch das Niveau der Souveränität erreichte, wie sie von London im Westminster-Statut (1931) auch formell anerkannt wurde, folgten Errichtung und Ausbau der systematisierten Apartheid Schlag auf Schlag: 1911 Job Reservation, d. h. gesetzliche Reservierung der besseren Arbeitsplätze für Weiße im Bergbau; 1913 Native Land Act, d. h. Enteignung und Zusammenpressung der Afrikaner in »Reservate«; ab 1924 »Civilized Labour Policy«, d. h. Absicherung des weißen Proletariats gegen die Konkurrenz der Afrikaner auf dem gesamten Arbeitsmarkt; 1948 Wahlsieg der radikalen Buren-Nationalisten unter Malan, der die Formalisierung und die Vollendung der von ihm so genannten »Apartheid« zum Wahlprogramm erhoben hatte.

Gegen die beginnende systematische Repression bildete sich ein Widerstand der Afrikaner, ausgehend von den ersten afrikanischen (»äthiopischen«) Kirchen, die ab 1886 gegen die einsetzende Rassendiskriminierung im Bereich der Kirche protestierten. Hier zeichnen sich Parallelen zur Entwicklung der Afro-Amerikaner in den USA, nämlich zur Rassendiskriminierung und ihrer Bekämpfung nach dem Ende der Sklaverei, ab, so wie umgekehrt die Buren sich die Gesetze zur Rassendiskriminierung in den Südstaaten der USA bewußt zum Vorbild nahmen. Nach dem Vorbild der Inder, die ab 1860 als Ersatz für die emanzipierten Sklaven in die Zuckerrohrplantagen als Kontraktarbeiter (ältere Form der »Gastarbeiter«) nach Natal, von da ins übrige Südafrika gekommen waren und die politische Organisationsform des Indian National Congress mitgebracht hatten, organisierten sich die am stärksten modernisierten und urbanisierten Afrikaner im African National Congress (1912), um Widerstand gegen die gerade veröffentlichte Lands Bill zu leisten. In der Folgezeit engte das offizielle Südafrika die politischen Bewegungs- und Wirkungsmöglichkeiten der Afrikaner immer stärker ein, bis die Malan-Regierung nach 1948, unter dem Vorwand des Kampfes gegen den Kommunismus, systematisch alle politischen Verbände der Afrikaner zerschlug (ab 1950). Mit dem Sturz aller zunächst von Weißen beherrschten Vorwerke der Festung Südafrika – Zambia, Angola, Moçambique, nun auch Rhodesien – erhält die in den Untergrund getriebene Opposition erstmals Aussicht auf Erfolg, zumal die Südafrikanische Republik inzwischen auch im Westen weitgehend politisch und moralisch isoliert ist. Zaghafte Ansätze zu einem behutsamen Abbau der Apartheid, wie sie die Botha-Regierung seit kurzem ankündigte, werden jetzt vermutlich zu spät kommen, da sie allenfalls als Eingeständnis des Scheiterns und der eigenen Schwäche gelten werden. Die Bantustans, ursprünglich die Reservate, die im Zuge der Apartheidpolitik mit einer beschränkten inneren Autonomie ausgestattet wurden, können sich, entgegen der Absicht der Erfinder, zu echten territorialen und politischen Basen des aktiven Widerstands gegen die weiße Herrschaft entwickeln. Nach dem Massaker von Sharpville (1960) haben die Unruhen in Soweto, der künstlichen Satelliten-Ghettostadt für Afrikaner bei Johannesburg (1976), endgültig die junge Intelligenz der Afrikaner gegen die Apartheid mobilisiert, jetzt auch die jüngsten Unruhen vor allem unter den »Coloured« in Kapstadt (Juni 1980), die sich mit den Afrikanern solidarisieren.

Gegen die afrikanische Mehrheit haben langfristig die Weißen keine Chance mehr, zumal in ihrer kontinentalen und globalen Isolierung. Da sich selbst die USA, die lange Zeit nach 1945 ihre schützende Hand über das weiße Südafrika gehalten hatten, praktisch von der Südafrikanischen Union zurückgezogen haben, würde der voraussehbare Untergang der weißen Herrschaft in der Südafrikanischen Republik vielleicht noch nicht einmal mehr eine Weltkrise heraufbeschwören, wie es noch vor einigen Jahren hatte erscheinen mögen.

Andererseits wissen Afrikaner aus dem schon unabhängigen Afrika seit mindestens 20 Jahren (und sagen es auch hinter vorgehaltener Hand selbst gegenüber Europäern), daß mit der Unabhängigkeit einer dann afrikanischen Südafrikanischen Republik neue Probleme und Konflikte kommen werden, da auch die Afrikaner Südafrikas inzwischen zu den am meisten modernisierten Afrikanern gehören, mit einem Lebensstandard, der weit über dem Durchschnittslebensstandard im unabhängigen Afrika liegt.

d) *Nordirland*

Später als der Konflikt um Südafrika ist der Bürgerkrieg in Nordirland ausgebrochen (1966). Aber dafür ist er tiefer in der Geschichte verankert als die Apartheid. Zu seiner Erklärung ist bis zur anglo-normannischen Eroberung Irlands zurückzugehen, die 1169/71 begann und in mehreren Wellen die englische Herrschaft befestigte. Noch im späten Mittelalter versuchte das Statute of Kilkenny (1366), Verbindungen zwischen erobernden Engländern und unterworfenen Iren zu verhindern, u. a. durch Eheverbot und das Verbot für Engländer, irische Kleidung zu tragen, also durch eine Art Apartheid. Trotzdem kam es mit der Zeit zu einer teilweisen Assimilierung der Nachfahren der mittelalterlichen Eroberer aus England, die später »Old English« hießen.
Die Reformation brachte gleich drei qualitative Veränderungen:

die Erneuerung der englischen Herrschaft, die zuletzt fast nur noch formal gewesen war, durch eine reguläre Eroberung unter Heinrich VIII., der sie sogar mit der Annahme des Titels eines Königs von Irland krönte (1541); den Religionsunterschied, da die Iren schon aus Trotz gegen die Engländer am Katholizismus festhielten; den Beginn von »Plantations« in Irland, der Massenansiedlung von Engländern zur Untermauerung der englischen Herrschaft, die somit ein soziales Fundament erhielt. Die massivste und mit ihren Wirkungen direkt bis in die Gegenwart hineinragende *projected* Siedlungsaktion war die »Ulster Plantation« (1609–1610), als nach dem Scheitern des letzten großen irischen Aufstandes in Ulster (1593–1603) und der Massenemigration des besiegten einheimischen Adels (»Flight of the Earls«, 1607) rund 100 000 presbyterianische Schotten in Ulster angesiedelt wurden. Seitdem war Ulster nicht mehr eine Hochburg des irischen Widerstands, sondern eine Hochburg der englischen Herrschaft in Irland. Ergebnis der »Ulster Plantation« ist noch heute die protestantische Mehrheit in Nordirland, die zäh ihre Vormachtstellung (»Protestant ascendancy«) verteidigt, das erste Mal während des großen irischen Aufstands (1641–1651) parallel zur Englischen Revolution von 1640–1660. Das protestantische Nordirland wurde Ausgangsbasis für die Rückeroberung Irlands unter Cromwell (1649–1651) mit dem schrecklichen Massaker von Drogheda (1649), das noch heute in der Erinnerung der Iren so nachzittert, daß Papst Johannes Paul II. bei seinem Irlandbesuch vor einem Besuch in Drogheda gewarnt wurde. Im Anschluß an die »Glorious Revolution« von 1688/89 besiegte Wilhelm III. von Oranien seinen Schwiegervater Jakob II. und die wiederum aufständischen Iren in der Schlacht am Fluß Boyne (1690), weshalb sich später die extremistischen Protestanten in Ulster in einer Organisation zu Ehren des Oraniers zusammenschlossen (»Orange Order«), die u. a. alljährlich die Wiederkehr des Tages öffentlich feierte, an dem die protestantischen Engländer die katholischen Iren besiegten. Es war der Protest gegen eine solche chauvinistische Siegesdemonstration, der die noch heute andaucrnde »heiße« Phase des Bürgerkriegs in Nordirland zur Entzündung brachte (1966).

Die Protestanten Nordirlands gehörten daher auch zu den hartnäckigsten Verteidigern der Realunion (»Union«) England-Irland, die England nach der Niederwerfung des großen irischen Aufstands im Zusammenhang mit der Französischen Revolution (1798–1799) erzwang (1800). Gegen die Gewährung der Autonomie für Irland (»Home Rule«), wie sie die Liberalen Englands in drei Anläufen seit 1886 versuchten, eskalierten besonders die

Protestanten Nordirlands die Spannungen bis zum drohenden Bürgerkrieg im Juni 1914, den der Ausbruch des Ersten Weltkriegs vertagte. Nach dem Ersten Weltkrieg und nach dem sich anschließenden anglo-irischen Krieg (1919–1921) wurde Irland geteilt, weil die Protestanten Ulsters sich weigerten, in einem unabhängigen Irland als Minderheit zu leben. Ihre politische Vertretung, die Unionist Party, suchte statt dessen die enge Anlehnung an England. In einem um drei Grafschaften, in denen die Katholiken inzwischen die Mehrheit stellten, verringerten Nordirland herrschte die Unionist Party absolut bis totalitär. Die Katholiken blieben eine zwar starke, aber wirtschaftlich und sozial diskriminierte, politisch so gut wie rechtlose Minderheit, die seit etwa 1960 ihre eigene Situation ironisch-polemisch als die der »Neger Europas« umschrieb. In der Tat gibt es strukturelle Ähnlichkeit zur Situation der Afro-Amerikaner, und es ist gewiß kein Zufall, daß auf dem Höhepunkt der Bürgerrechtsbewegung der Afro-Amerikaner in den USA um 1965 Teile der katholischen Minderheit Formen des politischen Kampfes der Bürgerrechtsbewegung in den USA übernahmen und sich gar selbst als Bürgerrechtsbewegung (»Civil Rights Movement«) bezeichneten. Die katholische Bürgerrechtsbewegung in Nordirland trat somit in ein Spannungsverhältnis zur bisher überwiegenden, inzwischen traditionell gewordenen Form des extremen irischen Widerstands aus dem Untergrund, der »Irish Republican Army« (I.R.A.), die sich aus dem gesamtirischen Unabhängigkeitskampf vor und nach dem Ersten Weltkrieg gebildet hatte.

Eine konstruktive und friedliche Lösung des nun seit 15 Jahren schwelenden, immer wieder heftig aufflammenden Bürgerkriegs ist schwer zu sehen, da zu viele Emotionen und vitale Interessen eingebunden sind, zuviel Blut auf beiden Seiten geflossen ist. Historisch gesehen, müßte sie auch für Nordirland fast 400 Jahre britischer Eroberung rückgängig machen, vor allem das handgreiflichste Ergebnis, die protestantische Mehrheit seit der »Ulster Plantation«. Rückwanderung der Protestanten nach Schottland oder England wäre der eine Ausweg; die Anerkennung eines gesamtirischen Staates durch die im Land bleibenden Protestanten, bei Anerkennung ihrer besonderen Rechte, z. B. in Gestalt innerer Autonomie, durch die irisch-katholische Mehrheit, wäre ein anderer Ausweg aus dem blutigen Dilemma, also die konstruktive und schöpferische Anwendung des föderalistischen Prinzips. Die Alternative zu einer wie auch immer gearteten politischen Lösung wäre allerdings der Fortgang des Bürgerkriegs in unabsehbare Zukunft und mit unabsehbaren Folgen – für Nordirland, Irland insgesamt, England und Europa.

e) Sudan

Dem Bürgerkrieg im Sudan (1955–1972) lagen die nicht überwundenen Folgen mehrerer Eroberungsprozesse zugrunde. Der Hauptkonflikt bestand zwischen dem arabisierten, muslimischen Norden als politisch führendem Faktor und dem vom Norden traditionell verachteten und ausgebeuteten negriden Süden, der unter der Kolonialherrschaft teilweise christlich geworden war und durch die Mission ein neues Selbstbewußtsein erhalten hatte. Grundsätzlich geht die Unterscheidung zwischen hellhäutigerem Norden, der direkt oder indirekt über den Nil und über Ägypten der mediterranen Zivilisation angeschlossen war, und negridem Süden, der durch das riesige Schilfmeer isoliert war, bis auf das antike Ägypten und Nubien zurück, fortgesetzt durch das monophysitische Christentum, das sich in Nubien gegen den von Ägypten aus vorrückenden Islam bis zur Schwelle der Neuzeit hielt (1313/1504). Die Arabisierung und Islamisierung reichte nach Süden eben nur bis zur natürlichen Barriere des Schilfmeeres, so daß sich der negride Süden des heutigen Sudan völlig unabhängig vom arabisierten, muslimischen Norden (dem historischen Nubien) entwickelte und stets dem schwarzen Afrika südlich der Sahara zugewandt blieb.

Die Situation änderte sich grundlegend erst mit der ägyptischen Eroberung des Sudans in zwei Wellen (1820–1822, 1874–1875), nachdem sich Ägypten seinerseits von der osmanischen Herrschaft unter Mohamed Ali (1805–1849) praktisch emanzipiert hatte und nun nach allen Richtungen zu expandieren versuchte. Ziele der Eroberungen waren Gold, Sklaven (als Soldaten für die ägyptische Armee) und Elfenbein (in Europa u. a. für Klaviertasten und Billardkugeln begehrt). Die erste Etappe bezog nur den arabisierten, muslimischen Norden ein, die zweite Etappe nahm erstmals die Barriere des Schilfmeers und drang in den Süden ein, was zum Zusammenstoß mit dem gleichfalls expandierenden Äthiopien führte (1875–1877). Die Kosten der Eroberung des Südens und des Kriegs gegen Äthiopien trugen übrigens zu dem Staatsbankrott Ägyptens bei, der zum Anlaß der englischen Besetzung wurde (1882). Nach dem fast gleichzeitigen Verlust des Sudans an die Mahdi-Bewegung (1881–1885) erfolgte die Rückeroberung des Sudans als gemeinsames anglo-ägyptisches Unternehmen (1898), abgeschlossen im anglo-ägyptischen Kondominium (1899–1955), in dem England politisch die Vorhand hatte. Zum Schutz des schwächeren Südens gegenüber dem stärker entwickelten Norden behandelte England den Norden und Süden unterschiedlich: Der Süden blieb einer Missionierung durch den Norden verschlossen, dafür erhielten die christlichen Missionen Zugang zum Süden, der teilweise christlich wurde. Mit den Bildungsmöglichkeiten der Missionen modernisierte er sich rascher als der muslimische Norden, der weitgehend stagnierte. Als der Sudan gegenüber England und Ägypten unabhängig wurde (1955), hob der politisch führende Norden die Sonderstellung des Südens auf und versuchte eine forcierte Assimilierung, verbunden mit politischer Rechtlosigkeit und Diskriminierung der südlichen Provinzen. Das Ergebnis war prompt die Forderung des Südens nach Autonomie und, als sie abgelehnt wurde, der bewaffnete Widerstand, der nach einem blutigen Bürgerkrieg mit verheerenden Rückwirkungen auf die innere Stabilität des Sudans zum inneren Frieden auf der Basis der Autonomie für den Süden führte (1972). Die Lösung könnte ein Modell für ähnliche Konfliktfälle werden, in denen das föderalistische Prinzip auf der Basis von Demokratie und Gleichberechtigung einen Ausweg bietet.

f) Nigeria

Anders wirkte sich das Leitprinzip Eroberung im Bürgerkrieg in Nigeria aus, der gegen die Sezession Biafras geführt wurde (1966–1970). Der Grundkonflikt verlief zwischen dem von der Küste her seit dem 19. Jahrhundert missionierten, kolonisierten und modernisierten Süden und dem überwiegend muslimischen Norden, der seit dem frühen 19. Jahrhundert in einer feudalen Struktur erstarrt war. Kern des Südens war die Ostregion, in der die Ibo, begünstigt durch die »Pax colonialica«, innerhalb eines knappen Jahrhunderts den Sprung von politisch atomisierten und daher fast wehrlosen Opfern der Sklavenjagden afrikanischer Staaten zum ökonomisch dynamischsten und am weitesten entwickelten Teil Nigerias geschafft hatten. Der harte Kern des konservativ erstarrten Nordens war das Sultanat von Sokoto, das historische Ergebnis des Jihad (Heiligen Kriegs) der Fulani (Fulbe, Peul) unter Utman dan Fodio (1804–1817): In einer gewaltigen Machtexplosion hatten die Fulani, ähnlich wie vor ihnen zahlreiche Erneuerungsbewegungen des Islam, erst die sieben Stadtstaaten der Haussa in der Savanne erobert, anschließend weitere Gebiete in allen Richtungen, bis ins heutige Niger und Kamerun. Ihre Expansion nach Süden führte zur Auflösung des Oyo-Reichs der Yoruba (1821) und zu einem jahrzehntelangen Bürgerkrieg, den erst die als Schiedsrichter und Friedensstifter dankbar begrüßte britische Kolonialmacht beendete (1893). Zuvor war aber die versuchte Eroberung des Yorubalands durch das Sultanat von Sokoto an zwei Hindernissen gescheitert, die die Fulani 1840 noch nicht überwinden konnten: am tropischen Regenwald, der sich als undurchdringliche Barriere erwies, zumal die Tsetse-Fliege den Pferden der Fulani-Kavallerie tödlich wurde, und an englischen Missionaren, die den vom inneren Bürgerkrieg geschwächten Yoruba Feuerwaffen zur Verteidigung gegen die muslimischen Eroberer aus dem Norden lieferten, so daß sich die Yoruba behaupten konnten. Nach ihrem Rückzug gen Norden konsolidierten die Fulani ihre Herrschaft so sehr, daß die Engländer um die Jahrhundertwende eine militärische Eroberung des Sultanats für zu verlustreich hielten. Nach einigen Gefechten, die eher der Demonstration überlegener europäischer Waffentechnik galten (Maxim-Gun = Vorläufer des Maschinengewehrs, Scheinwerfer für Nachtgefechte), fanden sie die denkwürdige Kompromißlösung, die in die Geschichte als »Indirect Rule« eingegangen ist: Das Sultanat von Sokoto mit seinen zahlreichen Emiraten blieb intakt, unterstellte sich aber als Protektorat der britischen Suzeränität. Dafür blieb es der christlichen Mission verschlossen und durfte seine Herrschaft auf Gebiete ausdehnen, die es vorher nie unterworfen hatte, namentlich den sog. Middle Belt mit zahlreichen Stämmen und Volkssplittern, die sich in dieses unzugängliche Rückzugsgebiet vor den traditionellen Sklavenjägern im Norden (Haussa, Fulani, Yoruba) gerettet hatten.

Mit dem Nahen der Unabhängigkeit regten sich nach 1945 bald wieder die alten Spannungen: Unter Berufung auf ihre traditionelle militärische und politische Überlegenheit verlangten die herrschenden Fulani und Haussa des Nordens im unabhängigen Nigeria die Vorherrschaft für sich und proklamierten ganz offen, es gelte nun den 1840 nur abgebrochenen Marsch nach dem Süden zu vollenden, um so »den Koran zum Meer zu tragen«, d. h. ganz Nigeria muslimisch zu machen. Die Präsenz von Haussa/Fulani an der Spitze der Bundesregierung in Lagos, also im Süden am Meer, empfanden viele Vertreter aus dem Süden bereits als die politische Fortsetzung der 1840 abgebrochenen Eroberung. Gegen diesen internen Hegemonialanspruch wehrte sich der überwiegend christlich gewordene Süden, der in der Modernisierung gegenüber dem konservativ erstarrten Norden unter der Kolonialherrschaft einen erheblichen Modernisierungsvorsprung hatte. So kam es zur generellen Konfrontation Nord–Süd, die zunächst nur durch die aus taktisch-opportunistischen Gründen gebildete Koalition auf Bundesebene – Norden (Fulani/Haussa) und Osten (Ibo) gegen Westen (Yoruba) – verschleiert wurde.

In den drei Regionen Norden, Osten, Westen übten jeweils die Hauptvölker der Fulani/Haussa, Ibo und Yoruba die Vorherrschaft über zahlreiche kleinere Völker und Stämme aus, teilweise auf Grund älterer Eroberungsvorgänge und Herrschaftsverhältnisse (Norden/Westen).

Den eigentlichen Konflikt löste das Aufbegehren der zahlreichen Minderheiten in den einzelnen Regionen gegen ihre jeweilige Hegemonialmacht aus, besonders der Tiv in der Nordregion. In die schon allgemeine Krisensituation hinein platzten zwei Militärstaatsstreiche (1966), von denen der erste dem Süden die Angst vor der Beherrschung durch den Norden nahm, der zweite dem Norden die Angst vor der Herrschaft des Südens mit Hilfe einer von Ibos beherrschten zentralistischen Struktur. Nach dem zweiten Putsch kam es im Norden zu umfangreichen Massakern gegen Ibo, die seit der Kolonialherrschaft in den Norden eingesickert waren und dort als Fremde und von der traditionellen Gesellschaft bewußt isoliert gehaltene Fremdkörper gleichwohl die Schlüsselstellungen im Modernisierungsprozeß auf ökonomischem und technischem Gebiet eingenommen hatten. Die Sezession Biafras (1967) war die Antwort. Sie erhielt eine ökonomische Basis durch die gerade anlaufende Erschließung reicher Erdölvorkommen, die Nigeria inzwischen zu einem der großen erdölexportierenden Länder gemacht haben, gerade im Küstenbereich der Ost-Region, im Nigerdelta. Die Zentralregierung übernahmen, vertreten durch Gowon, im wesentlichen Angehörige der kleineren Minderheiten, deren ureigenstes Interesse die Erhaltung des Bundesstaats Nigeria war, aber mit Zerschlagung der drei Groß-Regionen in insgesamt 19 Bundesstaaten, so daß die Rechte der kleineren Völker besser gewahrt erscheinen. Durch den Bürgerkrieg gegen die Sezession Biafras zum Siege geführt, brachte also auch hier das Prinzip der konsequenten Föderalisierung und damit des Minderheitenschutzes eine zumindest vorläufige Beruhigung.

g) Ghana: Der Sturz Nkrumahs 1966

Selbst ein so punktuelles Ereignis wie der Sturz Nkrumahs (Febr. 1966) läßt sich aus den vielfältig verschlungenen Auswirkungen eines (ähnlich wie in Nigeria unvollendet gebliebenen) Eroberungsvorgangs erklären. Der Hauptkonflikt spielte auch hier zwischen Norden (Ashanti) und Süden (Küstenvölker der Fanti und Ga) und reichte in die Zeit des transatlantischen Sklavenhandels zurück. Damals entwickelte sich eine komplizierte Arbeitsteilung zwischen Afrikanern und Europäern mit weitreichenden Konsequenzen: Entstehende Staaten im Inland spezialisierten sich auf ein System von Expeditionen und Kriegen mit dem Hauptzweck, Angehörige anderer afrikanischen Völker und Stämme gefangenzunehmen und als Sklaven an die Küste zu liefern; die Küstenstämme vermittelten die Sklaven an die europäischen Handelsniederlassungen und Forts direkt an der Küste, und die Europäer verkauften die Sklaven in die Neue Welt. Als sich um 1800 das Ende des legalen Sklavenhandels abzeichnete, weil die gegen ihn gerichtete Kampagne in England, die 1787 begonnen hatte, von Jahr zu Jahr mehr Anhänger gewann, versuchte der Sklavenjagdstaat auf dem Boden des heutigen Ghana, Ashanti, die Küste zu erobern, um den Sklavenhandel selbst direkt in die Hand nehmen zu können, womit auch die Küstenvölker der Fanti und Ga in die Gefahr der Versklavung durch die Ashanti gerieten. Sie suchten daher verstärkt Rückendeckung bei der britischen Kolonialmacht, die von den wenigen Handelsforts aus allmählich zur Protektoratsmacht der Fanti und Ga gegenüber Ashanti aufstieg. Die Briten wehrten die Eroberungsversuche der Ashanti in mehreren Kriegen ab und eroberten ihrerseits Ashanti (1896–1900), das sie 1901 annektierten.

Die politische Entwicklung zur nationalen Unabhängigkeit vollzog sich vor allem im Süden an der Küste, so daß die dort entstandene Schicht von modernisierten Kaufleuten, Rechtsanwälten und Intellektuellen wie selbstverständlich für sich die Führungsrolle in einem unabhängigen Nationalstaat erwartete. Ähnlich wie gleichzeitig in Nigeria komplizierte jetzt aber der in seiner sozialen und politischen Entwicklung zurückgebliebene Norden, hier vertreten durch Ashanti, die Situation, indem er auf Grund seines historischen Übergewichts die Führung für sich beanspruchte. In den politischen Debatten vor der Unabhängigkeit warfen Vertreter Ashantis gar ausdrücklich das Argument in die Debatte, ihre Vorfahren hätten die Küstenvölker erobert und versklavt, wenn nicht die englischen Imperialisten dazwischengetreten wären! Im Unterschied zu Nigeria setzte sich der Süden durch und behielt die politische Führung auch nach der Unabhängigkeit (1957). Ashanti aber blieb ein konservativer, politisch für Nkrumah schwer zu verdauender Block, dessen passive Resistenz ihn u. a. zu immer diktatorischer werdenden Maßnahmen trieb. Aus der Spannung der so erzeugten Unzufriedenheit erfolgte schließlich Anfang 1966 der Militärputsch, der Nkrumah stürzte und zugleich eine ganze Serie weiterer Coups des Militärs einleitete.

h) Sierra Leone, Liberia

Wieder eine andere Variante des Prinzips Eroberung hatte im
jüngsten Militärputsch in Liberia (1980) späte Folgen. Zu ihrem
Verständnis ist es aber erforderlich, zunächst ähnliche Staats-
streiche im benachbarten Sierra Leone zu erläutern, denn es war
einst Modell für die Gründung von Liberia und weist eine
analoge innere Struktur auf. In beiden Fällen bietet die Spannung
zwischen weiter entwickelter Küste und zurückgebliebenem Hinterland einen Schlüssel zum Verständnis der Entwicklung, ähnlich wie in Nigeria und Ghana. Auch im Falle Sierra Leones und
Liberias liegen die Wurzeln im transatlantischen Sklavenhandel
und in den Auswirkungen seines Verbots durch England (1807).
Die ältere Kolonie wurde 1787 von englischen Abolitionisten
(Anhängern der Bewegung zur Abschaffung von Sklavenhandel
und Sklaverei) für ehemalige Sklaven in England und aus Nordamerika gegründet. Nach dem Verbot des Sklavenhandels stationierte England in Freetown ein Geschwader zur Überwachung
der westafrikanischen Gewässer, um den illegal weitergehenden
Sklavenhandel zu unterbinden. Schiffe mit Sklaven wurden aufgebracht, die befreiten Sklaven in und um Freetown angesiedelt
und zum größten Teil (soweit sie nicht Muslims waren) christi-
anisiert. Die »Liberated Africans« wurden so zu einer relativ
europäisierten modernen Führungsschicht, die als »Kreolen«
gegenüber den »Stämmen« des »Hinterlands« eine kulturell und
ökonomisch führende Position einnahm, erst recht nachdem das
»Hinterland« als Protektorat unter englische Herrschaft geraten
war (1896). Die Unterschiede zwischen Küste (Kolonie) und
Hinterland (Protektorat) setzten sich bis in die Anfangsjahre nach
der Unabhängigkeit (1961) fort und liegen den Staatsstreichen
zugrunde (1967–1974), die die Vorherrschaft der »Kreolen«
beseitigten und das zahlenmäßige Übergewicht der Völker des
Hinterlandes zur Geltung brachten.
Liberia entstand nach dem Vorbild von Sierra Leone (1821/47),
verschärfte aber von vornherein den Unterschied zwischen neuen
Siedlern und einheimischen Afrikanern, in mehrfacher Hinsicht:
Die Siedler, meist ehemalige Sklaven und Mischlinge aus den
Südstaaten der USA, kamen mit einem Überlegenheitskomplex.
In einem quasi-kolonisatorischen Eroberungsprozeß unterwarfen
sie sich die Afrikaner an der Küste und in einem weiten Hinter-
land und etablierten, mit amerikanischem Rückhalt, als fast
parasitäre Minderheit eine quasi-koloniale Herrschaft über die
Afrikaner, bis zur Schaffung von Formen verschleierter Sklaverei
und Zwangsarbeit. Die Siedler betrachteten sich selbst nicht als

Afrikaner oder Afro-Amerikaner, sondern bezeichneten sich, aufschlußreich genug, als Americo-Liberianer. Zwei Aufstände der Afrikaner, die von der Außenwelt kaum wahrgenommen wurden (1914, 1930), ließen die wahre Situation bereits erkennen. Behutsame Versuche der herrschenden Oligarchie in den letzten Jahren, die Kluft zwischen Americo-Liberianern und Afrikanern allmählich abzubauen, kamen zu spät und waren nur ein indirektes Eingeständnis für die Unhaltbarkeit des bisherigen Status quo. Der Sturz der americo-liberianischen Herrschaft durch eine Militärrevolution von unten, getragen von niedrigen Chargen aus den bisher ausgebeuteten, unterworfenen und verachteten afrikanischen Völkern Liberias, wird somit den Afrikanisierungsprozeß Liberias erst einleiten.

i) Sansibar

Zeitlich etwas früher als in Liberia und Sierra Leone, aber strukturell ähnlich ereignete sich eine Explosion des von historischer Eroberung und Ausbeutung erzeugten und angesammelten Hasses in einer anderen Region Afrikas, auf der Insel Sansibar vor der Ostküste Afrikas. Auch hier reichen die historischen Wurzeln des Umsturzes mit anschließendem Massaker an der herrschenden Minderheit der Araber (Januar 1964) bis zu Sklavenhandel und Sklaverei zurück, in diesem Fall getragen von den Arabern. Sansibar gehört zur afro-arabisch-persischen Mischkultur an der Küste Ostafrikas, aus der Suaheli als neue lingua franca entstand. Araber, später auch Perser aus der Stadt Schiras, die in innermuslimischen Konflikten unterlegen waren, kamen seit dem 7. Jahrhundert als Flüchtlinge und bildeten eine neue kommerziell-maritime Führungsschicht gegenüber den einheimischen Afrikanern. Nach der vorübergehenden portugiesischen Eroberung (1505) wurde Sansibar, ähnlich wie andere Abschnitte des ostafrikanischen Küstensaums, von Arabern aus dem Sultanat von Mascat (Muskat) erobert (1698). Seit dem 18. Jahrhundert wurde Sansibar Hauptbasis für immer weiter ins ostafrikanische Binnenland ausgreifende Sklavenjagden, erst recht nachdem der Sultan von Mascat den Anbau der Gewürznelke auf Sansibar mit Hilfe von afrikanischen Sklaven einführte (1827) und seine Hauptstadt von Mascat nach Sansibar verlegte (1840). Im Austausch gegen den Verzicht der jungen Kolonialmacht Deutschland auf bestimmte Ansprüche und gegen den Erwerb Helgolands durch Deutschland wurde England Kolonial- und Protektoratsmacht (1890), die nach den Regeln der »Indirect Rule« die soziale

Klassen- und Rassenherrschaft der Araber über die Afrikaner unangetastet ließ. Nur wenige Wochen nach der Unabhängigkeit des Sultanats Sansibar (Dezember 1963) fegte ein Umsturz der Afrikaner die Monarchie hinweg (Januar 1964), beseitigte zugleich auch in einem schrecklichen Massaker die bisher herrschende arabische Minderheit.

j) *Rwanda, Burundi*

Vergleichbar ist die historische Situation in den beiden ursprünglich parallel strukturierten Königreichen Rwanda und Burundi, zwischen dem früheren Belgisch-Kongo (Zaïre) und Deutsch-Ostafrika (heute: Tanganjika/Tansania) gelegen. Rwanda und Burundi gehören historisch zu den sog. Hima-Staaten im östlichen Ostafrika, die sich bis nach Uganda erstreckten, wo das frühere Königreich Buganda eine analoge Struktur aufwies. Ihre Anfänge gehen auf die erobernde Einwanderung von hellhäutigeren Nomadenkriegern zurück, die Großvieh züchteten (das Watussi-Rind). Sie kamen im 16. Jahrhundert aus dem Horn von Afrika, vielleicht im Zusammenhang mit den schweren Kämpfen um Äthiopien zu dieser Zeit. In Rwanda und Burundi errichteten die Tutsi (auch: Watussi, Watutsi, Batutsi) eine klassische Eroberungs-Klassen-Gesellschaft über den unterworfenen schwarzhäutigen Bantubauern, den Hutu (auch: Wahutu, Bahutu). Als Zeichen der ökonomischen und sozialen Minderwertigkeit war den Hutu das Halten des ökonomisch lukrativeren Großrinds verboten. Die auf der Ausbeutung der schwarzen Hutu beruhenden Krieger-Aristokratien mit einem König an der Spitze hielten sich unter wechselnden Kolonialherren (Deutsche, Belgier), die an die Struktur nicht rührten. Im Zuge der Dekolonisation versuchten die Hutu, ihre Mehrheit gegen die herrschende Tutsi-Minderheit zur Geltung zu bringen, wie schon erwähnt mit unterschiedlichem Erfolg: In Rwanda setzten sich die Hutu in einem Referendum unter UN-Aufsicht mit dem Stimmzettel durch (1961), erzwangen die Abschaffung der Monarchie (1962) und wehrten eine Invasion der Tutsi ab (1963). Dagegen scheiterten die Hutu in Burundi, wo sich die Tutsi (übrigens mit Militärhilfe der VR China!) gegen die schwarze Bauernmehrheit der Hutu behaupteten und Hutu-Aufstände in entsetzlichen Massakern niederwarfen (1965, 1972). Nach der Logik des demokratischen Mehrheitsprinzips ist aber zu erwarten, daß früher oder später, in welcher Form auch immer, die Mehrheit der Hutu sich auch in Burundi endgültig durchsetzen wird.

k) *Koloniale Befreiungskriege: Vietnam, Algerien,*
Guinea-Bissau, Angola, Moçambique, Zimbabwe

Überall dort, wo neue Nationalstaaten nach nationalrevolutionären Befreiungskriegen entstanden – in Vietnam, Algerien, Guinea-Bissau, Angola, Moçambique, Zimbabwe –, liegt das
Moment früherer, in diesem Fall kolonialer Eroberungen so offen
auf der Hand, daß ein summarischer Verweis ausreichen kann.
Die Eroberungen durch Frankreich, Portugal und Rhodes/England
ließen die jeweilige koloniale Situation entstehen, die nur koloniale Befreiungskriege wieder zu beseitigen vermochte.
Drei abschließende Bemerkungen helfen aber vielleicht, diese
Konfliktfälle in weitere Zusammenhänge historisch einzuordnen:
1. Die Eroberung Algeriens stand in einem engen Zusammenhang mit der Revolutionsgeschichte Frankreichs, so daß ganz
konsequent nach dem Zweiten Weltkrieg sogar die französischen
Kommunisten den Krediten zur Niederwerfung des algerischen
Aufstandes – wie zuvor der Aufstände in Madagaskar (1947) und
Vietnam (1946) – zustimmten (bis 1956), von den Sozialisten
ganz abgesehen.
2. Die nationalrevolutionären Befreiungskriege in Vietnam und
Algerien gegen Frankreich, in Afrika gegen Portugal, in Zimbabwe gegen ein einheimisches, ursprünglich überwiegend aus
Südafrika stammendes Siedler-Regime standen in engem sach-
lichen und zeitlichen Verhältnis untereinander, bedingten und
unterstützten sich gegenseitig.
3. Zumindest in Algerien und Vietnam entstanden nach der
Unabhängigkeit früher oder später neue Konflikte aus älteren
historischen Eroberungsvorgängen und früheren Abhängigkeits-
verhältnissen – für Vietnam als internationale Konflikte im
komplizierten außenpolitischen Dreiecksverhältnis mit Kambodscha und China, in Algerien als innerer Konflikt zwischen den vor
rund 1300 Jahren als Eroberer ins Land gekommenen Arabern und
den ursprünglichen Bewohnern, den Berbern, die von den Arabern
im gesamten Maghreb in die Gebirge und in die Sahara abgedrängt
worden waren. Neuerdings scheinen die Berber Algeriens auf die
Politik der forcierten Arabisierung der algerischen Regierung und
Staatspartei mit Widerstand zu reagieren. Als Folge kann ein
interner Konflikt entstehen, der im Extremfall zu einer Art
Guerillakrieg in den klassischen Rückzugsgebieten unterdrückter
oder abgedrängter Minderheiten und zu einer Existenzkrise der
Republik Algerien führen könnte, wenn sich nicht vorher eine
Lösung durch Föderalisierung und innere Autonomie, ungefähr
nach dem Vorbild des Sudan, erreichen läßt.

l) *Zypern*

general

Eine ähnliche Umkehrung des Verhältnisses zwischen erobernden Minderheiten und durch die Kolonialherrschaft emanzipier-
ter, früher beherrschter Majorität liegt auch dem Konflikt auf
Zypern zugrunde. Nachdem Zypern (griechisch: Kypros = Kupfer) seit der Achäischen Wanderung im Zuge des Seevölker-
sturms (ca. 1200 v. Chr.) einen überwiegend bis durchgängig
griechischen Charakter gewonnen hatte und ihn auch über 3000
Jahre unter wechselnden Eroberern behielt – Phönikiern, Assy-
rern, Persern, Makedonen/Diadochen, Rom/Byzanz, Araber,
Byzanz, lateinischen Kreuzfahrern, Venedig –, brachte erst die
Eroberung durch die osmanischen Türken (1471) eine grundsätzlich neue Situation und eine sich bis heute haltende fremdländi-
sche Bevölkerung ins Land. Die Türken versetzten die Inselgriechen in die stets ressentimentproduzierende Position der von
einer fremden Minderheit beherrschten Mehrheit. Erst die
Okkupation Zyperns durch England, zur Sicherung des Seewegs
nach Indien (1878), und die Annexion zu Beginn des Ersten
Weltkriegs (1914) veränderten wiederum die Lage: Die britische
Herrschaft begünstigte die Mehrheit, die Inselgriechen, die ihnen
historisch, kulturell und emotional ohnehin näherstanden, während die Inseltürken allmählich zu einer marginalen Minderheit
absanken. Die Bewegung der Inselgriechen zur »Enosis« (Vereinigung) Zyperns mit dem griechischen Mutterland, nach dem
Vorbild der Vereinigung Kretas mit Griechenland (1913), provozierte nach dem Zweiten Weltkrieg den Widerstand sowohl der
Inseltürken als auch ihres Mutterlandes. Als Kompromiß erhielt
Zypern die Unabhängigkeit (1960), zunächst durchaus gegen den
Willen der Inselgriechen, deren extremer Flügel nach wie vor mit
allen Mitteln die Enosis weiter betrieb. Unter dem Druck des
Enosis-Flügels kompensierten die Inselgriechen ihre Enttäuschung über die ausgebliebene Enosis durch einen zunehmenden
Druck auf die Inseltürken bis hin zur Aushöhlung ihrer völkerrechtlich garantierten verfassungsmäßigen Rechte. Zweimal
intervenierte die Türkei als Schutzmacht der Inseltürken (1963/
64, 1974), das letzte Mal mit offener militärischer Gewalt, beide
Male bis zum Rand eines Krieges mit Griechenland gehend:
Zypern wurde faktisch in zwei Mini-Staaten geteilt, aber derart
zu Lasten der Inselgriechen, daß die türkische Minderheit mit
rund 18 % der Bevölkerung heute etwa 40 % des Inselterritoriums
einnimmt.

m) *Ambonesen in den Niederlanden*

Einen internen Konflikt, der aber sozusagen externe historische Wurzeln hat, verursachte die Situation der nach dem Zweiten Weltkrieg in die Niederlande eingewanderten Ambonesen; vor einigen Jahren führte die Spannung zu Geiselaktionen junger Ambonesen und ihrer gewaltsamen Beendigung. Ohne historische Erklärung bleibt der Konflikt völlig unverständlich: Ambon ist eine Insel der südlichen Molukken und gehört heute zu Indonesien. Seit der Eroberung durch die Portugiesen (1511) war es Zentrum des Anbaus von Gewürznelken, daher erstes Ziel der holländischen kolonialen Expansion (1605) nach der erfolgreichen Abschüttelung der spanischen Fremdherrschaft (ab 1572). Die koloniale Eroberung machte Ambon zur Ausgangsbasis für die ökonomische, später auch politische Unterwerfung und Beherrschung des heutigen Indonesien. Zuletzt stellten Ambonesen einen erheblichen Teil der niederländischen Kolonialarmee, die auch im indonesischen Unabhängigkeitskrieg (1946–1949) zuverlässig auf seiten der Niederländer kämpfte. Nach Erringung der faktischen Unabhängigkeit Indonesiens (1949) fürchteten die Ambonesen Racheakte für ihre frühere Loyalität gegenüber der Kolonialmacht und versuchten, durch die Proklamierung der Republik Süd-Molukken unabhängig zu werden (1950). Indonesien unterdrückte rasch den Sezessionsversuch, und ein Teil der Ambonesen nahm das Asylangebot der Niederlande an, so daß etwa 15 000 Ambonesen in die Niederlande auswanderten. Sie hielten dort an ihrem Anspruch auf die Republik Süd-Molukken fest. Die junge, nachwachsende Generation nimmt das Ideal so ernst, daß sie konsequent auch die kulturelle, gesellschaftliche Integration in die Niederlande verweigert und mit den Geiselnahmen die Welt auf ihre Situation und Ziele aufmerksam machen wollte.

n) *Makedonien*

Abschließend sei noch auf einen Konflikt verwiesen, der zwischen innerem und äußerem Konflikt, zwischen Vergangenheit und ungewisser Zukunft liegt – Makedonien. Makedonien ist das klassische Beispiel dafür, wie verheerend es sich auswirkt, wenn nationale Ansprüche, gestützt auf Eroberungen von unterschiedlichen Völkern zu unterschiedlichen Zeiten, aufeinanderprallen: Makedonien, einst Urheimat der Dorer vor der erobernden Einwanderung in Griechenland (ca. 1200 v. Chr.), mit der sie den

Seevölkersturm auslösten, später Ausgangspunkt der explosivsten und raschesten Großreichbildung der Weltgeschichte, des Alexanderreichs, war im Mittelalter zweimal vom Bulgarischen Reich und einmal vom Großserbischen Reich erobert, zuletzt von den osmanischen Türken. Im Zerfall des Osmanischen Reichs griffen die Bulgaren wie die Serben auf ihre jeweilige »nationale« imperiale Tradition zum Zeitpunkt der größten territorialen Ausdehnung im Mittelalter zurück und beanspruchten jeweils ganz Makedonien für sich. Im Vorfrieden von San Stefano hatte Rußland am Ende des 8. russisch-türkischen Kriegs dem von ihm geschaffenen Groß-Bulgarien Makedonien zugesprochen. Der Berliner Kongreß von 1878 beschnitt Bulgarien wieder um Makedonien und gab es an die Türkei zurück. Seit 1878 beansprucht daher Bulgarien – über alle wechselnden Regime hinweg – Makedonien als nationales Territorium, gegenüber Griechenland und Serbien/Jugoslawien, die seit den beiden Balkankriegen (1912/13) Makedonien so unter sich aufteilten, daß ungefähr ⅔ des Gebiets zu Jugoslawien gehören. Der bulgarische Anspruch auf Makedonien führte letzten Endes zum serbisch-bulgarischen Krieg (1885/86), zum 2. Balkankrieg (1912–1913) und zum Eintritt Bulgariens auf seiten der Zentralmächte – gegen Serbien – in den Ersten Weltkrieg (1915).

Das in eine beunruhigende Zukunft weisende Moment liegt in der Kontinuität der Ansprüche auch des kommunistischen Bulgarien gegen das kommunistische Jugoslawien. Seit dem Tod Titos (1980) ist jederzeit damit zu rechnen, daß Bulgarien seinen Gebietsforderungen erneut handgreiflich Geltung zu schaffen versuchen wird, wie schon dreimal in der jüngeren Neuzeit (1885, 1912, 1915), notfalls mit einer wirklichen oder angeblichen, von Bulgarien finanzierten und organisierten oder aber fingierten Nationalbewegung in Makedonien zum Anschluß an ein orthodox-kommunistisches Bulgarien, notfalls auch mit der militärischen Rückendeckung des Großen Bruders im Osten. Die Folge wäre eine sowjetische Intervention à la Afghanistan, wiederum »nur« zur Verteidigung revolutionärer Errungenschaften und außerdem als »brüderliche Hilfe« für den treuesten und zuverlässigsten Verbündeten der UdSSR auf dem Balkan. Die weitere Folge wäre eine erneute und noch ernstere Weltkrise, noch näher an den Rand eines Dritten Weltkriegs treibend als alle anderen zuvor. Das auslösende Konfliktpotential wäre nach Europa zurückgekehrt, so wie einst 1914 vor dem Ersten Weltkrieg.

2. Die arabisch-islamische Welt im Aufbruch

Von Erdmute Heller

I. DAS ERBE DES OSMANISCHEN REICHES –
DIE ENTSTEHUNG NATIONALER ARABISCHER STAATEN

Der arabisch-islamische Orient in seiner uns heute bekannten Form ist ein Produkt des Ersten Weltkriegs – d. h. der Aufteilung des letzten orientalischen Universalreiches, der Osmanischen Türkei, durch die Westmächte. Die später als arabische Staaten des Westens (Maghreb) und des Ostens (Mashrek) in Nordafrika und im »Fruchtbaren Halbmond« entstandenen Länder wurden in jener Phase der Aufteilung als Ergebnis westlicher Interessenpolitik geschaffen. Die Periode seit dem Ersten Weltkrieg bis in unsere Tage hinein ist gekennzeichnet durch heftige arabische Unabhängigkeitsbewegungen. Diese Unabhängigkeitsbewegungen richteten sich vor allen Dingen gegen jene Länder, die ihre während des Ersten Weltkriegs gegebenen Versprechungen gegenüber ihren arabischen Verbündeten nicht einhielten oder die formelle Staatlichkeit dieser Länder mißachteten, um sie in einem politischen und ökonomischen Abhängigkeitsverhältnis zu halten.

Das Osmanische Reich, aus dessen Konkursmasse die meisten Länder des Vorderen Orients hervorgegangen sind, war kein Nationalstaat. Die türkischen Osmanen, die bereits im 14. Jahrhundert im kleinasiatischen Bursa ihre Dynastie begründet und durch die Eroberung Konstantinopels im Jahre 1453 endgültig gefestigt hatten, errichteten in ihrem sich rasch nach Europa ausdehnenden Herrschaftsgebiet ein kompliziertes System; das Millet-System (Millet = türkisch: Gemeinschaft) war so strukturiert, daß die islamische Gemeinschaft den nichtislamischen – also den christlichen und jüdischen – gleichgestellt war. Mit anderen Worten: es bestand nicht das übliche Herrschaftsverhältnis zwischen Bevölkerungsmehrheit und den Minderheiten, wie es für die späteren Nationalstaaten typisch ist (wurde). Im Gegensatz zu den späteren Nationalstaaten beruhte das Osmanische Reich nicht auf den ursprünglich strengen islamischen Staats- und Unterwerfungsprinzipien. Es gehört zu den merk-

würdigsten Erscheinungen der osmanischen Geschichte, daß sich nicht nur unter den großen Staatsmännern, die sie hervorbrachte, zahlreiche, meist christliche, Renegaten befanden, sondern vor allem auch, daß die Elite-Truppe des Reiches, die Yeni Çeri oder Janitscharen, ausschließlich aus geborenen Christen bestand, die auf dem Wege der Knabenlese (türkisch: Devşirme) in türkischen Staatsdienst genommen und zum Islam bekehrt worden waren. Es ist weiterhin bezeichnend, daß der Niedergang und Verfall des Osmanischen Reiches durch das spätere Abweichen von dieser Regel ausgelöst und beschleunigt wurde. Zunehmend wurde das Universalreich seit dem 17. Jahrhundert auch durch Korruption und den immer stärkeren Einfluß der europäischen Mächte – vor allem Rußlands, Frankreichs, Englands und der Habsburger Monarchie – unterhöhlt. Die ersten Reformen, die 1826 mit der Abschaffung des Janitscharen-Korps und einer Neuordnung des Militärwesens und der Verwaltung unter dem Begriff »tanzimat-i hayriye« (wohltätige Verordnungen) eingeführt wurden, trugen eher dazu bei, den Verfallsprozeß voranzutreiben als ihn aufzuhalten. Der Staat gab sich einen immer strengeren muslimischen Charakter, was bisher – trotz des Bekenntnisses zum Islam und seiner Bedeutung für Dynastie und Beamtenschaft – nicht der Fall gewesen war. Erst durch die Jungtürkische Revolution des Jahres 1908 empfand sich das Osmanische Reich im nationalen Sinne als türkisch.
Der türkische Nationalismus verdrängte von nun an den Islam. Dies führte zu brutaler Unterdrückung anderer Nationalitäten im Reich – vor allem der Araber, die ein eigenes Bewußtsein zu entwickeln begonnen hatten. Aber auch christliche Nationalitäten waren Diskriminierung, Verfolgung und Vertreibung ausgesetzt. Die Massenausrottung des armenischen Volkes in den Jahren 1914/15 markierte den Höhepunkt des Jungtürkischen Nationalismus, der die neue Türkei noch im alten Gewande des Osmanischen Reiches erhalten wollte.
Die Konfrontation mit dem Westen, mit dem Abendland, war für den islamischen Orient auslösendes Moment seines nationalen Erwachens. Der Westen, das christlich-europäische Abendland, hatte den »Islam« zwar nicht – wie andere Hochkulturen, die von den Europäern seit der Entdeckung Amerikas im Laufe ihrer Expansionsgeschichte unterworfen wurden – besiegen können. Aber es war Europa gelungen, den islamischen Orient zu durchdringen. Der europäische Handel in der Levante, im östlichen Mittelmeer, die Anlage von Handelsstützpunkten, die Vernichtung der entwickelten Handwerksstruktur durch die Überflutung mit europäischer Fertigware – dies alles stieß den islamischen

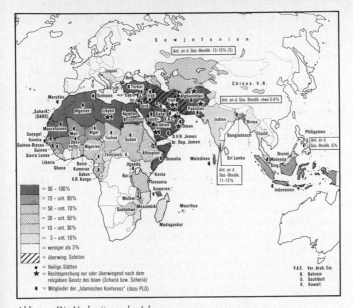

Abb. 4: *Die Verbreitung des Islams*
Schematisch, auf die Gesamtbevölkerung bezogen, abgesehen von China, Indien, Philippinen und UdSSR, ohne Berücksichtigung der regionalen Verbreitung innerhalb der Staaten

Orient mit seinen verschiedenen Gemeinschaften und seiner religiösen und ethnischen Vielfalt ins Elend. Längst bevor also die europäischen Mächte während und nach dem Ersten Weltkrieg sich daranmachten, die – später als Naher Osten bezeichnete – Region unter sich aufzuteilen, war diese Weltgegend ökonomisch unterworfen und zum abhängigen Rohstofflieferanten der europäischen Industrie degradiert worden. Der Haß auf den Westen, auf das christliche Abendland, war und ist Ausdruck langer, schmerzlicher Erfahrung. Einer Erfahrung, die noch unter der nominellen Herrschaft der Osmanen begann und dazu führte, daß jene Länder dem europäischen Zugriff – vor allem im 19. Jahrhundert – nur noch wenig entgegenzusetzen hatten.

Die geläufige Annahme, die eigentliche Begegnung zwischen Orient und Okzident sei mit der Invasion Ägyptens durch Napoleon eingeleitet worden, trifft also nicht ganz zu. In dem Versuch, die Verbindungslinien Englands zu seiner bedeutendsten Kolonie Indien abzuschneiden, fiel Napoleon im Jahre 1798/99 in Ägypten ein. Der Ägypten-Feldzug Napoleons stellt zwar die erste militärische Expedition Europas in dieser Region dar, die

103

Tatsache, daß Napoleon in Ägypten quasi gegen England kämpfte, macht aber gleichzeitig deutlich, daß die Völker dieser Region zu jener Zeit nicht mehr Herren ihrer Geschichte waren und ihre Länder zum Schlachtfeld fremder Heere wurden. Das Osmanische Reich hatte nicht nur auf dem Balkan und am Schwarzen Meer schwere Verluste im Kampf gegen europäische Mächte hinnehmen müssen. Der schwachen Zentralgewalt in Istanbul war inzwischen auch die Vasallität über den Khediven, den Vizekönig des Sultans am Nil, entglitten. Mehemet Ali, der sich in den Kämpfen gegen die französische Invasionsarmee ausgezeichnet hatte, war im Jahre 1806 vom Sultan als osmanischer Statthalter nach Kairo entsandt worden. Innerhalb weniger Jahre löste er sich von der Pforte zu Istanbul und versuchte als erster orientalischer Herrscher einen neuen Weg einzuschlagen, indem er Ägypten zu modernisieren, ja zu industrialisieren begann. Dies war gegen zwei Mächte gerichtet: einmal gegen das dekadente und zerfallende Osmanische Reich und gegen das mit der Pforte verbündete Großbritannien. Im Lande selbst reformierte Mehemet Ali auf eine sehr unkonventionelle Art und Weise: er vernichtete die feudale Militärkaste der Mameluken und machte sich zum Fürsprecher der armen Fellahen, indem er geradezu staatssozialistisch anmutende Sicherungen für die arme Landbevölkerung einrichten ließ. Durch die Anlage eines Straßennetzes wurde ein modernes Verkehrssystem entwickelt. Außerdem wurde ein nach französisch-europäischem Vorbild ausgerichtetes Schulsystem eingeführt. Durch dieses Schulsystem wurde der französische Einfluß im Ägypten Mehemet Alis – der sich ohnehin mit Frankreich gegen seinen Rivalen England verbündete – wesentlich gefestigt: französische Lehrer wurden ins Land geholt, französische Techniker mit der Modernisierung Ägyptens betraut. Mit dieser französischen Rückendeckung konnte Mehemet Ali sich nun auch von der Souveränität des Sultans über Ägypten lossagen. Als Ali gegen den Sultan militärisch vorging, um ihm Syrien zu entreißen, waren sein Heer und seine Flotte bereits in zahlreichen Auseinandersetzungen an Ägyptens Grenzen erprobt.
In den Jahren 1811 bis 1819 gelang es Ali, den Aufstand der Wahabiten auf der arabischen Halbinsel zu unterdrücken und sich die Gebiete am oberen Nil (1820–1822) zu unterwerfen. Die europäischen Mächte hatten die Loslösung Alis von Istanbul gefördert bzw. gebilligt, da ihnen an einer Schwächung der Pforte gelegen war. An ihrem völligen Zusammenbruch bestand zu jener Zeit auf ihrer Seite jedoch kein Interesse, da nur ein geschwächtes Osmanisches Reich der europäischen Durchdrin-

gung des Vorderen Orients Vorschub leisten konnte. Als Ali daher den Osmanen die Levante bis hinauf nach Nordsyrien entriß, zwang ihn die britische Flotte, dieses Gebiet wieder zu räumen. Auch Frankreich ging der Aufstieg des Khediven zu weit. Beide europäischen Mächte setzten daher gemeinsam eine Politik fort, durch welche die Agonie des »Kranken Mannes am Bosporus« künstlich verlängert werden sollte – eine Politik, mit der sie auch später während des Krimkrieges (1853–1856) verhinderten, daß die osmanische Türkei den Expansionszielen des zaristischen Rußlands im Süden – in Richtung auf das Mittelmeer – erlag.

Die Nachfolger Mehemet Alis führten die Politik des Khediven nicht fort. Sie verschuldeten sich an England, das sich immer mehr als die eigentliche Macht am Nil etablierte. Nachdem der desolate Zustand der ägyptischen Staatsfinanzen England den Zugriff auf 44 % des Aktienkapitals der Suez-Kanal-Gesellschaft ermöglichte, waren die Weichen für die Übernahme des Nillandes durch das imperialistische England im Jahre 1882 schließlich gestellt. Als Orabi Pascha den europäischen Eingriffen mit der Armee bewaffneten Widerstand entgegensetzte und die Wiederherstellung der ägyptischen Unabhängigkeit verlangte, fiel England offen mit Militärgewalt in Ägypten ein. Die britische Flotte bombardierte Alexandria. In der Schlacht von Tal el Kebir erlitt Ägypten eine entscheidende militärische Niederlage, die schließlich dazu führte, daß Ägypten britisches Protektorat wurde.

Ägypten war für das britische Weltreich von zentraler Bedeutung. Es stellte nicht nur ein Scharnier zum wichtigsten Kolonialreich des Empires, Indien, her. Gleichzeitig verband es auch die südlichen afrikanischen Besitzungen mit den asiatischen zum strategischen und verkehrsgünstigen Dreieck Kairo–Kap–Kalkutta. Ägypten wurde zum Zentrum des britischen Reiches, das von Lord Cromer – der grauen Eminenz britischer Imperialpolitik – als Modellfall der Blütezeit des Kolonialismus verwaltet wurde.

In den Maghreb-Ländern verlief die Entwicklung anders – wenn schon nicht unähnlich. Die Aushöhlung der osmanischen Zentralgewalt hatte einen doppelten Effekt. Auf der einen Seite konnten sich die örtlichen Notabeln, die Deys und Beys, von der Pforte loslösen, auf der anderen Seite waren sie jedoch dadurch stärker dem europäischen Zugriff ausgeliefert. Vor allem die Tatsache, daß Frankreich nach der Revolutionsperiode von den Getreidelieferungen Algeriens abhängig war, verstärkte das französische Interesse an Nordafrika. Im Jahre 1830 nahm Frankreich die Säumnis Algeriens in der Schuldbegleichung zum Vorwand für den Überfall und die Eroberung Algeriens. Im Gegensatz zu den Briten, die im wesentlichen eine Kolonialpolitik auf der Basis strategischer und handelskapitalistischer Motive verfolgten und deshalb, wie das Beispiel Lord Cromers deutlich machte, eine indirekte Herrschaft vorzogen, war der französische Kolonialismus in Nordafrika vor allem siedlungspolitisch orientiert. Die Franzosen unterwarfen die Bevölkerung Nordafrikas also nicht, um sie zu beherrschen. Während England gemeinhin die lokalen Strukturen im Interesse des eigenen Handels intakt ließ, hatte Frankreich die kulturelle und lokale Identität der Nordafrikaner – der Araber und Berber – zerschlagen. Dieses Phänomen der Identitätslosigkeit der Algerier sollte sich während des algerischen Befreiungskampfes, der 1954 begann, als großes Problem erweisen. Erst durch diesen Befreiungskampf konnte sich – nach Meinung des schwarzen Revolutionstheoretikers und Freiheitskämpfers für Algerien aus Martinique, Frantz Fanon – eine neue nationale Identität entwickeln. Seit der europäischen Durchdringung Nordafrikas war immer wieder in kurzen Abständen Widerstand gegen die Kolonisatoren aufgeflackert. Eines der bekanntesten Beispiele ist der Mahdi-Aufstand:

Der sudanesische Mahdi (arabisch: der unter göttlicher Leitung stehende) Muhammad Ahmad ibn Abdallah (1843[?]–1885) eroberte 1885 Khartoum. Sein Nachfolger Khalifa Abdallah wurde im Jahre 1889 durch das englische Expeditionskorps unter Lord Kitchener in einer blutigen Schlacht niedergeworfen. Dem sudanesischen Mahdi-Aufstand waren zahlreiche andere vorausgegangen – z. B. unter Ubaidallah (934), dem Begründer der Fatimiden-Dynastie, und unter Ibn Tumart (1077–1130), dem Stammvater der Almohaden. Der Aufstand des sudanesischen Mahdi war als fundamentalistische Erneuerungsbewegung gegen das Eindringen der Europäer gerichtet.

Auch im Jahre 1926 unterlagen nordafrikanische Aufständische noch einem großen Expeditionskorps französischer und spanischer Truppen. Erst nach Frankreichs verlorenem Indochinakrieg in den fünfziger Jahren dieses Jahrhunderts bekam der Unabhängigkeitswille wieder neuen Auftrieb und führte nach Jahren des erbitterten Kampfes schließlich zur Unabhängigkeit.

Schon lange bevor das Osmanische Universalreich nach dem Ersten Weltkrieg und der Abdankung des Sultans auch formell aufgelöst war, hatten sich bereits im letzten Drittel des 19. Jahrhunderts verschiedene Nationalismen entwickelt. Neben dem arabischen, der – wie erwähnt – von den Jungtürken barbarisch unterdrückt wurde, war vor allem das nationaltürkische Element aufgekommen. Der Sultan hatte zwar versucht, dem

Nationalismus der Jungtürken entgegenzuarbeiten, indem er im Ersten Weltkrieg sogar das Sultanat dem all-islamischen Khalifat gleichsetzte und den »Heiligen Krieg« gegen die Alliierten ausrufen ließ. Die islamische Legitimität des zusammenbrechenden Reiches schien jedoch weder den (sich immer mehr national verstehenden) Türken noch den um nationale Unabhängigkeit kämpfenden Arabern als Integrationsmittel überzeugend. Der Nationalismus – eine im Orient bis dahin unbekannte Form politischen Bewußtseins – trat an die Stelle der religiösen Bindung und beschleunigte den ohnehin unaufhaltsamen Zerfallsprozeß.

Die Alliierten setzten auf diesen Nationalismus, der freilich ein zweischneidiges Schwert war. Die Briten begrüßten ihn in dem Glauben, durch eine Unterstützung des arabischen Aufstands in der Wüste im Jahre 1915 die deutschen Absichten und Anstrengungen, das Osmanische Reich aufrechtzuerhalten, zu unterwandern. Durch ihr Versprechen gegenüber Hussein, dem Herrn des Hedschas auf der arabischen Halbinsel, nach der Zerschlagung des Osmanenreiches ein arabisches Königreich unter haschemitischer Herrschaft in ganz Arabien – Syrien, Libanon und Palästina eingeschlossen – zu errichten, glaubten sie zunächst ihren Vorstellungen von Hegemonie im Orient näherzukommen. Der Nationalismus machte diese Absicht zunichte. Er wurde jene Kraft, die sich von nun an vehement gegen die alliierten Siegermächte richten und in den nächsten 60 Jahren maßgeblich für die Entwicklung der gesamten Region werden sollte.

Der erste Widerstand gegen die Pläne der Alliierten kam von den Türken. Kemal Pascha, ein jungtürkischer Offizier, wandte sich gegen den Geist des Friedens von Sèvres des Jahres 1920 und mobilisierte die noch intakten türkischen Truppen gegen Franzosen, Griechen und Italiener, die in Anatolien und an der kleinasiatischen Küste gelandet waren. Mit Unterstützung Sowjetrußlands schuf er in schnellen militärischen Aktionen die Voraussetzung zur Gründung der Republik, die im Oktober 1923 in Ankara ausgerufen wurde. Der Kemalismus – eine nationalistische, etatistische und säkulare Form des neuen türkischen Staates – lehnte sich an das sowjetische Modell der Planwirtschaft und des Anti-Imperialismus an. Er galt lange Zeit als Beispiel für die um ihre Befreiung kämpfenden Völker Asiens.

Was die Versprechungen der Briten gegenüber den Haschemiten im Hinblick auf die Zukunft Arabiens betrifft, so war ganz offensichtlich die blanke Perfidie am Werke. Nachdem sich die arabischen Stämme zugunsten Englands an der Niederwerfung des Osmanischen Reiches beteiligt hatten, schlossen England und

Frankreich im Jahre 1916 ein Geheimabkommen zur Aufteilung des arabischen Orients in Einflußzonen. Das »Sykes-Picot-Abkommen« stand in absolutem Widerspruch zu den Versprechungen, die der britische Unterhändler MacMahon vor dem Eingreifen der Araber gegenüber dem Emir des Hedschas gemacht hatte. Ein Jahr später – 1917 – wurde den Zionisten in der berühmten Balfour-Erklärung die Errichtung einer Heimstatt für die Juden in Palästina zugesichert. Damit wurden bereits während des Ersten Weltkriegs die Grundlagen für Konflikte geschaffen, die bis heute andauern.

Nachdem die Alliierten ihre ursprünglich geheimen Absprachen über die Neuaufteilung des Vorderen Orients im Jahre 1920 auf der Konferenz von San Remo formalisiert hatten, erhob sich die Region in Aufständen und Rebellion. Die Völker des Vorderen Orients hatten nicht nur den Zusagen vertraut, die ihnen ihre Unabhängigkeit in Aussicht stellten. Auch die Prinzipien, die mit dem vom amerikanischen Präsidenten Woodrow Wilson verkündeten Recht auf Selbstbestimmung verbunden waren, gaben ihrer Forderung nach nationaler Souveränität – die nun aufs neue aufgeschoben worden war – zusätzlichen Auftrieb. In den nun folgenden 20er Jahren begann jener erbitterte Kampf gegen die neuen Herren – Engländer und Franzosen –, der schließlich erst mit den 60er Jahren seinem Ende entgegenging. Diese 40jährige Periode – in deren Halbzeit der Zweite Weltkrieg fällt – stellt für die Völker des Nahen und Mittleren Orients eine Einheit dar. Es ist eine Phase der jüngsten Weltgeschichte, in der die arabische Welt – vom Mashrek bis zum Maghreb – mit haßerfülltem Blick auf Europa und den Westen sah: In Syrien und im Libanon hob der Kleinkrieg gegen die französischen Truppen unter General Weygand an, der bis zum Jahre 1925 dauern sollte. In Libyen wurde bis zum Jahre 1931 gegen die italienischen Kolonisatoren gekämpft. 1921 wurde in Mesopotamien der halbsouveräne arabische Staat »Irak« als britisches Mandat hergestellt – eine Verlegenheitslösung, die im wesentlichen dazu dienen sollte, die Ansprüche, die der Hedschas-Emir Feisal gegenüber den Engländern hatte, wenigstens teilweise zu befriedigen. Auch die Machtübernahme des Raschid Ali al Gailani, die 20 Jahre später im Irak erfolgte, gehört in diesen Zusammenhang: Sein Ziel war es, gemeinsam mit den Achsenmächten gegen die Kolonialmacht vorzugehen. Vor allem in den 50er Jahren erhielt jener massive Widerstand gegen Großbritannien und Frankreich dadurch weiteren Auftrieb, daß der arabische Nationalismus in der Ära Gamal Abd el Nassers seinem Höhepunkt zustrebte.

Die Entwicklung in den einzelnen arabischen Regionen verlief bis zum Ende des Zweiten Weltkriegs zwar ähnlich, jedoch mit gewissen Unterschieden. In Syrien war – gegen den Willen der Bevölkerung – im Jahre 1920 die französische Mandatsherrschaft eingerichtet worden. Den vom syrischen Kongreß zum König ausgerufenen Feisal vertrieben die Franzosen in den Irak. Um sich des Widerstands der Bevölkerung besser erwehren zu können, teilte die französische Mandatsmacht das Land – nach altbewährter imperialistischer Unterdrückungsmanier – in mehrere staatenartige Gebilde auf: in das weitgehend im Osten gelegene Syrien, den Libanon sowie Latakia, d. h. also die Küstengebiete des heutigen Syrien sowie den Dschebel Drus, den Hauptsiedlungsbereich der drusischen Bevölkerung längs der heutigen jordanischen Grenze. Das Gebiet des Libanon wurde im Osten durch sunnitische Bevölkerungsgruppen »angereichert«, wodurch der Charakter des alten Fürstentums Mont Liban beträchtlich verändert wurde. Die Teilung der Levante in verschiedene, unabhängig voneinander regierte Bereiche führte zu Aufständen und Kämpfen. Die blutigste Auseinandersetzung in dieser Phase – der große Drusenaufstand des Jahres 1925 – wurde rücksichtslos niedergeschlagen. Interessanterweise fiel er mit der Erhebung Abdel Krims in Marokko zusammen – ein weiterer Umstand, der auf die Gemeinsamkeit im Widerstand gegen Kolonialherrschaft hinweist (vor allem, weil es sich in beiden Fällen um die französische handelte).

Auch die 30er Jahre sind gekennzeichnet durch wachsende Unruhe. Aufstände und Scharmützel waren an der Tagesordnung. Ruhe trat erst ein, als sich die französische Regierung herbeiließ, mit Syrien und dem Libanon Verträge abzuschließen, die ihnen für das Jahr 1939 die Unabhängigkeit versprachen. Durch den Ausbruch des Zweiten Weltkriegs wurde diese Unabhängigkeit vorläufig nochmals verhindert. Erst nach dem Abzug der ausländischen Truppen im Jahre 1946 konnte sie verwirklicht werden.

Der Irak wurde durch eine entsprechende Verfassung des Jahres 1924 zur konstitutionellen Monarchie erklärt. Durch einen weiteren Vertrag aus dem Jahre 1926 wurden dem Irak die Ölfelder um Mossul und Kirkuk zugeschrieben. Dieser Vertrag kam vor allen Dingen auf Betreiben der Engländer zustande. War der Irak bis dahin für Großbritannien vor allem von geographischer Bedeutung als mittelöstliche Kommunikationsstraße und Landweg nach Indien, so richtete sich das Interesse der Briten mittlerweile in erster Linie auf die Ölausbeute des Landes. Im gleichen Interessenzusammenhang steht die Kurdenfrage. Hatten die

Engländer die Unabhängigkeitsbewegung der Kurden im Ersten Weltkrieg noch unterstützt, so wurde sie von der späteren Mandatsmacht Großbritannien – die mittlerweile selbst über die Ölfelder verfügte – zurückgewiesen und mit ihrer Hilfe militärisch bekämpft.

Der Irak war somit – abgesehen von seiner Verbindungsfunktion zu Indien – zum bedeutendsten wirtschaftlichen Stützpunkt Englands im Mashrek geworden. Das Öl, das von den Feldern um Kirkuk und Mossul an die Levanteküste gepumpt wird, machte die gesamte Region zu einer Zone britischen Einflusses. Eine der Endstationen der Öl-Leitungen war das in Palästina gelegene Haifa. Palästina und der Irak stellten damit für die britischen Interessen ein strategisches Zwillingspaar dar. Im Gegensatz zur französischen Politik verstanden es die Briten, ihre Interessen im Orient indirekter durchzusetzen. Um Unruhen vorzubeugen und den Ölstrom zu sichern, ohne das Land in die Unabhängigkeit zu entlassen, gestanden die Engländer König Feisal im Jahre 1932 die formelle Aufhebung des Mandats zu. Der britische Einfluß blieb dadurch ungeschmälert. Formalisiert wurde dieser Einfluß durch einen Freundschaftsvertrag, der England Flugstützpunkte und ein besonderes Interventionsrecht im Kriegsfalle zusicherte. In Frage gestellt wurde diese indirekte Herrschaft erst durch den Staatsstreich des ehemaligen Ministerpräsidenten Raschid Ali el Gailani, der 1941 unter dem Eindruck des Aufstiegs Hitlerdeutschlands erfolgte. Diese Allianzvorstellungen dürfen aber nicht dahingehend interpretiert werden, als habe es sich bei diesem Versuch der Machtübernahme um eine ideologische Sympathiekundgebung gegenüber den Achsenmächten gehandelt. Es war eher ein Versuch, die damalige Schwäche Großbritanniens auszunutzen – ähnlich wie es im übrigen auch in Ägypten der Fall war.

II. DIE REVOLUTION IN ÄGYPTEN –
ARABISCHER NATIONALISMUS UND WESTLICHE INTERESSEN

In Ägypten waren im Anschluß an den Frieden von Sèvres vom 15. Mai 1919 – der von den Völkern des Orients als Verrat an ihrem Recht auf Unabhängigkeit verstanden wurde – zahlreiche Unruhen ausgebrochen. Ähnlich wie in anderen Gebieten versuchte Großbritannien auch in Ägypten, den keimenden Aufruhr durch einen formellen Schritt zu besänftigen. So erklärte es im

Jahre 1922 die Schutzherrschaft über das Nilland für beendet und entließ Ägypten in eine nominelle Unabhängigkeit. Der Khedive Ahmed Fuad nahm als Fuad I. den Titel eines Königs an. Durch diesen formellen Schritt trat jedoch nur eine vorübergehende Beruhigung ein. Dies um so mehr, als die Vorrechte des Hochkommissars unangetastet blieben und die ägyptische Politik – vor allem im Bereich des Äußeren – nach wie vor nicht in Kairo, sondern in London gemacht wurde. Auch der Vertragsentwurf von 1928 sah keine wirkliche Unabhängigkeit vor. Es wurden zahlreiche weitere Entwürfe ausgearbeitet. Eine Einigung wurde erst im Jahre 1936 erzielt. Aber auch dieser Vertrag behielt Großbritannien alle Rechte vor, die es auch bisher über das Land ausübte. So blieb u. a. die strategische Besetzung des Landes aufrechterhalten. Ägypten blieb damit also für England weiterhin ein wichtiger Stützpunkt im strategischen Schnittpunkt dreier Kontinente. Dies änderte sich erst im Jahre 1956. Der Vertrag von 1936 garantierte England jene Bleiberechte, um die in den 50er Jahren – also in der Hochphase des arabischen Nationalismus unter Nasser – so erbittert gerungen werden sollte. Zu diesen Rechten gehörte auch die Anwesenheit von 10 000 Mann britischer Truppen in der Suezkanal-Zone, durch die die wichtigste Wasserader Ägyptens praktisch aus dem Souveränitätsbereich des Landes herausgebrochen wurde, außerdem die Benutzung von Alexandria und Port Said als britische Marinestützpunkte, das Recht auf freie Bewegung britischer Truppen im Lande im Falle eines Krieges oder bei Kriegsgefahr sowie ein Bündnis zwischen beiden Ländern, das England die Verteidigung Ägyptens auferlegte bzw. garantierte. Geht man davon aus, daß bereits drei Jahre später der Zweite Weltkrieg ausbrach, so wird deutlich, daß die Ägypter kaum ein Bewußtsein dafür entwickeln konnten, wie wenig Unabhängigkeit ihnen dieser Vertrag – gemessen am Status quo ante – tatsächlich gebracht hatte. Der Übergang zur allgemeinen anti-kolonialen Erhebung der 50er Jahre schließt sich in diesem Sinne also fast nahtlos an die Kämpfe der 20er und 30er Jahre und ihre Ausläufer an.

Nach dem Ende des Zweiten Weltkrieges – der trotz des Sieges der Alliierten eine Schwächung der alten Kolonialmächte England und Frankreich mit sich brachte – ließ England sich mit dem Rückzug seiner Truppen auf die im Vertrag von 1936 vorgesehenen Bereiche, Zonen und Stützpunkte viel Zeit. Auch die Sudan-Frage – also der anglo-ägyptische Streit darüber, was mit dem Land im Süden Ägyptens geschehen sollte – führte zu wachsenden Spannungen zwischen Ägypten und England. Als ein Land, das durch seine Agrarstruktur vom Nil und seinem Wasser abhängig ist, konnte Ägypten in der Frage, was im Sudan geschah, nicht neutral sein. Ägypten drängte daher auf einen Anschluß des Sudans an Ägypten. Diese Forderung fand in den Augen der Ägypter auch eine gewisse Berechtigung in der historischen Tatsache, daß anglo-ägyptische Truppen im Jahre 1899 das Gebiet gemeinsam unterworfen hatten. England, das eine solche – selbst auf das Ökonomische beschränkte – Unabhängigkeit Ägyptens nur ungern sah, richtete seine Politik darauf ein, lieber einen unabhängigen Sudan zu errichten als das Land am Oberen Nil mit Ägypten zu vereinen.

Der endgültige Bruch mit Großbritannien wurde durch den Palästina-Krieg ausgelöst. Dies galt im übrigen nicht nur für Ägypten allein. Auch in Syrien hatte der israelisch-arabische Krieg um Palästina von 1948/49 als Katalysator der inneren Veränderungen gewirkt. Doch vor allem in Ägypten sollte die Ära der Abhängigkeit und Unterdrückung durch die Revolution junger Offiziere ein Ende finden. Bislang war die ägyptische Politik von der traditionsreichen Wafd-Partei geführt worden. Doch die Notabeln, Kaufleute und Großgrundbesitzer, die sich in dieser Partei zusammenfanden, konnten die Unabhängigkeitsbewegung nicht um den Preis eines Bruches mit England zum Erfolg führen. Die jungen Offiziere, die in den Schützengräben Palästinas begriffen, daß ihre Niederlage gegen die Israelis hauptsächlich der Unfähigkeit, Korruptheit und Botmäßigkeit ihrer Staatsmänner zuzuschreiben war, stellten eine neue Gesellschaftsschicht dar, die sich bisher politisch nicht artikulieren konnte. Die jungen Offiziere, die zur Macht drängten, weil sie begriffen, daß ihre Ohnmacht (veraltete Waffen, zerschlissene Ausrüstung etc.) nur eine Folge der desolaten sozialen und politischen Verhältnisse in ihren Ländern war, stammten größtenteils aus dem Kleinbürgertum, für das die Armee die einzige Aufstiegsmöglichkeit bot. Die Armee stellte in jener Zeit bis zu einem gewissen Grade auch eine Institution dar, in der Modernisierung und technisches Know-how – also Bewußtseinsformen – geprägt wurden, die mit der bisherigen Lebensform und Politik der traditionellen Führungsschichten in Widerspruch standen. Es war mithin die Armee, aus deren Reihen und aus deren neuem Bewußtsein heraus sich die bedeutendste Veränderung im arabischen Vorderen Orient vollzog – eine Veränderung, die in den folgenden zwei Jahrzehnten die weitere Geschichte der Region grundlegend prägte.

Organisiert waren die Offiziere in geheimen Gruppen, die in losem Kontakt zueinander standen. Am 23. Juli 1952 löste die

Gruppe der »Freien Offiziere« in Ägypten mit Panzern einen Staatsstreich aus, der beispielhaft für viele weitere Umstürze in der Region wurde. Die »Freien Offiziere« besetzten das Königsschloß und schickten König Faruk – eine Symbolgestalt des orientalischen Feudalismus und des hedonistischen Müßiggangs – ins römische Exil. Faruk, der jene Phase ägyptischer Geschichte repräsentierte, in der die Unabhängigkeit nicht verwirklicht werden konnte (1936–1952), und Nasser – der Held des arabischen Nationalismus – verdeutlichen sinnbildhaft jenen Bruch, der sich mit dem Ausbruch des Palästina-Krieges in der Geschichte des arabischen Ostens vollzog. Dieser Bruch ist keiner anderen Zäsur in der Geschichte der Region vergleichbar. Nur vor dem Hintergrund dieses Wandels sind die Veränderungen zu begreifen, die von nun an die Geschichte eines neuen arabischen Bewußtseins kennzeichnen.

Die Revolution der »Freien Offiziere« unter Nasser war bemüht, bei der Durchführung ihrer sozialreformerischen Pläne behutsam vorzugehen. Um trotz aller Brüche im System dennoch die Kontinuität durch eine populäre Person zu wahren, wurde zunächst General Naguib an die Spitze des Staates gestellt. Die jungen Offiziere hatten wenig Erfahrung im Umgang mit der politischen Macht und bei der Durchführung sozialer Reformen. Kein Wunder, wenn man bedenkt, daß es sich bei ihrem Umsturz um die erste Revolution dieser Art in der neueren Geschichte des arabischen Ostens handelte. Die Vorstellungen von nationaler Übereinstimmung waren rasch zerstoben, als es nach der Verkündigung des ersten Gesetzes zur Landreform zu Unruhen kam, die vor allem von religiös-konservativen Kräften ausgelöst worden waren. Die ursprüngliche Absicht der »Freien Offiziere«, nach westeuropäischem Muster freie Wahlen abzuhalten und ein Mehrparteiensystem zu bilden, wurde fallengelassen bzw. auf einen späteren Zeitpunkt verschoben. Nachdem die Meinungsverschiedenheiten und Reibereien im herrschenden Revolutionsrat zunahmen, wurde Gamal Abdel Nasser – der eigentliche Kopf der sozialreformerischen Offiziersbewegung – mit der Führung des Staates beauftragt. Sein Vorgänger, General Naguib, wurde abgesetzt, verbannt und unter Hausarrest gestellt.

Die Fragen, mit denen Nasser und der Revolutionsrat nun konfrontiert waren, bezogen sich vor allen Dingen auf soziale und außenpolitische Probleme. Eine Anhebung des Lebensstandards für breite Bevölkerungsschichten – so stellte sich die Frage für die Revolutionäre – war auf das engste mit der Abhängigkeit Ägyptens vom Westen verbunden: War es möglich, soziale Reformen durchzusetzen, ohne sich an den traditionellen Interessen des Westens – vor allem Englands und zunehmend auch der USA – zu stoßen? Allein die ungeklärte Sudan-Frage – nämlich, ob dieses Land Teil Ägyptens oder formell unabhängig und damit real von Großbritannien abhängig sein sollte – war nicht nur eine Sache des politischen Prestiges, sondern vor allem auch des ökonomischen Überlebens. (Dies um so mehr, als die Regulierung des Nilwassers im Sudan für Ägypten eine Frage auf Leben und Tod bedeutete.) Hinzu kam, daß die Industrialisierungspläne der Sozialreformer von der Energiefrage und diese ihrerseits vom Bau eines Hochdammes am Nil abhängig zu sein schienen. Die Haltung des Sudan war daher für das Nilland Ägypten – im agrarischen wie auch im industriellen Bereich – von existentieller Bedeutung.

Ägypten mußte sich mit den Westmächten auch weiterhin im Zusammenhang mit der Frage der Stützpunkte und der militärischen Bündnispolitik auseinandersetzen. Die Briten hielten immer noch die Suez-Kanalzone besetzt. Dies entsprach zwar den bestehenden Verträgen – doch den realen Veränderungen der politischen Szene in der Region war die Präsenz der Briten nicht mehr angemessen. Denn durch eben diese Präsenz verfügten sie nach wie vor über einen bedeutenden Teil des ägyptischen Territoriums und über die Einkünfte der Suez-Kanal-Gesellschaft, einer Aktiengesellschaft. *joint stock company*

Für den Westen – vor allem für England und die Vertreter der US-Außenpolitik – war es zu jenem Zeitpunkt noch nicht klar, was es bedeutete, daß Ägypten unter Nasser etwas zu fordern begann, was für ein unabhängiges Land eine Selbstverständlichkeit, für die halbabhängigen arabischen Länder in jener Zeit jedoch noch nicht gegeben war: nämlich die Verfügung über ihr eigenes Territorium und – was später noch wichtiger werden sollte – die Verfügung über ihre Bodenschätze, vor allem das Öl, das sich bis dahin in der Hand westlicher, vor allem angloamerikanischer Gesellschaften befand.

Das war das politisch-ökonomische Szenario, an dem sich nicht nur Nassers Forderungen nach Unabhängigkeit stoßen sollten. Es war jene Konstellation von sich überschneidenden Interessen, die für die nächsten zwanzig Jahre für den Kampf der arabischen Welt gegen den Westen bestimmend war. Ein Kampf, der nach dem Beispiel Ägyptens in den folgenden Jahren – in entsprechenden Variationen – von fast allen arabischen Ländern gegen den Westen geführt werden sollte. *overlapping*

Zu dieser grundsätzlichen Ausgangssituation kam erschwerend hinzu, daß der Westen versuchte, die arabischen Staaten in den

Ost-West-Konflikt hineinzuziehen. Diese unverhohlene Absicht des Westens rief unterschiedliche Reaktionen in den einzelnen Ländern hervor. War es z. B. im Interesse der ausgesprochen konservativen Regimes – vor allem des irakischen unter seinem Ministerpräsidenten Nuri es-Said –, sich weiterhin von britischen Truppen schützen zu lassen, so mußte die Vorstellung, die arabischen Staaten in ein westliches Bündnis einzubeziehen (das den Einfluß der Sowjetunion in der Region eindämmen sollte), am Unabhängigkeitswillen Nassers abprallen. Dabei hatte Nasser zu jenem Zeitpunkt noch keine klaren Vorstellungen von jener Politik, die später als »positiver Neutralismus« bezeichnet wurde und Staatsmänner wie Nehru, Tito und Nasser zusammenführen sollte. Nasser ging es vor allen Dingen um den Abzug der Briten aus Ägypten, damit das Land tatsächlich unabhängig handeln konnte. Gegenüber den USA war Nasser zunächst freundlich eingestellt – eine Tendenz, die im übrigen in jener Zeit in allen Staaten anzutreffen war, die unter dem Einfluß der englischen und französischen Kolonialherrschaft gestanden hatten und daher den amerikanischen Vorstellungen von Entkolonialisierung große Sympathie entgegenbrachten.

Der Westen war seinerseits bemüht, die arabischen Staaten – vor allem Ägypten – in ein westliches Militärbündnis zu integrieren, dessen Kernstück der Bagdad-Pakt darstellte – ein Bündnis zwischen dem Irak, der Türkei und England. Ägypten sollte auf Grund seiner geopolitischen Scharnierfunktion Basen und Verkehrswege zur Verfügung stellen. Die Teilnahme Nassers an der Bandung-Konferenz im April 1955, auf der sich der afro-asiatische Block neutralistisch zu formieren begann, führte zu einer weiteren Trübung der politischen Atmosphäre. Als sich im gleichen Jahr die militärischen Übergriffe der Israelis an der Demarkationslinie häuften und der Westen seine Bereitschaft, Ägypten Waffen zu liefern, an die Bedingung eines Beitritts zum westlichen Verteidigungspakt knüpfte, wandte sich Nasser an den Ostblock. Das tschechisch-ägyptische Waffenlieferungsabkommen vom September 1955 stellte eine völlig veränderte Lage im Vorderen Orient her: zum ersten Male wurden sowjetische Waffen an ein Land außerhalb des eigenen Blocks geliefert. Damit wurde der Nahe Osten endgültig zu einem Teil des Ost-West-Konflikts.

Der Gegensatz zwischen Ägypten und dem Westen wuchs sich immer mehr zu einem Musterkonflikt für die übrigen arabischen Länder – und selbst für jene, die man später gemeinhin zur »Dritten Welt« rechnete – und dem Westen aus. Verschärft wurde dieser latente Gegensatz, als sich der Revolutionsrat

anschickte, für das volkreiche Ägypten eine langfristige ökonomische Entwicklungsperspektive zu schaffen, die vor allem im
Bereich der Agrarstruktur lag.
Nachdem die Sowjetunion keinerlei Anstalten machte, Ägypten
beim Bau des inzwischen geplanten Assuan-Staudamms wirtschaftliche Hilfe anzubieten, wandte sich Nasser an den Westen.
Im Juli 1956 nahm Kairo die amerikanischen Finanzierungsvor-
schläge an. Wenige Tage später machten die USA jedoch einen
spektakulären Rückzieher. Die Weltbank, die mit der Abwick-
lung der Finanzierung beauftragt war, schloß sich an. Dem Coup
lag folgendes Kalkül zugrunde: der amerikanische Außenminister John Foster Dulles wollte den Ägyptern demonstrativ klar-
machen, daß sie nach wie vor total vom Westen abhängig seien.
Eine solche Demütigung Nassers schien Amerika ohne Schaden
möglich zu sein, nachdem die Sowjetunion eine negative Haltung
in der Damm-Frage eingenommen hatte. Als Symbolgestalt des
arabischen Nationalismus sah Nasser sich zu einer Haltung
gezwungen, die von niemand erwartet worden war: am 26. Juli
verstaatlichte Nasser während einer Massenveranstaltung den
Suez-Kanal: eine Herausforderung des Westens, wie sie noch
kein Politiker bzw. Führer eines afro-asiatischen Landes bisher
gewagt hatte.
Nachdem alle diplomatischen Bemühungen fehlgeschlagen
waren, diesen Schritt rückgängig zu machen, versuchten Israel,
England und Frankreich durch militärisches Eingreifen den Sturz
Nassers herbeizuführen. Vor allem die britische Diplomatie
machte Nasser für die Verletzung der britischen Interessen im
arabischen Raum verantwortlich. Der britische Premierminister
Anthony Eden sah in Nasser die Ursache der anti-britischen
Stimmung und entwickelte – wie sein ehemaliger Staatsminister
Nutting es formulierte – einen »Nasser-muß-weg-Komplex«.
Frankreich war der Meinung, der algerische Befreiungskampf sei
ebenfalls von Nasser initiiert und gesteuert worden – eine
Annahme, die deutlich machte, wie wenig die Kolonialmächte in
der Lage waren, die realen Verhältnisse überhaupt zur Kenntnis
zu nehmen. Israel hatte lange auf eine solche Bündniskonstella-
tion gewartet, um seinen militärisch bedeutendsten Gegner –
Ägypten – gemeinsam mit den Westmächten zu treffen. Politisch
war diese Aggression, die am 29. Oktober 1956 mit einem
israelischen Angriff eröffnet wurde, für Gamal Abdel Nasser ein
großer Erfolg. Die ägyptischen Truppen wurden zwar im Sinai
aufgerieben, aber der Widerstand der Bevölkerung gegen die
Aggression und die einhellige Verurteilung des Angriffs, der sich
auch die USA angeschlossen hatten, machten Nasser als »Rais«

(arab.: Führer) zum unbestrittenen Symbol des arabischen Nationalismus. Die Ereignisse des Jahres 1956 führten zu einer Wende, die das Ende der kolonialen Dominanz des Westens im arabischen Raum ankündigte. Auch das internationale Ansehen Nassers hatte sich durch seinen Entschluß, den Suez-Kanal zu verstaatlichen, gefestigt: die Sowjetunion lieferte Lebensmittel, China gewährte Dollar-Kredite, und schließlich beschloß die UdSSR – gegen ihre bisherige Entscheidung –, den Bau des Assuan-Staudamms doch zu finanzieren.

Obwohl die USA die Aggression Frankreichs, Englands und Israels gegenüber Ägypten verurteilt hatten, begriffen sie sehr bald, daß Nassers arabischer Nationalismus auch auf die anderen arabischen Länder übergreifen würde. Die Tatsache, daß Nasser die Kommunisten im eigenen Land verfolgt und interniert hatte, bedeutete noch lange nicht, daß er selbst der UdSSR feindlich gesinnt war. Im Verbund mit der Sowjetunion, die den Rais hofierte, konnte sich eine Entwicklung anbahnen, die sich negativ auf das westliche Gesamtinteresse auswirken mußte. Um einer solchen Entwicklung vorzubeugen, formulierten die USA im März 1957 die »Eisenhower-Doktrin«, deren Ziel es war, prowestliche Regimes vor kommunistischer Unterwanderung oder einer Bedrohung seitens der UdSSR zu schützen.

Die westliche Beurteilung der damaligen Entwicklung innerhalb der arabischen Welt erfolgte aus einem viel zu engen Blickwinkel. Man ging davon aus, daß der auf Unabhängigkeit und Souveränität gerichtete arabische Nationalismus mit kommunistischen Tendenzen gleichzusetzen sei. Eine solche Doktrin konnte die Woge des arabischen Nationalismus nur verstärken und nicht beruhigen. Die Spannungen wurden zusätzlich durch die Anwesenheit amerikanischer Marineeinheiten in der Levante verschärft. Diese neue anti-nationalistische Offensive des Westens führte zum Sturz des Nasseristen Nabulsi in Jordanien, der aus den ersten freien Wahlen im Herbst 1956 als Sieger hervorgegangen war. Nabulsi wurde im April 1957 verhaftet unter dem Vorwand, er habe den Sturz des haschemitischen Königshauses vorbereitet.

Die durch die nationalistische Welle in der arabischen Welt ausgelösten Unruhen wurden immer heftiger und sollten im Jahre 1958 ihren Höhepunkt erreichen. Vor allem nahm der westliche Druck auf Syrien zu. Durch seine nationalistische Regierung, die im Frühjahr 1957 zur Macht gelangt war und sich eng an Kairo anlehnte, war Damaskus zur Zitadelle des arabischen Nationalismus geworden. Vor allem an der syrisch-türkischen Grenze nahmen die Spannungen zwischen den auf Neutralität bedachten arabischen Nationalisten und den Mitgliedstaaten des westlichen Bagdad-Paktes zu. Bereits zuvor hatte John Foster Dulles die Vergabe eines Entwicklungskredits durch die Weltbank an Syrien verhindert. Die Reaktion Syriens war – nach bewährtem ägyptischem Vorbild – eine stärkere Hinwendung zu Moskau. Und als der nationalistische Virus schließlich den gesamten Mashrek erfaßt hatte, ging der Westen zum offensiven Eindämmungskurs über.

Im Libanon hatte der Westen – vor allem die USA – auf den christlichen Staatspräsidenten Schamoun gesetzt, der sich dem arabischen Nationalismus (als Einigungsbewegung der Araber gegen die westliche Welt) besonders feindlich gezeigt hatte. Auch im Libanon bedurfte es – wie in den anderen Ländern – der offiziellen Annahme der »Eisenhower-Doktrin«, bevor sie für das Land wirksam werden konnte. Wahlmanipulationen und andere Formen der Beeinflussung brachten einen großen Teil der Libanesen gegen Schamoun und seinen Außenminister Malik auf. Die Opposition warf ihm vor, er zerstöre den nationalen Pakt von 1943, in dem das Gleichgewicht der Konfessionen festgelegt war. Im Libanon gab es in der christlichen Gemeinschaft politische Kräfte, die den Sonderstatus des Landes und seinen auf dem Konfessionalismus beruhenden Charakter durch den panarabischen Gedanken bedroht sahen.

Die Agitation gegen den libanesischen Präsidenten, der einen erklärtermaßen pro-westlichen und anti-national-arabischen Kurs steuerte, erreichte 1958 ihren Höhepunkt. Die Aussichten Schamouns hatten sich inzwischen beträchtlich verschlechtert. In dieser Lage bat er die USA um Hilfe. Für eine solche »Hilfe« wurde der damals extrem pro-westliche Irak im Osten herangezogen, der auch den Rumpf des Bagdad-Paktes bildete. Durch militärische Ablenkungsmanöver sollte dem Libanon Rückendeckung verschafft werden. Doch die Vorbereitungen dieser militärischen Aktion im Irak wurden dem Regime des Ministerpräsidenten Nuri es-Said und dem Westen zum Verhängnis. Oberst Abdul Karim Kassem nutzte den militärischen Durchzug durch Bagdad, um die verhaßte haschemitische Dynastie im Irak zu stürzen. Ihre Herrschaft im Irak beruhte nicht auf dem Konsens der Bevölkerung, sie war vielmehr Ergebnis der britischen Strategie, in diesem Teil der arabischen Welt die Interessen Großbritanniens mit Hilfe einer im nationalen Sinne »schwachen« Dynastie abzusichern.

Am 14. Juli 1958 kam es zum offenen Kampf, und Kassems Truppen besetzten die wichtigsten öffentlichen Einrichtungen der Hauptstadt. Nuri es-Said wurde in Frauenkleidern auf der Straße erkannt und von der rasenden Bevölkerung buchstäblich in Stücke gerissen. Das neue Regime unter Kassem verkündete die Abschaffung der Monarchie und erklärte den Austritt des Iraks aus dem Bagdad-Pakt.

Der Westen sah die einzige Möglichkeit, in das Rad der Geschichte einzugreifen, in einer militärischen Intervention. Wieder einmal wurde es der westlichen Politik zum Verhängnis, daß ihre Exponenten den unabhängigen Charakter des arabischen Nationalismus nicht erkannten. Die westlichen Führer nahmen nicht zur Kenntnis, daß es sich hier um eine völlig eigenständige Bewegung handelte. Sie gingen vielmehr davon aus, daß die Veränderungen in der Region die Folge eines Komplotts Moskaus waren. So setzten die USA die 6. Flotte in Bewegung und landeten »Marines« im Libanon, um das Regime Schamouns zu retten. Britische Fallschirmjäger landeten in Jordanien, um König Hussein vor der anbrandenden Welle des arabischen Nationalismus zu schützen. Mit dieser Aktion isolierten sich die USA international. Die UNO zwang Washington, auf eine Ausdehnung seines Brückenkopfes zu verzichten. Die Libanesen nutzten den Augenblick und wählten Schamoun ab, um an seiner Stelle den Oberkommandierenden, General Schahab, zum Präsidenten zu machen. Wie sein Vorgänger war er ein Maronit, ein Angehöriger einer christlich-orientalischen Gemeinschaft, die eng mit den westlichen Interessen in der Levante verbunden ist. Vor allem durch die Beziehungen zur ehemaligen Mandatsmacht Frankreich symbolisiert diese Gemeinschaft die Besonderheit des Libanon als »unabhängiger«, d. h. nicht rein arabischer, Staat. Schahab nahm eine neutralistische Haltung ein und lehnte die Eisenhower-Doktrin ab. Damit waren die USA gezwungen, ihre Truppen aus dem Libanon zurückzuziehen.

III. DIE FOLGEN DER SUEZ-KRISE. DIE VEREINIGTE ARABISCHE REPUBLIK UND DER ARABISCHE SOZIALISMUS DER BAATH IN SYRIEN UND IM IRAK

Die Suez-Krise und die daraus entstandene »Eisenhower-Doktrin« hatten für den Westen verheerende Folgen. In dem Maße, in dem die westliche Welt sich weigerte, den eigenständigen Charakter des arabischen Nationalismus zur Kenntnis zu nehmen und ein gleichberechtigtes Verhältnis mit den zur Unabhängigkeit strebenden arabischen Staaten einzugehen, wuchsen auch ihre Verluste. Nicht nur, daß die Eisenhower-Doktrin gescheitert war und die USA damit England und Frankreich in nichts mehr nachstanden, was verlorenes Prestige im arabischen Osten betraf. Die Eisenhower-Doktrin beschleunigte darüber hinaus den Verfall des gesamten Einflußbereiches erheblich: der Irak, die bisherige Stütze des Westens im arabischen Osten, war verloren. Zwischen den radikal-nationalistischen arabischen Staaten·Ägypten, Syrien und Irak bahnte sich eine Blockbildung an, die sich immer mehr der Sowjetunion anzunähern schien. Die VAR, die »Vereinigte Arabische Republik«, die am 4. Februar 1958 durch den Zusammenschluß Ägyptens und Syriens gebildet worden war, drohte sich somit auf ein weiteres arabisches Land auszudehnen. Nasser hatte diesen mehr proklamatorischen als realen Schritt zwar unter einem gewissen Druck unternommen, doch eines stand fest: Im Krisenjahr 1958 war der arabische Nationalismus – selbst wenn er die Erwartungen der Massen bei weitem nicht erfüllen konnte – zu einer Macht geworden, die zum ersten Mal in der fast fünfzigjährigen Geschichte der Beziehungen zwischen dem Westen und der arabischen Welt triumphierte. Durch den arabischen Nationalismus war dieses fünfzigjährige Unterwerfungsverhältnis unter die westlichen Interessen zum ersten Mal ernsthaft in Frage gestellt. Dies war auch der Anfang eines Prozesses, in dem sich die Geister im arabisch-nationalistischen Lager selbst schieden.

Die ägyptischen »Freien Offiziere« waren im Jahre 1952 unter nationalistischen, anti-feudalen und anti-kolonialen Vorzeichen angetreten. Sie hatten keine klaren Vorstellungen hinsichtlich einer umfassenden Umwälzung ihrer Gesellschaft und erst recht keine entsprechende Ideologie. Der »arabische Sozialismus«, der nicht nur von Nasser vertreten wurde, sondern auch dem Programm der Baath-Partei, der Partei der arabischen »Wiedergeburt«, und Ghaddafis libyscher Variante eines »islamischen Sozialismus« zugrunde liegt, ist mit dem Marxismus des Westens nicht zu vergleichen.

Bei aller Unterschiedlichkeit und Rivalität untereinander haben all diese Modelle jedoch etwas gemeinsam: sie sind vor allem nationalistisch ausgerichtet und auf den Schutz des Privateigentums bedacht. Gemeinsamkeiten, die lange Jahre mit der Sowjetunion bestanden, waren im Grunde nur äußerlich. In ihrem Bestreben, sich völlig von der westlichen Bevormundung zu befreien, sahen die nationalistischen Araber in der Sowjetunion einen natürlichen Verbündeten.

Nasser war ursprünglich pragmatisch vorgegangen. Erst als er an die Durchführung sozialer Maßnahmen ging, bedurfte es zu deren Begründung einer Ideologie, wie ihn der populistische und als kleinbürgerlich einzustufende arabische Sozialismus darstellte. Im Gegensatz zu Nassers ursprünglicher Konzeptionslosigkeit hatten sich die ideologischen Vorstellungen der Baathisten in Syrien und im Irak, die – in unterschiedlicher Form – die 6oer und 7oer Jahre dominieren sollten, auf einer durchaus ausgereiften theoretischen Grundlage entwickelt. Der theoretische und organisatorische Begründer des Baath-Sozialismus war Michel Aflak. Er hatte Ende der 2oer und Anfang der 3oer Jahre in Paris Philosophie studiert und als Lehrer unterrichtet. Der Richtung Aflaks schloß sich in den 4oer Jahren eine andere Gruppe (»Die Arabische Wiederbelebung«) unter Arsouzi an, und 1953 kam zu beiden noch die »Arabische Sozialistische Partei« Akram Houranis hinzu.

Das besondere und prägende Charakteristikum des Baath-Sozialismus ist, daß er die soziale Komponente nicht als Selbstzweck, sondern nur als Mittel der arabischen Wiedergeburt betrachtet. Die Renaissance des Arabertums, die sich auf die arabische Blütezeit in der Frühzeit des Islam bezieht, weist die Baath – zumindest in der Theorie – als ultranationalistisch aus. Auch die Feindschaft bzw. Abgrenzung gegenüber dem Marxismus als einer materialistischen Weltanschauung wird von der Baath und ihrem Chef-Ideologen Michel Aflak immer hervorgehoben. Später – vor allem in den 6oer Jahren, als die verschiedensten Strömungen des arabischen Nationalismus, namentlich aber der Nasserismus und der Baathismus miteinander rivalisierten – wurde der Gegensatz organisatorisch und institutionell verschärft. Die Baath hatte aber im Mashrek nur einen ernst zu nehmenden Gegner: die Kommunisten. Der ideologische Gegensatz wurde daher durch die organisatorische Rivalität zusätzlich vertieft.

Ein weiteres Merkmal der Baath-Ideologie ist zu erwähnen, das ihren transitorischen Charakter unterstreicht: sie war die erste geschlossen wirkende Ideologie, die das Arabertum völlig vom Islam ablöste und den Arabismus als einen eigenständigen Wert verkündete. Dabei ist es sicher kein Zufall, daß ihr Begründer, Michel Aflak, kein Muslim, sondern christlicher Herkunft ist. Auch hatte der frühe arabische Nationalismus, der von den Osmanen so blutig verfolgt wurde, in der Levante gerade unter der christlichen Bevölkerung besonders viele Anhänger gefunden. Der Nationalismus mußte, in Anlehnung an die idealtypische europäische Entwicklung, um integrierend zu wirken, anti-religiös und säkular auftreten. Die Schwierigkeit für den Baath-Sozialismus als Ideologie lag darin, daß er sich auf ein vom Islam losgelöstes Arabertum beruft. Das Selbstverständnis des Arabers ist jedoch untrennbar mit der historischen Glanzzeit des

Islam verbunden, in der es noch keinen bewußten Gegensatz zwischen Islamismus und Arabismus gab. Stärke und Integrationsfähigkeit des Islam gegenüber anderen ethnischen Gruppen und Völkern sowie seine Assimilationsfähigkeit lagen darin, daß er eben jenes nationale Element nicht kannte bzw. daß in jener Zeit eine Ideologie oder eine Weltanschauung wie der Nationalismus nicht denkbar war.

Die Vorstellungen der Baath, eine arabische Wiedergeburt auf nationalistischer Grundlage zu motivieren, steht also in elementarem Gegensatz zu den Grundprinzipien des Islam. Der Islam hat sich zwar das Arabische als liturgische Sprache bewahrt und orientiert sich auch in seiner sonstigen Ausprägung sehr stark an seinem arabischen Ursprung. Von seinem Selbstverständnis her steht er jedoch als universalistische Religion im Widerspruch zum Nationalismus und insbesondere zum Säkularismus des Arabismus – vor allem eines Arabismus, wie er durch die Baath vertreten wird. Diesem Widerspruch hat sich zwar auch der Ideologe der »Partei der arabischen Wiedergeburt«, Michel Aflak, nicht entziehen können. Daher hat er immer wieder das islamische Erbe des Arabismus betont. Eine Säkularisierung des Islam ist jedoch auf Grund des besonderen, nachkoranischen Verständnisses vom Islam als »din va daula« (Staat und Religion) gleichbedeutend mit seiner Abschaffung bzw. läßt nur einen arabischen Nationalismus zu, der andere nationale Partikularisierungserscheinungen im Orient nur verstärken kann. Dieser Gegensatz besteht im Augenblick nur im Keim, da sich der arabische Nationalismus seit den 70er Jahren auf dem Rückzug befindet und in den letzten Jahren immer stärker vom revolutionären Islam – als konservativer wie auch als progressistischer Erscheinung – in den Hintergrund gedrängt worden ist. Unabhängig davon wäre es verfrüht, darin das Ende des Arabismus zu erkennen. Festzuhalten gilt vielmehr, daß er seine stärksten Impulse ursprünglich aus dem Widerstand gegen die Fremdherrschaft der Osmanen und später der europäischen Kolonialmächte bezogen hatte. Der Arabismus war also eine negative Widerstandsideologie, die gleichzeitig versuchte, Werte abzuschütteln, auf die sie nicht verzichten konnte, ohne diejenigen Inhalte zu verlieren, auf die sie sich nicht zuletzt auch implicite berief: auf den Islam. Der Islam ist jedoch in seinem Selbstverständnis universalistisch – auch wenn er, wie beispielsweise während der islamischen Revolution im Iran, instrumentell als Transmissionsriemen nationalistisch-partikularer Inhalte eingesetzt wird, die Ausdruck der besonderen historischen Entwicklung des Schiismus sind.

Die islamische Erneuerungswelle wird daher nicht zufällig, sondern mangels einer präziseren Identifizierungsgrundlage als Khomeinismus bezeichnet. Und zwar, weil es sich hierbei um einen nationalistischen Islam anti-imperialistischer und anti-modernistischer Provenienz handelt, der jedoch auf sozialem Gebiet reformerisch wirken will. Die grobe, aber dennoch treffende Unterscheidung zwischen Nasserismus und Khomeinismus ist folgende: der arabische Nationalismus richtete sich gegen die koloniale und imperialistische Unterdrückung und Ausplünderung der orientalischen Länder, um diese Staaten – mit gewissen Einschränkungen – selbst nach westlichem Vorbild zu modernisieren. Der Khomeinismus entstand auf dem Boden sozialer Verhältnisse, wie sie bezeichnend für den Iran unter dem Schah waren: in einem Land also, das zwar bereits über jene Mittel verfügte, zu denen die arabischen Nationalisten noch keinen Zugang hatten, in dem eben jene Mittel jedoch durch den Schah ganz im Sinne des ausländischen Kapitals und im Interesse der dünnen Schicht einer Kompradorenbourgeoisie genutzt wurden. Zusammenfassend ist festzustellen, daß die Entscheidung zwischen Nationalismus und Islamismus, zwischen arabischem Säkularismus und religiöser Ideologie in den arabisch-islamischen Ländern noch nicht endgültig gefallen ist – obwohl der Islam im letzten Jahrzehnt zur dominierenden Ideologie wurde und weltweit an Boden gewann. Dies hat zur Folge, daß auch die säkulare, nationalistische und – zumindest in der Theorie, weniger in der Praxis – anti-islamische Baath-Ideologie einen Ausgleich mit den islamischen Strömungen der Zeit wird suchen müssen.

Die VAR (Vereinigte Arabische Republik) – der erste Zusammenschluß arabischer Staaten auf der Grundlage eines nationalistischen, progressistischen Arabertums – war nach dreijährigem Bestehen im Herbst 1961 wieder zerfallen. Das Bündnis war weniger im Interesse Nassers zustande gekommen als vielmehr auf Drängen der syrischen Nationalisten, die sich von der erstarkten kommunistischen Partei ihres Landes bedroht sahen. Grund für das Auseinanderbrechen der Allianz waren der Zentralismus und die Bevorzugung Ägyptens vor Syrien, die die syrischen Militärs schließlich zur Rebellion trieben. Zudem war der äußere Druck des Krisenjahres 1958 vorüber, eine gemeinsame Front daher weder notwendig noch sinnvoll. Außerdem war das nationalistische Arabertum, das stark von Armee und Bürokratie getragen wird, in die Rivalität der einzelnen politischen Institutionen hineingezogen worden. Das Kleinbürgertum, das seine Interessen in jenen Apparaten vertreten sah, war trotz aller

protestations, declarations

political bodies

panarabischen Beteuerungen vor allem daran interessiert, seine lokalen Machtpositionen zu sichern. Vereinigung bedeutete nicht die Addition der verschiedenen Zentren der Macht, vielmehr die Unterwerfung des einen unter das andere. Der Panarabismus – wie er von Nasseristen, Baathisten und Unionisten aller Schattierungen vertreten wurde – ging auch von der Vorstellung aus, daß die eigene nationale Bürokratie nicht dem übergeordneten Ideal des Zusammenschlusses zu opfern sei. Auch behielt sich Ägypten vor, seine Bedeutung als größtes Land auszuspielen und damit alle anderen nationalen Strömungen in den Hintergrund zu drängen. Ägypten betrachtete sich als das Kernland des Arabismus, und dies, obwohl die spezifisch ägyptische Identität immer schon mit der allarabischen rivalisierte. Festzustellen ist, daß sowohl der Versuch eines Zusammenschlusses als auch die auseinanderstrebende Tendenz für die Entwicklung der 60er Jahre im arabischen Raum symptomatisch ist. Diese Tendenz verschärfte sich noch in dem Moment, als ein anderes arabisches Land, nämlich der Irak, mit seinen bedeutenden Ressourcen die Bühne der arabischen Einheitsbestrebungen betrat.

Der Irak stand in einer traditionellen Konkurrenz zum Nilland. Es war nicht so sehr eine historica Konkurrenz, die beide Länder trennte – aber allein schon die Bemühungen beider, das zentrale Syrien für sich zu gewinnen, führten zu einem ständigen Konflikt. Ein Konflikt, der im übrigen schon eine nicht unwesentliche Rolle spielte, als es um die Frage ging, dem Bagdadpakt beizutreten. Nachdem der Irak seine eigene anti-koloniale Erhebung erlebt hatte, die zum Sturz der haschemitischen Dynastie führte, fand diese Rivalität andere Kanäle. Solange Syrien noch Mitglied der VAR war, hatte sich Abdel Karim Kassem im Herbst 1959 bemüht, auf der Grundlage des geographisch-kulturellen Zusammenhangs des »Fruchtbaren Halbmonds« mit Syrien eine Einheit zu bilden. Es hatte jedoch zuvor schon Strömungen gegeben, die gegen eine Vereinigung mit der VAR waren, Strömungen, die vor allem in den politisch entwickelten Gruppen der Intelligenz anzutreffen waren: einmal in der Kommunistischen Partei des Irak – einer der bedeutendsten des Orients –, zum anderen bei den Nationaldemokraten, die ein parlamentarisches Regime nach westlichem Muster anstrebten. Ihnen – so wurde behauptet – habe Kassem zu viel Raum im politischen Spektrum des Landes eingeräumt. Gegen diese Einflüsse richtete sich eine Bewegung, die sich als extrem anti-kommunistisch verstand und die von Mossul ihren Ausgang nahm.

Daß ihre Stoßrichtung auch auf Kassem zielte, ließ sich nicht verheimlichen. Was jedoch dessen Beziehung zu Ägypten vor

secret, concealed

allem abkühlen ließ und eine Zusammenarbeit beider Regimes unmöglich machte, war die Tatsache, daß sich die irakische Opposition gegen Kassem offen auf Nasser berief. Kassem unterdrückte einen Aufstand blutig. Die oppositionelle Koalition aus lokalen Großgrundbesitzern, Kaufleuten und Offizieren wurde also zerschlagen. Als nächster Schritt in der allgemeinen Phase der Repression wurden die Parteien des Landes im Juli 1959 aufgelöst. Als Kassem sich darauf berief, das Emirat Kuweit gehöre eigentlich zum Irak, wurde eine gesamtarabische Truppe nach Kuweit entsandt, um die Irakis abzuschrecken. Daß die von Ägypten dominierte Arabische Liga sogar die Landung britischer Truppen zuließ, wenn nicht ermunterte, macht deutlich, in welchem Maße die inner-arabischen Rivalitäten gelegentlich den Gegensatz zum Westen übertrafen. So wurde beispielsweise auch die ostentativ verkündete Zusammenarbeit Kassems mit der UdSSR und China, die zunächst Befürchtungen aufkommen ließ, hier entwickele sich ein neues Kuba, im Sommer 1960 durch eine plötzliche Hinwendung zum Westen abgelöst.

Die Schwankungen in Kassems politischem Konzept und die traditionelle Brutalität, mit der im Irak Machtkämpfe ausgetragen wurden, sowie die ethnische und religiöse Zersplitterung des Landes in Kurden, sunnitische und schiitische Araber wurden durch eine rationale ökonomische Planung konterkariert. Die Macht der Großgrundbesitzer wurde durch eine Landreform gebrochen. Der äußere Machtfaktor im wirtschaftlichen Bereich, die IPC – Iraq Petroleum Company –, wurde durch entsprechende Maßnahmen in ihrem Handlungsspielraum beträchtlich behindert. Diese Maßnahmen, die sich am Rande der Verstaatlichung bewegten, forderten den Widerstand des Westens heraus und drängten Kassem zurück. Die Zeit für eine Übernahme der Ölproduktion war aus zweierlei Gründen noch nicht gekommen: erstens war der Markt völlig von westlichen Gesellschaften beherrscht und es fehlten im Lande die notwendigen Fachleute, um die Ölproduktion in eigener Regie zu betreiben. Die von Kassem eingeleiteten Maßnahmen deuteten jedoch bereits eine Entwicklung an, wie sie – zunächst sukzessive – für die gesamte Region in den folgenden Jahren bezeichnend werden sollte. Diese neue Phase ist auch insofern bedeutsam, als die ölproduzierenden Staaten bereits die ersten Schritte unternahmen, die dann im Jahre 1960 zur Gründung der OPEC führen sollten.

Im Jahre 1962 vereinigte sich die aus Teilen der Baath, Unionisten und Nasseristen zusammengesetzte Opposition gegen Kassem, um die Linksentwicklung des Regimes zu stoppen. Auch westliche Geheimdienste sollen hilfreich in diesen Prozeß einge-

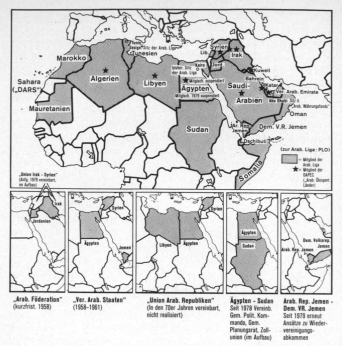

Abb. 5: *Arabische Liga und Vereinigungsprojekte arabischer Staaten*

griffen haben. Als die Armee Anfang Februar gegen Kassem marschierte, wurde er selbst vor den Fernsehkameras erschossen und unter seinen Anhängern fand ein gräßliches Blutbad statt.

Von nun an verlagerte sich das Zentrum der Baath in westliche Richtung nach Syrien. Einen Monat nach Kassems Sturz brachte ein von der Baath inspirierter Putsch die Regierung in Damaskus zu Fall. Die Baath – die den Nationalismus immer vor die sozialreformerischen Absichten stellte (da diese nach ihrer Ideologie nur als Vehikel für einen allarabischen Großstaat dienten) – war von Anfang an bemüht, die herrschenden gesellschaftlichen Schichten nicht abzuschrecken. Vor allem hatte sie erkannt, daß die – noch im Rahmen der VAR durchgeführte – Landreform, die den Kleinbauern zugute kam, die Großgrundbesitzer zu Widersachern des Systems machen mußte. Die Baath stand in ihrer konkreten Programmatik zwischen den nasseristischen Reformen

126

aus der Unionsphase und der bürgerlichen Entwicklung zwischen 1961 und 1963.

Die Machtübernahme der Baath in Syrien hätte auf Grund der panarabischen Tendenz der Partei die Einheit mit Ägypten wiederherstellen müssen. In der Ideologie der Partei kam der »arabischen Wiedergeburt« absolute Priorität zu. Ein neuerlicher Zusammenschluß zwischen Syrien und Ägypten konnte nach der Auflösung der VAR jedoch nicht erfolgen. Nasser lehnte das nochmalige Vereinigungsangebot Michel Aflaks in Kairo ab. Statt dessen wurde im April 1963 zwischen beiden Ländern eine Charta der Union unterzeichnet, die eine Art Absichtserklärung in Richtung auf einen schrittweisen Zusammenschluß darstellen sollte. Die Bedenken Nassers hinsichtlich eines neuerlichen Zusammenschlusses gingen nicht nur auf die Erfahrungen aus der Zeit der VAR zurück. Sie kamen vor allem im Schatten der Baath-Herrschaft sowohl in Damaskus als auch in Bagdad auf, die zwangsläufig zu einer Schwächung der ägyptischen Rolle geführt hatte. Darüber hinaus war deutlich geworden, daß die Baathisten im Hinblick auf den arabischen Nationalismus und die arabischen Einigungsbestrebungen einen Alleinvertretungsanspruch anmeldeten und andere nationalistische Gruppen, vor allem die Nasseristen, auszuschalten begannen. Gleiches galt für die Kommunisten.

Im wirtschaftlichen Bereich hatten die Baathisten ähnliche Vorstellungen, wie sie Nassers Konzept während der VAR-Zeit entsprachen. In der Landwirtschaft wurden Reformen durchgeführt, Bodenbesitz, der über 15 ha hinausging, sowie Banken und bestimmte Branchen der Industrie wurden verstaatlicht. Diese Maßnahmen hatten eine enorme Kapitalflucht ins arabische Ausland zur Folge und führten schließlich zu einer Wirtschaftskrise und zur Rationierung von Lebensmitteln. Unterwanderungspraktiken in anderen arabischen Ländern führten schließlich dazu, daß der arabische Raum sich infolgedessen sehr bald in einen pro-baathistischen und einen anti-baathistischen Teil spaltete, wobei die Baath-Gegner sich hauptsächlich aus Nasseristen zusammensetzten.

Auch in Syrien selbst – dem Lande der beiden Baath-Gründer und -Ideologen Michel Aflak und Salah Bitar – blieb es nicht ruhig. Die Baath-Partei wurde von Fraktionskämpfen und Zwistigkeiten erschüttert. Auf dem sechsten Parteikongreß in Damaskus setzten sich die radikaleren Kräfte durch. Aflak und Bitar wurden abgesetzt. Die Ereignisse griffen auch auf den Irak über, da die neue Führung ihren Kurs auf den irakischen Zweig der Baath auszudehnen versuchte. Gegen eine solche Entwicklung lehnte sich jedoch die Armee auf, die von der Partei ziemlich unabhängig war. Die Baathisten wurden verjagt, und Präsident Aref – der sich mit Hilfe der Armee und durch eine Politik parteilicher Neutralität an der Macht halten konnte – bildete eine Regierung, die hauptsächlich aus Nasseristen und Unionisten zusammengesetzt war.

Obwohl sich – vor allem in Damaskus – in den folgenden Jahren immer wieder Baath-Regierungen behaupten konnten, war die Bedeutung der Baath in der arabischen Welt von nun an im Sinken begriffen. Vor allem in Syrien, wo sie sich einst institutionalisiert hatte, verlor sie ihre revolutionäre und einheitsstiftende Kraft. Ihre oft geradezu sektiererische Haltung gegenüber anderen Parteien des arabischen Nationalismus hat sie selbst in den Augen der Unionisten desavouiert. Auch ihre Mißerfolge im wirtschaftlichen Bereich haben ihr Ansehen unterhöhlt. Mit der Wiederbelebung islamischer Traditionen im arabischen Raum zu Beginn der 70er Jahre schrumpfte die syrische Baath zu einem Interessenkorsett der Bürokratie und des Militärs zusammen, zu einer Institution, die sich von der überwiegenden Mehrheit der Bevölkerung weit entfernt hatte.

Die baathistischen Regimes der 60er Jahre unter Atassi, Hafes und Dschedid standen zwar in der Tradition der Baath-Ideologie. Ihre Sozial- und Wirtschaftspolitik – die weitaus sozialistischer motiviert war als die ihrer Vorgänger – hatte jedoch eher marxistischen als baathistischen Charakter.

Das Regime Atassis, das auch als links-baathistisch bezeichnet wurde, lehnte sich nicht eindeutig an die Sowjetunion an, sondern richtete sich auch nach der Volksrepublik China aus. Es wurde im Zusammenhang mit dem »Schwarzen September« 1970 – also der Liquidierung des palästinensischen Widerstands in Jordanien – gestürzt. Damals übernahm der Kommandeur der syrischen Luftwaffe – Hafez el-Assad – die Macht, nachdem er sich der Anweisung seiner Regierung widersetzt hatte, seine Flugzeuge gegen die jordanischen Streitkräfte, die mit syrischen Panzern im Norden des Landes zusammengestoßen waren, einzusetzen. Hafez el-Assad trat von nun an für eine Lösung des Nahost-Konflikts ein, wie sie von der Sowjetunion angestrebt wurde. Damit stellte er sich in Widerspruch zur Linie der bisherigen Baath-Führung, die eine Auflösung Israels angestrebt hatte. Unter Assad wurde eine Verhandlungslösung für seine Baath-Regierung möglich, unter der Voraussetzung, daß Israel die besetzten Gebiete räumen und dem palästinensischen Volk das Selbstbestimmungsrecht zubilligen würde. Diese Haltung wurde bestätigt durch die Bereitschaft der syrischen Regierung, sich an einer Genfer Konferenz zur Lösung des Nahost-Konflikts zu beteiligen, als diese Frage im Anschluß an den Oktoberkrieg von 1973 auf der Tagesordnung stand.

Bis zum Juni-Krieg 1967, der eine Zäsur in der Geschichte des arabischen Nationalismus darstellt, hatte sich der Schwerpunkt der Ereignisse innerhalb der arabischen Welt in den Irak verlagert – wenn man vom Jemen-Krieg, von dem noch zu sprechen sein wird, absieht. Die politische Entwicklung im Irak wurde von einem ganz besonderen Problem geprägt – und zwar von der Kurdenfrage.

Als Land verschiedener Konfessionen und ethnischer Gruppen im Grenzbereich zum nichtarabischen Iran verstand sich der Irak als Staat der Araber und Kurden zugleich. Die Kurden, ein nichtarabisches islamisches Bergvolk indogermanischen Ursprungs, leben heute in einem Gebiet, das wie ein Dreieck in das Staatsgebiet Syriens, der Türkei, Irans und des Irak hineinragt. Die Kurden – eines der ältesten Völker der Welt – haben sich den verschiedenen Assimilationsversuchen der Nationalstaaten, in denen sie lebten, stets widersetzt und sich auf diese Weise ein ausgeprägtes nationales Identitätsgefühl bewahrt. Nach dem Ersten Weltkrieg wurden die Kurden um ihre Unabhängigkeit betrogen, als Großbritannien, das die kurdischen Unabhängigkeitsbestrebungen zunächst unterstützt hatte, nach der Übernahme des Mandats im Irak die Fronten wechselte und gemeinsam mit den arabischen Streitkräften der irakischen Armee die Kurden bekämpfte. Der eigentliche Grund für die Unterdrückung der kurdischen Autonomiebestrebungen liegt in der strategischen Lage ihrer Siedlungsgebiete. Da sich in den kurdischen Gebieten wichtige Ölvorkommen befanden, mußte die irakische Zentralregierung außerdem befürchten, durch eine kurdische Unabhängigkeit gleichzeitig ihre wichtigsten Erdölgebiete zu verlieren.

Der Kampf der Kurden um Autonomie, um eine stärkere kulturelle und ökonomische Eigenständigkeit im irakischen Zentralstaat wurde noch durch ein weiteres Moment erschwert. Die irakische Regierung nutzte unter Abdel Rahman Aref – dem Bruder des 1966 bei einem Huschrauberabsturz verunglückten Feldmarschalls Aref – die Gelegenheit des Juni-Krieges aus, um die Ölfelder zu verstaatlichen. Der Kampf der Kurden konnte von nun an als ein Druckmittel der internationalen Gesellschaften und des Westens hingestellt werden, die eine Abtrennung des kurdischen Gebietes vom Zentralstaat Irak natürlich aus egoistischen Interessen befürworteten und unterstützten. Nach dem Sturz Arefs durch General Bakr, der im Gegensatz zu seinem eher nasseristischen Vorgänger eine radikalere Tendenz vertrat, wurde eine Lösung der Kurdenfrage angestrebt. Im Dezember 1969 kam schließlich ein Friede zustande, und den Kurden wurde eine Beteiligung an den Ölerträgen sowie auch eine Vizepräsidentschaft angetragen. Aber auch dadurch konnte die Kurdenfrage – weder im Irak noch in den anderen Ländern mit kurdischer Bevölkerung – nicht gelöst werden. In dem Maße, in dem sich der jeweilige Staat nationalistisch und zentralistisch gab, verstärkten sich jeweils die Autonomiebestrebungen der Kurden.

IV. DER JEMEN-KONFLIKT ALS INNERARABISCHER KOALITIONSKRIEG

In den 60er Jahren war der arabische Nationalismus ein Instrument zur Mobilisierung der Araber gegen den westlichen Einfluß – vor allem, solange er durch Stützpunkte militärischer und politischer Art unmittelbar präsent war. Andere arabische Einheitsbemühungen waren zu vage und zu unterschiedlich begründet, als daß sie auf ein gemeinsames Ziel hätten gelenkt werden können. Zu unterschiedlich sind (und waren) die jeweiligen regionalen und sozialen Verhältnisse, die Einheitsbewegungen wie die Baath und den (von ihr abweichenden) Nasserismus hervorgebracht hatten. So war der Nasserismus – im Gegensatz zur abstrakten Einheitsideologie der Baath – sehr stark pragmatisch akzentuiert. Daß Nasser in innerarabische Konflikte eingriff, war auf unmittelbare Verstrickungen zurückzuführen und nicht etwa – wie westliche Kommentatoren es unterstellten – von ideologischen Plänen bestimmt.

Ein exemplarisches Beispiel hierfür ist der Jemen-Konflikt – ein innerarabischer Koalitionskrieg, zugleich Teil des Ost-West-Konflikts und Ausdruck der Differenzen und Gegensätze zwischen den sogenannten arabischen Progressisten und Konservativen. Ausgelöst durch soziale Spannungen am Ort, wurde der Jemen-Krieg bald zum Schauplatz internationaler Interessenverwicklung. Zentraler Punkt der Auseinandersetzungen war jedoch das Problem eines tiefgreifenden sozialen Umbruchs, der alle arabischen Länder zu verschiedenen Zeiten erfaßte und sich auf verschiedene Weise äußerte. Im Jemen, im südarabischen Hochland, hatte der soziale Konflikt durch die Rückständigkeit des Landes die Form der offenen militärischen Auseinandersetzung mit anderen arabischen Staaten angenommen – und zwar deshalb, weil der Prozeß des sozialen Wandels so abrupt vor sich

ging, daß das Land selbst keine Chance hatte, eigene Institutionen und Strukturen zu schaffen, die jene notwendigen Veränderungen selbst hätten bewältigen können.

Ausgelöst wurde dieser Koalitionskrieg durch den Tod des Imam
Ahmed im September 1962. Das bisher völlig von der Außenwelt
abgeschnittene Land wurde von Ahmeds Sohn El Badr übernommen, der jedoch kurz nach dem Thronwechsel durch einen Putsch
junger Offiziere gestürzt wurde. Die Offiziere – an ihrer Spitze
Oberst Sallal – führten im Lande überhastete Reformen durch,
die bald auf den erbitterten Widerstand traditionsverhafteter
Bevölkerungsgruppen – vor allem der nomadischen Stämme des
Hinterlandes – stießen. Die Auseinandersetzungen zwischen den
Republikanern und den Royalisten, die das Land jahrelang
erschütterten, waren – soziologisch betrachtet – nichts anderes
als ein Kampf der städtischen und zum Teil der agrarischen
Bevölkerungsgruppen gegen traditionell nomadische Stämme. Es
handelte sich also um einen Konflikt, der für Länder ähnlicher
Formation durchaus typisch ist und für den es besonders im
islamischen Orient zahlreiche Beispiele gibt – wie etwa die
Entwicklung in Afghanistan kurz nach der Aprilrevolution von
1978.

Chronologisch liefen die Ereignisse im Jemen folgendermaßen
ab: Imam Badr kam nicht etwa, wie angenommen wurde, bei der
Bombardierung des Königspalastes durch die Luftwaffe ums
Leben, er konnte sich vielmehr über einen unterirdischen Ausgang retten. Die Unterstützung, die Kairo dem neuen republi-
nischen Regime zumindest verbal und ideologisch gab, versicherte den Imam automatisch des Beistands der konservativen
Saudis, die den rebellierenden Beduinenstämmen mit Geld und
Waffen zu Hilfe kamen. Saudi-Arabien hatte guten Grund, die
Entwicklung im Jemen als eine direkte Bedrohung der Monarchie
in Riad zu betrachten. Die Saudis waren sich der Gefahr bewußt,
die ihnen strategisch an ihrer Südwestflanke drohte. Daher war
Saudi-Arabien auch nach dem Ende des Jemen-Krieges im Jahre
1965 immer bestrebt, in Sana'a ein Regime an der Macht zu
halten, das den saudischen Absichten zumindest nicht feindlich
gegenüberstand. Die später erfolgte Gründung der Demokratischen Volksrepublik Südjemen – mit der Hauptstadt Aden – und
die in den Jahren 1979/80 sich abzeichnende Annäherung beider
Jemen stellen für die Saudis eine ernsthafte Bedrohung dar. Dies
um so mehr, als beide Jemen sich, wenn auch in unterschiedlichem Maße, als Bündnispartner der Sowjetunion empfinden. Die
Sowjetunion hat ihrerseits die Bedeutung der Anrainerstaaten
der Meerenge vom Roten Meer zum Indischen Ozean erkannt

und sich daher auf die Seite der äthiopischen Zentralregierung in ihrem Kampf gegen die Eritreische Befreiungsfront gestellt.

Saudi-Arabien unterstützte also im beginnenden Jemen-Krieg die royalistische Seite. Die republikanischen Regierungstruppen Sana'as kamen schon bald in arge Bedrängnis, da die Art der Kriegführung – vor allem im saudisch-jemenitischen Grenzgebiet – den beduinischen Gegnern, die auf eigenem Terrain kämpften, militärische Vorteile brachte. In dieser Bedrängnis bat Sana'a Kairo um Hilfe. Nasser, der mit den Baathisten um die panarabische Führungsposition konkurrierte, konnte sich diesem Hilferuf nicht entziehen. So begann Ägypten mit der zivilen und militärischen Unterstützung der Republik. Damit wuchs sich der Kampf im Jemen zu einem internationalen Konflikt aus. Vor allem Großbritannien, das damals noch über Aden und das Hinterland im Gebiet von Hadramaut verfügte, versuchte, die Präsenz Nassers an der Meerenge von Bab-el Mandeb zu vereiteln. So bildete sich gegen die von Ägypten unterstützte Republik eine neue Koalition zwischen Saudi-Arabien, Jordanien und Großbritannien, die nur zurückhaltend von den USA unterstützt wurde. In jener Phase trat eine Verbesserung in den Beziehungen zwischen Ägypten und den USA ein, die sich in einem Briefwechsel zwischen Kennedy und Nasser niederschlug. Im weiteren Verlauf des Krieges, in dem sich Waffenstillstandsangebote und Teilnehmer ständig ablösten, traten Algerien und zuletzt auch die Volksrepublik China und die Sowjetunion durch Material- und Waffenlieferungen auf die Seite der Republikaner.

In der Republik selbst waren – trotz der kriegerischen Auseinandersetzungen – die Reformen der Regierung weitergegangen. Dazu gehörten vor allem eine Landreform, die Verbesserung des Schulsystems, Maßnahmen zur Emanzipation der Frau und das Verbot des Genusses von Kat – einer berauschenden Droge, die im jemenitischen Hochland weit verbreitet war. Der traditionelle Genuß von Kat hatte zu Lethargie und Passivität breiter Bevölkerungsgruppen geführt.

In der innerarabischen Koalition, auf seiten der Royalisten, hatten sich inzwischen Veränderungen ergeben, die auf eine Beendigung des Krieges hinsteuerten. Die aufreibenden Kämpfe mit den Beduinenstämmen hatten die Loyalität der saudischen Armee untergraben. Die Legitimität der Staatsführung unter König Ibn Saud war angeschlagen. Der König hatte das wahabitische Prinzip – nämlich eine puritanische Lebensweise nach islamischer Tradition und strenge Gottgläubigkeit –, auf dem die Legitimation des Staates beruhte, ins Gegenteil verkehrt. Der Jemenkrieg verstärkte die inneren Widersprüche im Lande, weil die Fronten zwischen Royalisten und Republikanern gleichzeitig auch zwischen dem arabischen Nationalismus ganz allgemein und im besonderen zwischen Nasser und den konservativen Saudis verliefen, die sich nicht offen gegen Nasser und die arabischen Nationalisten wenden konnten. Nachdem es immer wieder zu Desertionen in der Armee und zu Unruhen unter der Bevölkerung gekommen war, strebte das Regime einen Wechsel in der Führung an. Die königliche Familie berief den Emir Feisal auf den Thron der saudischen Monarchie und schickte den verweichlichten und dem Luxus ergebenen König Saud ins Exil. Der Jemen-Krieg sollte also auch im Interesse der Aufrechterhaltung der saudischen Monarchie beendet werden. So wurde im Oktober 1964 im Sudan eine Friedenskonferenz vorbereitet, die jedoch nicht zustande kam, weil die Anerkennung eines vollständigen republikanischen Sieges eine Kettenreaktion in der gesamten südarabischen Region befürchten ließ. Gegen eine solche Reaktion mußten sich jedoch vor allem die Briten, die USA und nicht zuletzt auch der iranische Schah schützen.

Nach größeren militärischen Erfolgen des Imam Badr – die eine Folge der royalistischen Aufrüstung und der Spaltung unter den Republikanern waren – bahnte sich schließlich im Sommer 1965 eine Verständigung zwischen jenen arabischen Mächten an, die im Grunde die eigentlichen Kontrahenten des Koalitionskrieges waren: Ägypten und Saudi-Arabien. Bei dieser Verständigung wurde dem Imam Badr eine repräsentative Funktion zugebilligt, und die Ägypter versprachen, ihre Truppen langsam aus dem Jemen zurückzuziehen. Nur noch England stand auf der Seite des Imam, dessen Truppen von den Briten versorgt und aus der Luft unterstützt wurden.

Die britische Beteiligung am jemenitischen Bürgerkrieg, die dem präventiven Schutz der britischen Besitzungen in Südjemen dienen sollte, hat die Unabhängigkeit jener Territorien (nämlich des heutigen Südjemen) nur noch beschleunigt. Die endgültige Wende im Jemen-Krieg brachte der Juni-Krieg des Jahres 1967 zwischen Israel und den arabischen Staaten. Auf der berüchtigten Konferenz von Khartum, auf der die Araber Israel gemeinsam ihr dreifaches »Nein« entgegenhielten (Nein zum Frieden, Nein zur Anerkennung und Nein zu Verhandlungen), mußte Nasser als Gegenleistung für die von Feisal gewährte Finanzhilfe dem endgültigen Rückzug der ägyptischen Truppen aus dem Jemen zustimmen. Nach dem Rückzug der Ägypter gingen Saudis und Royalisten mit britischer Unterstützung gegen die Republikaner vor, die sich jedoch wider Erwarten halten konnten und militärisch sogar durchsetzten. Der jemenitische Bürgerkrieg endete im

Jahre 1968 in einem politischen Kompromiß, der die weitere Entwicklung des Jemen – bis in die Gegenwart hinein – in ungeklärtem und wechselhaftem Fluß hielt: Die Royalisten verzichteten auf die Wiederherstellung der Monarchie. Der Republikaner Sallal ging nach Kairo ins Exil, nachdem er seine radikalen Vorstellungen nicht durchsetzen konnte. Eine Regierung der nationalen Versöhnung unter El Aini stellte einen Kompromiß im Innern her, der sich immer mehr der Entwicklung Südjemens annähert, wo seit 1967 ein erbitterter Bürgerkrieg zwischen den – von den Briten begünstigten – Emiren aus Hadramaut und den arabischen Nationalisten der FLOSY (Front for the Liberation of Southern Yemen), die im wesentlichen pan-arabisch und nasseristisch war, und der marxistischen FLN (Front for National Liberation) tobte.

Nachdem die Briten ihre Absicht, ein konservatives Emiratsregiment einzusetzen, das die Kolonialmacht ersetzen sollte, nicht realisieren konnten und die Nationalisten die Oberhand behielten, ergriff die radikale Fraktion der FNL die Macht und rief eine Volksrepublik aus, die sich an China anlehnte. Das Land, das ursprünglich von seiner geostrategischen und geokommerziellen Position als Bunkerstation der Schiffahrt auf der Route nach Indien lebte, war durch die Schließung des Suez-Kanals nach dem Juni-Krieg von 1967 ökonomisch schwer getroffen. Die ehemalige Funktion des Landes als Umschlagplatz für den Schiffsverkehr mußte als dem Wirtschaftsleben zugrunde liegende soziale Struktur abgebaut werden. Die dazu notwendigen inneren Reformen, aber auch die Unterstützung der marxistischen Guerilla in der Provinz Dhofar machten das Regime in Aden zu einer Bedrohung der konservativen Länder Südarabiens. Die Briten sahen eine Kettenreaktion voraus und beschlossen, in dem strategisch äußerst bedeutsamen, dem Persisch-Arabischen Golf vorgelagerten Sultanat Oman einer möglichen Entwicklung vorzugreifen, indem sie den alten Herrscher durch dessen in England ausgebildeten und als modernistisch geltenden Sohn Qabus auswechselten. Die Guerillatätigkeit in Dhofar konnte von nun an eingedämmt und mit iranischer Unterstützung schließlich niedergekämpft werden. Als sich die Volksrepublik China immer mehr von ihrem Kurs, die revolutionären Bewegungen zu unterstützen, abzuwenden begann und sich dem Iran annäherte, lehnte sich der Südjemen stärker an Moskau an. Auch dabei kam ihm seine strategische Lage zugute. Durch die Auseinandersetzungen um die strategischen Seewege zu den ölproduzierenden Staaten – vor allem um die Straße von Hormus – und durch den Sturz des Schah-Regimes in Iran hat der Südjemen zusätzlich an Bedeutung gewonnen. Die strategische Kombination zwischen der militärischen Anwesenheit der Sowjetunion in Äthiopien und Südjemen und der geostrategischen Nähe der Ölwege am Persisch-Arabischen Golf ließ die südarabische Region mit den beiden Jemen zu einem Hebel werden, mit dessen Hilfe von außen auf die Saudische Monarchie eingewirkt werden kann.

V. SAUDI-ARABIEN: ISLAMISCHE ERNEUERUNG UND TECHNISCH-INDUSTRIELLE MODERNISIERUNG

Saudi-Arabiens Entstehungsgeschichte geht auf die Wahabiten zurück – eine islamische Sekte, die sich bereits im 18. Jahrhundert formierte und die Tendenzen einer Verweltlichung der Religion auf das schärfste bekämpfte. Die Wahabiten dehnten sich zunächst im Gebiet des Nedsch aus und eroberten im Jahre 1803 die Heiligen Städte Mekka und Medina. 15 Jahre später – 1818 – wurden sie von den Osmanen wieder in die Wüste zurückgetrieben. Damit hatten die Osmanen ihre Herrschaft auch über Innerarabien ausgedehnt, obwohl eine völlige Durchdringung der Region nicht möglich war. Die Osmanen standen in ständigen Scharmützeln mit den Beduinen, die sich unter Berufung auf die Lehre Ibn Wahabs gegen die Tendenzen zur Verweltlichung und Modernisierung im Osmanischen Reich wandten. Im wahabitischen Bereich standen sich im ausgehenden 19. Jahrhundert zwei Großfamilien gegenüber – die Raschidis und die Saudis. Der Machtkampf zwischen beiden wurde 1901 entschieden, als der junge Ibn Saud die Raschidis aus Riyad vertrieb und seine Macht auf Bereiche auszudehnen begann, die sich dem Zugriff sowohl der Engländer als auch der Türken entzogen. In den Jahren 1921 und 1922 eroberte er die Gebiete von Hail, Dschuf und Kaf im Norden, 1924–1926 die Region am Roten Meer, mit Ausnahme des Jemen. In jene Phase fällt auch die Vertreibung der Haschemiten von der arabischen Halbinsel und deren Rückzug nach Norden, wo sie unter Abdallah das Emirat Jordanien gründeten und den Irak ihrer Dynastie unterstellten. Mit der Vereinigung von Nedschd, Hedschas und Asis durch die Dynastie der Saudis entstand im Jahre 1932 das Königreich Saudi-Arabien. Saudi-Arabien war auf diese Weise – auf Grund der besonderen Geschichte der Halbinsel und ihrer Unwegsamkeit – zum ersten wirklich unabhängigen arabischen Staat geworden. Durch die enormen Ölfunde (vor allem durch britische und später auch amerikanische Gesellschaften) wurde dieses bisher vernachlässigte Gebiet zum bedeutendsten arabischen Land, obwohl Infrastruktur und Bevölkerungsdichte in keiner Weise dieser plötzlich erlangten Bedeutung entsprachen.

Der Stammverband der Saudis rechtfertigte seine Eroberung des Hedschas und die Vertreibung der Haschemiten mit dem »Islam«. Die puritanischen Wahabiten – Anhänger des islamischen Reformers Ibn Wahab – warfen den osmanischen Herrschern vor, den wahren Islam zersetzt und entstellt zu haben. Nach ihrer Meinung hatte das städtische Leben in den Zentren des türkisch-osmanischen Reiches den Islam und seine aus beduinischer Tradition entstandene Substanz untergraben. So war der – militärisch-politische – Eroberungszug Ibn Sauds mit den – religiös motivierten – Erneuerungsbestrebungen Ibn Wahabs praktisch identisch. Die Reichsgründung der saudischen Dynastie stützte sich somit auf das legitimierende Element einer islamischen Wiederbelebung. Die eigentlichen Gründe, die hinter dieser »islamischen« Rechtfertigung standen, waren freilich andere: sie waren pragmatischer, politischer Natur. In diesem Sinne unterschieden sie sich kaum von jener Motivation, die heute hinter den Versuchen Saudi-Arabiens steht, über den Islam im Sinne eines unterschwelligen Khalifatsanspruchs Einfluß und Macht in der muslimischen Welt auszuüben.

Die Beduinen des Hedschas standen damals in ständigem Kampf gegen das Osmanische Reich, das seinerseits versuchte, die Bauernbevölkerung gegen die räuberischen Beduinen aus der Wüste zu schützen. Außerdem ging es darum, den Bau der Hedschas-Bahn militärisch abzusichern. Die Modernisierungsversuche, die insbesondere mit der Machtübernahme der Jungtürken um die Jahrhundertwende begannen, erschienen der beduinischen Bevölkerung als Bedrohung. Sie sahen ihre Lebensgrundlage durch diesen Einbruch der »Zivilisation« in Gefahr. So lag es nahe, derartige Modernisierungserscheinungen als »Teufelswerk« zu brandmarken – als Neuerungen (bid'a), die nicht der gottgewollten Ordnung, so wie sie in den Rechtsquellen des Islam – Koran und Schari'a – niedergelegt sind, entsprechen. Die wahabitischen Erneuerer und deren politische Repräsentanten, die Saudis, beriefen sich auf den unverfälschten, frühen Islam als einer Religion, deren Ursprung und Ordnung eng mit der Lebensweise eines Wüstenvolks verbunden ist. Der Begriff »Fundamentalismus« bzw. fundamentalistischer Islam – der heute wieder im Mittelpunkt der Islamdiskussion steht – spielt auf diese Rückwendung zu den Quellen – also auch zum nachkoranischen politischen

Staatsverständnis des Islam als Staat und Religion – din va daula – an.

Im Jahre 1933 vergab Abdel Assis Ibn Saud die ersten Ölkonzessionen. Dies war der Startschuß für die eigentümliche Sonderentwicklung eines Landes, das sich zwischen den beiden extremen Polen seiner puritanischen Legitimation als Gralshüter des Islam und dem Zwang zu rascher Modernisierung auf eine gefährliche Gratwanderung begab, die die politische Legitimation der Dynastie Ibn Sauds als der Herrscher eines konservativen, arabisch-islamischen Staates immer mehr untergräbt.

Der Begriff »Islam« ist mit keinem anderen Land so eng verbunden wie mit Saudi-Arabien: Geburts- und Wirkungsstätte des Propheten Mohammed, Hort und Herberge der Heiligen Stätten Mekka und Medina, Wiege der jüngsten der drei großen Weltreligionen. Das Land selbst lebt aus dem Islam: als Hüter der Heiligen Stätten, als Lenker des Pilgerstroms, als Wächter der Tradition, der Religion. Der wahabitische Puritanismus der Saudis machte das Land zu einer islamischen Festung, zu einer Trutzburg, die lange Zeit keinerlei Kontakte mit der westlichen Welt unterhielt. Erst in den 30er Jahren – die ersten Ölgesellschaften waren fündig geworden – öffnete man westlichen Technikern das Land. Sie lebten auf sozialen Inseln, in westlichen Ghettos ohne jeglichen Kontakt zur einheimischen Bevölkerung.

Durch das Öl wurde eine allmähliche Annäherung Saudi-Arabiens an den Westen unvermeidlich. Öl-Einnahmen und Petro-Dollars sollten Macht und Prestige des Herrscherhauses festigen. Doch diese Annäherung erfolgte auch noch aus einem anderen Grund: aus der Furcht vor der atheistischen Sowjetunion. Der vehemente Anti-Kommunismus führte das Land in ein anderes, nicht minder gefährliches Extrem. Die intensive technisch-industrielle Zusammenarbeit mit dem Westen löste einen Prozeß des sozialen Wandels aus, den eine traditionelle Gesellschaft islamisch-puritanischen Zuschnitts nicht ohne weiteres verkraften kann. Als Gamal Abd el Nasser auf dem Höhepunkt des Jemenkrieges gegen die Saudis intervenierte, wurde Saudi-Arabien endgültig in die westliche Allianz getrieben. Die Saudis sahen in Nasser als Repräsentanten eines säkularen arabischen Nationalismus einen Parteigänger Moskaus, den es mit aller Macht zu bekämpfen galt. Die wichtigste Waffe in diesem Kampf – der im übrigen auch der syrischen und irakischen Baath-Ideologie galt – war der Islam. Der Islam wurde zum politisch-ideologischen Instrument, zur Waffe, wirkungsvoll eingesetzt gegen jedwede Bedrohung des Regimes, vor allem aber gegen die Gefahr eines unaufhaltsamen Eruptionsprozesses, der sich durch den Zusammenprall von Tradition und Moderne innerhalb der Gesellschaft zu vollziehen begann. Je größer diese Gefahr wurde, um so rigoroser mußte das Regime nach außen hin auf islamischem Wohlverhalten bestehen, durch um so größere ideologische Strenge mußte die Diskrepanz zwischen Anspruch und Wirklichkeit überdeckt werden. Das Festhalten an den Normen islamischer Gesetzgebung und islamischen Strafvollzugs wurde zum augenfälligsten Ausdruck jenes Legitimationsdrucks, der durch die westliche Unterwanderung einer Beduinengesellschaft entstanden ist. Auch hier ergibt sich natürlich ein Dilemma: eine konsequent betriebene Islamisierung des Landes würde der modernistischen Opposition Auftrieb geben, die Saudi-Arabien von seiner traditionellen Struktur befreien will. Der Versuch, durch schnell vorangetriebene Modernisierung und Militarisierung der Probleme Herr zu werden, muß andererseits unweigerlich zur Aushöhlung der islamisch-puritanischen Legitimation führen. Lassen die Saudis jedoch ab von Modernisierung und technischem Fortschritt, verlassen sie sich nur noch auf Gottes Wort, so sind die Tage der Monarchie ebenfalls gezählt: der Islam kennt keine erbliche Monarchie. Der Prophet hatte nur gewählte Nachfolger, Khalifen. Dieser Widerspruch stellt das Land vor eine Zerreißprobe. Der Sturm auf die Große Moschee zu Mekka zu Beginn des 15. muslimischen Jahrhunderts im November 1979 deutet darauf hin, daß das Land einer unruhigen politischen Phase entgegensieht.

Heute hat Saudi-Arabien ungefähr 10 Millionen Einwohner – nicht mehr also als Kairo, die Hauptstadt Ägyptens. Dies ist in der gegenwärtigen Phase des Industrialisierungs- und Modernisierungsprozesses keine ausreichende Basis für ein gesundes Verhältnis zwischen Finanzkraft und dem vorhandenen materiellen Potential. Saudi-Arabien ist daher gezwungen, in großem Umfang fremde Arbeitskräfte ins Land zu bringen – vor allem aus dem Jemen –, die nicht in die politische Struktur des Landes zu integrieren sind.

Als Ibn Saud im November 1953 starb, war ihm aus dynastischen Gründen sein ältester Sohn Saud auf dem Thron gefolgt, während dessen Bruder Feisal das Amt des Ministerpräsidenten übernahm. Damals und bis zu Beginn der 60er Jahre drängten die Probleme des Landes noch nicht zum offenen Konflikt hin. 1960 trat Feisal von seinem Posten zurück. Der Gegensatz zwischen der traditionellen und willkürlichen Regierungsform Sauds und den Ordnungsvorstellungen Feisals, der Rationalität der Entscheidung, Kalkulierbarkeit der administrativen Maßnahmen sowie die Ordnung der Staatsfinanzen forderte, hatte zum Bruch zwischen den beiden Vertretern der Dynastie geführt. Es war der Kampf zwischen der traditionellen Staatsauffassung, wonach der Staat Privatbesitz der Dynastie war, und einem modernen Staatskonzept, das eine klare Trennung zwischen privatem Aufwand und öffentlichen Ausgaben zugrunde legte. Erst der Jemenkrieg machte es möglich, daß Saud seinem aufgeklärten, wenn auch puristischen Bruder den Thron überließ. Feisal konnte in seiner Person die Widersprüche der Struktur seines Landes dadurch überbrücken, daß er selbst nach dem puristischen Ideal der Wahabiten lebte: er hatte nur eine Frau, verzichtete auf jeden Luxus und galt in religiösen Dingen als streng orthodox.

Nach außen war König Feisal Bündnispartner des Westens. Er führte sein Land weiter auf dem Weg der Modernisierung – einem Weg, der freilich nicht mit den von ihm vertretenen und vorgelebten traditionellen Werten des Islam übereinstimmte. Die innere Unruhe des Landes führte schon während seiner Regierungszeit zu zahlreichen Putschversuchen, die dem Westen meist verborgen blieben. Vor allem die Luftwaffe – die 1969 einen Umsturzversuch unternahm – drängte auf »politische Modernisierung«, d. h. auf einen außenpolitischen Kurs, der sich am libyschen Modell Ghaddafis orientieren sollte. Um der inneren Opposition Herr zu werden, die sowohl von progressistischen als auch von konservativen Kräften ausging, wurde auch die innere Sicherheit des Landes der Nationalgarde unterstellt, die sich ausschließlich aus Mitgliedern der Familie bzw. aus loyalen Anhängern der Dynastie unter amerikanischer Leitung zusammensetzte. Dies freilich konnte nicht verhindern, daß König Feisal am 25. März 1975 von einem Neffen ermordet wurde.

Die Ermordung König Feisals ließ erkennen, daß die oppositionellen Kräfte auch innerhalb der königlichen Familie wirksam sind. Die widersprüchlichen Tendenzen haben das Königshaus selbst in verschiedene Lager gespalten – auch wenn dies nach außen hin zunächst durch die dynastische Loyalität bis zur Erstürmung der Großen Moschee von Mekka im Jahre 1979 verborgen blieb. Seit Feisals Tod steht König Khalid an der Spitze des Landes. Dies entsprach der dynastischen Legitimation der Nachfolge, nicht aber der Eignung Khalids für dieses Amt. Die reale Machtverteilung im Königshaus führte dazu, daß Prinz Fahd heute als die politische Autorität im Lande angesehen wird.

Der Sudan ist – seiner Fläche nach – das größte Land Afrikas. Das Land lebt – kulturell und ökonomisch – ausschließlich vom Nil. Der Nil, der auch den Lebensrhythmus Ägyptens bestimmt, verband beide Länder auch politisch miteinander und stellt auch heute noch eine innere Verbindung bzw. politische Nähe her.

Durch den legendären Mahdi-Aufstand in den 60er Jahren des 19. Jahrhunderts wurde der Sudan von Ägypten abgetrennt. Erst die Briten eroberten das Land zurück. Die ägyptischen Regierungen der 30er, 40er und 50er Jahre des 20. Jahrhunderts haben immer eine enge Bindung des Sudans an Ägypten angestrebt, weil das Land für die Bewässerung Ägyptens von lebenswichtiger Bedeutung ist. Die Briten zogen jedoch einen unabhängigen Sudan vor in der Hoffnung, durch einen ihnen nahestehenden Sudan auch dann noch Druck auf Kairo ausüben zu können, wenn sich Ägypten völlig dem britischen Einfluß entzogen haben würde. Aus diesem Grund weigerte sich Großbritannien im Jahre 1946, die im Vertrag von 1936 festgelegte Vereinbarung, Ägypten und Sudan unter einer Krone zu vereinigen, durchzuführen. Auf diese Weise wurde der Sudan im Jahre 1955 formell unabhängig. Ägypten ließ dies unter Nasser geschehen. Die in Khartoum etablierte Regierung Khalil war erwartungsgemäß extrem pro-britisch. Und zwar in dem Maße, daß sie selbst die Verstaatlichung des Suezkanals durch Nasser mißbilligte. Für Kairo war eine ägyptenfreundliche Regierung in Khartoum dadurch zur Lebensfrage geworden, daß der inzwischen geplante Hochdamm am Nil, der Assuan-Damm, vom Wohlwollen des Sudan abhing. Im Jahre 1958 unternahm die Armee einen Staatsstreich unter Marschall Abbud. Die Militärs strebten – im Hinblick auf den Staudamm – einen Kompromiß an, da die wirtschaftliche Entwicklung beider Länder von den Bewässerungsbedingungen abhängig war.

Im Innern verfolgte die neue Regierung gegenüber den Gewerkschaften und progressiven Gruppen einen harten Kurs. Es kam zu Auseinandersetzungen, in deren Gefolge das Regime Abbuds im Jahre 1964 gestürzt wurde. Dennoch blieben die konservativen Kräfte bis zum Putsch linksgerichteter Offiziere unter General Numeiri im Mai 1969 an der Macht.

Auf Grund seiner kulturellen und konfessionellen Spaltung in einen muslimisch-arabisierten Norden und einen schwarzen, christlichen Süden war das Land ständig in Gefahr, auseinanderzubrechen. Der von westlichen Geheimdiensten unterstützte, in

sich aber berechtigte Kampf der Anyana-Rebellen im Süden
gegen die ausschließlich arabische Zentralgewalt wurde schließlich durch eine föderative Staatsstruktur des Sudan beendet. Seit
1978 ist der frühere Anführer der Anyana-Rebellen, Joseph
Lagu, Präsident der Südregion, die über ein autonomes Regional-
parlament verfügt. Dennoch ist zu befürchten, daß es auch in
Zukunft Spannungen geben wird zwischen der zentralistischen
Regierung und den noch zu gründenden Regional-Institu-
tionen.

Der Sudan war das Land mit der größten Kommunistischen
Partei des gesamten arabisch-islamischen Raumes. Die Partei
wurde erst nach dem Juni-Krieg von 1967 im Zuge der allgemeinen arabischen Annäherung an die Sowjetunion legalisiert, nachdem sie zuvor lange Zeit verboten war. Nach dem Umsturz durch
General Numeiri im Mai 1969 wurden die ständigen Querelen
zwischen der Armee und den traditionellen Mahdisten innerhalb
der Machteliten beendet. Die Annäherung an Ägypten kam in
ihrer heutigen Form erst zustande, als Numeiri der Hilfe Ägyptens und Libyens bedurfte, um einen linksgerichteten Putsch
unter der Führung des Majors Hashim el-Ata abzuwehren. Dieses innerstaatliche arabische Notstandsbündnis zwischen den drei
Ländern wirkte sich damals zugunsten der Kommunisten aus, die
zwar nicht am Putsch beteiligt, jedoch Opfer seiner Auswirkungen waren. Ihr Führer wurde in einem Schauprozeß hingerichtet.

Durch die im Jahre 1974 vereinbarte ägyptisch-sudanische
Union, die Numeiri auch an den politischen Kurs Sadats im
Nahost-Konflikt bindet, ist das Land ähnlich pro-westlich orien-
tiert wie Ägypten.

VII. LIBYEN UND ALGERIEN

Von allen arabischen Ländern hat sich das von Oberst Muammar
al-Ghaddafi geführte Libyen zunächst am nachdrücklichsten auf
die Tradition des Nasserismus berufen. Die Revolution – die nach
dem Militärcoup vom 1. September des Jahres 1969 zu einem
kollektivistischen Wohlfahrtsstaat reform-islamischer Prägung
führte – war auf kein stabiles Regime gestoßen. Die Monarchie
des greisen Königs Idris setzte den Revolutionären keinen Widerstand entgegen. Während sich Ghaddafi und seine Anhänger
anfangs vor allem auf den Panarabismus beriefen, hat in der

neueren Phase der Entwicklung des Landes eine stärkere Hinwendung zu den islamischen Grundlagen des modernen Staates stattgefunden.

Die Geschichte Libyens unterscheidet sich sowohl von der des Maghreb als auch des Mashrek. Dies mag damit zusammenhängen, daß die siedlungs-koloniale Politik der italienischen Eroberer verhältnismäßig spät begann – nämlich erst während der faschistischen Herrschaft in Italien Ende der 30er Jahre. Libyen durchlief also eine Entwicklung, die in Algerien damals schon hundert Jahre zurücklag und die im Mashrek – wenn man den Sonderfall Palästina ausnimmt – überhaupt niemals eingetreten war.

Schon unter osmanischer Herrschaft hatten die Landschaften des späteren libyschen Staates – also Tripolitanien, Cyrenaika und Fezzan – einen autonomen Status. Zur besonderen Identität des Landes trug auch die fundamentalistische islamische Erneuerungsbewegung der Sennoussi bei, die im 18. und 19. Jahrhundert den Handel in ihre Hand brachten und damit den Landweg vom Maghreb zum Mashrek monopolisierten.

Die einschneidendste historische Zäsur erlebte jenes Gebiet nach dem Zerfall des Osmanischen Reiches, als Italien sich im Jahre 1911 des Landes bemächtigte. Als verspätete Kolonialmacht konnten die Italiener jedoch keine vollständige Herrschaft mehr durchsetzen. Emir Idris leistete hinhaltenden Widerstand. Erst im Jahre 1932 gelang es den Italienern, ihre Macht zu festigen. Von nun an führten sie jenen Siedlerkolonialismus ein, der die Besonderheit ihrer Fremdherrschaft prägte. Nachdem an die Hunderttausend italienische Siedler ins Land gebracht und die autochthonen, gemeinschaftlichen Strukturen zerstört worden waren, wurde das italienische Kolonisationsvorhaben durch den Zweiten Weltkrieg unterbrochen. Doch selbst nach der anglo-amerikanischen Besetzung blieben noch ungefähr 40 000 Italiener im Lande. Erst nach der Revolution von 1969 mußten sie Libyen endgültig verlassen.

Nach dem Zweiten Weltkrieg war das zentrale Interesse des Westens an Libyen die strategische Bedeutung des Landes. Nachdem es 1951 formell unabhängig geworden war, lebte das Land vor allem von den großen Ölfunden und den Subsidien, die sowohl Briten als auch Amerikaner für die Benutzung ihrer Stützpunkte – vor allem für die US-Basis Wheelus-Airfield – zu zahlen hatten. Öl wird erst seit 1958 gefördert. Auf der Welle des arabischen Nationalismus und Nasserismus verlangte Ägypten im Jahre 1964 die Räumung der fremden Stützpunkte, mit der Begründung, daß von den libyschen Militärbasen aus diejenigen arabischen Länder bedroht werden könnten, die sich dem Westen gegenüber unbotmäßig verhielten.

Nach dem Abzug der Amerikaner aus ihren Stützpunkten im Jahre 1969 und der Nationalisierung der Rohölquellen, vor allem aber nach Nassers Tod, begann Ghaddafi die Rolle des panarabischen Führers zu übernehmen. In dem Maße, wie die Popularität Ghaddafis im eigenen Lande wuchs, nahm sie in der restlichen arabischen Welt ab. Vor allem seine ideologischen Einmischungsversuche machten ihn zu einem Sonderling und den radikalen wie den konservativen Staaten gleichermaßen suspekt. Durch Ghaddafis politische und ideologische Exzesse hat sich das Land immer mehr von den übrigen arabischen Staaten isoliert. Das libysche Konzept eines Wohlfahrtsstaates sowie die Beteiligung der Bevölkerung an der Regierung durch sogenannte »Volksräte« geben dem Regime Ghaddafis einen populistischen Charakter und machen es zum Musterbeispiel einer »gelenkten Demokratie«. Die besonders in den letzten Jahren zunehmende islamische Orientierung des Landes zeigt eine für die jüngere orientalische Entwicklung typische Tendenz an: weg vom Arabismus und hin zum Islamismus. Die führende Rolle Libyens innerhalb dieses Trends hat Ghaddafi zum Wegbereiter einer Ideologie gemacht, die die Vorstellungen islamischer Identität mit dem Selbstverständnis der Länder der Dritten Welt zu verknüpfen suchte. Mit dieser Ideologie versuchte Ghaddafi einen dritten Weg zwischen den kapitalistischen Systemen des Westens und den sozialistischen des Ostens, bis er durch die spektakuläre islamische Revolution im schiitischen Iran aus seiner Position verdrängt wurde.

Auch Ghaddafis extreme islamische Reformvorstellungen machten ihn für orthodoxe Islamisten und Fundamentalisten zu einer dubiosen politischen Figur. Bezeichnend dafür ist die geradezu paradoxe Rivalität zwischen dem libyschen Oberst und dem saudischen Herrscherhaus. Beide berufen sich auf ähnliche fundamentalistische Prinzipien, vertreten aber – sei es innerarabisch oder auch in ihren Beziehungen zur übrigen Welt – politisch verschiedene Richtungen. Trotz seines strikt islamischen Kurses hat Libyen es gewagt, sich militärisch mit der Sowjetunion einzulassen, d. h. ein taktisches Bündnis mit einer atheistischen Macht zu knüpfen. Auch ideologisch erweist sich Ghaddafi im strengen Sinne als Gegenspieler der Saudis, indem er wesentliche Rechtsquellen des fundamentalistischen Islam – wie Sunna und Hadith – aus seinem Katechismus gestrichen hat. (In der islamischen Terminologie bedeutet Sunna die gewohnte Handlungsweise des Propheten Mohammed, wie sie in seinen Aussprüchen und Gepflogenheiten von den Prophetengefährten in den Hadith-Sammlungen überliefert worden sind. Sunna und Hadith gelten als authentische Rechtsquellen neben dem Koran.) Für den Libyer gibt es nur Allah, den Propheten, Ghaddafi und den Koran. Dennoch ist sein Vorbild für oppositionelle Bewegungen im Bereich des Militärs – vor allem in den islamischen Ölstaaten – noch immer unbestritten und lebendig. Auf alle Fälle ist es Ghaddafi dank des Reichtums seines Landes gelungen, die islamischen Vorstellungen von Gerechtigkeit mit einer schrittweisen, geplanten Industrialisierung in Einklang zu bringen.

Ähnlich wie Libyen hat Algerien aus dem Amalgam von Islam und sozialer Mobilisierung eine besondere Variante des Nationalismus hervorgebracht – eine Gesellschaftsform, die für sich in Anspruch nimmt, eine autochthone und damit anti-koloniale Authentizität im Gegensatz zur verfemten Verwestlichung darzustellen. In Algerien hat sich ein System etabliert, das technologische Modernisierung und sozialen Fortschritt mit besonderer Dynamik betreibt auf der Grundlage einer Staatsideologie, die Nationalismus, Sozialismus und Islamismus einschließt.

Historisch unterscheidet sich die Entwicklung Algeriens von der anderer Länder des Maghreb und des Mashrek durch die Geschichte des französischen Siedlungskolonialismus. Zwar wurde auch das Nachbarland Libyen siedlungs-kolonisiert, jedoch erst in einem Augenblick, als der Kolonialismus bereits selbst überholt war. Frankreich hatte dagegen mit der Kolonisation Algeriens bereits im Jahre 1830 begonnen. Die französischen Siedler hatten sich die besten Bereiche des Landes angeeignet, die lokalen Strukturen zerstört und das Bewußtsein der Bevölkerung um ihre eigene Identität vernichtet. Die ohnedies bestehenden Unterschiede zwischen den ethnisch und kulturell verschiedenen Gruppen des Landes wurden durch die französische Kolonialpolitik zusätzlich noch verstärkt. Araber, Berber und Kabylen wurden sehr unterschiedlich behandelt. Eine »algerische Identität« wurde erst durch den Kolonialkrieg entwickelt – durch einen über 7jährigen Krieg, der als einer der blutigsten der modernen Geschichte gilt.

Im Jahre 1881 hatte Frankreich Algerien zu einem Teil des französischen Mutterlandes erklärt. Dies bedeutete freilich nicht, daß die Algerier nun automatisch französische Bürger geworden wären. Die Bürger Algeriens mußten vielmehr einen Antrag auf Erteilung der französischen Staatsbürgerschaft stellen, dessen Bedingungen für die meisten unerfüllbar waren. Wie für andere Kolonien, so war auch für Algerien der Zweite Weltkrieg eine Zäsur. Die kolonialen Mächte waren ausgeblutet; doch die Forderungen der Algerier nach Unabhängigkeit wurden von der Zentralregierung in Paris zunächst mit dem Algerienstatut vom September 1947 abgespeist. Das Statut sollte den Algeriern mehr Einfluß in der Nationalversammlung einräumen, es hatte jedoch nur zur Folge, daß den arabischen Algeriern ihre ungleiche Behandlung erst richtig zum Bewußtsein kam. Die Tatsache, daß die 1,2 Millionen französischer Algerier und die 7,3 Millionen eingeborener Wähler unterschiedlichen Einfluß haben sollten – der sich natürlich zugunsten der Minderheit auswirkte –, hat die bereits bestehenden Spannungen weiter verschärft. Die französischen Siedler erhielten nach dem Prinzip der Stimmenabwägung – und nicht nach der demokratischen Spielregel »ein Mann, eine Stimme« – den sechsfachen Einfluß der eingeborenen Algerier.

Bereits im Jahre 1943 hatte Ferhat Abbas, der noch ein assimilatorisches Konzept verfocht, das »Manifest des algerischen Volkes« veröffentlicht, in dem er Gleichheit vor dem Gesetz und regionale Autonomie forderte. Am 1. Mai 1945 trat ein Wendepunkt in der algerischen Freiheitsbewegung ein. In der Stadt Setif hatte eine Demonstration stattgefunden unter dem Zeichen der grünweißen Fahne. Damit deutete sich zum ersten Mal der nationale Charakter der Bewegung und deren Ziel an: die Unabhängigkeit von Frankreich. Die französische Antwort war vehement. Der Aufstand wurde militärisch niedergeschlagen in Form einer kolonialen Strafaktion, der ungefähr 40000 Menschen zum Opfer fielen. Der organisierte bewaffnete Kampf des algerischen Widerstandes begann aber erst in der Nacht zum 1. November 1954 – ein Datum, das offiziell den Anfang des Algerienkriegs bezeichnet. Die Nationale Befreiungsfront – die FLN – hatte bald über 30000 Kämpfer unter Waffen, die in einem beispiellosen Kampf schon im Jahre 1956 – nachdem sie selbst entsprechend angewachsen waren – an die 500000 französische Soldaten banden. Die Franzosen führten einen Vernichtungskrieg der verbrannten Erde. Aktionen wie die Entführung eines marokkanischen Flugzeugs mit Ben Bella an Bord gehörten zu den Mitteln, mit denen die Aufständischen niedergeworfen werden sollten.

Mit dem Umsturz in Frankreich, der im Jahre 1958 zur V. Republik mit de Gaulle als Präsidenten führte, wurde der Algerienkrieg zunächst noch schärfer und grausamer. Der »Plan von Constantine« sollte Algerien wirtschaftlich so eng an Frankreich binden, daß eine Auflösung der erzwungenen Einheit gar nicht möglich war. Die französischen Truppen hatten im Jahre 1959 militärisch die Oberhand gewonnen – zu einem Zeitpunkt, da die FLN von der aufstrebenden »Dritten Welt« anerkannt und unterstützt wurde. Vor allem die Unterstützung Chinas, einiger Ostblockländer und Jugoslawiens waren erste Anzeichen dafür, daß es sich hier um einen Kampf handelte, der für die Befreiungskämpfe in der »Dritten Welt« beispielhaft werden sollte. In den afrikanischen Kolonien Frankreichs kündigten sich die ersten Unruhen an. Diese Entwicklung sowie zunehmender äußerer Druck auf Frankreich und eine immer deutlicher sich artikulierende innere Opposition waren der Anlaß für de Gaulle, einen anderen Kurs einzuschlagen: die Politik der direkten Herrschaft sollte durch die Unabhängigkeit beendet werden, unter Beibehaltung der Bindung an Frankreich auf kultureller und wirtschaftlicher Ebene.

Im Juni 1960 lud de Gaulle die Vertreter der FLN zu den ersten Verhandlungen ein. Sie schleppten sich endlos hin und wurden schließlich von einem Putsch der algerischen Armee (im Bündnis mit den Colons, d. h. den Algerier-Franzosen) unterbrochen. Endgültig ging die französische Fremdherrschaft über Algerien erst durch die Volksabstimmung am 1. Juli 1962 zu Ende. Von nun an begann die innere Konsolidierung des Landes, dessen Freiheitskampf die einzige Legitimationsgrundlage seiner Identität geworden war, nachdem die 130jährige Kolonialherrschaft Frankreichs jegliches Eigenständigkeitsgefühl unterdrückt hatte.

Innere Auseinandersetzungen führten bald zur Absetzung und Internierung Ben Bellas, der während des Befreiungskampfes innerhalb der gesamten Dritten Welt zu einer charismatischen Führergestalt geworden war. Diese inneren Kämpfe sind insofern Teil der algerischen Geschichte als Kampfgeschichte gegen den französischen Kolonialismus, als die Fraktionierung der algerischen Führung nach dem Sieg entlang der militärisch-politischen Funktionslinie verlief: die politische Führung der FLN stand im Gegensatz zur Befreiungsarmee, der ALN (Armée de Libération Nationale), die auf Grund der konventionellen militärischen Überlegenheit der französischen Kolonialtruppen nicht direkt und massiv in die Kämpfe – die mit den Methoden des Guerillakrieges erfolgten – eingegriffen hatte. Der (militärische) Clan von Ouja, der aus dem Führungskader der ALN hervorgegangen war und dem Personen wie Boumedienne, der spätere Außenminister Bouteflika und andere angehörten, löste die Doppelstruktur von Partei und Militärbürokratie durch einen Staatsstreich im Sommer 1965 auf. An ihre Stelle trat eine Verbindung beider, der Partei und des Militärs, wobei jedoch das Militär sowie die Kommandeure der einzelnen Bezirke (Wilayet) die Oberhand gewannen. Die FLN bestand zwar als Staatspartei fort, hatte aber ihre ursprüngliche Bedeutung verloren.

Wesentliches Merkmal des neuen Algerien, das dank seines Rohstoffreichtums (vor allem Erdgas und Erdöl) sowohl eine zentral gesteuerte Industrialisierung als auch eine Modernisierung im landwirtschaftlichen Bereich einleiten konnte, ist ein grundsätzlicher Widerspruch: Den technokratischen Vorstellungen und Anforderungen einer modernen Industriegesellschaft an Effizienz und Rationalität steht die Suche nach (bzw. das Festhalten an) der islamischen Identität gegenüber, die stark reformatorisch angelegt ist. Gerade in Algerien hat sich der Islam als Lenkungsmittel eines zentralen Staates erwiesen – eines Staates, der wenig Freiraum für Selbstorganisation läßt, obwohl eben diese Eigenständigkeit – zum Beispiel durch die Wilayet-Räte – in der Verfassung vorgeschrieben ist. Durch die ursprüngliche Kriegsorganisation hat der zentrale Machtapparat jedoch ein solches Gewicht, daß seine Strukturen sich über die Formen der Industrialisierung reproduzieren und damit das Prinzip der Zentralität gegenüber dem föderalen Moment dominiert. Die Berufung auf den Islam als identitätstiftendes Moment hat der ›Ulama‹* auf der anderen Seite ein gewichtiges Mitspracherecht gegeben, das sich – auch gegen die Absichten der Führung – immer mehr durchsetzt. Dies wirkt sich ganz besonders in der Frage nach der Emanzipation der Frau aus – eine Frage, die während des Befreiungskampfes eine große Rolle spielte, die jedoch im Prozeß der ökonomischen und ideologischen Staatsbildung sukzessive zurückgenommen wird.

VIII. MAROKKO UND TUNESIEN

Im Gegensatz zu Algerien ist die Struktur Marokkos durch den Kolonialismus spanischer und französischer Prägung weniger in Mitleidenschaft gezogen worden. Marokko war – im Vergleich zu den anderen Besitzungen europäischer Mächte – unter den Herrschern des Landes, die als Sherife in der unmittelbaren Nachfolge des Propheten Mohammed standen, verhältnismäßig unabhängig. Erst zwischen 1890 und 1900 zeigte Frankreich sich an einer Erwerbung Marokkos interessiert. So wurde Marokko im Jahre 1904 im Rahmen der zwischen England und Frankreich geschlossenen »Entente cordiale« zum Interessengebiet Frankreichs

---

* Sammelbezeichnung für die islamischen Gelehrten, die als Kenner der Religion und des Gesetzes die Garanten der gottgewollten Ordnung des Islam waren – als Inhaber entsprechender Ämter wie das des Muftis, des Kadis, des Imam oder des Scheichs der höchsten religiösen Instanz, der Azhar-Universität zu Kairo.

deklariert. Im Gegenzug erklärte Frankreich sich bereit, Ägypten als britische Einflußzone zu akzeptieren. Damit hatten sich beide Kolonialmächte hinsichtlich der letzten Kolonisationsphase in Afrika geeinigt.

Durch die sogenannte »Marokko-Krise«, in der sich das Deutsche Reich zur Wahrung eigener Interessen zunächst, im Jahre 1911, für die formelle Unabhängigkeit des Landes engagierte, wurde der französische Zugriff auf das Land nur noch beschleunigt. Im Jahre 1912 mußte der Sultan von Marokko Frankreich als Protektor anerkennen. Im gleichen Jahr wurde das Land in drei Teile aufgeteilt, weil Spanien einen Streifen im Norden erhalten sollte – sozusagen eine Gegenküste – und Tanger im Rahmen einer Konvention mit britischer Teilnahme zur internationalen Zone erklärt wurde. Nominell blieb der Sultan Herrscher Gesamt-Marokkos. Er residierte in der französischen Zone, während ein Stellvertreter mit dem Titel Khalif im spanischen Teil hofhielt. Die Zone von Tanger bekam eine autonome Regierung. Während es den französischen Kolonialtruppen in ihrer Zone gelang, die ansässigen Stammesfürsten zu einer Form der Zusammenarbeit zu gewinnen, rebellierten die Rifkabylen in der spanischen Zone unter ihrem Emir Abdel Krim in den 20er Jahren. Ihr Ziel war die Wiederherstellung der marokkanischen Unabhängigkeit. Nachdem Frankreich und Spanien ein Abkommen über die gemeinsame Niederschlagung des Aufstandes geschlossen hatten, endete die Rebellion im Jahre 1926 mit der Kapitulation der Aufständischen.

In den Städten hatte sich eine andere Art der Opposition formiert. In den Jahren 1930 und vor allem 1940 bildete sich ein Komitee marokkanischer Nationalisten, das sich für Unabhängigkeit und soziale Reformen einsetzte. Wieder griffen die französischen Behörden auf das Prinzip der indirekten Herrschaft zurück, um auf diese Weise den Eindruck einer formellen Unabhängigkeit zu unterstreichen.

Der Zweite Weltkrieg, der Marokko zu einer logistischen Drehscheibe der Alliierten machte, verstärkte die Unabhängigkeitsbestrebungen, die von den Amerikanern unterstützt wurden. Widerstand löste die Gründung der Istiklal (Unabhängigkeits-) Partei im Jahre 1943 aus. Ein Jahr später legte sogar der Sultan den französischen Protektoratsbehörden die Forderung nach Unabhängigkeit vor. Verschärfen sollte sich der Konflikt jedoch erst 1951, als Sultan Mohammed V. es ablehnte, sich von den Forderungen der Istiklal-Partei zu distanzieren.

Erst als die Berberstämme ins Lager der Nationalisten überwechselten, war die Voraussetzung für den bewaffneten Kampf gegeben. Der in jener Phase immer heftiger werdende algerische Befreiungskrieg veranlaßte die französische Regierung, in Marokko Ballast abzuwerfen. Algerien war für Frankreich – wegen der Siedler und der Rohstoffquellen – wesentlich wichtiger als das mehr formell seiner Herrschaft unterworfene Marokko. So wurde Mohammed V. nach Paris beordert und konnte das Unabhängigkeitsversprechen entgegennehmen. Im März 1956 wurde Marokko von Frankreich als unabhängig anerkannt. Einen Monat später wurde auch das spanische Protektorat aufgehoben und im Oktober 1956 auch der internationale Status von Tanger.

König Mohammed V. hatte sich während des Unabhängigkeits-kampfes gegen die Kolonialmacht genügend Prestige verschafft, um auch anschließend als Autorität anerkannt zu werden. Im Jahre 1960 übernahm er direkt die Leitung des Kabinetts. Zuvor schon hatten sich die politischen Kräfte in politischen Parteien gruppiert. Die Istiklal-Partei hatte sich gespalten. Ihr radikaler Flügel wurde von dem bedeutenden Ideologen Mehdi Ben Barka angeführt, der Jahre später im Pariser Exil von Agenten des marokkanischen Geheimdienstes ermordet wurde. Nach dem Tode Mohammeds V. übernahm sein Sohn Hassan II. den Thron. Der König hatte im Jahre 1965 den Ausnahmezustand ausgerufen, nachdem Schüler und Arbeitslose gegen die elenden Verhältnisse im Lande demonstriert hatten. Dieser Ausnahme-zustand wurde bis 1971 aufrechterhalten. Im Juli 1971 und im August 1972 kam es zu zwei Putschversuchen des Militärs, die jedoch niedergeschlagen wurden. Beide Versuche kamen aus dem rechten Lager. Sie waren gegen die Monarchie und gegen den König gerichtet, der nach Auffassung der Militärs nicht hart genug gegen die Opposition vorging. Im Jahre 1972 kam es durch Volksabstimmung zur Annahme einer neuen Verfassung, die jedoch das Einheitsparlament weiter stärkte. Hassan II. konnte seine Herrschaft auf dem Umweg der nationalen Identifikation festigen – vor allem im Zusammenhang mit dem Sahara-Kon-flikt. Die Auseinandersetzung um den Teil der Sahara, der bis 1976 unter spanischer Herrschaft war, einigte die Nation. Selbst die Opposition steht einmütig hinter dem Kampf der Regierung gegen die Polisario-Front, die für eine Unabhängigkeit der Sah-rauwischen Bevölkerung der phosphatreichen Westsahara-Gebiete kämpft und dabei von Algerien unterstützt wird, das seinerseits einen Zugang zum Atlantischen Ozean anstrebt. Über den Sahara-Konflikt wird auch der Ost-West-Gegensatz trans-portiert – zumal Marokko von den USA und Frankreich, Algerien hingegen von der Sowjetunion und hin und wieder auch von Libyen unterstützt wird.

Ökonomisch leidet Marokko unter einem chronischen Handels-bilanzdefizit, das durch die Phosphat-Exporte ausgeglichen werden soll. Solange jedoch in der Sahara gekämpft wird und ein militärischer Sieg unwahrscheinlich ist – vor allem seitdem das bisher mit Marokko verbündete Mauretanien sich nach einem Regierungswechsel aus dem Konflikt zurückgezogen hat –, kann auch die Wirtschaft nicht saniert werden. Der Krieg in der Westsahara ist jedoch für den König der beste Garant für die Loyalität der Bevölkerung, selbst der linken Opposition, und wird daher auch als Hebel zur Machterhaltung eingesetzt. Die Kriegs-kosten zehren jedoch an der Substanz des Landes und treiben es in eine immer tiefere Krise, die durch soziale Spannungen und die Widersprüche zwischen einer traditionellen Gesellschaft und einem viel zu rasch von oben betriebenen Modernisierungspro-zeß noch weiter verschärft werden.

Die Entwicklung Tunesiens ist der Marokkos ähnlicher als der algerischen. Auch dies hängt mit der Form der indirekten Herr-schaft zusammen, die Frankreich in Tunesien ausgeübt hat. Es gab zwar bereits im 19. Jahrhundert eine große italienische Einwanderungswelle, doch sie nahm nicht jene Form des Sied-lungskolonialismus an, die für Algerien bezeichnend war. Das starke Interesse Frankreichs an diesem Teil Nordafrikas hat außerdem eine Ansiedlung größeren Umfangs durch die Italiener verhindert. Nachdem Frankreich im Frühjahr 1882 Tunis besetzt hatte, wurde das Land immer mehr an Frankreich gebunden. Unabhängig davon war Italien nach wie vor daran interessiert, Tunesien als eigenes Interessengebiet zu erwerben. Für das faschistische Italien war die nur 140 Kilometer von Sizilien entfernte Gegenküste einer der Gründe, um 1940 an der Seite Deutschlands in den Zweiten Weltkrieg einzutreten.

Frankreich hatte dem Bey von Tunis formell die Führung des Staates überlassen. Die reale Macht wurde ohnedies durch den Ministerrat ausgeübt, an dessen Spitze der französische General-resident stand. In den 30er Jahren hatte das Land eine Einwoh-nerschaft von 2,6 Millionen Menschen, darunter 108 000 Franzo-sen und 94 000 Italiener (heute nähert sich die Einwohnerzahl der Sechs-Millionen-Grenze).

Das tunesische Protektorat war für das französische »Mutter-land« vor allem wegen seiner Rohstoffe – Phosphate, Eisen und Blei – interessant geworden. Nach dem Ende des Zweiten Welt-krieges drängte das Land auf Unabhängigkeit. Träger der Unab-hängigkeitsbewegung waren die Destour- und die Neo-Destour-Partei. Als sich die Unruhen im Januar 1953 zuspitzten und es zu blutigen Auseinandersetzungen kam, wurden von Oktober 1953 bis April 1955 langwierige Verhandlungen zwischen Frankreich und Tunesien geführt, die schließlich am 22. April 1955 zu einem Vertrag führten, der Tunesien die innere Selbstverwaltung überließ. Der Wunsch der tunesischen Bevölkerung ging zu jenem Zeitpunkt freilich – wie im gesamten arabischen Orient – weit über die Gewährung der inneren Selbstverwaltung hinaus. Ein knappes Jahr später – am 17. März 1956 – war dieses Ziel erreicht: Tunesien war formell unabhängig geworden. Das Land blieb freilich durch besondere Abkommen an Frankreich gebunden. Zum Ministerpräsidenten wurde der Führer der Neo-Destour-Partei, Habib Bourgiba, ernannt. Die Kooperation mit der alten Kolonialmacht Frankreich wurde zum Prinzip tunesischer Politik – eine Haltung, die von den übrigen arabischen Staaten und insbesondere von den arabischen Nationalisten immer mit Mißtrauen und Skepsis beobachtet wurde.

Im Innern entsprach Bourgibas Konzept der formalen Kopie eines westlichen politischen Systems nicht den realen Verhältnissen des Landes. Der »Bourgibismus« versuchte sich zwar mit einer reformistischen Rhetorik zu rechtfertigen, in Wirklichkeit wurde er immer autoritärer. Seine Rolle blieb auch während des Algerienkrieges undurchsichtig, was die Unterstützung der algerischen Rebellen gegen das koloniale Frankreich betrifft. Um sich »antikolonialistisch« zu profilieren, führte Bourgiba schließlich im Juni 1961 einen Schlag gegen den französischen Stützpunkt Bizerta auf tunesischem Territorium – ein Unternehmen, das beträchtliche Opfer kostete. Erst 1963 hat Frankreich – auf amerikanischen Druck hin – Bizerta geräumt.

In den 60er Jahren begann sich im Innern eine technokratische Opposition um Ahmed Ben Salah zu formieren, die jedoch gegen die Autorität Bourgibas nicht ankam. Die Reformpläne Ben Salahs waren darauf gerichtet, die Gewerkschaften zu stärken und das koloniale Erbe durch Struktur-Reformen abzulegen. Doch der Widerstand aus den oberen Klassen – vor allem der Agrar- und Handelsbourgeoisie – führte zu einer Reprivatisierung der Wirtschaft. Durch diese Entwicklung wurde das Land vor allem ausländischen Investoren geöffnet.

Bedeutendstes Gegengewicht zu dieser Entwicklung war die Gewerkschaftsorganisation UGTT – Union Générale des Travailleurs de Tunisie –, die auf eine lange Tradition im Bereich der Organisation und kollektiver Handlungen zurückblicken konnte. Der Konflikt zwischen der immer konservativer regierenden Staatspartei und der Gewerkschaftsbewegung führte im Januar 1978 zum Generalstreik, der von den Parteimilizen, der Armee und der Polizei blutig niedergeschlagen wurde. Die meisten Führer der Gewerkschaftsbewegung wurden verhaftet. Da das gesamte System inzwischen auf die Person Bourgibas zugeschnitten ist, ist damit zu rechnen, daß die inneren Spannungen des Landes nur so lange unter Kontrolle zu halten sind, als Bourgiba am Leben ist. Sein Tod könnte zu einer grundsätzlichen Umwälzung führen. Auch die Nachbarschaft Libyens könnte sich als Katalysator einer Entwicklung erweisen, die auf eine Systemveränderung hindrängt.

Auch in der Palästinafrage hat Tunesien auf Grund seiner westlichen Orientierung eine andere Haltung eingenommen als die meisten übrigen arabischen Staaten – vielleicht mit Ausnahme Jordaniens. Bereits im Jahre 1965 hatte Bourgiba eine Anerkennung Israels in den Grenzen des Teilungsbeschlusses von 1947 und eine Entschädigung der Palästina-Flüchtlinge gefordert. Obwohl er mit dieser Forderung in Israel selbst auf Ablehnung gestoßen war, hatte sie in der arabischen Welt einen Sturm der Entrüstung ausgelöst. Auch in der historischen Entwicklung und politischen Ausrichtung gab es beträchtliche Ähnlichkeiten zwischen den beiden Ländern Tunesien und Jordanien. Jordanien war bis in die Gegenwart hinein von westlichen, vor allem britischen, später dann amerikanischen, Hilfszahlungen abhängig gewesen. Erst in den 70er Jahren konnte das Land durch eine gesteigerte Phosphatproduktion eine ökonomische Entwicklung einschlagen, die zur allmählichen Sanierung seines chronischen Außenhandelsdefizits führte. Diese Entwicklung wurde zusätzlich durch den libanesischen Bürgerkrieg begünstigt, durch den Jordanien einen Teil der bisherigen Funktionen des Libanon übernehmen konnte.

IX. JORDANIEN UND LIBANON

Das heutige Königreich Jordanien ist aus der Abtrennung des transjordanischen Teils vom ursprünglichen britischen Mandatsgebiet Palästina hervorgegangen. Als Transjordanien wurde das Land im Jahre 1922 geschaffen. Staatsoberhaupt war der Hedschas-Emir Abdallah aus der Dynastie der Haschemiten. Ihm zur Seite stand der britische Offizier Glubb, der nach seinem Übertritt zum Islam als »Glubb Pascha« die spätere arabische Legion – eine Prätorianergarde des Königshauses – aufbaute. Nachdem sich König Abdallah im Jahre 1950 die Gebiete Restpa-

lästinas einverleibt hatte – also das Territorium der am neuentstandenen Israel angrenzenden Westbank –, wurde aus Transjordanien Jordanien. Das Jahr 1956 brachte dem neuen Staat, der
aufs engste mit der Palästina-Frage verbunden ist, seine erste
große Krise. Es war das Jahr des Suez-Konflikts und des aufstrebenden arabischen Nationalismus. König Hussein war inzwischen seinem Großvater, der 1951 ermordet wurde, weil er
angeblich eine Verhandlungslösung mit Israel angestrebt hatte,
auf dem Thron gefolgt. Hussein versuchte, die Wogen des Nationalismus zu glätten, indem er Glubb Pascha aus seinen Diensten
entließ. Das Ende der Monarchie schien gekommen zu sein, als
Suleiman Nabulsi, ein linksgerichteter Nasserist, zum Ministerpräsidenten gewählt wurde. Doch der König kam im April 1957
den – realen oder imaginären – Plänen über einen Staatsstreich
zuvor. Nabulsi und der Stabschef Ali Abu Nuvar wurden entlassen, alle Parteien verboten. Als die Krise im Nahen Osten im
Jahre 1958 ihren Höhepunkt erreichte, wurden britische Truppen
nach Jordanien geflogen, um die Monarchie zu retten. König
Hussein ist niemals den Verdacht losgeworden, daß er nur durch
die Gnade des Westens Monarch seines Landes geblieben ist.
Als Folge des Juni-Krieges im Jahre 1967 verlor Jordanien seine
palästinensischen Gebiete, also die Westbank, an Israel. Auf dem
arabischen Gipfeltreffen im marokkanischen Rabat verzichtete
Jordanien 1974 auf seine Ansprüche auf die israelisch besetzte
Westbank. Wie alle anderen arabischen Staaten erkannte Hussein in Rabat die PLO als die alleinige Vertreterin des palästinensischen Volkes an. Dennoch hat Jordanien seinen Anspruch nicht
endgültig aufgegeben. Jordanien bezahlt weiterhin die Beamten
in der Westbank, obwohl die überwiegende Mehrheit der palästinensischen Bevölkerung durch die Anerkennung der PLO und
durch die Gemeindewahlen in der Westbank bekundet hat, vom
haschemitischen Königshaus unabhängig sein zu wollen. Vor
allem das Massaker an den Palästinensern im September 1970,
der als »Schwarzer September« in die Geschichte des palästinensischen Volkes eingegangen ist, führte zum Bruch zwischen
Hussein und den Palästinensern. Der »Schwarze September«
setzte der Doppelherrschaft von PLO und Königshaus in Jordanien ein vorläufiges Ende, indem dort die PLO durch die Bedui-
nentruppen des Königs mit Panzern und Artillerie brutal niedergeschlagen wurde. Im Jahre 1971 erreichte die Verfolgung der
palästinensischen Kampftruppen einen neuen Höhepunkt.
Die Friedens-Initiative Präsident Sadats sowie die Annäherung
zwischen Syrien und Jordanien nach der Machtübernahme durch
Hafez al-Assad hatten zur Folge, daß König Hussein seine Rolle

als Interessenvertreter des Westens zugunsten des arabischen Lagers korrigiert hat. Dies führte im Jahre 1979 auch zu einer Annäherung zwischen Hussein und der PLO und der eindeutigen Erklärung des Königs, daß er auf das Gebiet westlich des Jordans verzichte.

Die Zusammensetzung der jordanischen Bevölkerung ist insofern sehr heterogen, als von den fast 3 Millionen Einwohnern des Landes die überwiegende Mehrheit aus Palästinensern besteht. Dabei ist zu unterscheiden zwischen palästinensischen Flüchtlingen und jenem Teil der integrierten palästinensischen Bevölkerung, der inzwischen zu einem staatstragenden Bestandteil des Königreichs geworden ist. Diese Palästinenser bilden auch die soziale und ökonomische Klammer zwischen der Ostbank und der Westbank und machen dadurch eine Abspaltung beider Ufer voneinander im Falle des Zustandekommens eines Palästinenserstaates unwahrscheinlich. In Ostjordanien leben vor allem Bauern und Beduinen. Die Beduinen machen ungefähr 5 % der Gesamtbevölkerung aus. Sie stellen das Offizierskorps und die Sondereinheiten des Militärs, das – wie zum Beispiel im September 1970 – zum Schutze der Monarchie aufgeboten wird. Inzwischen ist das Land durch einen wirtschaftlichen Aufschwung, mit dem ein explosiver Bauboom einherging, zu einem bedeutenden wirtschaftlichen Zentrum des Nahen Ostens geworden, nachdem sich während und nach dem Bürgerkrieg im Libanon viele Libanesen nach Amman zurückgezogen hatten und der Libanon als Handels- und Verkehrszentrum der Levante zusammengebrochen war.

Der Libanon nahm im arabisch-islamischen Raum schon immer eine Sonderstellung ein. Charakteristisch für das Land ist die Vielfalt ethnischer und religiöser Gemeinschaften, durch die zwei Möglichkeiten der Entwicklung vorgegeben waren: einmal die Schaffung eines säkularen Staates, der allen seinen Bürgern – unabhängig von ihrer religiösen Zugehörigkeit – gleiche Rechte zugesichert hätte, d. h. eine libanesische Nationalität innerhalb eines einheitlichen Staatswesens, durch die die religiöse Zuordnung automatisch zur Privatsache wird. Zum andern der Versuch der religiösen Gemeinschaften – also der Christen oder der Muslime –, den Staat zu dem ihren zu machen, also zu einem christlichen oder muslimischen, wobei der jeweils anderen Gemeinschaft nur mindere Rechte zugebilligt werden bzw. ein ständiger Machtkampf zwischen beiden stattfindet. Dieser ständige Machtkampf führte schließlich im Jahre 1975 zum offenen Bürgerkrieg, der 1977 mit einer faktischen Zweiteilung des Landes nur unterbrochen und noch lange nicht beendet wurde. Der brüchige Waffenstillstand konnte bisher nur mühsam durch syrische Truppen aufrechterhalten werden.

Bis zum Ausbruch des Bürgerkrieges hatte der Libanon zu den freiesten Ländern des Vorderen Orients gehört. In Beirut fanden Emigranten aus den verschiedensten arabischen Ländern und Oppositionelle aller Couleurs Unterschlupf und ein Forum für den Austausch ihrer Vorstellungen und Ideen. Beirut war das Finanzzentrum des Mittleren Ostens und glanzvoller Schmelztiegel orientalischer und okzidentaler Lebensweise und Kultur. Um die Tragödie des Libanon begreiflich zu machen, bedarf es eines Exkurses in die historische Dimension jener besonderen Entwicklung – einer Entwicklung, durch die das Land eben nicht zu einem Beispiel emanzipatorischer Evolution, sondern zum tragischen Exempel ihres Mißlingens geworden ist.

Die Tatsache, daß im Libanon so viele heterogene Gemeinschaften ansässig sind, die sich nach religiöser Zugehörigkeit – dem einzigen Unterscheidungsmerkmal im Orient – gruppieren, hängt eng mit der geographischen Beschaffenheit des Landes zusammen. Das Libanongebirge bot einen natürlichen Schutz und war daher immer schon Zufluchtstätte verfolgter religiöser Gemeinschaften in der Levante, die sich dem Zugriff der dort lebenden Majorität entziehen wollten. Dies betraf vor allem die christliche Glaubensgemeinschaft der Maroniten und die islamische Sekte der Drusen, die von der islamischen Gemeinde als solche nicht anerkannt und aufgenommen worden waren. Maroniten und Drusen waren es also, die jenes unwegsame Gebirgsland als ihren zentralen Siedlungsort betrachteten. Heute leben im Staate Libanon – der mit dem Libanongebirge nicht identisch ist, sondern um zusätzliche Gebiete erweitert wurde – außerdem schiitische und sunnitische Muslime, griechisch-katholische Christen, Armenier u. a. kleinere religiöse Gemeinschaften, die sich gleichzeitig auch als eigenständige Volksgruppen verstehen.

Kern des libanesischen Staates in seiner gegenwärtigen Ausdehnung war die Osmanische Provinz Mt. Liban. Nach blutigen Unruhen und Zusammenstößen zwischen den Religionsgemeinschaften der Drusen und der Maroniten – die vor allem soziale Ursachen hatten – wurde die Provinz 1860 unter französischen Schutz gestellt, obwohl sie formell weiterhin zum Osmanischen Reich gehörte. Schon damals gab es im Mt. Liban so etwas wie einen Konfessionsproporz, der später zur Verfassungsordnung des Libanon werden sollte. Entsprechend ihrer Größenordnung teilten die Religionsgemeinschaften die politischen Funktionen und Ämter untereinander auf. Der ursprüngliche Bereich des ehemaligen Mt. Liban wurde nach dem Zweiten Weltkrieg um die Beqa-Ebene, Beirut sowie Gebiete im Norden und Süden auf seine heutigen Grenzen erweitert, nachdem die Region Syrien und Libanon (auf Grund des Mandatsstatuts für die arabischen Bereiche des früheren Osmanischen Reiches) an Frankreich gefallen war. Durch diese Erweiterung wurde die Bevölkerung des Landes noch heterogener. Noch während der Mandatszeit – und zwar im Jahre 1926 – wurde der Libanon zur Republik erklärt.

Die maronitischen Christen hatten im Libanon schon immer eine wirtschaftliche Sonderrolle gespielt als Vermittler im Handel zwischen Europa und der Levante. Dieser privilegierte ökonomische Status fand seine Entsprechung auch im politischen Bereich. Durch die griechisch-katholischen Bevölkerungsteile wurde die dominierende Rolle der Maroniten zusätzlich noch gestärkt.

Seitdem der Libanon in seiner heutigen geographischen Form als Mandatsgebiet Frankreichs bestand, gab es Spannungen und Kämpfe zwischen den christlichen und den muslimischen Bevölkerungsgruppen. Die Muslime drängten auf eine Rückkehr nach Syrien, von dem die Gebiete des Libanon kurz zuvor abgetrennt worden waren. Die Christen beharrten auf der Beibehaltung des Status quo und auf der Schutzmachtfunktion Frankreichs. In den Jahren 1936–1937 bauten die Religionsgemeinschaften im Rahmen ihrer konfessionellen Zugehörigkeit auch politische Parteien auf, in deren Programm zwischen Religion und politischem Interesse nicht mehr zu unterscheiden war. Die Gegensätze, die später im blutigen Bürgerkrieg aufeinanderprallten, traten zwar an der Oberfläche als religiöse Konflikte in Erscheinung, tatsächlich waren sie jedoch Ausdruck sozialer Spannungen.

Im Jahre 1943 war der Libanon formell unabhängig geworden. Von einer wirklichen libanesischen Unabhängigkeit kann jedoch erst seit dem Jahre 1946 gesprochen werden, nachdem die fremden Truppen endgültig aus dem Lande abgezogen waren. Trotzdem ist das Jahr 1943 für die innere Staatsordnung des Libanon wichtiger als das Datum der Unabhängigkeit. Im Jahre 1943 wurde nämlich jener »Nationalpakt« zwischen den Religionsgemeinschaften abgeschlossen, der den Konfessionalismus zum politischen System erhob. Grundlage dieses Nationalpaktes war eine Volkszählung aus dem Jahre 1932, aus der die Maroniten als Majorität, die Drusen und Schiiten als Minderheit hervorgegangen waren. Auf der Grundlage dieser festgelegten und zum Verfassungsprinzip erklärten Volkszählung des Jahres 1932 wurde ein politisches System etabliert, das seinesgleichen sucht: der Konfessionalismus garantierte den Gemeinschaften nach dem

Proporzschlüssel den unveränderlichen Anspruch auf Staatsämter, die vom höchsten Amt im Staate bis hinunter zum Schalterbeamten einer Behörde festgelegt und unverrückbar waren. Dies bedeutete, daß an den politischen Herrschaftsstrukturen des Landes nichts verändert werden durfte. Auch dann nicht, wenn sich soziale und demographische Veränderungen ergaben.

Die Fragwürdigkeit dieses Systems – das bereits durch die Politik Schamouns im Jahre 1958 im Rahmen der Eisenhower-Doktrin einen Riß bekam – konnte durch die Reformen des Präsidenten Schehab vorübergehend überdeckt werden. Durch den Aufstieg der muslimischen Bourgeoisie und die Präsenz der Palästinenser im Lande trat sie jedoch immer mehr zutage. Das festgefügte System wurde zusätzlich von den verstädternden Massen – vor allem aus dem Süden und Osten des Landes, die von den etablierten Clans und deren Parteien nicht vertreten wurden – immer mehr unterminiert. Der Juni-Krieg 1967 hatte nicht nur den Palästinensern, sondern auch der libanesischen Linken Auftrieb gegeben. Nach der Vertreibung aus Jordanien im »Schwarzen September« 1970 operierten die Palästinenser vor allem von libanesischem Gebiet aus gegen Israel. Dies wiederum hatte israelische »Vergeltungsschläge« gegen den Libanon zur Folge. Der mit diesen Ereignissen einhergehende gesellschaftliche Umwandlungsprozeß trieb das System immer tiefer in die Krise. Die Christen und vor allem die Maroniten, die ihre ursprüngliche reale Macht bereits eingebüßt hatten, weigerten sich hartnäckig, die veränderten Verhältnisse anzuerkennen. Der Angriff auf einen Palästinenserbus im April 1975 löste schließlich den Bürgerkrieg aus. In diesem mörderischen Krieg gab es keine Sieger und keine Besiegten. Zu diesem Ergebnis haben namentlich die Syrer beigetragen. In der ersten Phase des Krieges hatten sie vor allem die muslimischen Linksgruppen der Nationalen Bewegung unterstützt. Als der Druck dieser Koalition zu stark wurde und ein Zusammenbruch der konservativ-christlichen Kräfte drohte, wechselte Syrien die Fronten und griff auf der Seite der Christlich-Konservativen in die Kämpfe ein. Als »Arabische Friedenstruppe« haben die Syrer seither für die Einhaltung des 1977 geschlossenen Waffenstillstands gesorgt.

Die Syrer handelten vor allem im gesamt-arabischen und nicht zuletzt auch im eigenen Interesse. Keine der Bürgerkriegsparteien hat zwar die Forderung erhoben, einen säkularen, entkonfessionalisierten Staat zu errichten – was im übrigen im Vorderen Orient ein Novum bedeutet hätte, für den Libanon als Einheitsstaat jedoch die einzige Alternative zum militanten Konfessionalismus dargestellt hätte. Diese Alternative hätte freilich Tendenzen gefördert, die auf ein progressistisches Regime hinsteuern – eine Entwicklung, an der die konservativen arabischen Regimes – vor allem Saudi-Arabien – nicht das mindeste Interesse haben konnten. Auch für Syrien selbst, dessen Staatsvolk sich aus mehreren konfessionellen Gruppen zusammensetzt, hätte eine säkulare Entwicklung eine enorme Gefahr bedeutet. Das mehrheitlich sunnitische Land wird von der schiitischen Sekte der Alawiten dominiert, die alle wichtigen Führungspositionen im Staats- und Militärapparat besetzt haben. Schließlich hätte eine solche Entwicklung im Libanon auch Israel auf den Plan gerufen, das – ebenfalls im eigenen Interesse – nachhaltig die christlichen Maroniten unterstützt.

Nicht zuletzt auf Betreiben der Saudis und des Westens sah sich der Staatspräsident Syriens, Hafez al-Assad, der ebenfalls ein Alawite war, veranlaßt, im Libanon einzugreifen und mit militärischer Gewalt das Gleichgewicht zwischen den Parteien herzustellen. Der neue Nationalpakt hat den Konfessionalismus des Libanon nur geringfügig modifiziert, nicht aber abgeschafft. Die Parteien stehen sich nach wie vor feindlich gegenüber, und ein Rückzug der Syrer wird unvermeidlich zu neuerlichen Machtkämpfen führen. Der im Februar 1976 ausgehandelte Kompromiß sollte einen Proporz von eins zu eins zwischen Christen und Moslems etablieren. Ein solcher Proporz ließ sich indessen bisher nicht realisieren. Der christliche Staatspräsident Sarkiss und sein sunnitischer Ministerpräsident Schafiq al-Wazzan beziehen ihre Legitimation zwar offiziell aus dem vereinbarten Proporz. Tatsächlich sind sie aber die Repräsentanten einer neuen technokratischen Führungsgruppe, die allmählich die alten Clanführer wie Gemayel, Schamoun, Dschumblatt, Eddé und andere zu verdrängen scheinen – jene Clanfamilien also, die seit Jahrzehnten die Geschicke des Libanon bestimmt haben. Vorläufig hat sich die neue politische Führungsgruppe jedoch nicht etablieren können. Die Syrer müssen als Platzhalter das politische Vakuum ausfüllen. Ob der Libanon jemals wieder die Rolle wird übernehmen können, die er vor dem Bürgerkrieg in der Levante spielte, ist äußerst fraglich. Der Aufstieg der Scheichtümer am Persischen Golf und die wachsende Bedeutung Jordaniens für das internationale Bankenwesen deuten eher darauf hin, daß der Libanon diese Rolle nach der Tragödie des Bürgerkriegs für immer abgegeben hat.

X. ISLAMISCHE RENAISSANCE ALS DRITTER WEG ZWISCHEN DEN MACHTBLÖCKEN?

Die arabisch-islamische Region ist in den letzten Jahren zu einem neuen – wenn auch nicht einheitlichen – Faktor der Weltpolitik geworden. Die islamischen Staaten bemühen sich immer mehr, politisch gemeinsam aufzutreten und sich als ein geschlossener Block, als regional-kulturelle Einheit sowohl von Ost als auch von West abzugrenzen. Die in den 50er und 60er Jahren erkämpfte volle Unabhängigkeit der meisten arabisch-islamischen Länder hat diese Tendenz bestärkt. Der Ölreichtum und die damit verbundene Finanzmacht einiger arabischer Länder hat wesentlich zu einem neuen Selbstbewußtsein in der arabischen Welt beigetragen. War der Islam in den 50er und 60er Jahren vor allem ein Bollwerk gegen den Nationalismus einzelner arabischer Länder, so ist seine Revitalisierung im Verlauf der 70er Jahre eher als eine Form muslimischer Selbstdefinition und eines neuen Selbstverständnisses zu deuten, das den Arabismus der letzten Dezennien ablöst.

Noch zu Beginn des Ersten Weltkrieges konnte der osmanische Rückgriff auf den Khalifatsgedanken den aufkommenden Nationalismus der Araber und anderer Nationalitäten im Herrschaftsbereich des Sultans vorübergehend »islamisch« beschwichtigen. Und selbst in den 60er Jahren gelang es Saudi-Arabien noch, den Islam als Schutzwall gegen den Nasserismus aufzurichten. Dies alles mußte den Westen bestärken in der Annahme, daß der »Islam« als natürlicher Bündnispartner der westlichen Welt und damit als sicheres Bollwerk gegen die atheistische Sowjetunion im Vorderen Orient zu betrachten sei. Tatsächlich waren die traditionellen islamischen Gesellschaften im politischen und sozialen Sinne auch konservativ. Tendenzen, die auf eine Veränderung des Status quo hinausliefen, mußten zwangsläufig auf den Widerstand der konservativ-muslimischen Regimes stoßen. Als Beispiel seien nur die Boden- und Agrar-Reformen genannt – ob sie nun unter Nasser, der Baath oder gar unter dem Schah-Regime durchgeführt wurden. Sie alle trafen auf die Opposition des Establishments, vor allem der islamischen Geistlichkeit, deren Machtposition im Staate vorwiegend auf Bodenbesitz aus islamischen Stiftungen (Waqf-Land) gegründet war. Die Geistlichkeit war also von der Umverteilung des Bodens – dies gilt auch für die sogenannte »Weiße Reform« des Schah – am meisten betroffen. Die nationalistischen und sozialreformerischen Tendenzen des Arabismus haben westliche Beobachter bestärkt in der Überzeugung, daß der Islam und seine geistlichen wie weltlichen Repräsentanten auf der Seite der sozial beharrenden Kräfte standen. Im internationalen Kontext der Auseinandersetzungen bedeutete dies, daß die islamischen Länder grundsätzlich pro-westlich waren. Bei dieser Einschätzung der Dinge bezog man sich auf die Erfahrung der letzten 70 Jahre – also des 20. Jahrhunderts. Diese – historisch gesehen verhältnismäßig kurze Phase – war richtungweisend für die Beurteilung der Region durch den Westen. Dabei wurde anderen, vorangegangenen islamisch motivierten Strömungen wenig Aufmerksamkeit geschenkt – obwohl sie im Rückblick durchaus als Vorläufer der heutigen Entwicklung bezeichnet werden können und manchen Vorgängen von heute durchaus vergleichbar sind.

In diesem Zusammenhang wären vor allen Dingen die beiden großen Reformer des 19. Jahrhunderts, Mohammed Abdu und Al Afghani, zu erwähnen, die den Islam von jenen Bestandteilen befreien wollten, die einer fortschrittlichen modernen Entwicklung im Wege standen. Auch heute versuchen islamische Denker, indem sie sich auf die revolutionären Bestandteile der islamischen Lehre beziehen, jenen politischen Islam zu schaffen, der das Bewußtsein und Selbst-Bewußtsein dieser Völker verändert und damit eine emanzipatorische Wirkung hat. Wie jede Heilsreligion, so hat auch der Ur-Islam starke kommunistische Elemente, die sich auf die moderne Entwicklung programmatisch übertragen lassen. Progressive Reformer wie reaktionäre Fundamentalisten können sich mit Recht darauf berufen, daß der Koran die Unterdrückung geißelt. Das ur-islamische Zinsverbot kann – verallgemeinert – auch als Ächtung der Ausbeutung (Abhängiger) schlechthin gedeutet werden. Das kollektive Grundeigentum, das Gemein-Eigentum, wird als Hinweis dafür betrachtet, daß Boden und Bodenschätze in kollektive Formen übergeführt werden sollen. Die Zakat – also die Pflicht, Almosen zu geben – sei nur eine Metapher, ein Symbol der islamischen Legitimation eines wohlfahrtsstaatlichen Gemeinwesens. Koran und Scharia bieten genügend Anhaltspunkte für eine Auslegung in einem modernistischen und progressistischen Sinne. Auf diese Weise wird der Islam von unterschiedlichen Gruppen und zu sehr unterschiedlichen Zwecken politisch instrumentalisiert – nicht zuletzt in der Absicht, den beiden dominierenden Systemen und Machtblöcken des Kapitalismus und Kommunismus eine eigenständige, regionale, islamische Ideologie entgegenzustellen. Durch eine solche islamisch fundierte Eigenständigkeit soll der islamischen Welt dazu verholfen werden, nicht mehr Instrument fremder Einflüsse und Bündnispartner des einen oder anderen Lagers zu sein.

Ob sich dieses Ziel der »Islamischen Renaissance« in absehbarer Zeit realisieren wird, ist noch nicht abzusehen. Das Beispiel des revolutionären Iran läßt vorläufig am Gelingen eines »Dritten Weges« ernsthaft zweifeln. Der erste Präsident der Islamischen Republik Iran, Bani-Sadr, hat versucht, aus dem Koran das Konzept einer gemeinschaftlichen Wirtschaftsverfassung herauszulesen und eine ökonomische Politik zu begründen, die sich gleichzeitig anti-kapitalistisch und anti-materialistisch gibt. Die Schriften des bedeutenden islamisch-iranischen Reformisten 'Ali Schariati haben eine ganze Schule begründet, die insbesondere unter den islamischen Intellektuellen eine große Anhängerschaft gefunden hat. Dennoch zeichnet sich auch bei Schariati eine Tendenz ab, die immer wieder auf das beharrende Element verweist und sich auf eine islamische Legalität beruft, die tiefere Wurzeln im traditionellen Islam hat als jene neue, reformistische, die mit konkreten sozialen Forderungen verbunden ist. Doch eben dieses Beharrungsvermögen und der ständige Rekurs auf eine vermeintlich gerechtere Gesellschaft in der Ur-Zeit des Islam sind eine nostalgische Verklärung der islamischen Realgeschichte. Denn der Islam hat zu keiner Zeit Institutionen geschaffen, die das Entstehen privilegierter Schichten – bzw. die Anhäufung von Macht und Reichtum in der Hand weniger – hätten verhindern können. Der religiöse und moralische Konformismus der Herrschenden (der auch heute noch in konservativen Staaten anzutreffen ist) hielt die Massen nur in dem Glauben, daß ihr privilegierter Platz gerecht und von Gott gewollt sei. Der Islam und die muslimische Tradition bieten als solche kein magisches Rezept für eine Regierungsform, die den Forderungen unserer Zeit entspricht. Der Islam ist kein Modell für eine harmonische Gesellschaft. Er kann die Ungerechtigkeiten der gesellschaftlichen und wirtschaftlichen Strukturen nur lindern, indem er die Mächtigen zur Mäßigung und Menschenliebe ermahnt. Und er wird – ähnlich wie das Christentum im 19. Jahrhundert – in eine Krise geraten. Und zwar in dem Maße, in dem die frustrierten Massen dem Druck der Forderungen einer modernen Welt – und ihren Verlockungen – erliegen und das Ideal sozialer Gerechtigkeit an Kraft gewinnt.

Gerade der Gegensatz zum Westen, zu westlichen Lebensformen, die mit dem Prozeß der Modernisierung und Industrialisierung des Orients auch auf die islamischen Länder übergriffen und jene Gegenreaktion der »Re-Islamisierung« mit heraufbeschworen haben, stellt die muslimische Welt vor ein Dilemma: um sich von der Dominanz des Westens zu befreien, muß sie sich selbst jenem Modernisierungs- und Industrialisierungsprozeß unterziehen.

Selbst wenn eine solche Industrialisierung nicht unter dem Vorzeichen einer Integration in den westlich ausgerichteten Weltzusammenhang verliefe, sondern nach dem Gesetz der eigenen Bedürfnisse, so wird dieser Prozeß doch zwangsläufig die traditionellen islamischen Lebensformen – wie sie vor allem im islamischen Recht angelegt sind – sprengen. Die einzige Zukunftsperspektive eines modernistischen Islam wäre in einer – bisher nicht praktizierten – Synthese zwischen kapitalistischem Industriesystem und einer orientalisch-transzendentalen Ethik zu finden.

Trotzdem wäre es ein Irrtum, zu glauben, der »Islam« stünde der restlichen Welt geschlossen als wiedererwachte Religionsmacht und damit als einheitlicher Block gegenüber. Da der Islam keine dem christlichen Papst vergleichbare zentrale Autorität kennt, gibt es auch keinen Konsens über den »wahren« Islam. Die Geschichte der islamischen Völker ist u. a. auch der Kampf unterschiedlicher Denkrichtungen, die immer wieder zu Abspaltungen und Sektenbildungen mit politischer Stoßrichtung geführt haben. Diese latent stets vorhandenen innerislamischen Kontroversen über die Frage, was der Islam eigentlich ist bzw. was er sein sollte, werden in der zweiten Hälfte des 20. Jahrhunderts mit besonderer Vehemenz ausgetragen. Dabei versuchen die Länder des Islam teilweise auch, die islamische Legitimation mit den anti-nationalen Interessen ihrer jeweiligen Staaten zu verbinden. Und solange die Region in Staaten organisiert ist – eine andere Organisationsform konnte sich nicht entwickeln –, werden sich auch die Rivalitäten einzelner Staaten untereinander nicht durch eine ziemlich diffuse Berufung auf den Islam verhindern lassen. Schon die arabisch-islamische Konkurrenz zwischen Libyen und Saudi-Arabien ist beispielhaft für eine politische Rivalität, die sich auf unterschiedliche Weise islamisch zu legitimieren sucht. Der traditionelle Konflikt zwischen Irak und Iran hat sich durch den Sturz des Schah und die Welle des Khomeinismus soweit zugespitzt, daß es im September 1980 zum Krieg zwischen beiden Ländern gekommen ist – ein Krieg, dessen Ausgang ungewiß ist und dessen Folgen für die gesamte Region und im internationalen Rahmen nicht abzuschätzen sind. Auch konnte das umfassende Dach des Islam die ethnischen Besonderheiten der Minoritäten nicht integrieren, geschweige denn verhindern, daß sich im »islamischen Staat« Iran einzelne Volksgruppen wie Kurden, Aserbeidschaner, Baludschen und Araber gegen den Staat politisierten.

Sollte der Islamismus – also die Umformung des Glaubens in eine politische Ideologie – tatsächlich die nationalen Strömungen der letzten Dezennien und damit auch den Arabismus ablösen, so würde dies auch eine große Gefahr für die palästinensische Nationalbewegung und die Palästinensische Befreiungsorganisation – PLO – selbst bedeuten. Ihre Position wurde durch den Khomeinismus zunächst zwar gestärkt. Als Nationalbewegung muß sie jedoch in dem Maße ihr eigenes Selbstverständnis und ihre Ziele verleugnen bzw. aus den Augen verlieren, in dem die bisher völlig untergeordnete Zugehörigkeit der Palästinenser zum christlichen oder muslimischen Glauben hervorgehoben wird und religiöse Unterschiede das gemeinsame nationale Interesse unterhöhlen könnten. Mit dieser Ambivalenz werden sich die Palästinenser in Zukunft noch auseinanderzusetzen haben. Sie zu erkennen und zu steuern, wird eines der wichtigsten innenpolitischen Probleme der Bewegung sein.

Bleibt noch der traditionelle Gegensatz zwischen Islam und Arabismus – ein Gegensatz, der immer bestanden hat und für den arabischen Raum noch nicht endgültig zugunsten des einen oder anderen entschieden wurde. Der Islam bzw. Islamismus hat zwar in den letzten 15 Jahren in der arabischen Welt – und nicht nur dort, sondern weltweit von den Philippinen bis nach Schwarzafrika – beträchtlich an Boden gewonnen. Vor allem in Ägypten hat er seit der Regierungsübernahme durch Anwar al-Sadat im Jahre 1971 die unter Nasser verlorenen Positionen zurückgewinnen und stärken können. An dieser Tendenzwende war nicht zuletzt die »Muslim-Bruderschaft« beteiligt – eine islamische Bewegung, die in den 30er Jahren von dem ägyptischen Schullehrer Hasan al-Banna gegründet und wesentlich von den aufkommenden totalitären Weltanschauungen in Europa inspiriert worden war. Zweimal wäre den Muslim-Brüdern in Ägypten beinahe die Machtübernahme geglückt – während des Zweiten Weltkriegs und kurz danach. Nach ihrer Verfolgung und Vertreibung durch Nasser machte sich Saudi-Arabien in den 60er und 70er Jahren immer mehr zum Schirmherrn der Bewegung. Die großzügige Finanzierung und Unterstützung durch die Saudis machten die Muslim-Bruderschaften in der arabischen Welt – bzw. ihre pakistanische Schwesterpartei »Djama' at-e Islami« (Islamische Gemeinschaft) – nicht nur zu den bestorganisierten, sondern auch zu den reichsten und damit einflußreichsten politischen Bewegungen.

Anwar el-Sadat hatte die Muslim-Brüder zunächst – aus Legitimitätsgründen – hofiert und sie gewähren lassen. Durch seine Friedenspolitik gegenüber Israel machte Sadat sich die Muslim-Brüder zur gefährlichsten Opposition im Innern, nachdem der Bruch nach außen, d. h. mit der übrigen arabischen Welt nach der

Unterzeichnung der Verträge von Camp David im Jahre 1979, die den ägyptisch-israelischen Friedensvertrag herbeiführten und einen umfassenden Frieden im Nahen Osten vorbereiten sollten, ohnehin bereits vollzogen war.

Wenn man aus der Erfahrung der jüngsten Geschichte Schlüsse zieht, so ist es unwahrscheinlich, daß der Islam als übernationales Bindeglied die arabische Welt in einem geschlossenen System einen könnte. Zu unterschiedlich und zu gegensätzlich sind Bedürfnisse, Interessen und Aspirationen der 22 Länder, die heute zum arabischen Orient gehören. Zu heterogen ist ihre jeweilige Bevölkerung, zu vielfältig sind die religiösen Gruppierungen (die neben den beiden Hauptrichtungen der Schia und der Sunna noch in zahlreiche Sekten und Untersekten zerfallen), zu abweichend sind die einzelnen politischen Regimes. Vor allem Syrien und der Irak – die es mit unterschiedlichen religiösen Kräften in ihren Ländern zu tun haben – müssen aus Selbsterhaltungstrieb auf die Karte des arabischen Nationalismus setzen, um die verschiedenen islamischen Strömungen – die ihrerseits mit sozialen Gruppen und politischen Ansprüchen verbunden sind – unter Kontrolle zu halten. Der Aufbruch des Islam als politische Ideologie der arabischen Welt wird in der nahen Zukunft vor allem jenen Regimen große Probleme schaffen, die ihre politisch-weltliche Entwicklung noch im Zeichen des Nationalismus angetreten haben.

3. Israel: Nationalstaatsproblem und Nahostkonflikt

Von Dan Diner

Der Staat Israel wurde am 15. Mai 1948 proklamiert. Mit diesem Datum wird gemeinhin der Beginn des Nahost-Konflikts angezeigt. So ist es auch im öffentlichen Bewußtsein üblich geworden, von einem nunmehr über dreißig Jahre andauernden Kampf zu reden und die Ereignisse im Nahen Osten entlang der Chronologie der Kriege zwischen Israel und den arabischen Staaten 1948/49, 1956, 1967 und zuletzt 1973 verstehen zu wollen. Eine solche Weise der Beurteilung jener Auseinandersetzungen aber, die im Akt der israelischen Staatsgründung ihren Ausgang nimmt, führt zu einem Verständnis des arabisch-israelischen Konflikts, als handle es sich hierbei um einen nationalstaatlichen Gegensatz gleichgearteter Gegner, der – wie europäische Analogien es nahezulegen scheinen – durch territorialen Kompromiß oder gar durch das heilende Element der Zeit sich schon bereinigen lassen werde. Diese Hoffnung trügt ebenso, wie die Analogie nationalstaatlicher Gegnerschaft den besonderen Charakter der Auseinandersetzungen zwischen Arabern und Juden in und um das ehemalige britische Mandatsgebiet Palästina verdecken muß – Auseinandersetzungen, die länger zurückliegen, als der Akt jüdischer Staatsgründung im Mai 1948 es anzuzeigen scheint. Dieser bedeutet tatsächlich nur einen Formwandel in einem Konflikt, dessen Bedingungen schon vor der Staatsgründung angelegt wurden und über sie hinaus in die Gegenwart hinein fortwirken.[1]

I. BEDINGUNGEN DER JÜDISCHEN NATIONALSTAATSBILDUNG IN PALÄSTINA

Der Palästina-Konflikt nahm seinen Anfang vor über achtzig Jahren, als der zionistische, also jüdisch-nationale Anspruch auf Palästina erhoben wurde und eine organisierte Kolonisation des

Landes durch einwandernde jüdische Siedler einsetzte. Die Zionisten strebten dort die Errichtung eines Staates an, der nach den Worten des späteren isrelischen Staatspräsidenten und zuvor langjährigen Vorsitzenden der Zionistischen Weltorganisation, Haim Weitzmann, »so jüdisch werden soll, wie England englisch ist«.[2]

Ohne sich mit der Legitimität einer solchen Absicht zu befassen, die damals ihren Anstoß in der Diskriminierung, Unterdrückung und Verfolgung der Juden in Osteuropa fand, vor allem in der Endphase des 19. Jahrhunderts, erscheint es angebracht, sich zum besseren Verständnis des Konflikts im Vorderen Orient mit den besonderen Bedingungen und Folgen der Realisierung einer solchen Nationalstaatsgründung in Palästina zu beschäftigen. Von besonderer Art war die Absicht einer solchen Staatsgründung schon deshalb, weil die jüdische Bevölkerung, die in einem derartigen Staat ihre nationale Unabhängigkeit erreichen wollte, sich nicht am Ort der angestrebten Staatsgründung befand. Mehr noch: Das Land Palästina, in dem die jüdisch-nationale Souveränität errichtet werden sollte, war bereits bewohnt. Bewohnt von Menschen anderer Sprache, anderer Kultur und einer anderen religiösen Zugehörigkeit – Attribute, die jenen einer jüdischen Nationalität, die es obendrein im Lande erst zu schaffen galt, nicht entsprechen konnten und ihr entgegenstanden. Die in Palästina lebenden Araber stellten also durch ihre bloße physische Existenz am Ort der herbeizuführenden jüdischen Staatsgründung von Anfang an für jene zionistische Absicht ein Hindernis dar.

Das zionistische Vorhaben, in Palästina jüdische Souveränität zu etablieren, verändert auch das Verhältnis der dort bereits ansässigen Juden zu den majoritären Arabern. Die Absicht, in diesem Land einen jüdischen Nationalstaat zu errichten, mußte zu dem Ergebnis führen, die dort lebende arabische Bevölkerung zumindest in die Lage einer Minderheit zu versetzen. Keine bereits am Ort lebende Bevölkerungsgruppe und erst recht nicht eine seit vielen Jahrhunderten im Lande verwurzelte Mehrheit – wie die arabische in Palästina – kann sich einem solchen Vorhaben freiwillig unterwerfen; dies schon gar nicht, wenn, wie in Palästina, die einwandernde Bevölkerung als Bedingung einer Mehrheitsbildung sich überhaupt erst die materiellen Voraussetzungen für die Herstellung des jüdischen Nationalstaates aneignen mußte. Dabei handelte es sich vor allem um den Boden, um jenen Stoff, auf dem sich einmal die nationale Staatlichkeit als Territorium erheben wird. Um diesen Boden als späteres israelisches Territorium zu gewinnen, galt es, ihn unmittelbar mit Juden zu esetzen. Denn nur die Besiedlung mit Menschen der einen nationalen Gruppe garantiert, daß sich der Boden Palästinas in Verbindung mit Menschen jüdischer Nationalität in israelisches Territorium verwandeln kann. Gelingt dies nicht, dann hielte zwar die jüdische Nationalität die staatliche Macht in Händen – diese Macht wäre jedoch immer wieder aufs neue in Frage gestellt, weil Menschen arabischer Nationalität weiterhin am Boden haften und durch ihre bloße Existenz den beanspruchten jüdischen Charakter des Staates negierten.

Bodenkauf und -besiedlung waren also von Anfang an die Bedingungen jüdischer Nationalstaatsbildung in Palästina. Damit aber war bereits die Verlaufsform des Konflikts vorgezeichnet: Es war nötig geworden, anstelle der arabischen Bauernbevölkerung, den Fellahen, jüdische Siedler mit dem Boden zu verbinden, und es mußte gleichzeitig verhindert werden, daß jener Boden jemals wieder von Arabern zurückgekauft werden könnte. Dies geschah vor allem dadurch, daß die zionistische Bodenkauf-Organisation, der Keren Kayemeth Leisrael (KKL), den Juden ausdrücklich verbot, erworbenen Boden wieder zu veräußern. Er gilt seit seinem Aufkauf als Nationaleigentum. Diese Regelung, die auch heute im Staate Israel rechtlich wirksam ist, darf nicht mit einer Sozialisierungsmaßnahme verwechselt werden, die den Boden verstaatlicht. Vielmehr handelt es sich um eine Nationalisierung im ursprünglichen Sinne des Wortes, und zwar insofern, als dieser Boden nur von einer nationalen Bevölkerungsgruppe – nämlich der jüdischen – beansprucht und besiedelt werden darf. Der für die Ansiedlungspolitik in der Frühphase der Kolonisation mitverantwortliche Agronom und Sozialwissenschaftler Abraham Granovsky (Granott) machte deutlich, daß Privateigentum an Grund und Boden deshalb für »jede Kolonisation vom *nationalen Standpunkt* [aus] große Gefahren in sich [birgt], da keine Sicherheit dafür besteht, daß der Boden in jüdischem Besitz verbleibt und nicht etwa wieder an Nichtjuden veräußert wird. ... Bei einer Kolonisation auf nationalem Boden ist derartiges ausgeschlossen.«[3] Für Araber haben solche Nationalisierungsvorschriften aber Ausschlußcharakter, denn »Sozialisierung kann die Volksgruppe in dem Vorgang nicht erkennen, die zur societas nicht gehört«.[4] Bei diesen Vorschriften handelt es sich in Vergangenheit und Gegenwart um Mittel der Umwandlung von ursprünglich gekauften, dann im »Unabhängigkeitskrieg« 1948/49 hinzueroberten und später im Staat Israel konfiszierten Böden palästinensischer Araber in jüdisches Territorium. Daß auch der frühe Bodenkauf zur Zeit des britischen Mandats, also bis 1947, durch die zionistischen Institutionen in Palästina nur als ein Weg

der Landnahme zur Herstellung eines jüdischen Nationalstaate
angesehen wurde, geht aus den Äußerungen des führenden
Zionisten und ehemaligen Direktors des Bodenfonds, des KKL,
Menahem Usschiskin hervor. Seiner Auffassung nach gibt es drei
Möglichkeiten der Aneignung von Boden: »Durch Gewalt, also
kriegerische Eroberung – mit anderen Worten: durch die Berau-
bung der Bodenbesitzer; durch erzwungenen Kauf, d. h. durch
die Beschlagnahme des Eigentums unter Zuhilfenahme von
Staatsgewalt; und schließlich durch Kauf im Einverständnis mit
dem Besitzer. Welche dieser drei Möglichkeiten stehen uns
offen? Der erste Weg ist nicht gangbar. Hierzu haben wir nicht
die nötigen Machtmittel. Dies bedeutet, daß wir den zweiten und
den dritten Weg gehen müssen.«[5] Vor der Staatsgründung, bis
zum Jahre 1947, waren von der zionistischen Organisation nur
1 734 000 Dunam oder 6,6 % des palästinensischen Bodens käuf-
lich erworben worden.[6]
Auch heute haben im Staate Israel Gesetze Geltung, die eine
Veräußerung, Übertragung sowie eine Bearbeitung jener Böden
durch Nichtjuden, d. h. Araber, verbieten, die rechtlich dem KKL
gehören oder als »Staatsböden« geführt werden. Dabei handelt es
sich – neben der Satzung des Nationalfonds – um das »Konstitutio-
nelle Gesetz über Grundbesitz«, das »Gesetz über Grundbesitz in
Israel« und das »Landverwaltungsgesetz Israels« vom 19. bzw. 15.
Juli 1960. Der Geltungsbereich dieser Gesetze erstreckt sich auf ca.
92 % der Landesfläche oder auf 18 000 Quadratkilometer von 20 255
in den Grenzen vor dem Juni-Krieg 1967.[7]
Um den Boden der einen, als staatstragend definierten Bevölkerungsgruppe vorzubehalten, reicht ein bloß formelles Übertra-
gungsverbot aber nicht aus. Zur Umwandlung des palästinensischen Bodens in jüdisch-nationales Territorium mußten weitere
Maßnahmen ergriffen werden. Vor allem galt es, zwischen dem
jüdischen Ansiedler und dem Boden eine wirkliche Verbindung
herzustellen. Schon der theoretische Vordenker der zionistischen
Landnahme, der Soziologe und Nationalökonom Franz Oppenheimer, schlug vor, die »Kolonisation durch selbstarbeitende
Bauern und staatliches Obereigentumsrecht« zu garantieren.[8] In
seinen Lebenserinnerungen notiert er: »Theodor Herzl und der
Zionisten-Kongreß zu Basel hatten auf meine Anregung hin
beschlossen, das Heilige Land mit der einzigen Waffe zu erobern,
die es wirklich einer Nation gewinnen kann: mit dem Pfluge.«[9]
Das war also der tiefe politische Sinn der landwirtschaftlichen
Bearbeitung: Sie ist vor allem ein politisches Mittel der Landnahme. Denn eine agrarische Tätigkeit, die den Menschen mittels
der Sicherung seines Lebensunterhaltes an den Boden bindet,

tellt im Gegensatz zum bloß formellen Rechtsanspruch eine wirkliche Klammer dar. Ein anderer Verantwortlicher der Landnahme in Palästina, Adolf Böhm, zieht aus dem Prinzip der agrarischen Besiedlung einen Schluß, der bis heute Richtschnur der zionistischen Bodenpolitik in Israel wie in den 1967 besetzten Gebieten geblieben ist: »Überall in der Geschichte zeigt sich, daß ein Land nur dauernd von dem Volk besessen und in seinem Charakter bestimmt wird, das ihn tatsächlich bebaut. Nicht der Besitzer des Bodens, sondern der Bearbeiter nationalisiert das Land.«[10] Deshalb könne das »große nationale Werk ... nur gelingen, wenn die Juden mit dem Boden tatsächlich verwurzelt werden«.[11]

Aber auch Wiederverkaufsverbot und landwirtschaftliche Bearbeitung reichen nicht aus, um den Boden im Sinne einer jüdischen Staatsbildung zu nationalisieren, solange am Ort weiterhin eine beträchtliche arabische Bevölkerung existiert. Vor allem der wirtschaftliche Zwang zur Profitabilität und Rentabilität in der Produktion drängt immer wieder dazu, die jeweils billigere Arbeitskraft zu beschäftigen. Dies war und ist in Palästina bzw. in Israel die arabische Lohnarbeit. Die Folge eines klar profitorientierten Wirtschaftens wäre gewesen, daß die durch die Landnahme von ihrem Boden abgetrennten Araber wieder als Lohnarbeiter zurückgekehrt wären und somit die beabsichtigte homogen-jüdische Bevölkerungsstruktur am jeweiligen Siedlungsort zunichte gemacht hätten. Deshalb muß, wie die Siedlungsplaner verfügten, »das erste Gebot unserer landwirtschaftlichen Kolonisation die Ausschaltung der Lohnarbeit [sein], [da] nur auf dem Wege der Selbstarbeit der Jude mit dem Boden verwurzelt werden kann«.[12]

Um also zu verhindern, daß die Folgen der Lohnarbeit in der *Landwirtschaft*, durch die man die Araber wieder zurück auf die Scholle führen würde, sich negativ auf den Prozeß der Nationalstaatsbildung auswirken, hatte die Besiedlungsabteilung der Zionistischen Organisation durchgesetzt, daß Lohnarbeit auf den Böden der KKL prinzipiell untersagt ist. Später, im Staate Israel, wurde diese Bedingung der Bewirtschaftung von KKL-Böden und dem sogenannten Staatsland zu einer verfassungsähnlichen Norm, obwohl diese Norm durch den ökonomischen Druck, Profite erwirtschaften zu müssen, immer wieder durchbrochen wird.

In der frühen, vorstaatlichen Kolonisationsphase mußten die zionistischen Ansiedler demnach zur Selbstarbeit übergehen, die sich am effektivsten in kollektiven Formen organisieren ließ. Die Kibbuzim und Moschavim, die in kollektiver Weise und unter

Ausschaltung des Privateigentums bzw. der vollgültigen Verfügung über ihren Grund und Boden wirtschaften, haben hierin – abgesehen von *auch* bestehenden sozialistischen Vorstellungen mancher ihrer Mitglieder – politisch einen landnehmenden Sinn und wurden bzw. werden deshalb auch durch günstige Kredite und andere Sonderleistungen über alle Maßen gefördert.

Faßt man die Bedingungen der jüdischen Nationalstaatsbildung im arabisch besiedelten Palästina zusammen, dann bedurfte es, der bis 1948 noch fehlenden jüdischen Staatsgewalt wegen, ökonomischer Maßnahmen, die in Wirklichkeit kaum wirtschaftliche Bedeutung, sondern mehr eine staatsbildende Funktion hatten: Bodenkauf und agrarische Bearbeitung, die den jüdischen Menschen als zukünftigen national-staatstragenden Bürger durch Selbstarbeit mit dem Boden verbindet, seine Beweglichkeit einschränkt und die Rückkehr der Araber als Lohnarbeiter verhindert. Deshalb also das Übergewicht der kollektiven Siedlungsformen bei der zionistischen Landnahme in Palästina.

Im *industriellen* Bereich ging die Spaltung der Wirtschaft Palästinas, entlang der nationalen Unterschiede als Bedingung der Nationalstaatsgründung, vor allem mit der Bildung des zionistischen Gewerkschaftsverbandes »Histadruth« einher. Da die Histadruth nur jüdische Arbeitskräfte aufnahm, was Zvi Sussman als »institutionelle Diskriminierung« kennzeichnet[13], und sie im Vergleich zu den arabischen Arbeitern besser stellte, wurde auf die jüdischen Unternehmer Druck ausgeübt, der höheren Löhne wegen, die sie zu zahlen gezwungen wurden, mehr Maschinen einzuführen, als die billigere arabische Arbeitskraft es erforderlich gemacht hätte.[14] Die Folge davon war, daß die jüdischen Arbeiter die gelernten und die arabischen die ungelernten Arbeitskräfte stellten. Der Arbeitsmarkt spaltete sich also derart, daß das soziale Element mit dem nationalen einherging. Nationale Konflikte brachten damit soziale mit sich – und umgekehrt.

Es waren vor allem die zionistischen Arbeiterorganisationen, die sogenannten Linkszionisten, die jene Nationalisierung der Ökonomie betrieben. Dies stand in schroffem Gegensatz zu ihrem sozialistischen Selbstverständnis. Jener Widerspruch wird von einem bedeutenden Vertreter des Arbeiter-Zionismus artikuliert, wenn er sich erinnert, wie er nach dem Ersten Weltkrieg anderen Sozialisten aus Commonwealth-Ländern den zionistischen Sozialismus zu erklären hatte: »Ich mußte mit meinen Freunden über den jüdischen Sozialismus [in Palästina] streiten, mußte die Tatsache verteidigen, daß ich keine Araber in meiner Gewerkschaft, der Histadruth, akzeptierte; daß wir an Obstplantagen

Wache hielten, um arabische Arbeiter zu hindern, dort Arbeit zu finden; daß wir Benzin auf arabische Tomaten schütteten; daß wir jüdische Hausfrauen attackierten und arabische Eier, die sie gekauft hatten, vernichteten; daß wir den jüdischen Nationalfonds bejubelten, der Hankin [einen zionistischen Bodenkäufer] nach Beirut schickte, um Land bei abwesenden Großgrundbesitzern zu kaufen, und die arabischen Fellahen vom Boden vertrieb; daß es erlaubt ist, Tausende Dunam von Arabern zu kaufen, aber verboten, einen einzigen jüdischen Dunam an einen Araber zu verkaufen. ... All das zu erklären, war nicht leicht.«[15]

Dieser Prozeß von Kolonisierung, der auch deshalb als Landnahme zu bezeichnen ist, weil eine Bevölkerungsgruppe zum Zwecke der Nationalstaatsbildung eine andere ersetzen soll, könnte durch die Staatsgründung Israels im Jahre 1948 als abgeschlossen betrachtet werden und somit Vergangenheit sein. Eine solche Vergangenheit der Verdrängung und Vertreibung der palästinensischen Araber wäre zwar moralisch zu bedauern, als historisch abgeschlossenes Ergebnis post festum jedoch hinnehmbar, sofern die Betroffenen für den Schaden und das ihnen zugefügte Leid hätten entschädigt werden können und durch diese Annahme sie die Folgen des Unrechts zumindest als neuen Status quo anerkannt hätten. Denn gelangen historische Prozesse zu einem Ende oder werden sie abgebrochen und reichen nicht weiter in die Gegenwart hinein bzw. setzen sich in der Zukunft nicht fort, so könnte alles weitere vom gewordenen Status quo aus beurteilt werden.

Im Falle Israels bzw. der zionistischen Landnahme kann von einem solchen Abschluß der Entwicklungsgeschichte, die zur jüdischen Nationalstaatsbildung führt, jedoch nicht gesprochen werden. Israel kann sich nämlich vom Ursprungskonflikt seiner Entstehungsgeschichte nicht befreien, und dies aus folgendem Grund: Israel betrachtet sich nicht als Staat seiner Bürger allein, also als Staat der dort lebenden Juden und Araber, sondern als jüdischer Staat, als Staat der Juden, des jüdischen Volkes, das in seiner überwiegenden Mehrheit nicht im Lande lebt. Es war immer Ziel der Zionisten, »selbst der gemäßigten unter ihnen ..., die Errichtung einer jüdischen Massenansiedlung mit einer immanenten Tendenz zur Erweiterung« zu betreiben, stellt der ehemalige wissenschaftliche Leiter der ökonomischen Planungsabteilung der Jewish Agency in Palästina fest.[16] Hinzu kommt ein weiteres Moment, das die Fortsetzung der Landnahme in Israel selbst scheinbar zwingend macht: Auch nach der israelischen Staatsgründung befindet sich der jüdische Staat, mit seiner arabischen Minorität von ca. 17 %, ohne festgefügte Grenzen, ohne definiertes Territorium, in einer Region, die einen ausgesprochen arabischen Charakter hat. Die arabische Minorität in Israel ist Teil einer regionalen Majorität, die deutlich auf den Minoritäts- charakter Israels als eines jüdischen Staates in dieser Umwelt hinweist. Dies führt zu ihrer verstärkten Unterdrückung in Israel, die ohnehin als Diskriminierung gegeben ist, da ein Natio- nalstaat wie Israel seinen jüdischen Charakter als raison d'être nicht nur im Bewußtsein des Staatsvolkes betonen, sondern auch durch praktische zionistische Politik, also durch konkrete gesetz- liche und administrative Maßnahmen garantieren muß. Schon die verfassungsmäßige Privilegierung nicht nur der jüdi- schen Einwanderer, sondern der jüdischen Bevölkerung als sol- cher bedeutet eine Diskriminierung der arabischen Bürger Israels und stellt einen strukturellen Verstoß gegen den Gleichheits- grundsatz in der Behandlung der Staatsbürger dar, wie er in einer bürgerlichen Demokratie vorausgesetzt wird. Diese unter- schiedliche Behandlung stellt sich her durch das rechtliche Gegeneinander von Unabhängigkeitserklärung, in der die Gleich- heit aller, von Herkunft, Religion und Geschlecht absehend, garantiert wird[17], und dem »Rückkehrergesetz«[18], das Verfas- sungsrang einnimmt. Deshalb wurde das »Law of Return« »mit Recht als das zionistischste Gesetz des Staates Israel bezeich- net«.[19] Das Gleichheitspostulat in der Unabhängigkeitserklärung tritt hinter dem privilegierenden Inhalt des nur für Juden gülti- gen »Rückkehrergesetzes« zurück und wird somit als rechtlich nicht einklagbare politische Absichtserklärung entwertet.[20] Da nützt auch nicht der Hinweis auf eine wie auch immer behauptete Verbesserung der Lebensbedingungen der arabischen Bevölke- rung Israels gegenüber ihrem ursprünglich vorgefundenen sozia- len Zustand, wenn sie dem Vergleich mit der Besserstellung des jüdischen Staatsvolkes bzw. mit den hierfür aufgebrachten Mit- teln nicht standhalten können. Im Gegenteil: Je besser die arabi- sche Bevölkerung relativ gestellt ist, desto mehr ist sie durch zivilisatorische Fähigkeiten wie Bildung und Ausbildung in der Lage, die absolute Differenz zu erkennen, die sie im zionistischen Staat eben doch prinzipiell von den Juden unterscheidet.

Damit allein ist es aber nicht genug. Der Kampf beider Nationali- täten im Staate Israel und in Gesamtpalästina setzt sich auch deshalb fort, weil die zur staatstragenden Mehrheit erwachsenen Juden in der arabischen Umwelt – vom ideologischen zionisti- schen Postulat der »Rückkehr« und den daraus folgenden Kon- flikten abgesehen – immer wieder befürchten müssen, von der anwachsenden arabischen Bevölkerung durch deren hohe Gebur- tenrate auf natürliche Weise biologisch ebenso majorisiert zu werden, wie es umgekehrt der Zionismus den Arabern Palästinas gegenüber politisch, d. h. programmatisch durchgeführt hat bzw. durchführt. Vor allem in solchen Gebieten des Staates, in denen die Araber in Israel in geschlossenen Siedlungsgebieten leben und den Boden bearbeiten. In einem ursprünglich geheimen Bericht hat der Distriktbeauftragte des Innenministeriums für den Norden des Landes, Israel König, festgestellt, daß der »natürliche Zuwachs der arabischen Bevölkerung in Israel im Jahr 5,9 % beträgt, der jüdische hingegen nur 1,5 %. Dieses Problem stellt sich insbesondere im nördlichen Teil des Landes kraß, wo ein großer Anteil der arabischen Bevölkerung lebt. In der letzten Hälfte des Jahres 1975 zählte die arabische Bevölkerung im Norden des Landes ca. 250000 Menschen, die jüdische Bevölkerung 289000 Menschen. Eine Untersuchung nach Distrikten ergab, daß im westlichen Galiläa die arabische Bevölkerung 67 % der Gesamtbevölkerung ausmacht. Im Distrikt Yisrael beträgt sie 48 % der gesamten Bevölkerung. ... [Der] Wachstumsrate entsprechend wird der Anteil der Araber im Jahre 1978 über 51 % der Bevölkerung des Bezirks ausmachen.«[21] Die Tatsache, daß die arabische Bevölkerung dort in zusammenhängenden Siedlungsgebieten lebt und regionale Mehrheiten bildet, stellt eine Bedrohung für die faktische jüdische Staatlichkeit dar, weil die Araber dort noch über Bodenbesitz verfügen – und dies, obwohl jene Gebiete formell zum Staate Israel gehören. Ra'anan Weitz, Direktor der Siedlungsabteilung der Zionistischen Weltorganisation, macht demzufolge darauf aufmerksam, »daß eine echte Gefahr besteht, daß Galiläa kein integraler Bestandteil des Landes ist«.[22]

Im Bewußtsein der Siedlungsplaner unterscheidet sich das israelische Galiläa also nicht von den 1967 besetzten Gebieten. Als zum Beispiel eine neue jüdische Siedlung im zentralen Galiläa namens Zalmon in der Nähe des arabischen Dorfes Dir Khana eingeweiht wurde, unterstrich der Kommandeur der Streitkräfte des nördlichen Abschnitts die Bedeutung dieser Ansiedlung, »indem er sie mit einem Außenposten der vordersten Linie verglich.«[23]

Vor allem seit von der Bildung eines Palästinenserstaates in der Westbank – dem seit Juni 1967 von Israel besetzten Westjordanien – und im Gaza-Streifen die Rede ist, werden in Israel Befürchtungen laut, die Araber Galiläas – obschon formell israelische Staatsangehörige – könnten ihren Anschluß an einen solchen Palästinenserstaat fordern. Alternativ würde eine volle Gleichstellung der Araber in Israel jedoch zur Folge haben, daß jedem Israeli – gleich welcher Herkunft – die uneingeschränkte Teilhabe am Staatsleben zugesichert wird. Durch einen solchen

Begriff des israelischen Bürgers – statt der bisherigen Unterscheidung von Juden und Nichtjuden – würde Israel sich aber von einem jüdisch-exklusiven und mithin zionistischen in einen binationalen israelischen Staat verwandeln. Israel wäre dann nicht mehr ein Staat der Juden, sondern Staat seiner Bürger, mit allen Folgen für die Staats- und Rechtsordnung, die heute noch – zum Beispiel durch das erwähnte »Rückkehrergesetz« und verdeckte Maßnahmen – Juden privilegiert und damit Araber diskriminiert.

Um der möglichen regionalen Majorisierung von Juden durch Araber in Galiläa – mit all den damit verbundenen politischen Folgen – entgegenzuarbeiten, sehen sich die israelischen Behörden in Verbindung mit der Exekutive der zionistischen Organisation, der Jewish Agency, veranlaßt[24], auch im sogenannten israelischen Kernland die Landnahme zur Sicherung einer jüdischen Staatlichkeit fortzusetzen. Durch die Konfiszierung »arabischer Böden« – also von Land in arabischem Privatbesitz – sollen *vor allem* die homogenen arabischen Siedlungsbereiche durch jüdische Ansiedlungen aufgebrochen werden. Diese »Judaisierung« Galiläas – wie diese innere Landnahme in Israel genannt wird – verstärkt das Bewußtsein der Araber in Israel, nicht Bürger des Staates, sondern eher Fremde im eigenen Lande zu sein. Der Widerstand der arabischen Bevölkerung gegen solche Konfiskationen führte am 30. März 1976 zu landesweiten Streiks und Boykotthandlungen, die von den israelischen Behörden blutig niedergeschlagen wurden. Das inzwischen als »Tag des Bodens« bekannte Datum war ein vorläufiger Wendepunkt für die Araber in Israel, die bislang volle Anerkennung als israelische Bürger anstrebten. Seither verstehen sie sich vor allen Dingen als Palästinenser.

Die Fortsetzung des Konflikts in seiner ursprünglichen Form als Landnahme hat sich nach dem Juni-Krieg 1967 verschärft. Vor allem die Eroberung Restpalästinas – also der Westbank (Cisjordanien) – konfrontierte den jüdischen Staat Israel mit homogenen arabischen Siedlungsgebieten. Obwohl die jeweiligen israelischen Regierungen öffentlich versicherten, die Gebiete im Falle einer Friedenslösung freizugeben und sie bis dahin nur als Faustpfand zurückzuhalten, wurde sofort mit der Besiedlung in landnehmender Absicht begonnen. Siedlungsstrategisch wurden die bewohnten arabischen Gebiete umfaßt, um so die dort lebende palästinensische Bevölkerung topographisch von den arabischen Staaten abzuschließen. Ein solcher Siedlungswall jüdischer Stützpunkte landwirtschaftlicher Art wurde durch die Politik der bis 1977 regierenden Arbeiterpartei in der Jordansenke und um den Gaza-Streifen eingeleitet und massiv betrieben. Ihr tieferer Sinn ist die Verhinderung eines unabhängigen palästinensischen Staates, der sich nur dann als ein souveräner Staat entwickeln könnte, wenn die wesentlichen arabischen Siedlungsbezirke auf der Nord-Süd-Achse der Westbank, entlang der Städte Jenin, Nablus, Ramallah, Jerusalem, Bethlehem und Hebron, nicht von jüdischen Siedlungen umschlossen würden. War die Siedlungspolitik der linkszionistischen Arbeiterparteien also darauf gerichtet, durch eine derartige Eingrenzung der Araber eine palästinensische Souveränität auf der Westbank und im Gaza-Streifen zu verhindern und dabei noch die Rückkehr der jordanischen Administration offenzuhalten (»Allon-Plan«), so geht der von der Regierung Begin repräsentierte Rechtszionismus davon aus, daß auch die 1967 besetzten Gebiete westlich des Jordans und der Gaza-Streifen aus Gründen biblisch-historischer Legitimation dem jüdischen Volke und damit dem jüdischen Staat zugehörig und somit unveräußerlich sind. Ein solcher zionistischer Anspruch, der sich auf einen imaginären und göttlichen Rechtstitel auf das Land beruft, muß im übrigen implicite jene konkreten Gründe bagatellisieren, die zur Masseneinwanderung von Juden nach Palästina führten, nämlich vor allem die Verfolgung und Vernichtung fast des gesamten europäischen Judentums durch den Nationalsozialismus. Angesichts der zionistischen Legitimation bzw. dem ideologischen Anspruch auf Palästina können diese Menschen in ihrem Schicksal als frühere Flüchtlinge nicht wahrgenommen werden, die inzwischen in Israel mit anderen Juden eine neue und eigenständige hebräische Nationalität darstellen. Für Zionisten ist es bedeutungslos, ja entlegitimierend, sich auf das Existenzrecht einer hebräischen, *jüdisch-israelischen Nationalität*, die sich inzwischen *im Lande* gebildet hat, zu stützen. Zionisten berufen sich vielmehr ideologisch auf ein »historisches Recht« eines politisch unbestimmbaren *jüdischen Volkes auf das Land* – auf Erez Israel. Diese ideologische Haltung geht in ihrer historischen Konsequenz so weit, eine mögliche reale Selbstvernichtung der jüdischen Israelis um des zionistischen Prinzips willen in Kauf zu nehmen. Dem hat kein geringerer als Menahem Begin Ausdruck gegeben. Bei einem Vortrag, den er im Kibbuz Ein Hakhoresh hielt, antwortete er auf eine Frage aus dem Publikum nach Anerkennung der Existenz des palästinensischen Volkes: »Passen Sie auf, mein Freund: Wenn Sie Palästina anerkennen, zerstören Sie Ihr Recht, in Ein Hakhoresh zu leben. Wenn hier Palästina ist und nicht Erez Israel, dann sind Sie Eroberer und nicht Bebauer des Landes. Sie sind Eindringlinge. Wenn hier Palästina ist, dann gehört das Land dem Volk, das hier lebte, bevor Sie gekommen sind. Nur wenn hier Erez Israel ist, haben Sie das Recht, in Ein Hakohoresh und Degania zu leben. Wenn es nicht Ihr Land ist, das Land Ihrer Vorfahren und Ihrer Söhne – was machen Sie denn dann hier? Sie sind in das Land eines anderen Volkes gekommen, wie die es ja auch behaupten. Sie haben es vertrieben und ihm sein Land genommen.«[25]

Zionisten bedürfen eines ideologisch begründeten »historischen Rechts« des *jüdischen Volkes* auf das Land. Eine *jüdisch-israelische Nationalität*, die sich nicht auf den Zionismus berufen will, sondern einfach auf ihre Existenz und die damit mit dem Zionismus bricht, wird aber auf der Grundlage zionistischer Legitimation – wie Begin sie exemplarisch vorführte – rechtlos. Für jüdisch-israelische Nicht-Zionisten aber, die durch ein solches Selbstverständnis praktisch zu Antizionisten werden, ist dann die Frage freilich überflüssig, »mit welchem Recht die Israelis sich da befinden, wo sie sind. Nur wenn man den zionistischen Prozeß weiterführen will, muß man seine Vergangenheit rechtfertigen«.[26]

Weil Israel der Unterstützung des Westens – vor allem der Finanzhilfe – bedarf, aber bei einer offenen Annexion der Westbank als israelische Provinzen »Samaria« und »Judäa« sowie des »Gaza-Distrikts« auf westlichen Widerstand stoßen und sich um diese Grundlage seiner Existenz bringen würde, wurde eine andere Form für den Siedlungsanspruch als der materiellen Bedingung jüdischer Souveränität entwickelt: der »Autonomieplan« der Camp-David-Abkommen vom Jahre 1978. Nach israelischem Verständnis sieht die Autonomie die Fortsetzung der zionistischen Landnahme insofern vor, als der arabischen Bevölkerung die politische Verfügung über den Boden entzogen werden soll. Nur die Menschen sollen »autonom«, also frei vom israelischen Zugriff in Form der bisherigen israelischen Militärverwaltung werden, nicht aber die Gebiete, in denen sie leben. Auf ihren Böden soll die Ansiedlung von Juden weiterhin möglich sein. Dies bedeutet ein israelisches Verfügungsrecht über den Boden. Die Anwesenheit des israelischen Militärs – vor allem zum Schutz der Siedlungen – soll ebenso gesichert werden wie die Verfügung über die Wasserreserven der Westbank. Die Bedeutung des Wassers ist auf das engste mit der Ausdehnung der jeweiligen Siedlungsbereiche verbunden. Die Verfügung über das Wasser setzt dem Wachstum der arabischen Bevölkerung Grenzen und kann mittels der Nutzungsgewährung durch die jeweiligen Behörden die Ausdehnung jüdischer Ansiedlungen privilegieren. Außerdem ist die israelische Landwirtschaft im Kernland zu einem bedeutenden Teil von den Wasserreserven der Westbank abhängig geworden.

Was von der israelischen Auslegung des Autonomie-Konzeptes bleibt, ist eine Art kultureller Selbstverwaltung und eine Einschränkung bzw. Aufhebung der israelischen Militäradministration, jedoch kein Abzug der Truppen aus Westbank und Gaza-Streifen. Ergebnis wäre ein palästinensisches »Bantustan«, ein arabisches »Homeland«, in dem es der israelische Staat – anders als bei völkerrechtlich verstandener Annexion – nicht einmal mit dem Anspruch der Bevölkerung auf Gleichbehandlung zu tun hätte. Dies würde vor allem für Sozialleistungen, Teilhaberechte im Rahmen von Dienstleistungen und anderen Formen der Versorgung gelten. Eine solche Auslegung des »Autonomieplans« würde die Intention einer Aufhebung israelischer Besatzung ins Gegenteil verkehren: Jene Bereiche, die für eine Fortsetzung der zionistischen Landnahme von Bedeutung wären, behielte sich Israel vor, solche aber, für die es auf Grund international definierter Besatzungsverantwortung Pflichten trägt, gäbe es ab. Die Lage der Palästinenser würde sich – verglichen mit den in Israel lebenden und diskriminierten arabischen Bürgern – auf diese Weise noch obendrein verschlechtern und dabei rechtlich legalisiert sein.

Aber auch das als Zugeständnis an Ägypten verstandene Autonomie-Konzept ist in Israel kontrovers. Dies läßt sich anhand des spektakulären »Jerusalem-Gesetzes« illustrieren, das im Sommer 1980 von der extrem zionistischen »Tehiya«(Renaissance)-Partei eingebracht wurde. Die Absicht ihrer führenden Abgeordneten Geula Cohen war, die Friedensverhandlungen mit Ägypten – vor allem über die »Autonomie« für die Palästinenser – zu Fall zu bringen. Die »Tehiya« sieht in einem arabisch-israelischen Frieden und in jedweder Rückgabe besetzter Gebiete nicht nur eine Gefährdung der Sicherheit und Existenz Israels, sondern obendrein ideologischen Verrat am Zionismus. Indem sie die Jerusalem-Frage, die in den Camp-David-Abkommen wie auch in den ägyptisch-israelischen Autonomie-Verhandlungen für die Palästinenser – ihrer von beiden Seiten und von seiten der USA anerkannten Brisanz wegen – aufgeschoben und weiterhin tabuisiert werden sollte, in demonstrativer Weise in Form eines israelischen Annexionsgesetzes vorlegte, hoffte sie ihre weitergehenden Ziele zu erreichen, nämlich die von Sadat eingeleitete Friedensinitiative und ihre Folgen zu torpedieren. Dabei rechnete sie nicht zu Unrecht mit einem breiten Konsens, der in der zionistischen Weltanschauung der Regierungs- und fast aller Oppositionsparteien in der Knesseth vorausgesetzt werden kann und dem sich auch die größte Oppositionsgruppe, die »Arbeitspartei«, nicht wird entziehen können.

Der zionistische Konsensus ist von der rechtsradikalen Abgeordneten ganz richtig verstanden worden: Indem sie die grundlegende ideologische Frage des jüdischen »historischen Rechts« auf
Erez Israel in seinem Zentrum, d. h. an Jerusalem, messen
wollte, also an jenem politisch-sakralen Ort, der den Kern des
»historischen« Anspruchs darstellt, konnte auch der linkszioni-
stische Oppositionsblock – von einigen Abgeordneten der
MAPAM-Gruppe und dem Abgeordneten Jossi Sarid abgesehen –
dieser ideologischen Herausforderung seiner raison d'être nicht
einmal pragmatisch widerstehen und stimmte wider realpoliti-
sches besseres Wissen zu. Damit hat die Abgeordnete Geula
Cohen in ihrem ideologischen Purismus einen Automatismus in
Bewegung gesetzt, vor dessen Betätigung sich – aus Rücksicht-
nahme auf die westlichen Unterstützer Israels – andere Verantwortliche im jüdischen Staat bislang gehütet hatten. Daß dieses
Gesetz einen provokativen Charakter hatte, der sowohl gegen die
ohnehin rechtszionistische Regierung Begin gerichtet war, aus
der sich Geula Cohen und ihre Getreuen auf Grund des Camp-
David-Abkommens von Begins »Heruth«(Freiheits)-Partei
abgespalten hatten, als auch an Sadat und den Westen, um das
isolationistische Festungsbewußtsein in Israel gegen jegliche territoriale Aufgabe zu immunisieren, geht aus dem materiellen
Inhalt des Gesetzes hervor. Denn die Absicht, mit Hilfe einer
formellen Eingabe die Annexion ganz Jerusalems als »ewige
Hauptstadt« des Staates Israel gesetzlich zu verankern, war in
Wirklichkeit überflüssig.
Schon nach dem Juni-Krieg 1967 war mit der Eroberung des
jordanischen und damit arabischen Ostteils der Stadt am 27. Juni
von der *Knesseth* ein Gesetz verabschiedet worden, das die
tatsächliche Annexion des arabischen Teils als bloß administrative »Zusammenführung« von Ost- und Westjerusalem ausgibt.[26a] Der damalige Außenminister Israels, Abba Eban, reagierte
vor der UNO auf den Vorwurf der Annexion mit dem Hinweis,
daß es sich bei den inkriminierten gesetzlichen Maßnahmen
hinsichtlich Jerusalems nur um »verwaltungsmäßige und kom-
munale« Entscheidungen gehandelt habe.[26b] Tatsächlich handelte
es sich aber um ein (nationales) Knesseth-Gesetz und nicht um
eine Entscheidung der Jerusalemer Stadtverwaltung, die damals
auch formell ohnehin nur die jüdische Bevölkerung vertreten
konnte. Daß es sich bei diesem, von der Knesseth am 27. Juni
erlassenen Gesetz um eine formelle Annexion handelte, geht
auch daraus hervor, daß schon am 28. Juni das israelische Gesetz
und die israelische Zivilverwaltung auf das »ganze« Jerusalem
ausgedehnt wurden, daß die Altstadt, der Flughafen Kalandia, das

Viertel Sheikh Jerrah und andere Bereiche einbezogen wurden. Um diese formelle Annexion auch materiell zu füllen, wurde durch umfangreiche städtische Ansiedlung der demographische und städtebauliche Charakter des annektierten Ostteils verändert.

Das Gesetz vom 27. Juni 1967 war von Eban nur deshalb als »administrativ und munizipal« ausgegeben worden, um den erwarteten internationalen Widerstand gegen einseitige israelische faits accomplis abzuschwächen. Genau das Gegenteil beabsichtigte die Abgeordnete Cohen mit ihrer Eingabe im Sommer 1980, Jerusalem in einem Gesetz mit Verfassungsrang (Basic Law) als »ewige Hauptstadt« Israels festzuschreiben. Damit sollte die Hemmschwelle für weitere formelle Annexionen überwunden werden, die für Israel, wenn nicht in der aktiven westlichen Zustimmung, so doch in dessen passivem Gewähren liegt.

Westliche Staaten, deren Botschaften im westlichen, also jüdischen Teil Jerusalems liegen und die damit die Zugehörigkeit des Westteils zum Staate Israel anerkannten, zogen, nachdem Jerusalem als Ganzes in aller Öffentlichkeit für israelisch erklärt wurde, ihr Personal an die Küstenebene, vor allem nach Tel Aviv ab. Damit haben die Knesseth und die Regierung Begin auf Grund der Initiative Geula Cohens erreicht, daß sich heute nicht nur die Frage nach dem Rechtscharakter der 1967 eroberten Oststadt stellt, sondern auch die Zugehörigkeit des Westteils als integraler Bestandteil des israelischen Staates wieder offen ist.

Ursprünglich – nach dem UN-Teilungsplan von 1947 – sollte Jerusalem weder dem in Palästina zu gründenden jüdischen noch dem arabischen Teil angehören. Jerusalem sollte als Ganzes internationalisiert, rechtlich als *corpus separatum* angesehen werden. Bei Geheimgesprächen waren jedoch die zionistischen Führer und später die israelische Regierung und der Emir von Transjordanien und spätere König von Jordanien – Abdallah – übereingekommen, die Stadt, wie im übrigen ganz Palästina, unter sich aufzuteilen. Deshalb leitete Israel noch während des ersten Palästinakrieges 1948/49 von sich aus Maßnahmen ein, um eine mögliche Internationalisierung im jüdisch beherrschten Teil, dem Westen der Stadt, zu vereiteln. Am 20. Dezember 1948 wurden Regierungseinrichtungen nach Jerusalem übergeführt. Am 11. Dezember 1949 wurde nach weiteren vorausgegangenen Handlungen im Sinne der fait accompli entschieden, Jerusalem zum Sitz der Regierung zu erklären. Problematisch für eine auswärtige Anerkennung dieser Entscheidung war die Übersiedlung des Außenministeriums von Tel Aviv nach Jerusalem am 12. Juli 1953, weil der verantwortliche Ressortminister Moshe

Sharett einen Boykott seines Ministeriums durch Botschafter fürchtete. Tatsächlich übten die USA einen solchen Boykott zwischen 1953 und 1955 aus. Daß bis Geula Cohens »Jerusalem-Gesetz« von 1980 der ursprünglich international anerkannte Rechtscharakter ganz Jerusalems als corpus separatum durch westliche Botschaftersitze im jüdischen Westteil in Vergessenheit geriet, war jener Politik zu verdanken, wie sie von den Parteien des Arbeiterzionismus bis 1977 vertreten wurde: Tatsachen schaffen, ohne sie durch Formalisierung allen gegenüber öffentlich zu machen, und so internationalen Widerstand zu Israels Schaden abwenden. Diese Praxis schien Geula Cohen beenden zu wollen.

II. ÜBER DIE ÖKONOMIE DER LANDNAHME

Der jüdisch-nationale Staatsbildungsprozeß wurde bis zu den Kämpfen von 1947/48, die zur Gründung des Staates Israel führten, vor allem mit wirtschaftlichen Mitteln betrieben. Im Vordergrund stand der Bodenkauf von lokalen Großgrundbesitzern, der eine beachtliche finanzielle Anstrengung der Jewish Agency erforderte. Da eine militärische Eroberung schon auf Grund des bestehenden Kräfteverhältnisses nicht möglich war, hing die Ausdehnung des Kolonisationsunternehmens »vom Ausmaß der... zur Verfügung stehenden Gelder ab«.[27] Die zur Verfügung stehenden Mittel wurden weitgehend durch Spenden aufgebracht und konnten – der Landnahme wegen – nicht in einem ökonomisch-rentabilitätsorientierten Sinne genutzt werden. Vor allem der Boden wurde ja nicht erworben, um Nutzen zu erwirtschaften, sondern um später als staatliches Territorium zur Verfügung zu stehen. Diese politische Absicht verbot es geradezu, das ökonomische Prinzip von Rentabilität und Profitabilität anzuwenden, wollte man es nicht über die Lohnarbeit zur Rearabisierung des Bodens und damit zu einer Gefährdung des zionistischen Ziels der Staatsbildung kommen lassen. Der hervorragende Siedlungsplaner Arthur Ruppin machte auf einem Zionisten-Kongreß deutlich, daß »die für den Kaufmann profitabelsten Unternehmungen in Palästina... häufig für unsere nationale Aufgabe die unprofitabelsten [sind]; und umgekehrt sind viele kaufmännisch unprofitable Unternehmen von höchstem nationalen Wert«.[28] Diese Politik richtete sich also vor allem gegen den jüdischen »Privatbesitzer von Grund und Boden, dem es ja auf die Rentabilität des Betriebs [ankam und der] meistens keine jüdischen, sondern der Billigkeit halber nicht-jüdische Arbeiter beschäftigte«.[29]

Wie bereits erwähnt, setzten die zionistischen Institutionen in Palästina eine nach ethnischen Gruppen gespaltene Ökonomie durch. Im nicht-kollektiven Bereich wurde diese Privilegierung der eigenen Gruppe durch Sonderleistungen an jüdische Arbeiter ermöglicht. Solche Sonderleistungen waren nötig geworden, weil das arabische Lohnniveau zu niedrig war, um den jüdischen Einwanderern einen Lebensunterhalt zu garantieren. Die arabischen Arbeiter waren über die damals noch intakte Dorfgemeinschaft gesichert; für sie stellte die Lohnarbeit in der Stadt also einen zusätzlichen Verdienst dar. Die zionistischen Institutionen brachten demnach Mittel auf »zur Ergänzung der Löhne jüdischer Arbeiter, dort, wo sie infolge der Konkurrenz gezwungen sind, Arbeitslöhne unter dem Existenzminimum zu akzeptieren«.[30] So konnten die Löhne für die »jüdischen Arbeiter... von Anfang an weit höher [sein], als für die arabischen, selbst dort, wo es sich um die gleiche Arbeit handelte«.[31] Bei gleicher Entlohnung hätten die jüdischen Arbeiter im mandataren Palästina ihren Lebensunterhalt nicht erwirtschaften können und wären wieder zur Abwanderung gezwungen gewesen.

Dieses im einzelnen rechnerisch fiktive Mehr an Reproduktionskosten der jüdischen Gemeinschaft (Jischuv), verglichen mit denen der arabischen in Palästina, mußte als Kapital-Schenkung importiert werden, und der Kapital-Import als Schenkung ist bis heute ein besonderes Kennzeichen der israelischen Ökonomie geblieben. Alle späteren Anstrengungen israelischer Regierungen in der Wirtschaftspolitik liefen darauf hinaus, die damit verbundene Abhängigkeit des Landes von außen abzubauen und die damit verbundenen inneren Anfälligkeiten und Deformationen der Wirtschaft gering zu halten. Verallgemeinernd ist die These vertretbar, daß die zionistische Struktur Israels – also jener institutionelle und ökonomische Rahmen, der jüdische Einwanderung ermöglicht, Abwanderung verhindern soll, Arbeitsplätze für Juden schafft und das Land jüdisch besiedelt – durch den äußeren Kapitalzufluß in Form finanzieller Schenkungen aufrechterhalten wird. Dabei können die Gelder nicht im Sinne einer profitorientierten kapitalistischen Rationalität wirksam werden. Es handelt sich nicht um Investitionen, sondern um Mittel, die für die Nationalstaatsbildung benötigt werden. Das gilt im übrigen auch für die Militärausgaben. Denn beurteilt man den Nahost-Konflikt vor allem als Konsequenz und Ausweitung des Kampfes um Palästina, dann sind die Rüstungsgüter jener

Kostenseite anzulasten, die mit der Aufrechterhaltung der zionistischen Struktur des Staates Israel in Verbindung steht.

Die Notwendigkeit von Kapitalschenkungen war mithin auch Grund für die West-Orientierung Israels bald nach der Staatsgründung. Im Krieg 1948/49 hatte Israel noch mit sowjetischer Unterstützung gekämpft. Bis zum Jahre 1950 bemühte sich die Staatsführung im sich zuspitzenden »Kalten Krieg« zwischen Ost und West, eine Haltung der »Nichtidentifizierung« einzunehmen. Doch die Tatsache, daß Israel auf Kapitalschenkungen existentiell angewiesen ist, machte auf der Grundlage der bestehenden zionistischen Prinzipien die West-Orientierung des Landes unumgänglich. Der ehemalige Gouverneur der israelischen Zentralbank, David Horowitz, schilderte den Zustand der israelischen Wirtschaft, der zur neuerlichen Anlehnung an den Westen führte, folgendermaßen: »Wir befanden uns in einer verzweifelten wirtschaftlichen Lage. Wir standen an der Schwelle eines möglichen Zusammenbruchs. Die Devisenreserven waren praktisch erschöpft. Jedes Schiff war von Bedeutung, denn die Brotreserven des Landes (1950/51) reichten gerade noch für eine Woche.«[32] Der frühere Direktor im Außenministerium, Haim Yahiel, erläuterte, daß »die Wendung von der Nichtidentifikation zur Ausrichtung auf die Vereinigten Staaten im Jahre 1950 primär von der Furcht bestimmt war, daß die Hilfeleistungen ernsthaft beschränkt werden würden, und zwar jene der US-Regierung wie auch der amerikanischen Juden, die Neutralismus nicht liebten«.[33]

Die Kapital-Schenkungen können sich jedoch als ein zweischneidiges Schwert erweisen: Zwar tragen sie dazu bei, eine zionistische Struktur herbeizuführen und aufrechtzuerhalten; gleichzeitig war aber die Abhängigkeit vom Westen, vor allem von den USA, so vollständig geworden, daß die Vereinigten Staaten Israel im Jahre 1956/57 durch die Drohung, die Zahlungen einzustellen, zwingen konnten, die während der Suez-Sinai-Aggression Englands, Frankreichs und Israels gegen Ägypten vom jüdischen Staat besetzte und nach den Worten Ben-Gurions als annektiert anzusehende Sinai-Halbinsel wieder freizugeben. Die finanzielle Abhängigkeit vom Westen kann also Israel zwingen, von weiterführenden zionistischen Zielen abzusehen.

Die Mittel, die Israel zur Verfügung standen bzw. stehen, waren im Verhältnis zur Eigenproduktivität des Landes enorm. Von 1950 bis 1973 hat Israel von den USA 18 Milliarden Dollar in verschiedenen Leistungsformen erhalten. Im Jahre 1978 ging ein Viertel der gesamten US-Auslandshilfe an Israel. Von den jüdischen Gemeinschaften in der Welt erhielt Israel von 1951 bis

1977 4,3 Milliarden US-Dollar. Bis zum Jahre 1978 belief sich das Zahlungsbilanz-Defizit des jüdischen Staates auf 12,5 Milliarden US-Dollar und gilt per capita als das höchste in der Welt.[34]

Das Volumen der Kapitalschenkungen bestimmt auch den Rhythmus der israelischen Wirtschaft. Als sich Mitte der 60er Jahre die bundesdeutschen Zahlungen an Israel[35] ihrem Ende näherten, versuchte die Regierung, eine Wirtschaftspolitik einzuleiten, die mehr auf Rentabilität und Produktivität ausgerichtet war. Auch der Rückgang der Einwanderung, ein Stimulans der israelischen Konjunktur durch den gesamt-wirtschaftlichen Motor des Wohnungsbaus, veranlaßte die Regierung, die Ökonomie durch deflatorische Maßnahmen zu bremsen. Mit diesen Maßnahmen wurde jedoch eine Rezession ausgelöst. Zudem hatte der Versuch, auf exportorientierte Profitabilität umzustellen, politische Ergebnisse zur Folge, die sich gegen das zionistische Selbstverständnis des Staates richten mußten. Vor allem die Auswanderung und die Abwanderung qualifizierter Fachkräfte ins westliche Ausland nahm einen bedrohlichen Charakter an. Im dritten Quartal des Jahres 1966 erreichte die Arbeitslosigkeit 9 % der erwerbstätigen Bevölkerung; 11 000 Akademiker verließen das Land.[36]

Im Jahre des Juni-Krieges 1967 war ein Ende der ökonomischen Talfahrt noch nicht abzusehen. Der damalige Minister für Handel und Industrie, Pinhas Sapir, warnte im Januar 1967, »daß die Rezession noch zwei Jahre oder mehr andauern kann«.[37] Spekulationen darüber, ob Rezession und Arbeitslosigkeit der Regierung die Entscheidung nahegelegt haben mochten, den Krieg auszulösen, werden wohl kaum eine empirische Bestätigung erfahren. Daß aber die wirtschaftliche Lage die Entscheidung zur Einberufung der Reservisten erheblich erleichtert hat, steht außer Frage. Für den Zusammenhang von Kriegsauslösung und wirtschaftlicher Lage ist also entscheidend, daß die Rezession Mitte der 60er Jahre und die damit verbundene Arbeitslosigkeit den Ausbruch des Krieges erheblich begünstigte. Das Gegenteil war beispielsweise vor dem Oktoberkrieg 1973 der Fall. Damals befand sich Israel konjunkturell in einem wirtschaftlichen Boom, so daß eine probeweise Mobilmachung, die unter Umständen wieder zurückgenommen hätte werden müssen, sich an den ökonomischen Verhältnissen stieß, weil die Arbeitskräfte in der Produktion belassen werden mußten. Zudem ist zu bedenken, daß eine Generalmobilmachung in Israel immer auch eine Vorentscheidung zur Auslösung des militärischen Konflikts bedeutet[38], weil der durch eine solche Mobilisierung hervorgerufene Schaden

bereits Kosten in der Größenordnung der militärischen Auseinandersetzungen selbst verursacht.

Nach dem Juni-Krieg 1967 war der enge israelische Binnenmarkt
durch über eine Million arabischer Konsumenten ausgedehnt
worden. Die linkszionistisch dominierte Regierung betrieb unter
dem Ministerpräsidenten Levi Eschkol eine Politik der Privatisierung von Staatsunternehmen. Kapitalstrom und verstärkte Einwanderung aus dem Ausland kurbelten die Wirtschaft enorm an.
Das angelegte Kapital hatte aber vor allem spekulativen Charakter. Der Bausektor, von unproduktiven Militäraufträgen im
Festungsbau beherrscht – so wurde die Bar-Lev-Linie im Suez-
Kanal errichtet –, ließ eine Schicht von Kapitalisten emporkom-
men, wie sie dem Lande bis dahin fremd gewesen war. Mit dem
Bau-Boom ging eine Nachfrage nach Arbeitskräften einher, die
sich vor allem auf die billigeren arabischen Arbeiter aus dem
besetzten Gebiet richtete. Heute setzen sich die Arbeitskräfte im
Bausektor und in der Landwirtschaft – letzteres für Zionisten ein
Sakrileg – fast ausschließlich aus Arabern zusammen. Schon
heute ist die israelische Ökonomie so sehr von arabischen
Arbeitskräften abhängig geworden, daß ohne sie – besonders in
den genannten israelischen Strukturbranchen – ein Auskommen
kaum denkbar wäre.

Politisch hat die massive Privatisierung von Staatsunternehmen
oder von staatlichen und öffentlichen Beteiligungen an Betrieben
und Unternehmen erst zehn Jahre später, im Mai 1977, Folgen
gezeigt. Damals löste der bürgerlich-zionistische Likud-Block
erstmalig die Arbeiterpartei ab. Obwohl Menahem Begin dem
Likud vorstand, hatte er seinen Sieg nicht etwa seinen extremen
zionistischen Vorstellungen zu verdanken. Das Votum war mehr
auf die Ablösung der Arbeiter-Parteien als auf die Wahl Begins
gerichtet gewesen. Die von Ezer Weizman geführte Likud-Kam-
pagne hatte im Wahlkampf vor allem den Verfall in Wirtschaft
und Verwaltung angeprangert. Sogenannte »außenpolitische«
Inhalte waren zweitrangig gewesen. Den Hauptteil jener Stimmen, die dem Arbeiterblock verlorengingen, konnte die neue
Partei Yigal Yadins, die DASH (Demokratische Bewegung für
Veränderung), für sich verbuchen. Begin gelangte also mehr auf
Grund des inneren wirtschaftlichen und institutionellen Verfalls,
der sich in Korruptionsskandalen und Vetternwirtschaft niederschlug, und dank der neuen Parteibildung der DASH an die
Macht als auf Grund seines groß-israelischen Programms.

Der bürgerlich-zionistische Block versucht seither, vor allem seit
Dezember 1979, die politische Ökonomie der Landnahme bzw.
der Nationalstaatsbildung immer stärker in eine Konkurrenzfä-

higkeit der israelischen Wirtschaft auf dem Weltmarkt umzupolen, freilich ohne auf die Landnahme selbst zu verzichten. Im Gegensatz zur Politik der Arbeiter-Parteien sind die Mittel für die Landnahme jedoch nicht verborgen, vor allem in den ökonomischen Staatsleistungen, sondern treten offener zutage. Einsparungen sollen vor allem durch den Wegfall der Subventionen bei Grundnahrungsmitteln und in der bislang privilegierten Landwirtschaft erfolgen.[39] Durch eine Politik des knappen Geldes soll erreicht werden, daß weniger konkurrenzfähige Betriebe schließen; durch Entlassungen im Bereich der staatlichen Dienstleistungen sollen die Staatsausgaben gesenkt werden. Betriebsstillegungen und -schließungen sind vor allem in jenen Bereichen die Folge, die als Entwicklungsregionen im israelischen Kernland der Niederlassung von Neu-Einwanderern dienten und somit nicht primär produktiv zu sein hatten. Die Widersprüchlichkeit solcher Maßnahmen besteht darin, daß die Regierung einerseits das teilweise dirigistische Modell des Arbeiterzionismus durch scharfe konkurrenzkapitalistische Ausrichtung abzulösen bestrebt ist, ohne andererseits dabei die zionistische Motivation, die jener Politik zugrunde lag, zu erkennen. Denn ohne Arbeitsplatz-Garantie, ohne langfristigen Profitverzicht bei Betrieben in sogenannten Entwicklungsregionen und relativ hohe Sozialleistungen würde sich eine europäischem Lebensstandard entsprechende Ökonomie nicht erhalten lassen. Schon die Rezession von 1965/67 und die damit einhergehende Abwanderung stellten für ein zionistisches Israel, ein ideologisches Einwanderungsland, das politisch-ökonomische System der Nationalstaatsbildung in Frage.

Die »Neue Ökonomische Politik« der Regierung vollzieht durch die jährlich über hundertprozentige Inflation aber auch eine revolutionäre Umverteilung des gesellschaftlichen Reichtums, deren Gewinner die Eigentümer von Investitionskapital sind. Dies hat zur Folge, daß die Reichen immer reicher, die Armen immer ärmer werden. Vor allem die exportorientierten Branchen – also jene Sektoren der Wirtschaft, die auf Grund ihrer Produktivität ohnehin auf dem Weltmarkt konkurrenzfähig sind – sollen durch Kreditvergabe weiterhin denjenigen vorgezogen werden, die nur durch staatliche Begünstigung und Eingriffe ökonomisch lebensfähig sind. Kurz: Dies bedeutet, daß Unternehmen, die von Subventionen mit landnehmender Funktion – vor allem in der Landwirtschaft – existieren, nunmehr empfindlich getroffen werden.

Das heißt aber nicht, daß das bürgerlich-zionistische Lager bereit wäre, auf die expansive, Mittel verschlingende Landnahme zu verzichten. Die Regierung wird weiterhin – wie in den besetzten *seeming*

Gebieten – Gelder für die Landnahme zur Verfügung stellen, ja, sie sogar steigern. Diese Gelder werden in Zukunft lediglich nicht hinter anderen, sozial anmutenden Kosten des Staatshaushalts verborgen bleiben, sondern weit offener als früher ausgewiesen. Die zionistische Ausrichtung der Politik Israels wird sich durch die bürgerliche NEP nicht von der bisherigen Linie unterscheiden. Neu ist sowohl die ökonomische Privilegierung produktiver Bereiche als auch die offene Finanzierung politischer Projekte der Landnahme, wie neuer Siedlungen, der dafür nötigen Infrastruktur etc. Hinsichtlich der zionistischen Intention ist kaum eine Änderung abzusehen, zumal die »zionistische Verpflichtung der Likud-Regierung sogar noch stärker ist als ihr Glaubensbekenntnis zu einem freien Unternehmertum«.[40] Insgesamt tritt aber die kostenverschlingende »zionistische Mission«[41] Israels klarer zutage. Damit nimmt die Regierung zweierlei in Kauf: Der Bevölkerung kann es auf die Dauer nicht entgehen, daß sie auf Grund der rigorosen Austerity-Politik ihren materiellen Lebensstandard einschränken muß, gleichzeitig aber vom Staat nach wie vor Mittel für die Verwirklichung zionistischer Ziele – vor allem für die Siedlungspolitik – bereitgestellt werden; zum andern setzt sich Israel zunehmend ausländischem, vor allem westlichem Druck aus, weil die Siedlungspolitik sich gegen einen umfassenden Frieden richtet und somit auch westliche Interessen im Vorderen Orient bedroht werden. Die bedingungslose Unterstützung der israelischen Politik durch den Westen stößt heute an Grenzen, weil sich das Verhältnis zwischen dem Westen und den arabischen Staaten gewandelt hat. Der traditionelle Gegensatz zwischen dem Westen und den Arabern war nämlich der letzte und entscheidende Grund der Unterstützung Israels durch die westliche Welt.[42]

III. VOM PALÄSTINA- ZUM NAHOSTKONFLIKT

Der Palästina-Konflikt ist der Kern, wenn auch nicht immer der unmittelbare Anlaß von Feindseligkeiten und Krieg zwischen Israel und den arabischen Staaten. Beim umfassenden arabisch-israelischen Konflikt handelt es sich um eine regionale Erweiterung des lokalen Palästina-Konflikts. Dies heißt nicht, daß der gesamte Komplex der arabisch-israelischen Auseinandersetzung in Form von zwischenstaatlichen Spannungen und Kriegen nicht *auch* Ausdruck innerarabischer Konflikte und Rivalitäten war und ist. Die Konkurrenz zwischen arabischen Staaten – vor allem um die Führungsrolle in der gesamt-arabischen Einigungsbewegung zur Zeit ihrer Hochphase in den 50er und 60er Jahren – und die Spannungen zwischen arabischen Regimen, die auf unterschiedliche gesellschaftliche Vorstellungen und außer-regionale Bündnis-Konstellationen mit Supermächten zurückgingen, konnten leicht über die jeweilige Haltung zur Palästina-Frage und zur damit verbundenen gesamtarabischen Legitimation instrumentell abgeleitet werden. In diesem Sinne hatte und hat die Palästina-Frage bzw. die Unterstützung der Palästinenser durch arabische Staaten ihren ursprünglich taktischen Charakter nie ganz verloren. Die verschiedenen Frontverkehrungen in über 30 Jahren zeugen von diesem instrumentellen Verhältnis.

Die Funktion Israels für arabische Regime hebt aber nicht jenes Konflikt-Potential auf, das real in der Palästina-Frage steckt. Es würde auch dann bestehen, wenn es durch arabische Regimes nicht instrumentalisiert worden wäre.

Die jüdische Nationalstaatsbildung mußte zwangsläufig mit einer allmählichen Verdrängung der palästinensischen Araber einhergehen. Das war der arabisch-palästinensischen Bevölkerung schon zu Beginn der zionistischen Kolonisation klar.[43] Ihr Widerstand gegen die zionistischen Absichten schlug sich zunächst in Kongressen, Resolutionen und Protest-Aktionen nieder, später in bewaffneter Gewalt. In den Jahren 1936–1939 entlud sich die arabische Opposition gegen die zionistische Landnahme und die britische Mandatsherrschaft, die sie ermöglichte, in einem bewaffneten Kampf, der blutig niedergeschlagen wurde.[44] Von dieser militärischen Niederlage haben sich die palästinensischen Araber bis zur Gründungsphase des jüdischen Staates nicht wieder erholt. Die Demoralisierung durch die Niederlage, die ihnen vor allem die britischen Kolonialtruppen beigebracht hatten, wirkte sich in den Jahren 1947/48/49 politisch dahingehend aus, daß die zionistischen Kampfverbände und die spätere israelische Armee während der bewaffneten Auseinandersetzungen vor der Staatsgründung fast ausschließlich mit Truppen arabischer Staaten zusammenstießen. Die desorganisierten Palästinenser hingegen stellten damals kaum einen ernst zu nehmenden Gegner dar.

Die Reaktion der Palästinenser war im wesentlichen Passivität, die ihren Ausdruck in einer Fluchtbewegung von Notabeln und von Vertretern der Handelsbourgeoisie fand. Diese Fluchtbewegung, die bereits im Jahre 1947 einsetzte, ist mit der sich daran anschließenden massenhaften Vertreibung der Palästinenser, die von israelischer Seite während der Kämpfe im Jahre 1948 herbeigeführt wurde, nicht gleichzusetzen.

Im Zusammenhang mit der zionistischen Nationalstaatsbildung ist die Diskussion über Flucht oder Vertreibung der Palästinenser im übrigen irrelevant. Entscheidend ist vielmehr die unbestrittene Tatsache, daß Israel die Flüchtlinge auf keinen Fall zurückzunehmen bereit war, um auf diese Weise einen verhältnismäßig homogenen jüdischen Nationalstaat in Palästina schaffen zu können. Wäre die arabische Bevölkerung Palästinas zum größten Teil im Land geblieben, so hätte sich eine solche Staatsbildung nicht durchsetzen können. Aus diesem Grunde bezeichnete der erste Präsident des Staates Israel – Haim Weitzmann – Flucht oder Vertreibung der palästinensischen Araber auch als eine »wundersame Erleichterung der Ziele Israels«.[45] Im Interesse eines homogenen jüdischen Nationalstaates lehnten alle israelischen Regierungen eine Rückkehr der Flüchtlinge konsequenterweise kategorisch ab.

Aber nicht nur die Verweigerung der Rückkehr legt den Verdacht auf Absicht nahe. Es ist auch dokumentiert, daß vorsätzliche und planmäßige Vertreibungen großen Stils stattfanden. Der israelische Historiker und offizielle Ben-Gurion-Biograph Michael Bar-Zohar hat recherchiert, daß zum Beispiel die arabische Bevölkerung der Städte Lydda und Ramla bei der israelischen Eroberung dieser Orte nicht geflohen war. Während einer Stabssitzung, die sich mit der Frage befaßte, wie mit jenen Einwohnern zu verfahren sei, hielt der anwesende Ben-Gurion mit seiner Meinung zurück. Draußen, nach der Sitzung, sagte er auf die Frage Yigal Allons, was mit jenen Arabern nun zu geschehen habe, man solle sie vertreiben.[46] Ähnliches gilt für Nazareth. Auch dort hatte die Bevölkerung ihre Häuser nach der Eroberung der Stadt durch israelische Truppen nicht verlassen. Mordehai Makleff, der Stabschef des Kommandeurs Moshe Carmel, teilte dem Biographen mit, daß Ben-Gurion bei seiner Ankunft in Nazareth mit Entsetzen der anwesenden Araber gewahr wurde und ausrief: »Warum so viele Araber? Warum habt ihr sie nicht vertrieben?«[47] Die Flüchtlingsfrage wurde zum zentralen Konflikt zwischen Israel und den Arabern. In Lagern und provisorischen Behausungen an den Waffenstillstandslinien von 1948/49 demonstrierten die Palästinenser ihren Willen zur Rückkehr. Dieser Wille war nicht allein Ausdruck störrischen nationalen Beharrens, wie es der palästinensischen Selbstwahrnehmung und der allgemeinen Deutung entspricht. Der nationale Trotz nämlich, der sich in dem Verlangen nach Rückkehr manifestierte, wäre bald vergangen, wenn die Flüchtlingsfrage nur eine *nationale* und nicht auch – und vor allem – eine *soziale* gewesen wäre, ein soziales Problem, das von den arabischen Staaten auf Grund der dort bestehenden gesellschaftlichen Verhältnisse nicht gelöst werden konnte, und zwar auch dann nicht, wenn politisch und subjektiv der Wille und die Bereitschaft dazu bestanden hätten.

Bei der Beurteilung der kontroversen Flüchtlingsfrage gilt es zu bedenken, daß es sich bei der überwiegenden Mehrheit der arabischen Palästina-Flüchtlinge von 1948 um Bauern handelte, die durch die zionistische Eroberung in Form der Landnahme ihren Boden und damit ihre Existenzgrundlage verloren haben. Die soziale Struktur der arabischen Gebiete um Israel unterschied sich kaum von der gesellschaftlichen Umwelt, aus der diese Menschen kamen. Eine Studie, die sich auf Daten aus den 60er Jahren stützt, macht deutlich, daß »die berufliche Struktur der Flüchtlinge eine große Übereinstimmung mit dem beruflichen Aufbau der Bevölkerung ihrer Aufnahmegebiete [zeigte], denn die Berufsstruktur der eingesessenen Bevölkerung war ebenfalls durch einen hohen Anteil landwirtschaftlicher Erwerbspersonen... charakterisiert. ... Dies machte sich vor allem in der Landwirtschaft bemerkbar, die nicht in der Lage war, die große Zahl landwirtschaftlicher Erwerbspersonen unter den Flüchtlingen aufzunehmen, da diese Arbeitskräfte ohnehin im Überfluß vorhanden waren und zum andern kultivierbares Land nur in begrenztem Umfang vorhanden war.«[48] Eine Integration der Flüchtlinge als Bauern hätte also zumindest eine Umverteilung des Bodens in den arabischen Nachbarländern um Israel erfordert. Der ohnehin beschränkte kultivierbare Boden war bereits verteilt, und Boden ist ein Produktionsmittel, das nicht beliebig zu vermehren ist. Die bestehende Sozialstruktur hätte die Flüchtlinge auch dann nicht zu absorbieren vermocht, wenn subjektiv Anstrengungen hierzu unternommen worden wären. Nur eine tiefgehende soziale Umwälzung hätte das durch den palästinensischen Flüchtlingsstrom erschütterte »Bevölkerungsgleichgewicht«[49] im Verhältnis zu den gesellschaftlichen Reproduktionsbedingungen ausgleichen können. Dagegen sprachen aber die politischen Strukturen in den arabischen Ländern. Weiterhin ist zu bedenken, daß eine soziale Integration der Flüchtlinge in der Landwirtschaft – also in dem ihnen ursprünglich gewohnten Lebensbereich – erschwert werden mußte, sobald jene Länder ihre Landwirtschaft modernisierten. Eine Intensivierung der Landwirtschaft, wie sie im Vorderen Orient in progressiver Absicht durch Landreform und Mechanisierung eingeleitet wurde, verringerte die ohnehin kargen Integrationschancen der Flüchtlinge. Die Bodenreform hat zwar zu einer Egalisierung der landwirtschaftlichen Einkommen geführt, ging aber völlig an den Interessen der Flüchtlinge vorbei, weil die »nach der Bodenreform stärker fortschreitende Mechanisierung der Landwirtschaft ständig landwirtschaftliche Arbeitskräfte freisetzte«.[50] Gegen eine weitere Aufteilung des Bodens sprach zum einen die geringe Produktivität, die mit einer noch kleineren Parzellierung verbunden ist. Zum andern ist kaum vorstellbar, daß die traditionellen Eigentümer der Böden in konservativen Regimen von sich aus bereitwillig auf die ökonomische Grundlage ihrer politischen Macht einfach verzichtet hätten. Was als Integrationsstrategie übrigblieb, wäre eine Bereitstellung industrieller Arbeitsplätze gewesen. Eine solche Perspektive für die Integration der Palästina-Flüchtlinge wäre damals jedoch völlig über die Möglichkeiten der Region hinausgegangen. Sie hätte eine revolutionäre Umwälzung erforderlich gemacht, deren Ausmaß die gesamte Palästina-Frage bei weitem überlagert hätte.

Die in ihrer Aussage immer noch gültige Studie hat die verschiedenen Optionen durchgespielt, einschließlich der »gesamtwirtschaftlichen Voraussetzungen« im Sinne eines regionalen Prozesses von Kapitalbildung[51], wie er im übrigen erst durch die erhöhten Öl-Einnahmen der letzten Jahre möglich wird. Es gilt aber zu bedenken, daß auf Grund von Berechnungen, die im Jahre 1959 erfolgten, der für die »Schaffung eines neuen Arbeitsplatzes notwendige Kapitalaufwand bei 13 000 DM« lag, also für die Eingliederung der Palästina-Flüchtlinge damals Investitionen in Höhe von 6,5 Milliarden DM erforderlich gewesen wären.[52] Diese Berechnungsgrundlage hatte aber weder die infrastrukturellen noch die politischen Implikationen einer damit verbundenen Industrialisierung bedacht, eines Prozesses, in den die nicht-palästinensische Bevölkerung jener Gebiete hätte miteinbezogen werden müssen. Gordon Clapp, der Vorsitzende der ökonomischen Beobachtungskommission der Vereinten Nationen für den Mittleren Osten, warnte deshalb in einem Abschluß-Bericht hinsichtlich der Integrationsmöglichkeiten für die Flüchtlinge: »Die Region, die Völker und Regierungen sind auf eine großangelegte Entwicklung des regionalen Fluß-Systems oder großer unkultivierter Gebiete nicht vorbereitet. Darauf zu drängen, wäre töricht und frustrierend und hieße deshalb, eine tragfähige Grundlage für wirtschaftliches Wachstum in noch weitere Ferne zu verschieben.«[53]

Die Folge war, daß »die politischen und ökonomischen Kosten des Bodenverlustes nunmehr mit militärischen Mitteln den arabischen Staaten und der UN aufgeladen wurden«.[54] Es war also vor allem die soziale Dimension der Flüchtlingsfrage, die das Elend in den Lagern aufrechterhielt und die nationale Frage im Laufe der Jahre verschärfte. Aus den Reihen der palästinensischen Flüchtlinge, die zunächst einfach auf ihre Felder und in ihre Häuser zurückkehren wollten, entstand allmählich eine nationale Bewegung, deren Ziel heute die Bildung eines palästinensischen Nationalstaates ist. Der Wandel vom sozialen zum nationalen Element ist an den Kämpfen ablesbar, die seit 1949 entlang den blutigen Waffenstillstandslinien des sich politisch konsolidierenden Staates Israel stattfanden. Um sich als jüdischer Nationalstaat in Palästina durchzusetzen, war Israel gehalten, die Grenzlinie in das bisherige soziale Gefüge Gesamtpalästinas regelrecht einzubrennen. So fanden Araber sich in ihren Dörfern auf der jordanischen Seite der Demarkationslinie wieder, während ihre Lebensgrundlage, ihre Felder und Haine, auf der israelischen Seite lagen. Über hundert Dörfer haben so ihre »Subsistenzgrundlage verloren«.[55] »Dies bedeutete, daß viele Araber in den Westbank-Dörfern sich in einer schlechteren wirtschaftlichen Lage befanden als die Flüchtlinge, die UN-Hilfe erhielten.«[56] Was lag unter solchen Bedingungen näher, als daß die betroffenen Palästinenser versuchten, auf die israelische Seite der neuen Grenzlinie zu gelangen, um des Nachts zurückgelassene Habseligkeiten zu holen, Bäume abzuernten oder gar ihre Felder zu bestellen. Täglich berichtete die Presse über die Versuche arabischer Dorfbewohner, auf ihre Felder zurückzukehren, »von denen sie durch die Waffenstillstandslinie getrennt waren und die nun Früchte trugen«. Als sie zurückgewiesen wurden, hoben üble Kämpfe an, mit Toten auf beiden Seiten.[57] Kein geringerer als Dayan hat als Generalstabschef im Jahre 1956 dieser Seite der Landnahme auf Kosten der Palästinenser Ausdruck verliehen. In einer Grabrede für einen getöteten Kibbuz-Angehörigen in der Nähe des Gaza-Streifens sagte er: »Laßt uns heute die Mörder nicht verdammen. Was wissen wir denn von ihrem grausamen Haß auf uns? Sie müssen seit acht Jahren in den Flüchtlingslagern des Gaza-Streifens leben, während wir, gleichsam unter ihren Augen, das Land, auf dem sie und ihre Vorfahren lebten, zu dem unseren machen. ... Laßt uns heute Rechenschaft ablegen. Wir sind eine Siedlergeneration, die ohne Helm und Gewehr keinen Baum pflanzen und kein Haus bauen kann.«[58]

Die Gewalttätigkeit an den Waffenstillstandslinien um Israel machte es unvermeidbar, daß die bewaffnete Gewalt des zionistischen Staates, die als »Vergeltung« für die Grenzübertritte geübt wurde, auf die arabischen Staaten übergriff, und zwar schon deshalb, weil die militärische »Vergeltung« Israels sich auf deren Territorium abspielte. Israel selbst ging – um die Palästinenser nicht anerkennen zu müssen – davon aus, daß für jede Gewalthandlung, die von arabischem Territorium verübt wurde, die arabischen Staaten verantwortlich seien. So richteten sich die israelischen »Vergeltungsschläge« zunehmend gegen Jordanien und Ägypten. Die Folge war, daß diese Staaten in den 50er Jahren mehr in den Palästina-Konflikt hineingezogen wurden, als ihnen lieb war. So dehnte sich der Palästina-Konflikt zum Nahost- bzw. zum arabisch-israelischen Konflikt aus.

Die arabischen Staaten, vor allem Jordanien und Ägypten, die ja jene Teile des ehemaligen Mandatsgebietes Palästina kontrollierten, die 1948/49 nicht von Israel erobert worden waren, erkannten die Gefahr. Sie waren deshalb bestrebt, sich nicht durch die Palästina-Flüchtlinge in einen bewaffneten Konflikt mit dem militärisch überlegenen Israel hineinziehen zu lassen. Jordanien beispielsweise suchte Anschläge palästinensischer »Infiltranten« zu verfolgen und dabei mit den israelischen Behörden zusammenzuarbeiten.[59] Der für jenen Abschnitt zuständige UN-Beobachter, Hutchison, berichtet, daß die Gefängnisse »von Nablus, Hebron und Amman mit Gefangenen gefüllt waren, von denen viele nur deshalb eingesperrt wurden, weil man sie der Infiltration verdächtigte«.[60]

Auch Ägypten traf bis in die erste Hälfte des Jahres 1955 Maßnahmen, um die Palästinenser hinter der Grenze zu halten. Dabei wurden nicht selten brachiale Methoden angewandt. Den offiziellen israelischen Verlautbarungen und dem sich zu einer vermeintlichen Wahrheit verfestigenden Bild, Ägypten habe die Palästinenser in jener entscheidenden Phase des Konflikts gar ermuntert und organisiert, stehen die Recherchen des israelischen Arabisten und führenden Fernseh-Journalisten Ehud Ya'ari entgegen. Er hat auf Grund 1956 und 1967 erbeuteter ägyptischer und jordanischer Dokumente festgestellt, daß die ägyptischen Behörden bis Mitte des Jahres 1955 bzw. bis zum israelischen Angriff auf Gaza am 28. Februar 1955 alles Erdenkliche unternahmen, um die Palästinenser von Grenzübertritten nach Israel abzuhalten.[61] Dabei soll es zu Unterdrückungen gekommen sein, die die israelischen Repressalien sogar übertrafen, so zu dem Befehl, auf jeden »Infiltranten«, der als solcher in Erscheinung trat, das Feuer zu eröffnen, zur präventiven Inhaftierung von Verdächtigen und ihrer Konzentration in besonderen Gefangenenlagern sowie zur Umsiedlung von Verdächtigen oder der Zusammenarbeit mit »Infiltranten« verdächtiger Personen aus dem Bereich der Waffenstillstandslinie.[62]

Der Palästina-Krieg setzte sich also als kleiner Grenzkrieg fort. In diesem Grenzkrieg war jedoch immer der Keim einer Ausdehnung zu einem umfassenden Waffengang angelegt. Spannungen an der Grenze brauchten sich nur mit anderen Konflikten regionaler oder globaler Art zu verbinden, um in einem großen Nahost-Krieg zu kulminieren.

Im Oktober/November 1956 führte der blutige Grenzkrieg zur Aggression Englands, Frankreichs und Israels gegen Ägypten. Daß es dazu kommen konnte, setzte jedoch jene globalen Konfliktelemente voraus, die sich zum arabisch-israelischen Grenzkrieg hinzugesellten: so die Vorstellungen Englands und Frankreichs, durch einen Sturz Nassers dem arabischen Nationalismus einen tödlichen Stoß zu versetzen. England glaubte, die vier Monate zuvor von Nasser ausgesprochene Verstaatlichung des Suez-Kanals wieder rückgängig machen und sich so »östlich von Suez« als Hegemonialmacht re-etablieren zu können. Frankreich hoffte, durch den Sturz Nassers den algerischen Befreiungskampf in Nordafrika ersticken zu können. Solche Vorstellungen konnten nur kolonialen Verschwörungsphantasien entsprungen sein; denn weder war Nasser Ursache der anti-imperialistischen Bewegung im vorder-asiatischen Raum – auch dann nicht, wenn er ihr Symbol war – noch wurde der algerische Widerstand von Kairo aus initiiert und getragen, wenn auch die algerische Exilregierung sich dort aufhielt.

Auch der Juni-Krieg von 1967 war an der Grenze und damit durch den Palästina-Konflikt ausgelöst worden. Die bewaffneten Angriffe von Kommandoeinheiten der el-Fatah, von syrischem und jordanischem Territorium aus vorgetragen, führten dazu, daß Israel großangelegte »Vergeltungsaktionen« unternahm. Vor allem der Angriff auf den jordanischen Ort Samua in der Westbank im November 1966 kann als Auftakt des bald darauf folgenden Juni-Krieges angesehen werden. Der massive militärische Einsatz Israels führte zu Unruhen in der palästinensischen Westbank. Die Bevölkerung fühlte sich durch die jordanischen Behörden nicht ausreichend vor den Israelis geschützt, das haschemitische Regime wiederum fühlte sich durch die rebellischen Palästinenser bedroht. Die inner-arabische Polemik, die damit vor allem zwischen Ägypten und Jordanien einsetzte, trug zur Mai-Krise des Jahres 1967 bei, als Nasser vorgeworfen wurde, er verberge sich hinter der UN-Friedenstruppe auf dem Sinai.[63]

Auch an der syrischen Grenze waren es die Aktionen der bewaffneten Palästinenser, die zur Verschärfung der zwischen Israel und Syrien auf Grund ihrer seit 1949 andauernden Auseinandersetzung um die Verfügung über die sogenannten entmilitarisierten Zonen (DMZ) zwischen beiden Ländern ohnehin bestehenden Spannungen führten. Für die Palästinenser stellten sich diese

Auseinandersetzungen und jene um die Ableitung des Jordan-Wassers als Chance dar, ihre Sache als Teil des arabisch-israelischen Konflikts wieder ins Spiel zu bringen. Die Grenzkämpfe eskalierten, nachdem Israel Syrien ultimativ verwarnt hatte.[64] Zuvor waren im Monat April eine Anzahl syrischer Maschinen in einem Luftkampf über Damaskus vernichtet worden. Von hier war nur noch ein kleiner Schritt zum arabisch-israelischen Krieg vom Juni 1967.

Aus diesem Krieg, der zur Vernichtung der arabischen Armeen führte, sind paradoxerweise die Palästinenser – zwar nicht militärisch, dafür aber politisch – als Sieger hervorgegangen. Durch die Eroberung Restpalästinas wurde die alte, durch den verallgemeinernden Begriff »Nahost-Konflikt« verdeckte Palästina-Frage wieder ins Bewußtsein aller gerückt. Es wurde deutlich, daß ohne eine Lösung des Palästina-Problems eine Beendigung des arabisch-israelischen Konflikts nicht absehbar ist. Die Vergangenheit hat sich, weil politisch nicht bewältigt, weder verdrängen noch zuschütten lassen.

IV. ISRAEL UND DIE WELTPOLITISCHE BEDEUTUNG DES NAHOSTKONFLIKTS

Die jüdische Nationalstaatsgründung war seit ihrem organisierten Beginn am Anfang dieses Jahrhunderts – der Landnahme und des daraus entstandenen Gegensatzes zur arabischen Bevölkerung wegen – auf den Schutz nicht-regionaler, also europäischer Mächte angewiesen. Das Interesse Großbritanniens – als Mandatsmacht – an der zionistischen Kolonisation wiederum hatte vor allem strategische Gründe. Die Lebensnerven des britischen Empires verliefen durch den Vorderen Orient. Das Zentrum jener Verkehrswege, der britischen »Reichsstraßen«[65], war der Suez-Kanal. Bereits vor 1914 und während des Ersten Weltkrieges planten die Briten, die seit 1882 faktisch in und über Ägypten herrschten, an der nord-östlichen Seite jener Verkehrsader eine Pufferzone zu errichten. Als es offensichtlich wurde, daß der Zerfall des Osmanischen Reiches bevorstand, bemühte sich England in Geheimabkommen mit Frankreich um eine Aufteilung des arabischen Ostens in Interessensphären. Der Bereich des späteren britischen Mandatsgebietes Palästina sollte in der britischen Orient-Strategie die Funktion eines verkehrstechnischen und strategischen Zentrums bilden. Lord Kitchener hatte lange vor dem Ersten Weltkrieg als junger Kolonialbeamter vorgeschlagen, daß »Britannien sich das Land zwischen Akko und Akaba aneignen müsse«, um seine strategische Position im Orient zu stabilisieren.[66] Als England sich Palästina über das Völkerbundsmandat gesichert hatte, wurde das ehemalige Fischerdorf Haifa zu einem bedeutenden Tiefseehafen ausgebaut. Von den irakischen Ölfeldern führte eine direkte Pipeline nach Haifa, wo auch eine Raffinerie-Anlage errichtet wurde. Der Flughafen Lod übernahm eine Scharnierfunktion nach Asien und Afrika.

Bereits vor dem Weltkrieg wurden britische Überlegungen angestellt, durch die Förderung einer jüdischen Ansiedlung in Palästina eine physische Sperre gegen die mögliche Bedrohung des Kanals durch die Türkei und das mit ihr verbündete Deutsche Reich zu errichten, auch gegen die verbündeten Rivalen Frankreich und Rußland.[67] Gleichzeitig bestanden aber auch Pläne, die mit solchen Absichten konkurrierten und die auf eine Unterstützung der arabischen Nationalbewegung durch England hinausliefen, sofern sich die arabischen mit den britischen Interessen deckten. Eine solche Interessenidentität mit dem arabischen Nationalismus bestand jedoch nur bis zur Eroberung der arabischen Gebiete des Osmanischen Reiches – nicht aber danach.

Die englische Entscheidung gegen die arabischen Interessen fiel schon im Kriege, als die diplomatischen Vertreter Englands und Frankreichs, Sykes und Picot, ein Geheim-Abkommen abschlossen. Im Sykes-Picot-Abkommen wurde u. a. auch die Region des späteren britischen Mandatsgebiets Palästina aus jenem Bereich herausgenommen, auf den die Araber auf Grund vorausgegangener britischer Zusagen wie auch durch die Anwendung des Prinzips der nationalen Selbstbestimmung für die lokale Bevölkerung Anspruch erheben konnten. Diese imperialistische Absprache erleichterte es den Briten, wiederum den Zionisten jene Zusage zu machen, die Inhalt der Balfour-Erklärung vom November 1917 wurde: nämlich in Palästina die Errichtung einer »nationalen Heimstätte« für das jüdische Volk zu fördern. Die Engländer vermuteten zu Recht, daß die Absichtserklärung gegenüber den Zionisten vor allem bei den Palästina-Arabern einen Sturm der Entrüstung auslösen würde, und zögerten ihre Bekanntgabe daher so lange wie möglich hinaus, obwohl in der »Balfour-Erklärung« festgelegt war, daß es sich nur um ein »Nationalheim« für Juden in Palästina handeln sollte, wobei die religiösen und kulturellen Rechte der nicht-jüdischen Bevölkerung zu wahren seien. Obschon diese Formulierung darauf schließen ließ, daß die als »nicht-jüdische Gemeinschaften«

apostrophierten Araber, eine überwältigende Mehrheit im Lande, in ihren politischen Rechten ignoriert wurden, war für die Zionisten darüber hinaus klar, daß der Begriff »Heimstätte« ein Synonym für einen jüdischen Staat bedeutete. Eine solche Absicht zu erwähnen, war in jener Phase der Entwicklung jedoch wenig opportun.

Die Zionisten und das von ihnen geplante Siedlungsunternehmen waren also von Anfang an auf den Schutz und das Wohlwollen Großbritanniens angewiesen. Auch später und trotz der Kämpfe gegen die britische Mandatsmacht in den Jahren von 1944 bis 1947 war Ben-Gurion bemüht, die britische Präsenz im Vorderen Orient erhalten zu sehen.[68] Aus diesem Grunde übten die israelischen Streitkräfte im Palästina-Krieg 1948/49 der pro-britischen transjordanischen Legion gegenüber militärische Zurückhaltung. Der zukünftig erwartete britische Schutz sollte für beide Staaten ein gemeinsames Interesse bedeuten. Auch die Verhinderung eines Palästina-Staates in einem Teil des Landes, wie ihn die UN-Teilungs-Resolution vom November 1947 gefordert hatte, ging auf ein Geheimabkommen zurück, das zwischen Ben-Gurion und dem damaligen Emir Abdallah geschlossen worden war.[69]

Obwohl zwischen Großbritannien und den Zionisten in wichtigen Details, beispielsweise in der Frage der Einwanderung und des Bodenkaufs – vor allem nach dem palästinensischen Aufstand in den Jahren 1936–1939 –, unterschiedliche Auffassungen bestanden, waren sich die zionistischen Führer des prinzipiellen Wohlwollens ihrer Schutzmacht sicher. Dieser Schutz war jedoch nur so lange gegeben, wie Englands Position als Hegemonialmacht im Vorderen Orient unangetastet blieb. Ben-Gurion erkannte schon während des Zweiten Weltkrieges, daß Großbritannien seine Bedeutung nach dem Kriege verlieren mußte. Er sah voraus, daß die USA die Rolle Englands übernehmen würden. Von nun an waren es die Vereinigten Staaten, die als informelle Garantiemacht fungierten.

Zum strategischen und verkehrspolitischen Interesse der alten Handelsweltmacht England am Vorderen Orient kam noch vor dem Ersten Weltkrieg und erst recht danach ein weiteres Element hinzu: Erdöl wurde zu einem immer bedeutenderen Energieträger. Die günstigen Förderungs- und Verkehrsbedingungen machten Öl aus dem Vorderen Orient besonders billig und die Profite besonders hoch. Eine solche Preispolitik wurde vor allem durch die militärische und politische Präsenz der westlichen Mächte im Vorderen Orient ermöglicht. Die traditionellen Herrscher am Ort konnten gezwungen werden, ihre Rohstoffe zu günstigen Bedingungen abzugeben.[70] Westliche Präsenz im Vorderen Orient stützte also die traditionelle Herrschaft in diesen Ländern gegen die revolutionäre Nationalbewegung, die nicht nur nationale Unabhängigkeit, sondern gleichzeitig auch die vollständige Verfügung über den mineralen Reichtum im Boden ihrer Länder, also die Verstaatlichung der Rohölquellen, forderte. Solche Bestrebungen wurden, wie das iranische Beispiel der frühen 50er Jahre zeigte, mit allen Mitteln zu vereiteln versucht. Die Anstrengung des national-revolutionären iranischen Ministerpräsidenten Mossadegh, im Jahre 1953 das Öl zu verstaatlichen, endete mit einem CIA-Putsch und der erzwungenen Rückkehr des Schahs aus dem Exil.

Ab Mitte der 50er Jahre gelang es aber arabischen Staaten, sich von der westlichen Präsenz auf ihren Territorien frei zu machen. Die Räumung der Suez-Kanal-Zone durch England und Nassers Verstaatlichung des Suez-Kanals waren 1956 Fanal und indirekte Antwort auf die bisher geläufige Handlungsweise des Westens, den Vorderen Orient als seine anerkannte Domäne zu behandeln.

Bald darauf, 1958, folgte der Zusammenbruch der haschemitischen Monarchie im Irak. Die Erschütterungen, die der Vordere Orient in den 50er und 60er Jahren durchlief, führten am Ende dazu, daß der Westen seine militärischen Stützpunkte und damit auch seinen unmittelbaren Zugriff auf die Rohstoffe und Verkehrswege in der Region verlor. Der arabisch-amerikanische Öl-Wissenschaftler Charles Issawi stellt fest, daß »um die Mitte der 60er Jahre offenkundig wurde, daß der Doppelpfeiler, auf dem die gemeinsame anglo-amerikanische militärische und politische Macht im Mittleren Osten und Nordafrika sowie die Kontrolle der Produktion durch amerikanische und britische [Öl-]Gesellschaften beruht, allmählich untergraben wurde«.[71]

Mit diesen Wandlungen war tendenziell auch eine Veränderung der westlichen Haltung Israel gegenüber angezeigt. Trotz aller Ambivalenz dem zionistischen Unternehmen gegenüber war Israel für den Westen ein zuverlässigerer Partner gewesen als jene arabischen Staaten, deren Regimes offensichtlich nicht das Interesse ihrer Bevölkerung vertraten und deren Stabilität daher immer wieder gefährdet war. Der Gegensatz, in dem Israel auf Grund der zionistischen Landnahme in Palästina zu den Arabern stand und steht, macht den jüdischen Staat auf Gedeih und Verderb von der äußeren Unterstützung abhängig und ist demnach von diesen äußeren Mächten instrumentalisierbar.

Israel selbst hat den Gegensatz zwischen dem Westen und dem arabischen Nationalismus zu einem Prinzip seiner nationalstaatlichen Sicherung erhoben, indem es durch mancherlei »Gefälligkeiten« gegenüber dem Westen sich dessen Schutz eintauschte.[72]

Vor allem in den 50er Jahren unternahm Israel militärische Handlungen, die zwar durch palästinensische Grenzüberschreitungen ausgelöst wurden, als »Vergeltungsschläge« jedoch eine politische Wirkung erzielten, die – wie zwei israelische Politikwissenschaftler dies ausdrückten – auch eine »latente Funktion«[73] hinsichtlich jenes bestehenden westlich-arabischen Gegensatzes hatten. So war der israelische Angriff auf Gaza vom 28. Februar 1955 gegen den Versuch einer ägyptisch-syrischen Annäherung gerichtet gewesen, um den westlichen Bündnisabsichten im arabischen Raum, wie sie im Bagdad-Pakt zum Ausdruck kamen, entgegenzuwirken.[74] Ähnliches gilt für den Angriff auf syrische Positionen am See Genezareth, der am 11. Dezember 1955 stattfand. Er hatte u. a. die Funktion, Frankreich zu signalisieren, daß Israel mit dieser kolonialen Macht ein anti-arabisches Bündnis einzugehen bereit ist. Höhepunkt dieser Zusammenarbeit war der gemeinsam mit England durchgeführte Angriff auf Ägypten im Oktober 1956. Später erläuterte Dayan, daß »die Franzosen in ihrem Kampf gegen die Araber Bündnispartner suchten«. Das koloniale Frankreich war »bestrebt, zu verhindern, daß der Einflußbereich Nassers sich ausdehnte. Sie gaben uns Waffen, damit wir ihn bekämpfen«.[75]

Seit der Mitte der 60er Jahre hatten palästinensische Fedayeen damit begonnen, militärische Aktionen gegen Israel durchzuführen. Bei den bewaffneten Aktionen der Palästinenser wie auch im Falle der israelischen Kriegführung handelt es sich um eine unterschiedslose Gewaltanwendung, eine Gewaltanwendung, die keine Unterscheidung zwischen Kombattanten und Nichtkombattanten, zwischen Militär und Zivil trifft. Dies steht vor allem mit dem wesentlich *kolonialen* Charakter des Konflikts in Verbindung, der eine Anerkennung der Feinde als Gegner und damit als Völkerrechtssubjekte verhindert. Die so angewandte Gewalt ist deshalb weder personal noch räumlich begrenzt, ein Umstand, der sich durch gegenseitige Anerkennung beheben ließe, womit aber wieder der ungelöste Kern des Konflikts erreicht wäre.[76] Mit den bewaffneten Handlungen Mitte der 60er Jahre wurde also jene Eskalationsspirale in Gang gesetzt, die – mit ihren innerarabischen Nebeneffekten – zum Juni-Krieg von 1967 führte. Doch abgesehen davon, wurde der Krieg – außer von der Auseinandersetzung um die Absicht Israels, das Jordan-Wasser abzuleiten – hauptsächlich dadurch ausgelöst, daß die Interessen der arabischen nationalistischen Regimes und die des Westens immer stärker in Widerspruch zueinander gerieten. Im Irak war das Monopol der Iraq-Petroleum Company (IPC) durch Maßnahmen schrittweiser Nationalisierung bedroht. In Syrien wurde die

Trans-Arabian-Pipeline (TAP) durch die linksbaathistische Regierung unterbrochen. Das Land befand sich mit dem Westen, d.h. vor allem mit den USA, auf Kollisionskurs. Die israelische Regierung machte die Syrer für die palästinensischen Sabotage-Akte verantwortlich. Generalstabschef Rabin drohte am 14. April 1967 mit einer israelischen Militärintervention.

Der Hinweis auf die verschiedenen Elemente des Szenarios, das zur Auslösung des Juni-Krieges 1967 führte, bedeutet nicht etwa, daß Israel direkt auf westliches Geheiß hin handelte, als es am 5. Juni gegen die vereinten arabischen Staaten militärisch vorging. Der Hinweis soll aber deutlich machen, daß die israelische Militär-Aktion durchaus im westlichen Interesse lag. Dies wird vor allem am Kontrastbeispiel des Oktoberkrieges von 1973 klar: Damals ließ die US-Regierung Israel eine Warnung zukommen, daß die Auslösung von Kampfhandlungen durch Israel keine amerikanische Unterstützung finden könne.[77] Damit bestätigt sich – wenn auch im Umkehrschluß – ein altes Prinzip im Nahost-Konflikt, das der Herausgeber der bedeutenden israelischen Zeitung »Ha'arez«, Gershom Shoken, in den 50er Jahren folgendermaßen formuliert hatte: Für den Westen sei es ein bequemer Weg, durch die Stärkung Israels das politische Kräfteverhältnis in seinem Interesse im Nahen Osten zu wahren. »In diesem Sinne ist Israel die Rolle eines Wachhundes übertragen. Es ist nicht zu befürchten, daß es einen aggressiven Kurs gegen die arabischen Staaten einschlägt, sofern dies den Interessen Amerikas und Großbritanniens zuwiderläuft. Sollten die westlichen Mächte jedoch aus dem einen oder anderen Grund ein Auge zudrücken, so können sie sich darauf verlassen, daß Israel jene Nachbarstaaten bestraft, deren mangelnder Respekt dem Westen gegenüber die zumutbare Grenze überschritten hat.«[78]

Seit dem Oktober-Krieg von 1973 veränderte sich das historische Gegensatz-Verhältnis zwischen dem Westen und den arabischen Ländern – soweit sie nicht Bündnispartner der Sowjetunion im globalen Ost-West-Konflikt sind. Durch die vollständige nationale Unabhängigkeit und die damit verbundene Verfügung über ihr Territorium haben arabische Staaten auch die direkte Herrschaft über ihre Rohstoffe und die Verkehrswege in ihrem Gebiet gewonnen. Sie konnten deshalb auch über die Preise ihrer Rohstoffe, d.h. des Öls, verfügen und sie ihrem Wert entsprechend erhöhen. Eine Gefährdung radikal handelnder Regimes bestand nicht mehr unmittelbar, weil der – vor allem politisch erzwungene – militärische Rückzug des Westens aus der Region bereits erfolgt war. In der sogenannten »Öl-Krise« von 1973 wurde ein Preiseinbruch erzielt, der das Unterwerfungsverhältnis des Vorderen Orients unter westliche Hegemonie endgültig revidierte. Nicht zufällig wurde in Israels schwerster Stunde, im Oktober-krieg, als der jüdische Staat in den ersten Tagen des Krieges den Mythos militärischer Unbesiegbarkeit einbüßte, am »16. Oktober 1973 [durch] sechs OPEC-Minister in Kuweit zum ersten Male in der Geschichte [beschlossen], den Öl-Listen-Preis kollektiv und einseitig von 2,89 auf 5,11 Dollar pro Barrel anzuheben«.[79]

In dieser Preiserhöhung und in der folgenden Preispolitik kam zwischen den westlichen Ländern und den Öl-Produzenten ein neues Verhältnis zum Ausdruck, das sich wiederum in den Beziehungen des Westens zu Israel niederschlagen sollte. Denn ohne den westlich-arabischen Gegensatz, den die Preiserhöhung tendenziell aufhob, mußte die westliche Unterstützung, auf die sich die besondere Existenz Israels als zionistischer Staat gründet, schwächer werden und unter Umständen ganz entfallen. Zumin-dest lag es nun im Interesse des Westens, den arabisch-israeli-schen Konflikt friedlich zu beenden. Anders als früher mußte jetzt verhindert werden, daß die Gewalt, die der ungelösten Palästina-Frage entspringt, sich ausdehnt und die gesamte Region ergreift, eine Region, in der nicht nur der größte Anteil der immer noch rentabel förderbaren Energie-Reserven der Welt lagert, sondern in die nicht zuletzt auch westliches Anlage-Kapital in großem Umfang einfließt. Die seit 1973 verstärkten Bemühungen, den Konflikt im Nahen Osten endlich zu beenden, angefangen mit den »Entflechtungen« der ägyptisch-israelischen Truppen nach dem Oktober-Krieg bis hin zur »Sadat-Initiative« vom November 1977, zu den Camp-David-Abkommen und dem ägyptisch-israelischen Friedensvertrag von 1979, dienen alle die-sem Zweck. Aber sie stoßen in dem Maße, in dem nur die äußere Seite jenes Konflikts abgebaut werden soll, immer stärker auf den Kern der Auseinandersetzung: auf die Palästina-Frage – oder besser: auf die Auswirkungen, Folgen und Bedingungen der zionistischen Landnahme bzw. ihrer Fortsetzung.

Damit schließt sich der Kreis, in dem die Bestandteile des Gesamt-Konfliktes zusammenfließen: Er ist nicht zu lösen, solange Israel nicht auf die Fortsetzung der Landnahme verzich-tet und den Palästinensern nicht auch von sich aus das Recht zur Unabhängigkeit in Palästina einräumt. Dies sind die ersten Vor-aussetzungen für eine Lösung des Konflikts, die darüber hinaus der Aufgabe der zionistischen Struktur Israels – wie sie in Gesetzen und Institutionen sich niederschlägt – bedarf. Damit wäre aber auch anerkannt, daß in Israel eine hebräische, jüdisch-israelische Nationalität entstanden ist, die keine Pionier-Funktion für das jüdische Volk in Gesamt-Palästina einnimmt, sondern aus sich heraus und für sich *mit* der arabisch-palästinensischen Nationalität in jenem Bereich zwischen Mittelmeer und Jordanfluß existiert. Dies wäre Kern einer *bi-nationalen* Lösung des Palästina-Konflikts – eine Lösung, die zweifellos nicht von heute auf morgen zu realisieren ist und obendrein gesellschaftliche Veränderungen erforderlich machen würde. Sie ist jedoch als Ausgangspunkt eines sukzessiven Prozesses die einzige wirkliche Möglichkeit zur Beendigung des Konfliktes im Sinne der dort lebenden Menschen.

V. DIE JÜDISCH-ISRAELISCHE NATIONALITÄT:
ÜBER DIE DIALEKTIK DER ANERKENNUNG

Die Perspektive eines bi-nationalen jüdisch-israelischen und arabisch-palästinensischen Gemeinwesens in einem Gesamtpalästina nimmt konzeptualisierend die politische Realität zur Kenntnis, daß in jenem Lande inzwischen zwei Völker leben. Diese Faktizität kann aber erst dann politisch wirksam werden, wenn dies von *beiden Parteien* bewußt anerkannt und programmatisch angestrebt wird. Für die inzwischen im Lande gewachsene jüdisch-israelische Nation bedeutet dies, die individuellen und kollektiven Rechte der palästinensischen Araber zu respektieren und damit nicht nur ideologisch, sondern auch praktisch den Bruch mit dem Zionismus zu *betreiben;* dies, indem alle Juden privilegierende und Araber diskriminierende gesetzliche und politische Festlegungen aufgehoben und die ihnen entsprechenden Institutionen aufgelöst werden. Für die arabisch-palästinensische Nation wiederum gilt es *anzuerkennen,* daß sich im Lande – wenn auch durch einen usurpatorischen Kolonisationsprozeß – inzwischen eine eigenständige jüdisch-israelische Nationalität gebildet hat. Die kollektiven Rechte letzterer im Lande hätten somit eine neue, durch ihre bloße Existenz begründete Legitimation gefunden; und dies nicht *wegen,* sondern *trotz* des Zionismus.
Wodurch läßt sich die dargelegte historische Sicht auf den Konflikt wie auch der bi-nationale Ausweg begründen? Zu einem solchen perspektivischen Ergebnis in der Palästinafrage gelangt man dann, wenn Programm und Wirklichkeit sich *ausschließender* nationaler Ansprüche verworfen werden. So die zionistische Programmatik, welcher politischen Observanz auch immer. Sie bedeutet willentlich oder in Kauf nehmend die Aufrechterhaltung *kolonialer* Strukturen im Bereich Gesamtpalästinas, also sowohl

im Staate Israel wie auch als Fortsetzung der Landnahme in den 1967 hinzubesetzten Gebieten. Aus der kolonialen Struktur, wie sie durch die zionistische Staatsform als Bedingung der Aufrechterhaltung eines Nationalstaates jüdischen Charakters – Israel – gegeben ist, folgt die Diskriminierung und Unterdrückung der Palästinenser und infolgedessen auch die ständige physische Bedrohung der jüdischen Bevölkerung im Lande. Insofern werden zionistischerseits zur Erreichung des nationalen Ziels palästinensischer Widerstand und die dem kolonialen Charakter des Konflikts eigene *totale* Austragungsform in Kauf genommen, so daß die völlige Niederringung einer Volksgruppe durch die andere latent angelegt ist. Bislang sind die Palästinenser allein kollektives Opfer der zionistischen Kolonisation. Die Folgen der Kolonisation könnten sich in der Zukunft aber auch dramatisch gegen die dort lebenden Juden richten. Die Verwerfung sich ausschließender nationaler Ansprüche führt auch zur Zurückweisung arabisch-hegemonialer Ansprüche. Denn eine Umkehrung der Verhältnisse durch eine prinzipialistische Rückkehr zum Status quo ante des zionistischen Kolonisationsprozesses hätte zumindest die Herbeiführung eines *arabisch-nationalen* Staates in ganz Palästina und damit die Leugnung der nationalen Rechte der jüdisch-israelischen Bevölkerung im Lande zur Folge; eine Perspektive, der wiederum kollektiver Ausschlußcharakter eigen wäre und die Potenz totaler gegenseitiger Bekämpfung in sich trüge.

Angesichts solcher, sich ausschließender Perspektiven nimmt die Alternative der Bi-Nationalität in einem Gesamtpalästina sowohl die historisch gewordene Realität als auch die antagonistische Konfliktform insofern zur Kenntnis, als sie programmatisch ihre Aufhebung beinhaltet.

In Israel selbst sind für einen solchen Entwurf gegenwärtig kaum Befürworter wahrzunehmen, handelt es sich doch um eine postzionistische Programmatik, die auf eine Aufhebung des jüdisch-exklusiven Staates zielt. Die hierfür notwendige jüdisch-israelische Ablösung vom Zionismus wird im kollektiven Bewußtsein bislang noch nicht vollzogen: und dies obwohl – oder weil – die binationale gesellschaftliche Realität durch die ökonomische Integration beider, bereits zusammenlebender Völker in diese Richtung drängt. Die Hemmnisse der Palästinenser, einer solchen Perspektive zu folgen, sind hingegen anderer Art. Es beginnt damit, daß sie die Besonderheit einer jüdisch-israelischen Nationalität im Lande nicht realisieren können; und dies, weil seitens des Zionismus und der durch ihn vorgegebenen antagonistischen Konfliktformen die jüdisch-israelische Nationalität sich aus den in ihrem Gemeinwesen dominierenden zionistischen Strukturen bislang nicht herauszulösen vermochte, um so die Palästinenser als kollektiv gleichwertig und individuell gleichberechtigt anzuerkennen. Und unter der Hegonomie des Zionismus können die Palästinenser *a priori* weder als vollwertige individuelle Rechtssubjekte und erst recht nicht kollektiv anerkannt sein. Folge davon ist, daß die anhaltende Fortdauer des Konflikts Zionismus–Palästinenser eine wahrnehmbare Unterscheidung von zionistischer *Genesis* und der nichtzionistischen *Geltung* eines jüdisch-israelischen Gemeinwesens nicht hat wirklich werden lassen. Die Haltung der Palästinenser wird also nicht von der *potentiellen* Gleichheit, die sie mit der jüdisch-israelischen Bevölkerung teilen könnte, bestimmt, sondern vom *andauernden* Prozeß der zionistischen Landnahme. Eine Anerkennung der jüdisch-israelischen Nation durch die Palästinenser würde einen Vorgriff auf ein historisches Ergebnis bedeuten, dessen Träger sich hierfür politisch nicht entschieden haben bzw. nicht die Bereitschaft erkennen lassen, den Usurpationsprozeß zu beenden. Weiterhin erschwert wird eine vorwegnehmende Anerkennung der jüdisch-israelischen Nationalität als vom Zionismus abgelöste Entität seitens der Palästinenser durch ein Bewußtsein erfahrenen und sich fortsetzenden Unrechts. Zwar geht Bewußtseinswandel mit der Veränderung der ihn hervorbringenden gesellschaftlichen Bedingungen nicht unbedingt parallel; vielmehr sind Ungleichzeitigkeiten die Regel. Aber politische Moral, die sich auf erfahrenes Unrecht beruft, wird dann legitimerweise aufgehoben sein, wenn die materielle Verlängerung des historischen Unrechts – die zionistische Struktur Israels – als aufgelöst gelten kann. Schritte in diese Richtung würden Konfliktabbau bedeuten. Sie einzuleiten, hieße einen Bruch mit der vom Zionismus gesetzten Konfliktlogik vollziehen und der möglichen Anerkennung einer vom Zionismus abgelösten jüdisch-israelischen Nation den Boden bereiten.

Beschleunigt und erleichtert werden könnte ein solcher Prozeß der Entzionisierung Israels durch eine vorwegnehmende Anerkennung einer jüdisch-israelischen Nation durch die Palästinenser. Damit hätten die arabischen Palästinenser selbst Anteil am Prozeß der Loslösung der jüdisch-israelischen Nationalität vom Zionismus. Dies bedeutet etwas völlig anderes, als den Staat Israel in seiner zionistischen Verfaßtheit anzuerkennen. Eine Anerkennung der jüdisch-israelischen Nationalität würde dazu beitragen, jene *Vermischung* aufzulösen, mit der es der israelischen Politik bislang immer gelungen ist, die traumatische Angst der Juden vor neuerlicher Vernichtung als Motor für das zionistische Unternehmen zu aktivieren.

Eine Anerkennung der kollektiven Rechte der jüdisch-israelischen Nationalität in einem Gesamtpalästina unterscheidet sich qualitativ vom palästinensischen Projekt eines *demokratisch-säkularen* Staates, in dem die dort lebenden Christen, Juden und Moslems als Gleiche anerkannt werden sollen. Durch die Betonung einer von der Religionszugehörigkeit absehenden Gleichheit wird die *nationale Frage* als tatsächlich beherrschende umgangen. Die Juden wie alle anderen potentiellen Bürger eines einheitlichen Staates Palästina werden so nur in ihren individuellen, nicht aber in ihren kollektiven und damit nationalen Rechten anerkannt. Umgangen also deshalb, weil mit jener Betonung der individuellen Rechte und der Garantie religiöser Freiheiten eine ausdrückliche Stellungnahme zur Frage der Kultur, Sprache und Gruppenidentität als *politische* und damit konstitutionell anzuerkennende Inhalte unberücksichtigt bleibt. Demokratie ist eine *formelle*, eine *abstrakte* Herrschaftsform, die Besonderheiten und Unterschiede nicht zur Kenntnis nimmt. Die Abstraktion von den bestehenden und den Konflikt beherrschenden nationalen Besonderheiten durch die Betonung einer entpolitisierten Religion als Konfession heißt, sich der entscheidenden Frage nach dem *nationalen* Charakter eines solchen demokratisch-säkularen Staatswesens entziehen.

Die Bedeutung des nationalen Charakters eines solchen Gemeinwesens ist deshalb so entscheidend, weil formale Demokratie immer *Mehrheitsherrschaft* bedeutet. Damit würde der politische Entwurf eines demokratisch-säkularen Staates – wenn auch ungewollt – die Demographie und damit Bevölkerungspolitik implizite wieder zu einem Herrschaftsmittel nationaler Kollektive reaktivieren. Damit gelangt man, freilich von einem anderen Ausgangspunkt und mit einer anderen Legitimation, zu einer neuerlichen Politisierung der Demographie, dem nationalen Mehrheitsdenken bei Arabern und Juden, womit ein neuer Kreislauf nationaler Unterdrückung ansetzen würde. Es bedarf also nicht – wie im Entwurf des demokratisch-säkularen Staates angelegt – der Entpolitisierung der Region, sondern vielmehr der Entpolitisierung der Nation durch die ausdrückliche Anerkennung der kollektiven Nationalitätenrechte. In einem bi-nationalen Gemeinwesen ginge es um die Trennung der Herrschaftssphäre von der Nationalität, die Verhinderung eines nationalen Einheitsstaates ausschließlich jüdischen oder arabischen Charakters.

Eine Anerkennung der jüdisch-israelischen Nationalität seitens der palästinensischen Araber wäre eine die Logik des Konflikts sprengende Dringlichkeit, die die Eigenständigkeit einer jüdisch-israelischen Identität von der bestehenden Loyalität zum Zionismus *entmischen* helfen würde. Über eine solche Bedeutung der Anerkennung sind sich die Palästinenser – von kleineren Gruppen abgesehen – noch nicht völlig im klaren. Eine solche Wende zur Anerkennung könnte sogar die politische und ideologische Lähmung im Prozeß der Selbstdefinition der Palästinenser lösen helfen und den zur Entscheidungsfrage überhöhten Scheingegensatz: Kleinstaat auf der Westbank und im Gazastreifen oder ganz Palästina als begreiflichen, aber im Kern nationalistischen entschärfen. In der Gegenüberstellung jener *territorial* quantifizierenden Alternativkonzeptionen wird die politisch *qualitative* Frage nach den entscheidenden Bedingungen eines national und sozial nicht ausschließenden Zusammenlebens umgangen. So schlägt sie als territorial minimalistische oder territorial maximalistische Fraktionierung in das palästinensische Lager zurück.

Es ist nicht verwunderlich, daß das im Gegensatz zum Zionismus entwickelte palästinensische Bewußtsein sich in der Anerkennungsfrage der Logik des Zionismus nicht zu entziehen vermag. So wird die Frage nach der Anerkennung der jüdisch-israelischen Nationalität immer noch mit der Anerkennung des Zionismus *verwechselt;* eine Vermischung, die der Zionismus bislang zur Eigenlegitimation zu nutzen verstand. Die Forderung an die Palästinenser aber, Israel in seinem Charakter als zionistischen Staat anzuerkennen, ist ebenso unsinnig, wie jede palästinensische Bereitschaft zur Anerkennung Israels als ein Sich-Abfinden mit dem Zionismus und als Leugnung der palästinensischen Subjektivität anzusehen. Während eine israelisch-zionistische Forderung nach Anerkennung von den Palästinensern verlangen, hieße, nicht nur das vergangene Unrecht der Usurpation durch den Zionismus auf ihre Kosten zu rechtfertigen, sondern auch die Fortsetzung des Prozesses der jüdischen Nationalstaatsbildung gegen sich selbst zu legitimieren, muß eine palästinensische Anerkennung des Ergebnisses der zionistischen Landnahme in Gestalt eines *noch* zionistischen Staates Israel nicht unbedingt eine Anerkennung des Zionismus bedeuten. Vielmehr kann damit auf jenen politisch noch nicht entmischten Anteil gezielt sein, der sich prozessual als jüdisch-israelische Nationalität – frei von Zionismus – verstärkt herausbilden könnte. Eine dahingehende palästinensische Absicht würde einen solchen Entmischungsprozeß als *Entzionisierung* Israels nur beschleunigen.

Aus diesem Grunde – der Tendenz zur Entzionisierung – besteht im übrigen auch keine wirkliche israelisch-zionistische Bereitschaft, sich von den Palästinensern anerkennen zu lassen. Die weitere Aufrechterhaltung des Vermengungszusammenhanges von Zionismus als politische Herrschaftsstruktur des Judenstaates und einer daraus entwachsenden jüdisch-israelischen Nationalität dient in der Tat insoweit dem Zionismus, als die jüdisch-israelische Bevölkerung mit keiner zum Konflikt und seinen antagonistischen Formen alternativen Perspektive konfrontiert werden soll. So wird sie nicht dem Prozeß der Nationalstaatsbildung unter kolonialen Bedingungen als einziger Form behaupteter Selbsterhaltung entzogen. *selfpreservation*

Ähnlich wie die Anerkennung der kollektiven, d. h. nationalen Rechte des jüdisch-israelischen Volkes sich auf das *Ergebnis*, nicht auf die *Genesis* des Kolonisationsprozesses und seiner Fortsetzung legitimerweise gründen kann, steht es um die Bedeutung der Bi-Nationalität, und zwar im Unterschied zu den historischen zionistischen Minimalisten wie Martin Buber, Jehuda L. Magnes u. a., deren bi-nationale Vorstellung als integraler Bestandteil des Kolonisationsprozesses und des Zionismus anzusehen ist, weil sich ihre Bi-Nationalität auf den *noch zu vollziehenden* Prozeß der jüdischen Nationsbildung in Palästina bezog und dabei vom jüdischen Volk, also vor allem von den Juden *außerhalb* Palästinas und den Arabern *in* Palästina ausging.[80]

Damit stellte jener Bi-Nationalismus – seiner ihm eigenen nationalen *Asymmetrie* wegen – ein Element der zionistischen Bewegung dar, zumal er selbst erst durch einen Kolonisationsprozeß, gewollt oder ungewollt, gegen die palästinensischen Araber durchgesetzt werden mußte. Die von jenen Gruppen und Persönlichkeiten projektierte Bi-Nationalität war also *Teil* des Kolonisationsprozesses auch dann, wenn sie mittels des minimalistischen Programms menschliches Leid und unabsehbare politische Folgen zu vermeiden trachteten.

Die hier entworfene Bi-Nationalität bezieht sich hingegen auf das *Ergebnis*, auf die jüdisch-israelische Nation in Israel bzw. in einem Gesamtpalästina und nicht auf den Vollzug ihrer Herstellungs- und Aufrechterhaltungsbedingungen. Das Ergebnis der Auflösung der zionistischen Verfaßtheit Israels hätte eine autochthone jüdisch-israelische und arabisch-palästinensische Nationalität zur Folge. Dies ist die Bedeutung der Bi-Nationalität im Sinne einer *post festum-Anerkennung* des Status quo, der jüdisch-israelischen Nation ohne Zionismus.

Die Aufhebung der zionistischen Struktur bedeutet historisch eine Negation der Negation jüdisch-israelischer und arabisch-palästinensischer Existenz in einem Gesamtpalästina. Negation der Negation insofern, als die zionistische Struktur des Staates Israel Ausgrenzung und Diskriminierung der palästinensischen Araber heißt und letztere in ihrer Reaktion auf ihre Ausgrenzung sich wiederum nicht gegen die zionistische Struktur Israels allein wenden können, sondern auf die von ihnen vorgefundene Vermischung von zionistischer Struktur und jüdisch-israelischer Existenz unter Dominanz ersterer treffen und somit zwischen beiden nicht zu unterscheiden vermögen. Eine Entmischung und wirkliche Konfliktlösung wird erst dann möglich, wenn die israelischen Juden intentional und praktisch den Bruch mit dem Zionismus als Ideologie und als materielle Struktur anstreben und die palästinensischen Araber die kollektive Existenz der jüdisch-israelischen Nation in Palästina anzuerkennen bereit sind. Dies bedeutet für beide Seiten, sich mit jeweils gewordener Geschichte zu versöhnen.

VI. CHRONOLOGISCHER ANHANG

Der eigentliche Beginn der zionistischen Kolonisation, der programmatischen und systematischen jüdischen Ansiedlung zwecks endlicher Staatsbildung, ist mit dem Jahre *1907* anzusetzen, als auf dem *8. Zionistenkongreß* in Den Haag die Gründung des »*Palästinaamtes*« in Jaffa beschlossen wurde. Die Leitung des Amtes übernahm *Arthur Ruppin.*

Nach dem britisch-französischen *Sykes-Picot-Abkommen* von *1916*, das die Aufteilung des Osmanischen Reichs (Türkei) in Interessensphären vorsah, sollte Palästina internationalisiert werden.

Die *Balfour-Deklaration am 2. November 1917*, vom britischen Außenminister Lord Balfour gegenüber Lord Rothschild als zionistischem Repräsentanten, abgegeben, war eine Sympathieerklärung der britischen Regierung, die als Quasi-Rechtsgrundlage des zionistischen Unternehmens im Sinne der Forderung Theodor Herzls nach einer jüdischen Staatsgründung galt.

Im Jahre 1917/18 erfolgt die militärische Eroberung Palästinas, einem Teil des Osmanischen Reiches, durch britische Truppen. Von *1920* an steht das Land unter britischer Administration. Im selben Jahr wird die *zionistische Gewerkschaft »Histadruth«* gegründet. 1926 wird das Kolonisationsunternehmen durch eine Wirtschaftskrise heftig erschüttert. Die Auswanderung übertrifft zahlenmäßig die Einwanderung.

Das Jahr *1929* ist eine der Zäsuren im Palästinakonflikt: Zum einen erfolgt die *Gründung der zionistischen »Jewish Agency«* (hebr.: sokhnut) als öffentliche Körperschaft mit dem Zweck der

Errichtung des »jüdischen Nationalheimes« auf Grundlage der Artikel 4, 6 und 11 der Mandatsverfassung. Unter anderem als Reaktion darauf kommt es zu einem arabischen Aufstand in Palästina, in dessen Verlauf auch die vorzionistische jüdische Gemeinde in Hebron vernichtet wird.

Mit der Errichtung des »Dritten Reiches«, der nationalsozialistischen Machtübernahme in Deutschland 1933, beginnt auch eine nichtzionistische Einwanderung von Juden nach Palästina. Die Vernichtung von Millionen europäischer Juden während des Zweiten Weltkrieges läßt die Mehrheit der Juden ihre Hoffnung in einen souveränen jüdischen Staat setzen.

1936/39 widersetzt sich die arabische Bevölkerung Palästinas der britischen Mandatsmacht und der zionistischen Politik der Landnahme durch einen *bewaffneten Aufstand*, der blutig niedergeschlagen wird.

1937 wird im *»Peel-Plan«* die Teilung Palästinas in einen jüdischen und arabischen Staat vorgeschlagen. Am 17. Mai 1939 publiziert die britische Regierung ein Weißbuch, das Beschränkungen jüdischer Einwanderung und zionistischen Bodenkaufs zum Inhalt hat.

In der *»Biltmore-Resolution«* vom *Mai 1942* (so genannt nach der außerordentlichen Zionistischen Konferenz im New Yorker Biltmore Hotel) kündigt die zionistische Weltorganisation das traditionelle Bündnis mit Großbritannien und erklärt offen die Absicht einer jüdischen Staatsgründung in Palästina. Ben-Gurion (1921–1935 Generalsekretär der Histadruth, 1935–1948 Vorsitzender der Jewish Agency) strebt nunmehr eine Zusammenarbeit mit den USA an.

Am *29. November 1947* beschließt die UN-Vollversammlung die *Teilung Palästinas* in einen jüdischen und einen arabischen Staat. Damit flammen in Palästina wieder Kämpfe zwischen zionistischen Juden und palästinensischen Arabern auf, die seit 1939 unterbrochen waren.

Am *9. April 1948* wird das arabische Dorf *Dir Yassin* bei Jerusalem von rechtszionistischen Kampforganisationen zerstört, die Bevölkerung massakriert. Dir Yassin gilt als das Fanal der Flucht bzw. der Vertreibung der Araber aus Palästina.

Mit dem Ablauf des Palästinamandats (am 15. Mai 1948) wird am *14. Mai* der *Staat Israel proklamiert*. Damit beginnt der erste Palästinakrieg offiziell.

Zwischen 12. Januar und 20. Juli 1949 werden mit den am Krieg beteiligten arabischen Staaten Waffenstillstandsabkommen geschlossen.

Am *24. April 1950* annektiert Transjordanien das restliche, von

Israel nicht eroberte Gebiet *(Westbank)* des nach der Teilungsresolution zu gründenden Palästinastaates. Am 25. Mai garantieren die USA, England und Frankreich den territorialen Status quo im »Nahen Osten« *(»Dreiererklärung«)*. Am 12. Juli 1950 erklärt Ägypten den Suezkanal für israelische Schiffe und Waren für gesperrt.

Exemplarisch für die Fortsetzung des Palästinakrieges als Grenzkonflikt zwischen Israel und arabischen Staaten ist die israelische *»Vergeltungsaktion«* auf das jordanische Dorf *Kibia* am 15. *Oktober 1953,* bei der über sechzig Menschen ums Leben kommen.

Auseinandersetzungen um das israelische Verhalten den Arabern gegenüber zwischen Außenminister Moshe Sharett und Ministerpräsident Ben-Gurion bestimmen jene Phase israelischer Politik hinsichtlich der Grenzkonflikte. Am 25. Januar 1954 wird Sharett auch Regierungschef. Ben-Gurion zieht sich vorläufig aus der offiziellen Politik zurück.

In Ägypten wird am 23. *Juli 1952* das feudale Regime König Faruks von jungen Offizieren gestürzt. Die »Freien Offiziere« übernehmen die Macht. Im Dezember 1954 übernimmt Oberst Nasser den Vorsitz im Revolutionsrat.

Im *Februar 1955* wird der westliche Militärpakt im »Nahen Osten« *(Bagdad-Pakt)* geschlossen. Am 28. *Februar* wird eine israelische »Vergeltungsaktion« gegen das ägyptisch verwaltete *Gaza* durchgeführt. Wenige Tage zuvor hat Ben-Gurion wieder das Verteidigungsministerium übernommen.

Ägypten schließt mit der ČSSR ein Waffenlieferungsabkomme nachdem der Westen Nasser Waffen auf Grund seiner Neutral tätspolitik verweigert hatte. Das Abkommen wird am 27. Se̜ tember 1955 bekannt.

Am 26. *Juli 1956* verkündet Nasser die *Verstaatlichung des Suez-Kanals.* sustained, lasting

Am Vorabend des Sinai/Suez-Krieges werden am 28. Oktober 1956 neunundvierzig Bewohner des arabischen Dorfes *Kfar Kassem* in Israel durch israelische Sicherheitskräfte erschossen. Dies bestimmt das Verhältnis von Juden und Arabern in Israel nachhaltig. Durch seinen Angriff auf Ägypten eröffnete Israel am 29. *Oktober 1956* den *Suez-Krieg.* Auf amerikanischen Druck hin räumt Israel bis zum 7. März 1957 die Sinai-Halbinsel.

Im *Juni 1963* gibt Ben-Gurion das Amt des Ministerpräsidenten ab. Ihm folgt *Levi Eshkol.*

Die erste *Gipfelkonferenz* arabischer Staatschefs und Monarchen tritt im *Januar 1964* in Alexandria zusammen. Anlaß ist u. a. die

Auseinandersetzung zwischen Israel und Syrien um die Ableitung des Jordanwassers.

Im *Mai 1964* gründet der Palästinensische Nationalkongreß die *Palästinensische Befreiungsorganisation (PLO)*. Die ersten organisierten militärischen Aktionen der Palästinenser gegen Israel werden von der Kampforganisation *el-Fatah* im *Januar 1965* durchgeführt. Als politische Geheimorganisation war die el-Fatah bereits 1956 in Gaza von Jassir Arafat gegründet worden.

Im Jahre *1965* erlebt Israel die bislang schwerste *Wirtschaftskrise*. Sie wird erst durch den Junikrieg 1967 aufgefangen.

In Syrien übernimmt der links-baathististische Flügel unter General Jedid im Februar 1966 die Macht. Daraufhin nehmen die Spannungen mit dem Westen zu.

Am *13. November 1966* führt Israel eine umfassende »Vergeltungsaktion« gegen das in Jordanien liegende Dorf *Samua* durch und löst damit palästinensische Demonstrationen gegen das haschemitische Regime in der Westbank aus.

Am *5. Juni 1967* greift Israel die umliegenden arabischen Staaten militärisch an. Vorausgegangen war ein kompliziertes Szenario, in das internationale, innerarabische und arabisch-israelische Konfliktmomente eingingen. Anlaß für die israelischen Angriffe war u. a. vor allem die ägyptische Sperrung des Seeweges nach Eilath am 23. Mai 1967.

In der *Schlacht von Karameh* auf dem Ostufer des Jordans am *28. März 1968* zwischen Fedayeen und israelischen Truppen gewinnen die Palästinenser militärisches Selbstbewußtsein. Dies vor allem auf dem Hintergrund der arabischen Niederlage im Juni-Krieg.

Die inzwischen etablierte »Doppelherrschaft« zwischen palästinensischen Fedayeen und der haschemitischen Monarchie in *Jordanien* wird zugunsten der Monarchie im *September 1970* blutig beseitigt. Nach dem Tode von Nasser im selben Monat setzt sich später Sadat in Ägypten durch und wird Präsident.

Nach dem Waffenstillstand am Suezkanal am 7. Oktober 1970, wo seit April 1969 wieder – lokal begrenzt – gekämpft wurde, wird im Februar 1971 die Initiative des UN-Beauftragten *Jarring* eingeleitet, die jedoch scheitert.

Am *6. Oktober 1973* beginnt der vierte »Nahost«-Krieg, dem politisch die Genfer Konferenz vom 21. Dezember folgt.

Die ägyptisch-israelische Annäherung auf Veranlassung der USA beginnt mit der Unterzeichnung des sogenannten »*Truppenentflechtungsabkommens*« vom *18. Januar 1974*. Syrien schließt ebenfalls ein solches Abkommen mit Israel ab.

Am *3. Juni 1974* bildet *Rabin* eine neue israelische Regierung.

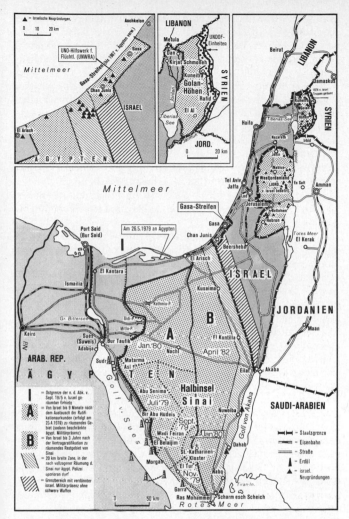

Abb. 6: *Die Situation zwischen Suez-Kanal und Jordan nach Unterzeichnung des ägyptisch-israelischen Friedensvertrags vom 26. 3. 1979*

Golda Meir, die im Februar 1969 dem verstorbenen Eshkol als Ministerpräsidentin folgte, tritt mit ihrer Regierung ab, auf Grund sogenannter »Versäumnisse« im Oktoberkrieg.

failure

Im *Oktober 1974* findet in Rabat eine arabische Gipfelkonferenz statt. Dabei wird die *PLO als einzige legitime Vertretung* des palästinensischen Volkes anerkannt. Am 13. November spricht Jassir Arafat vor der Vollversammlung der Vereinten Nationen.

Am *13. April 1975* bricht in *Libanon* nach dem Massaker von Ain Roumaneh in Beirut an libanesischen und palästinensischen Fahrgästen eines Busses durch rechtskonservative libanesische Falangisten der Bürgerkrieg aus.

Die israelische Regierung *enteignet in Galiläa* Böden, die sich in arabischem Eigentum befinden. Die arabische Bevölkerung Israels demonstriert gegen die Enteignungen mit einem *Generalstreik* am *30. März 1976*. Die israelischen Behörden setzen Militär ein; der »*Tag des Bodens*« ist ein Markstein des neuen palästinensischen Selbstbewußtseins bei den israelischen Arabern.

Am 1. Juni 1976 greift die syrische Armee gegen Palästinenser und Progressisten in die Kämpfe im Libanon ein.

Durch vorgezogene *Wahlen* in Israel am *17. Mai 1977* kommt der rechtszionistische Likud-Block an die Regierung. *Menachem Begin* wird zum Ministerpräsidenten gewählt. Der Arbeiterzionismus befindet sich zum ersten Male seit dem Beginn des zionistischen Kolonisationsprozesses in der Opposition.

Mit seinem spektakulären *Besuch in Jerusalem* versucht *Sadat* am *19. November 1977* einen Durchbruch zu einem Frieden zwischen Israel und den Arabern zu erzielen. Der Besuch und die sich daran anschließenden Gespräche führen zu den mit den USA gemeinsam gestalteten »*Camp-David*«-Vereinbarungen, in denen vor allem beschlossen wird, der palästinensischen Bevölkerung der Westbank und des Gazastreifens »*Autonomie*« zu gewähren. Israel versteht unter »Autonomie« das Offenhalten der Souveränitätsfrage und die weitere Besiedlung der Gebiete mit Juden, was längerfristig zur endgültigen Majorisierung der dort lebenden Palästinenser und damit letzthin zur Annexion durch Israel führen muß. Ägypten hingegen will einen langsamen Übergang zur palästinensischen *Selbstbestimmung* erzielen.

Damit wird durch diesen fundamentalen Gegensatz der ägyptisch-israelische Friedensvertrag vom März 1979 gefährdet, weil ohne eine Lösung der Palästinafrage Ägypten isoliert bleibt und eine Fortsetzung der durch die Sadat-Initiative eingeleiteten Friedenslösung kaum möglich wird.

4. Indochina im Wandel der Machtkonstellationen

Von Hans Walter Berg

I. VIETNAM

a) Der Unabhängigkeitskrieg gegen die Kolonialmacht Frankreich

Bei Ausbruch des Zweiten Weltkrieges bestand die 1887 von der französischen Kolonialmacht geschaffene »Indochinesische Union« aus dem dreigeteilten Vietnam – Cochinchina mit der Hauptstadt Saigon, Tonking mit der Hauptstadt Hanoi, dem Kaiserreich Annam mit der Hauptstadt Hué – sowie den beiden Königreichen Kambodscha und Laos. Die Föderation wurde von einem französischen Generalgouverneur verwaltet, der dem Kolonialministerium in Paris unterstand; aber nur Cochinchina war völkerrechtlich eine Kolonie, während die anderen Staaten den Status von Protektoraten hatten.

Nach der französischen Niederlage im Krieg gegen Deutschland und dem Ausbruch des japanisch-amerikanischen Krieges wurde Indochina 1942 von japanischen Truppen besetzt. Tokio schloß mit der Vichy-Regierung einen Kompromiß, der darin bestand, daß man die französische Souveränität über das Generalgouvernement formal bestehen ließ und dafür das Recht auf Nutzung der militärischen Fazilitäten und der Wirtschaft des Landes zugestanden bekam. Erst in der Endphase des Krieges, am 9. März 1945, ergriffen die japanischen Militärs auch offiziell das Regiment; sie sperrten die französischen Kolonialtruppen als Kriegsgefangene ein und veranlaßten den Kaiser von Annam, Bao Dai, die Vereinigung der drei Vietnam-Regionen und ihre Unabhängigkeit von Frankreich zu erklären.

Während des Krieges hatten sich in Südchina mehrere revolutionäre Organisationen der Vietnamesen zur »Vietnamesischen Unabhängigkeits-Liga« (Viet Minh) zusammengeschlossen und unter Führung des Komintern-Funktionärs Nguyen Ai Quoc, alias Ho Chi Minh, seit 1941 sowohl gegen die französischen Kolonialherren wie auch gegen das japanische Besatzungsregime *decorated, adorned*

gekämpft. Diese Bewegung übernahm nach der japanischen Kapitulation am 26. August 1945 die Macht in Hanoi. Kaiser Bao Dai dankte ab und wurde zum »Obersten politischen Berater« der neuen Regierung ernannt, die – mit diesem Symbol der Legitimität und Kontinuität geschmückt – am 2. September 1945 die unabhängige »Demokratische Republik Vietnam« proklamierte.

Zuvor war auf der Potsdamer Konferenz von den Großen Drei – Truman, Stalin und Churchill (später Attlee) – beschlossen worden, Indochina nördlich und südlich vom 16. Breitengrad in zwei Zonen zu teilen. Im Norden sollten die japanischen Truppen von den Chinesen und im Süden von den Engländern entwaffnet werden. Der vierte »Sieger«, der in Potsdam nicht anwesende französische General de Gaulle, entsandte jedoch unabhängig von den Beschlüssen der Großen Drei seinen persönlichen Vertrauensmann Admiral Thierry d'Argenlieu nach Indochina, und zwar mit dem Auftrag, dort als Französischer Hoher Kommissar die alten französischen Herrschaftsrechte wiederherzustellen. *sort out*

Lord Mountbatten, der Oberbefehlshaber der alliierten Streitkräfte in Südostasien, erklärte damals: »Wenn Roosevelt noch lebte, hätten die Franzosen nicht die geringste Chance, Indochina zurückzubekommen. Aber jetzt läßt sich die Sache vielleicht doch noch im Sinne de Gaulles einrenken.« Tatsächlich hatte der dezidiert antikolonialistische Roosevelt bereits 1943 dem britischen Außenminister Anthony Eden vorgeschlagen, man solle Indochina nach dem Krieg nicht den Franzosen zurückgeben, sondern einer internationalen Treuhänderschaft unterstellen. Aber obwohl die Engländer selber bald nach dem Kriege ihrer größten Kolonie, Indien, die Unabhängigkeit gewährten, leisteten sie den Franzosen bei der Restaurierung ihrer Kolonialherrschaft in Indochina aktive Hilfe.

Zehn Tage nach der Unabhängigkeitsproklamation der Vietminh-Regierung in Hanoi landeten am 12. September 1945 britische Truppen in Saigon, um die im südlichen Vietnam stationierten 70000 Mann starken japanischen Streitkräfte zu entwaffnen. Während sie sich jedoch mit dieser Aufgabe Zeit ließen, befreiten und bewaffneten sie sofort die von den Japanern zuvor internierten französischen Kolonialtruppen, die knapp eine Woche später durch einen Staatsstreich die Oberhoheit Frankreichs in Cochinchina wieder herstellten. Hier hatten inzwischen – wie in Hanoi – Vietminh-Funktionäre die Regierungsgewalt übernommen; allerdings war ihre Position im Süden sehr viel schwächer als im nördlichen Vietnam. In Saigon bestanden Gegensätze zwischen dem Vietminh und den Kadern der Kommunistischen Partei

Indochinas (ICP), die ihrerseits wieder in Trotzkisten und Marxisten gespalten waren. Daneben gab es noch eine Vielzahl nationalistischer Gruppen und religiöser Sekten wie die Cao Dais und Hoa Haos, die gegen eine Abhängigkeit Südvietnams von dem kulturell anders gearteten Nordvietnam protestierten. Diese internen Gegensätze erleichterten es den Franzosen, die Vietminh-Regierung in Saigon in wenigen Tagen zu entmachten und von hier aus den Versuch zu unternehmen, unter Schürung und Ausnutzung historisch bedingter anti-nordvietnamesischer Ressentiments ganz Indochina zurückzuerobern.

Mit der Parole »Cochinchina pour les Cochinchinois« begannen sie Ende 1945 ihren Kampf gegen die von Hanoi proklamierte Unabhängigkeit Vietnams. Zwar wurde am 6. März 1946 mit der Regierung Ho Chi Minhs ein Abkommen unterzeichnet, in dem Frankreich Vietnam als freien Staat einer Indochina-Föderation innerhalb der Französischen Union anerkannte und konzedierte, daß über die Wiedervereinigung Cochinchinas mit Tonking und Annam eine Volksabstimmung entscheiden sollte. Doch forderten die Franzosen bereits einen Monat später auf einer in dem südvietnamesischen Höhenkurort Dalat veranstalteten Konferenz, daß der Kern der Indochina-Föderation aus einem Zusammenschluß von Cochinchina und Annam im lockeren Verband mit Laos und Kambodscha bestehen müsse, während man der dadurch isolierten Demokratischen Republik Vietnam lediglich das Recht einräumte, der einem französischen Hohen Kommissar unterstehenden Föderation beizutreten oder nicht.

Hanois Delegationsführer in Dalat, General No Nguyen Giap, verließ die Konferenz unter Protest. Im Juni des gleichen Jahres reiste Ho Chi Minh zu persönlichen Verhandlungen mit der französischen Regierung nach Fontainebleau, doch scheiterte auch dieser Verständigungsversuch. Zur gleichen Zeit schuf der französische Generalgouverneur in Saigon, Admiral d'Argenlieu, vollendete Tatsachen. Er ließ im Juni 1946 – angeblich als Antwort auf den fortgesetzten Terror des Vietminh – die unabhängige »Provisorische Regierung von Cochinchina« proklamieren und ernannte den Arzt Dr. Nguyen Van Trinh zum Präsidenten dieses südvietnamesischen Staates von Frankreichs Gnaden.

Der aus 14 Franzosen und 28 Vietnamesen gebildete Konsultativrat sollte die Entwicklung einer vietnamesischen Selbstverwaltung in Angriff nehmen, eine Aufgabe, die von den französischen Kolonialherren völlig vernachlässigt worden war. Die Eingeborenen-Bevölkerung war hier von jeglicher politischen Mitverantwortung ausgeschlossen geblieben, und eine politische Infrastruktur hatten nur die vietnamesischen Kommunisten im Untergrund entwickelt. Da der Vietminh seine Schwerpunkte im Norden hatte, gelang auch in Tonking zuerst der Aufbau einer funktionierenden Verwaltung, während die politische Ordnung Südvietnams wegen des fehlenden eigenen Gerüstes noch jahrelang von Anarchie und Chaos bedroht wurde.

Auch die provisorische Regierung von Cochinchina blieb ohne wirkliche Basis im eigenen Volk; sie vertrat weiter die Interessen der alten französischen Kolonialherren, deren Ziele vorwiegend von den französischen Kautschukplantagen-Besitzern und Reisexporteuren mit Hilfe der Bank von Indochina bestimmt wurden. Bereits vier Monate nach seiner Amtsübernahme sah auch Präsident Dr. Van Trinh ein, daß er von den Franzosen mißbraucht worden war. Am 20. November 1946 erklärte er den Mitgliedern seines Kabinetts, ihm breche das Herz in der Erkenntnis, auf welch unseliges Abenteuer er sich eingelassen habe. Dann ging der erste Präsident eines pseudo-unabhängigen südvietnamesischen Staates nach Hause und hängte sich auf.

Inzwischen hatten die kommunistischen Kader des Vietminh in Hanoi ihre Macht gefestigt und sich auf eine gewaltsame Kraftprobe mit den Franzosen vorbereitet. Am 22. November 1946 kam es nach einem französischen Luftbombardement der nordvietnamesischen Hafenstadt Haiphong zu blutigen Zusammenstößen zwischen Vietminh-Milizen und französischen Kolonialtruppen. Die Kämpfe griffen im Dezember auf Hanoi über, und damit begann der achtjährige Krieg, der 1954 mit der vernichtenden französischen Niederlage bei Dien Bien Phu und der endgültigen Liquidierung des französischen Kolonialreiches in Indochina enden sollte.

Gleich zu Beginn des Krieges zog sich Ho Chi Minh mit seiner Regierung und Gefolgschaft in den Dschungel zurück und dirigierte zusammen mit seinem alten Kampfgefährten General Giap aus einem schnell beweglichen Feldquartier den Guerillakrieg nach den Lehren Mao Tse-tungs. Die Essenz dieser Lehren war, daß sich kommunistische Guerillas im Volk »wie Fische im Wasser« bewegen können müßten. Deshalb wurden in allen vom Vietminh kontrollierten Gebieten sofort soziale Reformen durchgeführt, mit denen man das Vertrauen der bäuerlichen Bevölkerung gewinnen wollte. Die Vietminh-Truppen nannten sich »Vietnamesische Volksarmee«. Nach dem Sieg der Kommunisten in China und der Proklamation der Chinesischen Volksrepublik im Oktober 1949 erhielten die Vietminh in wachsendem Maße chinesische Militärhilfe, die es ihnen ermöglichte, von der anfänglichen Defensive auch zu Offensiv-Operationen überzugehen.

Da es den kommunistischen Vietminh-Führern mit ihrem Kampf gegen den französischen Kolonialismus gelang, auch den Widerstand nichtkommunistischer vietnamesischer Nationalisten gegen die Fremdherrschaft zu mobilisieren, versuchten die Franzosen ihnen dadurch den Wind aus den Segeln zu nehmen, daß sie eine nationale vietnamesische Regierung unter dem Exkaiser Bao Dai bildeten. Dieser kehrte im April 1949 aus dem französischen Exil in seine Heimat zurück, als »Staatsoberhaupt eines vereinigten Vietnam«, das auf Grund des im März 1949 unterzeichneten Elysée-Abkommens ein »assoziierter Staat« der Französischen Union wurde. Die neue »nationale Regierung« übernahm eine Reihe bisher von den Franzosen ausgeübter administrativer Funktionen, doch behielten die ehemaligen Kolonialherren weiter die Verantwortung für die Außen- und Verteidigungspolitik und auch die eigentliche Entscheidungsgewalt in Fragen der Innenpolitik. Auf diese Weise errang Bao Dai nicht, wie beabsichtigt, das Image eines nationalen Führers, sondern wurde im Gegenteil als »Quisling« – als Verräter im Solde einer fremden Macht – diskreditiert und gab damit der nationalistischen Agitation seiner Gegner neuen Auftrieb.

Im Januar 1950 wurde die »Demokratische Republik Vietnam« von der Sowjetunion und der damals noch mit Moskau verbündeten Chinesischen Volksrepublik diplomatisch anerkannt. Einen Monat später, am 7. Februar 1950, nahmen die USA diplomatische Beziehungen zur Bao-Dai-Regierung – ebenso wie zu den Regierungen von Laos und Kambodscha – auf. Die schon von Präsident Truman begonnene militärische und wirtschaftliche Unterstützung der Franzosen in Indochina wurde von der Eisenhower-Administration forciert fortgesetzt, weil es hier nach amerikanischer Lagebeurteilung um die Verteidigung der Südfront gegen die befürchtete gewaltsame Expansion des Weltkommunismus in ganz Asien ging.

Der damalige amerikanische Außenminister John Foster Dulles erklärte im Dezember 1953: »Es besteht die Gefahr, daß Rotchina, wie in Korea, seine eigene Armee nach Indochina schickt. Das kommunistische Regime Chinas sollte sich darüber im klaren sein, daß eine solche zweite Aggression ernste Konsequenzen nach sich ziehen müßte, die möglicherweise nicht auf Indochina beschränkt bleiben würden.« Und Präsident Eisenhower erläuterte seine Befürchtungen auf einer Pressekonferenz Anfang 1954 mit der seither heftig umstrittenen »Domino-Theorie«. Er sagte: »Wenn Sie eine Reihe Dominosteine aufstellen und den ersten umstoßen, dann kippt sehr schnell auch der letzte um.« Mit anderen Worten, wenn man zuläßt, daß die Kommunisten Vietnam erobern, geht man das Risiko ein, daß in einer Kettenreaktion ein südostasiatischer Staat nach dem anderen kommunistisch wird.

Als Eisenhower diese Warnung aussprach, hatte im Indochina-Krieg bereits die Entscheidungsschlacht um die französische Dschungelfestung Dien Bien Phu begonnen. Angesichts der drohenden Niederlage bat die französische Regierung Washington um militärische Unterstützung in Form von Luftangriffen gegen die Belagerungstruppen des Generals Giap. Da Präsident Eisenhower nicht wünschte, daß sich die USA hier allein exponierten, versuchte sein Außenminister Dulles, die Engländer zu einer gemeinsamen amerikanisch-britischen Intervention zu bewegen. Er schrieb am 4. April 1954 an den englischen Premierminister Winston Churchill: »Wenn Indochina den Kommunisten in die Hände fällt, könnten die Folgen für unsere und Ihre global-strategische Position auf weite Sicht hin katastrophal sein. Wir haben versäumt, Hirohito, Mussolini und Hitler Einhalt zu gebieten, weil wir nicht gemeinsam rechtzeitig handelten. Das war der Anfang tiefer Tragik und äußerster Gefahr. Könnte es nicht sein, daß unsere Völker aus dieser Lektion gelernt haben?«

Churchill lehnte das amerikanische Ansinnen ab, weil er befürchtete, daß »die militärische Operation für sich wirkungslos wäre und die Welt leicht an den Rand eines großen Krieges bringen könnte«. Statt einer militärischen Intervention empfahl die britische Regierung, auf der zu jener Zeit tagenden Großmächte-Konferenz in Genf eine friedliche Verhandlungslösung zu suchen. Auch in Washington selber wurde ein Meinungsstreit für und gegen eine amerikanische Intervention ausgetragen. Dabei plädierten zwei Senatoren, John F. Kennedy und Lyndon B. Johnson, die später als Präsidenten die Eskalierung des amerikanischen Indochina-Engagements vorantreiben sollten, gegen eine militärische Entlastungsaktion der USA, während der damalige Vizepräsident Nixon, der 1969 als Präsident mit dem amerikanischen Disengagement in Vietnam begann, einen Einsatz selbst amerikanischer Kampftruppen in Dien Bien Phu befürwortete. Am Ende setzten sich die zur Mäßigung mahnenden Stimmen durch.

Auf sich allein gestellt, mußten die in Dien Bien Phu kämpfenden französischen Truppen am 7. Mai 1954 kapitulieren, und bereits einen Tag später, am 8. Mai, begann die Genfer Konferenz mit ihren Indochina-Beratungen. Neben den Großmächten Frankreich, England, USA und der Sowjetunion nahm zum ersten Male auch die Chinesische Volksrepublik, vertreten durch ihren Ministerpräsidenten Chou En-lai, an einer internationalen Konferenz teil. Die unmittelbar betroffenen Völker Indochinas waren durch eine nord- und eine südvietnamesische Delegation sowie durch eine laotische und eine kambodschanische Abordnung vertreten. Sie konnten jedoch auf den Verhandlungsverlauf kaum Einfluß nehmen, sondern mußten sich dem Arrangement der Großmächte beugen, und dabei fühlten sich Nord- und Südvietnam in gleichem Maße betrogen.

Der von der Ho-Chi-Minh-Regierung offen erhobene Anspruch auf ganz Vietnam und der insgeheim betriebene Anschluß von Laos und Kambodscha wurden von den Sowjets nicht unterstützt, weil Moskau den französischen Widerstand gegen die zu der Zeit diskutierte Beteiligung der Bundesrepublik an einer Europäischen Verteidigungsgemeinschaft mit eigenen Konzessionen in der Indochina-Frage honorieren mußte. In dem nach 75 Verhandlungstagen am 21. Juli 1954 unterschriebenen Waffenstillstandsabkommen wurde die Unabhängigkeit der beiden Königreiche Laos und Kambodscha anerkannt und Vietnam selber durch eine Demarkationslinie am 17. Breitengrad in zwei Staatshälften geteilt. Diese Teilung war allerdings verbunden mit der ausdrücklichen Verpflichtung für die Regierungen in Hanoi und Saigon, innerhalb von zwei Jahren – spätestens bis Juli 1956 – gesamtvietnamesische Wahlen als Mittel zur Wiedervereinigung der beiden Staatshälften durchzuführen.

b) *Folgen der Genfer Indochinakonferenz –*
die amerikanische Eindämmungspolitik in Südostasien

Obwohl sich die in Nordvietnam regierenden Kommunisten von ihren sowjetischen und chinesischen Freunden verraten fühlten, akzeptierten sie die Genfer Vereinbarung in der Gewißheit, daß sie mit ihrem jahrelang aufgebauten Machtapparat in Staat und Partei die Wiedervereinigungswahlen sicher gewinnen würden und dann ihren Einfluß auch auf Laos und Kambodscha ausdehnen könnten. Eben aus diesem Grunde haben die südvietnamesische Regierung und Washington das Genfer Abkommen nicht unterschrieben, sondern nur zur Kenntnis genommen.

Für die französische Vierte Republik, die zu jener Zeit von dem progressiven linksliberalen Ministerpräsidenten Mendès-France regiert wurde, bedeutete das Genfer Indochina-Abkommen den zwar schmerzlichen, aber als unvermeidbar erkannten endgültigen Abschied von der kolonialen Vergangenheit in Asien, während den Franzosen eine ähnliche Entscheidung in Algerien noch bevorstand. Wirtschaftlich hatte Frankreich von seinem indochinesischen Kolonialreich – mit Ausnahme der Kautschukplantagen und des Handels mit tropischen Früchten (vor allem Reis) und Gewürzen – keinen großen Nutzen gehabt. Seine späten Eroberungen in diesem Teil der Welt waren mehr durch politische Großmachtambitionen als durch wirtschaftliche Profitinteressen motiviert. Das galt bereits für die Zeit der klassischen Kolonialperiode und noch weit mehr für die Jahre nach 1945, als Frankreich nach seiner demütigenden Niederlage gegen Deutschland und seiner schnellen Kapitulation vor Japan in Indochina in der letzten Kriegsstunde als Nachzügler in den Kreis der Siegermächte aufrückte und seinen Nachholbedarf an »gloire« mit der Rückeroberung seiner verlorenen südostasiatischen Kolonien zu befriedigen versuchte. Dieses am Ende politisch und militärisch gescheiterte Unternehmen war für Frankreich von vornherein ein wirtschaftliches Verlustgeschäft.

Als die USA, die bereits die Hälfte der Kosten des französischen Kolonialkrieges finanziert hatten, hier nach dem Abzug der Franzosen den Kampf gegen eine weitere kommunistische Expansion aufnahmen, geschah das ausschließlich unter dem Aspekt der von dem damaligen amerikanischen Außenminister John Foster Dulles konzipierten »Eindämmungspolitik«. Ihr fehlte völlig die Antriebskraft wirtschaftlicher Profitgier, sie forderte vielmehr von den USA auch finanziell große Opfer. Ganz abgesehen von den astronomischen Milliardenbeträgen, die Amerikas Kriegführung in den folgenden Jahren verschlang, mußten die amerikanischen Steuerzahler auch die Differenz finanzieren, die zwischen den bescheidenen vietnamesischen Exportverdiensten und den immensen Einfuhrkosten für Nahrungsmittel, für Konsumgüter und vor allem für Rüstungslieferungen klaffte und die gegen Kriegsende jährlich fast eine Milliarde Dollar betragen sollte.

Diese und die anderen noch schwereren Opfer waren nicht vorauszusehen, als die amerikanische Regierung nach der Genfer Indochinakonferenz 1954 den Entschluß faßte, sich militärisch in Südostasien zu engagieren. Noch im September des gleichen Jahres rief der amerikanische Außenminister Dulles auf einer Konferenz in Manila die Südostasien-Pakt-Organisation SEATO ins Leben, eine Verteidigungsgemeinschaft, der neben den USA, Frankreich, Großbritannien, Australien und Neuseeland an asiatischen Staaten nur Thailand, Pakistan und die Philippinen angehörten. In einem Sonderprotokoll wurden dem von der neuen

Organisation zu schützenden Gebiet auch Südvietnam, Laos und Kambodscha hinzugefügt. Auf der Grundlage dieses Protokolls begannen die Hilfeleistungen der USA für Indochina, die sich in den folgenden Jahren schrittweise bis zum Einsatz von 550 000 Mann starken amerikanischen Streitkräften in Vietnam, Laos und Kambodscha steigerten.

Noch vor der Unterzeichnung der Genfer Waffenstillstandsvereinbarung hatte Frankreich am 4. Juni 1954 mit der Bao-Dai-Regierung ein Abkommen geschlossen, das Südvietnam die Unabhängigkeit gewährte. Am 16. Juni ernannte Bao Dai den damals 53jährigen vietnamesischen Nationalisten Ngo Dinh Diem zum Präsidenten des Ministerrates. Diem war als Sohn eines hohen Beamten am annamitischen Kaiserhof im französisch-vietnamesischen Verwaltungsdienst ausgebildet worden, hatte jedoch später ebenso entschieden eine Zusammenarbeit mit der Ho-Chi-Minh-Regierung wie mit den französischen Kolonialherren abgelehnt und die völlige Unabhängigkeit Vietnams gefordert. Seit 1950 hielt er sich im Ausland auf, in Japan, den USA und Europa; das letzte Jahr vor seiner Ernennung zum Ministerpräsidenten hatte der fromme Katholik in einem belgischen Benediktiner-Kloster verbracht.

Als Diem sein Amt antrat, befand sich Südvietnam in einer fast chaotischen Situation. Weite Teile des Landes wurden von zwei pseudo-religiösen Sekten beherrscht, die ihre eigenen Armeen unterhielten und Steuern eintrieben, den »Cao Dai« und »Hoa Hao«, sowie von den »Binh Xuyen« genannten organisierten Gangster-Banden. Auch auf die Loyalität der Regierungsstreitkräfte konnte sich Diem nicht uneingeschränkt verlassen. Diese innenpolitische Labilität wurde noch dadurch krisenhafter, daß nach der Teilung Vietminh-Kader im Süden zurückblieben, die im Untergrund ihre kommunistische Aktivität fortsetzten, und zweitens dadurch, daß unmittelbar nach Inkrafttreten des Waffenstillstandsabkommens 880 000 vorwiegend katholische Nordvietnamesen vor der kommunistischen Herrschaft nach Südvietnam flüchteten und hier von der unterentwickelten Volkswirtschaft absorbiert werden sollten. Während sich das Staatsoberhaupt Bao Dai wieder in Frankreich aufhielt und von dort den schwindenden Einfluß der Franzosen aufrechtzuerhalten versuchte, stützte sich Diem auf die immer stärker werdende Position der amerikanischen Hilfsmacht. Mit ihrer Rückendeckung gelang es ihm auch, im Frühjahr 1955 zwei Aufstände, eine Meuterei der eigenen Armee und einen Angriff bewaffneter Sekten-Banden, niederzuschlagen. Nach dieser erfolgreich bestandenen Kraftprobe trat Diem gegen den von ihm als »Quisling« verabscheuten Kaiser Bao Dai an. Am 23. Oktober 1955 ließ er die Bevölkerung in einer Volksabstimmung darüber entscheiden, ob sie seine Regierung oder die des abwesenden Kaisers Bao Dai vorziehen wolle. Nachdem sich 98 % der Stimmberechtigten zu Diem bekannt hatten, erklärte er Bao Dai für abgesetzt, proklamierte am 26. Oktober Vietnam zur Republik und übernahm als ihr erster Präsident die volle Regierungsgewalt.

Zu diesem Zeitpunkt – anderthalb Jahre, nachdem er in einer fast hoffnungslosen Situation zum Ministerpräsidenten bestellt worden war – hatte Diem die Armee, die Polizei und die Hauptstadt Saigon fest unter Kontrolle, aber auf dem Lande blieben die Kommunisten aktiv, und ihre regierungsfeindlichen Umtriebe benutzte Diem auch als Rechtfertigung dafür, daß er die Durchführung der im Genfer Abkommen vorgeschriebenen gesamtvietnamesischen Wahlen verweigerte. Er wurde in dieser Haltung von Washington unterstützt. Statt der Wiedervereinigungswahlen ließ Diem 1956 die ersten Wahlen für eine Verfassunggebende Nationalversammlung durchführen, die die beiden regierungsfreundlichen Parteien gegen mehrere Oppositionsparteien mit großer Mehrheit gewannen. Die Wahlen dienten der Bestätigung der südvietnamesischen Eigenstaatlichkeit, die Diem und Washington gegen alle Wiedervereinigungs-Forderungen Hanois verteidigten. Der südvietnamesische Regierungschef berief sich bei seiner strikten Ablehnung jeglicher Kooperation mit der Ho-Chi-Minh-Regierung u. a. darauf, daß diese in ihrem eigenen Staat keine Wahlen riskiere und alle oppositionellen Kräfte mit Terror einschüchtere oder physisch vernichte.

Tatsächlich hatten in Hanoi nach der Genfer Konferenz und der Evakuierung der französischen Truppen die kommunistischen Vietminh-Kader die alleinige Herrschaft übernommen. Die am 11. November 1945 nach der Proklamation der »Demokratischen Republik Vietnam« aufgelöste und durch eine Volksfront-Organisation ersetzte »Kommunistische Partei Indochinas« war am 3. März 1951 als »Lao Dong Dang « – »Arbeiterpartei« – wiedergegründet worden. Während die Kommunisten sich in den Kriegsjahren um eine Zusammenarbeit auch mit nichtkommunistischen Nationalisten bemüht hatten, ergriffen sie nach dem Waffenstillstand im Juli 1954 die alleinige Kontrolle über den Regierungsapparat und liquidierten viele ihrer früheren Verbündeten als »Klassenfeinde«.

Im Gegensatz zu dem ideologielosen Bürokraten-Regime und der unpolitischen Armee in Südvietnam waren die Staatsfunktionäre und Offiziere in Nordvietnam linientreue Kommunisten, die in den Jahren des Dschungelkrieges zu einer disziplinierten Kampfgemeinschaft unter der straffen und unbestrittenen Führung des als Nationalhelden verehrten Ho Chi Minh zusammengewachsen waren. Die Regierung arbeitete nach den Weisungen des Politbüros, in dem der Partei-Generalsekretär Truong Chinh eine radikale Landreform durchgesetzt hatte. Sie wurde von sogenannten Landreform-Tribunalen so brutal durchgeführt – mit zigtausend Todesurteilen auch gegen kleine Landbesitzer –, daß es 1956 zu einem Bauernaufstand gegen das Regime kam. Die Unruhen zwangen die Regierung zur Mäßigung und die Parteiführung zur Entlassung des Generalsekretärs, dessen Amt jetzt von Ho Chi Minh persönlich übernommen wurde. Es begann mit sowjetischer und chinesischer Unterstützung eine Periode des wirtschaftlichen Wiederaufbaus mit dem bescheidenen Ziel, die landwirtschaftliche und industrielle Produktion und die Verkehrsverbindungen in dem kriegszerstörten Land wieder auf den Vorkriegsstand zu bringen. Gleichzeitig forcierte man – nachdem Präsident Diem die Durchführung gesamtvietnamesischer Wahlen verweigert hatte – zunächst insgeheim und in allmählicher Steigerung die Aktivitäten kommunistischer Terroristen in Südvietnam und leitete damit 1960 die zweite Phase des Indochinakrieges ein.

Im September 1960 wurde auf dem Dritten Kongreß der Vietnamesischen Arbeiterpartei in Hanoi der Beschluß gefaßt, für den Kampf gegen das Diem-Regime und für die Wiedervereinigung eine Volksfront-Organisation in Südvietnam zu schaffen, die möglichst viele auch nichtkommunistische Nationalisten anziehen sollte. Am 20. Dezember des gleichen Jahres wurde dann »irgendwo« in Südvietnam die »Nationale Befreiungsfront« (NLF) gegründet, in der sich rund 20 politische Parteien und religiöse Gruppen zusammenschlossen. Die NLF gab sich ein betont harmloses Programm mit Forderungen wie: Bildung einer nationalen Koalitionsregierung, Garantie demokratischer Freiheiten, allgemeine Wahlen, Neutralität und Nichtbeteiligung an Militärallianzen, Kündigung der amerikanischen Hilfe, Abhaltung einer zweiten internationalen Indochina-Konferenz nach dem Genfer Modell von 1954, Normalisierung der Beziehungen zwischen den beiden »Zonen« als erstem Schritt zu einer friedlichen Wiedervereinigung.

Auf dem ersten NLF-Kongreß im Frühjahr 1962 wurde der Führer der »Sozialistischen Partei«, Nguyen Van Hieu, ein früherer Professor und Journalist, zum Generalsekretär des Zentralkomitees gewählt, und den Parteivorsitz übernahm ein ehemaliger Saigoner Architekt, Nguyen Huu Tho, der, als Befürworter von Wiedervereinigungswahlen im Süden verfolgt, 1956 nach

Hanoi geflüchtet war. Die offiziell erst im Januar 1962 als Unterorganisation der NLF gegründete »Revolutionäre Volksaktionspartei« war schon vorher der verlängerte Arm der kommunistischen Arbeiterpartei Nordvietnams und der eigentliche Führer des Untergrundkampfes gegen das Diem-Regime. Die Volksfront-Tarnung des kommunistischen Kampfes in Südvietnam verfehlte nicht ihre Wirkung; sie mobilisierte eine sogenannte »Dritte Kraft«, die mit ihrer Befürwortung einer neutralistischen Koalitionsregierung später eine nicht unwichtige Rolle spielen sollte. In der Weltöffentlichkeit wurde der Eindruck erweckt, als kämpften in der NLF südvietnamesische Patrioten für die nationale Selbstbestimmung ihres Staates gegen die »amerikanischen Imperialisten« und das von ihnen abhängige Saigoner »Satelliten-Regime«.

Die Front-Organisation der NLF waren die »Vietcong« genannten südvietnamesischen Guerillas, die ihren Einflußbereich – die angeblich »befreiten Zonen« – mit einem gnadenlosen Terror ausdehnten. Zur Einschüchterung der Bevölkerung gehörte die systematische Ermordung von Dorfältesten, von denen 1960 täglich ein halbes Dutzend auf grausame Weise getötet wurde. Seit Beginn des Guerillakrieges erhielten die Vietcong jährlich mehr als 2000 Mann Verstärkung aus Nordvietnam. Dabei handelte es sich allerdings zunächst vorwiegend um südvietnamesische Kommunisten, die 1954 nach der Teilung des Landes in den Nordstaat geflüchtet waren und jetzt als ausgebildete Guerilla-Kämpfer in ihre alte Heimat zurückkehrten.

Zur gleichen Zeit schuf sich Nordvietnam mit Hilfe der kommunistischen »Pathet Lao« einen Versorgungskorridor durch das benachbarte Königreich Laos, den sogenannten »Ho-Chi-Minh-Pfad«, der in Wirklichkeit kein »Pfad«, sondern ein ganzes Netz von Dschungelwegen war, auf denen nordvietnamesischer Nachschub nach Südvietnam transportiert wurde. Auf diese Weise konnte man die entmilitarisierte Zone an der Demarkationslinie umgehen, die am 17. Breitengrad die beiden vietnamesischen Teilstaaten wie ein Sperriegel trennte. 1963 wurde die Zahl der südlich vom 17. Breitengrad operierenden Guerillas auf 15 000 bis 20 000 geschätzt. Ihre Schwerpunkte lagen in Gebieten nahe der laotischen und kambodschanischen Grenze, und in dem für die Nahrungsmittelversorgung besonders wichtigen Mekong-Delta kontrollierten sie zu jener Zeit das halbe Land.

In Saigon verfolgte indessen die Diem-Regierung konsequent das Ziel, einen unabhängigen Staat aufzubauen und seine Souveränität zu verteidigen. Die USA verurteilten zwar Diems autoritäre Regierungsweise, aber sie unterstützten seine Unabhängigkeitspolitik mit einer ständig wachsenden Wirtschafts- und Militärhilfe, die bis 1960 einen Wert von rund drei Milliarden Dollar erreicht hatte. Südvietnam machte spürbare wirtschaftliche Fortschritte, die Reis-, Zucker- und Textilproduktion wurde gesteigert, Schulen und Krankenhäuser wurden gebaut und auch Anfänge einer bescheidenen Landreform unternommen. Doch betrieb Diem einen Familiendespotismus orientalischen Stils, der trotz seiner persönlichen Unbestechlichkeit einer wuchernden Korruption in der Verwaltung Vorschub leistete. Der strenggläubige Katholik war von einem messianischen Sendungsbewußtsein erfüllt; als konfuzianischer Traditionalist vertrat er die Auffassung, daß in der hierarchischen Struktur der vietnamesischen Gesellschaft die Massen ihren Führern Respekt und Gehorsam schuldeten. Die Forderungen seiner amerikanischen Bundesgenossen nach demokratischen Reformen empfand der unabhängigkeitsstolze Patriot als Einmischung in die inneren Angelegenheiten Vietnams. Die negativ-kritische Berichterstattung amerikanischer Journalisten schürte sein ohnehin waches Mißtrauen gegen eine amerikanische Unterstützung seiner innenpolitischen Gegner. Auch für einen gescheiterten militärischen Putschversuch (1960) machte er amerikanische Einflüsse auf die in den USA ausgebildeten jüngeren Offiziere verantwortlich.

Trotz Diems Mißtrauen gegen jegliche Opposition, die er summarisch als Illoyalität verurteilte, wurden 1959 unter Zulassung von Oppositionsparteien die zweiten Nationalversammlungs-Wahlen und 1961 die ersten Präsidentschaftswahlen durchgeführt, die beide mit vorprogrammierten Siegen der Diem-Anhänger endeten. Der Präsident stützte sich auf die von seinen beiden jüngeren Brüdern Ngo Dinh Nhu und Ngo Dinh Can geführte »Nationale Revolutionäre Bewegung«, eine Mitläufer-Partei, die außer einem lautstarken Anti-Kommunismus über kein ideologisches Programm verfügte. Diem selber vertrat ein von konfuzianischen Gedanken geprägtes vages Konzept des »Personalismus«. Dem in Südvietnam weitverbreiteten Hang zum religiösen und politischen Sektierertum begegnete er mit der Forderung nach absoluter nationaler Disziplin. Um der auf dem Lande immer erfolgreicheren Guerilla-Tätigkeit des »Vietcong« entgegenzuwirken, entwickelte Diems Bruder Nhu ein Programm der »Wehrdörfer« – sogenannter »Hamlets«, in denen die Bauern zum Selbstschutz bewaffnet wurden. Er wurde dabei von dem zweiten Diem-Bruder, Ngo Dinh Can, unterstützt, der als Provinzgouverneur ebenso autoritär regierte wie Diem als Präsident. Der dritte Bruder, Ngo Dinh Thuc, war katholischer Erzbischof und bestärkte Diem in seiner starren Haltung gegenüber den oppositionellen Buddhisten.

incidents

Die Auseinandersetzung des Präsidenten mit dem buddhistischen Klerus löste eine folgenschwere Krise aus, die schließlich mit dem Sturz und der Ermordung Diems und seiner drei Brüder endete. Die Krise begann am 8. Mai 1963 mit blutigen Zwischenfällen in der alten Kaiserstadt Hué. Diem hatte einen beabsichtigten Flaggenschmuck zum 2587. Geburtstag Buddhas verboten. Als die Buddhisten protestierten, schoß die Armee auf die Demonstranten. Es gab zahlreiche Tote und Verletzte, und dieser Zwischenfall führte wenig später zur spektakulären Selbstverbrennung des hohen buddhistischen Würdenträgers Quang Duc in Saigon, dem bald weitere solche rituellen Selbstmorde buddhistischer Mönche folgten.

dignatory

In Saigon wurde die Xa-Loi-Pagode zum Zentrum des buddhistischen Widerstandes gegen das Diem-Regime. Anführer des militanten Klerus war der Mönch Thich Tri Quang, der mit seiner Agitation die Regierung offen provozierte. Diem und sein inzwischen zum engsten Berater des Präsidenten avancierter Bruder Nhu schlugen hart zurück und veranlaßten am 21. August 1963 in allen Pagoden der Hauptstadt eine Durchsuchungs- und Verhaftungsaktion. Sie verletzten damit die Gefühle der vorwiegend mittelständischen buddhistischen Bevölkerungsschichten, die sich gegen die katholische Präsidenten-Familie empörten und deren fremdenfeindlicher Nationalismus sich gegen die amerikanische Hilfsmacht richtete.

rebel

c) *Das militärische Engagement der USA in Vietnam*

Die Regierung in Washington befand sich angesichts der Krise in Saigon in einem Dilemma, das sich seit der Amtsübernahme durch Präsident Kennedy im Januar 1961 auf verhängnisvolle Weise entwickelt hatte. Im März 1961 unterstützten nordvietnamesische Truppen in dem Vietnam benachbarten Königreich Laos eine Offensive der dort operierenden kommunistischen »Pathet Lao«-Guerillas. Die USA, die darin eine Gefahr für das SEATO-»Schutzgebiet« sahen, reagierten mit einer Landung kleiner Kontingente amerikanischer Streitkräfte in dem SEATO-Mitgliedstaat Thailand. Zugleich stellte sich die Frage einer verstärkten Militärhilfe für Südvietnam. Kennedy schickte seinen Berater Walt Rostow und General Maxwell Taylor zu einer Informationsmission nach Saigon. Sie empfahlen nach ihrer Rückkehr im Oktober 1961 die Entsendung amerikanischer Berater, die vietnamesischen Militär-Einheiten und Verwaltungsbehörden attachiert werden sollten, weiter die Stationierung einer etwa 10 000 Mann starken amerikanischen Kampftruppe als Einsatzreserve in Südvietnam und schließlich für den Fall, daß Hanoi die Infiltration kommunistischer Truppen nach Süden nicht einstellen sollte, Vergeltungsmaßnahmen gegen Nordvietnam.

Präsident Kennedy lehnte sowohl Repressalien gegen Nordvietnam als auch den Einsatz amerikanischer Kampftruppen in Südvietnam ab. Aber er erhöhte die Zahl der Militärberater. Der 1954 erst aus 55 amerikanischen Offizieren bestehende Beraterstab in Südvietnam wuchs bis Ende 1961 auf 1364 Offiziere an; Ende 1962 betrug die Zahl bereits 9865, und im November 1963 waren es rund 15 000 amerikanische Offiziere und Experten, die Washington zur Unterstützung der Diem-Regierung in Vietnam eingesetzt hatte. Während der ganzen Zeit waren in Washington die Befürworter und Gegner einer solchen Hilfe ständig aufeinandergeprallt. Nach Ausbruch der Laos-Krise erklärte der damalige Vizepräsident und spätere Präsident Johnson, der im Mai 1961 Saigon besucht hatte: »Die Grundentscheidung über Südostasien muß jetzt gefällt werden. Wir müssen uns entscheiden, ob wir diesen Ländern nach besten Kräften helfen oder den Kampf aufgeben und unsere Verteidigungslinie nach San Francisco zurücknehmen wollen. In diesem Fall, und das ist noch wichtiger, würden wir der Welt kundtun, daß wir unsere Verträge nicht erfüllen und unseren Freunden nicht beistehen.« Die Verantwortung für das Vietnam-Problem wurde zunehmend vom State Department in das Verteidigungsministerium verlegt, und sowohl der damalige Verteidigungsminister McNamara wie auch hohe amerikanische Militärs waren noch Anfang 1963 davon überzeugt, daß die Saigon-Regierung den Krieg innerhalb von Jahresfrist gewinnen werde.

Die genau entgegengesetzte Auffassung vertraten fast alle aus Saigon berichtenden amerikanischen Journalisten, die heftigste Kritik an dem autoritären Diem-Regime und an den amerikanischen Hilfeleistungen für den »Diktator« übten. Die Korrespondenten prangerten jede Verletzung demokratischer Grundrechte in Südvietnam an, während Verbrechen der Vietcong-Guerillas oft als »systemimmanent« ignoriert wurden. Diese Berichterstattung, die vor allem den Präsidenten-Bruder Ngo Dinh Nhu und seine politisch sehr einflußreiche Frau Madame Nhu verurteilte, blieb nicht ohne Wirkung in Washington, und die Kritiker schienen durch die den Sommer 1963 über anhaltenden Buddhisten-Unruhen bestätigt zu werden. Als im September Verteidigungsminister McNamara und Generalstabschef Taylor noch einmal

Südvietnam bereisten, kamen sie zu einem ihrer früheren Lagebeurteilung entgegengesetzten Schluß, daß nämlich der Krieg durch das unpopuläre Diem-Regime nicht mehr gewonnen werden könne. Unmittelbar danach forderte Präsident Kennedy öffentlich »personelle Veränderungen« in der Saigoner Regierung.

Die vietnamesische Armeeführung hatte offenbar auf ein solches Zeichen gewartet. Sie fühlte sich schon länger durch Diems Politik irritiert, nicht zuletzt durch seinen wachsenden Antiamerikanismus und die daraus angeblich resultierende Bereitschaft, eine Verständigung mit Hanoi zu suchen. Wie der neue amerikanische Botschafter in Saigon, Cabot Lodge, forderten jetzt auch die vietnamesischen Generäle von Diem, er solle seinen Bruder Nhu und dessen Frau entlassen und ins Exil schicken, die Nhu unterstehenden »special forces« der Armee eingliedern und die bisher dem Präsidenten direkt verantwortlichen Streitkräfte einem Verteidigungsminister aus den Reihen der Militärs unterstellen. Da sich der halsstarrige Präsident auf keine Verhandlungen einließ, wurde er in der Nacht vom 1. zum 2. November 1963 durch einen militärischen Staatsstreich gestürzt und am nächsten Morgen zusammen mit seinem Bruder Nhu ermordet. Der Putsch war – mit Ausnahme des Präsidenten-Mordes – detailliert vorgeplant und von den amerikanischen Beratern gebilligt worden, auch von dem US-Botschafter Cabot Lodge, und dies sicherlich nicht ohne Auftrag seiner Regierung in Washington. Als man Präsident Kennedy den Tod Diems mitteilte, soll er nur achselzuckend gesagt haben: »Nun, die Ereignisse sind über Diem hinweggegangen.« Nur drei Wochen später wurde auch Kennedy ermordet. Er hinterließ seinem Nachfolger Johnson ein Vietnam-Problem, das die USA innerhalb von anderthalb Jahren mit dem Einsatz eigener Streitkräfte in Stärke von schließlich einer halben Million amerikanischer Soldaten in den Indochinakrieg verwickeln sollte.

Dem nordvietnamesischen Verteidigungsminister General Giap wird der Ausspruch zugeschrieben: »Es gibt in Vietnam nur zwei wirkliche Führer – der eine heißt Ho Chi Minh und der andere Ngo Dinh Diem. Für beide zusammen ist kein Platz in diesem Lande.« Tatsächlich hatte Südvietnam mit der Ermordung Diems seine einzige überragende politische Führerfigur verloren. Der »Militärische Revolutionsrat«, der unter Führung von General Duong Van Minh die erste Nachfolgeregierung bildete, war in sich so zerstritten, daß 1964 ein Staatsstreich den anderen jagte und das Land an den Rand des militärischen und politischen Zusammenbruchs geriet.

set back

Bereits im Januar 1964 wurde die regierende Militärjunta durch einen Staatsstreich des 36jährigen Generals Khanh gestürzt. Der in Frankreich ausgebildete Offizier, der nicht an dem Putsch gegen Diem beteiligt war, machte sich selbst zum neuen Staatschef, aber im Laufe des Jahres wurde noch fünfmal – durch Verschwörungen einmal gegen Khanh, dann wieder mit Khanh – die Regierung gewechselt. Parallel zu diesem Verfall der staatlichen Autorität erlitten die Regierungstruppen im Kampf gegen den Vietcong eine Schlappe nach der anderen. Während in der Hauptstadt als Folge blutiger Straßenkämpfe zwischen Buddhisten und Katholiken zeitweise völlige Anarchie herrschte, eroberten die Kommunisten 13 der insgesamt 44 südvietnamesischen Provinzen, und in weiteren 22 Provinzen waren die Kommunisten so aktiv, daß diese Provinzen offiziell zur Gefahrenzone erklärt wurden.

Angesichts der drohenden militärischen Niederlage entschloß sich die amerikanische Regierung im Juli 1964, ihr »Militärisches Beistandskommando« (MACV) in Saigon und die Besatzung der amerikanischen Luftwaffenstützpunkte von 15 000 auf 20 000 Mann zu verstärken. Als einen Monat später zwei amerikanische Zerstörer im Golf von Tonking von nordvietnamesischen Kanonenbooten angegriffen wurden, befahl der vom Kongreß dazu ermächtigte Präsident Johnson Vergeltungsangriffe der amerikanischen Luftwaffe auf Häfen und Versorgungseinrichtungen an der nordvietnamesischen Küste. Mit diesen ersten amerikanischen Angriffen auf kommunistisches Territorium seit dem Koreakrieg begann die verhängnisvolle Eskalierung der amerikanischen Kriegführung in Indochina. Es handelte sich dabei nicht um eine langfristig geplante Interventionspolitik, sondern um eine Serie kleiner Entscheidungen, bei der ein Eskalationsschritt den anderen fast automatisch nach sich zog.

Noch im Oktober 1964 hatte Präsident Johnson erklärt: »Wir wollen unter keinen Umständen einen Landkrieg in Asien und werden unsere ›boys‹ nicht 15 000 oder 16 000 Kilometer von der Heimat entfernt in den Einsatz schicken und sie das tun lassen, was die asiatischen ›boys‹ selber tun sollten.« Aber bereits im Februar 1965 wurde die nächste Eskalationsstufe erreicht, als die Amerikaner nach einem Vietcong-Überfall auf den US-Luftwaffenstützpunkt Pleiku begannen, nordvietnamesische Bereitstellungsräume unmittelbar nördlich vom 17. Breitengrad zu bombardieren, und ein paar Wochen später griffen die ersten amerikanischen Erdkampftruppen in den Krieg ein. Im August 1965 belief sich ihre Stärke bereits auf 125 000 Mann, und bis 1967 wurde diese Zahl auf rund 550 000 Mann gesteigert. Im gleichen

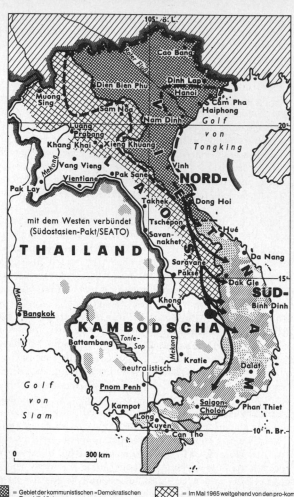

Abb. 7: *Vietnam und seine Nachbarn (1967)*

Zeitraum wuchs die Stärke der kommunistischen Streitkräfte von 90 000 auf 200 000 Mann, von denen allerdings nur die Hälfte Einheiten der regulären nordvietnamesischen Armee angehörte. Immerhin hatte sich die nordvietnamesische Infiltrationsquote nach zweijährigem amerikanischen Luftbombardement vor allem gegen die Nachschubwege des Ho-Chi-Minh-Pfades verdreifacht, und sie sollte sich in den nächsten Jahren noch so steigern, daß schließlich die nordvietnamesische Armee allein den Entscheidungskampf gegen Saigon führen konnte.

Die amerikanische Kriegführung litt von Anfang an darunter, daß die eigenen Truppen politisch nicht motiviert waren, während die Kommunisten sich als Pioniere des sozialen Fortschritts und Vorkämpfer der nationalen Unabhängigkeit eines wiedervereinten Vietnam empfanden und entschlossen waren, bis zum totalen Sieg über ihre Gegner zu kämpfen. Die USA dagegen wollten Hanoi nur militärisch so weit unter Druck setzen, daß man sich dort zu Verhandlungen über eine Anerkennung des Status quo der Teilung bereit finden würde. Wenn man den amerikanischen Soldaten erklärte, sie würden durch ihren Einsatz in Vietnam dafür sorgen, daß sich Amerika nicht eines Tages in Kalifornien gegen asiatische Kommunisten verteidigen müsse, konnte man damit kaum einen der GI's wirklich überzeugen. Sie führten mehr einen Legionärs-Krieg und fühlten sich dazu noch von der immer stärker werdenden inneramerikanischen Opposition gegen den Krieg verraten. Einen Krieg zu führen, den man nicht unter vollem Einsatz auch wirklich gewinnen will, hatte schon der amerikanische Oberkommandierende in Korea, General MacArthur, mit den Worten verdammt, daß es keinen Ersatz für den Sieg gebe. Und die konventionelle amerikanische Kriegführung gegen Guerilla-Kämpfer hat ein Kritiker mit dem Versuch verglichen, das Unkraut in einem Schrebergarten mit einer großen Planiermaschine zu jäten.

Die südvietnamesischen Militärs plädierten dafür, Nordvietnam auch mit Erdkampftruppen anzugreifen und den Gegner dort in die Knie zu zwingen. Darin sah die amerikanische Regierung jedoch ein zu großes Risiko, weil man eine Intervention sowjetischer und vor allem chinesischer Truppen befürchtete, wie man sie schon einmal in Korea erlebt hatte. Tatsächlich hätte diese Gefahr bestanden, zumal sich die Chinesen durch das mächtige Aufgebot amerikanischer Truppen, Flugzeuge, Flotten und Stützpunkte in unmittelbarer Nähe ihrer Grenzen direkt bedroht fühlten und sich die von Außenminister Dulles entwickelte »Eindämmungspolitik« tatsächlich in erster Linie gegen Peking richtete.

Ein weiteres Handicap der amerikanischen Kriegführung bestand in der von vielen Amerikanern geteilten weltweiten Kritik, die den Kampf des amerikanischen Goliath gegen den vietnamesischen David als »Neokolonialismus« verurteilte und sich dabei oft die Propaganda-Vorwürfe Hanois zu eigen machte. Allerdings lieferten auch die Amerikaner selber ihren Kritikern manches Argument, so der General LeMays mit seiner berüchtigten Forderung, man müsse Vietnam »zurück in die Steinzeit bomben«, oder General Westmoreland, der für seine »search and destroy«-Taktik u. a. die Methode des täglichen »bodycount«, des »Leichenzählens«, einführte. Im Grunde wurde jedoch Amerikas Vietnam-Politik keineswegs von imperialistischen Zielsetzungen bestimmt, sondern von dem Willen – wie Präsident Johnson sagte –, »eine niederträchtige unrechtmäßige Aggression« gegen das im Vergleich mit dem kommunistischen Norden schwächere Südvietnam abzuwehren und der befürchteten weltweiten gewaltsamen Expansion des Kommunismus in Asien dort Einhalt zu gebieten, wo durch den Abzug der fremden Kolonialmächte ein machtpolitisches Vakuum entstanden war. Daß diese Politik erfolglos blieb, lag nicht zuletzt darin begründet, daß die USA in den drei Indochina-Staaten als Verbündete nur die Repräsentanten eines morschen »ancien régime« fanden, die gegen die von Washington geforderten demokratischen und sozialen Reformen hartnäckigen Widerstand leisteten und dadurch das Vertrauen ihrer Völker verspielten. *rotten, ramshackle*

In Saigon ergriffen nach der langen Staatsstreichserie im Sommer 1965 zwei Militärs – Luftmarschall Cao Ky und General Thieu – die Macht und leiteten eine Periode innenpolitischer Stabilisierung ein. Bis zum September 1967 dominierte Cao Ky als Chef einer Kriegsrechts-Administration die politische Szene, während Thieu sich mit der mehr zeremoniellen Rolle eines Staatsoberhauptes begnügen mußte. Als jedoch im September – nicht zuletzt auf Drängen des amerikanischen Bundesgenossen – die Militärjunta durch eine gewählte Regierung abgelöst wurde, übernahm General Thieu als Präsident die volle Regierungsgewalt, die er bis wenige Tage vor der Kapitulation Saigons im Frühjahr 1975 behielt. Obwohl im Oktober 1967 in Südvietnam Parlamentswahlen durchgeführt wurden, bei denen sich die Opposition zum ersten Mal seit 13 Jahren legal manifestieren konnte, machte der Demokratisierungsprozeß keineswegs die von Washington erhofften Fortschritte. Der autoritär regierende Thieu erwies sich für die USA als ein ebenso eigenwilliger, mißtrauischer und unbequemer Partner, wie es der im November 1963 gestürzte Präsident Ngo Dinh Diem gewesen war. Aber zum Unterschied von der letzten Amtszeit Diems, in der die Amerikaner wegen der inneren Wirren in Südvietnam einen baldigen Sieg der Kommunisten befürchtet hatten, schien sich die politische und militärische Lage unter der Thieu-Regierung zunächst entscheidend zugunsten Südvietnams zu wenden. Als sich im Oktober 1966 in Manila mit Präsident Johnson an der Spitze die Regierungschefs der Staaten versammelten, die Washingtons Kriegführung in Vietnam aktiv unterstützten – neben den SEATO-Mitgliedern Philippinen, Thailand, Australien und Neuseeland vor allem Südkorea –, da wurde auf dieser Gipfelkonferenz bereits der unmittelbar bevorstehende Endsieg der Alliierten in Indochina gefeiert.

Um so größer war der Schock, als die Kommunisten in der ersten Februarwoche 1968 die Kampfruhe des buddhistischen Neujahrsfestes (Tet) brachen und an allen wichtigen Plätzen in Südvietnam zu einer den Gegner völlig überraschenden Großoffensive antraten. 36000 nordvietnamesische Soldaten und Vietcong-Guerillas griffen nach einem detailliert vorbereiteten und genau koordinierten Plan 28 von insgesamt 44 südvietnamesischen Provinzhauptstädten an und zerstörten Flugplätze, Militärstützpunkte und Regierungsinstallationen, führten in Saigon tagelange Straßenkämpfe, konnten dort zeitweise selbst die amerikanische Botschaft besetzen und eroberten für Wochen den Kern der alten Kaiserstadt Hué. Wo die Kommunisten eindrangen, gingen sie mit grausamem Terror vor – in Hué wurden nach der Rückeroberung durch Regierungstruppen Massengräber mit den Leichen von Tausenden ermordeter Zivilisten entdeckt. Aber auch ihre eigenen Blutopfer, besonders die der Vietcong-Kader, waren so groß, daß die dadurch geschwächten südvietnamesischen Kommunisten künftig nur noch die Rolle einer Hilfstruppe für die nordvietnamesischen Streitkräfte spielen konnten. Vor allem wurden die Hoffnungen der Kommunisten, daß sie mit ihrer Offensive einen allgemeinen Volksaufstand entzünden könnten, bitter enttäuscht. Ihre militärischen Erfolge waren nur ein Pyrrhos-Sieg; dennoch bedeuteten sie politisch-psychologisch für Hanoi einen beispiellosen Triumph, weil sie in Washington die Bereitschaft zur De-Eskalierung des Krieges und zur Aufnahme von Friedensverhandlungen auslösten. Diese Bereitschaft wurde von Präsident Johnson – gleichzeitig mit dem resignierten Verzicht auf seine Wiederwahl – am 31. März 1968 öffentlich verkündet.

Der drastische amerikanische Kurswechsel war ohne vorherige Konsultationen der Saigoner Regierung und der anderen mit den USA im Vietnamkrieg alliierten Staaten beschlossen worden. Er löste in den amerikanisch-vietnamesischen Beziehungen eine schwere Vertrauenskrise aus, die sich Anfang der 70er Jahre durch das ebenfalls überraschend vereinbarte amerikanisch-chinesische Rapprochement auch auf das Verhältnis der USA zu den übrigen asiatischen Bundesgenossen ausdehnen sollte.

Bereits am 10. Mai 1968 begannen im Pariser Hotel Majestic offizielle und hinter den Kulissen geheime Vorverhandlungen zwischen Vertretern der amerikanischen und der nordvietnamesischen Regierung, die sich zunächst mit Prozedur-Fragen beschäftigten und sich mit häufigen Unterbrechungen das ganze Jahr über hinzogen. Der schwierigste Streitpunkt war, ob und wie die Saigoner Regierung und die südvietnamesische Nationale Befreiungsfront NLF an den Verhandlungen beteiligt werden könnten, da beide den sich gegenseitig ausschließenden Alleinvertretungsanspruch für Südvietnam erhoben. Im übrigen forderte Hanoi als bedingungslose Vorleistung die völlige Einstellung der amerikanischen Luftangriffe auf Nordvietnam, während es sich selber nach der alten kommunistischen Taktik »Gleichzeitig Kämpfen und Verhandeln« das Recht vorbehielt, seine militärischen Operationen fortzusetzen.

Während die sowjetische Regierung das Zustandekommen der Verhandlungen begünstigte, stießen schon die Vorbereitungen auf den heftigsten Widerstand der Chinesischen Volksrepublik. Noch im September 1968 hieß es in einer Botschaft Mao Tsetungs an Ho Chi Minh: »Der US-Imperialismus und der Sowjet-Revisionismus können den US-Aggressor nicht vor seinem unvermeidlichen Zusammenbruch in Vietnam retten. Ihr arroganter und rasender Versuch, die Welt durch gegenseitige Kollaboration untereinander aufzuteilen, trifft auf den immer stärker werdenden Widerstand von Menschen aller Nationen.« Hier zeichneten sich bereits deutlich die chinesisch-sowjetischen Interessengegensätze ab, die die Auseinandersetzung über das Indochina-Problem in der Folgezeit ständig überschatten und verschärfen sollten. Peking fürchtete den wachsenden sowjetischen Einfluß in Hanoi und sah die Gefahr, daß als Ergebnis der Friedensverhandlungen ein von Moskau abhängiges wiedervereintes Vietnam entstehen und durch den Anschluß von Laos und Kambodscha zu einer chinafeindlichen Regionalmacht werden könnte. Diese Furcht vor einer gegen Peking gerichteten sowjetischen Einkreisungspolitik bestimmt bis heute die chinesische Haltung gegenüber den drei Indochina-Staaten.

Als der amerikanische Präsident Johnson im November 1968 den von Hanoi geforderten Bombardierungsstopp verfügte und man sich über einen Kompromiß in der Frage des Status der Saigoner

Regierung und der NLF-Vertretung geeinigt hatte, konnten im Dezember 1968 in Paris endlich die offiziellen Friedensverhandlungen beginnen. Als ranghöchster Vertreter Saigons ging der ehemalige Regierungschef Cao Ky nach Paris, während die NLF-Delegation von Madame Nguyen Thi Binh angeführt wurde, die auf publikumswirksame Weise den Eindruck zu erwecken verstand, keine extremen kommunistisch-revolutionären Forderungen zu vertreten, sondern lediglich das nationale Selbstbestimmungsrecht des südvietnamesischen Volkes. Die eigentlichen Verhandlungen wurden jedoch von den Delegierten Washingtons und Hanois geführt, und dies weniger am offiziellen Konferenztisch, wo die Kommunisten vorwiegend Reden zum Fenster hinaus hielten, als vielmehr in geheimen Gesprächen hinter verschlossenen Türen.

In den USA hatte im November 1968 Richard Nixon die Präsidentschaftswahlen gewonnen; zusammen mit seinem Sicherheitsberater Henry Kissinger verfolgte er von Anfang an das vordringliche Ziel, die amerikanische Intervention in Indochina zu beenden und die »Jungens vom Schlachtfeld und aus der Gefangenschaft nach Hause zu bringen«. Alle anderen Aspekte der komplexen Indochina-Probleme waren zweitrangig. Zwar wollte man einen »ehrenvollen Frieden«, der nach der bisher verfolgten amerikanischen Politik eigentlich in einer Garantie der Eigenstaatlichkeit Südvietnams hätte bestehen müssen; doch gab Dr. Kissinger zu verstehen, daß es ihm in erster Linie darum gehe, von Hanoi die Respektierung einer »Anstandsfrist« nach dem amerikanischen Truppenabzug zu erreichen.

Die Forderungen der Kontrahenten bei den Friedensverhandlungen, die sich mit Unterbrechungen über vier Jahre erstrecken sollten, sahen in der Essenz folgendermaßen aus: Washington forderte von Hanoi als Gegenleistung für den eigenen Truppenabzug den Rückzug der nordvietnamesischen Streitkräfte auf das Territorium nördlich vom 17. Breitengrad. Danach sollte sich die Saigoner Regierung mit der NLF über die Bildung einer Koalitionsregierung und die Durchführung freier Wahlen möglichst unter internationaler Kontrolle verständigen. Dagegen forderte Hanoi den bedingungslosen Abzug der amerikanischen Truppen, den sofortigen Rücktritt der Thieu-Regierung und die Bildung einer Koalitionsregierung aus Vertretern der NLF und der sogenannten »Dritten Kraft« (damit waren die nichtkommunistischen neutralistischen Gegner des Thieu-Regimes gemeint), und dieser »Volksfront«-Koalition sollte die Durchführung von Wahlen überlassen bleiben.

Die Saigoner Regierung forderte den sofortigen Rückzug der

nordvietnamesischen Truppen hinter die Demarkationslinie, danach freie Wahlen unter internationaler Kontrolle, gegebenenfalls unter Beteiligung der NLF. Dazu wäre allerdings eine Verfassungsänderung notwendig gewesen, die man nicht ohne weiteres konzedieren wollte. Um ihren Status anzuheben, bildete die NLF im Juni 1969 eine »Provisorische Revolutionsregierung«, die ebenso wie Saigon den Alleinvertretungsanspruch für Südvietnam erhob.

Im gleichen Monat trafen sich der amerikanische Präsident Nixon und der südvietnamesische Präsident Thieu auf der Pazifikinsel Midway, um über die seit Nixons Amtsantritt schwelende schwere Vertrauenskrise zwischen den beiden Verbündeten zu konferieren. Eine Beilegung der Krise gelang jedoch nur formal; denn der von Nixon bei dieser Gelegenheit verkündete, angeblich von Thieu vorgeschlagene Abzug von 25 000 Mann starken amerikanischen Truppen aus Südvietnam erfolgte in Wirklichkeit gegen heftigen Widerstand des Saigoner Regierungschefs. Thieu fürchtete »einen Ausverkauf der nationalen Interessen seines Volkes« durch Washington, und von diesem Mißtrauen blieb sein Verhältnis zum amerikanischen Alliierten bis zu dem für beide bitteren Ende belastet.

Der mit der Midway-Erklärung Nixons beginnende amerikanische Truppenabzug aus Südvietnam war eine Vorleistung gegenüber Hanoi, von dem man keine Zusicherungen hinsichtlich der ursprünglich geforderten nordvietnamesischen Truppenreduzierungen erhalten hatte. Die schon von Präsident Johnson eingeleitete »De-Eskalierung« des Vietnamkrieges bekam jetzt den Namen »De-Amerikanisierung« bzw. »Vietnamisierung«. Während Washington bis Anfang 1973 die gesamten 550 000 Mann starken Truppen seines Expeditionskorps aus Vietnam zurückzog, wurden mit massiver amerikanischer Rüstungshilfe die regulären südvietnamesischen Streitkräfte auf über 500 000 Mann verdoppelt und daneben »Volksstreitkräfte« in der gleichen Stärke aufgebaut. Nachdem die amerikanischen Truppen 1965 den damals drohenden militärischen Zusammenbruch Südvietnams verhindert und dann weitere drei Jahre lang die Hauptlast der Kämpfe getragen hatten – mit mehr als 40 000 Todesopfern und einer Vielzahl an Verwundeten –, übernahm ab 1969 die südvietnamesische Armee die Verteidigung ihres Landes.

Als im September 1969 der nordvietnamesische Staats- und Parteichef Ho Chi Minh starb, vollzog sich in Hanoi ein fast reibungsloser Übergang auf eine kollektive Führung mit einem Triumvirat alter Kampfgefährten Ho Chi Minhs – dem Partei-Generalsekretär Le Duan, dem Ministerpräsidenten Pham Van

Dong und dem Verteidigungsminister No Nguyen Giap – an der Spitze. Ihnen hatte Ho ein politisches Testament hinterlassen, das die Fortsetzung des Freiheitskampfes bis zur völligen Wiedervereinigung Vietnams forderte und seinen alten Plan der Schaffung eines Groß-Indochina-Staates unter Anschluß von Kambodscha und Laos aufrechterhielt. Ferner beschwor Ho Chi Minh seine Nachfolger, alles zu tun, um die durch den Konflikt zwischen Peking und Moskau gefährdete Einheit im sozialistischen Lager wiederherzustellen.

Ho selber hatte sich stets bemüht, eine neutrale Haltung im Konflikt der kommunistischen Großmächte zu bewahren und beiden gegenüber die vietnamesische Unabhängigkeit zu behaupten. Seine Regierung der Demokratischen Republik Vietnam war 1950 unmittelbar nacheinander zuerst von Peking und dann von Moskau anerkannt worden. Die Chinesen hatten aktiv seinen Kampf gegen die französischen Kolonialherren unterstützt. Zur gleichen Zeit wurden sie in Korea in einen Krieg gegen amerikanische Streitkräfte verwickelt, und seither fühlte sich Peking unmittelbar von den USA bedroht. Die chinesisch-amerikanischen Spannungen verschärften sich weiter, als Washington nach dem Genfer Indochina-Abkommen 1954 Südvietnam militärische Hilfe gewährte und schließlich mit eigenen Truppen dort intervenierte. Peking sah darin nur die Vorbereitung einer amerikanischen Aggression gegen China und verstärkte seine Hilfeleistungen für Nordvietnam.

Mit zunehmender Eskalierung des Vietnam-Krieges aber wurde Hanoi immer mehr von der Lieferung moderner sowjetischer Waffen abhängig. Unmittelbar nach dem ersten Einsatz amerikanischer Erdkampftruppen unterzeichnete der sowjetische Ministerpräsident Kossygin in Hanoi 1965 einen Militärhilfe-Vertrag, der sowjetische Rüstungslieferungen im Wert von rund zwei Milliarden Dollar an Vietnam vorsah. In der Folgezeit verstärkte sich auch der politische Einfluß Moskaus in Nordvietnam, und dieser Prozeß verlief parallel zur ständigen Verschärfung des sowjetisch-chinesischen Konfliktes. Als nicht zuletzt durch Moskaus Vermittlung 1968 die Vorbereitungen direkter nordvietnamesisch-amerikanischer Verhandlungen begannen, wurde das von Peking zunächst als »antichinesische Verschwörung der sowjetischen und amerikanischen Imperialisten« verurteilt. Je deutlicher sich jedoch die Tendenzen der amerikanischen De-Eskalierungspolitik abzeichneten, desto mehr verlagerte sich die chinesische Furcht vor einer Einkreisung von dem traditionellen amerikanischen Feindbild auf den neuen Gegner Sowjetunion. Sechs Monate vor dem Tode Ho Chi Minhs war es im März 1969 am russisch-chinesischen Grenzfluß Ussuri zu so schweren bewaffneten Zwischenfällen zwischen sowjetischen und chinesischen Streitkräften gekommen, daß damals die akute Gefahr eines regulären Krieges zwischen den beiden kommunistischen Nachbarstaaten bestand. Angesichts dieser Gefahr wuchs in Peking die Bereitschaft zu einer Verständigung mit den USA, die dann Anfang der 70er Jahre von Chou En-lai, Nixon und Kissinger schrittweise eingeleitet wurde.

Als Präsident Nixon im Februar 1972 Peking besuchte, hatten sich die amerikanisch-vietnamesischen Friedensverhandlungen in Paris bereits über drei Jahre lang ergebnislos hingeschleppt, und es bestand immer noch die Gefahr einer neuen Eskalierung des Konfliktes, die das amerikanisch-chinesische Rapprochement ebenso wie die gleichzeitig betriebene Entspannungspolitik Washingtons gegenüber Moskau empfindlich gestört hätte. Nach Nixons China-Reise und seinem anschließenden Besuch in Moskau faßte man in Washington den Entschluß, durch direkte Einschaltung Henry Kissingers in die Pariser Gespräche so schnell wie möglich eine Waffenstillstandsvereinbarung zu erreichen.

d) *Vom Pariser Waffenstillstandsabkommen 1973 zum Zusammenbruch Süd-Vietnams*

Am 19. Juli 1972 nahm Kissinger mit dem nordvietnamesischen Chefunterhändler Le Duc Tho seine Geheimverhandlungen auf, die nach zahllosen Gesprächsrunden im Oktober zu einem von Hanoi vorzeitig veröffentlichten Kompromißabkommen führten, das angeblich am 26. Oktober 1972 in Paris unterzeichnet werden sollte. Inzwischen hatte sich jedoch die Thieu-Regierung in Saigon geweigert, das ihr erst unmittelbar zuvor mitgeteilte Verhandlungsergebnis anzuerkennen, und auch Washington fühlte sich durch die vorzeitige Veröffentlichung so brüskiert, daß die USA eine weitere Verhandlungsrunde forderten. Tatsächlich kam es nach anfänglichem Sträuben Hanois zu zwei neuen Runden, die aber am 13. Dezember ergebnislos abgebrochen wurden. Daraufhin befahl der gerade wiedergewählte Präsident Nixon, am 18. Dezember die amerikanischen Luftangriffe auf Nordvietnam wieder aufzunehmen und die nordvietnamesischen Häfen zu verminen. Dieser militärische Kraftakt, der mit ultimativen politischen Drohungen auch an die Adresse Saigons verkoppelt war, zeitigte schnell die beabsichtigte Wirkung. Am 26. Dezember erklärte sich Hanoi zu neuen Abschlußverhandlungen bereit. Diese wurden nach Einstellung des Bombardements am 8. Januar wieder aufgenommen und führten bereits am nächsten Tag zu einer Einigung: am 23. Januar 1973 wurde das Abkommen von den vier Außenministern der USA, Nordvietnams, Südvietnams und der Provisorischen Revolutionsregierung in Paris unterschrieben, und der Waffenstillstand trat damit in Kraft.

Das Vertragswerk entsprach mit zahlreichen Gummiparagraphen und Zweideutigkeiten den unklaren Machtverhältnissen nach einem Krieg, den keiner gewonnen und niemand eindeutig verloren hatte. Beide Seiten hatten Konzessionen gemacht: die USA verzichteten auf ihre Forderung nach dem Abzug der nordvietnamesischen Truppen aus Südvietnam, und Hanoi gab dafür seine jahrelang hartnäckig vertretene Forderung nach dem Rücktritt der Thieu-Regierung als Voraussetzung für politische Lösungen auf. Trotz solcher Konzessionen hielten jedoch die Vertragspartner ihre grundsätzlichen Positionen aufrecht, und das führte zu dem merkwürdigen Ergebnis, daß die in einem Paragraphen gemachten Zugeständnisse in einem anderen wieder in Frage gestellt wurden. So verpflichteten sich die USA – im Widerspruch zu ihrem ursprünglichen Kriegsziel der Behauptung südvietnamesischer Eigenstaatlichkeit – zur Respektierung der Einheit, Souveränität, Unabhängigkeit und territorialen Unverletzlichkeit Gesamtvietnams, und gleichzeitig bescheinigten sie der Saigoner Regierung, sie sei die alleinige legitime Autorität und Vertretung Südvietnams. Hanoi auf der anderen Seite respektierte das Selbstbestimmungsrecht Südvietnams, erkannte aber nur die »Provisorische Revolutionsregierung« an und verkündete, daß der Kampf für die revolutionären Ziele – das heißt die Wiedervereinigung ganz Vietnams unter kommunistischer Führung – fortgesetzt werde. Die vier Vertragspartner erklärten sich zur Zusammenarbeit in gemischten Kommissionen bereit, und im sogenannten »Rat der nationalen Aussöhnung und Eintracht« sollten die Saigoner Regierung und die Provisorische Revolutionsregierung gemeinsam mit Vertretern der neutralen Kräfte bei der Lösung grundsätzlicher politischer Fragen zusammenarbeiten. In all den gegensätzlich zusammengesetzten Gremien – einschließlich der Internationalen Überwachungskommission – sollten Beschlüsse nur einstimmig gefaßt werden können, eine Bestimmung, die es jedem Vertragspartner ermöglichte, ihm unbequeme Entscheidungen zu blockieren.

Wie wenig praktikabel die meisten Bestimmungen des Abkommens waren, erwies sich sofort, nachdem Vertreter des Thieu-Regimes und der NLF im März 1973 in Paris Verhandlungen mit der in der Waffenstillstandsvereinbarung vorgeschriebenen Zielsetzung aufnahmen, sich innerhalb von 90 Tagen über die Zusammensetzung des »Nationalrats der Versöhnung und Eintracht« sowie über die Ausschreibung von Wahlen und die Demobilisierung ihrer Streitkräfte zu verständigen. In keinem einzigen Punkt konnten die Verhandlungspartner eine Annäherung ihrer gegensätzlichen Standpunkte erzielen. Man nannte die Konferenz in der Presse hämisch einen »Dialog der Gehörlosen«; er wurde nach einem Jahr und mehr als 50 ergebnislosen Sitzungen im April 1974 schließlich von der Saigoner Regierung abgebrochen.

Der einzige Punkt, in dem die Interessen Washingtons und Hanois übereinstimmten, der Abzug der amerikanischen Truppen, wurde – zusammen mit der Entlassung der amerikanischen Kriegsgefangenen aus nordvietnamesischer Haft – fristgerecht im April 1973 erfüllt. Im übrigen begann sofort eine solche alarmierende Serie von Waffenstillstandsverletzungen, daß sich Kissinger und Le Duc Tho bereits im Mai 1973 wieder in Paris zusammensetzen mußten, um über eine wirksamere Kontrolle der Waffenruhe und eine schnellere Markierung der Einflußgebiete zu beraten, doch blieben auch die neuen Beschlüsse ohne praktische Wirkung. Bis Ende des Jahres 1973 hatten sich die vietnamesischen Gegner gegenseitig mehr als 100 000 Verletzungen des Waffenstillstandes bei der Internationalen Überwachungskommission angeklagt, aber die Kommission war auf Grund fehlender Kontrollmöglichkeiten funktionsunfähig und stellte ihre Arbeit nach ein paar Monaten ein. Bei den Versuchen beider Seiten, gewaltsam ihre Einflußgebiete auszudehnen, sind im ersten Jahr des Waffenstillstandes mit 100 000 Todesopfern fast ebenso viele Menschen ums Leben gekommen wie im letzten Kriegsjahr. Die am schwersten wiegende und folgenreichste Verletzung des Waffenstillstandes bestand darin, daß die in Südvietnam zurückgebliebenen Einheiten der nordvietnamesischen Streitkräfte ihre Stärke von rund 200 000 auf 300 000 Mann erhöhten und sich mit Rüstungsreserven versorgten, die schon bald auf die Vorbereitung einer neuen Großoffensive schließen ließen.

Bei Abschluß des Waffenstillstandsvertrages waren auch die neutralen Beobachter davon überzeugt, daß die südvietnamesischen Kommunisten auf sich allein gestellt niemals eine militärische oder politische Kraftprobe mit dem Thieu-Regime hätten gewinnen können. Man schätzte, daß damals bei wirklich freien Wahlen rund 80 % der südvietnamesischen Bevölkerung gegen die Kommunisten gestimmt haben würden. Allerdings hatte die kommunistische Minderheit den Vorteil einer straffen einheit-

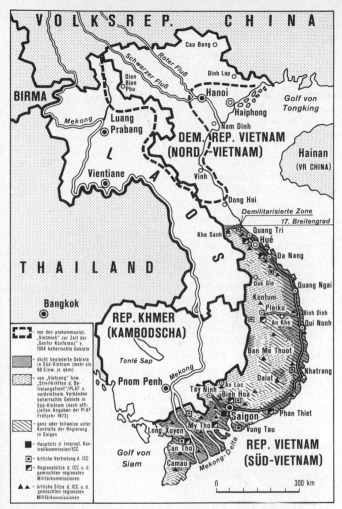

Abb. 8: *Vietnam nach dem Abzug der US-Streitkräfte (Mitte 1973)*

lichen Organisation, während die große nichtkommunistische
Mehrheit in rund 60 politische Parteien und Gruppen zersplittert
war. Allein die Buddhisten waren in ein Dutzend rivalisierender
Gruppen gespalten, daneben gab es die großen Sekten der Cao

Dais und Hoas, die schon dem ersten Präsidenten Diem das Leben schwer gemacht hatten, dann Gegensätze zwischen Katholiken, die aus dem Norden eingewandert, und Katholiken, die im Süden beheimatet waren, verschiedene ethnische Minderheiten, darunter rund eine Million Emigranten aus Kambodscha und mehr als eine Millionen Auslandschinesen. Den südvietnamesischen Hang, Politik als Verschwörung zu betreiben, charakterisiert ein vietnamesisches Sprichwort: »Zwei Vietnamesen – zwei Parteien; drei Vietnamesen – der Bürgerkrieg.« Zu den 80 % geschätzten Nichtkommunisten gehörten auch zahlreiche dezidierte Gegner des Thieu-Regimes, vor allem die liberalen Intellektuellen, die zusammen mit einigen abgehalfterten hohen Offizieren, wie dem populären General Duong Von Minh, und mit militanten neutralistischen buddhistischen Mönchen, wie Thich Tri Quang, jene sogenannte »Dritte Kraft« repräsentierten, die von den Kommunisten als potentielle Bundesgenossin jahrelang kräftig hofiert wurde.

Präsident Thieu verfügte über keine politische Hausmacht im Parlament und mußte sein Regime vorwiegend auf das Heer von rund 300 000 Beamten und Angestellten öffentlicher Dienste und die mehr als eine Million Soldaten zählenden Streitkräfte stützen. Er hatte ein vom Kriege weitgehend zerstörtes Agrarland zu regieren, in dem fast die Hälfte der Bevölkerung – als Folge der Flüchtlingsströme aus den Kampfgebieten – in den überfüllten Städten lebte. Die Importe an Konsumgütern und Nahrungsmitteln beliefen sich auf 700 Millionen Dollar im Jahr, während mit eigenen Exporten im gleichen Zeitraum nur 20 Millionen Dollar verdient wurden. Die Lücke konnte nur mit Mitteln der amerikanischen Wirtschaftshilfe geschlossen werden, und das machte Saigon noch abhängiger von den USA, als es durch die noch viel höhere und wichtigere amerikanische Militärhilfe ohnehin schon war. Diese Abhängigkeit wiederum verstärkte in dem Patrioten Thieu seine antiamerikanischen Ressentiments, die ihn für Washington zu einem ungeliebten Bündnispartner machten. In der De-Amerikanisierung des Krieges sah Thieu eine Chance auch für eine Demontage der ihm von den Amerikanern aufgezwungenen Demokratisierung und für die Rückkehr zum traditionellen Mandarin-Staat. Die immer stärker werdende kommunistische Bedrohung nach dem Waffenstillstand veranlaßte Thieu, die Schrauben seines autoritären Herrschaftssystems so fest anzuziehen, daß er zwar eine Zeitlang den politischen Besitzstand des Saigoner Regimes – fast 90 % des Territoriums und rund 80 % der Bevölkerung – behaupten konnte, dies aber unter gleichzeitigem Verlust jeglicher persönlicher Popularität. Am Ende war er nur noch von einer Gruppe devoter Ja-Sager umgeben, die kein

Regulativ mehr für seine halsstarrigen Entschlüsse waren und nicht wenig zu seinem schließlichen Untergang beitrugen.

Auf der anderen Seite litten die südvietnamesischen Kommunisten seit 1968 unter dem Aderlaß, den sie während der Tet-Offensive erlitten hatten, der fast die Hälfte ihrer Kader-Funktionäre und Guerilla-Führer zum Opfer gefallen war. Sie hätten trotz aller Schwächen des Thieu-Regimes kaum Aussichten gehabt, den »revolutionären Kampf« gegen Saigon politisch zu gewinnen. Deshalb war Hanoi auch entschlossen, nach dem Abzug der amerikanischen Streitkräfte aus Südvietnam und angesichts der Lähmung der Nixon-Regierung durch die Watergate-Krise eine militärische Entscheidung zu erzwingen, und bereitete seine Truppen bis Ende 1974 planmäßig auf diesen Endkampf vor. Der begann Mitte Dezember 1974 mit einer Welle von Angriffen, die zu einem konventionellen Eroberungsfeldzug koordiniert wurden und den Widerstand der zahlen- und rüstungsmäßig annähernd gleich starken südvietnamesischen Armee in wenigen Wochen wie ein Kartenhaus zusammenbrechen ließ, schneller, als es wahrscheinlich selbst die ärgsten Pessimisten in Saigon befürchtet und die größten Optimisten in Hanoi erhofft hatten. Die Hauptursachen für die militärische Katastrophe, die über das Thieu-Regime hereinbrach, waren die geringe Qualität des höheren Offizierskorps, das durch die jahrelange Teilhabe an der politischen Macht gründlich korrumpiert worden war, sowie die schwache Kampfmoral der politisch nicht motivierten Truppen und einer bis zur völligen Apathie kriegsmüden Bevölkerung. Nach einer fast kampflosen Preisgabe des strategisch wichtigen Zentralen Hochlandes und einer wilden Flucht von Millionen Zivilisten und Soldaten brach der Verteidigungsring um Saigon schnell zusammen. Am 21. April 1975 erklärte Präsident Thieu seinen während vier Verhandlungsjahren von Hanoi vergeblich geforderten Rücktritt und begab sich – gefolgt von vielen Tausend anderen prominenten Flüchtlingen – ins Exil. Seine Nachfolge übernahm der Ex-General Duong Van Minh, der als früher von den Kommunisten hofierter Exponent der »Dritten Kraft« eigentlich der prädestinierte Kandidat für das Amt des Regierungschefs einer Koalition mit der NLF gewesen wäre, doch überließ man ihm nur die traurige Aufgabe, am 30. April 1975 die bedingungslose Kapitulation zu unterschreiben. Danach übernahm nicht etwa die von der südvietnamesischen Nationalen Befreiungsfront gebildete »Provisorische Revolutionsregierung« die Verantwortung in Saigon, sondern ein sogenannter Militärischer Revolutionsausschuß unter Führung des nordvietnamesischen Generals Tran Van Tra.

e) Die Wiedervereinigung Vietnams und ihre Folgen

Angesichts der Tatsache, daß Südvietnam bis zur Kapitulation Saigons von den meisten Ländern der Welt als souveräner Staat anerkannt worden war, stellte seine gewaltsame Eroberung durch Nordvietnam eine völkerrechtswidrige Aggression dar. Süd- und Nordvietnam haben eine so unterschiedliche Geschichte und sind auch in der Mentalität ihrer Bevölkerung so verschieden wie Österreich und Preußen. Der lange von Kambodscha dominierte Süden wurde stärker durch indisch-buddhistische, der Norden dagegen durch chinesisch-konfuzianische Kultureinflüsse geprägt. Obwohl konfuzianische Traditionen auch im Süden weitgehend die Gesellschaftsstruktur bestimmten – mit einer starken Betonung der von Familien-Ältesten und Dorf-Ältesten angeführten Sippenverbände –, haben sich in beiden Staatshälften doch unterschiedliche nationale Volkscharaktere entwickelt, und diese historisch gewachsene Verschiedenartigkeit war in den letzten Jahrzehnten durch die ideologische Gegensätzlichkeit der beiden Staatssysteme wesentlich verhärtet worden. Jedenfalls besaß der südvietnamesische Anspruch auf Eigenstaatlichkeit stärkere kulturelle Wurzeln und mindestens die gleiche weltanschauliche Rechtfertigung wie vergleichsweise die Entstehung von zwei geteilten Staaten deutscher Nation.

Um so verwunderlicher war, daß die Eroberung Südvietnams durch nordvietnamesische Streitkräfte von den Westmächten wie ein unvermeidliches Verhängnis resigniert zur Kenntnis genommen wurde. Die kommunistischen Staaten feierten die Eroberung als »Befreiung«, und der Führer der NLF, Nguyen Hun Tho, nannte sie »ein historisches Ereignis, mit dem 117 Jahre imperialistischer aggressiver Politik der Teilung Vietnams« beendet worden seien. Dieser Schlußstrich unter eine Epoche, die nach Thos Zeitrechnung mit der französischen Kolonialherrschaft in Indochina begonnen hatte, bedeutete für 20 Millionen Südvietnamesen zunächst einmal den Verzicht auf ihr nationales Selbstbestimmungsrecht. Denn als im November 1975 Verhandlungen über die Wiedervereinigung von Nord- und Südvietnam aufgenommen wurden, war der Vertreter des Südens kein Mitglied der Provisorischen Revolutionsregierung, sondern ein im Süden geborener hoher Funktionär des nordvietnamesischen Politbüros namens Pham Hung. Er hatte in den letzten Kriegsjahren – zusammen mit General Tran Van Tra – im Auftrag Hanois die Operationen in Südvietnam geleitet und verständigte sich jetzt schnell mit seinem nordvietnamesischen Politbüro-

Kollegen Truong Chinh über die Modalitäten der Wiedervereinigung.

Nachdem General Tran Van Tra am Tage der Kapitulation Saigons, das sofort in Ho-Chi-Minh-Stadt umgetauft wurde, mit der Gleichschaltung der Verwaltung und Verwirklichung der »Nationalen volksdemokratischen Revolution« begonnen hatte, fanden am 25. April 1976 die ersten gesamtvietnamesischen Wahlen für eine Verfassunggebende Nationalversammlung statt; damit wurde im Grunde das nachgeholt, was nach den Beschlüssen der Genfer Indochinakonferenz 1954 bereits 19 Jahre vorher hätte geschehen sollen. Die Wahlen endeten mit dem vorprogrammierten Sieg der Hanoi-Gefolgschaft; von den 492 Abgeordneten der neuen Nationalversammlung vertraten 249 die 24 Millionen Nordvietnamesen und 243 Abgeordnete die 20 Millionen Südvietnamesen, aber alle waren auf die gleiche Parteilinie eingeschworen. Nach den Wahlen wurde die Provisorische Revolutionsregierung, die nie wirklich regiert hat, auch formal aufgelöst, und am 25. Juni 1976 proklamierte die Nationalversammlung auf ihrer ersten Sitzung offiziell die Wiedervereinigung beider Teile Vietnams, die praktisch bereits am 30. April 1975 vollzogen worden war.

Die politische Gleichschaltung, die unmittelbar nach der Kapitulation Saigons begonnen hatte, bedeutete in der ersten Phase die »Säuberung« der Verwaltung und des öffentlichen Lebens, nicht nur von allen Gefolgsleuten des früheren Regimes, sondern auch von solchen Kräften, die der Gegnerschaft gegen das kommunistische Regime und gegen die Bevormundung durch Hanoi nur verdächtig waren. Innerhalb weniger Monate verschwanden rund 200 000 Menschen in sogenannten Umerziehungslagern, und unter diesen zu unbefristeter Zwangsarbeit verdammten politischen Häftlingen befanden sich neben höheren Beamten und Offizieren der Thieu-Regierung auch prominente Gegner des früheren Regimes, unter anderem der Buddhisten-Mönch Thich Tri Quang und der Führer der oppositionellen Katholiken, Pater Tran Hun Tanh, die als Sprecher der Dritten Kraft jetzt den neuen Machthabern unbequem geworden waren.

Die im September 1975 durchgeführte Währungsreform war praktisch eine Enteignung aller besitzenden Südvietnamesen und traf besonders den städtischen Mittelstand. Aus den durch die Zuwanderung während des Krieges übervölkerten Städten wurden Millionen Menschen in sogenannte »Neue Wirtschaftszonen« deportiert und dort als landwirtschaftliche Arbeiter eingesetzt. Gleichzeitig wurde ein politischer Kontrollmechanismus entwickelt, der von der Parteizentrale bis in die letzte Familie reichte. An der Basis bildeten Gruppen von jeweils zehn Nachbarhaushalten sogenannte »Solidaritätszellen«, die in der Zellen-Hierarchie auf der nächsten Stufe wiederum in Zehnergruppen zusammengefaßt wurden. Darüber erhoben sich Untersektoren und Sektoren, die schließlich von Kreis- und Provinzkomitees kontrolliert wurden. Die Befehlszentrale für diese Kommandostruktur zur Durchführung der »volksdemokratischen Revolution« in Südvietnam war von Anfang an das Politbüro in Hanoi.

Im Dezember 1976 veranstaltete die »Dang Lao Dong«, die »Partei der Werktätigen« – wie sich die 1930 gegründete nordvietnamesische KP seit 1951 nannte –, zusammen mit ihrer südvietnamesischen Tochterorganisation, der »Revolutionären Volksaktionspartei«, den ersten gesamtvietnamesischen Parteitag seit 1960. Bei dieser Gelegenheit legten beide Parteien ihre Tarnnamen ab und nannten sich wieder ehrlich »Kommunistische Partei Vietnams«. Als Generalsekretär der Partei wurde Le Duan in seinem Amt bestätigt. Die weiteren Spitzenpositionen in dem nun auch offiziell für ganz Vietnam zuständigen Politbüro wurden besetzt mit dem langjährigen Ministerpräsidenten Pham Van Dong, dem Verteidigungsminister Nguyen Giap, dem Nationalversammlungs-Präsidenten und Wiedervereinigungsbeauftragten Truong Chinh und dem Paris-Unterhändler Le Duc Tho. Als einziger gebürtiger Südvietnamese gehört zu dieser sonst ausschließlich aus Nordvietnamesen bestehenden Führungsrunde der Wiedervereinigungsunterhändler Pham Hung. Der Führer der südvietnamesischen Nationalen Befreiungsfront, Nguyen Hun Tho – lange Zeit das Aushängeschild für die Eigenständigkeit Südvietnams in der Befreiungsbewegung –, wurde nicht einmal Kandidat des Politbüros.

Der Parteikongreß beschloß einen Fünfjahresplan mit dem Ziel, Vietnam zu einem »sozialistischen Musterstaat mit moderner Industrie und Landwirtschaft, einer mächtigen nationalen Verteidigung und einer fortschrittlichen Kultur und Wissenschaft« zu entwickeln. Dabei wurde Südvietnam die fast koloniale Funktion eines Lebensmittel-Produzenten zugewiesen. Während in dem landwirtschaftlich schon immer reicheren, aber auch sonst wirtschaftlich höher entwickelten Süden neben dem Nahrungsmittelanbau, der Fischerei und Forstwirtschaft vorwiegend Kleinindustrien und handwerkliche Berufe gefördert werden sollten, wurde für das nördliche Vietnam vor allem der Ausbau der Industriewirtschaft geplant, und dies im wesentlichen mit sowjetischer Wirtschaftshilfe; eine Zusage für 500 Millionen Dollar war bereits vereinbart worden.

Auf dem Parteitag wurde ein klares Bekenntnis zum Vorrang

freundschaftlicher Beziehungen zur Sowjetunion abgelegt. Die UdSSR war auf dem Kongreß – neben Abordnungen aus fast allen kommunistischen Ländern – mit einer hochrangigen Delegation unter Führung des Parteiideologen Suslov vertreten, während sich die Chinesische Volksrepublik damit begnügte, ein Gruß-Telegramm Hua Kuo-fengs zu schicken. Hier wurde jene Situation deutlich, die sich schon während der letzten Jahre des Vietnam-Krieges herauskristallisiert hatte und die künftig Hanois Außenpolitik völlig beherrschen sollte, teils als Folge des akuten sowjetisch-chinesischen Konfliktes, teils aber auch als Ergebnis historisch gewachsener nationalistischer Gegensätze.

Das nördliche Vietnam war ein Jahrtausend lang zunächst von China beherrscht und ihm später tributpflichtig gewesen und konnte erst nach jahrhundertelangen Kämpfen seine Unabhängigkeit erringen. Die Erinnerung an die als schmachvoll empfundene Zeit der chinesischen Fremdherrschaft ist eine der Wurzeln des ausgeprägten vietnamesischen Nationalismus. Diese geschichtlichen Gegensätze konnten während des vietnamesischen Unabhängigkeitskampfes nur zeitweilig durch die kommunistische Revolutionskameraderie und Interessenidentität überbrückt werden, doch brachen sie unmittelbar nach Beendigung des Vietnam-Krieges wieder auf. Bereits 1975 trugen Peking und Hanoi einen offenen Streit um die von beiden beanspruchten Paracel- und Spratley-Inseln aus, und seither haben sich die Spannungen im Verhältnis der beiden kommunistischen Nachbarnationen zunehmend verschärft. In dieser Situation suchten die Machthaber in Hanoi sowjetische Rückendeckung gegen die von ihnen gefürchtete chinesische »Hegemonial-Politik«, und Moskau seinerseits suchte in Vietnam einen Verbündeten für seine Bemühungen, den Einfluß des chinesischen Rivalen in Südostasien einzudämmen.

Die Sowjets unterstützten aus diesem Grunde auch die Pläne, durch einen Zusammenschluß von Vietnam, Laos und Kambodscha zu einem Groß-Indochina-Staat oder einer Staatenföderation eine neue Regionalmacht in Südostasien zu schaffen. Deshalb leisteten sie Hilfestellung bei der Vorbereitung des Freundschafts- und Beistandsvertrages, den Hanoi im Juli 1977 mit Laos abschloß und durch den das frühere hinterindische Königreich zu einem Satelliten Vietnams wurde. Zur gleichen Zeit ereigneten sich die ersten bewaffneten Zwischenfälle an der 800 km langen Grenze zwischen Vietnam und Kambodscha, dessen Regierung nicht mit Moskau, sondern mit Peking verbündet war und sich den Vormachtansprüchen Hanois widersetzte.

Ebenso wie bei der Konfrontation zwischen Vietnam und China

wirkten auch bei dem kambodschanisch-vietnamesischen Spannungsverhältnis alte nationalistische Gegensätze und die neue kommunistische Großmacht-Rivalität zusammen, wobei Vietnam für Kambodscha eine ähnliche Rolle spielt wie China für Vietnam. Jahrhundertelange Erfahrungen mit ihrem aggressiven und stärkeren vietnamesichen Nachbarn haben bei den Kambodschanern starke antivietnamesische Ressentiments entstehen lassen.

Im Verlauf des Jahres 1977 kam es immer häufiger zu Grenzzwischenfällen, die teils von kambodschanischer und teils von vietnamesischer Seite provoziert wurden und im Januar 1978 zum offenen Bruch zwischen den beiden Nachbarstaaten führten. Die Spannungen verschärften sich 1978 so, daß man bereits von einem »Stellvertreterkrieg« sprach, wobei man Vietnam als Stellvertreter Moskaus und Kambodscha als Stellvertreter Pekings betrachtete. Am 25. Dezember 1978 traten dann vietnamesische Streitkräfte in Stärke von 200000 Mann tatsächlich zur Großoffensive gegen Kambodscha an. In einem Blitzkrieg eroberten sie nach zwei Wochen Pnom Penh und installierten dort am 11. Januar 1979 anstelle der in den Dschungel geflüchteten vietnam-feindlichen Pol-Pot-Regierung eine von Hanoi abhängige Marionetten-Regierung unter dem neuen Ministerpräsidenten Heng Samrin.

Inzwischen hatte sich auch Hanois gespanntes Verhältnis zu Peking in offene Feindschaft verwandelt. Die ersten unmittelbaren Leidtragenden dieser Entwicklung waren die seit Generationen in Vietnam ansässigen Auslandschinesen (eine Million), von denen mehr als die Hälfte in Saigons Schwesterstadt Cholon lebte. Die Vietnam-Chinesen sind bzw. waren fast alle Angehörige des kommerziellen Mittelstandes, die ihre Geschäfte nach Kriegsende zunächst weiter betreiben durften. In einer Nacht-und-Nebel-Aktion wurden sie am 24. März 1978 als »Klassenfeinde« und »Agenten Pekings« alle enteignet und viele anschließend zur Umsiedlung in die »Neuen Wirtschaftszonen« oder zur Auswanderung gezwungen. Damit begann die Tragödie der sogenannten »Bootsleute«, die über See in die Nachbarländer flüchteten und von denen mehrere Hunderttausend auf der Flucht ertrunken oder auf andere Weise umgekommen sind.

Die weltweite Empörung über die »Chinesen-Vertreibung« trug sehr dazu bei, das im September 1977 in die Vereinten Nationen aufgenommene Vietnam international zu isolieren. Vor allem die nichtkommunistischen Nachbarstaaten Vietnams, die als Aufnahmeländer für die Vertriebenen unmittelbar betroffen sind, reagierten mit heftigen Protesten. Ihre Beziehungen zu Hanoi kühlten sich weiter ab, nachdem der Blitzkrieg gegen Kambodscha das Schreckgespenst einer weiteren gewaltsamen vietnamesischen Expansion auch im übrigen Südostasien heraufbeschworen hatte. Am schärfsten aber reagierte Peking, das sich durch den gewaltsamen Sturz des mit ihm verbündeten kambodschanischen Pol-Pot-Regimes besonders provoziert fühlte. Nach Überzeugung der Chinesen war Vietnam durch den im November 1978 abgeschlossenen vietnamesisch-sowjetischen Beistandspakt (dem die Aufnahme Hanois in die kommunistische Wirtschaftsgemeinschaft COMECON vorangegangen war) von Moskau direkt zu seiner Gewaltaktion gegen Kambodscha ermutigt worden. Man sah dadurch in Peking die schon länger gehegte Befürchtung bestätigt, daß sich Vietnam zu einem »asiatischen Kuba«, zu einem sowjetisch kontrollierten Brückenkopf in Südostasien, entwickeln würde und entschloß sich, dem Nachbarstaat eine drastische Warnung zu erteilen.

Im Februar 1979 traten 200 000 Mann starke chinesische Streitkräfte zu einer auf vier Wochen begrenzten »militärischen Strafexpedition« gegen Vietnam an. Die Vietnamesen leisteten erfolgreichen Widerstand, erlitten aber Kriegsschäden in einer geschätzten Höhe von mehreren Milliarden Mark und mußten die für sie sicher enttäuschende Erfahrung machen, daß ihnen ihre sowjetischen Bundesgenossen in dieser Situation keinen unmittelbaren Beistand leisten konnten. An der Haltung Vietnams gegenüber Kambodscha hat jedoch die »Strafexpedition« nichts geändert. Trotz der im November 1979 von der UNO mit großer Mehrheit beschlossenen Aufforderung an Hanoi, seine Truppen aus Kambodscha zurückzuziehen, blieben dort weiter 150 000 vietnamesische Soldaten stationiert und verteidigen das Heng-Samrin-Regime gegen den von Peking unterstützten Guerillakrieg der Khmer Rouge.

Seit mit dem Ausbruch des ersten Vietnamkrieges im November 1946 die gewaltsamen Auseinandersetzungen in und um Indochina begannen, hat sich die internationale Szene durch den Konflikt zwischen China und der Sowjetunion gründlich verändert. Die feindselige Rivalität der kommunistischen Großmächte wird jetzt vor allem auf dem Rücken der Indochina-Völker ausgetragen. Nachdem die Kommunisten für den Indochina-Krieg jahrzehntelang den »aggressiven westlichen Imperialismus« verantwortlich gemacht haben, beschuldigen sich heute die Sowjetunion, China, Vietnam und Kambodscha gegenseitig imperialistischer Machtpolitik, und es werden noch weitere kampferfüllte Jahrzehnte vergehen, bis diese Auseinandersetzungen zu einer neuen politischen Ordnung in Südostasien geführt haben.

II. KAMBODSCHA

seesaw politics

a) *Die neutralistische Schaukelpolitik bis 1969*

Die Geschichte des unabhängigen Kambodscha wurde fast drei Jahrzehnte lang von Norodom Sihanouk beherrscht, der 1941 als Achtzehnjähriger mit dem Beistand der damaligen französischen Kolonialherren den kambodschanischen Königsthron bestieg. Die Franzosen hatten, als sie 1884 ihre Protektoratsherrschaft über Kambodscha errichteten, das tausendjährige und einst ganz Südostasien umspannende Königreich der Khmer vor der Aufteilung zwischen seinen inzwischen mächtigeren Nachbarn Siam (Thailand) und Annam (Vietnam) gerettet und die Monarchie als Symbol der nationalen Einheit Kambodschas bewahrt, sie jedoch gleichzeitig als Instrument ihrer Kolonialherrschaft benutzt. Als die Japaner 1942 Indochina besetzten, ließen sie in Kambodscha – ebenso wie in Vietnam – zunächst die französische Kolonialverwaltung weiter arbeiten. Erst im März 1945 nahmen sie die französischen Offiziere und Beamten gefangen und veranlaßten sie König Norodom Sihanouk, die Unabhängigkeit Kambodschas von Frankreich zu erklären. *prepared*

Als sich die Franzosen nach der japanischen Kapitulation im August 1945 anschickten, ihre Kolonialherrschaft in Indochina mit dem Schwerpunkt im südvietnamesischen Cochinchina zu restaurieren, kehrten französische Beamte auch in die kambodschanische Hauptstadt Pnom Penh zurück und übernahmen dort wieder ihre alten Verwaltungsfunktionen. Im Gegensatz zur Situation in Vietnam gab es in Kambodscha zu jenem Zeitpunkt noch keine nationale Unabhängigkeitsbewegung von nennenswerter Kraft, aber sie begann sich jetzt zu formieren. Der Herausgeber und Chefredakteur der 1937 gegründeten ersten kambodschanischen Zeitung, Son Ngoc Thanh, der unter der japanischen Besetzung kurze Zeit »Außenminister« und »Ministerpräsident« gewesen war, protestierte gegen die Rückkehr der Franzosen und sammelte einen Kreis junger Nationalisten um sich. Son Ngoc Thanh wurde im Oktober 1945 verhaftet, in Saigon von einem französischen Gericht als Verräter verurteilt und gleichzeitig zum Exilaufenthalt in Frankreich begnadigt. *reprieved*

Kambodschas politische Szene war in Bewegung geraten. Viele Anhänger Son Ngoc Thanhs entzogen sich der Verhaftung durch die Flucht nach Thailand und in den nordkambodschanischen Dschungel und organisierten die »Khmer Issarak« (»Freie Kambodschaner«), die als loser Verband bewaffneter Banden gewaltsam die Unabhängigkeit ihres Staates erkämpfen wollten. Doch blieben diese Extremisten bedeutungslos im Vergleich zu den gemäßigten Kräften, die mit dem jungen König Norodom Sihanouk an der Spitze für den schrittweisen Aufbau einer Selbstregierung und die Beendigung der französischen Kolonialherrschaft auf dem Verhandlungsweg eintraten. Ihnen kam Paris auf halbem Wege entgegen, mit einem am 7. Januar 1946 vereinbarten Modus-vivendi-Abkommen, das Kambodscha den Status eines autonomen Staates innerhalb der Französischen Union einräumte. Das Abkommen gewährte den Kambodschanern die Selbstverwaltung unter einem mit Veto-Recht ausgestatteten französischen Kommissar und den Aufbau einer kambodschanischen Armee, doch blieb Frankreich weiter für die innere und äußere Sicherheit und die auswärtigen Beziehungen verantwortlich.

Dieses von einer gemischten Französisch-Kambodschanischen Kommission (CEFK) ausgearbeitete Abkommen wurde von den Gemäßigten als Übergangslösung akzeptiert, von den Extremisten dagegen als völlig unzureichend abgelehnt. Zur Vorbereitung der Selbstregierung konstituierten sich in Pnom Penh drei Parteien, alle unter Führung von Mitgliedern des Königshauses: Die »Demokratische Fortschrittspartei« unter Prinz Norodom Montana, einem Onkel Sihanouks, die »Liberale Partei« unter Prinz Norodom Norindeth, ebenfalls einem Onkel des Königs, und die »Demokratische Partei« unter Prinz Sisowath Youtévong, einem Vetter Sihanouks. Während die beiden ersteren für die Entwicklung einer konstitutionellen Monarchie und eine schrittweise Lösung von Frankreich eintraten, forderte die dritte Gruppe die sofortige Unabhängigkeit und eine vollverantwortliche Volksvertretung. Die »Demokratische Partei« wurde zum Sammelbecken auch für die Issarak-Gefolgschaft, die das Königreich in eine Republik umwandeln wollte. Sie gewann bei den im September 1946 abgehaltenen ersten Wahlen zu einer Beratenden Versammlung 50 von insgesamt 66 Sitzen und bei den im Dezember 1947 durchgeführten Wahlen zur ersten Nationalversammlung 55 von 75 Mandaten.

Diese Versammlung verweigerte die Ratifizierung der von der CEFK ausgearbeiteten und vom Präsidenten der Französischen Union im Dezember 1948 gebilligten kambodschanischen Verfassung, die mit einem Vertrag verbunden war, der Kambodscha die Unabhängigkeit nur de jure gewährte und nicht den Forderungen der kambodschanischen Nationalisten entsprach. Nach mehreren Regierungswechseln wurden im September 1951 Neuwahlen durchgeführt, bei denen abermals die Demokratische Partei die Mehrheit gewann. Ihre neue Regierung ermöglichte dem Nationalistenführer Son Ngoc Thanh die Rückkehr aus dem französischen Exil nach Pnom Penh, wo er alsbald seine Agitation gegen die »französischen Kolonial-Imperialisten und ihr Werkzeug König Norodom Sihanouk« wieder aufnahm. Nach drei Monaten wurde Son Ngoc Thanh von den französischen Behörden abermals verhaftet, aber es gelang ihm, in den Dschungel zu fliehen, und dort versuchte er fortan, die verschiedenen »Khmer Issarak«-Gruppen zum bewaffneten Kampf gegen die Franzosen zu vereinen.

Im benachbarten Vietnam hatte inzwischen der Vietminh in dem 1946 begonnenen Krieg gegen die Franzosen an Boden gewonnen und war mit einzelnen Gruppen auch in Kambodscha aktiv geworden. Zwischen 1950 und 1954 kam es dann bereits zu ganz ähnlichen Formen der Zusammenarbeit und des Konfliktes zwischen Vietnamesen und Kambodschanern, wie sie ein Vierteljahrhundert später sehr viel dramatischer die Beziehungen zwischen beiden Nachbarstaaten beherrschen sollten: Verschiedene Issarak-Gruppen arbeiteten mit den in Kambodscha operierenden Vietminh-Truppen zusammen, bei anderen Issarak-Leuten war das traditionelle, oft haßerfüllte Mißtrauen gegen die Vietnamesen so groß, daß sie die Zusammenarbeit verweigerten und den Vietminh sogar aktiv bekämpften. Die Vietminh-Kader bildeten dann mit eigenen kambodschanischen Gefolgsleuten im südlichen Kambodscha eine kambodschanische, »Freie Khmer« genannte, Widerstandsregierung, die zwar wirkungslos blieb, aber bei den Genfer Indochina-Verhandlungen 1954 doch eine gewisse Rolle spielen sollte.

In Pnom Penh hatte sich inzwischen der junge König Norodom Sihanouk aktiv in das politische Kräftespiel eingeschaltet, von Anfang an in dem Bemühen, seinem Land das Schicksal der beiden Nachbarstaaten Vietnam und Laos zu ersparen, wo seit 1946 blutige Bürger- und Kolonialkriege ausgetragen wurden. Um innenpolitisch Ruhe zu schaffen, verhängte er im Januar 1952 das Kriegsrecht, und um den nationalistischen Extremisten den Wind aus den Segeln zu nehmen, unternahm er eine Reise, die er selbst einen »Kreuzzug für die Freiheit« nannte.

Nachdem er Anfang 1952 in Paris vergeblich versucht hatte, die französische Regierung zur sofortigen Gewährung der vollen Unabhängigkeit zu bewegen, flog er über Kanada, die USA und Japan nach Kambodscha zurück und prangerte in Ottawa, New York und Tokio öffentlich die Kurzsichtigkeit der französischen Politik an. Im Juli 1953 begab er sich ins Exil nach Bangkok, mit der Erklärung, er werde nach Pnom Penh erst wieder zurückkehren, wenn Frankreich bedingungslos die volle Souveränität Kam-

bodschas anerkannt habe. Mit dieser dramatischen Geste brachte
Sihanouk Paris so in Verlegenheit, daß die französische Regie-
rung nach einigem Zögern auf alle seine Forderungen einging.
Am 8. November 1953 konnte der damals 30jährige Monarch als
»Befreier Kambodschas« einen triumphalen Einzug in seine
Hauptstadt feiern.

Während Sihanouk 1954 – gestärkt durch seinen außenpolitischen Erfolg – auch innenpolitisch das Steuer in die Hand nahm,
vertraten zur gleichen Zeit seine Abgesandten auf der Genfer
Indochina-Konferenz erfolgreich die nationalen Interessen Kambodschas auf der internationalen Bühne. Sie erreichten, daß
zwischen den Vietminh-Aktionen in Vietnam und Kambodscha
grundsätzlich unterschieden wurde. Was in Vietnam als antikolonialer Befreiungskampf oder interner Bürgerkrieg gewertet
werde, so erklärten die Pnom-Penh-Delegierten, sei in dem
bereits unabhängigen Kambodscha eine Aggression gegen frem-
des Hoheitsgebiet. Sie setzten sich mit dieser Definition gegen
den Widerstand des Hanoi-Vertreters Pham Van Dong durch, der
vergeblich versuchte, die Vietminh-Operationen in Kambodscha
als Aktivität kambodschanischer Kommunisten darzustellen und
die Konferenzteilnehmer zu veranlassen, eine Vertretung der
sogenannten »Freien Khmer-Regierung« als Verhandlungspartner bei den Genfer Beratungen hinzuzuziehen. Statt dessen
bestimmte das schließlich ausgehandelte Genfer Abkommen, daß
die Vietminh-Verbände Kambodscha räumen und daß die kambodschanischen Insurgenten entwaffnet und in die nationale
Gemeinschaft re-integriert werden sollten.

Tatsächlich wurden die Vietminh-Truppen am 18. Oktober 1954
aus Kambodscha auf vietnamesischen Boden zurückgezogen, und
damit hatte Kambodscha als einziger der drei Indochina-Staaten
auf der Genfer Konferenz seine nationale Einheit bewahren
können. Diese Einheit innenpolitisch zu konsolidieren und sein
Land vor einer Verstrickung in das Kriegsgeschehen in Vietnam
und Laos zu schützen, blieb in den folgenden Jahren das Hauptziel der Politik Norodom Sihanouks. Der König verschaffte sich
1954 eine eigene politische Hausmacht durch eine Vereinigung
aller Parteien außer der »Demokratischen Partei« und den
Anhängern Son Ngoc Thanhs. Die Parteien-Union »Schapak«
erhielt später den Namen »Sangkum Reastr Niyum« (»Volksso-
zialistische Gemeinschaft«) und sollte mit einem Programm des
»buddhistischen Sozialismus« die Rolle einer Staatspartei spielen. Um noch aktiver als bisher am politischen Leben teilnehmen
zu können, verzichtete Sihanouk im März 1954 zugunsten seines
Vaters Norodom Suramarit auf den Königsthron. Mit seiner

Sangkum-Partei gewann er bei den auf Grund des Genfer Indochina-Abkommens am 11. September 1955 durchgeführten Neuwahlen alle 91 Sitze der Nationalversammlung und übernahm selber das Amt des Regierungschefs.

Die erhoffte innenpolitische Stabilisierung blieb jedoch sowohl durch den Widerstand der Linksextremisten als auch durch interne Machtkämpfe und persönliche Intrigen innerhalb der Sangkum weiter gefährdet. Bis 1958 gab es mit fünf Rücktritten Sihanouks insgesamt neun Regierungswechsel. Dennoch gewann die Sangkum im September 1958 die Neuwahlen der Nationalversammlung mit 99,9 % der abgegebenen Stimmen. Als ein Jahr später König Norodom Suramarit starb, wurde für Prinz Sihanouk das Amt des »Staatschefs« neu geschaffen, das ihm eine von den Parteien unabhängige Machtfülle sicherte und ihn oberhalb der wechselnden Ministerpräsidenten praktisch zum Alleinherrscher machte.

Außenpolitisch arbeitete Sihanouk lange Zeit als geschickter Jongleur mit mehreren Bällen, als raffinierter Diplomat, der mit verschiedenen Zungen redete und mit seinem häufigen sprunghaften Positionswechsel oft Freund und Feind überraschte, dabei selber jedoch sein Ziel nie aus den Augen verlor. Sein Konzept nannte er »aktive positive Neutralität«; sie bestand u. a. darin, daß Kambodscha nach der Genfer Konferenz 1954 von den USA umfangreiche Militärhilfe und von kommunistischen Staaten Wirtschaftshilfe bezog, oder daß er die massiven Verletzungen kambodschanischen Hoheitsgebietes durch die Nordvietnamesen und den Vietcong, die er nicht verhindern konnte, stillschweigend ignorierte, während er gegen südvietnamesische und amerikanische Grenzübergriffe immer lautstark in der Überzeugung protestierte, daß die USA seine schwierige Situation verstehen würden.

Sihanouks ursprünglich freundschaftliches Verhältnis zu den USA litt bald unter dem Mißtrauen, das Amerikas Bündnisse mit Kambodschas historischen Erzgegnern Thailand und Vietnam erregten. Nicht zuletzt dieses Mißtrauen bewog Sihanouk, 1958 diplomatische Beziehungen zur Chinesischen Volksrepublik aufzunehmen, in der er vielleicht schon damals eine Rückendeckung nicht nur gegen die USA, sondern mehr noch gegen das kommunistische Nordvietnam erblickte. Das hinderte den Prinzen jedoch nicht, mit dem Blick auf die Pariser Vietnam-Verhandlungen die Aufrechterhaltung der amerikanischen Militär-Präsenz in Südostasien mit der Begründung zu fordern, »sonst könnte er Kambodscha gleich freiwillig Mao Tse-tung überantworten«. Im Widerspruch dazu hatte Sihanouk früher

den USA angedroht, er werde die Chinesen, Kubaner und Nord-
koreaner um Militärhilfe bitten, wenn die amerikanisch-süd-
vietnamesischen Grenzübergriffe gegen Kambodscha nicht auf-
hörten.

Im November 1963 kündigte Sihanouk aus Protest gegen angebliche Kambodscha-feindliche CIA-Aktivitäten die amerikanische
Militärhilfe und vereinbarte mit der ehemaligen französischen
Kolonialmacht, daß sie die bisherige Hilfe der USA fortsetzen
sollte. 1965 brach er die Beziehungen zu Washington ab, während er 1967 diplomatische Beziehungen zu Hanoi und der NLF
aufnahm, obwohl er die nord- und südvietnamesischen Kommunisten als ernste Gefahr für die kambodschanische Unabhängigkeit betrachtete. 1969 protestierte Sihanouk zum ersten Male
öffentlich gegen die jahrelang stillschweigend geduldeten kommunistischen Grenzverletzungen, und im gleichen Jahr nahm er
die diplomatischen Beziehungen zu Washington wieder auf. Der
rote Faden, der diese und andere widerspruchsvolle Aktionen
des kambodschanischen Staatschefs miteinander verband, war
Sihanouks Anpassung an die schnell wechselnden Situationen im
Vietnam-Krieg, immer mit dem Ziel, seinem Lande so viel
Frieden wie möglich zu erhalten.

Innenpolitisch konnte sich Sihanouk auf die Masse der politisch
indifferenten, aber königstreuen Bauern verlassen, die in ihm
einen Nachfahren der alten Gottkönige des Khmerreiches verehrten. Die aktive Politik blieb jahrelang auf die Hauptstadt Pnom
Penh beschränkt und wurde auch hier nur von einem kleinen
Kreis des Bürgertums mehr oder weniger ernsthaft betrieben. Ein
Dauerkonflikt war das Aufbegehren der zu großen Teilen im
Ausland ausgebildeten jüngeren Generation gegen die alte Garde
des alle Staatspfründen verwaltenden »Establishments«. Als
organisierte Opposition gab es seit 1960 nur die »Praecheachon«
genannte, kommunistisch orientierte, »Volkspartei«, die von
Sihanouk beschuldigt wurde, »das Spiel des Vietminh und der
kommunistischen Imperialisten« zu betreiben, und die ihrerseits
den Prinzen anklagte, er sei ein »Instrument der SEATO und der
neokolonialistischen USA«. Solange sich die Kommunisten legal
betätigten, wurden sie nicht verfolgt. Sihanouk beteiligte sogar
einige ihrer prominenten Köpfe, darunter den späteren kommunistischen Staatspräsidenten Khieu Samphan, zeitweilig an der
Regierung. Sobald man ihnen jedoch umstürzlerische Aktivitäten
nachweisen konnte, drohte ihnen die sofortige Verhaftung, und
der entzogen sich die meisten – so auch Khieu Samphan – durch
die Flucht in den Dschungel. Dort hatte sich inzwischen eine
»Khmer Rouge« genannte Gruppe von bewaffneten kommunisti-

to become weary

schen Widerstandskämpfern organisiert, deren Stärke Ende 1969 auf knapp 3000 Guerillas geschätzt wurde.

Um die gleiche Zeit hatten sich innerhalb der Sangkum-Regierung seit längerem schwelende Streitigkeiten zwischen Sihanouk und einigen seiner vorher engsten Mitarbeiter bedrohlich verschärft. Bei den Wahlen 1966 war es dem rechten Flügel der Sangkum-Partei gelungen, die meisten Sitze in der Nationalversammlung zu gewinnen. Chef der von ihnen gebildeten Regierung wurde der bisherige stellvertretende Ministerpräsident, Armee-Oberbefehlshaber und Verteidigungsminister General Lon Nol. Obwohl er zum innersten Beraterkreis Sihanouks gehörte, war er – wie viele andere – der Omnipotenz des Staatschefs überdrüssig geworden und betrachtete dessen »Beschwichtigungspolitik« gegenüber Hanoi und Peking als »nationalen Verrat«. Nachdem Sihanouk im Januar 1970 zu einem längeren Kuraufenthalt nach Frankreich gereist war, inszenierte die Jugendorganisation der Sangkum-Partei – sicherlich nicht ohne Billigung der Regierung – Anfang März gewalttätige Demonstrationen gegen die Botschaften Nordvietnams und der NLF in Pnom Penh, Aktionen, von denen sich der abwesende Staatschef sofort scharf distanzierte. Daraufhin wurde Prinz Sihanouk am 18. März 1970 durch einstimmigen Beschluß der Nationalversammlung aller seiner Ämter enthoben. Sihanouk, der sich zu jener Zeit auf der Rückreise von Frankreich in Moskau befand, verzichtete auf die Möglichkeit, nach Pnom Penh zurückzukehren, um dort die immer noch erfolgversprechende persönliche Konfrontation mit seinen Gegnern zu suchen, sondern er flog von Moskau weiter nach Peking und erhielt dort politisches Asyl.

In Pnom Penh forderte die Lon-Nol-Regierung unmittelbar nach der Amtsenthebung Sihanouks in ultimativer Form von Hanoi den sofortigen Rückzug aller Streitkräfte Nordvietnams und der NLF von kambodschanischem Boden. Damit wurden zwar nationale Begeisterungsstürme der traditionell antivietnamesischen Kambodschaner entfacht, gleichzeitig auch blutige Pogrome gegen die seit Generationen in Kambodscha lebende vietnamesische Minderheit ausgelöst, aber für Hanoi war beides nur ein Anlaß, seine Truppenpräsenz in Kambodscha zu verstärken und sein Operationsgebiet auszuweiten. Dadurch geriet das Pnom-Penh-Regime sofort in solche Bedrängnis, daß sich die USA entschlossen, im Mai 1970 eine von vornherein auf acht Wochen begrenzte Entlastungsoffensive gegen die schon lange im kambodschanischen Grenzgebiet operierenden 40000 Mann starken nordvietnamesischen Streitkräfte durchzuführen. Nachdem die in Vietnam stationierte US-Luftwaffe bereits 1969 begonnen hatte, die »sanctuaries« genannten Bereitstellungsräume und Versorgungswege der kommunistischen Truppen im kambodschanischen Grenzgebiet zu bombardieren, war jetzt mit dem Einsatz von Erdkampftruppen die zweite Eskalationsstufe des Kambodscha-Krieges erreicht, und fortan sollte das Land, das sich dank der Schaukelpolitik Sihanouks am längsten aus diesem Kriege hatte heraushalten können, am schwersten unter ihm zu leiden haben.

b) *Die Tragödie des Kambodschakrieges*

Obwohl sich die amerikanischen und südvietnamesischen Invasionstruppen termingerecht im Juli 1970 wieder nach Vietnam zurückzogen, war inzwischen ganz Kambodscha zum Kriegsschauplatz geworden. Die nordvietnamesischen Truppen, die ursprünglich nur in den drei kambodschanischen Nordostprovinzen eingesetzt waren, operierten im Sommer 1970 bereits in 8 von insgesamt 17 kambodschanischen Provinzen und hätten zu diesem Zeitpunkt wahrscheinlich schon Pnom Penh erobern können. Aber für Hanoi lag der Schwerpunkt des Krieges immer noch in Vietnam, und die »Kambodscha-Lösung« wollte man den kambodschanischen Kommunisten überlassen, die darauf zu jenem Zeitpunkt noch nicht vorbereitet waren, sondern noch eine weitere Periode des »revolutionären Kampfes« benötigten.
Dabei leistete ihnen Prinz Sihanouk in seinem Pekinger Exil wichtigen Beistand. Er bildete die »Königlich kambodschanische Regierung der Nationalen Einheit«, unter nomineller Beteiligung der »Khmer Rouge«, die von ihm selber früher gnadenlos verfolgt worden waren. Dieses Zweckbündnis zwischen Royalisten und Kommunisten verhalf den Roten Khmer in Kambodscha zum Ansehen echter Patrioten und zur Unterstützung durch königstreue Bauern, und auf der internationalen Bühne konnten sie das Prestige des Prinzen Sihanouk ebenfalls für sich nutzen. Ihre eigene Führung blieb während des ganzen Krieges anonym, nur von dem Befehlshaber der »Roten Befreiungsarmee«, Khieu Samphan, der schon einmal Handelsminister der Sihanouk-Regierung in Pnom Penh gewesen war, wurde bekannt, daß er der Exilregierung des Prinzen als stellvertretender Ministerpräsident und Verteidigungsminister angehörte.
Prinz Sihanouk wußte, daß er von den Kommunisten als Galionsfigur gebraucht bzw. mißbraucht wurde; er prophezeite selber, daß sie ihn – wie er sagte – »einmal ausspucken würden

wie einen Kirschkern«. Dennoch rief Sihanouk seine Landsleute auf, die Khmer Rouge im »Nationalen Befreiungskrieg gegen das mit den amerikanischen Imperialisten verbündete Verräter-Regime Lon Nol« zu unterstützen. Das Motiv für diese Haltung dürfte einmal die persönliche Rachsucht des in seinem Stolz zutiefst verletzten Prinzen gegenüber seinen Nachfolgern gewesen sein, die ihn in Abwesenheit hatten zum Tode verurteilen lassen. Zum anderen mag der kambodschanische Patriot gehofft haben, durch seine Aktivität den Khmer Rouge so viel chinesische Rückendeckung zu verschaffen, daß sie sich eines Tages gegen den Vormachtanspruch Hanois zur Wehr setzen könnten. Trotz aller öffentlichen Freundschaftsbekundungen wurde Sihanouk von den Nordvietnamesen denn auch immer mit Mißtrauen betrachtet, und dies um so auffälliger, je stärker seine Exilregierung von Peking unterstützt wurde.

Die Sowjetunion, zusammen mit einer Reihe anderer Ostblockstaaten, nahm keine Beziehungen zur Sihanouk-Regierung auf, sondern blieb in Pnom Penh akkreditiert. Dort war im Oktober 1970 unter dem Jubel der Bevölkerung die Republik proklamiert worden. Vor allem die studentische Jugend feierte dieses Ereignis als »Befreiung von der Fürstentyrannei und Beginn einer neuen Epoche wirtschaftlichen und sozialen Fortschritts«. Auch der jetzt offen ausgetragene Konflikt mit dem »Erzfeind« Vietnam hatte zunächst die nationale Begeisterung eines Freiheitskrieges geweckt. Die nur 30000 Mann starke Armee konnte in wenigen Monaten durch Freiwilligen-Meldungen auf 150000 Mann verstärkt werden. Aber die leistungsunfähige und korrupte Lon-Nol-Regierung verwirtschaftete schnell den ihr anfänglich eingeräumten Vertrauenskredit und machte die junge Republik zur Karikatur eines Staates. An der Spitze der Regierung standen neben dem zum Marschall beförderten Lon Nol der Prinz Sisowath Sirik Matak, ein Vetter Sihanouks, sowie zwei ehemalige Präsidenten der Nationalversammlung, In Tham und Cheng Heng. Sie regierten zeitweise zusammen, meistens jedoch gegeneinander. Unter ihrer Administration wucherte die schon zu Sihanouks Regierungszeit blühende Korruption in allen Bereichen der Verwaltung, der öffentlichen Dienste und der Armee. Minister verschoben Nahrungsmittel und Generäle Kriegsausrüstung an die gegnerischen Truppen, Kommandeure unterschlugen monatelang den Wehrsold ihrer Soldaten, und die Regierung verlor in einem Jahr mehr Land an die Kommunisten, als Sihanouk während der ganzen bisherigen Zeit des Vietnamkrieges hatte preisgeben müssen.

Militärisch konnte sich das Lon-Nol-Regime nur dank der amerikanischen Luftwaffenunterstützung, einer amerikanischen Militärhilfe von mehr als 200 Millionen Dollar im Jahr und des Einsatzes einer 10 000 Mann starken südvietnamesischen Kampftruppe behaupten. Als die USA am 15. August 1973 ihren Bombenkrieg in Kambodscha beendeten, war Präsident Lon Nol praktisch nur noch Oberbürgermeister von Pnom Penh, während das restliche Land weitgehend vom Gegner kontrolliert wurde. Allerdings lebte zu dieser Zeit in der Hauptstadt, deren Einwohnerzahl durch Flüchtlingsströme in drei Jahren von 600 000 auf rund zwei Millionen angewachsen war, fast ein Drittel der kambodschanischen Gesamtbevölkerung.

In der gleichen Zeit war die Zahl der Khmer-Rouge-Guerillas auf rund 60 000 angestiegen. Sie wurden von ein paar Tausend nordvietnamesischen »Beratern« unterstützt, führten aber den Endkampf um Pnom Penh allein, und nicht selten kam es schon damals zu bewaffneten Auseinandersetzungen zwischen den Roten Khmer und Einheiten der nordvietnamesischen Armee. Auch hatte die Khmer-Rouge-Führung bereits mit der Säuberung der eigenen Reihen von den sogenannten »Khmer Vietminh« begonnen, einer Gruppe von kambodschanischen Kommunisten, die nach 1954 in Vietnam ausgebildet worden waren und als Hanoi-hörig verdächtigt wurden. Ebenfalls eliminiert wurde die »Khmer Sum Doh« genannte Gefolgschaft Prinz Sihanouks, deren Waffenbrüderschaft man nur zeitweise und widerwillig in Anspruch genommen hatte. Im Herbst 1973 erklärte Sihanouk in Peking, die Khmer Rouge verweigerten der »Königlichen Regierung der nationalen Einheit« die Rückkehr nach Kambodscha, und er habe deshalb alle Regierungsverantwortung dem Guerilla-Führer Khieu Samphan übertragen. Tatsächlich wurde dieser dann auch bei einem Besuch in Peking im März 1974 mit den protokollarischen Ehren eines Regierungschefs empfangen, und Sihanouk war auf die zeremonielle Rolle eines Staatsoberhauptes reduziert.

Am 17. April 1975 – dreizehn Tage vor der Kapitulation Saigons – ging der Endkampf um Pnom Penh mit dem totalen Sieg der Kommunisten zu Ende. Damit begann, was die Khmer Rouge die »totale sozialistische Revolution« nannten und was für die Kambodschaner zu einer unvorstellbaren Tragödie unter einem barbarischen Steinzeitkommunismus werden sollte. Unmittelbar nach der kommunistischen Machtübernahme wurden dreieinhalb Millionen Menschen aus Pnom Penh und den paar anderen Städten wie Viehherden in den Dschungel getrieben. Dabei kamen rund 500 000 Kambodschaner ums Leben, verhungert, verdurstet, an Entkräftung gestorben oder erschlagen. Von denen, die überlebten, mußten sich Ungezählte in Arbeitsbrigaden auf den Reis- und Baumwollfeldern, beim Straßen- und Kanalbau zu Tode schuften. Gleichzeitig wurde die systematische Liquidierung der sogenannten »Lon-Nol-Gefolgsleute« betrieben. Dazu zählte man alle inzwischen auf 250 000 Mann angewachsenen Angehörigen der republikanischen Armee, 50 000 Polizisten, 70 000 Beamte und Angestellte des alten Regimes, 20 000 Lehrer sowie 30 000 Angehörige anderer intellektueller oder gehobener Berufe – Ärzte, Techniker, Kaufleute, Anwälte, Studenten und den gesamten buddhistischen Klerus. Von den ehemals führenden Schichten wurden die meisten Menschen in sadistischen Massenexekutionen hingerichtet. Später hörte man, oft seien schon diejenigen Todeskandidaten gewesen, die man als Brillenträger verdächtigte, daß sie lesen und schreiben konnten.

Das ganze Volk wurde unter Abschaffung des Bargeldes enteignet und zu rechtlosen Arbeitssklaven degradiert. Fast alle Angehörigen des bürgerlichen Mittelstandes wurden physisch ausgerottet, alle religiösen und kulturellen Institutionen zerstört, Buddha-Statuen zu Straßenschotter zertrümmert, Pagoden und Bibliotheken in Schweineställe verwandelt, alle Bücher und das gesamte Geld verbrannt, die Familien auseinandergerissen und jeder allein dem gnadenlosen Terror der Khmer Rouge ausgeliefert. Diese führten ihr Schreckensregime im Namen der »Angka«, einer anonymen »Organisation«, und genauso anonym war bis zu diesem Zeitpunkt die Zusammensetzung der Khmer-Rouge-Führung geblieben.

Erst im Oktober 1977, zweieinhalb Jahre nach der kommunistischen Machtübernahme in Kambodscha, wurde durch einen Staatsbesuch des kambodschanischen Regierungschefs in Peking bekannt, daß es sich bei diesem Pol Pot genannten Mann um den Generalsekretär der kambodschanischen KP handelte, der während des Krieges den Namen Saloth Sar angenommen hatte. Inzwischen war der als nominelles Staatsoberhaupt nach Pnom Penh zurückgekehrte Prinz Sihanouk bereits zwei Jahre auch dieses Amtes enthoben und seither in seinem Palast unter Hausarrest gehalten worden. Sihanouks Nachfolge hatte Khieu Samphan angetreten, und vor ihm in der Parteihierarchie rangierte als Nr. 2 der Pol-Pot-Stellvertreter und Außenminister Ieng Sary. Alle drei Spitzenfunktionäre waren in Paris akademisch ausgebildete Angehörige des früheren städtischen Mittelstandes, jener Gesellschaftsschicht, die jetzt von ihnen unbarmherzig vernichtet wurde. Mit einer beispiellosen Menschenverachtung verfolgten sie das angeblich idealistische Ziel, einen neuen sozialistischen Menschen in einer reinen sozialistischen Gesellschaft zu schaffen. Genauso fanatisch, wie sie ihr »sozialistisches« Programm erfüllten, vertraten sie auch ihre nationalistischen Interessen gegenüber Hanoi, dessen Pläne für einen Zusammenschluß von Kambodscha und Laos mit Vietnam zu einem Groß-Indochina von Anfang an auf ihren – von Peking mit allen Mitteln unterstützten – erbitterten Widerstand stießen.

Nachdem zwei offenbar von Hanoi inszenierte Putschversuche in Pnom Penh gescheitert waren, häuften sich seit Anfang 1977 die bewaffneten Zwischenfälle an der kambodschanisch-vietnamesischen Grenze. Seit der kommunistischen Machtübernahme in Kambodscha, das sich jetzt »Demokratisches Kampuchea« nannte, waren rund 150000 Kambodschaner nach Vietnam geflüchtet. Zu den Flüchtlingen gehörte ein ehemaliger, früher in Vietnam ausgebildeter Khmer-Rouge-Offizier namens Heng Samrin, der angeblich wegen Beteiligung an einem der Putschversuche in Pnom Penh zum Tode verurteilt worden war, sich aber nach Vietnam hatte retten können. Unter seiner Führung organisierten die Vietnamesen eine »Nationale Kambodschanische Befreiungsfront«, die den im Dezember 1978 begonnenen Blitzkrieg von 200000 Mann starken vietnamesischen Streitkräften gegen Kambodscha mit nur ein paar Bataillonen unterstützte, aber diesen vietnamesischen Eroberungsfeldzug als »nationalen kambodschanischen Befreiungskampf« tarnen sollte. Nach der

Abb. 9: *Kambodscha und Vietnam (1978)*

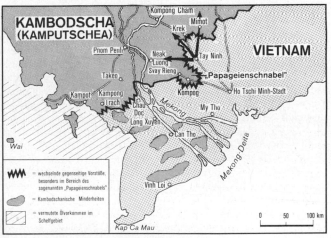

Eroberung Pnom Penhs und der Flucht der Pol-Pot-Gefolgschaft in den Dschungel bildete Heng Samrin eine neue kambodschanische Regierung, die sofort von der Sowjetunion anerkannt wurde und umgehend einen ähnlichen Protektoratsvertrag mit Hanoi abschloß, wie er zwei Jahre zuvor zwischen Vietnam und Laos vereinbart worden war.

Nur ein paar Tage vor der Kapitulation Pnom Penhs hatte die Pol-Pot-Regierung Prinz Sihanouk aus der Haft entlassen und nach Peking fliegen lassen mit dem Auftrag, die Weltöffentlichkeit gegen die vietnamesische Aggression zu mobilisieren. Diesen Auftrag erfüllte der Prinz umgehend mit einem leidenschaftlichen Plädoyer vor dem Weltsicherheitsrat, das Vietnam der Vergewaltigung seines Volkes anklagte. Gleichzeitig distanzierte sich der Prinz jedoch von dem Pol-Pot-Regime, dessen Machtübernahme er noch dreieinhalb Jahre zuvor als »den Anbruch des goldenen Zeitalters der kambodschanischen Geschichte« gepriesen hatte. Durch den öffentlichen Bruch mit seinen früheren Bundesgenossen verletzte Sihanouk die Interessen seiner ehemaligen chinesischen Schutzmacht, die weiter die Pol-Pot-Regierung anerkannte, und aus diesem Dilemma befreite sich der Prinz, indem er zeitweilig seinen Wohnsitz in die nordkoreanische Hauptstadt Pyöngyang verlegte.

Unter Anführung von Peking und Moskau begann ein internationales Tauziehen um die Anerkennung der »rechtmäßigen« kambodschanischen Regierung. Während die Sowjets die meisten kommunistischen Staaten und ein paar Länder der Dritten Welt zur Aufnahme diplomatischer Beziehungen mit der Heng-Samrin-Regierung bewegen konnten, blieb die Pol-Pot-Regierung von einer großen Staaten-Mehrheit anerkannt und behielt auch ihr Mandat in den Vereinten Nationen. Vor allem die Vietnam benachbarten nichtkommunistischen Staaten der ASEAN-Gemeinschaft – Thailand, Malaysia, Singapur, Indonesien und die Philippinen – stellten sich entschieden auf die Seite der Chinesischen Volksrepublik, in der man eine Sicherheitsgarantie gegen die befürchtete Fortsetzung der gewaltsamen Expansion Vietnams in Südostasien sah. Die ASEAN-Staaten hatten zwar, wie alle Welt, das Massenmörder-Regime Pol Pots verabscheut, aber in seiner Ablösung durch die Heng-Samrin-Gefolgschaft sah man allenfalls den Versuch, den Teufel mit Beelzebub zu vertreiben, und vor allem protestierte man dagegen, daß ein Nachbarstaat das Opfer der nackten Aggression eines anderen Nachbarn geworden war.

Die Khmer-Rouge-Gefolgschaft hat unmittelbar nach dem Fall von Pnom Penh den Guerillakrieg gegen die Heng-Samrin-

Regierung und ihre vietnamesischen Bundesgenossen begonnen. Sie wird dabei von Peking unterstützt, während Hanoi und Pnom Penh sowjetische Hilfe erhalten. Im Dezember 1979 wurde Pol Pot, der Hauptverantwortliche für die blutige Gewaltherrschaft der Khmer Rouge, an der Führungsspitze der roten Guerillas durch den weniger kompromittierten Khieu Samphan abgelöst, um eine Verständigung mit anderen, nationalistischen kambodschanischen Widerstandsgruppen gegen das von Hanoi gesteuerte Regime in Pnom Penh zu erleichtern. Ohne den Schutz durch die 150000 bis 200000 Mann starken nordvietnamesischen Besatzungstruppen könnte sich die immer noch schwache Heng-Samrin-Regierung gegen die 20000 Khmer-Rouge-Guerillas und die 10000 bis 15000 nationalistischen Rebellen nicht verteidigen. Da das auch die Regierung in Hanoi weiß, die unter allen Umständen ihren Vormachtanspruch in Indochina behaupten will, dürfte Vietnam mit sowjetischer Rückendeckung seine Streitkräfte so lange in Kambodscha stationiert lassen, bis sich seine Macht dort konsolidiert hat oder bis es durch überlegene militärische Kräfte zum Rückzug gezwungen wird.

Diese Kräfte könnte in der Region nur die Chinesische Volksrepublik aufbringen, doch wird Peking wegen Vietnam keinen großen Krieg mit der Sowjetunion riskieren. So bleibt den Chinesen nur die Möglichkeit, im Vertrauen auf den nationalistischen Widerstand gegen Vietnams Hegemonialpolitik den kleinen Stellvertreterkrieg zu schüren, wie er zur Zeit geführt wird. Daran beteiligt sich auch Prinz Sihanouk wieder zweigleisig mit Appellen, in denen er zum Kampf gegen die von China unterstützten Khmer Rouge aufruft und gleichzeitig den Volkskrieg gegen die China-feindliche Allianz zwischen Heng Samrin und dem vietnamesischen Aggressor fordert. Gegen alle drei will sich Sihanouk sogar mit seinem früheren Todfeind Lon Nol verbünden, doch dürften diese zwei Vertreter des ancien régime in Südostasien kaum in der Lage sein, das von ihnen mitbewegte Rad der Geschichte noch einmal zurückzudrehen.

Während des Indochina-Krieges sind etwa eine Million von insgesamt sieben Millionen Kambodschanern umgekommen; dem Völkermord des Pol-Pot-Regimes sind weitere zwei Millionen Kambodschaner zum Opfer gefallen, und von den vier Millionen Überlebenden waren Ende 1979 nach einem Jahr Heng-Samrin-Regierung und Guerillakrieg zwei Millionen von der akuten Gefahr des Hungertodes bedroht. Ein altes Kulturvolk, dem die Menschheit unvergleichliche Kunstschöpfungen wie die Tempel von Angkor verdankt, stand zu Beginn der 8oer Jahre am Rande des Untergangs.

III. LAOS

unproductive

Zwischen Kolonie und Volksrepublik: Dreißig Jahre Bürgerkrieg

Von den drei Indochina-Staaten war Laos 1945 am wenigsten auf seine Unabhängigkeit vorbereitet. Das historische Königreich Lan Xang, »Land der Millionen Elefanten«, das sich im 18. Jahrhundert in die drei rivalisierenden Fürstentümer Luang Prabang, Vientiane und Champassak gespalten hatte, war unter dem Namen Laos in seinen jetzigen Grenzen erst am 29. August 1941 durch einenProtektoratsvertrag mit den in Cochinchina, Annam, Tonking und Kambodscha regierenden französischen Kolonialherren wieder vereinigt worden. Von den Franzosen wurden diese Gebiete, die vorher weitgehend unter der Suzeränität des benachbarten Siam (Thailand) gestanden hatten, bereits seit 1893 verwaltet, aber sie dienten der französischen Kolonialmacht nur als Puffer, der Französisch-Indochina gegen die Thais und die englischen Kolonialherren in Burma abschirmen sollte. *shield protect*

Da Laos wirtschaftlich unergiebig war, wurde es von den Franzosen auch kaum entwickelt, sondern nur politisch unter Kontrolle gehalten. Durch den Protektoratsvertrag von 1941 erhielt der König von Luang Prabang, König Sisavong, die Oberhoheit auch über die beiden anderen Territorien, das ehemalige Fürstentum Vientiane und den Fürstenstaat Champassak. Schon ein Jahr später wurde Laos, wie das übrige Indochina, von den Japanern besetzt. Sie veranlaßten König Sisavong, am 9. März 1945 – am gleichen Tag, an dem der Kaiser von Annam und der König von Kambodscha auf japanische Anordnung die französische Kolonialherrschaft aufkündigten – Laos' Unabhängigkeit zu proklamieren.

Wie in Vietnam und Kambodscha begann jedoch auch in Laos der eigentliche Unabhängigkeitskampf erst nach der japanischen Kapitulation im August 1945. Während dieser Kampf in Vietnam schnell zur offenen kriegerischen Auseinandersetzung zwischen dem Vietminh und der französischen Kolonialmacht wurde und in Kambodscha vorwiegend im politischen Tauziehen zwischen König Norodom Sihanouk und den Franzosen bestand, führte er in Laos zunächst zu einem Streit der Fürsten und Aristokraten-Familien untereinander, zu einer Rivalität, die dann fremde Mächte für ihre eigene Interessenpolitik ausnutzten. Dadurch geriet das Königreich gleich nach 1945 in Wirren, die eine Mischung von Bürgerkrieg und ausländischer Intervention darstellten, wie sie seither sein Schicksal geblieben ist.

Im Gegensatz zu König Sisavong, der nur zögernd die Loslösung von Frankreich betrieb, forderte sein Premierminister und Neffe, Prinz Phetsarat, die sofortige Trennung von der französischen Kolonialmacht. Er gründete im September 1945 die »Lao Issarat«, die »Bewegung für ein freies Laos«, bildete eine »Regierung der nationalen Einheit« und proklamierte die volle Unabhängigkeit. Dagegen forderte der Fürst von Champassak, Prinz Boun Oum, nach der japanischen Kapitulation offen die Rückkehr der Franzosen nach Laos. Auch König Sisavong erklärte sich damit einverstanden, daß die Franzosen im April 1946 wieder ihre alten Verwaltungs-Funktionen in Vientiane übernahmen. Im August 1946 wurde ein Modus-vivendi-Abkommen über die Einheit und Autonomie von Laos geschlossen; 1949 verständigte man sich über eine Konvention, die Laos als unabhängigen Staat mit der Französischen Union assoziierte, und erst am 22. Oktober 1953 gewährten die Franzosen angesichts ihrer drohenden Niederlage in Vietnam dem Königreich im Französisch-Laotischen Freundschaftsvertrag die volle Unabhängigkeit.

Nach der Konvention von 1949 hatte sich die von Thailand aus operierende »Lao Issarat«-Gefolgschaft des Prinzen Phetsarat aufgelöst, weil ihr Ziel angeblich erreicht war. Aber zu der Zeit war die Führung des bewaffneten Unabhängigkeitskampfes bereits auf einen Halbbruder Phetsarats, den Prinzen Souphanouvong, übergegangen. Mit in Vietnam ausgebildeten laotischen Guerillas hatte er die kommunistische Bewegung »Pathet Lao« (»Laotische Nationalisten«) gegründet, mit aktiver Unterstützung des Vietminh bis Ende 1953 die beiden laotischen Nordprovinzen Phong Saly und Houa Phan erobert und dort eine »Nationale Widerstandsregierung« ausgerufen. Auf der Genfer Indochina-Konferenz 1954 wurde zwar beschlossen, daß die damals 2000 Mann starken Pathet-Lao-Verbände teils aufgelöst und teils in die königliche Armee integriert und die beiden kommunistisch regierten Provinzen wieder der Verwaltung des Königreiches eingegliedert werden sollten, aber diese Genfer Beschlüsse sind trotz mehrerer Anläufe nie verwirklicht worden. Die dadurch ausgelösten Auseinandersetzungen haben Laos bis 1975 in den Indochina-Krieg direkt verwickelt und trotz aller Neutralitäts-Bemühungen seiner Regierung das Land in ein Schlachtfeld verwandelt.

Die Schuld für diese verhängnisvolle Entwicklung trifft zum Teil die intransigenten laotischen Kommunisten und ihre vietnamesischen Verbündeten, doch sind dafür auch die USA mitverantwortlich, die seit 1950 in ständig steigendem Maße in Laos interveniert haben. Washingtons Engagement in Laos erklärt

sich aus der strategischen Bedeutung dieses Landes, das gemeinsame Grenzen mit Burma, Thailand, China, Kambodscha, Nord-
und Südvietnam hat und das in seiner langgestreckten Gestalt –
nach dem Urteil von Militärexperten – »wie ein Dolch in das
Herz Südostasiens zielt«. Den »Dolch« wollten die Amerikaner
in einen pro-westlichen Puffer verwandeln, in eine Sperrzone
zwischen den kommunistischen Staaten Nordvietnam und China
auf der einen Seite und den mit den USA verbündeten Staaten
Thailand und Südvietnam und dem neutralistischen Kambodscha
auf der anderen Seite.   benefits

Ab 1950 leisteten die USA zunächst der französischen Kolonial-
verwaltung finanzielle Hilfe. Nach dem Genfer Indochina-
Abkommen 1954 und dem Abzug der Franzosen übernahmen die
Amerikaner weitgehend die Aufgaben, die von den früheren
Kolonialherren vernachlässigt worden waren; sie gewährten Laos
mit seinen nur zwei Millionen Menschen in den nächsten fünf
Jahren eine Wirtschafts- und Militärhilfe in Höhe von 200
Millionen Dollar, doppelt soviel, wie man in den fünf Jahren
zuvor für alle drei Indochina-Staaten und ihre 50 Millionen
Menschen zusammen ausgegeben hatte. Dieser Dollarsegen trug
jedoch weniger zur wirtschaftlichen, politischen und militärischen Stärkung des Königreiches als vielmehr zu einer wuchernden Korruption unter den Regierungspolitikern und Militärs bei
und half dadurch indirekt den gegnerischen Pathet Lao.

Im Regierungslager brachen gleich nach 1954 Gegensätze zwischen Neutralisten und dem rechten Flügel auf, Spannungen, die
während der nächsten zwei Jahrzehnte nicht mehr abgebaut
werden konnten. Der erste neutralistische Regierungschef, Prinz
Souvanna Phouma, ein Halbbruder sowohl des »roten Prinzen«
Souphanouvong als auch des Issarat-Prinzen Phetsarat, bemühte
sich ehrlich um eine Aussöhnung mit den Pathet Lao und um die
Erfüllung des Genfer Abkommens. Er war von der einigenden
Kraft des »Laotismus« – einer spezifisch laotischen Form brüder-
licher Toleranz – überzeugt und glaubte, daß sie auch unter
seinen kommunistischen Gegnern stärker sei als deren ideologische Orientierung. 1956 schloß er mit Prinz Souphanouvong ein
Abkommen über eine Koalitionsregierung, in welcher der Pathet-
Lao-Führer Minister für wirtschaftliche Planung und ein anderer
hoher Pathet-Lao-Funktionär, Phoumi Vonvichit, Minister für
religiöse Angelegenheiten werden sollten. Da diese Vereinbarung
auf starke Kritik der Amerikaner und der laotischen Rechten
stieß, konnte die »Regierung der Nationalen Einheit« erst im
November 1957 gebildet werden.

Inzwischen war Prinz Souvanna Phouma nach Peking und Hanoi

gereist und hatte dort erreicht, daß man sich in allerdings unverbindlichen Erklärungen zur Respektierung der laotischen Neutralität und territorialen Integrität bekannte. Das verstärkte jedoch nur das Mißtrauen der Amerikaner und der rechts orientierten Laoten gegen den neutralistischen Prinzen. Führer des von König Savang Vathana und vor allem dem Champassak-Fürsten Prinz Boun Oum unterstützten rechten Flügels waren laotische Aristokraten, an ihrer Spitze Phoui Sananikone, Katay Sasorith, Kou Abhay und der Armee-Oberbefehlshaber Phouma Nosavan, der zum engsten Vertrauten der Amerikaner in Laos geworden war.

Im August 1958 wurde Souvanna Phoumas Koalitionsregierung von einer Rechtsregierung ohne Pathet-Lao-Beteiligung unter Führung von Phoui Sananikone abgelöst. Der daraufhin erneut mit Vietminh-Hilfe intensivierte Guerilla-Krieg veranlaßte Ministerpräsident Sananikone im September 1959, Nordvietnam bei dem Weltsicherheitsrat der bewaffneten Intervention anzuklagen. Diese erste internationale Laos-Krise wurde so dramatisiert, daß damals bekannte amerikanische Journalisten wie die Brüder Alsop Spekulationen darüber anstellten, ob die Amerikaner die Atombombe in Laos einsetzen sollten. Tatsächlich kam es jedoch nur zur Entsendung einer UN-Untersuchungskommission nach Laos, die nach wenigen Wochen ohne konkrete Beweise einer nordvietnamesischen Aggression wieder abreisen mußte.

Nach zwei weiteren vom Armee-Oberbefehlshaber Phoumi Nosavan manipulierten Regierungswechseln unter Ausschluß Souvanna Phoumas und des Pathet Lao putschte am 9. August 1960 in Vientiane der Fallschirmjäger-Hauptmann Kong Lé gegen die Armeeführung und gegen den – wie er erklärte – »übermächtigen amerikanischen Einfluß auf die laotische Politik«. Kong Lé setzte durch, daß am 30. August eine neue Regierung unter Souvanna Phouma gebildet wurde, die eine Koalition sowohl mit Politikern des rechten Flügels als auch mit Pathet-Lao-Vertretern bilden wollte. Aber der als stellvertretender Ministerpräsident in Aussicht genommene General Phoumi Nosavan zog sich nach Champassak zum Prinzen Boun Oum zurück und gründete mit ihm zusammen ein »Revolutionskomitee« mit der erklärten Absicht, Vientiane zurückzuerobern.

Als die Angriffsvorbereitungen Phoumi Nosavans offensichtlich von den Amerikanern unterstützt wurden, erklärte Souvanna Phouma im September 1960 seine Absicht, diplomatische Beziehungen zur Sowjetunion aufzunehmen, und gleichzeitig begann er Verhandlungen mit den Pathet Lao über die Bildung einer neuen Koalitionsregierung. Aus Protest dagegen suspendierten die USA sofort ihre Wirtschafts- und Militärhilfe für die Souvanna-Phouma-Regierung, setzten sie aber für die im südlichen Laos konzentrierte Gefolgschaft Phoumi Nosavans und Boun Oums fort. Da gleichzeitig das mit den USA verbündete Thailand eine Blockade der Überlandverbindungen mit Vientiane begann, erbat und erhielt Souvanna Phouma umgehend Rüstungslieferungen aus der Sowjetunion.

Im Dezember 1960 eroberten die Phoumi-Nosavan-Truppen Vientiane zurück. Während sich Kong Lé mit seinen Soldaten auf die Plaine des Jarres – die Ebene der Tonkrüge in Zentrallaos – zurückzog und mit den Pathet Lao verbündete, begab sich Souvanna Phouma ins Exil nach Kambodscha. Von dort hatte Prinz Sihanouk bereits Monate vorher an die Signatarstaaten der Genfer Indochina-Konferenz aus dem Jahre 1954 appelliert, eine Laos-Konferenz einzuberufen, um die drohende Gefahr einer Ausweitung des Konfliktes auch auf Kambodscha zu bannen. Inzwischen hatten die mit umfangreicher Waffenhilfe der Sowjetunion ausgerüsteten Pathet-Lao-Verbände, jetzt eindeutig von regulären Einheiten der nordvietnamesischen Armee unterstützt, fast die Hälfte des laotischen Territoriums erobert und damit die zweite internationale Laos-Krise heraufbeschworen. Sie veranlaßte den amerikanischen Präsidenten Kennedy zu der Äußerung: »Ganz Südostasien ist in Gefahr, wenn Laos seine neutrale Unabhängigkeit verliert.« Auf Grund dieser Überzeugung befahl Kennedy die Landung kleinerer Kontingente von US-Streitkräften in dem mit Laos benachbarten Thailand. Mit der gleichzeitig verfügten verstärkten Entsendung von Militärberatern nach Saigon begann im Oktober 1961 die erste Phase des verhängnisvollen militärischen Engagements der USA in Südvietnam.

Die Friedensinitiative des kambodschanischen Staatschefs, Prinz Sihanouk, bewirkte, daß sich im Mai 1961 in Genf eine Vierzehn-Mächte-Konferenz versammelte. Sie beschloß die Neutralisierung von Laos sowie die Bildung einer neuen laotischen Koalitionsregierung unter Beteiligung der Neutralisten, der laotischen Rechten und der Pathet Lao; aber es dauerte noch ein weiteres Jahr, bis dieser Beschluß im Juni 1962 jedenfalls teilweise verwirklicht wurde. Die Koalitionsregierung mit Prinz Souvanna Phouma als Ministerpräsident und den beiden Antagonisten Prinz Souphanouvong und General Phoumi Nosavan als seinen Stellvertretern stand vor der Aufgabe, nach Jahren kriegerischer Auseinandersetzungen eine friedliche Zusammenarbeit zwischen Kommunisten, Antikommunisten und Neutralisten zu praktizieren. Die Pathet Lao, denen in der 1957 gebildeten ersten Koalitionsregierung nur zwei von 12 Ministerämtern zugestanden worden waren, erhielten jetzt mit vier Portefeuilles den gleichen Anteil wie ihre rechtsorientierten Gegner, während die Neutralisten acht Ministerposten besetzten. Da alle drei Gruppen weiter ihre eigenen Streitkräfte unterhielten, blieb Laos praktisch so dreigeteilt, wie es unter seinen rivalisierenden Fürsten bereits im 18. Jahrhundert gewesen war, mit den Kommunisten im nördlichen Laos, den Neutralisten auch in der geographischen Mitte und den Antikommunisten im Süden.

Nach vorübergehender Waffenruhe brachen im April 1963 – nach der Ermordung des den Pathet Lao nahestehenden Außenministers Quinim Pholsena – die Kampfhandlungen wieder aus. Die kommunistischen Minister zogen sich aus der Nationalen Unionsregierung zurück, und von ihren alten, nie aufgegebenen Basen in den laotischen Nordprovinzen stießen die Pathet-Lao-Guerillas 1964 bis auf die Plaine des Jarres vor. Ministerpräsident Souvanna Phouma hielt zwar weiter die Fassade der Dreier-Koalition aufrecht – bei jeder Kabinettssitzung blieben vier Stühle für die kommunistischen Minister reserviert –, aber im Gegensatz zu seiner früheren Linksorientierung verbündete er sich jetzt mit dem rechten Flügel und bat die von ihm bisher mit größtem Mißtrauen behandelten USA um Waffenhilfe.

Die Amerikaner, die um die gleiche Zeit – im Sommer 1964 – mit der Eskalierung ihres militärischen Engagements in Vietnam begonnen hatten, unterstützten fortan auch die laotischen Regierungstruppen mit bewaffneten Aufklärungs- und Versorgungsflügen. Ihren eigenen militärischen Zwecken dienten jedoch vor allem die von Luftwaffenstützpunkten in Thailand aus geflogenen Bombenangriffe gegen die über laotisches Gebiet führenden Verbindungswege des sogenannten »Ho-Chi-Minh-Pfades« und die dort eingesetzten rund 50000 Mann starken nordvietnamesischen Streitkräfte.

Im Grunde wurde der Krieg in Laos sowohl von den Amerikanern als auch von den Nordvietnamesen in erster Linie um die durch Laos verlaufende Versorgungsbrücke zwischen Nord- und Südvietnam geführt, und das Schicksal der Laoten war bei den strategischen Überlegungen der Gegner im Vietnamkrieg immer zweitrangig. Dennoch vergaß Hanoi nie das politische Ziel, mit Hilfe der Pathet Lao eines Tages den Anschluß von Laos an Vietnam oder zumindest seine Eingliederung in eine Indochina-Föderation zu erreichen. In den folgenden Kriegsjahren wiederholten sich in gleichbleibendem Rhythmus kommunistische Offensiven in der Trockenzeit und Gegenoffensiven der Regierungstruppen während des Monsuns, und in jedem Jahr gewannen die Pathet Lao dabei an Boden. 1968/69, während der ersten Phase der Pariser Vietnam-Verhandlungen, verstärkten die Pathet-Lao-Guerillas und nordvietnamesischen Truppen ihre Angriffe und stießen bis tief in den Süden von Laos vor. Der Kampfwert der 60000 Mann starken Regierungsstreitkräfte war gleich Null, und auch die ihnen beigesellten 20000 Mann starken Söldner-Verbände aus Thailand erwiesen sich nicht als wirksamer Schutz. Den Kommunisten militärisch gewachsen war nur die aus den freiheitsliebenden Bergstämmen der Meos rekrutierte und vom amerikanischen CIA finanzierte 15000 Mann starke Spezialtruppe des Generals Van Pao, doch konnte auch sie den ständigen Geländegewinn der bis 1972 auf 50000 Mann angewachsenen Pathet-Lao-Armee und ihrer nordvietnamesischen Bundesgenossen nicht aufhalten.

Als unmittelbar nach Abschluß des Pariser Waffenstillstandsabkommens für Vietnam im Januar 1973 auch in der laotischen Hauptstadt Vientiane Gespräche über Waffenruhe begannen, konnten die Pathet Lao von einer stärkeren Position aus verhandeln als je zuvor. Am 3. Februar wurde ein Abkommen über den Waffenstillstand und über die Grundsätze für die Bildung einer neuen Koalitionsregierung unterzeichnet, doch dauerte das Aushandeln des Koalitionsvertrages dann noch einmal bis zum 14. September 1973. In der neuen Regierung erhielten Neutralisten und Antikommunisten zusammen nur noch die Hälfte der Ministerämter, und die andere Hälfte wurde den Pathet-Lao-Vertretern zugestanden. Die gegnerischen Einflußzonen blieben getrennt unter jeweils ihrer eigenen Verwaltung, aber während den Kommunisten das Recht eingeräumt wurde, Truppen in der Regierungsstadt Vientiane und der Königsstadt Luang Prabang zu stationieren, blieb selbst zivilen Angehörigen der Gegenpartei die Einreise in das Pathet-Lao-Territorium verwehrt. Ausländische Streitkräfte sollten innerhalb von 60 Tagen nach der Regierungsbildung das Land verlassen; da Hanoi jedoch stets die Anwesenheit nordvietnamesischer Truppen auf laotischem Boden geleugnet hatte, fühlte es sich auch nicht zum Rückzug verpflichtet, der nur von dem amerikanischen Militärpersonal und den thailändischen Söldnern vorgenommen wurde. Das hatte für Nordvietnam u. a. den Vorteil, daß es in den folgenden zwei Jahren seinen Nachschub für den Endkampf in Südvietnam ohne Störung durch amerikanische Luftangriffe über die laotischen Versorgungswege des Ho-Chi-Minh-Pfades transportieren konnte.

Erst am 4. April 1974 konstituierte sich die neue Regierung, wiederum unter Führung von Ministerpräsident Souvanna

Phouma, dessen Stellvertretung der Pathet-Lao-Funktionär Phoumi Vonvichit übernahm. Die Pathet Lao besetzten das Außenministerium und die Ministerien für Wirtschaft, Information, Arbeit und Kultur; die Souvanna-Phouma-Gefolgschaft bekam das Innenministerium sowie die Ministerien für Finanzen, Verteidigung, Gesundheit und Erziehung. Neben dem Kabinett wurde gleichrangig ein »Nationaler Politischer Rat« geschaffen, dessen Vorsitz der »rote Prinz« Souphanouvong übernahm. Die eigentliche Führungsspitze der Pathet Lao war – ebenso wie die Khmer-Rouge-Führung in Kambodscha – bisher anonym geblieben; sie beteiligte sich auch nicht selber an der Regierungsbildung, sondern steuerte die weitere Entwicklung aus dem Pathet-Lao-Hauptquartier in Samneua.

Diese Entwicklung verlief, wie der ganze bisherige Laos-Konflikt, als Reflex der Ereignisse in Vietnam. Unmittelbar nach der kommunistischen Machtübernahme in Saigon und Kambodscha im April 1975 erzwangen die Pathet Lao im Mai den Ausschluß der vier führenden antikommunistischen Minister aus der Regierung und sprengten damit die Koalition. Im Dezember 1975 vollzogen sie dann die totale kommunistische Machtübernahme. Unter Abschaffung der 600 Jahre alten Monarchie wurde die Volksrepublik proklamiert und eine neue Regierung gebildet, in der jetzt die bisher anonymen Pathet-Lao-Spitzenfunktionäre die Führung übernahmen: Regierungschef wurde der Partei-Generalsekretär Kaysone Phomvihan, ein Halbvietnamese; sein Stellvertreter Nouhak Phongsavan wurde Finanzminister und der Guerilla-Kommandeur General Sipraseuth Verteidigungsminister; den mit einer Vietnamesin verheirateten Prinzen Souphanouvong ernannte man zum Staatspräsidenten. Um diesen radikalen Bruch aller früheren Versprechungen und Verträge auf typisch laotische Weise zu verbrämen, ernannte man den abgesetzten König Savang Vathana und den gestürzten Regierungschef Souvanna Phouma zu »Beratern« ihrer jeweiligen Nachfolger. Aber bereits drei Monate später, im März 1976, wurde der Monarch samt der ganzen königlichen Familie verhaftet; er ist seither in Samneua verschwunden. Prinz Souvanna Phouma wurde in Vientiane unter Hausarrest gestellt und – wie Prinz Sihanouk in Kambodscha – zur untätigen Beobachtung der von ihm selber in naiver Unterschätzung der Kommunisten mitverschuldeten Tragödie verurteilt.

Damit war der lange Prozeß einer mit raffinierter Salami-Taktik vollzogenen kommunistischen Machtübernahme abgeschlossen. Dieser Prozeß hatte dreißig Jahre vorher damit begonnen, daß 2000 kommunistische Guerillas mit vietnamesischer Hilfe zwei nordlaotische Provinzen eroberten; er wurde trotz mehrerer Waffenstillstandsabkommen mit der Eroberung des größten Teiles von Laos konsequent militärisch fortgesetzt und durch die von einem zum anderen Mal stärkere Beteiligung an drei Koalitionsregierungen ebenso systematisch politisch vollendet. Man hofierte den König, solange die Monarchie die Bildung von Koalitionsregierungen erleichterte; man beteiligte sich an Koalitionsregierungen, um selber Boden zu gewinnen und um das von Hanoi bis 1973 aus taktischen Gründen verfolgte Ziel einer Volksfront-Koalition für Vietnam international zu propagieren – und sobald König und Koalition ihren Zweck erfüllt hatten, wurden sie »abgeschafft«.

Die Pathet Lao sind als Tochterorganisation des vietnamesischen Vietminh entstanden und von Anfang an von Hanoi gesteuert worden. Der damit eingeleitete Anschluß von Laos an Vietnam wurde nach der kommunistischen Machtübernahme in Saigon und Vientiane mit dem im Juli 1977 unterzeichneten laotisch-vietnamesischen Freundschafts- und Beistandsvertrag fortgesetzt, der den schon vorher praktisch bestehenden Satelliten-Status des früheren Königreiches nun auch formal bestätigte. Er garantierte den vietnamesischen Streitkräften in Laos jene Stationierungsrechte, von denen Nordvietnam schon jahrelang vorher Gebrauch gemacht hatte, die aber jetzt nicht mehr mit Gründen der Kriegführung zu motivieren waren, sondern fortan dazu dienten, die drei Millionen Laoten unter Kontrolle zu halten und gleichzeitig Druck auf das benachbarte widerspenstige Kambodscha auszuüben. Die in dem Freundschaftsvertrag vereinbarte Hilfe Vietnams besteht unter anderem darin, daß in allen Ämtern der laotischen Regierung vietnamesische »Berater« die Arbeit dirigieren und daß vietnamesische Streitkräfte einen Vernichtungsfeldzug gegen das aufständische Bergvolk der Meos führen, mit der Begründung, daß sie die »innere Sicherheit der Volksrepublik verteidigen«.

IV. INDOCHINA-FÖDERATION UNTER VIETNAMESISCHER HEGEMONIE?

Da das immer noch unterentwickelte Laos wirtschaftlich nicht lebensfähig ist, haben die Sowjets die Rolle übernommen, die hier früher die französischen Kolonialherren und später die amerikanischen Verbündeten gespielt haben. Sie gewähren dem

Land umfangreiche Wirtschaftshilfe und unterstützen es mit mehreren tausend Experten beim technischen und wirtschaftlichen Aufbau. Prinz Souvanna Phouma hatte seine Neutralitätspolitik nicht zuletzt in der Hoffnung betrieben, daß die Chinesen eine Ausdehnung des vietnamesischen Machtbereiches auf Laos verhindern würden. Auf Grund eines 1961 mit Peking vereinbarten Abkommens haben 20000 chinesische Arbeiter und Pioniere in Nordlaos Straßenverbindungen gebaut, und auch diplomatisch blieb Peking während des ganzen Krieges in Vientiane aktiver als Moskau.

Mit dem sich zuspitzenden Konflikt zwischen China und Vietnam und der wachsenden wirtschaftlichen Abhängigkeit der laotischen Volksrepublik von sowjetischer Hilfe kühlte sich jedoch das Verhältnis zwischen Vientiane und Peking zunehmend ab. Nach der Eroberung Pnom Penhs durch vietnamesische Streitkräfte Anfang 1979 war Laos der erste Staat, der – noch vor Moskau – die neue vietnamhörige kambodschanische Heng-Samrin-Regierung anerkannte. Die chinesische »Strafexpedition« gegen Vietnam löste in Vientiane organisierte Chinafeindliche Demonstrationen aus; im März 1979 kündigte die laotische Regierung die chinesische Hilfe und verfügte die Ausweisung aller chinesischen Techniker und Arbeiter.

Trotz des heute eindeutig dominierenden sowjetisch-vietnamesischen Einflusses in Laos gibt Peking das Spiel nicht verloren. Es vertraut auf die in Laos – wenn auch nicht mit dem gleichen Fanatismus wie in Kambodscha – lebendigen anti-vietnamesischen Ressentiments und unterstützt jeden Aufstandsversuch der rebellischen Bergbevölkerung. Da das kommunistische Regime in Vientiane mit seiner repressiven Politik eine wachsende Unzufriedenheit der Bevölkerung erzeugt, könnte die von China protegierte Opposition eines Tages an Kraft gewinnen. Vorläufig jedoch hat die kommunistische Zwangsherrschaft den Primäreffekt, daß Hunderttausende von Laoten über den Mekong nach Thailand fliehen, wo am südlichen bzw. westlichen Ufer des »asiatischen Schicksalsstroms« bereits seit Jahrhunderten rund eine Million ihrer Landsleute angesiedelt ist. Thailand ist der Staat, der von den Entwicklungen in Kambodscha und Laos durch die Flüchtlingsströme aus beiden Ländern in den letzten Jahren am ärgsten in Mitleidenschaft gezogen wurde. Er fürchtet auch am meisten eine Fortsetzung der gewaltsamen vietnamesischen Expansion. In Bangkok beruft man sich auf kommunistisch-vietnamesische Geheimdokumente, in denen Thailand angeblich als »vierter Indochina-Staat« ausgewiesen ist, was bedeuten würde, daß auch dieses Königreich für den An-

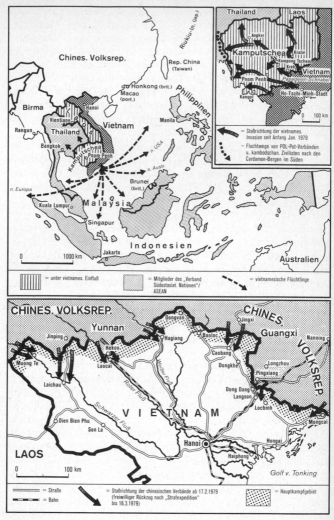

Abb. 10: *Indochina nach dem chinesisch-vietnamesischen Grenzkrieg 1979*

schluß an die geplante Indochina-Föderation vorprogrammiert
wäre.

Der von den Franzosen geprägte Begriff Indo-China erklärt sich
daraus, daß die Kambodschaner und Laoten, wie ein Teil der

Bevölkerung des früheren Cochinchinas, jahrhundertelang zum indischen hinduistisch-buddhistischen Kulturkreis gehört haben, während die Nordvietnamesen stärker vom chinesischen Konfuzianismus geprägt worden sind. Dieses von der wissenschaftlichen Völkerkunde nicht anerkannte Konzept einer neuen übergeordneten Einheit aller Indochina-Völker, das die Franzosen einmal als gemeinsamen Nenner für ihr südostasiatisches Kolonialreich entwickelt haben, wurde von dem vietnamesischen Nationalistenführer und kommunistischen Revolutionär Ho Chi Minh übernommen, als er 1930 die »Kommunistische Partei Indochinas« gründete und später mit dem Vietminh eine in ganz Indochina operierende Befreiungsbewegung schuf, die nach der Vertreibung der Franzosen die Vietnamesen, Laoten und Kambodschaner unter Hanois Führung wieder vereinen sollte. Ho verfolgte damit historische vietnamesische Großreich-Ziele, wie das vor ihm jahrhundertelang vietnamesische Herrscher getan haben, die im Wettstreit mit den Thais ihre Macht über ganz Südostasien auszudehnen versuchten. Genauso historisch begründet wie der über die eigenen Grenzen hinausgreifende vietnamesische Nationalismus aber sind die nationalistischen Widerstandskräfte der Nachbarvölker gegen den vietnamesischen Vormachtanspruch. Auch der Konflikt zwischen den kommunistischen Großmächten China und Sowjetunion, der so sehr zur Verschärfung der Auseinandersetzungen in Südostasien beiträgt, hat Wurzeln, die weit in die Geschichte zurückreichen. Der Nationalismus entwickelt in Asien zur Zeit die gleiche Sprengkraft, wie er sie im Europa des 19. Jahrhunderts besessen hat. In Europa führten die nationalstaatlichen Konflikte erst nach den blutigen Katastrophen zweier Weltkriege zu größeren Zusammenschlüssen wie der Europäischen Gemeinschaft. Vielleicht geschieht das eines Tages auch in Indochina, das als Staatsverband von mehr als 50 Millionen Menschen zumindest wirtschaftlich lebensfähiger sein würde, als es die drei Staaten Vietnam, Laos und Kambodscha heute sind.

5. Die Volksrepublik China als neuer Machtfaktor in der Weltpolitik

Von Jürgen Domes und Marie-Luise Näth

Der westlichen Welt rückte am Ende der 60er Jahre mit überraschender Plötzlichkeit die Tatsache ins Bewußtsein, daß die Volksrepublik China (hinfort: VR China) zu einem neuen Machtfaktor in der internationalen Politik herangewachsen sei. Den äußeren Anstoß zu dieser Erkenntnis hatte der Einmarsch von Truppen des Warschauer Paktes in die ČSSR (20./21. August 1968) gegeben. Zum ersten Male seit der Gründung der Volksrepublik am 1. Oktober 1949 stimmte damals Chinas Reaktion auf einen internationalen Vorgang mit derjenigen des Westens überein. Die Übereinstimmung war noch rein zufälliger Natur; denn Pekings Führer verurteilten nicht nur den von der Sowjetunion angeführten Gewaltakt gegen die Tschechoslowakei, sondern auch den Reformkurs des »Prager Frühlings« auf das schärfste. Immerhin begann sich jetzt aber die Aufmerksamkeit des Westens verstärkt auf China zu richten.

Selbstverständlich gab es längerfristig angelegte Gründe für diese westliche Hinwendung zum chinesischen Festlandstaat. Die Weltöffentlichkeit stand ganz allgemein unter dem tiefen Eindruck der »Kulturrevolution« Mao Tse-tungs, einer Massenkampagne der Selbstzerfleischung im einwohnerreichsten Land der Erde. Die Frage, ob sich die Vereinigten Staaten von Amerika die strikte Isolierung dieses Landes weiterhin leisten durften, stand auf der Tagesordnung der weltpolitischen Diskussion. Eine Entscheidung darüber stellte sich in Washington als um so dringlicher dar, als die amerikanische Nation ihren Führern mit wachsender Ungeduld die Beendigung des Vietnam-Krieges abverlangte. Die VR China schien eine Schlüsselrolle in diesem Krieg zu spielen und somit auch bei seiner Liquidierung unumgänglich zu sein. Das zermürbende militärische Engagement in Indochina hatte die führenden Politiker und Politikwissenschaftler in den USA darüber hinaus davon überzeugt, daß der Versuch, alle kommunistisch regierten Staaten militärisch einzudämmen, immer kostspieliger werden und schließlich die Substanz der amerikanischen Weltmacht verzehren würde. Richard M. Nixon, der im November 1968 zum neuen amerikanischen Präsidenten

276

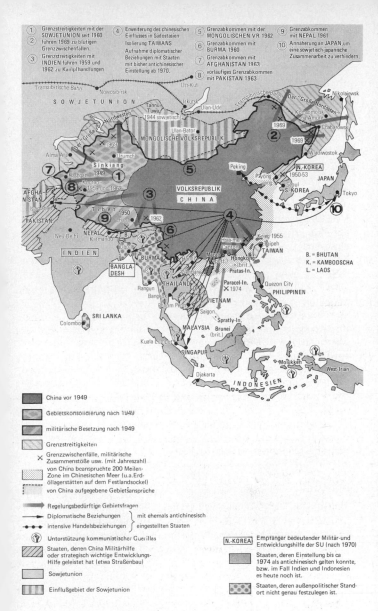

Abb. 11: *Die territoriale Entwicklung der Volksrepublik China ab 1949*

gewählt worden war, entwickelte deshalb zusammen mit seinem damaligen Sicherheitsberater Henry A. Kissinger unter dem Slogan »Kommunikation statt Konfrontation« ein entspannungspolitisches Konzept, das die Prinzipien der politischen Druckausübung und der Verhandlung zu einer neuen Strategie gegen den Kommunismus verbinden sollte. Durch die Aufhebung der Isolierung Chinas und durch die Einleitung paralleler Entspannungsdialoge mit Moskau *und* Peking glaubten Nixon und Kissinger, unter der Bedingung des chinesisch-sowjetischen Konflikts eine Situation erreichen zu können, in der die beiden kommunistischen Großmächte selbst einen eindämmenden Druck aufeinander ausüben würden und den USA damit neue weltpolitische Handlungsspielräume eröffnen könnten. Im Laufe der ersten acht Monate des Jahres 1969 spitzte sich das gespannte Verhältnis zwischen Moskau und Peking in gefährlicher Weise auf eine kriegerische Auseinandersetzung zu. Der Westen stand damit jäh vor der Frage, ob er China im Ernstfalle der weit überlegenen militärischen Macht der Sowjetunion überlassen solle und ob er es riskieren könne, daß sich Pekings Führer dem Diktat Moskaus unterwarfen, um einem solchen Ernstfall zu entgehen.

Die Nixon-Administration entschied sich, die Patenschaft für den raschen Eintritt der VR China in die internationale Diplomatie zu übernehmen. Die außenpolitische Neuorientierung bedeutete sowohl für Peking als auch für Washington ein schwieriges Experiment. Sie stellte natürlich auf beiden Seiten die Bündnisse mit dritten Staaten vor eine harte Bestandsprobe. Das Risiko dabei war damals allerdings ungleich verteilt; denn niemand vermochte im Jahre 1971 eine Garantie dafür abzugeben, daß China sich innenpolitisch als ausreichend stabil erweisen würde, um einer neuen, weltzugewandten Außenpolitik auf längere Sicht Beständigkeit zu geben.

I. GRUNDZÜGE DER INNENPOLITISCHEN ENTWICKLUNG CHINAS: KULTURREVOLUTION, ÜBERGANGSKRISEN UND DIE NEUE FÜHRUNG SEIT 1976

Die innenpolitische Entwicklung der VR China stellt sich dem Beobachter seit Ende der 50er Jahre im wesentlichen als eine Abfolge von in immer kürzeren Zeitabständen auftretenden Krisen und innerparteilichen Konflikten dar. Die meisten tagespolitischen Kommentatoren und die Mehrheit der asiatischen China-wissenschaftler interpretieren solche Krisen und Konflikte als Machtkämpfe. Ihnen steht eine große Gruppe von sozialwissen-schaftlichen China-Spezialisten im Westen gegenüber, die in ihrer Analyse den richtungspolitischen Aspekt der intra-elitären Auseinandersetzungen in China betont, also den Streit über Sachprogramme. In der Tat handelte es sich in allen Fällen, in denen die Einheit der chinesischen kommunistischen Führung zerbrach, sowohl um Macht- als auch um Richtungskämpfe. Es ging dabei immer um die Frage der Verteilung von persönlichen Machtpositionen und gleichzeitig um die Frage, welche politi-schen Maßnahmen von solchen Machtpositionen aus durchge-setzt werden sollten.

Bestimmend für die große Krisenanfälligkeit der chinesischen Politik war die Tatsache, daß Mao Tse-tung, der innerhalb der Elite allgemein anerkannte Parteivorsitzende, seit den späten 50er Jahren zunehmend an charismatischer Ausstrahlungskraft und damit an Führungsfähigkeit verlor. Mao hatte in den Jahren 1957 und 1958 sein Prestige eng mit zwei großen politischen Bewegungen verbunden, die auf seine persönliche Initiative zurückgingen und dennoch in Fehlschlägen endeten: 1957 mit der Aufforderung an die parteilosen Intellektuellen, Kritik am Arbeitsstil der politischen Führungseliten zu üben, und 1958 mit der Gründung ländlicher Großkollektive – der »Volkskommu-nen« – sowie mit einer umfassenden Mobilisierung der Massen, die Chinas Wirtschaft einen »Großen Sprung nach vorn« tun lassen sollte. Die Kritikbewegung der Intellektuellen, die soge-nannte Hundert-Blumen-Kampagne, förderte innerhalb von wenigen Wochen eine systemsprengende Opposition im Lande zutage und mußte von der Partei schlagartig abgebrochen werden.

Maos wirtschaftspolitisches Experiment vom darauffolgenden Jahr, der versuchte Übergang zu einem arbeitsintensiven, mobili-satorischen Entwicklungskonzept, führte in eine schwere Wirt-schaftskrise, die sich durch drei aufeinanderfolgende Mißernten zu einer massiven Hungersnot ausweitete. Die Jahre 1960, 1961 und 1962 brachten für die chinesische Bevölkerung die schwer-sten Nahrungsmittelentbehrungen mit sich, die China überhaupt in diesem Jahrhundert erlebte. Das Scheitern des maoistischen Entwicklungskonzepts, das bereits im Winter 1958/59 erkennbar geworden war, rief die Opposition einer Mehrheit der zivilen Parteiführer und auch einiger führender Militärs hervor, die jetzt begannen, die Vorstellungen und Programme Maos einer grund-legenden Revision zu unterziehen. An der Spitze der Kritiker

stand damals der als Nachfolger vorgesehene Erste Vizevorsitzende der Partei, Liu Shao-ch'i, der vom Chef des zivilen Parteiapparates, Teng Hsiao-p'ing, unterstützt wurde, während Mao
die Hilfe des 1959 zum Verteidigungsminister ernannten Mar-
schalls Lin Piao erhielt. Der Premierminister, Chou En-lai, der in
der Sache dem Programm der Kritiker Maos nahestand, persönlich jedoch mit ihnen rivalisierte, verhielt sich neutral. Der
innerparteiliche Konflikt, der schließlich in der »Kulturrevolution« kulminierte, wurde *machtpolitisch* von der Auseinandersetzung zwischen Liu Shao-ch'i und Lin Piao um die Nachfolge
des Parteiführers bestimmt. Richtungspolitisch aber standen vier
grundlegende Fragen zur Debatte:

1. Sollte die VR China fortan dem von Mao entworfenen Konzept der wirtschaftlichen Entwicklung durch Massenmobilisierung und enthusiastischen Selbstverzicht der Bevölkerung
   oder dem von Maos Kritikern vorgelegten Konzept einer Entwicklung unter Anwendung herkömmlicher volkswirtschaft-
   licher Wachstumskriterien, materieller Anreize sowie eines
   Minimums an Bewegungsfreiheit für die Initiative des einzelnen folgen?
2. Sollte das chinesische Kulturleben ausschließlich vom Polit-
   kitsch der sogenannten revolutionären Romantik bestimmt
   werden, der die Förderung durch Mao und seine Ehefrau,
   Chiang Ch'ing, genoß, oder sollte wenigstens ein begrenzter
   Spielraum für den Wettbewerb verschiedener Stilrichtungen
   und damit für ein Mindestmaß an künstlerischer Gestaltungs-
   freiheit gewährt werden?
3. Sollte im Erziehungswesen die politische Indoktrinierung oder
   die Vermittlung von Fachwissen den Vorrang erhalten?
4. Sollte das politische System vom Grundsatz individuell-cha-
   rismatischer oder vom Grundsatz kollektiv-institutionalisier-
   ter Führung bestimmt werden?

In den frühen 60er Jahren setzten sich die Kritiker Maos zunächst
weitgehend durch. Von seinem Konzept aus dem Jahre 1958 blieb
nur noch wenig übrig: Materielle Anreize wurden wieder zum
bedeutsamsten Faktor der Stimulierung wirtschaftlicher Entwicklung; die Agrarkollektive hatten mit den Volkskommunen, die
im Sommer 1958 errichtet worden waren, kaum mehr als den
Namen gemeinsam; die Verantwortung für die landwirtschaftliche Erzeugung war auf die kleinen, etwa zwanzig Haushalte
umfassenden Produktionsgruppen übergegangen; die Bauern
durften kleine Privatgrundstücke auf eigene Rechnung bestellen.
Seit der Durchsetzung dieser Revisionen des von Mao entworfe-

nen Programms im Jahre 1962 wurde die chinesische Innenpolitik fast eineinhalb Jahrzehnte lang immer wieder von den Versuchen Maos und seiner engsten Mitarbeiter bestimmt, zu dem Experiment von 1958 zurückzukehren und als Nachfolger des Parteiführers solche Politiker auszuwählen, die seiner Vision einer sozialistischen Gesellschaft von permanent mobilisierten Massen verpflichtet waren.

So bildeten sich von 1962 bis 1965 innerhalb der Führungselite Fraktionen heraus, deren Trennungslinien quer durch alle Subsysteme verliefen. Die Mehrheit der Armeeführung stellte sich allerdings zunächst auf die Seite Maos, während die Mehrheit des zivilen Parteiapparates mit Liu Shao-ch'i und Teng Hsiao-p'ing revisionistische Positionen vertrat.

Als der Parteiführer im September 1965 die Einleitung einer Säuberungskampagne gegen kritische Intellektuelle forderte, verweigerte ihm die Mehrheit des inneren Führungsringes die Zustimmung. Mao war jedoch nicht bereit, diese Entscheidung zu akzeptieren. Er bereitete jetzt vielmehr mit der Unterstützung von Verteidigungsminister Lin Piao seinen Gegenangriff gegen die Majorität der Führer im zivilen Parteiapparat und damit gegen die Organisation der Partei selbst vor. Der innerparteiliche Prozedurkonsens zerbrach, der offene Bruch war nicht mehr zu verhindern.

a) *Entwicklung und Ergebnisse der »Kulturrevolution«*

Die »Kulturrevolution«, eine Krise, die das Politische System in der VR China in seinen Grundfesten erschütterte und das Land, wie Mao 1970 erklärte, »an den Rand des Chaos« führte, begann in der Form einer intellektuellen Auseinandersetzung. In ihrem Verlauf versuchte die Mehrheit der Parteiführung, den Disput zwischen Maos engeren Gefolgsleuten und den intellektuellen Kritikern der maoistischen Politik als einen »nichtantagonistischen Widerspruch« hinzustellen, als ein Problem also, dem man mit friedlichen Mitteln beikommen könne. Die maoistische Fraktion, in der neben dem Parteiführer zunehmend auch dessen Frau, Chiang Ch'ing, und Lin Piao an Einfluß gewannen, bestand dagegen auf einer Charakterisierung der Auseinandersetzung als einem »antagonistischen Widerspruch«, der die Anwendung von physischer Zwangsgewalt erfordere. Die Krise brach offen aus, als die Maoisten, unterstützt durch militärische Machtdemonstrationen in der Hauptstadt, im Mai 1966 zwei der bedeutendsten Führer der Opposition, den Oberbürgermeister von Peking,

P'eng Chen, und den Leiter der Propaganda-Abteilung beim Zentralkomitee (ZK), Vizepremier und Kulturminister Lu Ting-i, zu stürzen vermochten. In den Schulen und Universitäten der meisten größeren Städte waren ad hoc gebildete Verbände von Sekundärschülern und Studenten aufgetreten, die, vom politischen Apparat der »Volksbefreiungsarmee« (VBA) nachhaltig unterstützt, mit umfassenden Terrorkampagnen gegen Lehrer und Intellektuelle zur Speerspitze der maoistischen Gegenoffensive wurden.

Nachdem die maoistische Fraktion sich durch militärische Aktionen die Kontrolle über die Hauptstadt gesichert und auf dem 11. Plenum des VIII. ZK der Kommunistischen Partei Chinas (Kung-ch'an-tang; hinfort: KCT) im August 1966 die Mehrheit im Politbüro errungen hatte, traten diese Verbände unter der Bezeichnung »Rote Garden« an die Öffentlichkeit. Vom 18. August bis zum 25. November 1966 feierten sie Mao und den jetzt zu seinem einzigen Stellvertreter in der Parteiführung avancierten Verteidigungsminister Lin Piao auf acht Massenversammlungen in Peking, an denen jeweils ein bis zwei Millionen Jugendliche und Soldaten teilnahmen.

Von Mitte August bis Ende Oktober 1966 beherrschten die Rotgardisten nicht nur die meisten Schulen und Universitäten, sondern auch die Straßen in vielen chinesischen Städten. Sie zerstörten Tempel, christliche Kirchen und einige wenige Museen – die meisten blieben durch Abteilungen der VBA geschützt. Sie führten »Haussuchungen« durch, denen »bourgeoise Luxusartikel« wie Standuhren, Aquarien und Musikinstrumente zum Opfer fielen. Kritiker und Gegner Mao Tse-tungs wurden durch die Straßen gezerrt, geschlagen, gedemütigt, gefoltert, in den Selbstmord getrieben oder getötet. Nach späteren offiziellen Angaben Pekings wurden im Laufe des Jahres 1967 mehr als vierhunderttausend Parteimitglieder von den »Rotgardisten« und den sogenannten Revolutionären Rebellen – Arbeiterverbänden, die den »Roten Garden« zur Seite traten – erschlagen oder hingerichtet.

Die Aktionen der linken Avantgarde stießen jedoch bald auf Widerstand. In einer Reihe von Provinzen organisierte der angegriffene Parteiapparat eigene Verbände, und seit Anfang Oktober 1966 bereits zersplitterte sich die Bewegung in eine große Zahl von rivalisierenden Gruppen. Dennoch scheiterten im November und Dezember alle Versuche der Fraktion Liu Shao-ch'is, die Bewegung abzubrechen. Die Kulturrevolutionäre Linke setzte sich gegen diese Widerstände zum Jahresende durch. Jetzt begann der direkte Angriff auf die Führer der anti-maoistischen

Fraktion. Bis Mitte März 1967 wurden sie durchweg gestürzt und in vielen Fällen auch verhaftet.

Die »Kulturrevolution« sollte nunmehr in die Fabriken und in die ländlichen Volkskommunen getragen werden. Die Linke ging damit zugleich zur Offensive gegen die Parteiführungen in den Provinzen über, die sich der Bewegung bisher widersetzt hatten.

Die Bevölkerung reagierte auf die neue Offensive Maos und seiner Mitstreiter mit einer Welle des Widerstands: in 26 der 29 Verwaltungseinheiten des Landes kam es zu Streiks der Industrie- und Transportarbeiter, in 21 Provinzen zu Bauernunruhen, in deren Verlauf Banken und Getreidelager gestürmt und in einer Reihe von Fällen das Kollektivland unter die Bauern aufgeteilt wurde. Der Parteiapparat funktionierte nicht mehr, erhebliche Teile der Bevölkerung entglitten der zentralen Kontrolle, die kommunistische Herrschaft in China schien auf das Äußerste bedroht zu sein.

In dieser Situation erhob sich auf der Seite der Maoisten der Ruf nach dem Gewehr. In der Nacht vom 17. auf den 18. und nochmals am 23. Januar 1967 forderte der Parteiführer die VBA auf, im ganzen Land aktiv in den Konflikt einzugreifen und die maoistischen Organisationen gegen ihre Gegner zu unterstützen. Doch die VBA stellte sich nur in wenigen Provinzen deutlich auf die Seite der Linken. In einigen Provinzen hatten sich die Militärkommandanten eigene Rotgardisten-Verbände geschaffen, die zum Kampf gegen die maoistischen Gruppen antraten, in vielen anderen Regionen verhielten sich die Streitkräfte aber auch einfach weiterhin neutral. Fast überall zwangen die Generale jedoch die bisherigen Provinz-Parteiführungen zum Rücktritt und stellten sich selbst an die Spitze provisorischer Führungsorgane, die unter der Bezeichnung »Militärische Leitungskommissionen« die Führung des Partei- und Staatsapparates und als »Provisorische Produktionshauptquartiere« die Leitung des Wirtschaftsapparats übernahmen.

Die kulturrevolutionäre Linke sah sich um die Früchte ihrer Anstrengungen betrogen und versuchte daher, in einer zweiten Offensive im Frühjahr und Sommer 1967, die regionalen Militärmachthaber aus ihren Positionen zu vertreiben. Da die VBA zum Teil mit eigenen Massenorganisationen Widerstand leistete, verschärften sich die Fraktionskämpfe. Einen ersten Höhepunkt erreichte diese Entwicklung am 20. Juli 1967 mit der offenen Meuterei des Oberbefehlshabers im zentralchinesischen Wehrbereich Wuhan, General Ch'en Tsai-tao, und seines Ersten Politkommissars, General Chung Han-hua, gegen die maoistische

Führungsgruppe in der Zentrale. Es gelang zwar, diesen lokalen Militärputsch mit Hilfe von Fallschirmjägern und einer Kanonenbootflottille niederzuschlagen, aber der »Wuhan-Zwischenfall« zeigte doch, daß die Zentrale nicht mehr der Loyalität ihrer regionalen Kommandeure sicher sein konnte. Auf einer erweiterten Sitzung der Militärkommission des ZK der KCT im August 1967 handelte Lin Piao einen Kompromiß mit den Regionalkommandanten aus: während diese sich bereit erklärten, schrittweise in allen Provinzen neue Führungsorgane des Partei- und Staatsapparates, die »Revolutionskomitees«, zu errichten, übertrug die Zentrale ihnen die Aufgabe der Disziplinierung der Rotgardisten-Bewegung und stimmte der Leitung der Revolutionskomitees durch die Militärs zu. In der »Kulturrevolution« hatte sich damit ein grundlegender Kurswechsel vollzogen. Von jetzt an wandten sich die zentrale Führung und die regionalen Militärs gemeinsam gegen die Linke.

Im Winter 1967/68 wurden zunächst einige der engsten Mitarbeiter Chiang Ch'ings in der Führungsspitze der Kulturrevolutionären Linken, der »Gruppe Kulturrevolution des ZK«, als »Parteifeinde« und »Agenten der Kuomintang« entfernt. Einer Fronde der Wehrbereichskommandanten gelang es im März 1968 sogar, Lin Piao zur Absetzung eines seiner engsten Mitarbeiter, des amtierenden Generalstabschefs, General Yang Ch'eng-wu, zu zwingen und einen der ihren, den Oberbefehlshaber des Wehrbereichs Kanton, General Huang Yung-sheng, an seine Stelle zu setzen. Damit war die Entscheidung über den ersten groß angelegten Versuch Maos, zu der Mobilisierungspolitik von 1958 zurückzukehren, gefallen. Die maoistischen Verbände verloren ihre Funktion als Instrumente der linken Offensive. Im Mittelpunkt der im April 1968 beginnenden Spätphase der »Kulturrevolution« stand hinfort die Liquidierung der »Roten Garden«, deren zum Teil verzweifelter Widerstand in vielen Städten mit militärischer Gewalt niedergeschlagen wurde.

Mit dem Ziel, die Organisation der »Maoisten der ersten Stunde« vollständig unter ihre Kontrolle zu bringen, begannen die neuen Führungsgruppen ab August 1968 darüber hinaus, ehemalige Rotgardisten zu körperlicher Arbeit hinaus auf die Dörfer zu schicken (Hsia-fang), wo sie »von den armen und unteren Mittelbauern lernen« und sich in »revolutionärer Disziplin« üben sollten. Wenn sich solche Maßnahmen als unzureichend erwiesen, ging man dazu über, »Anarchisten, Landstreicher« und »Kuomintang-Agenten« – diese Bezeichnungen wurden jetzt von den Behörden für ehemalige Angehörige der linken Organisation gebraucht – öffentlich hinzurichten.

Ende 1968 war die vorläufige Niederlage der Kulturrevolutionären Linken organisatorisch besiegelt. Zwar war auch weiterhin von den »Roten Garden« die Rede, aber die neuen Führer in den Provinzen versäumten nicht, darauf hinzuweisen, daß die Rotgardisten nur noch daran gemessen werden könnten, »wie sie sich heute zum Zentrum der Revolution verhalten«. »Zentrum dieses Zentrums« sei die VBA.

Die Spätphase der »Kulturrevolution« hatte in den meisten Provinzen zur Konsolidierung der politischen Macht des Militärs und zur Liquidierung der Organisationen der Kulturrevolutionären Linken geführt. Jetzt galt es, die Partei von neuem aufzubauen. Bereits im Oktober 1967 hatte die Zentrale beschlossen, den Wiederaufbau von oben her, mit der Einberufung des seit 1961 überfälligen IX. Parteitages zu beginnen. Der Parteitag ließ jedoch länger auf sich warten, als man damals offenbar angenommen hatte.

Erst der massive Einsatz des Militärs bewirkte im Herbst 1968 und im folgenden Winter den Beginn einer Stabilisierung der politischen Situation in China. So konnte das 12. Plenum des VIII. ZK, das – ohne ein nach dem Parteistatut beschlußfähiges Quorum, dafür aber unter Teilnahme fast aller Regionalkommandanten und vieler Vertreter der Provinz-Revolutionskomitees – vom 13. bis zum 31. Oktober 1968 in Peking tagte, die Vorbereitungen für den Parteitag ernsthaft in die Wege leiten. Das Plenum beschloß, Liu Shao-ch'i »für ewige Zeiten« aus der KCT auszuschließen und ihn – im Widerspruch zur Verfassung, die dieses Recht dem Nationalen Volkskongreß vorbehielt – aller seiner Staatsämter zu entheben. Außerdem verabschiedete das Plenum den Entwurf eines neuen Parteistatuts, bei dessen Erstellung die »Gruppe Kulturrevolution des ZK« federführend gewesen war und das dem Parteitag zur Beschlußfassung vorgelegt werden sollte.

Am 1. April 1969 trat der IX. Parteitag endlich unter strenger Geheimhaltung zusammen. Seine insgesamt 1512 Delegierten waren unter Ausschluß der Öffentlichkeit bestimmt worden. Fast drei Viertel von ihnen trugen die Uniform der VBA. Der Parteiführer verband mit einer kurzen Eröffnungsrede den Appell, daß der Parteitag »ein Parteitag der Einheit, ein Parteitag des Sieges« werden müsse. Lin Piao trug den Rechenschaftsbericht vor, eine vom Redaktionskomitee revidierte Fassung, die der späteren Darstellung Chou En-lais zufolge nur die mißmutige Zustimmung des Verteidigungsministers gefunden hatte. Im Versuch zur Einheit lag also bereits der Keim eines neuen Konflikts.

Formal ratifizierten die Beschlüsse des IX. Parteitages den Sieg der Fraktion um Mao und Lin Piao in der Krise der »Kulturrevolution«. Eine distanzierte Untersuchung der Ergebnisse der »Kulturrevolution« legt jedoch den Schluß nahe, daß es sich dabei schon damals um einen Pyrrhussieg gehandelt habe.

Diese Ergebnisse lassen sich an den Zielen messen, die beide Subsysteme der Linken, die »Gruppe Kulturrevolution des ZK« sowie die Militärs um Lin Piao 1965/66 vertreten hatten. Beide Gruppen wollten gemeinsam in drei Bereichen Veränderungen durchsetzen:

1. Sie versuchten, die wachsende Tendenz zur Revision des maoistischen Entwicklungskonzepts von 1958 zu unterbrechen.
2. Sie wollten die intellektuelle Opposition zum Schweigen bringen und die Verbreitung nonkonformistischer Ideen unterbinden.
3. Sie planten im Bereich der konkreten machtpolitischen Bedingungen den Sturz der Mehrheit der zivilen Parteiführung, die unter der Führung Liu Shao-ch'is die von Mao vertretene Politik der Massenmobilisierung ablehnte oder ihr mindestens skeptisch gegenüberstand.

Ein Erfolg im ersten dieser drei Bereiche blieb weitgehend aus. Die neuen Provinzführungen waren durchweg nicht bereit, auf die Korrekturen am entwicklungspolitischen Konzept Maos aus den frühen 60er Jahren zu verzichten, obwohl die zentrale Propaganda bereits seit 1966 den vollen Erfolg der Kulturrevolutionäre verkündete. In den beiden anderen Bereichen setzte sich die Linke hingegen zeitweilig um so deutlicher durch.

Die »Gruppe Kulturrevolution« verfolgte daneben drei weitere Ziele:

1. Sie wollte im Bereich der Rekrutierung von Kadern »revolutionäre Nachfolger« heranziehen, deren Erfahrungen in der »Kulturrevolution« denjenigen der alten Führungsgruppe im Bürgerkrieg zu entsprechen hätten.
2. Sie strebte im Bereich des Bildungswesens, also der integrativen Mobilisierung, eine grundlegende »Erziehungsrevolution« an, um die Ausbildungszeiten drastisch zu kürzen, körperliche Arbeit als Erziehungsmittel einzuführen und den politischen Unterricht erheblich auszuweiten.
3. Sie wollte eine grundlegende Verjüngung der zentralen Führungsgruppe bewirken, von der der Parteiführer selbst allerdings ausgenommen bleiben würde.

Die erste dieser Sonderabsichten der Frau Maos und ihrer Anhänger war in dem Moment gescheitert, mit dem die systematische Liquidierung der Rotgardisten-Bewegung begann. Die

»Erziehungsrevolution« scheint hingegen mindestens hier und da in Gang gekommen zu sein. Die wichtigsten Wirkungen der »Kulturrevolution« im Erziehungsbereich waren jedoch der Verlust von mindestens vier Jahren Schul- und Universitätsausbildung im ganzen Land sowie die Verschleppung der Wiedereinführung eines regulären Unterrichts um – regional unterschiedlich – weitere drei bis fünf Jahre. Im Oktober 1977 stellte Teng Hsiao-p'ing, der gegenwärtig als 2. Vizevorsitzender der KCT fungiert, fest, daß in den vergangenen elf Jahren eine ganze Generation junger Menschen zu »geistigen Krüppeln« erzogen worden sei. Dies ist ein hartes und selbstverständlich ein parteiliches Urteil. Es schließt nicht aus, daß die »Gruppe Kulturrevolution« in der Verhinderung von jeglichem regulärem, fachlichem Unterricht bereits einen wichtigen Erfolg ihrer »Erziehungsrevolution« sah. Eine Verjüngung des Führungspersonals blieb hingegen wiederum aus.

Auch Lin Piao und seine Vertrauten unter den Generälen verfolgten Sonderziele:

1. Lin Piao sollte Liu Shao-ch'i als Stellvertreter und designierter Nachfolger Maos ablösen. Dieses Ziel wurde erreicht.

2. Der Einfluß der IV. Feldarmee, der militärischen Hausmacht Lins, sollte in den zentralen und regionalen Führungsgruppen der VBA ausgeweitet werden. Eine solche Entwicklung wurde durch die »Kulturrevolution« in der Tat beschleunigt.

3. Das System der Staatssicherheitsorgane sollte der Kontrolle der VBA unterstellt werden. Auch hier wurde fürs erste ein voller Erfolg erzielt.

4. In den Wehrbereichen und Militärbezirken sollten jene Kader, die ihre Basis im zivilen Parteiapparat hatten, aus dem Politapparat der VBA verdrängt und durch Personal ersetzt werden, das im Politapparat selbst oder in der Truppenführung herangewachsen war. 1965 waren 41 der 53 Politkommissare in den Wehrbereichen und Militärbezirken in diesem Sinne Zivilisten. Unter den 43 bis dahin bekannt gewordenen Politkommissaren dieser Ebenen befanden sich 1970 jedoch 36 Angehörige der VBA. Hier errangen die Militärs um Lin Piao also ebenfalls einen Erfolg.

Die Ergebnisse der Kulturrevolution können damit folgendermaßen zusammengefaßt werden: In zweien der drei Bereiche, in denen die beiden Subsysteme der maoistischen Fraktion gemeinsame Positionen vertraten, gelang die »Kulturrevolution« mindestens zeitweilig. Das militärische Subsystem setzte seine Sonderinteressen in vollem Umfange durch, während die »Gruppe Kulturrevolution« ihre Sonderwünsche zum überwiegenden Teil nicht durchsetzen konnte. Insgesamt war die Gegenoffensive Maos in der »Kulturrevolution« in ihren *programmatischen Aspekten* gescheitert. In ihren personalpolitischen Aspekten erzielte sie hingegen unmittelbar einen vollen Erfolg.

Der langfristig wichtigste Gesichtspunkt in der Bilanz der Kulturrevolution betrifft allerdings ihre Träger an der Basis, jene jungen Leute – Schüler, Studenten, junge Arbeiter und Soldaten im Alter von 13 bis etwa 25 Jahren –, die in der Frühphase der kulturrevolutionären Krise die Erfahrung machten, daß es möglich ist, sich jenseits der kommunistischen Monopolpartei und jenseits der offiziellen Berufsverbände zu organisieren, und die für eine kurze Zeit die Illusion verwirklicht sahen, daß sie selbst als eine verändernde, innovatorische Kraft auf das System der VR China einzuwirken vermöchten. In der Endphase der »Kulturrevolution« lernten sie die bittere Lektion des Verrats durch ihre eigenen Idole. Diejenigen, die diesen Verrat überlebten, mußten sich hinfort damit abfinden, einer, wie es in der VR China heute heißt, »verlorenen Generation« anzugehören.

b) *Die erste Übergangskrise: Der Sturz Lin Piaos*

Die Fraktion, die personalpolitisch siegreich aus der »Kulturrevolution« hervorging – 56 Prozent der Mitglieder des ZK und 23 der 28 Provinz-Parteiführer waren ihres Amtes enthoben und zumeist in Konzentrationslager gebracht worden –, präsentierte sich nicht als eine programmatisch geschlossene Gruppe. Sie stellte vielmehr eine Koalition dar, die aus zwei linken Flügeln, der eigentlichen Kulturrevolutionären Linken um das Ehepaar Mao und dem zentralen Militärapparat unter der Führung Lin Piaos, bestand und die mit den Resten des diplomatischen und des Staatsverwaltungsapparats mit Chou En-lai an der Spitze sowie – seit der Spätphase der »Kulturrevolution« – mit den regionalen Militärkommandanten zusammenarbeitete.

Diese Koalition, die im Frühjahr 1969 die Führungsgremien der Partei neu besetzte, begann bereits innerhalb der nächsten 12 Monate zu zerbröckeln. Im Laufe eines Jahres öffnete sich somit die Szene für die erste Übergangskrise, eine Krise des Übergangs von der individuell-charismatischen Führerschaft Mao Tse-tungs zu einem, freilich allenfalls erst nach dem Tode des Parteivorsitzenden erreichbaren, System institutionalisierter, kollektiver Führung.

Der *machtpolitische* Aspekt des neuen innerparteilichen Konflikts, der etwa im Herbst 1969 begann und am Abend des 12. September 1971 entschieden wurde, lag in dem gemeinsamen Versuch der Funktionäre des Apparates der Staatsverwaltung und der überwiegenden Mehrheit der regionalen Militärführer, Lin Piao wieder aus der Position des designierten Nachfolgers Mao Tse-tungs zu entfernen, die ihm in aller Form auf dem IX. Parteitag übertragen worden war.

Programmatisch, also *richtungspolitisch*, lagen der Lin-Piao-Krise vier Streitkomplexe zugrunde:

1. Die Auseinandersetzung über die zukünftige Außenpolitik der VR China: Den außenpolitischen Rahmen des IX. Parteitages der KCT bildete der militärische Konflikt zwischen der Sowjetunion und der VR China über eine Insel des den nordöstlichen Grenzabschnitt zwischen beiden Ländern markierenden Ussuri-Flusses. Aus ersten blutigen Zusammenstößen, in denen beide Seiten Truppen in Gefechtsstärke gegeneinander führten, entwickelte sich rasch eine akute Kriegskrise. Peking mußte sich entscheiden, ob es den jäh entstandenen nationalen Notstand in totaler außenpolitischer Isolierung durchstehen und damit das Risiko einer Unterwerfung unter Moskau eingehen oder ob es den Notstand auf politisch-diplomatischem Wege durch Verhandlungen mit der Sowjetunion selbst, mit dieser und dem anderen Feind, mit den USA also, gleichzeitig oder einseitig mit den USA als Versuch der Gegensteuerung gegen die sowjetische Bedrohung überwinden wollte. Welche Möglichkeiten im einzelnen diskutiert wurden, läßt sich bis heute nicht mit Sicherheit feststellen. Der Verteidigungsminister setzte sich jedoch für das Konzept des »Sich-Stützen auf die eigene Kraft« ein, das die Fortsetzung des Kampfes mit beiden Supermächten gleichzeitig bedeutete. Chou En-lai hingegen forderte mindestens die Aufnahme von Verhandlungen mit der amerikanischen Administration.

2. Der Konflikt über Planung und Verwaltung der Wirtschaft. Hier trat die Mehrheit der regionalen Militärkommandanten für eine Fortsetzung der in den frühen 60er Jahren eingeleiteten De-zentralisierungs-Politik ein, die sich in der Krise der Kulturrevolution durchgesetzt hatte, während Lin Piao und der zentrale Militärapparat auf eine Re-zentralisierung drängten.

3. Die Auseinandersetzung darüber, ob die Liquidierung der »Kulturrevolution« mit der Disziplinierung der maoistischen Verbände als abgeschlossen betrachtet werden sollte – die Auffassung Lins – oder ob man sie bis zu einer grundlegenden Revision kulturrevolutionärer Doktrinen vorantreiben sollte,

wie es Chou En-lai und die Mehrheit der Regionalkommandanten planten.

4. Der Grundsatzstreit über die Gesellschaftspolitik in der Landwirtschaft, der sich im Laufe des Winters 1970/71 zu einer krisenentscheidenden Auseinandersetzung verschärfte. Hinter diesem Konflikt standen, wie noch zu zeigen sein wird, einander entgegengesetzte Konzepte der Rolle der Streitkräfte im Staat und miteinander unvereinbare Vorstellungen über die Rangfolge der entwicklungspolitischen Prioritäten.

Im Mittelpunkt der neuen Auseinandersetzungen innerhalb der nachkulturrevolutionären Führung Chinas, die sich seit dem Frühjahr 1970 mit wachsender Deutlichkeit abzuzeichnen begannen, stand zunächst ein konzentrierter Angriff der zentralen Militärführung, der Regionalkommandanten und der von Chou En-lai geführten Reste des Verwaltungsapparates gegen jene organisatorischen Bastionen, die sich die »Gruppe Kulturrevolution« nach dem Disziplinierungsfeldzug der VBA 1967/68 noch zu bewahren vermochte. Die drei funktionalen Gruppen, die sich in diesem Angriff gegen einen Flügel der Linken verbanden, waren – wie wir jetzt bereits sagen können: selbstverständlich – nicht von den gleichen Beweggründen bestimmt. Lin Piao und seine Anhänger in der VBA trugen ja wesentliche Teile der kulturrevolutionären, also linken Doktrin mit. Aber sie sahen in dem taktischen Verhalten der Gruppe um Frau Mao eine Bedrohung ihrer Bemühungen um militärische Disziplin und um eine systematische Militarisierung der Gesellschaft als Voraussetzung dafür, daß sich das mobilisatorische Entwicklungskonzept Mao Tse-tungs aus der Sicht der linken Militärs doch noch durchsetzen konnte. Die Regionalkommandanten und die Kader des zivilen Verwaltungsapparates hofften hingegen, über die Entmachtung der maoistischen Kräfte schließlich zu einer grundlegenden Revision des kulturrevolutionären Programms zu gelangen.

Die neue Welle der Liquidierung maoistischer Organisationen wurde als Fortsetzung der Disziplinierungsmaßnahmen in der Spätphase der »Kulturrevolution« ausgegeben. Ihre Opfer machten es den Militärs und den Kadern leicht, dieser Lesart Geltung zu verschaffen; denn sie legten der Bewegung zum Wiederaufbau des Parteiapparates an der Basis und in den Land- und Stadtkreisen erhebliche Schwierigkeiten in den Weg. Wo ihre Organisationen bereits aufgelöst waren, gingen sie mitunter sogar zu aktivem Widerstand über. So bildete sich in der Umgebung der südchinesischen Stadt Kanton im Winter 1969/70 beispielsweise aus ehemaligen Rotgardisten eine »Welt-Freiheitspartei«, die durch Sprengstoffanschläge und Überfälle auf Polizeistationen von sich reden machte. Die Provinzbehörden sahen sich dadurch veranlaßt, »schwere Schläge gegen die Sabotagetätigkeit des Klassenfeindes« anzukündigen. Mehrere hundert ehemalige Rotgardisten wurden verhaftet, ein Führer der Gruppe öffentlich hingerichtet.

Ab Sommer 1970 nahm die Kampagne gegen die kulturrevolutionäre Linke systematische Züge an. Nur die Stadt Shanghai, deren maoistische Führer wegen ihrer engen Verbindungen zu Mao und seiner Frau unantastbar zu sein schienen, blieb noch unter ihrer Kontrolle.

Ähnliche, durch Jahrzehnte gewachsene Bindungen reichten allerdings nicht aus, um den neben dem Ehepaar Mao bedeutendsten Führer in der »Gruppe Kulturrevolution«, den einstigen Privatsekretär des Parteivorsitzenden und späteren Parteitheoretiker Ch'en Po-ta, zu schützen. Sein Sturz im August 1970 stellte den ersten dramatischen Höhepunkt im Feldzug der Machthaber gegen die Linke dar und verlieh diesem gleichzeitig eine neue Qualität. Ch'ens Säuberung mußte den Parteiführer persönlich betreffen.

Nach der offiziellen Version Pekings hatte Ch'en gemeinsam mit Lin Piao und anderen Generalen der zentralen Armeeführung unmittelbar vor dem 2. Plenum des IX. ZK, das vom 23. August bis zum 6. September 1970 in Lushan tagte, einen »Überraschungsangriff auf den Vorsitzenden Mao« vorbereitet. Angeblich wollte diese Gruppe die Tagesordnung der Konferenz verändern und ohne vorherige Absprache mit dem Parteiführer die Ernennung Lins zum Vorsitzenden der VR China, also zum Staatsoberhaupt, durchsetzen. Diese Erklärung ist unglaubwürdig; denn wäre sie zutreffend, so wäre die politische Karriere Lins sicherlich bereits damals zu Ende gewesen.

Ch'en Po-ta mag sich allerdings für die Ernennung Lins zum Staatsoberhaupt ausgesprochen haben, um dessen Stellung als »Nachfolger« zu Lebzeiten Maos weiter abzusichern und so vom kulturrevolutionären Programm zu retten, was noch zu retten war. Während dies das Mißtrauen des Parteiführers weckte und Mao bewog, seinem Sturz zuzustimmen, ließen Lin Piao und seine Leute Ch'en Po-ta im Stich, um ihr politisches Programm zu retten. Der deutlich erkennbare Streitpunkt zwischen Mao und Lin, die Frage der Besetzung des Staatsoberhauptes, wurde auf dem Plenum durch einen Kompromiß geregelt, der Maos Position begünstigte: der Entwurf einer Verfassung wurde verabschiedet, in dem Mao namentlich – also auf Lebenszeit – als »Staatsoberhaupt des Staates der proletarischen Diktatur in unserem Lande und Oberster Befehlshaber des ganzen Landes und der ganzen Armee«, Lin Piao aber ebenfalls namentlich als Maos Nachfolger auch in dieser Position und als »Stellvertretender Oberbefehlshaber des ganzen Landes und der ganzen Armee« erschien.

Nach dem 2. Plenum entfaltete sich nun der Konflikt zwischen der Gruppe um Lin Piao einerseits und der Mehrheit der Regionalkommandanten sowie den Angehörigen des diplomatischen und Verwaltungsapparates andererseits. Er bestimmte die politische Entwicklung Chinas in den kommenden zwölf Monaten.

Die Kulturrevolutionäre Linke, die die Zerschlagung ihrer Organisationen und den Verlust Ch'en Po-tas hinnehmen mußte, hatte sich inzwischen zum Überleben entschlossen. Chiang Ch'ing schloß sich jetzt zusammen mit den Shanghaier Lokalmachthabern der Koalition gegen Lin Piao an, der sich ja gegen sie gestellt hatte, solange es um die Disziplinierung der maoistischen Verbände ging. Premierminister Chou En-lai setzte unterdessen systematisch die Rehabilitierung ehemaliger Funktionäre des Staatsapparates durch, die von den Rotgardisten aus ihren Ämtern entfernt worden waren. Die personalpolitische Szene des neuen Konflikts vervollständigte sich durch heftige Positionskämpfe in den Provinzen des Landes, die hier nicht im einzelnen aufgeführt werden können.

Der Sachkonflikt aber verschärfte sich dadurch, daß Lin Piao die Bewegung zum »Studium von Tachai« aus den frühen 60er Jahren erneut in Gang brachte und mit ihr seine spezifischen gesellschaftspolitischen Vorstellungen in der Landwirtschaft zu propagieren begann. Das erste Signal gab der Oberbefehlshaber des Wehrbereichs Sinkiang, General Lung Shu-chin, der am 1. Februar 1970 in einer Rede vor Vertretern von Aktivistengruppen dazu aufforderte, das »System Tachais« zu erlernen, demzufolge die Verteilung von Lohn und Gewinnprämien unter die Bauern ausdrücklich nach Kriterien der politischen Loyalität erfolgen sollte. Fortan wurden in der Kampagne vier Gedanken besonders betont: Zum ersten galt Tachai jetzt als Vorbild für den von Lin Piao entwickelten Grundsatz, daß die Politik Vorrang vor allen anderen Bereichen und Überlegungen haben müsse. Zum zweiten wies man mit besonderem Nachdruck auf die wichtige Rolle einer korrekten ideologischen Haltung des einzelnen und des Kollektivs hin. Erst an dritter Stelle stand der Gedanke, der in den frühen 60er Jahren den Modellcharakter der Kommunebrigade Tachai bestimmt hatte: die Unabhängigkeit der Produktionseinheit von staatlichen Investitionen und die Entwicklung aus eigener Kraft. Viertens schließlich sollte die

Bevölkerung in der Kampagne immer wieder darauf hingewiesen werden, daß das Land sich in »bitterem Kampf« entwickeln müsse und daß die Bauern deshalb im Interesse eines besseren Lebens künftiger Generationen schwere persönliche Opfer zu bringen hätten.

Die Stoßrichtung der neuen gesellschaftspolitischen Offensive Lins – Mobilisierung der Landbevölkerung zu ideologisch korrektem politischem Verhalten – zeigte sich darüber hinaus in Bemühungen, die Entstehung eines Besitzgefühls der Bauern gegenüber den Grundstücken zu verhindern, die ihnen zur privaten Bestellung überlassen worden waren. Unter dem Schlagwort: »Erstens: gleichmäßige Verteilung; zweitens: Austausch« wurde versucht, ohne Rücksicht auf die Produktionsleistung die den Bauern zugeteilten Flächen nach Größe und Qualität gleichmäßig zu bemessen und sie jährlich unter den Familien auszutauschen.

Von gleich großer Bedeutung waren die Tendenzen, die das Schwergewicht der Besitzverhältnisse in der Landwirtschaft wieder von den Produktionsgruppen auf die Einheiten der höheren Ebene verlegen, also das Kollektivierungsniveau erneut anheben wollten. Schließlich wurde in einer Reihe von Provinzen mit starkem Nachdruck darauf hingewirkt, daß die Bauern höhere Mengen von Getreide an die staatlichen Erfassungsorganisationen ablieferten. All dies rief den Protest der bäuerlichen Bevölkerung hervor und alarmierte die Regionalkommandanten, die ihre Konsolidierungsbemühungen in den Provinzen gefährdet sahen.

In ihrer Kritik an Lins gesellschaftspolitischen Vorstellungen gingen die Anhänger eines pragmatischen, entwicklungsorientierten Kurses in der Landwirtschaft im Sommer 1971 sogar über die Abwehr der Offensive hinaus und stellten den Ansatz Maos von 1958 selbst in Frage. Die Kampagne gegen Ch'en Po-ta bot dazu einen willkommenen Anlaß. Ch'en wurde vorgeworfen, im Sommer 1958 den Vorsitzenden der KCT getäuscht, »in wahnwitziger Weise eine pseudo-kommunistische Hochflut in den Dörfern« aufgepeitscht und dadurch eine »Tyrannei« verursacht zu haben, »die den Massen große Leiden brachte«. Was hier zur Diskussion stand, betraf vier Fünftel der chinesischen Bevölkerung. Die Landwirtschaftsdebatte war also von eminenter politischer Bedeutung.

Im Gegensatz zur »Kulturrevolution« vollzog sich die Lin-Piao-Krise ohne die chinesischen »Massen«. Zusammen mit seinen engsten Mitarbeitern im zentralen Militärapparat verlor der Verteidigungsminister in der Nacht vom 12. auf den 13. September 1971 in der Hauptstadt Peking sein Amt und wahrscheinlich auch sein Leben.

Um die Vorgänge in dieser Nacht und ihre Hintergründe ranken sich bis heute eine Vielzahl von Spekulationen und Gerüchten. Monatelang schwieg sich die Führung in Peking über das Verschwinden Lin Piaos aus, um dann partei-intern eine abenteuerlich klingende Erklärung über das plötzliche Ende des zweiten designierten Nachfolgers Maos abzugeben. Lin soll danach mehrere Attentatsversuche auf den Parteiführer unternommen haben, die von einigem Dilettantismus des Verteidigungsministers zeugen würden, wenn sie stattgefunden hätten. Angeblich unternahm er schließlich einen Fluchtversuch in die Sowjetunion, der mit dem Absturz seines Flugzeuges über der Äußeren Mongolei ein jähes Ende fand. Diese Behauptung sollte nachträglich beweisen, daß Lin Piao entschlossen gewesen sei, die VR China an die Seite Moskaus zurückzuführen, also zu kapitulieren. Das tatsächliche Schicksal Lins nach dem 12. September 1971 ist der Öffentlichkeit unbekannt geblieben, seine Klärung würde jedoch kaum etwas zur weiteren Erhellung der chinesischen Politik beitragen.

c) *Die zweite Übergangskrise: Vorgeschichte und Verlauf der April-Unruhen von 1976*

Die Änderungen, die dem Sturz Lin Piaos in der chinesischen Innenpolitik folgten, zeigten sich vor allem in drei Bereichen: In der Personalpolitik, in der Wirtschafts- und Gesellschaftspolitik sowie in der Kultur- und Erziehungspolitik.

Die Beobachter der VR China konnten nach den Erfahrungen der »Kulturrevolution« erwarten, daß der Sturz von einem Drittel der Vollmitglieder des Politbüros, also der Lin-Piao-Gruppe, weitere Säuberungen im ZK und in den regionalen Führungsgruppen nach sich ziehen würde. In der Tat brachte der Sieg der Gegner Lins bedeutsame Personalveränderungen, vor allem bei den Streitkräften. Doch obgleich es nahelag, Vergleiche mit der Tuchatschewski-Krise von 1937 in der Sowjetunion anzustellen, erreichte die jetzt folgende Säuberung in China die Proportionen von Stalins damaligem Kampf gegen die Führer der Roten Armee nicht. Insgesamt verloren ungefähr 60 führende Militärs ihre Stellung. Besonders stark in Mitleidenschaft gezogen wurde dabei der zentrale Militärapparat, den Lin seit seiner Ernennung zum Verteidigungsminister 1959, vor allem aber seit der »Kulturrevolution« mit seinen Vertrauensleuten besetzt hatte. Hier traf die Säuberung 34 leitende Militärs.

Die regionalen Militärapparate wurden in weit geringerem Maße in die Säuberungen einbezogen. Von den elf Oberbefehlshabern der Wehrbereiche verloren außer dem schon im Januar 1971 gestürzten amtierenden Oberbefehlshaber von Peking nur zwei weitere ihr Amt, diejenigen von Ch'engtu und Sinkiang. Außerdem traf die Säuberung die Ersten Politkommissare von drei Wehrbereichen sowie drei der 26 Kommandeure von Provinz-Wehrbezirken und 13 leitende Militärs aus den Regionalapparaten der VBA-Luftwaffe. Die Feststellung, daß die regionalen Führungsgruppen in geringerem Umfange von Säuberungen erfaßt wurden als der zentrale Militärapparat, bestätigte sich auch durch die personellen Veränderungen, die zwischen September 1971 und Juni 1973 in den Sekretariaten der Provinz-Parteikomitees eintraten.

Die Sieger in der Lin-Piao-Krise bemühten sich jedoch bereits seit Dezember 1971, ihre Position in den Provinzen und in der Zentrale durch die Rehabilitierung einer wachsenden Zahl von Altfunktionären zu verstärken. Die Publikationsmedien fanden zunehmend häufiger freundliche Worte für jene Kader der Partei, die in der »Kulturrevolution« der Kritik und Verfolgung ausgesetzt worden waren, und empfahlen ab Ende April 1972 offen, daß sich die Provinzen der gestürzten Funktionäre aufs neue bedienen sollten, da sie »in ihrer Mehrheit loyal« seien, über »erhebliche organisatorische Fähigkeiten« und »verhältnismäßig reiche Erfahrungen« verfügten und deshalb als »kostbares Gut der Partei« angesehen werden müßten. Im April 1973 erreichte die Welle der Rehabilitierungen einen in aller Welt beachteten Höhepunkt: Teng Hsiao-p'ing, von den zentralen Medien seit April 1967 als »zweiter kapitalistischer Machthaber in der Partei« apostrophiert, trat in Peking wieder an die Öffentlichkeit, und dies noch dazu in seiner früheren Stellung als Vizepremier. Die Rehabilitierung Tengs, der in der Tat nach Liu Shao-ch'i der zweite Führer der anti-maoistischen Opposition gewesen war, wurde möglich, weil die Führungsgruppe in Peking offenbar auf seine hervorragenden administrativen Fähigkeiten nicht länger verzichten mochte und außerdem den alten Parteifunktionären im ganzen Land ein deutliches Zeichen dafür geben wollte, daß ihre Zeit wieder gekommen sei. Das Wiederauftreten Tengs machte den Weg für weitere Rehabilitierungen ehemaliger Anhänger Liu Shao-ch'is frei. Nicht alle von ihnen kehrten allerdings automatisch in ihre alten Ämter zurück.

Auch im Bereich der Streitkräfte ermöglichte der Sturz Lins das Wiederauftreten einer Anzahl von Generalen, die während der »Kulturrevolution« abgesetzt und bekämpft worden waren. Schließlich bot der Sturz Lins Premierminister Chou En-lai auch die Möglichkeit, den Wiederaufbau des zentralen Apparats der Staatsverwaltung, der in den Jahren 1970/71 nur langsam vorangekommen war, weiter voranzutreiben. Es blieb jedoch bei der Übung, daß Angehörige der VBA zunächst die Mehrzahl der neuen führenden Positionen übernahmen. Im August 1973 bestand das Kabinett immerhin bereits wieder aus 24 Mitgliedern. Von ihnen waren 14 zivile Funktionäre und zehn Militärs. Doch selbst unter den elf Spitzenfunktionären des Staatsrats, die nach dem Sturz Lin Piaos ernannt worden waren, befanden sich immer noch fünf Generale, so daß sich hier eine Zurückdrängung der Streitkräfte, wenn überhaupt, nur sehr langsam bemerkbar machte. Noch im Sommer 1973 wurden 19 der 29 Verwaltungseinheiten – Provinzen, Autonome Regionen und reichsunmittelbare Städte – von Militärs geleitet.

In der Wirtschafts- und Gesellschaftspolitik setzte sich zwischen Herbst 1971 und Sommer 1973 ein »Neuer Kurs« durch, dessen wesentliche Kennzeichen folgendermaßen zusammengefaßt werden können:

– In der Planung und Verwaltung der Wirtschaft wurde den regionalen Führungsgruppen ein verhältnismäßig großes Maß an Autonomie eingeräumt. Dies stand im Gegensatz zu dem maoistischen Konzept einer straffen Zentralisierung des modernen industriellen Sektors bei gleichzeitiger De-zentralisierung von Landwirtschaft und lokalen Klein-Industrien auf der Ebene der Volkskommunen.

– In der Leitung der Industrie- und Handelsbetriebe erhielten die Techniker wieder ein stärkeres Gewicht, die Machtbefugnisse des Managements wurden erweitert. Demgegenüber vertrat die Kulturrevolutionäre Linke – und mit ihr wahrscheinlich auch Mao Tse-tung – in der »Kulturrevolution« die Auffassung, daß die Betriebsleitung und die technischen Fachleute unbedingt die Anweisungen von Arbeiterausschüssen zu befolgen hätten.

– Ein stark gegliedertes Lohnsystem mit erheblichen Differenzen im Einkommen der einzelnen Stufen wurde der Forderung nach gleichem Lohn für alle ohne Rücksicht auf die jeweiligen Arbeitsleistungen gegenübergestellt, die von den maoistischen Massenorganisationen in der »Kulturrevolution« erhoben und in manchen Betrieben auch verwirklicht worden war.

– Als Anreiz für höhere Produktionsleistungen nahm der Neue Kurs unter der Bezeichnung »vernünftige Belohnungen« das vor der »Kulturrevolution« praktizierte System der »materiellen Anreize« wieder auf. Dies stand im Gegensatz zu der starken Betonung des immateriellen Anreizes ideeller Verdienste um die Revolution und den Aufbau einer klassenlosen Gesellschaft, wie er durch Mao, Lin Piao und die Kulturrevolutionäre Linke vertreten wurde.

- In den Dörfern Chinas kehrte man zur Verteilung der Arbeitsaufgaben und des Besitzes auf drei Ebenen zurück, wobei der kleinsten Einheit, der Produktionsgruppe, die wichtigsten Funktionen überlassen wurden. Im Konzept Maos von 1958 lag hingegen der Schwerpunkt bei der Volkskommune, also der obersten Kollektivierungsebene. Lin Piao und seine Anhänger hatten versucht, es wenigstens wieder auf die Produktionsbrigade zu verlagern.

- Der Besitz kleiner Privatgrundstücke wurde den Bauern erneut garantiert, ihre Fläche sogar ein wenig erweitert. Zu privater Viehzucht und zu Nebenerwerbstätigkeiten wurde wieder ermutigt. Dagegen hatten Mao im Jahre 1958 und Lin 1969 bis 1971 eine immer stärkere Begrenzung der privaten Tätigkeiten für den Nebenerwerb durchzusetzen versucht.

- Technische Verbesserungen und größere Vielfalt in der landwirtschaftlichen Produktion wurden zum bedeutsamsten Inhalt der Bewegung zum »Studium von Tachai«, die damit ihren Charakter grundlegend veränderte. Mao, Lin Piao und die Kulturrevolutionäre Linke hatten diese Kampagne benutzt, um den absoluten Vorrang politischer Erwägungen und die Eigenleistung der Produktionsbrigade zu betonen.

- Die Entlohnung von Bauern und Industriearbeitern erfolgte wieder ausschließlich nach Kriterien der Arbeitsleistung. Die Einführung politischer Kriterien in das Lohn- und Verteilungssystem wurde verworfen.

Diese Gegenüberstellung zeigt, daß die von vielen westlichen Beobachtern vertretene Auffassung, es gäbe *ein* – in seinen bestimmenden Zügen von Mao entworfenes – »chinesisches Entwicklungsmodell«, das ausschließlich im Gegensatz zu dem in der Sowjetunion praktizierten stehe, nicht aufrechterhalten werden kann. Das bestimmende Charakteristikum der Entwicklungspolitik in der VR China ist vielmehr die Dichotomie zwischen dem mobilisatorischen Konzept Maos aus dem Jahre 1958 und dem Konzept der »Readjustierung«, der mehr oder weniger improvisierten Berichtigungen, die zwischen 1959 und 1962 sowie ab Herbst 1971 an der Politik der Linken vorgenommen wurden.

Im Gegensatz zur Wirtschafts- und Gesellschaftspolitik brachte die Lin-Piao-Krise im *Erziehungswesen* zunächst kein deutlich proklamiertes Abrücken von den Vorstellungen der Linken. Die zentralen Publikationsmedien fuhren fort, die Grundlinien maoistischer Erziehungspolitik zu vertreten: Verbindung von Arbeit und Studium, Verkürzung der Unterrichtsperioden, offene Zulassung von »Arbeitern, Bauern und Soldaten« zu den Sekundär- und Hochschulen sowie die Herabsetzung der Leistungsansprüchen in den Prüfungen. Dennoch verrieten seit dem Frühjahr 1972 eine Anzahl von Berichten aus den Provinzen Chinas, die zum Teil auch durch ihre Publikation in den zentralen Medien abgesichert wurden, daß sich hinter der Fassade unveränderter »kulturrevolutionärer« Rhetorik in den Schulen ein Klimawechsel anbahnte.

Er zeigte sich zuerst in einem spürbaren Anwachsen der Zahl von Hochschulen, die wieder Studenten aufnahmen. Als um die Monatswende Februar/März 1972 die Immatrikulation für das Frühjahrssemester begann, galt zwar der Grundsatz einer vorwiegenden Aufnahme von Kandidaten aus dem Kreis der »Arbeiter, Bauern und Soldaten« ohne Rücksicht auf deren Alter und Vorbildung weiter, aber die Kriterien für diese Aufnahme wurden jetzt stärker formalisiert. Die Immatrikulation setzte, wie schon seit 1970, weiterhin einen eigenen Antrag des Applikanten, eine Befürwortung durch die »Massen« – also der Kollegen im Betrieb, in der landwirtschaftlichen Produktionsgruppe oder in der Truppeneinheit – und die Zustimmung des zuständigen Revolutionskomitees voraus.

Jetzt aber trat als vierte Stufe des Immatrikulationsvorganges eine »Überprüfung durch die zuständige Erziehungseinrichtung« hinzu. Dies bedeutete, daß die Hochschulen im Gegensatz zu der bis zum Herbst 1971 geübten Praxis wieder an der Auswahl der Studenten teilnehmen konnten. Bald sahen sich auch die Provinzführungen veranlaßt, mit Nachdruck auf die Notwendigkeit straffer Disziplin in den Schulen hinzuweisen. Darüber hinaus wurden neue Akzente erkennbar, als man erfuhr, die Studenten und Schüler dazu anzuhalten, »dem Volke zu dienen«, diese Ermahnung aber mit dem Hinweis verband, sie müßten, um dem Volke dienen zu können, »das kulturelle und wissenschaftliche Faktenwissen in den Griff bekommen«.

Die Lehrer, die in der »Kulturrevolution« scharfen Angriffen wegen ihrer hohen – und in der Regel sehr starr gehandhabten – Leistungsanforderungen ausgesetzt worden waren, wurden jetzt wiederum getadelt, und zwar weil sie es den Schülern zu leicht machten. Im Spätsommer und Herbst 1972 schienen die Bemühungen um eine Korrektur der »kulturrevolutionären« Ansätze im Erziehungswesen in ein neues Stadium eingetreten zu sein. Jetzt wurden in einer Reihe von südchinesischen Universitäten und Hochschulen wieder formelle Aufnahmeprüfungen abgehalten. In manchen Provinzen wurden in den Sekundärschulen

wieder die vor der »Kulturrevolution« üblichen Halbjahresprü-
fungen eingeführt. Man zog zwar die Schüler vor der Festlegung
der Prüfungsfragen zu Rate, aber neben Prüfungen, bei denen
Bücher benutzt werden durften, traten jetzt auch solche, die
Klausurcharakter trugen. Außerdem erhielt die mündliche Prü-
fung erneut einen festen Platz im Examen.

All diese Anzeichen deuten darauf hin, daß sich auch in der
Erziehungspolitik der Abbau maoistischer Positionen vorbereitete. Angesichts der Bedeutung, die der Parteiführer und die
maßgeblichen Vertreter der Kulturrevolutionären Linken dem
Erziehungswesen beimaßen, war es kaum verwunderlich, daß in
diesem Sektor wenige Monate später, im Sommer 1973, energi-
sche Anstrengungen einsetzten, den Neuen Kurs wiederum im
Sinne kulturrevolutionärer Vorstellungen zu revidieren.

Die Kulturrevolutionäre Linke unter der Führung Chiang
Ch'ings hatte sich durch ihre Beteiligung am Sturz Lin Piaos
weiterhin die Kontrolle über den Propaganda-Apparat der Partei
gesichert. Aus diesem Grunde finden sich in der *Kulturpolitik* die
wenigsten Hinweise auf Korrekturen am maoistischen Kurs.
Die Förderung der »revolutionären Modellopern« wurde unver-
mindert fortgesetzt, wenn man auch einige von ihnen erneut
einer Textrevision unterzog. Auch der Vorrang des heroischen
Stils der »revolutionären Romantik« blieb erhalten. Aber selbst
im kulturellen Bereich entwickelten sich bereits Anzeichen
einer Wende zu größerer Vielfalt und weniger Reglementie-
rung.

Um die Jahreswende 1972/73 entschlossen sich Frau Mao und ihre
engsten Vertrauten, der Erste Parteisekretär von Shanghai,
Chang Ch'un-ch'iao, und der in engem familiären Kontakt zur
Familie Mao stehende Kulturpolitiker Yao Wen-yüan, zum offenen Widerstand. Anfang August 1973 endlich gelang es ihnen,
mit Hilfe einer Kampagne der Kritik an Doktrin und Tätigkeit des
Konfuzius – 2500 Jahre zurückgreifend – einen Generalangriff auf
die Politik und Person Chou En-lais zu eröffnen.

Der Premierminister konnte jedoch noch im selben Monat,
anläßlich des X. Parteitages der KCT, der wiederum unter streng-
ster Geheimhaltung vom 24. bis zum 28. August 1973 in Peking
zusammentrat, die Attacke von sich auf den längst gestürzten
Verteidigungsminister Lin Piao ablenken. Die Kritik-Kampagne
gegen Konfuzius erweiterte sich nach dem Parteitag zu einer
Bewegung der »Kritik gegen Lin und Konfuzius«.

Der X. Parteitag schien einen Kompromiß zwischen der Linken
und Chou En-lai herbeigeführt zu haben. Doch die Reden, die
gehalten worden waren, ließen keinen Zweifel daran, daß ein

neuer innerparteilicher Konflikt allenfalls verschoben, aber keineswegs aus der Welt geschafft war.

Die Phase der Re-Konsolidierung nach der Lin-Piao-Krise schien kaum beendet, als sich neue politische Meinungsgruppen herausbildeten und die Einheit der Willens- und Entscheidungsbildung in der VR China aufzusplittern begannen. Sechs solcher Gruppen wurden im Herbst 1973 erkennbar:

1. Die Gruppe jener Kader des diplomatischen und Verwaltungsapparates um Chou En-lai, die die »Kulturrevolution« persönlich unbeschadet überstanden hatten.

2. Die Gruppe der rehabilitierten Kader, die in der »Kulturrevolution« als Angehörige der anti-maoistischen Reaktion gesäubert worden waren und seit 1972 allmählich wieder aktiv werden konnten.

3. Die Gruppe der Kulturrevolutionären Linken, in der Chiang Ch'ing, Chang Ch'un-ch'iao und Yao Wen-yüan das Wort führten.

4. Eine Geheimpolizei-Linke, deren Einfluß seit dem Sturz Lin Piaos, vor allem aber seit Anfang 1973 bemerkenswert zugenommen hatte. Ihre maßgeblichen Vertreter, allen voran der spätere Nachfolger Chou En-lais im Amt des Premierministers sowie Mao Tse-tungs im Parteivorsitz, Hua Kuo-feng, und der damalige zweite Vizevorsitzende des ZK, Wang Hung-wên, waren vor der »Kulturrevolution« meist in untergeordneten oder mittleren Positionen des Sicherheits- und zivilen Parteiapparats tätig gewesen, hatten aber seither die Kontrolle über die Sicherheitsorgane übernommen.

5. Die Vertreter der Streitkräfte in den Führungsgremien, die nach dem Verschwinden Lin Piaos keine anerkannte Führerpersönlichkeit mehr hervorbrachten.

6. Die Gruppe der rehabilitierten Militärs, die während der »Kulturrevolution« gesäubert worden waren, nun aber erneut eine starke Stellung in den zentralen Organen der VBA zu gewinnen begannen.

Während die beiden ersten Gruppen gemeinsam mit der Linken im Dezember 1973 eine Beschränkung der Machtbefugnisse regionaler Militärkommandanten erzwangen, bewirkten Militärs und Kader gemeinsam und gegen den Widerstand der Kulturrevolutionären Linken den De-facto-Abbruch der »Bewegung zur Kritik an Lin Piao und Konfuzius« im Juli und August 1974. Die Politik Chou En-lais setzte sich somit weiterhin durch. Der Premierminister, der seit Frühjahr 1974 zunehmend kränkelte, hatte in Teng Hsiao-p'ing einen entschlossen zupackenden Stellvertreter gefunden. Teng wurde auf dem 2. Plenum des X. ZK, das vom 8. bis zum 10. Januar 1975 tagte, zum fünften Vizevorsitzenden des ZK sowie zum Mitglied des Ständigen Ausschusses des Politbüros gewählt. Der wenig später zusammentretende IV. Nationale Volkskongreß ernannte ihn zum Ersten Vizepremier des Staatsrates und ratifizierte ebenso wie das 2. ZK-Plenum zuvor ein von Chou und ihm vorgeschlagenes Regierungsprogramm, nämlich das der sogenannten »vier Modernisierungen«. Kurze Zeit darauf übernahm Teng auch das Amt des Generalstabschefs.

Jetzt setzte sich Mao Tse-tung persönlich zur Wehr. Er war nicht nur dem Plenum und der Sitzung des Nationalen Volkskongresses ferngeblieben, sondern hatte beiden Konferenzen auch das Grußwort versagt. Am 9. Februar erschien in der »Volkszeitung« eine Direktive des Parteiführers, in der dieser darauf hinwies, daß Geldverkehr und das Lohnstufen-System in der Industrie »kapitalistische Charakteristika« seien, die in der sozialistischen Gesellschaft weiterbestünden. Insofern unterscheide sich die sozialistische nur wenig von der »alten Ordnung«. Es gelte deshalb jetzt, die »kapitalistischen Reste« schrittweise »einzuschränken«. Deutlicher konnte die Kampfansage gegen die Beschlüsse des 2. Plenums und des Volkskongresses kaum ausfallen. Sie wurde im März und April von den Politikern der Linken, Yao Wen-yüan und Chang Ch'un-ch'iao, in der theoretischen Monatszeitschrift »Rote Fahne« ausführlich erläutert. Yao stellte z. B. fest, daß »politische Schwindler wie Lin Piao« und »bourgeoise und Grundbesitzer-Elemente in der Gesellschaft… in Wahrheit den jungen Arbeitern ›Anreize‹ geben, um sie dazu zu verführen, den kapitalistischen Weg zu gehen«.

Während die Kulturrevolutionäre Linke auf diese Weise in den Medien ihre Mißstimmung über die von Teng vertretene Politik Chous zum Ausdruck brachte, blieb die wirtschafts- und gesellschaftspolitische Praxis jedoch unverändert durch den Neuen Kurs bestimmt. So vertiefte sich zunehmend die Kluft zwischen dem revolutionären Anspruch, der in den Medien erhoben wurde, und dem Alltag in den Dörfern und Städten Chinas.

Um seine Politik ideologisch zu rechtfertigen, gab Teng drei aus unterschiedlichen Zusammenhängen stammende Aussprüche Maos als »Bindeglied« oder auch »Grundprinzip« »aller Arbeit in der ganzen Partei und im ganzen Lande« aus: Studiert die Theorie der Proletarischen Diktatur, widersteht dem Revisionismus und verteidigt euch gegen den Revisionismus! Haltet Ruhe und Ordnung und seid einig! Laßt die nationale Wirtschaft vorankommen!

Gegen diese Direktiven war wenig zu sagen. Als es jedoch im

Februar 1976 zum massiven Angriff der Linken auf Teng kam, stellte Mao klar: »Was soll denn das heißen: Drei Direktiven als Bindeglied? ... Der Klassenkampf ist das Bindeglied, alles andere hängt von ihm ab.«

Damit war nachträglich die Alternative formuliert, die den *Sachkonflikt* innerhalb der Partei seit dem Sommer 1975 erneut bestimmte: Sollten Studium – wenn auch das Studium der Theorie der Proletarischen Diktatur! –, Ruhe und Ordnung sowie Einigkeit und wirtschaftliche Entwicklung oder sollte der Klassenkampf bestimmendes Prinzip der Politik sein?

Teng hatte sich mit Chou En-lai, der sich allerdings inzwischen in ständiger stationärer Krankenbehandlung befand, gegen den Klassenkampf entschieden. Ab Juli 1975 begann er, seine politischen Vorstellungen auch in den Bereichen der Erziehung und Kultur geltend zu machen. Unterstützung fand Teng bei dem Erziehungsminister Chou Jung-hsin, einem rehabilitierten Funktionär, der im Herbst 1975 wiederholt darauf hinwies, daß fachliches Wissen in der Erziehung wieder stärker in den Vordergrund treten müsse. Damit war der Angriff auf die vorwiegend an revolutionärer Politik orientierten Errungenschaften der »Kulturrevolution« eröffnet. Die Kulturrevolutionäre Linke reagierte sofort. Sie mobilisierte zunächst in der Pekinger Ch'inghua-Universität Studenten gegen den Erziehungsminister, um dann ab Mitte Dezember über die zentralen Medien lautstark zur Kritik an den Gegnern der »kulturrevolutionären« Politik aufzurufen.

Der Tod Chou En-lais am 8. Januar 1976 scheint das Datum für eine gemeinsame Initiative der Kulturrevolutionäre und der Geheimpolizei-Linken gegen Teng Hsiao-p'ing und die rehabilitierten Kader gesetzt zu haben, die ihn unterstützten. Der Kampf gegen den »Rechten Sturm des Rückgängigmachens von (kulturrevolutionären) Entscheidungen«, wie es hieß, begann Mitte Januar. Die Vertreter der Streitkräfte verhielten sich noch neutral. In den Provinzen traf die Kritik an Teng als »jenem unverbesserlichen kapitalistischen Machthaber in der Partei«, die Mitte Februar in den zentralen Medien voll einsetzte und am 10. März in einem ungezeichneten Leitartikel der »Volkszeitung« die Billigung der Parteizentrale fand, allerdings nur auf gedämpfte Zustimmung.

Lediglich sechs der 29 Verwaltungseinheiten beriefen bis Anfang April besondere Konferenzen zur Kritik an Teng ein, in drei weiteren nahm der Erste Sekretär, in vier weiteren wenigstens ein Sekretär die Kampagne auf. Acht Provinzen überließen die Kampagne zunächst den Massenorganisationen und ebenso viele reagierten überhaupt nicht auf sie. So war es der Linken gelungen, Teng in der Zentrale weitgehend zu isolieren. Im Propaganda-Apparat, den Sicherheitsorganen, den Massenorganisationen sowie den Führungen der städtischen Arbeitermilizen von Shanghai und Peking stand ihm eine machtvolle Koalition gegenüber. In den Provinzen hingegen schien seine Stellung weiterhin stark. Am 7. Februar erfuhr die überraschte Weltöffentlichkeit, daß nicht Teng Hsiao-p'ing, sondern der an sechster Stelle im Staatsrat rangierende Vizepremier und Minister für Öffentliche Sicherheit, Hua Kuo-feng, zum »amtierenden Premierminister« aufgerückt war.

Der traditionelle chinesische Totengedenktag, das »Fest, an dem man die Gräber fegt«, wird seit der Einführung des gregorianischen Kalenders regelmäßig am 4. April begangen. An diesem Tag besuchen die Chinesen die Gräber ihrer Verwandten und Freunde, um dort Kränze, Blumen, Schriftrollen und Speisen niederzulegen. Während sich im Laufe des März 1976 die Angriffe auf Teng – bislang ohne Nennung seines Namens – in den zentralen Medien verschärften, wurden, wie es später in der Darstellung der »Volkszeitung« hieß, »politische Gerüchte verbreitet, ... mit denen die Parteizentrale unter der Leitung des Vorsitzenden Mao angegriffen und gespalten werden sollte«. Ende März wurde die Parole in Umlauf gebracht, daß es »um das Ch'ing-ming-Fest herum sicher sehr fröhlich zugehen« werde. Eine japanische Zeitung berichtete später, Einwohner der Hauptstadt hätten bereits am 29. März begonnen, zum Andenken des verstorbenen Premiers Chou En-lai am »Ehrenmal der Helden der Revolution« auf dem Platz vor dem »Tor des himmlischen Friedens« (T'ienanmen) im Zentrum Pekings Kränze niederzulegen. Texte der Schleifen an den Kränzen, die vor allem die Parole der »vier Modernisierungen« aufnahmen und dazu aufforderten, Chous Politik »ernsthaft fortzusetzen«, zeigten, daß die so kundgetane Verehrung für den verstorbenen Premier als Demonstration gegen die Politik Maos und der Parteilinken gedacht war. In den folgenden Tagen nahm die Zahl der Besucher des Ehrenmals ständig zu. Am Ch'ing-ming-Fest selbst füllte sich der Platz mit Tausenden von Menschen. Das Ehrenmal war mit Kränzen und Gedenktafeln bedeckt.

Am Nachmittag forderte eine Gruppe Jugendlicher einen wachhabenden Soldaten auf, jene Fahne auf halbmast zu senken, die Mao am 1. Oktober 1949 bei der Gründung der VR China aufgezogen hatte und die die einzige Fahne der VR China ist, welche nie auf halbmast gesetzt wird. Da sich der Soldat weigerte, versuchte die Gruppe am Abend gewaltsam, allerdings vergeblich, die Fahne zu Ehren des verstorbenen Premierministers zu senken. Nach Einbruch der Dunkelheit transportierten Ordnungs- und Sicherheitskräfte der Hauptstadt alle Kränze, Transparente und Plakate vom Ehrenmal ab.

Die Nachricht von der Räumung der Gedenkstätte verbreitete sich am Morgen des nächsten Tages wie ein Lauffeuer. Was bisher eine friedliche Demonstration für das Programm Chous gewesen war, nahm jetzt die Ausmaße einer gewalttätigen Revolte gegen die Linke, den Parteivorsitzenden und seine Frau persönlich an. Gegen Abend zogen »mehrere Zehntausend« Arbeitermilizen, Polizisten und Soldaten auf, denen es erst nach mehreren Stunden gelang, den Platz wieder unter ihre Kontrolle zu bringen.

Die April-Unruhen blieben kein lokales Ereignis in der Hauptstadt. In über hundert chinesischen Städten kam es fast gleichzeitig zu ähnlichen Unruhen und gewalttätigen Protesten gegen die Ordnungskräfte. Die Massen beanspruchten ihr Mitspracherecht in der letzten, ausschlaggebenden Krise in der Partei vor dem Tode Mao Tse-tungs. Gegen den massiven Protest der »Massen« forderte die Linke diesmal jedoch den Sieg für sich allein.

Am 7. April teilte die chinesische Nachrichtenagentur mit, daß Teng Hsiao-p'ing auf »einstimmigen« Beschluß des Politbüros des ZK der KCT all seiner Staats- und Parteiämter enthoben worden sei und Hua Kuo-feng die Ämter des Ersten Vize-Vorsitzenden des ZK sowie des Premierministers übernommen habe. Beide Beschlüsse gingen auf einen Vorschlag des »großen Führers, des Vorsitzenden Mao« zurück, wie es hieß, der sich damit ein letztes Mal über die formelle, institutionelle Ordnung von Staat und Partei hinwegsetzte. Die Ernennung Huas verstieß sowohl gegen Artikel 9 des Parteistatuts der KCT vom 28. August 1973, der die Wahl der Vize-Vorsitzenden des ZK durch dessen Plenum vorschrieb, als auch gegen Artikel 17 der Verfassung der VR China vom 17. Januar 1975, nach dem der Premierminister vom Nationalen Volkskongreß auf Vorschlag des ZK der KCT gewählt werden sollte.

d) *Die neue Führung: Der Machtergreifungsfeldzug Teng Hsiao-p'ings*

Es wäre unredlich, wenn an dieser Stelle der Eindruck erweckt würde, daß die innenpolitische Entwicklung der VR China seit den April-Unruhen von 1976 an die bisherige Darstellung nahtlos angeknüpft fortgeschrieben werden könnte. Gewiß, die Möglichkeiten des westlichen Beobachters, in die internen chinesischen Vorgänge Einblick zu gewinnen, haben sich in den letzten vier Jahren beträchtlich erweitert. Das politische System, das sich fast ein Vierteljahrhundert lang nahezu perfekt vor der westlichen Öffentlichkeit verriegelte, präsentiert sich heute als erstaunlich offen. Es ist inzwischen offiziell weitaus durchlässiger geworden, als das sowjetische System jemals gewesen ist. Jeder sowjetische Sozialwissenschaftler würde den Einfall seines westlichen Kollegen, anläßlich eines Studienaufenthaltes in Moskau den Staats- und Parteichef der Sowjetunion oder auch seinen Außenminister zu interviewen, für schlichtweg absurd halten. Auch Journalisten müssen sich damit begnügen, von mehr oder weniger anonymen Sprechern Erklärungen zur Moskauer Regierungspolitik entgegenzunehmen.

Dabei ist es selbstverständlich allein schon bedeutsam für den Beobachter, einen persönlichen Eindruck von jenen Politikern zu gewinnen, die die Geschicke eines Landes bestimmen. In der VR China ist dies möglich geworden, auch wenn der Zugang zu den führenden Persönlichkeiten in Peking nicht immer leicht und zu jenen in den Provinzen außerordentlich schwer ist. Die ständige Präsenz von westlichen Journalisten in der VR China, die erheblich intensiver gewordenen Wirtschafts- und Geschäftsbeziehungen zwischen den chinesischen Staatshandelsorganen und westlichen Firmen und auch studentische Austauschprogramme haben dazu beigetragen, daß China nicht mehr gänzlich in jenem geheimnisvollen Abseits steht, das nur von wenigen Sprach- und Landeskundigen ausgeleuchtet werden kann.

Trotzdem sind das politische System und seine Führer immer noch in hohem Maße informationsfeindlich. Das parteiinterne geheime Dokument beherrscht nach wie vor die innenpolitischen Vorgänge, die intime Vertrautheit mit den spezifischen Codes und Chiffren der politischen Kultur Chinas ist eine unerläßliche Voraussetzung für die sozialwissenschaftliche Beobachtung geblieben. Chinas Öffnung gegenüber dem Westen hat so gesehen nicht nur neue Einblicke eröffnet, sondern auch die Manipulierbarkeit des Westens über den ständig wachsenden Zustrom interessierter, aber zumeist unerfahrener Neuankömmlinge im journalistischen, politikwissenschaftlichen und vor allem im politischen China-Feld erhöht. Nicht selten verwechseln solche Neuankömmlinge schon von sich aus das Postulat kritischer Distanz mit dem mehr oder weniger böswilligen Versuch der Mißbilligung. Diese Tatsache sollte deutlich beim Namen genannt werden. Im übrigen aber muß eine Darstellung der letzten vier Jahre chinesischer Innenpolitik zwangsläufig darunter leiden, daß den

Vorgängen dieser Jahre noch jede erkennbare historische Perspektive fehlt. Der zweite Sturz Teng Hsiao-p'ings und der Aufstieg Hua Kuo-fengs, eines Funktionärs der mittleren Ebene, der erst 1969 ins ZK der KCT gewählt worden war und sich bis dahin vor allem durch die Pflege der Geburtsstätte Mao Tsetungs in Hunan sowie mit der Durchführung von landwirtschaftlichen Modellprojekten in Maos Heimatprovinz einen Namen gemacht hatte, waren möglich gewesen, weil sich das Militär in der April-Krise von 1976 Zurückhaltung auferlegt hatte.

Unter den Gründen, die diese Zurückhaltung erklären, scheinen zwei Aspekte besonders erwähnenswert zu sein: Zum ersten hatte sich in den April-Unruhen lediglich die Spitze eines Eisberges gezeigt. Bereits seit Frühjahr 1974 waren Streiks, blutige Fraktionskämpfe unter der Arbeiterschaft, Überfälle von bewaffneten Banden auf Banken und Eisenbahnzüge und mindestens passiver Widerstand unter den Bauern in vielen Provinzen an der Tagesordnung. In dieser Situation schien es vor allen Dingen geboten, vor der Bevölkerung die Handlungs- und Entscheidungsfähigkeit der Zentrale zu demonstrieren. Teng Hsiao-p'ing wurde am 7. April 1976 von dem Oberkommandierenden des Wehrbereichs Kanton, Hsü Shih-yu, in Schutzhaft genommen und, wie wir heute wissen, zur späteren Weiterverwendung in die südchinesische Hafenstadt abtransportiert. Die Militärs konnten offenbar so verfahren, weil zum zweiten der Tod Mao Tsetungs absehbar geworden war. Der Parteiführer konnte bereits keine auswärtigen Gäste mehr empfangen und scheint sich im Zustand des progressiven physischen Verfalls befunden zu haben. Am 9. September 1976 wurde sein Ableben bekanntgegeben.

Am 6. Oktober, also nicht ganz vier Wochen später, ließ Premierminister Hua mit Hilfe der Zentralen Wachdivision, einer Art »Leibstandarte Mao Tse-tung«, die Witwe Maos, Chang Ch'un-ch'iao, Yao Wen-yüan und Wang Hung-wen verhaften. Jene, die ihn auf den Schild gehoben hatten, wurden jetzt als »Viererbande« an den propagandistischen Pranger gestellt. Zwei Wochen nach seinem Schlag gegen die »Viererbande« übernahm der Premierminister auch den verwaisten Vorsitz in der Partei. Hua hatte die innenpolitischen Seiten gewechselt. Dies zeigte sich bereits deutlich an seinen angestrengten Bemühungen, die mit seiner Dissoziierung von Chiang Ch'ing, der aufs engste mit Mao vertrauten Persönlichkeit in der Führungsspitze, jäh aufklaffende Legitimationslücke seiner Führung zu schließen. Die VR China wurde übersät mit frisch erstellten Ölgemälden, die den verstorbenen Parteiführer bei bester Gesundheit in so vertrauensvollem Gespräch mit seinem faktischen Nachfolger zeigten, daß er Hua die Hand auf den jüngeren, stärkeren Arm legte und die Übertragung seiner Autorität zu einem optisch nachvollziehbaren Vorgang werden ließ. Sicherheitshalber aber wurde dies noch durch eine schriftliche Erläuterung bekräftigt. Angeblich hatte Mao seinem Nachfolger anläßlich der in Öl gehaltenen, aber trotz der allgemeinen Photographierfreudigkeit der Chinesen nicht phototechnisch überlieferten Szene versichert, wenn dieser die »Geschäfte in die Hand nähme«, sei es ihm »leicht ums Herz« (Ni pan shih, wo fang hsin).

Das knappe halbe Jahr, in dem Hua als Regierungschef mit der Kulturrevolutionären Linken zusammenarbeitete, muß ihn davon überzeugt haben, daß dieser Zusammenarbeit zwar eine weitgehende programmatische Übereinstimmung, aber keine ausreichende Machtbasis zugrunde lag. Die Wende in der Politik Huas scheint durch eine Serie massiver Erdbeben in mehreren Provinzen Chinas im Laufe der Sommermonate 1976 eingeleitet worden zu sein, die am 29. Juli mit der totalen Zerstörung der Bergarbeiterstadt T'angshan in Nordchina katastrophale Ausmaße erreichte. Nach unterschiedlichen Verlautbarungen aus der VR China kamen damals an einem Tag zwischen 650 000 und 850 000 Menschen ums Leben. Mehrere Millionen Menschen in der Umgebung des Bebenzentrums wurden obdachlos. Während sich Hua von diesem Tag an gemeinsam mit den Streitkräften bemühte, die Situation unter Kontrolle zu bringen, bekundeten Chiang Ch'ing und ihre Gruppe ihr Mitleid mit den Erdbebenopfern in einem quasi als Tagesbefehl gehaltenen öffentlichen Beileidsschreiben so: »Studiert gewissenhaft die wichtigen Anweisungen des Vorsitzenden Mao, um – mit dem Klassenkampf als Bindeglied – die Kritik an Teng Hsiao-p'ings konterrevolutionärer revisionistischer Linie und den großen Kampf der Gegenoffensive gegen den rechten Sturm der Rückgängigmachung von Entscheidungen zu vertiefen und zu verbreitern.«

Die überwiegende Mehrheit der chinesischen Bevölkerung betrachtete die Verhaftung Chiang Ch'ings und der anderen drei Politiker als einen Akt der Befreiung. Hua Kuo-feng erschien hinfort als ein Mann, der das Wohl der einfachen Menschen im Auge habe. Trotzdem erhob sich in der Bevölkerung in den letzten zwei Monaten des Jahres 1976 die Forderung nach der Rückkehr Teng Hsiao-p'ings in seine Staats- und Parteiämter.

Am 23. Juli 1977 endlich teilte das Kommuniqué der 3. Plenarsitzung des X. ZK mit, daß Teng Hsiao-p'ing auf einstimmigen Beschluß wieder in seine früheren Positionen eingesetzt werde. Hua Kuo-feng und seine nach dem Sturz der sogenannten »Viererbande« erheblich dezimierte Gruppe von Anhängern in den zentralen Führungsgremien hatten in einer personalpolitischen Frage verloren, die automatisch das Schicksal ihres Sachprogramms besiegelte. Teng Hsiao-p'ing aber schloß die Legitimationslücke des Führers wenig später vor den Augen der Bevölkerung und der Weltöffentlichkeit überzeugender, als alle früheren Anstrengungen Huas dies vermocht hatten. Auf dem XI. Parteitag der KCT, der vom 12. bis zum 18. August 1977 tagte, um den Coup gegen die Kulturrevolutionäre Linke zu sanktionieren, ein neues Parteistatut zu verabschieden und den Entwurf einer neuen Verfassung für die VR China zu diskutieren, war es Teng, der sich erhob und die Delegierten aufforderte, dem Rechenschaftsbericht des Staats- und Regierungschefs zuzustimmen, an dessen Sturz er erst ein Jahr später zu arbeiten begann.

In der VR China setzte mit diesem Parteitag eine Entwicklung der schrittweisen politischen Normalisierung und der programmatischen Konsolidierung der Regierungspolitik ein.

Diese Entwicklung ist untrennbar verbunden mit einer ständigen Verstärkung der politischen Position Tengs. Sein konsequenter Machtergreifungsfeldzug, der die chinesische Innenpolitik vom Herbst 1977 bis zum Frühjahr 1980 bestimmte, ist vor allem an drei Bereichen ablesbar: in der Personalpolitik, in der ländlichen Gesellschaftspolitik und bei der Frage, welche Rolle das Erbe Mao Tse-tungs für die Gestaltung der Zukunft Chinas spielen solle.

Unter den 23 Mitgliedern des inneren Führungsringes der KCT, des Politbüros, die am 21. August 1977 benannt wurden, vertraten sieben die Positionen Tengs, fünf von ihnen waren in der »Kulturrevolution« der Säuberung zum Opfer gefallen, aber später rehabilitiert worden. Ebenfalls sieben Mitglieder gehörten mit Hua zu den Aufsteigern aus der Zeit der »Kulturrevolution«, die restlichen neun, davon acht Militärs, nahmen eine Mittelposition ein. Auf dem 3. Plenum des XI. ZK wurden am 22. Dezember 1978 vier weitere Mitglieder in das Politbüro berufen. Drei von ihnen waren dezidierte Anhänger der Politik Tengs, zwei hatten in der »Kulturrevolution« schwere Leiden auf sich nehmen müssen. Das 4. Plenum des XI. ZK berief am 28. September 1979 zwei weitere neue Mitglieder, beide Opfer der »Kulturrevolution« und Anhänger Tengs. Auf dem 5. Plenum am 29. Februar 1980 schließlich wurden vier Anhänger Huas, deren politische Karriere in der »Kulturrevolution« begonnen hatte oder durch die maoistische Fraktion erheblich gefördert worden war, aus allen Ämtern im Partei- und Staatsapparat entfernt. Einer der engsten Mitarbeiter Tengs, Hu Yao-pang, übernahm als Generalsekretär des ZK die Leitung des wiedererrichteten

Sekretariats der Partei, von dessen elf Mitgliedern acht eindeutig die Positionen Tengs vertreten. Im Politbüro verfügt Teng seither über zwölf Stimmen, Hua nur noch über drei, während von den neun übrigen Mitgliedern sechs in den letzten zwei Jahren meist den politischen Vorstellungen Tengs, drei eher jenen Huas zugeneigt hatten.

Die Sachkontroverse zwischen Teng und Hua bezog sich zuerst auf den Bereich der ländlichen Gesellschaftspolitik. Hier ging es seit dem Herbst 1976 erneut um die Fragen, in welchem Ausmaße den Bauern Freiräume für individuelle wirtschaftliche Initiativen eingeräumt und wie stark die Position der kleinen Produktionsgruppen gegenüber den größeren Einheiten, den Produktionsbrigaden und Volkskommunen, gestaltet werden könne.

Noch in einer programmatischen Rede am 25. Dezember 1976 – also nach dem Sturz der Kulturrevolutionären Linken – hatte Hua Kuo-feng die schrittweise Übertragung der Verantwortung für Agrarproduktion und Rechnungsführung von den Produktionsgruppen auf die Brigaden und später auf die Kommunen gefordert, ebenso eine Beschränkung der Freiräume für Initiativen der einzelnen Bauern und vor allem die Nachahmung des maoistischen Modells der Produktionsbrigade Tachai im ganzen Lande. In den Jahren von 1977 bis 1979 versuchte Hua, diese Positionen zu halten.

Die agrarpolitischen Beschlüsse des 3. und 4. Plenums des XI. ZK im Dezember 1978 sowie im September 1979 bestätigten aber die bestimmende Entscheidungsbefugnis der Produktionsgruppe, die auch in Zukunft ihre eigene Rechnung führen und die Verantwortung für die landwirtschaftliche Erzeugung selbständig tragen soll. Die den Bauern zugestandenen Privatgrundstücke wurden vergrößert, freie Nebentätigkeiten der bäuerlichen Einzelhaushalte gewährleistet. Seit dem Frühjahr 1979 dürfen die Bauern aus Stadtrandgebieten sogar Produkte ihres Privatlandes und ihrer Nebentätigkeiten auf freien Märkten in den Städten verkaufen. Anfang Oktober 1979 schließlich gab die Pekinger Führung das maoistische Modell der Agrarpolitik, die Produktionsbrigade Tachai, auf. Ihre Arbeitsweise gilt seither als »linksputschistisches Abenteurertum«, eine Enthüllungskampagne großen Stils zielt darauf ab, dieses Dorf in der nordchinesischen Provinz Shansi, das von Hua als »Vorbild für alle Dörfer Chinas« gepriesen worden war, als einen Herd der »Ausbeutung« und »Korruption« zu diskreditieren.

Von mindestens ebenso großer Bedeutung aber war für den Machtergreifungsfeldzug Tengs die Frage, wie weit die Revision des politischen Konzepts Mao Tse-tungs gehen, ob sie gar bis zu einer völligen kritischen Neubewertung seiner Person vorangetrieben werden solle. Hier vertrat Hua Kuo-feng, unterstützt von Aufsteigern der »Kulturrevolution« aus dem Parteiapparat und vor allem von seinen ehemaligen Kollegen aus der Geheimpolizei, die Auffassung, daß die Konzepte Maos weiterhin für China erhebliche Bedeutung behalten sollten. Hartnäckig bemüht er sich darum, möglichst viel von den politischen Vorstellungen des verstorbenen Vorsitzenden als Richtlinien für Chinas Zukunft zu erhalten. Teng Hsiao-p'ing und seine Anhänger aber begannen konsequent mit der Demontage des früheren Parteiführers und seiner Ideen.

Auf einer Nationalen Konferenz von Politkommissaren der Armee gab Teng im Mai 1978 die Parole aus, daß man »die Wahrheit« nicht in »irgendeiner Theorie oder einem Dogma« – also auch nicht in den »Gedanken Mao Tse-tungs« –, sondern nur »in den Tatsachen suchen« solle. Damit waren die Weichen für den Versuch gestellt, nach der Revision von Maos Politik auch dessen Verehrung als Person zu modifizieren, wenn nicht gar zu beenden. Schon im Frühjahr 1978 verschwanden die Mao-Zitate aus der Kopfleiste der Pekinger »Volkszeitung«, bald wurden seine Worte in den Publikationsorganen der Partei nicht mehr fett gedruckt, und das 3. Plenum verbot am 22. Dezember 1978, Parteiführer anders als mit »Genosse« zu benennen. Gleichzeitig ordnete das Plenum an, daß »keine persönliche Meinung irgendeines Parteimitgliedes, auch nicht der führenden Genossen des ZK«, als »Weisung« bezeichnet werden dürfe. Seither sprechen die chinesischen Medien nicht mehr vom »Vorsitzenden Mao, dem großen Lehrer und Führer«, sondern nur noch dürr vom »Genossen Mao Tse-tung«. Zwar stellte das Kommuniqué des 3. Plenums noch einmal fest, daß »die großen Verdienste, die sich Genosse Mao Tse-tung in den langjährigen revolutionären Kämpfen erworben hat, unauslöschlich« seien und daß er »ein großer Marxist« gewesen sei, aber es erklärte zugleich: »Von einem revolutionären Führer zu verlangen, frei von Mängeln und Fehlern zu sein, ist nicht marxistisch!«

Im Laufe des Jahres 1979 beschäftigten sich dann die Medien der VR China wesentlich mehr mit Maos »Mängeln und Fehlern« als mit seinen »großen Verdiensten«. Schon am 13. Januar 1979 teilte die Pekinger »Arbeiterzeitung« mit, die Behauptung, Mao habe »alles klar erkennen können«, sei »eine Legende«. Am 6. März klärte die Shanghaier »Befreiungszeitung« ihre Leser darüber auf, daß Mao nicht der erste marxistische Führer Chinas gewesen sei, sondern daß die Geschichtsbücher der Partei »die

Geschichte verfälscht hätten, um seine Rolle über Gebühr zu preisen«. In seiner Festrede zum 30. Jahrestag der Gründung der VR China am 30. September 1979 schließlich stellte das formelle Staatsoberhaupt Chinas, Marschall Yeh Chien-ying, fest, die »Kulturrevolution« – die, wie es bis zum Sommer 1977 hieß, »vom Vorsitzenden Mao persönlich eingeleitet und geführt« worden war – habe dem Land »ein Jahrzehnt der Unterdrückung, der Tyrannei und der Blutbäder« gebracht. Zugleich gab er eine neue Deutung des Begriffs »Gedanken Mao Tse-tungs«, die Maos Rolle wirksam relativierte: »Was wir die Gedanken Mao Tse-tungs nennen… ist nicht allein das Produkt der Weisheit Mao Tse-tungs, es ist vielmehr das Produkt der Weisheit Maos und seiner Kampfgefährten, ja, es ist die Kristallisierung der kollektiven Weisheit der KCT!«

Dennoch hat die neue chinesische Führung eine totale Verurteilung Maos, die derjenigen Stalins durch Chruschtschow auf dem XX. Parteitag der KPdSU im Februar 1956 entsprechen würde, bisher vermieden. Aber die Rehabilitierung von Maos bekanntestem Gegner, Liu Shao-ch'i, durch das 5. Plenum des XI. ZK am 29. Februar 1980 versetzte dem Ansehen des verstorbenen Parteiführers und damit der Gültigkeit seiner Vorstellungen für Chinas Zukunft einen weiteren Schlag. In der ersten Aprilhälfte 1980 wurde der Name Maos an zehn aufeinanderfolgenden Tagen in der Pekinger »Volkszeitung« kein einziges Mal erwähnt, und Anfang Mai berichtete eine Hongkonger Zeitschrift, die den chinesischen Kommunisten nahesteht, es werde in Peking erwogen, das Mao-Mausoleum in eine »Ehrenhalle für die toten Helden der Revolution« umzuwandeln.

Auch in diesem Bereich scheint sich Teng also durchzusetzen. Schwierigkeiten bereitete seinem Machtergreifungsfeldzug vor allem die breite städtische Dissidentenbewegung, die im Winter 1978/79, ausgelöst durch die offizielle Bezeichnung der April-Unruhen von 1976 als »revolutionäre Tat«, weite Kreise der jüngeren chinesischen Intelligenz ergriff. Mit Forderungen nach Meinungs-, Vereinigungs- und Versammlungsfreiheit sowie nach Konkurrenzwahlen und der Zulassung von Oppositionsparteien stellte diese Bewegung die Fundamente des Politischen Systems in Frage. Vor allem die Militärs im Politbüro warfen Teng vor, er gefährde mit der Duldung dieser Manifestationen des Widerstandes die Herrschaft der Partei. Doch der Vizepremier bewies angesichts solcher Vorwürfe Flexibilität. Er stimmte der Einleitung scharfer Repressionsmaßnahmen zu, die seit Ende März 1979 und – nach einem abermaligen Aufflackern der Opposition im Spätsommer – erneut im November 1979 der

Dissidentenbewegung ein vorläufiges Ende bereiteten. Viele ihrer Anhänger gingen in den Untergrund.

Seitdem sich Teng Hsiao-p'ing richtungs- und machtpolitisch weitgehend durchgesetzt hat, wird die chinesische Innenpolitik wesentlich durch acht Elemente bestimmt:

1. In der industriellen Lohnpolitik durch die Betonung differenzierter Leistungslöhne und materieller Anreize;
2. in der industriellen Management-Politik durch die Wiedereinführung einer individuellen Leitung der Betriebe;
3. in der industriellen Entwicklungspolitik durch die weite Öffnung für den Import westlicher Technologien;
4. in der Verteilungspolitik durch die Einführung marktwirtschaftlicher Elemente und die damit verbundene Aufhebung der zentralen Preisbindung;
5. in der ländlichen Gesellschaftspolitik durch die Herabsetzung des Kollektivierungsniveaus und die Erweiterung der Freiräume für individuelle Initiativen der Bauern;
6. in der Erziehungspolitik durch den eindeutigen Vorrang der Fachausbildung vor politischer Indoktrinierung und den völligen Abbau »kulturrevolutionärer« Doktrinen;
7. in der Kulturpolitik durch die Duldung einer etwas breiter gestreuten Konkurrenz verschiedener Stilrichtungen sowie die Zulassung westlicher Literatur und Musik, vor allem aber durch die triumphale Rückkehr traditioneller chinesischer Kunst in die öffentliche Darstellung; jedoch ohne Zweifel auch
8. in der inneren Sicherheitspolitik durch scharfe Repression abweichender Meinungen und strikte Kontrolle der Bevölkerung mit Hilfe der Geheimpolizei.

Solange die derzeitige Führung der KCT im Amt bleibt, ist mit einer Fortsetzung der durch diese Elemente gekennzeichneten Politik zu rechnen. Aber diese Führung ist überaltert. Am 31. Dezember 1979 betrug das Durchschnittsalter des Politbüros 70,8 Jahre, jenes des Sekretariats der Partei 69,6 Jahre. Die Mitglieder des ZK waren im Durchschnitt 66, die Minister 67 Jahre alt. In wenigen Jahren wird deshalb biologischer Zwang einen neuen Führungswechsel notwendig machen. Dann steht auch die jetzige Politik erneut zur Disposition, ein weiterer Kurswechsel könnte neue Konflikte und Krisen zur Folge haben.

II. DIE AUSSENPOLITIK DER VR CHINA: VOM KOMMUNISTISCHEN INTERKONTINENTAL-BÜNDNIS ZUM »PAZIFISCHEN AKKORD«

Vor dem Hintergrund der wechselvollen Geschichte der chinesischen Innenpolitik zeichnet sich die Außenpolitik der VR China in besonderer Weise durch Beständigkeit aus. In ihrer dreißigjährigen Geschichte gab es nur drei Grundsatzentscheidungen, die deutliche Zäsuren setzten, allerdings jeweils radikalere Veränderungen nach sich zogen als die Macht- und Richtungskämpfe innerhalb eines in seinem grundsätzlichen Ordnungsgefüge unangefochten gebliebenen sozialistischen Systems. Die Gründe für die verhältnismäßig große Kontinuität in der außenpolitischen Entwicklung liegen auf der Hand:

Die auswärtige Politik ist a priori kein Bereich der souveränen Entscheidungsgewalt einer Regierung. Hier müssen entweder äußere Umstände und Zwänge berücksichtigt oder aber die nur begrenzt kalkulierbaren Konsequenzen ihrer Nicht-Berücksichtigung getragen werden. Ziele und Interessen lassen sich in diesem Bereich nicht beliebig formulieren. Hier regieren vorgegebene Sachlagen, Handlungszwänge und Grenzen der politischen Handlungsfähigkeit, über die sich eine Führung allenfalls zeitweilig hinwegsetzen kann. Diese Tatsache hat sicherlich von Anbeginn das Schicksal der chinesischen Bündnispolitik gegenüber der Sowjetunion bestimmt, die unmittelbar nach der Gründung der VR China begann und mit dem Vertrag vom 14. Februar 1950 formalisiert wurde.

China und die Sowjetunion weisen gemeinsame Vorgaben auf, welche die Fähigkeit beider Länder zum Bündnis miteinander als höchst fragwürdig erscheinen lassen. In beiden Fällen haben wir es mit Staaten von einem kontinentalen Ausmaß zu tun, das eine natürliche Prädominanz in ihrer jeweiligen Umgebung bedingt. Sowohl China als auch die Sowjetunion müssen lange Landgrenzen verteidigen, was zwangsläufig ihr Sicherheitsbedürfnis in starkem Maße beeinflußt. Der Mangel an ernsthafter machtpolitischer Bedrohung in ihrer unmittelbaren Umgebung, also an intra-regionaler machtpolitischer Balance, gibt ihren Bedrohungswahrnehmungen eine inter-kontinentale beziehungsweise überseeische Dimension, aus der sich der Anspruch ergibt, kleinere Nachbarstaaten quasi als vorgelagerte Sicherheitssphären zu kontrollieren.

China und die Sowjetunion sind somit gleichermaßen Staaten, die nach Vorherrschaft oder Hegemonie streben und in diesem

Bestreben keineswegs vor dem Versuch gefeit sind, Alleinherrschaften zu errichten. Erst damit wäre ihr mit jedem politischterritorialen Zugewinn noch wachsendes Sicherheitsbedürfnis – theoretisch – saturiert. In der Praxis spielt für die Politik beider kommunistisch regierten Großmächte die Tatsache eine Rolle, daß sie zumindest potentiell zentrifugale Kräfte im Inneren aufweisen.

Das Staatsgebiet der VR China setzt sich zu rund 59% aus Stammländern nationaler Minoritäten zusammen, deren Anteil – anders als in der Sowjetunion – allerdings nur 5% an der Gesamtbevölkerung ausmacht. Immerhin besteht damit in beiden Fällen eine ständige, mehr oder weniger latente Gefahr für die Reichseinheit, eine natürliche Tendenz einiger Reichsteile, sich eher zur Reichsperipherie und zu den angrenzenden Nachbarvölkern zu orientieren als zur Reichszentrale hin. Dies gilt in China vor allen Dingen für Tibet und Sinkiang.

Bei einer derart stark von der Geographie und Geschichte vorgezeichneten Sorge Chinas und der Sowjetunion um die Erhaltung der Reichssicherheit und der Reichseinheit erscheint der Gedanke an die Koordinierbarkeit ihrer nationalen Interessen und Strategien zur Durchsetzung oder auch Wahrung der doch gleichwohl partikularstaatlich bleibenden Interessen als nahezu ausgeschlossen. Es ist deshalb grundsätzlich nicht verwunderlich, daß als Folge des anfänglich durchaus zwischen Moskau und Peking abgestimmten Versuchs, das sogenannte »sozialistische Lager« aus seiner Isolierung vom internationalen Staatensystem zu befreien und ihm als neuem, kollektivem Machtfaktor in der Welt Geltung zu verschaffen, in der zweiten Hälfte der fünfziger Jahre Risse im Bündnis zwischen der VR China und der Sowjetunion aufzutreten begannen.

Etwa zu derselben Zeit, in der sich Mao Tse-tung entschloß, in China ein neues, mobilisatorisches Entwicklungskonzept durchzusetzen, also im Sommer 1958, konnten die Beobachter der internationalen Beziehungen feststellen, daß sich hinter der Fassade des mächtigen kommunistischen Interkontinentalbündnisses ein massiver Konflikt zwischen den Vertragspartnern entfaltete.

Das zeitliche Zusammentreffen von interner Radikalisierung und wachsender chinesischer Kritik am Verbündeten in Moskau war kein Zufall. Diese Kritik war nicht einfach nur der Ausdruck von nationaler Unzufriedenheit und verletzten politischen Interessen. Sie hatte direkt mit jenen Gesichtspunkten der chinesischen Innenpolitik zu tun, die wir als »maoistisch« charakterisiert haben. Wenn wir feststellen können, daß die Außenpolitik lediglich einmal, in der Lin-Piao-Krise, Teil der Sachkontroverse im innerparteilichen Konflikt der KCT-Führung war, so liegt dies vor allem an der Tatsache, daß Maos Konfliktbereitschaft gegenüber der Sowjetunion völlig unabhängig von den spezifischen Motiven des Parteiführers auf breite Zustimmung bei den anderen führenden Persönlichkeiten in der Partei stieß. Einige von ihnen stimmten nicht unbedingt mit der Art und Weise überein, in der sich diese Konfliktbereitschaft äußerte, sie rieten zeitweilig zur Mäßigung und zu taktisch behutsamerem Vorgehen. Aber auch die ärgsten innenpolitischen Gegner Maos, denen Entsprechendes durchaus von der maoistischen Propaganda vorgeworfen wurde, traten niemals direkt oder indirekt mit der Forderung auf, China müsse um jeden Preis die Eintracht und das Bündnis mit der Sowjetunion erhalten. Im Gegenteil, Teng Hsiao-p'ing, der in der »Kulturrevolution« nach Liu Shao-ch'i als der »zweite Chruschtschow Chinas« bezeichnet wurde, war einer der leidenschaftlichsten Vertreter des Konflikts mit der Moskauer Führung und hat sich diese Haltung bis heute unverändert bewahrt. Die Frage, welche Motive ihn bestimmten, ist jedoch weder eindeutig zu beantworten noch überhaupt von zeitgeschichtlichem Interesse. Bedeutsam ist allein, daß der außenpolitische Grundkonsens in der KCT dem Parteiführer die Möglichkeit einräumte, der auswärtigen Politik der VR China ein Jahrzehnt lang ein besonderes Gepräge zu geben.

a) *Der Konflikt mit der Sowjetunion 1958–1963*

Chinas Konflikt mit der Sowjetunion zeichnete sich im Vergleich mit allen anderen Konflikten innerhalb der Welt kommunistisch regierter Staaten durch vier Besonderheiten aus. Peking bestand darauf, daß die Meinungsverschiedenheiten mit der Sowjetführung *erstens* rein ideologische Ursachen hätten, also nicht einfach auf praktische Interessengegensätze zurückgingen, *zweitens* eine zwischenparteiliche Angelegenheit darstellten und folglich nicht das zwischenstaatliche Verhältnis beträfen, *drittens* von exklusiv kommunistischer Natur seien und somit keine Konsequenzen für das Bündnisverhältnis oder auch für das Verhältnis Chinas zu dritten Staaten nach sich ziehen könnten und *viertens* schließlich die Frage der korrekten *Führung* des »sozialistischen Lagers« zum zentralen Inhalt hätten, nicht jedoch die Forderung Chinas nach nationaler Unabhängigkeit von der Sowjetunion.
Der tatsächliche Konfliktverlauf zeigte nun, daß es in den Streitigkeiten zwischen Peking und Moskau sehr wohl um handfeste

politische Interessen ging, daß diese sich auf alle Kontaktebenen und besonders massiv auf die zwischenstaatliche Ebene ausdehnten, daß das Verteidigungsbündnis daran zerbrach und die VR China am Ende laut und deutlich ihre Unabhängigkeit von der Sowjetunion erklärte. Dennoch muß man die ursprünglich von Peking abgesteckten Grenzen des Konflikts wohl ernst nehmen. Sie bestimmten nicht nur die völlige westliche Abstinenz gegenüber den Vorgängen im chinesisch-sowjetischen Verhältnis, sondern vor allen Dingen natürlich die Konfliktstrategie der VR China.

Ihrer Selbstdarstellung nach nahmen die chinesischen Kommunisten Anstoß an den Politik und Theorie betreffenden Beschlüssen des XX. Parteitages der KPdSU vom Februar 1956. Die politisch bedeutsamste Entscheidung dieses Parteitages lag in der Einleitung einer ersten Abrechnung mit dem Stalinismus. Peking nahm diese für China wie für alle Satellitenstaaten der Sowjetunion überraschende Entwicklung mit großen Bedenken auf, deren Berechtigung sich wenige Monate später herausstellte, als im polnischen Posen Arbeiterunruhen ausbrachen und in Ungarn ein Volksaufstand begann.

Wahrscheinlich versuchte Mao, einer ähnlichen Entwicklung im eigenen Lande durch die Aufforderung an parteilose Intellektuelle zur Kritik im Frühjahr 1957 das Wasser abzugraben. Gegenüber Moskau hatten die Chinesen jedenfalls bereits ihre Vorbehalte im Hinblick auf die rigorose Abrechnung mit Stalin vorgetragen, ohne dem Verbündeten jedoch ebenso rigoros die Gefolgschaft zu verweigern. Im Gegenteil, Peking stärkte der Sowjetmacht in der Autoritätskrise vom Herbst 1956 den Rükken, indem es dem noch zaudernden Chef der KPdSU, Nikita S. Chruschtschow, zum militärischen Einmarsch in Ungarn riet und mit dem Ratschlag, im Falle Polens nachzugeben und den anerkannten nationalen Führer, Wladislaw Gomułka, in die Führung der polnischen Partei zurückzuholen, zu einer klugen Entscheidung Moskaus beitrug.

Von da an allerdings scheint sich die osteuropäische Autoritätskrise der Sowjetunion in das Verhältnis zwischen Moskau und Peking hineinverlagert zu haben. Mao Tse-tung, der sich wahrscheinlich sogar als der Retter des osteuropäischen Satellitensystems verstand, verlangte, hinfort regelmäßig konsultiert zu werden. Dafür setzte er sich auf dem ersten Konzil der regierenden kommunistischen Parteien im November/Dezember 1957 persönlich für eine schriftliche Festlegung der sowjetischen Führungsrolle ein – und zwar ohne Rücksicht auf die Frage, ob irgendeine der an den Beratungen teilnehmenden Parteiführun-

gen eine solche schriftliche Anerkennung eines immerhin faktisch gegebenen Tatbestandes mit ihrem nationalen Unabhängigkeitswillen vereinbaren konnte. Der Bund der Kommunisten
Jugoslawiens sah darin eine Unvereinbarkeit mit seinem
Anspruch auf eine neutralistische, also blockfreie Außenpolitik
und verweigerte – vertreten durch Marschall Tito – seine Unter-
schrift unter ein Dokument, das ohne die Führungsklausel zum
ersten Male seit 1948 wieder eine schriftlich fixierte Gemeinsamkeit zwischen Moskau und Belgrad dargestellt hätte. Daß dies die
Absicht Maos war, sollte sich bald zeigen.

Der chinesische Parteiführer versetzte jedoch nicht allein durch
seine Strategie auf dem Kommunistenkonzil die Sowjetführung
in Schrecken. Er verkündete damals in Moskau auch, daß das
»sozialistische Lager« im internationalen Kräfteverhältnis das
Übergewicht gewonnen habe, und belegte dies mit einer verglei-
chenden Berechnung des Anteils an der gesamten Erdbevölke-
rung, der sich bereits fest in sozialistischer Hand befand, jenes,
der mit dem Sozialismus sympathisierte, und schließlich desjeni-
gen, der sich noch in imperialistisch-kapitalistischer Hand
befand. Allein für das »sozialistische Lager« kam Mao bereits auf
1 Milliarde Menschen, nach offizieller Selbsteinschätzung waren
davon 600 Millionen – 60% des sozialistischen Gewichts –
Chinesen.

Absolute Loyalität dieser 60% aller damals unter kommunistischen Regierungen lebenden Menschen, ein Dreifaches der Sowjet-
bevölkerung, demonstrierte Mao gegenüber Moskau, indem er alle
Spekulationen seines italienischen Kollegen Palmiro Togliatti über
die Entstehung mehrerer Zentren innerhalb der internationalen
kommunistischen Bewegung rigoros zurückwies. *imprecute fadenpofoll*

Nach einer Übergangsphase von etwas mehr als eineinhalb Jahren seit ihrer Konfrontation mit dem XX. Parteitag der KPdSU
traten die chinesischen Kommunisten so aus einer politisch-
moralisch einwandfreien Position heraus gegen den ideologischen
Teil der sowjetischen Parteitagsbeschlüsse auf: gegen die These
vom langfristigen Charakter der friedlichen Koexistenz zwischen
Sozialismus und Imperialismus, die damals ebenso neu war wie
die sie stützende These von der Vermeidbarkeit von Weltkriegen
im Atomzeitalter und die Konsequenz daraus, daß Übergänge
von kapitalistischen Gesellschaften zum Sozialismus bei gegebenem kommunistischem Revolutionswillen nicht nur auf gewalt-
samem, sondern auch auf friedlichem Wege, durch Parlamentswahlen, möglich werden müßten. *sensitive*

Peking war damals feinsinnig genug, nicht ganz offen die wirkliche Adresse der Kritik der KCT an der These von der Langfristig-

keit der friedlichen Koexistenz, ihrer Voraussetzung und ihrer Konsequenz zu benennen. Jugoslawien geriet in die Schußlinie einer auf Moskau zielenden chinesischen Kritik. Die VR China distanzierte sich auf diese Weise vom Neutralismus, der als weltpolitische Alternative zu den Blöcken in Ost und West ausschließlich aus dem Gedanken der Koexistenzfähigkeit aller Staaten trotz unterschiedlicher Ideologien und Gesellschaftsordnungen entstanden, damals aber noch weit davon entfernt war, im Westen jene Aufmerksamkeit zu finden, die 1979/80 der sowjetische Einmarsch in Afghanistan zutage förderte. Damals galt noch das Wort des amerikanischen Außenministers John Foster Dulles, der über den weltpolitischen Neutralismus Indiens ein moralisch vernichtendes Urteil abgegeben hatte. Hier, in der Annäherung an die neutralistische Bewegung mit Indien als der bedeutendsten moralischen Kraft, hätte eine realistische Chance der Emanzipation der VR China von der Sowjetunion gelegen. Die damals laufenden Versöhnungsbemühungen zwischen Moskau und Jugoslawien waren aus der herkömmlichen Sicht chinesischer Interessen total uninteressant. Gleichzeitig wandte sich Moskau jedoch auch Indien mit zunehmender Intensität zu. Es lag in der Entscheidung Mao Tse-tungs, diese Tatsache als eine willkommene Gelegenheit zu sehen, die es auch der VR China gestattete, mit Indien zusammenzuarbeiten, ohne bündnispolitischen Verdacht zu erregen, oder aber als ein Zeichen dafür, daß Chinas Vorrangstellung in der Außenpolitik der Sowjetunion gefährdet war.

Der chinesische Parteiführer machte sich letzteren Standpunkt zu eigen, indem er argumentierte, nicht das Prinzip der friedlichen Koexistenz zwischen Staaten »unterschiedlicher Gesellschaftsordnung«, der Versuch der Kriegsverhinderung und die Anpassung der kommunistischen Revolutionsstrategie an den Parlamentarismus der westlichen Demokratien hätten die Außenpolitik eines sozialistischen Staates zu bestimmen, sondern vielmehr der Grundsatz des »proletarischen Internationalismus«, der Vorrang also der Zusammenarbeit zwischen den kommunistisch regierten Staaten untereinander gegenüber allen Arrangements zwischen diesen und den nicht-kommunistischen Staaten. Dies einzusehen, so behauptete Mao, sei eine Frage der korrekten Auslegung des kommunistischen Dogmas durch alle sich zu ihm bekennenden Parteien, eine ausschließlich systemimmanente Frage, die folglich einer Klärung zwischen jener Partei, die die Führungsrolle in der internationalen kommunistischen Bewegung habe, und jenen Parteien, die diese Führungsrolle anerkannten, bedürfe: ein Führungsproblem.

Moskau erkannte schnell die tiefere Bedeutung der chinesischen Argumentation. Peking versuchte, den Bündnispartner in die Führungspflicht zu nehmen. Dies konnte nur bedeuten, daß Mao Tse-tung hinfort diktierte, in welche außen- und weltpolitischen Unternehmungen die Sowjetunion sich einzulassen habe. Chruschtschow sah mit Recht seine Autorität und Entscheidungsgewalt bedroht. Er stand vor der Alternative, entweder, um der Eintracht mit China willen, Mao Tse-tung ein dauerndes Mitspracherecht in der sowjetischen Politik zuzubilligen oder China durch massive Druckausübung von der eigenständigen Führungsqualität der Sowjetunion zu überzeugen.

So griff die Sowjetunion bereits 1960 zu massiven wirtschaftlichen Sanktionen, stellte alle Entwicklungsprojekte in der VR China ein, zog ihre Spezialisten ab und ließ sicherheitshalber jene Unterlagen vernichten, nach denen diese Spezialisten bisher gearbeitet hatten. Die VR China ließ sich jedoch nicht disziplinieren. Ein wesentlicher Grund dafür war die Tatsache, daß die sowjetischen Sanktionen angesichts der Katastrophe, die Maos »Großer Sprung nach vorn« bewirkt hatte, kaum noch ins Gewicht fielen.

Trotz des offensichtlich feindseligen Aktes Moskaus entsandte die KCT im Herbst 1961 eine Delegation zum XXII. Parteitag der KPdSU. Hier kam es nun zu einem offenen Zusammenstoß zwischen Sowjets und Chinesen. Letztere legten demonstrativ einen Kranz an der Kremlmauer zu Ehren Stalins nieder und verließen den Parteitag vorzeitig.

Mit Empörung wurde durch Pekinger Parteidokumente zwei Jahre später enthüllt, daß Chruschtschow der chinesischen Delegation auf dem XXII. Parteitag der KPdSU versichert hatte, sein Land werde seinen »eigenen Weg gehen«, mit oder ohne China. Moskau hatte somit aus der Erkenntnis, daß die Chinesen sich nicht unterwerfen wollten, den Schluß gezogen, die Sowjetunion müsse zur Erhaltung ihrer uneingeschränkten weltpolitischen Handlungsfähigkeit notfalls den Bruch des Bündnisses mit der VR China riskieren. Tatsächlich intensivierten sich damals zunehmend die Beziehungen zwischen der Sowjetunion und Indien. Moskau schreckte unmittelbar nach der Beendigung des indisch-chinesischen Grenzkrieges von Oktober bis November 1962 nicht einmal mehr davor zurück, die VR China unmißverständlich als den Angreifer zu identifizieren.

Die Führer der VR China hatten ihrerseits den sowjetischen Bündnispartner noch längst nicht aufgegeben. Sie versuchten, Moskau innerhalb der »sozialistischen Staatenwelt«, in der internationalen kommunistischen Bewegung, in den kommunistischen Weltfrontorganisationen und auch gegenüber der westlichen Welt bloßzustellen und gleichzeitig zu verdeutlichen, daß ihre stets mit der Darstellung von ideologischen und politischen Alternativen verbundene Kritik an der Sowjetunion konstruktiv sei. Im Gegensatz zur Sowjetunion verzichtete Peking zwar darauf, eine außenpolitische Alternative zum Bündnis von 1950 aufzubauen. Aber fast unmerklich entwickelten die chinesischen Kommunisten eine zur sowjetischen alternative kommunistische Weltpolitik. Ihre Verhandlungs- und Versöhnungsbereitschaft gegenüber der Sowjetunion demonstrierten sie ein letztes Mal im Juli 1963. Vertreter der Parteien beider Seiten trafen sich damals zu einer gemeinsamen Klausurtagung in Moskau, um einen Kompromiß auszuhandeln.

Der Kompromiß blieb jedoch aus. Die Chinesen beharrten auf ihrer Alternative, während die Sowjetunion vor den Türen der Klausurtagung alternativ handelte und eine erste Vereinbarung im Nuklearbereich mit den westlichen Mächten paraphierte. Mit der Unterzeichnung des Atomteststopp-Abkommens vom 5. August 1963, dem einleitenden Schritt zur globalen Entspannungspolitik zwischen Ost und West, gerieten die chinesisch-sowjetischen Parteibeziehungen unter eine so starke Spannung, daß nun auch das zwischenstaatliche Verhältnis der beiden kommunistischen Großmächte bald einer dauernden Zerreißprobe unterworfen war.

b) *Die Entfaltung einer Strategie des simultanen Konflikts mit beiden Supermächten*

In der historischen Perspektive ist unverkennbar, welcher Art jene radikale Veränderung war, die die erste der drei außenpolitischen Grundsatzentscheidungen der VR China seit 1958 in den internationalen Beziehungen bewirkte. Maos Versuch, durch die Androhung eines Konflikts einen bestimmenden Einfluß auf die sowjetische Politik zu gewinnen und den Bündnispartner somit fest an sich zu binden, führte ungewollt die Emanzipation der Sowjetunion von China herbei.

Die VR China hätte unter allen Umständen langfristig eine Belastung für die sowjetische Weltpolitik dargestellt. Das Interkontinental-Bündnis zwischen Moskau und Peking bedeutete eine außenpolitische Erfolgsbarriere für jede Sowjetregierung, die ihren politischen Einfluß in Süd-, Südost- und Ostasien erweitern und den Rüstungswettlauf mit dem Westen wenigstens zeitweilig zugunsten des eigenen wirtschaftlichen Aufbaus dämp-

fen wollte. Chinas Beharren auf jenes nach innen klassenkämpfe-
rische und nach außen weltrevolutionäre Lagerleben, das Stalin
der »sozialistischen Staatenwelt« verordnet hatte, ließ die
Sowjetunion zu Anfang der 60er Jahre mehr und mehr im Lichte
einer konventionellen Status-quo-Macht erscheinen, mit der sich
ein Modus vivendi aushandeln ließe, so schwierig dies auch in
allen Einzelfragen sein würde. So zwang Mao Tse-tung die
Sowjetführung zur Option zwischen der Kooperation mit China
oder mit den nicht-kommunistischen Staaten und begünstigte –
ebenfalls ungewollt – die Erfolgschancen Moskaus in letzterer
Hinsicht.

Mit ihrer Kritik an der Sowjetunion hatten sich die chinesischen
Kommunisten gleichzeitig die Grenzen ihrer eigenen außenpolitischen Handlungsfähigkeit gesetzt. Nach dem Scheitern der
zwischenparteilichen Entspannungsbemühungen vom Juli 1963
blieb ihnen nur die Möglichkeit, den Ost-West-Konflikt allein
fortzusetzen – und zwar als Kampf gegen den »US-Imperialismus« und den »sowjetischen Revisionismus« gleichzeitig.

Pekings außenpolitische Strategen versuchten im Laufe des Jahres 1963, eine internationale Einheitsfront aus all jenen Kräften
auf der gesellschaftlichen und der zwischenstaatlichen Ebene
zusammenzuschmieden, die entweder anti-amerikanische Tendenzen zeigten oder bereits zum aktiven bewaffneten Kampf
gegen den »US-Imperialismus« entschlossen waren. Die Vereinigten Staaten sollten auf diese Weise umzingelt, die Sowjetfüh-
rer gleichzeitig von der Basis ihres anti-imperialistischen Kampfes abgeschnitten werden. Schon im Ansatz litt diese chinesische
Strategie des gleichzeitigen oder simultanen Konflikts mit beiden
Supermächten aber unter einer Reihe von Fehleinschätzungen
und Defekten. Peking glaubte beispielsweise, im Frankreich de
Gaulles, das die VR China 1964 diplomatisch anerkannte, einen
gewichtigen westeuropäischen Zweckverbündeten gefunden zu
haben. De Gaulle schien die von Mao Tse-tung erwartete Aufleh-
nung der westeuropäischen Staaten gegen die USA und gegen
deren »Zusammenspiel« mit der Sowjetunion trotz der fortdau-
ernden Interessengegensätze beider Supermächte vorwegzuneh-
men. Aber Peking übersah, daß Frankreich sich lediglich entschlossen hatte, einen eigenständigen Entspannungsbeitrag
Westeuropas im Verhältnis zur Sowjetunion zu leisten, und
Moskau somit durch die diplomatische Anerkennung Chinas
lediglich zu mehr Entspannungsbereitschaft zu reizen versuchte.

Um die Jahreswende 1963/64 unternahm Premierminister Chou
En-lai eine ausgedehnte Reise durch zehn asiatische und afrikani-

sche Länder, um die VR China als eine weltpolitische Alternative zu den USA und zur Sowjetunion anzupreisen. Aber seine Gesprächspartner konnten seinen Erklärungen vor allem entnehmen, daß sein Land mit Sicherheit nicht annähernd soviel Entwicklungshilfe anzubieten vermochte wie die beiden Supermächte. Eine weltpolitische Option für China wäre also mit dem heroischen Verzicht auf materielle Hilfe verbunden gewesen. Ein solcher Verzicht kam natürlich ganz besonders nicht für jene Regierungen in Frage, die auf den Vorteil setzten, unter der Bedingung des Ost-West-Konflikts von beiden weltpolitischen Führungsmächten entwicklungspolitisch umworben zu werden.

Auf zwei weitere Defekte in der neuen Strategie Chinas soll noch verwiesen werden. Zum ersten bedingte der Versuch Chinas, sowohl gegen die Vereinigten Staaten als auch gegen die Sowjetunion weltpolitisch tätig zu werden, eine massive Offensive gegen die internationale Neutralistenbewegung. Bei gegebenem Willen der Supermächte, ihre Bündnissysteme intakt zu halten, hatte Peking am ehesten die Hoffnung, Anhänger für die eigene Strategie innerhalb dieser Bewegung zu finden. Aus dem Kreis der osteuropäischen Staaten stellte sich nur Albanien im Jahre 1961 auf Chinas Seite. Das angestrebte Zweckbündnis mit Frankreich blieb, wie gesagt, eine Illusion. Innerhalb der Neutralistenbewegung fanden sich hingegen nur wenige Staaten und Regierungen, die bereit waren, den radikalen weltpolitischen Parolen Pekings zu folgen: Pakistan, das Indonesien Sukarnos, das Kambodscha des Prinzen Norodom Sihanouk, Ghana in der Spätphase der Herrschaft von Kwame Nkrumah. Chinas Angriff auf die Neutralistenbewegung erwies sich in den Jahren 1964/65 gerade als stark genug, um das Renommee und Selbstvertrauen Indiens als ihrer moralischen Führungskraft nachhaltig zu demontieren.

Chinas Versuch mußte sogar zu schwach bleiben, um langfristig weltpolitischen Einfluß zu sichern. Zum zweiten nämlich folgte aus dem chinesischen Anspruch, gegen beide Supermächte gleichzeitig zu kämpfen, der Zwang, der Sowjetunion nicht nur in den internationalen Beziehungen, sondern auch auf der Ebene der kommunistischen Parteien möglichst die Basis zu entreißen. Peking versuchte also, sich mit Regierungen und gleichzeitig mit deren innenpolitischen Feinden zu verbünden.

In Indonesien führte dies Ende September 1965 zu einer katastrophalen Kollision. Mit massiver chinesischer Unterstützung versuchte hier die kommunistische Partei gegen die Regierung Sukarnos, der damals engsten Vertrauten Pekings, zu putschen. Die rechten Militärs brachten diesen Putsch jedoch in letzter

Minute unter ihre Kontrolle, und bald darauf setzten in Indonesien systematische Chinesen-Pogrome ein. Die VR China verlor ihren wichtigsten außenpolitischen Partner. Pakistan war zwar ein weiterer bedeutender Partner in der chinesischen Außenpolitik, hatte aber das Problem, in einem dauernden, militärisch ungleichen Konflikt mit Indien zu liegen. In der Krise konnte die VR China immer nur moralischen Zuspruch geben. Den direkten militärischen Beistand verbot Chinas Sicherheitsinteresse, die Gefahr eines sowjetischen Engagements zugunsten Indiens und die Duldung dieses Beistands durch den Westen im Interesse einer Eindämmung der chinesischen Bedrohung. Auch dies wurde spätestens im Herbst 1965 während des zweiten Kashmir-Krieges deutlich. Die militärische Konfrontation auf dem indischen Subkontinent, in der Peking unvorsichtigerweise Partei für Pakistan ergriff, verhalf der proklamierten sowjetischen Friedensstrategie zu ihrem wichtigsten Ergebnis: zur Friedensvermittlung von Tashkent. Seither hat sich die Sicherheit Pakistans immer wieder als eine Funktion der Gleichgewichtspolitik Moskaus in Südasien erwiesen, Chinas Solidarität mit Pakistan aber lediglich als ohnmächtige Rhetorik.

Mit dem Frieden von Tashkent geriet die VR China Anfang Januar 1966 in eine diplomatische Isolierung, die nicht mehr vom Westen oktroyiert, sondern hausgemacht war. Den Höhepunkt dieser Entwicklung bildete die Besetzung des Pekinger Außenministeriums durch Rote Garden im Sommer 1967. Die Kulturrevolutionäre schienen Ernst machen zu wollen mit der Ankündigung des ersten Außenministers der Sowjetunion, Leo Trotzki, der bei seinem Amtsantritt gesagt hatte, er wolle nur noch ein paar revolutionäre Proklamationen an die Völker der Welt richten und dann die »Bude« schließen. Die Rotgardisten setzten sich in den Besitz von diplomatischen Geheimdokumenten und jagten Proteste in alle Richtungen der Welt. Am Ende hatte sich die VR China sogar mit der kleinen, stets zu guten Vermittlungsdiensten bereiten Schweiz hoffnungslos zerstritten. Nach dreiwöchigem Wüten der Rotgardisten wurde das Außenministerium endlich von Truppen der VBA geräumt.

Ein einziger chinesischer Botschafter überdauerte die »Kulturrevolution« auf seinem Auslandsposten in Kairo: Huang Hua, später zwischenzeitlich Chefdelegierter der VR China bei den Vereinten Nationen und ab Dezember 1976 Außenminister seines Landes.

Der gleichzeitige Kampf gegen die Supermächte USA und Sowjetunion hatte sich als eine Strategie der außenpolitischen Selbstisolierung erwiesen. Die Entscheidung, mit der diese Stra-

tegie herbeigeführt worden war, hatte in der Logik des chinesisch-sowjetischen Führungskonflikts oder auch in der Fixierung
Mao Tse-tungs auf die Sowjetunion gelegen. Die durch diese
zweite außenpolitische Grundsatzentscheidung beförderte Veränderung in den internationalen Beziehungen ist von keiner
anderen Regierung am Ende der 6oer Jahre ehrlicher und zutref-
fender in Worte gefaßt worden als von derjenigen der VR China:
Sie bestand im Aufstieg der Sowjetunion zu einer neuen, weit
über ihren von Stalin ererbten Satellitenbereich hinausgreifen-
den Hegemonialmacht.

Die westeuropäischen Kritiker der Entspannungspolitik sind zwar
geneigt, den weltpolitischen Aufstieg der Sowjetunion wesentlich
auf eine illusionäre Kompromißbereitschaft des Westens zurückzuführen, aber dies ist ein Argument, das nur im atlantischen
Bereich zutrifft. Wiederum zeigt die historische Perspektive, daß
es der Niedergang der internationalen Neutralistenbewegung
war, vor allem Indiens wachsende Sorge vor einer Bedrohung
durch China, und die mangelnde westliche Überzeugungskraft im
afro-asiatischen Raum, die sich zum strategischen Vorteil der
Sowjetunion auswirkten.

c) *Chinas Annäherung an die Vereinigten Staaten von Amerika:
Das Kommuniqué von Shanghai als Geschäftsgrundlage*

Die in der zweiten Jahreshälfte 1967 beginnende Vertrauenskrise
des Westens im asiatischen Raum ist im nachhinein oft mit dem
angeblich von Anbeginn falschen und Kritik provozierenden
Kriegsengagement der Amerikaner in Vietnam erklärt worden.
Eine solche Deutung erscheint jedoch als ebenso vereinfacht wie
die weitverbreitete Meinung, der wachsende Druck der Sowjetunion auf die VR China habe Pekings Führer zu Anfang der
siebziger Jahre an die Seite der USA gedrängt.

Tatsache ist, daß alle asiatischen Anrainerstaaten Chinas das
militärische Eingreifen Amerikas in den Vietnam-Krieg begrüßten, wenngleich einige von ihnen anderslautende Erklärungen in
der Öffentlichkeit abgaben. Der amerikanische Beistand für Südvietnam wurde mit Recht als eine Maßnahme verstanden, die die
außenpolitische Aufmerksamkeit der VR China in besonderer
Weise auf sich ziehen und damit automatisch die Verteidigungs-
lasten aller von China potentiell bedrohten Staaten reduzieren
würde. Aber mit dieser Rechnung verknüpfte sich die Erwartung,
daß es der damaligen amerikanischen Administration rasch gelingen werde, ihre kommunistischen Gegner, ein zwischen der

Sowjetunion und der VR China zerstrittenes Lager, von ihrer unverrückbaren politischen Führungsrolle in der Welt zu überzeugen. Statt dessen gewannen die Beobachter des Indochina-Krieges in wachsendem Maße den Eindruck, daß die amerikanischen Bombardements auf den Norden Vietnams bar jeder politischen Konzeption waren und deshalb, je länger sie andauerten, die moralische Grundlage der Johnson-Administration im eigenen Land zerschlissen. Diese Beobachtung wurde zur Voraussetzung der Vertrauenskrise des Westens in Asien.

Die chinesische Rolle im Vietnam-Krieg glich nun eigenartigerweise der amerikanischen darin, daß auch sie von keiner politischen Konzeption bestimmt wurde. Gewiß, Mao Tse-tung hatte Vietnam zum Demonstrationsschauplatz seiner revolutionären (Volks-)Kriegsstrategie auserwählt. Er und sein Verteidigungsminister Lin Piao wollten den »eigenständigen« Sieg des »vietnamesischen Volkes« im »Volkskrieg«. Aber der militärische Sieg über die Vereinigten Staaten war undenkbar. Irgendwann also mußte der Tag kommen, an dem politische Verhandlungen darüber zu führen waren, welche der kriegführenden Seiten militärisch das Feld zu räumen hatte. Auf diesen Tag war die Regierung der VR China mindestens in den Augen ihrer vietnamesischen Verbündeten überhaupt nicht vorbereitet. Sie riet Hanoi einfach nur stereotyp von der Aufnahme von Verhandlungen ab und appellierte an den militärischen Durchhaltewillen Nordvietnams bis zum letzten Blutstropfen.

Im Laufe des Jahres 1965 war innerhalb der chinesischen Militärführung eine Debatte darüber geführt worden, ob die VR China im Interesse der vietnamesischen Kommunisten zu einer nur auf deren »Befreiungskrieg« begrenzten Aktionseinheit mit Moskau zurückkehren solle. Mao Tse-tung und Lin Piao wiesen eine solche Möglichkeit aus Gründen zurück, die sich nicht eindeutig klären lassen. Es ist von westlichen Beobachtern festgestellt worden, daß Teile der damals in erster Linie über innenpolitische Sachfragen zerstrittenen Führung befürchteten, eine solche Aktionseinheit könne der erste Schritt zur Unterwerfung Chinas unter die Sowjetunion sein – und zwar vor allen Dingen, weil Moskau die Bereitstellung von Luftlandebasen und die Einwilligung in Truppenstationierungen im südchinesischen Raum forderte. Dieser Hinweis ist nicht restlos überzeugend. Ende März 1966 versicherte Mao Tse-tung einer Delegation der Kommunistischen Partei Japans, ein Krieg zwischen China und den USA sei als Folge des Vietnam-Krieges nahezu unvermeidbar. Die Sowjetunion aber werde dies unter Berufung auf das chinesisch-sowjetische Verteidigungsbündnis zum Vorwand nehmen, um die VR China militärisch zu besetzen. Wenn wir davon ausgehen, daß Pekings Rückkehr zu einer Aktionseinheit mit Moskau in Vietnam an der Furcht vor der Präsenz der Roten Armee in China gescheitert ist, so hätte wohl an erster Stelle Pekings Ermunterung für die kommunistischen Kämpfer in Vietnam unter dieser Furcht leiden müssen.

Tatsächlich aber waren die chinesischen Kommunisten seit Ende der fünfziger Jahre die treibende Kraft des Vietnam-Krieges auf kommunistischer Seite gewesen. Mao Tse-tungs Äußerung gegenüber den japanischen Kommunisten muß deshalb als Hinweis darauf verstanden werden, daß sich der chinesische Parteiführer der Gefahr bewußt war, in die der südostasiatische Krieg die VR China bringen konnte, und daß er diese Gefahr in Kauf nahm. Mao Tse-tung fürchtete wahrscheinlich eine andere Art der Unterwerfung Chinas als Folge einer Aktionseinheit mit der Sowjetunion in Vietnam, nämlich die Unterwerfung unter die politische Strategie Moskaus. Genau davor warnte er auch immer wieder die Vietnamesen: ihre nationalen Interessen würden auf der Verhandlungsebene von Moskau bedenkenlos verkauft.

Wenn wir uns die innenpolitische Szene der VR China von 1967/68 vor Augen halten, so zeigt sich, daß das Land, wie stark auch immer der sowjetische Druck damals war, in erster Linie unter einem selbsterzeugten Druck stand. Die Streitkräfte der VR China beschäftigten sich nicht mehr mit der Landesverteidigung, sondern mit der Wiedereroberung der innenpolitischen Kontrolle. Hier lag der entscheidende Anlaß für die Überprüfung der bisherigen Außenpolitik und der ausschlaggebende Grund für die dritte Grundsatzentscheidung: die Annäherung Pekings an eine neue amerikanische Administration in Washington.

Es ist nicht ausgeschlossen, daß sich die chinesische Hinwendung zum Westen lediglich als Fragment einer von ihrem Architekten, Premierminister Chou En-lai, ursprünglich umfassend beabsichtigten Revision der außenpolitischen Strategie durchsetzte. Ein Hinweis darauf läßt sich der Kampagne zur Kritik an Konfuzius entnehmen, die von der Kulturrevolutionären Linken Anfang August 1973 gegen Chou En-lai eingeleitet und vom Premierminister innerhalb kurzer Zeit auf eine Kritikkampagne gegen den gestürzten Verteidigungsminister Lin Piao abgelenkt wurde. Ein chiffrierter Vorwurf der linken Kampagne bestand in der Behauptung, jemand zeige sich gegenüber der Sowjetunion kompromißbereit und wolle vor ihr kapitulieren. Chou En-lai nahm diesen Vorwurf auf und richtete ihn posthum gegen Lin Piao.

Hier liegt der Verdacht nahe, daß in Peking zu Ende der 60er Jahre der von Lin Piao durchgehend vertretenen Strategie des simultanen Konflikts mehrere strategische Alternativen entgegengehalten worden waren und daß eine davon in dem Vorschlag des simultanen Konfliktabbaus gegenüber beiden Supermächten bestand.

Noch auf dem X. Parteitag der KCT im August 1973 ließ die Kulturrevolutionäre Linke offen erkennen, daß sie eigentlich mit der Konfliktstrategie Lin Piaos sympathisierte. Tatsächlich aber hatte sie bis dahin Chou En-lais Politik der Annäherung an den Westen mitgetragen. Die Gründe dafür lagen im innenpolitischen Kräfteverhältnis. Immerhin wachte die Linke mißtrauisch darüber, daß eine verhandlungspolitische Öffnung gegenüber der Sowjetunion unterblieb.

Ähnliche Schwierigkeiten Chou En-lais bei der Durchsetzung seiner außenpolitischen Vorstellungen wurden in der Frühphase der Westorientierung erkennbar. Hier hatte es der Premierminister vor allem mit dem Widerstand Lin Piaos zu tun, der sich nicht von der These abbringen ließ, daß die USA und die Sowjetunion gleich große Gefahren für die VR China darstellten und folglich von Peking mit gleicher Feindseligkeit behandelt werden müßten. Als sich der Premierminister zwischen Oktober 1970 und April 1971 endlich soweit gegen Lin Piao durchgesetzt hatte, daß er einen Vertreter der USA zu Geheimverhandlungen in die chinesische Hauptstadt einladen konnte, schlug sich dies in einer minimalen propagandistischen Konzession nieder. Die chinesischen Medien sprachen jetzt nicht mehr vom Kampf gegen zwei Supermächte, sondern vom »Kampf gegen ein oder zwei Supermächte«, also von der Möglichkeit des nacheinandergeschalteten Kampfes gegen die eine und die andere Supermacht – je nach ihrer Gefährlichkeit.

Chou En-lais Kampf um die Rückkehr Chinas auf das diplomatische Parkett und um eine Ausweitung der diplomatischen Beziehungen, d. h. um eine weitgehende Normalisierung der Beziehungen seines Landes zur Außenwelt, begann bezeichnenderweise mit einer Annäherung an die internationale Neutralistenbewegung, oder besser: an ihre desorientierten Restbestände. Die wichtigste Etappe in diesem Vorgang stellte die Wiederbelebung der zwischenstaatlichen Beziehungen zwischen der VR China und Jugoslawien im August 1970 dar.

Drei Gesichtspunkte scheinen es dem Premierminister parallel dazu erleichtert zu haben, Mao Tse-tung für den Versuch zu gewinnen, mit der seit Januar 1969 amtierenden Nixon-Administration direkt in Kontakt zu treten.

1. Die ČSSR-Krise, die eigentlich ganz und gar gegen die Vermutung sprach, daß Moskau die so vorgewarnten Chinesen in

absehbarer Zeit ebenfalls überfallen würde, die aber führungs-
intern auch nicht unter diesem Aspekt diskutiert wurde. Für
Peking bestand der »Prager Schock« darin, daß man der
Sowjetführung in den ersten acht Monaten des Jahres 1968 die
Entschlußkraft zum Einmarsch in die Tschechoslowakei abge-
sprochen hatte und sich folglich jäh in seiner Weltanschauung
getäuscht sah, als die »sowjetrevisionistische Renegatenclique«
in Moskau ihre Handlungsfähigkeit demonstrierte.

2. Der Ausbruch einer von der Gruppe Lin Piao zu verantwor-
tenden Kriegskrise zwischen der Sowjetunion und der VR
China, die Anfang März 1969 mit einem Überraschungsangriff
chinesischer Truppen aus dem Hinterhalt auf sowjetische
Grenzsoldaten während eines Zusammenstoßes zwischen den
Patrouillen beider Seiten auf der Ussuri-Insel Chenpao
begann, vierzehn Tage später einen massiven Vergeltungs-
schlag der sowjetischen Seite nach sich zog und bis Ende
August an allen Abschnitten der über 8000 km langen Grenze
Bewegung brachte.

3. Der Tod Ho Chi Minhs Anfang September 1969, dessen
Persönlichkeit für eine balancierte Politik Nordvietnams zwischen der Sowjetunion und der VR China gestanden hatte. Für
Peking war nach der vernichtenden Niederlage des von ihm
mit besonderer Aufmerksamkeit bedachten Vietcong in der
Tet-Offensive vom Frühjahr 1968 und nach der bald darauf
gegen den eigenen Rat erfolgten Aufnahme von Verhandlungen zwischen Hanoi und Washington jetzt endgültig absehbar,
daß der sowjetische Einfluß in Nordvietnam erheblich zunehmen werde.

Die innenpolitische Krise Pakistans im Laufe des Jahres 1971
sollte Chou En-lai in seiner Überzeugung, daß mindestens eine
Annäherung Chinas an den Westen dringend geboten sei, ein-
drucksvoll bestätigen. Die Sowjetunion erwies sich in dieser
Krise, die Anfang Dezember 1971 zum Krieg zwischen den
Teilstaaten des indischen Subkontinents und zur Unabhängigkeit
Ostbengalens führte, zwar keineswegs als jene von der chinesischen Propaganda so bezeichnete Kraft, die Pakistan demontieren
wollte, aber sie stellte sich immerhin ab Juni des Jahres eindeutig
hinter die Indische Union. Frau Gandhi erhielt von Moskau nicht
freie Hand zur endgültigen Lösung des Kashmir-Problems, doch
nachdem sie am 9. August einen ersten Vertrag mit Moskau
unterzeichnet hatte, der Bündnischarakter trug, verfügte sie über
genügend Rückenstärkung, um gegen den vehementen Protest
Chinas den Staat Bangla Desh aus der Taufe zu heben. Pekings
Führer interpretierten diesen Vorgang in Südasien als Aus-

druck einer systematischen Einkreisung des chinesischen Kontinents.

Am 9. Juli 1971 hatte sich der Sicherheitsberater des amerikanischen Präsidenten, Henry Kissinger, von Pakistan aus insgeheim zu Verhandlungen in die VR China begeben. Am 15. Juli waren die chinesische und die amerikanische Regierung mit der Nachricht an die Öffentlichkeit getreten, daß Präsident Richard M. Nixon im kommenden Jahr auf Einladung Chou En-lais nach Peking reisen werde.

Aus der Sicht Neu-Delhis deuteten diese Daten selbstverständlich auf eine Verschwörung zwischen Pakistan, der VR China und den USA gegen Indien hin. In Wirklichkeit hatte die Sowjetunion aber lediglich aus einer ungeschickten geheimdiplomatischen Aktion profitiert. Immerhin interpretierten Peking und Washington den sowjetisch-indischen Vertrag und den Krieg um Bangla Desh als deutliche Zeichen dafür, daß beide Seiten Fragen von gemeinsamem weltpolitischem Interesse zu diskutieren hätten.

Präsident Nixon reiste am 20. Februar 1972 für eine Woche in die VR China. Am Ende seines Besuches stand die Unterzeichnung eines Kommuniqués in der zentralchinesischen Hafenstadt Shanghai. Dieses Kommuniqué betrachtete die chinesische Führung fortan als die Geschäftsgrundlage ihres entspannungspolitischen Kontaktes mit den USA. Die außenpolitischen Ausgangslagen im Jahre 1972 veranlaßten beide Seiten, noch einen wesentlichen Teil des Dokuments dem Bekenntnis zu ihren jeweiligen Verbündeten zu widmen. Hier nahm man vorweg den Tatbestand der Uneinigkeit zur Kenntnis: in der Vietnam-Frage, im Hinblick auf Korea und in bezug auf das damals von Peking noch nicht akzeptierte Bündnis zwischen den USA und Japan.

Einen Formelkompromiß fanden die Regierungen im Hinblick auf den chinesischen Verbündeten der USA: Taiwan. Peking wies alle Konzeptionen zurück, die auf eine Verselbständigung der Inselprovinz Chinas hinausliefen. Die USA erkannten an, daß alle Chinesen diesseits und jenseits der Taiwan-Straße der Auffassung seien, es gäbe nur »ein China«, und versicherten, diese Auffassung nicht in Frage stellen zu wollen. Unmittelbar im Anschluß an die Unterzeichnung des Kommuniqués erklärte Henry Kissinger allerdings den amerikanischen Korrespondenten noch in Shanghai, daß Washington sein Bündnis mit der nationalchinesischen Regierung unverändert weiterführen werde.

Der Kern der chinesisch-amerikanischen Vereinbarungen bestand nach den später immer wiederkehrenden Versicherungen Pekings *erstens* in der schriftlichen Übereinkunft, daß beide

Seiten für sich auf hegemoniale Bestrebungen im asiatisch-pazifischen Raum verzichten wollten und gleichzeitig zum Widerstand gegen die hegemonialen Bestrebungen einer dritten Macht oder Staatengruppe entschlossen seien; *zweitens* in dem amerikanischen Versprechen, in Zukunft von »Zeit zu Zeit« einen hohen Regierungsbeamten nach Peking zu entsenden, um die Normalisierung der Beziehungen zwischen beiden Staaten voranzutreiben und den weltpolitischen Meinungsaustausch zu pflegen.

Die sogenannte Anti-Hegemonie-Klausel, eine unverdächtige Formulierung im Kommuniqué von Shanghai, wurde ab Frühjahr 1972 fast unmerklich zum bedeutendsten Ausdrucksmittel der chinesischen Diplomatie. Als sie im Herbst des Jahres anläßlich der Normalisierung der Beziehungen zwischen der VR China und Japan von Tokio akzeptiert wurde, erregte dies noch kaum besondere Aufmerksamkeit. Erst mit der ständig intensiver werdenden Propaganda Pekings gegen den »sowjetischen Hegemonismus« gewann die Formel ab 1974 zunehmend an Brisanz.

So ungleiche Partner wie Malaysia, die Philippinen und Thailand mußten beim Versuch, Anschluß an die Entspannungspolitik des amerikanischen Verbündeten gegenüber Peking zu finden, auf hegemoniale Bestrebungen verzichten und eine Solidaritätserklärung gegen den Hegemonismus einer dritten Macht unterschreiben. Besonders Pekings Versuch, Japan in einem Friedensvertrag nochmals auf die Anti-Hegemonie-Klausel festzulegen, rief den Protest Moskaus hervor. Japan gab der chinesischen Forderung nach langem Zögern am 12. August 1978 nach.

d) *Der Pazifische Akkord: Aspekte und Probleme*

Als Amerikaner und Chinesen im Sommer 1971 der Weltöffentlichkeit überraschend ihre geheimdiplomatischen Kontakte bekanntgaben, fühlten sich vor allem die Japaner übergangen. Auf Grund ihrer besonders engen wirtschaftlichen Beziehungen zu Peking seit 1958 und ihrer hervorragenden Stellung unter den asiatischen Verbündeten der USA hatte sich Japan als natürliche Brücke für den Tag verstanden, an dem China und die USA verhandlungsbereit wären. Der im Grunde bündnisabträgliche Akt der Überraschung Japans und selbstverständlich auch Thailands, der Philippinen und Taiwans war jedoch Absicht der Nixon-Administration gewesen, deren Präsident als erster amerikanischer Politiker seit John Foster Dulles wieder ein in sich kohärentes Konzept westlicher Asienpolitik vertrat. Nixon wollte

einen Mechanismus der allseitigen und vielfältigen Druckausübung in Gang setzen, der die Verbündeten wie die erklärten
Feinde der USA zu neuen außenpolitischen Einsichten führen
sollte: die Sowjetunion und China zu der Einsicht, daß Kommunikation durch Verhandlungen vorteilhafter sei als die militärische Konfrontation, Japan zu der Erkenntnis, daß die Zeit des
wirtschaftlichen Aufstiegs bei ständiger militärischer Kostgän-
gerschaft zu Lasten der USA zu Ende sei, Thailand und die
Philippinen zu der Überzeugung, daß wirtschafts- und sozialpoli-
tische Selbstverteidigung die beste Abwehr gegen kommunistische Aufstandsbewegungen böte, Taiwan zum schmerzlichen
Erwachen aus dem Traum von der Wiedereroberung des chinesischen Festlandes.
Japan, von der amerikanischen Konsultationsunwilligkeit in der
China-Frage psychologisch hart betroffen, sicherte sich durch die
Unterzeichnung des Friedensvertrages mit der VR China am
12. August 1978 endlich einen deutlichen Vorsprung vor den
USA, die bis dahin noch immer nicht die Aufnahme vollwertiger
diplomatischer Beziehungen mit Peking erreicht hatten.
Im März 1973 waren in Peking und Washington Verbindungsbü-
ros eingerichtet worden, die ab Herbst des Jahres weitgehend die
Funktionen von Botschaften wahrnahmen. Aber die Entwicklung
der amerikanisch-chinesischen Beziehungen stagnierte. Mit dem
erzwungenen Rücktritt Nixons im August 1974 hatte die Asienpolitik der USA ihren bislang wichtigsten Träger verloren. Washington war nicht bereit, die chinesische Anti-Hegemonie-Klausel mit Leben zu erfüllen, also entweder durch die eigene machtvolle Präsenz im asiatisch-pazifischen Raum dem sowjetischen
Vordringen Einhalt zu gebieten oder der chinesischen Armee im
Sinne der Arbeitsteilung moderne Waffen und Ausrüstungsge-
genstände zu liefern.
Chinas erstmals im Januar 1975 proklamierter und dann im
Frühjahr 1978 aufs neue bestätigter Modernisierungswille heizte
unterdessen in der westlichen Geschäftswelt weitreichende Spekulationen über die Gewinnchancen an, die sich eröffnen könnten, wenn der chinesische Festlandstaat die Ausmaße seiner
Rückständigkeit erst einmal erkannte. Mit Ausnahme der USA
verfügten alle westlichen Industriestaaten seit Ende 1972 über
den diplomatischen Kontakt, der den Weg zum chinesischen
Markt ebnete.
Am 15. Dezember 1978 zogen die USA, jetzt unter der Carter-
Administration, nach. Präsident Carter verfügte den Abbruch der
diplomatischen Beziehungen zwischen Washington und Taipei,
ordnete den Abzug aller militärischen Installationen in Taiwan

innerhalb von vier Monaten an, kündigte den amerikanisch-nationalchinesischen Verteidigungsvertrag zum 31. Dezember 1979 gemäß der Kündigungsklausel und nahm zu diesen, von Peking im August 1977 anläßlich des XI. Parteitages der KCT diktierten Bedingungen die diplomatischen Beziehungen zur VR China auf.

Der bedingungslose Abzug der Amerikaner von Taiwan, der Verzicht auf das letzte Faustpfand möglicher Druckausübung auf die VR China *und* auf den mit massiver amerikanischer Hilfe zu beträchtlichem Wohlstand gelangten chinesischen Inselstaat wenigstens zum Zwecke der Durchsetzung von Menschenrechten für die in Asien unter chinesischen Regierungen lebenden Chinesen wich dem Ideal eines pazifischen Akkords dreier unterschiedlich qualifizierter Großmächte: China, Japan und USA.

Die Nachfolger Mao Tse-tungs – und hier ist der zäh und unnachgiebig verhandelnde Vizepremierminister Teng Hsiao-p'ing an erster Stelle zu nennen – errangen den größten Erfolg, den je eine kommunistische Führung in Verhandlungen mit den Vereinigten Staaten für sich verbuchen konnte. Die Siegesfreude verging in Peking allerdings bereits in der ersten Januarwoche 1979, als vietnamesische Truppen Kambodscha überrollten und das dort mit voller chinesischer Unterstützung wütende Mord-Regime Pol Pots durch ein wahrscheinlich ebenso menschenfeindliches, aber jetzt von Moskau protegiertes Regime ersetzten.

Am 17. Februar 1979 begann die VR China eine Offensive gegen Vietnam, mit dem erklärten Ziel, Hanoi eine empfindliche Lehre zu erteilen. Die Lehre dieser Unternehmung, die am 5. März endete, bestand allerdings darin, daß die VR China nichts an dem vietnamesischen fait accompli in Kambodscha zu ändern vermochte.

Die Frage, welche Veränderung die dritte außenpolitische Grundsatzentscheidung, die von der VR China seit 1958 getroffen wurde, in den internationalen Beziehungen bewirkt habe, kann heute noch nicht endgültig beantwortet werden. Immerhin ist zu sehen, daß Chinas Annäherung an den Westen keine eindämmende Wirkung auf die sowjetische Politik gehabt hat. Im Gegenteil: Der amerikanische Rückzug von Taiwan scheint die sowjetische Führung von der Notwendigkeit überzeugt zu haben, im Interesse der weltpolitischen Stellung der UdSSR vom Westen einen höheren Preis für sowjetische Entspannungsleistungen zu fordern. Jedenfalls ist die VR China zu einem Machtfaktor in der Weltpolitik geworden, und Vorgänge zwischen Peking und Washington wirken sofort auf das Verhältnis zwischen dem Westen und der Sowjetunion.

Auch andere politische Beziehungen des Westens werden von der Verbindung zu dem neuen weltpolitischen Faktor China unmittelbar berührt und nicht immer günstig beeinflußt. Zwar entspricht diese Verbindung der Logik der gegenwärtigen weltpolitischen Situation. Die Führer der VR China glauben an die integrative Kraft der westeuropäischen Bewegung und an die Leistungsfähigkeit der westlichen Bündnisse. In vielen Fragen sind zudem die Lagebeurteilungen der chinesischen Führung mit den Analysen der westlichen Regierungen nahezu identisch. In Asien aber schafft die Annäherung Chinas an westliche Mächte auch Schwierigkeiten für den Westen. An der Kambodscha-Frage, die China in seinem Sinne bis zum letzten Blutstropfen des letzten Kambodschaners zu lösen entschlossen ist, wird die Problematik des pazifischen Akkords zwischen China, Japan und den USA besonders deutlich. Das Beispiel zeigt nämlich, daß Zusammenarbeit des Westens mit der VR China zwangsläufig die Zusammenarbeit des Westens mit anderen asiatischen Staaten verhindert oder doch stört. In den Augen dieser Staaten ist und bleibt die VR China eine asiatische Hegemonialmacht.

6. Afrika: Befreiungsbewegungen und Behauptungsversuche weißer Herrschaft*

Von Franz Ansprenger

I. ZUR LEGITIMITÄT VON BEFREIUNGSBEWEGUNGEN

Den Anspruch, als *Befreiungsbewegung* im Kreise der Nationalstaaten des 20. Jahrhunderts ein Volk legitim zu vertreten,
erheben seit Mitte der 60er Jahre vor allem Männer im Kampfanzug; und wenn sie schon, wie Yassir Arafat 1974 bei seiner Rede
vor der Generalversammlung der Vereinten Nationen, in der
einen Hand symbolisch den Ölzweig des Friedens halten, dann
faßt doch ihre andere Hand die Maschinenpistole des Guerillakämpfers oder gar die Zeitzünderbombe des anonymen Attentä-
ters. Solche Aufmachung veranlaßt starke politische Kräfte vor
allem in den von derartigen Bewegungen direkt bedrohten
Gesellschaften (Israel, dem weißen Südafrika), diese Befreier
einfach mit Terroristen gleichzusetzen. Sind sie also internationale Verbrecher, die in Gefängniszellen (oder – wie Südafrika es
praktiziert – an den Galgen) gehören, keineswegs jedoch an die
Konferenztische der internationalen Politik? Wer anderer Meinung ist und dies öffentlich sagt oder gar als Politiker danach
handelt und eine Befreiungsbewegung des beschriebenen Typs
»anerkennt«, sieht sich oft dem Vorwurf ausgesetzt, er tauche in
den Dunstkreis einer Sympathisantenszene, von der es nur ein
kleiner Schritt bis zum Helfertum sei, zur Mitschuld am Terro-
rismus. Ensslin, Baader, Meinhof heißen die entsprechenden
Reizworte auf Deutsch; für Briten taucht die blutige Gestalt der
IRA auf; das weiße Minderheitsregime in Rhodesien kolportierte
zu seiner Zeit Broschüren mit grausigen Fotos durch Terroristen-
Minen verstümmelter Afrikaner; solches Bildmaterial hatte
schon Frankreich zwanzig Jahre früher während des Algerienkrieges in Umlauf gebracht.
Von Zeit zu Zeit vollzieht sich eine magische Verwandlung. Aus
dem blutigen Terroristen-Chef wird durch den Umstand, daß er
in eine Staatskanzlei einzieht und auf dem Sessel des Premierministers Platz nimmt, die Exzellenz, für die beim Staatsbesuch

---

* Dieser Beitrag ist Georg Kotowski zum 60. Geburtstag gewidmet.

auch Bonn, London und Paris den roten Teppich ausrollen. Stand er vorher »im Solde Moskaus«, so ist er jetzt Kandidat für lobenswerte Eigenschaften wie »Mäßigung«, Klugheit und Weitsicht, wenn er sich nur im Ballett der Weltpolitik diesseits einer bestimmten Linie hält und seine UN-Delegation entsprechend abstimmen läßt. Solche Verwandlung konnte man Anfang 1980 bei Robert Mugabe von Zimbabwe beobachten und natürlich schon längst vorher bei den Führern der Nationalen Befreiungsfront Algeriens, den schwarzen Siegern über Portugal und besonders bei Jomo Kenyatta, bis etwa 1960 laut Aussage eines britischen Gouverneurs der »Führer ins Dunkel und in den Tod«, dann von 1963 bis zu seinem Ableben der große Garant für Frieden, Wohlstand, Fortschritt und Freundschaft seines Landes Kenia mit der freien Welt.

Wer oder was bewirkt solche Magie? Sind es nur die althergebrachten und leicht zynischen Satzungen des Völkerrechts, nach denen die Souveränität des Staates der Eckstein internationaler Politik ist? Wer immer auf einem bestimmten Territorium Gewalt über genügend Menschen ausübt, um sie als ein »Staatsvolk« erkennbar zu machen – darf er das Privileg des Gewaltmonopols und die Ehre in Anspruch nehmen, vom Präsidenten der USA und von dem Ersten Sekretär der KPdSU als Gleicher unter Gleichen behandelt zu werden? Gilt diese Würde wirklich unbeschadet der Art und Weise, wie er das Land erobert und das Volk in seine Gewalt gebracht hat, wie er es darin festhält?

Das alles sind Fragen eines Europäers an die Bewegungen und ihre Führer, die das Schicksal vieler Länder Afrikas in den letzten Jahrzehnten bestimmt haben. Die Fragen der Afrikaner lauten meistens anders. Für sie sind der Kampfanzug und die Maschinenpistole von vornherein keine Symbole des Schreckens (lat. Terror), sondern Ehrenzeichen. Wer sie trägt, hat schon einmal die Vermutung für sich, daß er energisch für eine bessere Zukunft seines Volkes eintritt, daß er ein Freiheitskämpfer ist, aktiv an der großen Vorwärtsbewegung der Völker arbeitet und deshalb als *legitimer Repräsentant der wahren Bestrebungen seines Volkes* gelten darf; mit dieser Formel verliehen die Vereinten Nationen seit 1971 den Befreiungsbewegungen aus Afrika den Status von Beobachtern. Die afrikanische Frage ist, ob *nur* der bewaffnete Kampf gegen Kolonialismus, Rassismus, Imperialismus die Ehre begründet, sich Befreiungsbewegung nennen zu dürfen, oder ob auch andere politische Kräfte unter diesen Begriff fallen – solche vor allem, die sich nach wie vor mit Kolonialisten, Rassisten, Imperialisten an einen Tisch setzen, um zu verhandeln; solche, die ihre Völker zu prinzipiell *gewaltfreier* Aktion

335

aufrufen, etwa zur Abgabe von Stimmzetteln in freiem Wettbewerb mit anderen Bewegungen, um Frieden, Fortschritt und Wohlstand zu sichern und natürlich ebenfalls, um die höchste Weihe der internationalen Politik zu erringen: die anerkannte Gewalt in einem souveränen Staat.

Andere Fragen kommen hinzu; Afrikas Politiker ringen seit 1963 mit dem Problem, ob auch solche Waffenträger sich Befreier nennen dürfen, die nicht gegen weiße, sondern gegen schwarze oder arabische Regenten afrikanischer Länder kämpfen. Entsprechendes würde dann für gewaltfrei agierende Oppositionsbewegungen gelten. Die Organisation der Einheit Afrikas (*Organization of African Unity*, OAU) hat über zehn Jahre lang, von ihrer Gründung 1963 bis 1976, das Prinzip aufrechtzuerhalten versucht, daß dem nicht so sei. Sie hat den Ehrentitel Befreiungsbewegung für solche Afrikaner reserviert, die gegen Portugal, Südafrika und das weiße Rhodesien, allenfalls gegen Frankreichs Rest-Kolonien (etwa Djibouti) zum Kampf antraten. Für alle anderen Teile Afrikas, und das heißt für die Mitgliedstaaten der OAU, wurden die höchst konservativen Grundsätze des Völkerrechts so feierlich proklamiert, als hätte man sie eben erst entdeckt: Unantastbarkeit der Grenzen, Verurteilung von Aggression und jeglicher Einmischung in die inneren Angelegenheiten des sakrosankten souveränen Staates.

Unter diesem Prinzip hat die OAU die Guerillakämpfer im Südsudan, Katangas Tshombé und Biafras Ojukwu verurteilt oder ebenso ignoriert wie die marxistischen und die islamischen Aufständischen Eritreas, die Tschad- und die Kongo-Rebellen, die Exilpolitiker aus Idi Amins Uganda und aus Sekou Tourés Guinea: Die OAU nahm sie als potentielle Befreier ihrer Völker allesamt nicht zur Kenntnis. Das Prinzip wurde erst brüchig, als Marokko seine Grenzen fünf Minuten vor dem Abzug der spanischen Kolonialherren durch Vertrag mit diesen in die West-Sahara vorschob (am 14.11.1975), also etwas tat, was unter weißen Kolonialherren seit 1884 gang und gäbe war, zuletzt 1919 bei der Verteilung der deutschen Schutzgebiete praktiziert wurde. Afrikanisches Land samt Einwohnern wurde als Kompensationsobjekt gehandelt, und so sind fast alle Grenzen der OAU-Staaten zustande gekommen. Es ist verständlich, daß der König von Marokko noch 1975 erwartete, durch einen solchen Schachzug unantastbare Gebietshoheit zu begründen. Aber die militante Befreiungsbewegung POLISARIO, die sich nun im Namen eines von ihr kreierten saharischen Volkes mit der MP zu Wort meldete, verstand das OAU-Prinzip anders. Sie beanspruchte eigene Staatsgewalt für das bis dato spanische Territorium. Diesen Anspruch honorierte 1980 genau die Hälfte der OAU-Mitgliedstaaten – 25 Länder, angeführt von Algerien: Sie stimmten für eine Aufnahme der von der POLISARIO-Front ausgerufenen Arabischen Republik Sahara in die OAU.

Wenn man die Sorgen der OAU beiseite läßt, wird man unter Befreiungsbewegungen alle politischen Organisationen verstehen, die mit einem Programm erheblicher gesellschaftlicher Veränderungen als Repräsentanten afrikanischer Bevölkerungsgruppen auftreten; in der Regel beanspruchen solche Organisationen für die Menschengruppen, in deren Namen sie sprechen, den Charakter eines *Volkes* und als Konsequenz das Recht dieses Volkes auf Selbstbestimmung, das heißt auf einen Staat; es ist dann kein Wunder, daß die Befreiungsbewegung sich als künftigen Inhaber der Gewalt in diesem Staat sieht und sich bereits im Vorgriff gegenüber jenen Teilen des Volkes, die sie erreicht, als solcher verhält. Alle derartigen Organisationen müssen als Befreiungsbewegungen gelten, ob sie ihren Kampf mit Waffen oder Reden führen, ob sie mit dem von ihnen bekämpften bisherigen Inhaber der Staatsgewalt verhandeln oder nicht, ob ihr Programm und ihre innere Struktur freiheitlich erscheinen oder im Gegenteil tyrannisch. Als afrikanische Befreiungsbewegung soll hier also jede »Staatsgewalt im Wartestand« ernst genommen werden. Das schließt im historischen Rückblick auf den Entkolonisierungsprozeß sowohl die Afrikanische Demokratische Sammlung (RDA) Französisch-Westafrikas 1946–1960 ein wie die algerische Nationale Befreiungsfront (FLN), Kenias politische Bewegungen einschließlich der sogenannten *Mau-Mau* ebenso wie Julius Nyereres friedliche TANU (Afrikanische Nationalunion) in Tanganjika, in Belgisch-Kongo Lumumbas Nationalbewegung (MNC) und Tshombés Konföderation der Katanga-Stämme (CONAKAT). Obwohl Bischof Muzorewas Kompromißpolitik 1980 in Rhodesien durch demokratische Wahlen zugunsten des Guerillakampfes der Mugabe-ZANU desavouiert wurde, verdient auch Muzorewa als Träger einer gescheiterten Befreiungspolitik Erwähnung. Im Ausblick auf die Zukunft, der vor allem der Republik Südafrika gelten muß, stehen die Exilpolitiker des Afrikanischen Nationalkongresses (ANC) samt den bei ihnen aktiven weißen Kommunisten, natürlich auch ihre Rivalen vom Panafrikanischen Kongreß (PAC), aber gleichfalls die Männer und Frauen des Schwarzen Bewußtseins *(Black Consciousness)* und der unter ihnen als Verräter verhaßte Gatsha Buthelezi, Erneuerer der *Inkatha*-Organisation (nicht nur) seines Zuluvolkes, als prinzipiell gleichrangige Wortführer von Befreiungsbewegungen da.

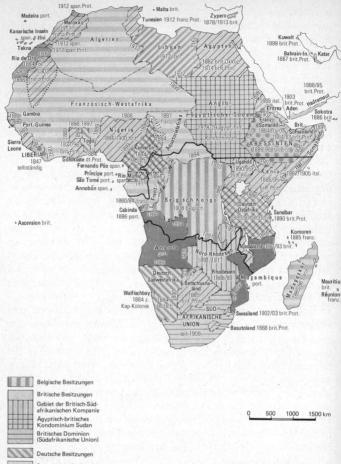

Abb. 12: *Die koloniale Vergangenheit: Afrika zu Beginn des Ersten Welt-krieges (1914)*

Nach dieser Klärung des zentralen und umstrittenen Begriffs im Titel soll noch kurz umrissen werden, was unter »weißer Herrschaft« verstanden wird. Auch hierbei interessieren die staatsrechtlichen Differenzierungen nicht so stark wie ihr gesellschaftliches Fundament. Mit den »Weißen« sind die Westeuropäer gemeint, die Afrika im späten 19. Jahrhundert kolonisiert haben, und nicht die nordafrikanischen Araber oder gar Ägypter und Tuareg, obgleich sie alle in ihren eigenen Augen, vielfach auch in den Augen ihrer Nachbarn, jenem Zweig der Menschheit angehören, der sich selbst als weiß bezeichnet. Westeuropäer also haben über Afrika »weiße Herrschaft« ausgeübt; ob direkt oder indirekt, das heißt unter Zwischenschaltung afrikanischer Regenten, ob durch formale Ankopplung an das Mutterland wie in Algerien und im »Überseeischen Portugal« oder unter kolonialem Status, spielt keine entscheidende Rolle. Wichtig ist nur, die Ausübung der Herrschaft von Europa aus (den »externen Kolonialismus«) zu unterscheiden von einer Herrschaft kolonisierender Europäer, deren Machtzentrum in Afrika selbst liegt: das ist der »interne Kolonialismus« der Republik Südafrika, der in Rhodesien von 1923 bis 1980 nachvollzogen wurde, den die Weißen in Algerien, Kenia und Angola jedoch verfehlten.

Sicher herrschen auch in anderen Ländern Afrikas, nicht nur in der Republik Südafrika, bestimmte ethnische Gruppen über andere, und gelegentlich handelt es sich dabei um Minderheiten; hier und da (in Äthiopien, Mauretanien, im Sudan bis 1972) mag es vielleicht sogar möglich sein, die Herrscher und die Beherrschten nach der Hautfarbe zu sortieren. Aber in keinem dieser Länder handelt es sich um ein Herrschaftssystem nach dem Muster der westeuropäischen Kolonisation des 19. und 20. Jahrhunderts: das ist heute nur noch in Südafrika der Fall. Deshalb kann weder Äthiopien (ob das kaiserliche Regime oder die ihm folgende Militärdiktatur) noch der Sudan, Mauretanien oder ein anderer Mitgliedstaat der OAU in seiner heutigen Gestalt als *koloniales* politisches System gekennzeichnet werden. Das rechtfertigt es, speziell die »weiße Herrschaft« in Afrika den Befreiungsbewegungen entgegenzustellen.

Übrig bleibt die Frage, ob nicht weiterhin externe weiße Herrschaft über Afrika (Stichwort: Neo-Kolonialismus) von (vornehmlich) Westeuropa her ausgeübt wird, allen Befreiungsbewegungen zum Trotz. Die Maschinenpistole des Guerillakämpfers hätte sich, wenn das unterstellt wird, der »weißen Herrschaft« gegenüber als ebenso machtlos erwiesen wie das Organisationstalent und Verhandlungsgeschick der Houphouet-Boigny, Nyerere oder Bourguiba, die ihre »Befreiung« ohne Gewalteinsatz

339

erreicht haben. Dann wäre die Behauptung weißer Herrschaft nicht nur versucht worden, sondern gelungen. Dann wären etwa die beiden Lome-Konventionen, die praktisch ganz Afrika (südlich der Sahara) mit der Europäischen Gemeinschaft 1975 und 1979 abgeschlossen hat, keine zukunftweisenden Modelle für eine bessere neue internationale (nicht nur wirtschaftliche) Ordnung im Geiste von Gleichheit und Partnerschaft, sondern Dokumente zur Vortäuschung solcher Tatsachen, während heute nur ein neuer Zyklus in der welthistorischen »Entwicklung von Unterentwicklung« unter fortgesetzter Dominanz des weißen Europa inklusive Nordamerikas beginnt.

Viele Erscheinungen in der afrikanischen Zeitgeschichte erwecken in der Tat ein Gefühl des *deja vu*, sind anscheinend so ähnlich schon einmal dagewesen. Die um das Jahr 1960 grassierende Bereitschaft der Kolonialmächte, ihre Flaggen über afrikanischem Land einzurollen und die eben noch unter hohem zivilisatorischen Gestus kolonisierten Völker »in die Unabhängigkeit zu verstoßen«, erinnert an die serienweise Aufgabe europäischer Küstenforts in Westafrika Mitte des 19. Jahrhunderts und an Disraelis berühmten Satz: »These wretched colonies will be independent in a few years, and they are a millstone round our necks.«[1] Hundert Jahre später hat Raymond Cartier in der Illustrierten »Paris-Match« das gleiche gesagt; Quintessenz: Die Kolonien sind zu teuer, raus mit uns aus Afrika! Um 1850 erwartete Europa, nach der Abschaffung von Sklavenhandel und Sklaverei werde der Freihandel den Segen für Afrika und den Rest der Welt bringen. Heute versprechen sich nur noch wenige von einer möglichst weitgehenden Liberalisierung des Welthandels solchen Segen, die meisten eher von einer wohldirigierten Neuen Weltwirtschaftsordnung; aber in dem Glauben, mit Wachstums-Wirtschaften werde die Menschheit ihre politischen Probleme lösen, sind sich fast alle einig geblieben.

Um das Jahr 1885 waren dann die Freihandels-Illusionen wenigstens bezüglich des Afrikageschäftes verflogen. Die weißen Händler riefen nach weißen Soldaten, um Ordnung zu schaffen, nach weißen Beamten, um Arbeiter zu rekrutieren und Eisenbahnen zu bauen. Heute setzen nicht nur die Fallschirmjäger der bescheidenen Mittelmacht Frankreich in Zentralafrika den Kaiser ab und bringen den neuen Präsidenten gleich mit (worüber sich niemand aufregt, nicht einmal die OAU), und kubanisches Militär stabilisiert andernorts die Lage. Der gesellschaftliche und folglich politische Einfluß weißer »Berater« und Manager, nicht zuletzt innerhalb der nur oberflächlich afrikanisierten christlichen Kirchenleitungen, wächst anscheinend generell in Afrika, auch dort, wo keine fremden Soldaten die Fernsehkameras auf sich lenken.

Rekolonisierung Afrikas zur Jahrhundertwende? Das ist nicht ausgeschlossen. Aber der historische Vergleich ist auch anders zu ziehen. Der Sklavenhandel und die Sklaverei, die vom 16. Jahrhundert bis zur Mitte des 19. die Geißel Afrikas waren, sind tatsächlich abgeschafft worden. Es hat 1807, 1838, 1848 Befreiung für Afrikaner gegeben. Und die Behauptung wäre falsch, der ghanaische Bauer werde heute, wenn der Weltmarkt schlechte Preise für seinen Kakao abwirft, ebenso um den Wert seiner Arbeit betrogen wie früher, als er samt Frauen und Kindern nach Amerika verkauft wurde, um dort Zuckerrohr anzupflanzen. Der europäische Politökonom hebt solche Parallelen hervor. Der ghanaische Bauer wird eher die Unterschiede sehen. — *cycle, circulate*

Es mag Kreisläufe im geschichtlichen Verhältnis zwischen Afrika und Europa geben. Es gibt mit Sicherheit auch Fortschritte. Man kann argumentieren, dabei werde nur »auf neuer Ebene« die alte Ausbeutung reproduziert. Es lohnt sich aber wohl doch, für die jeweils neue Ebene zu kämpfen. Freiheit schlechthin wird keine afrikanische Bewegung einem Volk dieses Erdteils bescheren. Das ist auch andernorts nach allen Erfahrungen der menschlichen Geschichte nicht möglich. Bescheidene, unvollständige und ungleich verteilte Freiheiten lassen sich erkämpfen, sie sind in der Vergangenheit gerade in Afrika erkämpft worden. Staatliche Unabhängigkeit und Übergang der Herrschaft an Menschen aus dem eigenen Volk sind ein bescheidenes Stückchen solcher unvollständigen und wahrlich ungleich verteilten Freiheiten. Das war und ist das Ziel der Befreiungsbewegungen im modernen Afrika. Das gibt ihnen das Recht, sich so zu nennen.

II. DER ZEITLICHE ABLAUF DER ENTKOLONISIERUNG

Die historische Forschung wendet sich seit den fünfziger Jahren den Wurzeln der aktuellen afrikanischen Befreiungsbewegungen zu, und besondere Aufmerksamkeit hat dabei die These gefunden, zwischen dem Widerstand Afrikas gegen die koloniale Eroberung im neunzehnten Jahrhundert und der modernen Befreiungspolitik bestehe Kontinuität. Die Waffen Äthiopiens hatten 1896 ein italienisches Heer bei Adua besiegt und dadurch die Unabhängigkeit des ostafrikanischen Kaiserreiches bis 1935 gerettet. Wenn auch kein anderer afrikanischer Staat sich einer ähnlichen Leistung rühmen kann, so war diese Tradition doch gerade für die auf bewaffneten Kampf eingeschworenen Bewegungen der 60er Jahre wichtig. Auch Sekou Touré von Guinea, der selbst keine Guerilla führen mußte, um an die Macht zu kommen, berief sich gern auf seine Abstammung von Samori, dessen Militärstaat im westafrikanischen Hinterland die Franzosen erst nach langem Krieg zerbrechen konnten. Historische Untersuchungen rücken ferner besonders jene Aktionen der afrikanischen Völker in ein neues Licht, die nach der kolonialen Annexion und ersten Etablierung weißer Herrschaft noch einmal den Widerstand aufflammen ließen. Hatte man früher (in Europa) diese Revolten als ein letztes Aufbäumen rückständiger Barbarei verstanden, so erschienen sie jetzt als besonders erforschenswerte Bindeglieder zwischen den ursprünglichen Verteidigungskämpfen und den modernen Befreiungsbewegungen. Mischten sich hier alte und neue gesellschaftliche Kräfte? Zeigten die afrikanischen Völker mit ihren Aufständen, daß sie zusätzlich zur überlieferten Organisation (vor allem des militärischen Aufgebots) neue Ideen und Modelle zu entwickeln verstanden? Widerlegten gerade die Revolten den Mythos von der Stagnation, der Lernunfähigkeit Afrikas? Überwanden zum Beispiel beim Maji-Maji-Aufstand 1905 die Völker des südlichen Deutsch-Ostafrika wirklich ihre Stammesgrenzen und -gegensätze? Brachen die Zulu bei den Unruhen von 1906, für die Südafrikas weiße Herren fälschlich nur einen gewissen Bambata verantwortlich machten, in Wirklichkeit das starre Schema der von Tschaka eingeführten Monarchie zugunsten einer quasi-demokratischen Protestbewegung? Wollten die Widerstandskämpfer gegen Italien nach dem Ersten Weltkrieg in der Cyrenaika nur die Senussi-Herrschaft wiederherstellen, in Äthiopien nur den Kaiser Haile Selassie zurückholen? Was geschah schließlich nach dem Zweiten Weltkrieg in Kenia wirklich unter der von der Kolonialverwaltung erfundenen Chiffre *Mau-Mau?* War das eine Rückkehr zu althergebrachten Formen von Gewaltpolitik unter den Kikuyu, war es ein antikolonialer Kampf ohne Führung westlich gebildeter (oder verbildeter) Intellektueller?

Schlüssige Antworten, die es uns erlauben würden, für ganz Afrika das Maß der Mischung alter und neuer Kräfte in den Widerstandsbewegungen der Kolonialzeit auszumachen, liegen noch nicht vor. Vorerst ist es angezeigt, einen Unterschied zu machen zwischen Bewegungen, in denen deutlich die moderne »Staatsmacht im Wartestand« für eine Kolonie zu erkennen ist (das sind die modernen »nationalen« Befreiungsbewegungen), und jenen in der Regel zeitlich älteren Widerstandsbewegungen, wo das Kernelement des Neuen nicht so deutlich zu identifizieren

342

ist. Der Unterschied kann freilich auch in der Unschärfe der Beobachtungsinstrumente liegen.

Wesentlich weniger Energie wendet die Afrika-Geschichtsforschung bis zur Stunde für jene Vorläufer der Befreiungsbewegungen auf, die keinen Widerstand geleistet, keine Aufstände organisiert haben, sondern die sich der weißen Herrschaft anzupassen verstanden und von ihr Verbesserungen in der Lebensqualität nicht nur einer neuen Bildungselite, sondern oft gerade der bäuerlichen Massen teils nur erwarteten und forderten, teils auch erreichten. Diese Kollaborateure mit dem Kolonialsystem haben gegenwärtig keine gute Presse. Aber das kann sich ändern, je öfter afrikanische Protestler sich zu dem Satz versteifen werden, daß es unter der Kolonialherrschaft (angeblich) besser war. Dies schrieben (als erste?) 1966 Dar Es Salaamer Studenten auf ihre Spruchbänder, weil sie keine zwei Jahre Nationaldienst bei kärglichem Sold leisten wollten, und gewiß zogen sie sich dadurch den Zorn ihres Präsidenten Nyerere zu. Aber völlig verstummt diese Rede in Afrika nicht, und deshalb verdienen auch die »Quislinge« von einst, die schwarzen Franzosen und (denn die gab es nicht seltener) schwarzen Angelsachsen aus Kirche, Verwaltung und Geschäftsleben der Kolonialzeit ihre sympathiefähigen Historiker. Zumindest dürfen sie als Vorläufer jener modernen Befreiungsbewegungen gelten, die gewaltfrei vorgingen und am Tage der Unabhängigkeit ihre Kooperations-Abkommen mit der Kolonialmacht unterzeichneten.

Hier wird auf die älteren Widerstandsformen nicht weiter eingegangen, das Schwergewicht liegt vielmehr auf dem »modernen« Antikolonialismus, dessen Führer um das Jahr 1960 die Macht in den »neuen« Staaten Afrikas übernommen haben. Vom arabischen Nord- und schwarzen Südafrika abgesehen, setzt diese Befreiungspolitik erst nach dem Zweiten Weltkrieg ein. Sie läßt sich in fünf Zeitabschnitte gliedern, und diese Chronologie wird in gröbsten Zügen skizziert, bevor die Darstellung sich einigen Strukturmerkmalen afrikanischer Befreiungspolitik zuwendet. Einzelheiten sind als Stichworte in der begleitenden Tabelle notiert.

Der erste Abschnitt steht unter dem Impuls der weltgeschichtlichen Wende von 1945, der militärischen Niederlage des deutschen nationalsozialistischen Terror-Regimes, das durch extremen Rassendünkel bis hin zur Vernichtung der angeblichen Untermenschen gekennzeichnet war, ferner durch den Versuch, ein neues Kolonial-Imperium der Deutschen in Osteuropa zu errichten. Die siegreichen Alliierten setzten diesen Alpträumen die Ideen der Demokratie und des Selbstbestimmungsrechtes

343

entgegen, ohne sie diesmal auf Europa zu begrenzen, wie einst am Ende des Ersten Weltkrieges. So jedenfalls verstanden die intellektuellen Afrikaner die Atlantik-Charta und die Charta der Vereinten Nationen. Befreiungsbewegungen drängten nach vorne, besonders in drei Regionen Afrikas: erstens in Französisch-Nordafrika, wohin amerikanische und britische Truppen schon ab 1942 Diplomaten mitbrachten, die nicht nur in den untereinander zerstrittenen französischen Kolonialbeamten die legitimen Vertreter der islamischen Bevölkerungsmehrheiten sahen; zweitens in Südafrika, wo die herrschende weiße Minderheit keineswegs einmütig in den antifaschistischen Kreuzzug aufgebrochen war (ein gewisser Balthasar Johannes Vorster wurde wegen Nazifreundschaft vorsichtshalber 1942–1944 interniert) und wo eine schon seit etwa einer Generation »modern« organisierte schwarze Stadtbevölkerung nun erwartete, mit den Früchten des Sieges würden auch die Früchte der Gleichberechtigung reifen; drittens schließlich in oder besser gesagt im Namen des britischen Westafrika, das bereits viele Studenten nach England und Amerika entsandt hatte, die dort zusammen mit den Intellektuellen der afro-amerikanischen Diaspora die älteren Parolen des Panafrikanismus neu aufgriffen.

In Marokko sah sich König Mohammed V. alsbald, trotz freundlicher Worte der Amerikaner, in die Position eines Schützlings der Französischen Republik zurückverwiesen, und in Algier mußten die Verfasser des bescheiden-nationalistischen *Manifestes* lernen, daß diese Republik sich weiterhin als unteilbar verstand, also den islamischen Untertanen höchstens ihr eigenes Bürgerrecht, aber keine Selbständigkeit anbieten wollte. Auch in Südafrika wurde der Impuls zu schwarzer Befreiung nach 1945 so energisch blockiert wie alle früheren politischen und gewerkschaftlichen Protestbewegungen. Der Wahlsieg der nationalen Partei läutete 1948 die kraftvolle Gegenoffensive des weißen Afrikaner-Volkes unter dem Slogan der Apartheid ein: Vertreibung auch der indirekten Vertreter des schwarzen Volkes aus dem Parlament, Vertreibung aller nicht-weißen Bürger aus den Wählerlisten und vor allem aus den Wohngebieten der weißen Herren. Der Afrikanische Nationalkongreß (ANC) wehrte sich 1952 mit einer gewaltfreien Massenaktion im Stile Gandhis, der *Defiance Campaign,* bei der als ungerecht empfundene Rassengesetze bewußt übertreten wurden; die weiße Macht empfand jedoch keine Skrupel, die »Herausforderer« massenweise zu verhaften und zu bestrafen. Nur vom dritten Ort des afrikanischen Aufbruchs in der Stunde Null des Jahres 1945 führt eine direkte Linie zu greifbaren politischen Erfolgen: Der Fünfte Panafrikanische Kongreß, der im Oktober 1945 in Manchester tagte und staatliche Unabhängigkeit für Westafrika in seinen Resolutionen forderte, machte Kwame Nkrumah populär; 1947 kehrte er als Manager einer Honoratiorenpartei in seine Heimat an die Goldküste zurück, schuf 1949 in der *Convention People's Party* (CPP) das Modell einer gewaltfrei agierenden modernen afrikanischen Befreiungsbewegung und setzte sich nach seinem ersten Wahlsieg 1951 auf den Stuhl des Regierungschefs. 1957 ging die innere Autonomie des Landes, das sich jetzt Ghana nannte, reibungslos in die internationale Souveränität über.

Die zweite Periode ist von zwei zeitlich parallel verlaufenden Entwicklungen ausgefüllt: von der Übertragung des Modells Ghana auf die anderen britischen Besitzungen vorerst in Westafrika, eingebettet in die weltweite Umwandlung des alten, »britischen« Commonwealth (zur Familie gehörten immer schon die Franko-Kanadier und die weißen südafrikanischen Afrikaner) in eine multi-rassische Staatengruppe; zweitens von der Reformpolitik der IV. Französischen Republik in Afrika südlich der Sahara. Paris hatte schon 1946 alle dortigen Kolonien in die Republik integriert und alle Einwohner zu Bürgern ernannt; Mitte der 50er Jahre wurde diese Integrationspolitik rasant beschleunigt, um einem Übergreifen des Algerienkrieges auf das tropische Afrika vorzubeugen, und gleichzeitig wurde ein Kontrapunkt durch die Entlassung Tunesiens und Marokkos in die Unabhängigkeit gesetzt. Südlich der Sahara meinte Frankreich sein Integrations-Angebot bis zu einem gewissen Grade ernst, jedenfalls wurde es von den afrikanischen Politikern ernst genommen. Sie traten auf den Bänken des gemeinsamen Parlaments in Paris in die friedliche Kooperation mit Frankreichs Parteiführern und Ministerialbeamten ein, um die Befreiung ihrer Völker auf diesem Wege voranzutreiben. Gleichzeitig saßen anglophone Afrikaner an Londoner Konferenztischen mit den Briten zusammen, um Wege zum *Self-Government* zu ebnen.   smooth the way for

Integration in die Französische Republik und Unabhängigkeit vom Britischen Empire widersprechen einander nur scheinbar, wenn man sie aus der Sicht Afrikas betrachtet. Dann erscheinen sie als getrennte Marschrouten zum gleichen Ziel der politischen Befreiung. 1958 änderte Frankreich plötzlich seine politische Verfassung, de Gaulle kam an die Macht und verzichtete auf die Integrations-Idee seiner Vorgänger. Die Afrikaner gingen mit, bruchlos schwenkten sie auf die Linie der anglophonen Nachbarn über. Das war möglich, weil die Methoden der antikolonialen Auseinandersetzung sich immer schon glichen: Mobilisierungskraft im Innern jeder Kolonie, Verhandlungsgeschick und Kompromißbereitschaft gegenüber der Kolonialmacht waren gefragt. Der Übergang zur Unabhängigkeit gelang, weil damals die Zentren in London und Paris ebenfalls von Politikern verwaltet wurden, die Kompromisse schlossen, ihre afrikanischen Partner ernst nahmen und schließlich ohne sichtbare Gemütsbewegung ihre imperialen Flaggen über West- und Zentralafrika einzogen. Belgien versuchte noch in letzter Minute (1960), auf den fahrenden Zug zu springen: es gelang, wenn auch unter Zerrungen, die den Afrikanern am Kongo (Zaïre) schlimmeren Schaden zufügten als Belgien selbst.

Warum zeigten sich London, Paris und schließlich auch Brüssel den Afrikanern gegenüber kompromißbereit? Eine eindeutige Antwort fällt schwer. Raymond Cartiers schon erwähnte Zeitschriften-Artikel aus dem Jahre 1956 bezeichnen eine Kolonialverdrossenheit, die sich ansatzweise auch in England nachweisen läßt. Die Verwaltung der Kolonien wurde immer kostspieliger, besonders wenn man ernsthaft versuchen wollte, der kapitalistischen Produktionsweise in Afrika eine dominierende Stellung zu verschaffen. Doch gibt es keine Belege dafür, daß verantwortliche französische oder britische Politiker damals bewußt den kolonialen Rückzug als Wachablösung der Staatsbeamten durch die Manager der multinationalen Konzerne betrieben. Sicher glaubten sie die Wirtschaftsinteressen des eigenen Landes bei den in Afrika niedergelassenen Unternehmern und auch bei den maßvollen neuen Herren der neuen Staaten in guten Händen. Gab es Druck des mächtigen amerikanischen Bündnispartners (wie vorher auf die Niederlande bei deren Rückzug aus Indonesien)? Er ist nicht nachweisbar, außer im Algerien-Krieg, der den vorher kaum bekannten US-Senator John F. Kennedy schon 1957 zu antifranzösischen Stellungnahmen veranlaßte. Letztlich gaben wohl die militärisch-politischen Niederlagen Großbritanniens und Frankreichs an anderen Brennpunkten der Dritten Welt den Ausschlag: Dien Bien Phu 1954, Suez 1956. Sie zerstörten den Großmacht-Nimbus der beiden westeuropäischen Kolonialmächte und damit vermutlich auch den Mehrheitswillen ihrer demokratischen Öffentlichkeit, ein Kolonialreich festzuhalten. Noch waren im Jahre 1960, mit dem dieser zweite Zeitabschnitt gipfelte, die Würfel über die Zukunft ganz Afrikas nicht gefallen. Für den Osten und Süden des Erdteils ventilierte England noch Konzepte einer gleichberechtigten Partnerschaft der verschiedenen Rassen, das heißt eine dauerhafte, auch politische, Privilegierung der weißen Siedler-Minoritäten. Der Sieg der KANU in Kenia bei den Wahlen im Mai 1963 warf diese Pläne um. Nun war der Anschluß ganz Ostafrikas bis hinunter zum Sambesi an die Entkolonisierungs-Dynamik der zweiten Phase entschieden. Die wirtschaftlich recht erfolgsträchtige Zentralafrikanische Föderation zerfiel, ihr südlicher Teilstaat Rhodesien wandte sich in Frontstellung gegen die afrikanische Befreiungspolitik dem südafrikanischen Modell zu.

Wenn man diese Klärung der Fronten im verbliebenen Britisch-Afrika 1963–1965 als dritte Zeitspanne ansetzen will, gewinnt man den Übergang zu der ungleich wichtigeren vierten Phase, die in den Jahren 1965 bis 1974 vom langen und bitter verlustreichen Marsch der afrikanischen Guerillakämpfer gegen die portugiesische Herrschaft in Angola, Mozambique und Guinea-Bissau gekennzeichnet ist. Jetzt beherrschen nicht mehr Wahlkämpfe und diplomatische Konferenzen die Szene, jetzt herrscht Krieg. Für eine nachwachsende Generation von Afrikanern, besonders wiederum für die junge Bildungselite, geraten die bereits etablierten Regierungen der OAU ins Zwielicht hinsichtlich ihres Anspruchs, Befreiungsbewegungen zu führen, sosehr sie auch (am eindrucksvollsten vielleicht Julius Nyerere) ihren Völkern jetzt einschärfen, daß der Kampf um ein besseres Leben mit der staatlichen Unabhängigkeit erst wirklich beginnt. Statt dessen wird Befreiungspolitik für Afrika (nicht nur in Afrika) mit bewaffnetem Kampf mehr oder minder gleichgesetzt. Das ruft die Frage hervor, wer von außen her diesen Kampf unterstützt, wo Afrikas wahre internationale Freunde zu finden sind. Jahrelang nahmen nur die Spezialisten wahr, daß die Sowjetunion fast allein auf weiter Flur (höchstens in Konkurrenz zur Volksrepublik China) afrikanischen Befreiungsbewegungen das liefert, was sie angesichts der harten Kampffront Portugals, Rhodesiens und Südafrikas vor allem haben wollen: Waffen und das Wissen, wie man sie wirksam bedient.

Die Regierungen des Westens, auch in Paris und London, wo man doch Afrika hätte besser kennen sollen, wollten diesen Wandel nicht wahrhaben und bereiteten sich auf Verfassungskonferenzen nach dem Vorbild der zweiten Phase vor. Eine solche Konferenz mit höflichen Wortgefechten und scheinbaren Kompromissen hat es dann für Rhodesien tatsächlich 1979/80 noch einmal gegeben. Aber ihr Ergebnis, durch unzweideutig freie und demokratische Wahlen besiegelt, war identisch mit den turbulenter erzielten Ergebnissen des portugiesischen Zusammenbruchs von 1974. Die Macht in den befreiten Staaten übernahmen jene, die am besten demonstriert hatten, daß sie mit den Gewehren umzugehen verstehen oder daß sie (in Angola) am schnellsten starke Freunde herbeirufen können, die ihre Panzer mitbringen. Dies ist eine neue Dimension afrikanischer Befreiungspolitik. Nicht, daß seit 1975 die Sowjetunion in Angola und Äthiopien, wohl auch in Mozambique, Fuß faßte, ist entscheidend. Vielmehr ist es die Begründung afrikanischer Staatsgewalt auf siegreichem bewaffnetem Kampf gegen die weiße Herrschaft, anstatt wie bisher auf gewaltfrei erzieltem Kompromiß mit der weißen Herrschaft; einen isolierten Vorläufer gab es vor 1974 dazu nur in Algerien.

Übrigens bewies die Sowjetunion bei der Auswahl ihrer Bundesgenossen unter den militanten Befreiungsbewegungen nicht überall eine glückliche Hand. Sie traf diese Auswahl spätestens im Jahre 1969, und anders als die OAU konzentrierte sie ihre Hilfe tatsächlich strikt auf je eine Organisation aus jedem Land. In Guinea-Bissau und in Mozambique siegten die Freunde der Sowjetunion – PAIGC und FRELIMO – nicht nur über Portugals Soldaten, sondern auch über alle inneren Rivalen. Aber schon in Angola bedurfte es der kubanischen Intervention, um den Alleinherrschaftsanspruch der MPLA gegen die beiden anderen Befreiungsbewegungen durchzusetzen, die ebenfalls über Guerillakämpfer und über reguläre Truppen in den Nachbarstaaten verfügten. Die Geschichte aller drei ehemals portugiesischen Länder seit ihrer Unabhängigkeit zeigt außerdem, daß der Einfluß aus Moskau keineswegs als einziger wirksam ist; man kann sogar eine gewisse Zurückdämmung der betont sowjetfreundlichen Fraktionen in den siegreichen Befreiungsbewegungen beobachten, die jetzt als Einheitsparteien regieren. In Rhodesien/Zimbabwe gewann 1980 nicht der Bundesgenosse der Sowjetunion, Joshua Nkomo, die Wahlen, sondern die ZANU/PF Mugabes, die sich nie besonderer Unterstützung aus Moskau erfreut hatte. Ob die SWAPO Nujomas in Namibia und der ANC Oliver Tambos in Südafrika das Rennen machen werden, die beide die Favoriten der Sowjetunion sind, steht bei Drucklegung dieses Buches noch nicht fest.

Der fünfte Zeitabschnitt afrikanischer Befreiungspolitik ist jedenfalls bereits angebrochen, aber er kann noch nicht Thema einer zeitgeschichtlichen Studie sein: der Ansturm des freien Afrika, von außen und von innen, auf die Kernfestung des »internen Kolonialismus« – Südafrika. Dieser Kampf wird auch die Züge eines Bürgerkrieges tragen. Denn das Volk der weißen Afrikaner ist nicht nur ein Kolonialherr in der westeuropäischen Tradition, sondern gleichzeitig ein afrikanischer »Stamm« neben den anderen »Stämmen« Afrikas. In Burundi, in Uganda, im Sudan und in Tschad ist zu beobachten, wieviel Blut afrikanische Bürgerkriege kosten können, und es ist keineswegs ausgemacht, daß am Ende jedes Bürgerkrieges die Kunst der Friedensstifter in nationaler Aussöhnung triumphieren wird, wie dies nach 1970 in Nigeria geschehen ist.

III. STRUKTUREN AFRIKANISCHER BEFREIUNGSPOLITIK

a) Befreiung – wovon?

Für die Gründer und Führer der modernen politischen Bewegungen, die nach 1945 Afrika überzogen, war eins ziemlich eindeutig, sosehr ihre Methoden und Ideen im übrigen variieren mochten: *wovon* sie ihre Völker befreien wollten. Ihr Kampf galt dem »Kolonialismus«. Dieses System, das weiße Eroberer binnen weniger Jahrzehnte praktisch überall in Afrika aufgerichtet hatten, von den Küsten ausgehend, wo Europa schon seit langem präsent war, aber jetzt auch die letzten Dörfer im tiefen Inneren erfassend, deren Einwohner oft vor dem Ersten Weltkrieg noch nie ein weißes Gesicht erblickt hatten, war den modernen afrikanischen Nationalisten als Fremdherrschaft verhaßt.

Dies war der entscheidende Punkt: nicht die Ankopplung Afrikas an den kapitalistischen Weltmarkt löste den antikolonialen Protest aus (etwa als eine Sozialrevolution gegen wirtschaftliche Ausbeutung); selbst Nkrumah, der als gelernter Marxist schon 1947 die »Basis« des Kolonialismus ökonomisch verstand, hielt von Anfang an die politische Unabhängigkeit für die »unverzichtbare Stufe zur wirtschaftlichen Befreiung«.[2] Nicht die Predigt einer neuen Religion war der Stein des Anstoßes (etwa als Angriff auf eine authentisch afrikanische Kultur). Afrika empörte sich nicht so sehr gegen den kolonialen Zwang als Zwang (etwa in spontanem Drang zur Wiederherstellung einer traditionellen Demokratie oder von Menschenrechten). Afrikas Völker waren vielmehr fast alle historisch vertraut mit dem Schicksal, unterworfen zu werden, und einheimische Despoten hat es auch in Afrika immer gegeben. Widerstrebte dieser Erdteil prinzipiell jedem neuen Impuls von außen? Es wäre grundfalsch, den Afrikanern die Lust oder gar die Fähigkeit abzusprechen, fremde Dinge und Ideen bei sich einzuführen; vielmehr haben sie das über die Jahrhunderte hinweg immer wieder mit Enthusiasmus getan – von neuen Bodenfrüchten wie Maniok und Mais bis zu neuen Religionen wie dem Islam. Selbst fremde Völkerschaften sind oft von den älteren Bewohnern eines Landes auf ihren Wanderungen in Freundschaft aufgenommen worden (natürlich zugunsten beiderseitiger Geschäfte), ohne daß es zu Mord und Totschlag gekommen wäre. Auch das Gegenteil kam in der afrikanischen Geschichte vor, jedoch sind die berüchtigten Staatstrommeln der Könige von Rwanda, deren schönste Zier die intimen Körperteile der erschlagenen Hutu-Häuptlinge waren, nicht typisch für Afrika. Friedlicher Verkehr der Völker hinterläßt leider nie so markante Symbole. Wenn wir im heutigen Westafrika beobachten, in wie vielen Varianten geglückter und vernünftiger Arbeitsteilung die rinderzüchtenden Fulbe mit Ackerbauern und Städtern anderen Volkstums zusammenleben, dann erhalten wir einen indirekten Hinweis auf die politische Flexibilität afrikanischer Gesellschaften.

Das europäische Kolonialsystem bedeutete den Einbruch fremder Waren und Gedanken, gleichzeitig und eng verzahnt mit der Errichtung neuer Zwangsherrschaft und mit der Durchsetzung radikal neuer Wirtschaftsformen in Produktion wie Verteilung. Daraus formte sich das Syndrom einer Fremdherrschaft, die an die Wurzeln der sozialen Existenz von immer mehr afrikanischen Völkern griff. Dieses Syndrom erzeugte den Reflex, daß eins und vorerst nur eins zu tun sei: die Fremdherrschaft abzuschütteln. Über die Methoden und über die möglicherweise auch negativen Folgen machte man sich weniger Gedanken. Die Situation erinnert an den Reflex eines ertrinkenden Menschen, der nichts als Luft holen will, ohne Rücksicht darauf, ob er bei dieser Anstrengung jemanden verletzt oder ob die Luft über der Wasserfläche vielleicht mit Schwefeldioxyd angereichert ist. Das Bild hilft uns noch einen Schritt weiter: Ertrinkende entfalten erstaunliche Körperkraft. Die afrikanischen Antikolonialbewegungen – die gewaltfreien wie die bewaffneten – mobilisierten in erstaunlicher Breite und Tiefe die Volksmassen zu politischer Aktion, seien es Streiks und Wahlbeteiligung oder die heimliche Unterstützung von Guerillatrupps. Diese gesellschaftliche Kraftentfaltung beweist, daß die weiße Kolonialherrschaft tendenziell in allen Zonen und Schichten der afrikanischen Bevölkerung als Last gespürt wurde, daß es einen allgemeinen Reflex gab, sie abzuschütteln. Die erfolgreiche und meist binnen knapper Zeit mit mageren Ressourcen vollzogene Mobilisierung von Massen durch die Befreiungsbewegungen widerlegt den Einwand, daß nur die von und in Europa erzogene Bildungselite der »Evolués« (wie die Franzosen und Belgier höflich sagten) oder »Hosennigger« (wie man sie ein paar Jahre früher brutaler zu nennen pflegte) überhaupt begriff, was Herrschaft, Ausbeutung und dergleichen bedeuten und daß man ihnen Konzepte wie Demokratie und Sozialismus entgegenhalten könne. Man kann dieses

Argument weitertreiben und andeuten, daß die koloniale Bildungselite nur gewünscht habe, die weißen Herren loszuwerden, um in ihre zurückgelassenen Schuhe zu schlüpfen, ihre reichlichen Gehälter (samt Überseezulage) aufs eigene Konto zu lenken und im übrigen Unterdrückung samt Ausbeutung fortzusetzen. Es ist mit diesem Argument so ähnlich wie mit den Staatstrommeln von Rwanda. Dies alles gibt es schon, die Geschichte stimmt, nur ist es nicht die ganze Geschichte.

Wäre sie es, wäre die moderne afrikanische Befreiungsbewegung bloß eine Art Kampagne zur Diätenerhöhung für eine bereits privilegierte dünne Oberschicht, dann hätte diese schwarze Bildungselite unter den Bedingungen des Kolonialsystems (auch des späten und ermatteten nach 1945) nie die nötige Energie aufgebracht, sich durchzusetzen. Sie hat ihre Völker auf die Beine gebracht, hat den Druck mobilisierter Massen – nicht nur etwa von Städtern, sondern auch von Bauern – freigesetzt. Das erklärt ihren Erfolg und beweist gleichzeitig, wie schmerzlich ganz Afrika den Kolonialismus spürte.

Für die subjektive Vorstellung, die Afrikaner von der kolonialen Fremdherrschaft hatten, gibt es genügend Quellen. Da sind die politischen Kampfschriften der ersten Stunde (gewiß: aus der Feder von Intellektuellen, wie überall). Kwame Nkrumah schrieb noch während des Zweiten Weltkrieges die erstmalig 1962 gedruckte Broschüre *Towards Colonial Freedom*[3]. Im frankophonen Westafrika gab die neugegründete Afrikanische Demokratische Sammlung 1949 ein Heft *Le RDA dans le Lutte anti-impérialiste* heraus[4], in dem vor allem der mit marxistischer Gesellschaftsanalyse vertraute Sohn eines französischen Beamten und einer Afrikanerin, Gabriel d'Arboussier, zu Wort kam.

Weite Verbreitung auch in deutscher Übersetzung fand ein Buch, das im Spiegel klinischer Erfahrungen eines franko-afro-amerikanischen Psychiaters das Bewußtsein der moslemischen Algerier um das Jahr 1950 reflektiert: Frantz Fanons *Les Damnés de la Terre* (1961; deutsche Übersetzung zuerst 1966).

Freilich ist dieses Buch gleichzeitig eine Programmschrift, genauer gesagt, der Vorschlag eines in der FLN engagierten Nicht-Algeriers für ein politisches Programm dieser Befreiungsbewegung (die FLN hat sich keineswegs eindeutig danach gerichtet). Wie alle historischen Quellen bedarf auch Fanons Werk der wissenschaftlichen Kritik, und es wäre gut, wenn sie nicht nur von der einen Seite der durch Fanon in ihrer Selbstsicherheit gestörten Marxisten-Leninisten Moskauer Observanz käme.

Manche Historiker schlagen vor, sich besonders auf literarische Werke zu stützen, um Afrikas Erleiden der Kolonialherrschaft besser zu verstehen; zum Beispiel seien die »... getrennten Reaktionen auf europäische Macht und europäische Kultur, die individuelle Männer und Frauen vornehmen mußten, ein Prozeß, der für das Ibo-Land durch Chinua Achebes Roman *Things fall apart* besser beleuchtet wird als durch irgendein förmliches Geschichtswerk...«.[5]

Wie aber war das System der weißen Herrschaft wirklich, unterschieden von seiner subjektiven Auffassung durch die Eliten oder die Massen der kolonisierten Afrikaner? Gegenwärtig reicht das Spektrum der Aussage-Versuche von Walter Rodneys Anklageschrift *How Europe underdeveloped Africa* (1972; deutsch 1975), die undogmatische Linke gern zitieren, und den auf Lenin festgelegten Ergebnissen der DDR-Afrikaforschung (etwa Heinrich Loth 1979) über historische Länder-Monographien, die den verschiedenen Parteien in der kolonialen Konfrontation gerecht zu werden versuchen (vorbildlich John Iliffe 1979), bis zur engagierten Rehabilitierung der Kolonisatoren durch L. H. Gann und Peter Duignan (1967). Seit einigen Jahren erscheinen Enzyklopädien zur Geschichte Afrikas, die *General History of Africa* der UNESCO und die *Cambridge History of Africa*, in denen vorläufige Synthesen versucht werden.

Hier zu diesem Thema – wie war die weiße Herrschaft wirklich? – nur einige Hinweise, ohne Ordnung nach Rang oder Kausalität. Ein Stichwort lautet »Landfrieden«: In der Blüte- und Spätzeit der Kolonialherrschaft konnten nicht nur die weißen Beamten und Kaufleute, sondern auch die Afrikaner ihren Handel und Wandel über weite Gebiete unter erheblich besseren Bedingungen persönlicher Sicherheit betreiben als vorher – oder als nachher. Ein anderes Stichwort lautet »Nahrungsmittel«: Afrika verlor nicht erst in den 70er Jahren (jetzt läutet die FAO die Alarmglocke), sondern schon früher die Fähigkeit, sich aus der eigenen Arbeit seiner Bauern zu ernähren, weil die Kolonialwirtschaft Kapital (inklusive des Erfindungsgeistes und Arbeitswillens der Menschen) auf die Exportproduktionen konzentrierte und das vernachlässigte, was man ungenau Subsistenzwirtschaft nennt. Ein weiteres Stichwort heißt »Gefängnisse«: War es wirklich ein Fortschritt an Humanität, Verbrecher einzusperren, das heißt zu isolieren, statt sie körperlich zu strafen, wenn man sie schon nicht mehr als Sklaven verkaufen wollte?

Solche Fragen an die afrikanische Geschichte leiten also möglicherweise sehr direkt zu Fragen an unsere europäische Gegenwart über, in der die Gefängnisse mehr und mehr zum Problem werden. Natürlich darf man auch das Stichwort »Medizin« nicht vergessen: Hier sind die Impfkampagnen der Kolonialherren zu

infection, contagion

verzeichnen; auch wenn die Weißen sich vor allem selbst vor
Ansteckung fürchteten, haben ihre Maßnahmen doch die Bevölkerungsentwicklung Afrikas positiv beeinflußt. Oder ist Wachstum in diesem Falle negativ zu bewerten? Das braucht der
Historiker nicht zu entscheiden. Er muß nur daran arbeiten, daß
alle, vor allem die Afrikaner selbst, eines Tages besser wissen
werden als heute, was in der Periode fremder Herrschaft über
ihren Kontinent wirklich geschehen ist.

b) *Befreiung – wofür?*

Die Führer der afrikanischen Befreiungsbewegungen haben nicht
von Anfang an genau in ihren Programmschriften niedergelegt,
wie das von Fremdherrschaft befreite Afrika aussehen solle. Zwar
hat Nnamdi Azikiwe, später (1960–1966) das erste Staatsoberhaupt des unabhängigen Nigeria, 1943 eine Artikelserie unter
dem Titel *Political Blueprint of Nigeria* veröffentlicht, so als
hätte er den Bauplan in der Tasche. Aber »Zik« selbst hat im
Anschluß daran serienweise die besten Beispiele für die These
geliefert, daß politisches Handeln unvorhersehbar ist.
Jenseits des Kerns der Befreiungspolitik, die koloniale Fremdherrschaft abzuschütteln, kann der europäische Beobachter aber
in den Programmen und Ideengebäuden der afrikanischen politischen Bewegungen am ehesten Anleihen aus den politischen
Theorie-Depositen Europas erkennen. Im englischen Sprachbereich steht von vornherein fest, daß aus den Kolonien unabhängige Staaten werden sollen. Kollektive Befreiung durch schrittweisen Erwerb kollektiver Selbstbestimmung, über die Besetzung
der politischen Organe mit Vertretern der Bevölkerung *(representative government)*, dann über innere Autonomie *(responsi-
ble government)* zum Ziel der internationalen Souveränität: auf
diesem Wege folgten die britischen Kolonien in Afrika den
weißen Dominions und den neueren Commonwealth-Mitglie-
dern in Asien, ohne das Prinzip in Frage zu stellen. Diskutiert
wurde allenfalls, ob die Grenzen der künftigen unabhängigen
Staaten jeweils eine ehemalige Kolonie umschließen sollten:
Nigeria erschien manchen nigerianischen Führern, zunächst vor
allem den konservativen Repräsentanten des Nordens, zu groß
und zu heterogen. Sie spielten deshalb mit Sezessionsgedanken,
solange ihnen nicht durch die Verfassungsentwicklung der Über-
gangsjahre (1953–1960) die Vorherrschaft im Gesamtstaat garantiert war. In Britisch-Ostafrika bemühten sich umgekehrt einige
Jahre später die Politiker, eine Föderation der drei Länder

Uganda, Kenia und Tanganjika zu schmieden, solange das Eisen heiß war, das heißt die einzelnen politischen Apparate noch nicht in der Souveränität erstarrt waren. Sie wollten bessere wirtschaftliche Startbedingungen in die Unabhängigkeit schaffen, aber bekanntlich scheiterten sie und beschritten ab 1967 (speziell Nyerere und Kenyatta) immer weiter auseinander führende Entwicklungswege. Weiter südlich, in der von London vorfabrizierten Zentralafrikanischen Föderation (Zambia, Rhodesien, Malawi), konnten die Schwarzafrikaner von vornherein an dem größeren Rahmen trotz augenfälligen Wirtschaftswachstums keinen Geschmack finden, weil die ganze Struktur darauf angelegt war, den externen Kolonialismus nicht in Freiheit, sondern in einen internen Kolonialismus – weiße Siedlerherrschaft – zu überführen. Die Föderation wurde 1963 aufgelöst. Den bitteren Preis wirtschaftlicher Stagnation hätten Malawi und Zambia wohl auch bezahlen müssen, wenn es nicht zum jahrelangen Guerillakrieg am Sambesi gekommen wäre.

Zu bedenken ist bei der Entwicklung in ganz Britisch-Afrika, daß die Demokratie in der Befreiungspolitik selten thematisiert wurde. Obwohl doch das britische Mutterland längst die bürgerliche Demokratie voll entfaltet hatte, war es nicht diese Leistung, die Afrika um ihrer selbst willen fasziniert hätte. Lag es daran, daß Großbritannien seine Demokratisierung schrittweise über hundert Jahre vollzog, ohne die griffige Zäsur einer Revolution, einer Proklamation von Menschen- und Bürgerrechten? Als erste Stufe der Emanzipation einer Kolonie wurde *representative government*, die Besetzung politischer Instanzen mit Repräsentanten der Bevölkerung, erwähnt: Es mußte sich dabei keineswegs sofort und völlig um *gewählte* Vertreter des ganzen Volkes handeln, häufig lag das Schwergewicht bei ernannten Sprechern bestimmter Interessengruppen. Zwar setzten die afrikanischen Nationalbewegungen regelmäßig durch, daß schrittweise alle erwachsenen Bürger das Wahlrecht erhielten (im islamischen Nord-Nigeria übersah man dabei die Frauen), zwar legten die Politiker vor der Unabhängigkeit Wert darauf, den Legislativrat des Gouverneurs in ein direkt gewähltes und bevollmächtigtes Parlament nach dem Vorbild des Londoner Unterhauses zu verwandeln. Es konnte nicht ausbleiben, daß sie damit Demokratie einführten. Aber die Jahre nach der Unabhängigkeit bewiesen bald, daß so gut wie niemand sich dafür einsetzte, diese Demokratie um ihrer selbst willen zu bewahren und zu verteidigen.

Afrikas Parlamente erwiesen sich nirgends als mächtig. Allenfalls aus Ghana kann man eindrucksvolle Bekenntnisse zur Demokratie aus Reden und Schriften des Dr. Busia zitieren, der nach 1957 die Rückzugsgefechte der parlamentarischen Opposition leitete. Als derselbe Dr. Busia dann 1969 in der II. Ghanaischen Republik eine Mehrheit gewann und Regierungschef wurde, behandelte er das Parlament nicht viel besser als einst sein Widerpart Kwame Nkrumah.

Der Drang der afrikanischen Befreiungsbewegungen nach Einführung der vollen parlamentarischen Demokratie vor der Unabhängigkeit muß andere Gründe gehabt haben als Churchills Überzeugung, daß die Demokratie zwar eine schlechte Staatsform sei, aber jede andere leider noch viel schlechter. Die Antwort ist einfach: allgemeines Wahlrecht zu einer politischen Instanz, die sich gegen die Kolonialregierung nach deren eigenen Spielregeln durchsetzen konnte, brachte die Dynamik der Volksmassen voll zum Tragen, deren Mobilisierung den politischen Führern nach 1945 so gut gelungen war. Diese Dynamik verlieh ihren diplomatischen Kunstfertigkeiten bei der Regelung des weißen Rückzuges die erforderliche Macht.

Im französischen Sprachbereich Afrikas war nicht von vornherein klar, daß die Errichtung unabhängiger Staaten das Ziel der Befreiungspolitik sei. Als Kontrast zur Entwicklung in den oft benachbarten, ethnisch verwandten britischen Kolonien ist die Wette zwischen Kwame Nkrumah und Félix Houphouet-Boigny aus dem Jahre 1947 bezeichnend, auch wenn sie vielleicht legendär ist. Die beiden Nachbarn sollen sich über den einzuschlagenden Befreiungskurs gestritten haben (1947 saß Nkrumah am Londoner Schreibtisch des von ihm geleiteten »Westafrikanischen Nationalsekretariats« und Houphouet vertrat bereits die Elfenbeinküste als gewählter Abgeordneter der »Eingeborenen« in der Französischen Nationalversammlung), um dann zu verabreden, daß sie sich zehn Jahre später treffen und ihre Erfolge vergleichen würden. Nicht nur Houphouet, sondern so gut wie alle afrikanischen Politiker in den französischen Kolonien strebten ernsthaft von 1945 bis 1957 nach echter Integration ihrer Völker in den Staatsverband der Französischen Republik. Sie betrieben nichtsdestoweniger Befreiungspolitik, und zwar nicht nur nach ihrer Selbsteinschätzung, sondern mit real greifbaren Resultaten, die gerade Historiker aus dem Lager der Sozialgeschichte stärker beeindrucken können als die Flagge eines »souveränen« neuen Staates. Diese Politiker setzten die Abschaffung der Zwangsarbeit durch, die bis 1946 in Französisch-Afrika praktiziert wurde; sie erreichten gewerkschaftliche und politische Rechte, darunter das Wahlrecht, für immer breitere Schichten ihrer Landsleute: das französische Arbeitsgesetzbuch für die Kolonien aus dem Jahre 1952 schützte die Gewerkschaften vor staatlicher Kontrolle, proklamierte gleichen Lohn bei gleichen Arbeitsbedingungen für alle Werktätigen »ohne Unterschied ihrer Herkunft, ihres Geschlechts«, bahnte der Einführung von Kindergeld nach dem großzügigen Modell Frankreichs den Weg. Ein solches Arbeitsgesetzbuch wäre heute, 1980, im internen Kolonialismus Südafrikas revolutionär; warum soll man ihm diesen Titel im externen Kolonialsystem Frankreichs verweigern?

Es ist eine Verleumdung der Führer franko-afrikanischer Befreiungsbewegungen des gewaltfreien Typs, insbesondere des *Rassemblement Démocratique Africain* (RDA), sie als willfährige Kollaborateure der Kolonialmacht hinzustellen. Ihre Kollegen und Konkurrenten im englisch orientierten Afrika, auch viele Wissenschaftler, ignorieren den frankophonen Beitrag zur afrikanischen Befreiung, weil sie nicht begreifen, daß man unter den Bedingungen der IV. Republik nach 1946 reale Emanzipation der afrikanischen Menschen auch anstreben konnte, ohne aus diesem Staat auszubrechen.

Es wurde bereits erwähnt, wie leicht es allen diesen Männern, die als Abgeordnete der Pariser parlamentarischen Versammlungen das Vertrauen ihrer Völker gewonnen hatten, dann 1958–1960 gelang, auf den Kurs des britischen Afrika einzuschwenken und ebenfalls neue Staaten zu gründen. Freilich war diese Periode sehr kurz: für neue Programmdiskussionen blieb kaum Zeit.

Beim Versuch, die politischen Zukunftsvorstellungen der frankophonen Afrikaner auszuleuchten, fällt ebenfalls auf, daß sie sich demokratische Grundsätze kaum zu eigen gemacht haben. Die Vormacht des Parlaments in der IV. Französischen Republik hinterließ in Afrika keine Spuren, vermutlich weil gerade dieses *Régime d'Assemblée* 1958 am Algerienkrieg scheiterte. Die Parteien, vor allem die Landesverbände der RDA, organisierten sich als Massenaufgebote zur Verfügung eines Führers, in der Regel zunächst des *Député*. Man stritt in letzter Stunde 1959/60 darum, ob Französisch-Westafrika im ganzen als Bundesstaat selbständig werden solle oder jedes Territorium für sich (Houphouet-Boigny setzte im Interesse seiner relativ wohlhabenden Elfenbeinküste die zweite Alternative durch); man stritt nicht um Prinzipien der neuen Verfassungen, die überall im frankophonen Afrika dem Präsidialsystem der gaullistischen V. Französischen Republik glichen wie ein Ei dem anderen. Diese innenpolitische Kehrtwendung des »Mutterlandes« kam den Politikern in Afrika sehr entgegen. Während Frankreich trotzdem auch unter de Gaulle demokratisch blieb, wird man das von Afrika nicht sagen können.

Gewiß kann das offenkundige Desinteresse fast aller afrikanischen Befreiungspolitiker an Demokratie nicht aus einem »arteigenen« Hang zur Despotie erklärt werden. Vielmehr ist anzunehmen, daß die politischen und administrativen Gegebenheiten der Kolonialzeit den Afrikanern die Chance verwehrten, sich mit der bürgerlichen Demokratie als einer möglichen Form für die politische Ordnung ihrer künftigen souveränen Staaten anzufreunden. Wohl waren England und Frankreich selbst im 20. Jahrhundert Demokratien; aber davon färbte wenig auf die Art und Weise ab, wie sie Afrika regierten.

Die weiße Herrschaft über Afrika mag wohltätig gewesen sein; sie war aber auf jeden Fall autoritär, und daran änderte sich bis zur letzten Stunde nicht viel. Um gegen diese Verwaltung aufzubegehren, mußten die Afrikaner ebenfalls autoritär geführte, möglichst einheitliche politische Bewegungen schaffen; da machte es keinen Unterschied, ob ihr Aufbegehren dem Ziel galt, »self-government now!« zu erreichen wie in Ghana (das heißt rascher, als die Kolonialregierung es wollte), oder ob man mit dem Generalstreik drohte, um Kindergeld wie im Mutterland zu bekommen, was die franko-afrikanischen Gewerkschaften im Sommer 1955 taten.

Parteienpluralismus, freier Austrag von Gruppeninteressen, Auswechseln von Führern durch demokratische Abstimmungen konnten sich unter den Bedingungen der Kolonialzeit und auch der Entkolonisierungsperioden in Afrika nicht durchsetzen. Es gab aber auch keine entgegengesetzten, prinzipiell antidemokratischen »Blaupausen«. Die autoritären bis faschistischen Vorstellungen, die Europa so reichhaltig zwischen 1918 und 1939 hervorbrachte, infizierten die afrikanische Befreiungspolitik nicht, weil sie zu Recht mit dem verabscheuten Gegner aller Vereinten Nationen im Zweiten Weltkrieg gleichgesetzt wurden. Erstaunlich schwach wirkte der türkische Kemalismus selbst in das benachbarte Nordafrika hinüber (vielleicht wegen seiner antiislamischen Tendenz). Mit den mächtigen kommunistischen Parteien verbündeten sich zwar einige afrikanische Befreiungsbewegungen schon lange, bevor die Sowjetunion Waffen an die Guerillaverbände zu liefern begann. Selbst ein Houphouet-Boigny lernte von französischen Kommunisten, wie man eine Partei organisiert. Aber er und alle anderen Afrikaner, auch Nkrumah, weigerten sich stets, von Kommunisten mit der Organisationstechnik auch ein politisches Programm zu übernehmen.

Bisher war nur von Kolonien die Rede, in denen die weißen Herren einer gewaltfreien Befreiungspolitik der Afrikaner keine unüberwindlichen Barrieren in den Weg stellten. Als politisches

Hauptziel der Befreiung, ja eigentlich als einziges erkennbares Ziel überhaupt, hat sich, im französischen Bereich mit Verspätung, die staatliche Unabhängigkeit ergeben. Als gesellschaftliches Programm tritt, vor allem in Französisch-Afrika, die Gleichstellung mit den Menschen des europäischen »Mutterlandes« hinzu. Natürlich ist der afrikanische Antikolonialismus grundsätzlich antirassistisch und somit auf die Gleichheit aller Menschen eingeschworen, aus der sich fast zwangsläufig eine Zukunftsvision ergibt, die allen Menschen prinzipiell gleiche Rechte zumißt. Europäer sind es gewohnt, zwischen politischen und sozialen Menschenrechten zu unterscheiden. Die afrikanischen Befreiungsbewegungen traten an im Glauben an den Primat der Politik. Aber die Substanz freier afrikanischer Politik, der ideale Verfassungsrahmen eines neuen souveränen afrikanischen Staates blieb undeutlich; in den klassischen Worten des bibelfesten Kwame Nkrumah: »*Seek ye first the political kingdom, and all things will be added unto you...*« (Suchet zuerst das politische Reich, und alles wird euch hinzugegeben).[6] Dieses Wort stand auf dem Sockel der 1966 gestürzten Nkrumah-Statue in Accra. Gesprochen hat er es wohl ursprünglich auf einer Versammlung im März 1949. Aber welche Verfassung sollte in diesem *political kingdom* gelten? Daß Nkrumah seine eigene Einpartei-Monarchie bevorzugte, erfuhr auch sein eigenes Volk erst mehrere Jahre nach dem Unabhängigkeitstag.

code, cypher

Nicht viel klarer fällt die Antwort aus, wenn man fragt, was für *all things* denn zur politischen Unabhängigkeit hinzukommen sollten. Die Befreiungsbewegungen strebten in der künftigen Gesellschaft sicher ebenfalls, wie in der Politik, dem Gleichheits-Ideal nach, und zwar natürlich in Gestalt eines besseren Lebens für alle. Viel mehr Substanz ergibt eine Analyse der Programme auch dort nicht, wo schon früh die Chiffre »Sozialismus« auftaucht. Nkrumah, der mit dem Marxismus vertraut war und gerade deshalb erst spät (etwa ab 1959) und vorsichtig ein sozialistisches Ghana als sein Ziel proklamierte, sprach 1949 in der *Political-Kingdom*-Rede zur Illustrierung der kommenden *all things* nur davon, daß die Einwohner des rückständigen Nord-Ghana nicht mehr nackt herumlaufen müßten. Dreißig Jahre später ließ Kaiser Bokassa I. in Zentralafrika Schulkinder massakrieren, weil sie es versäumten, die von ihm verordneten (und auf seine Rechnung verkauften) Schuluniformen anzuziehen. Sicher hat nie ein afrikanischer Politiker angenommen, die Förderung der Textilindustrie allein (und die Lenkung ihrer Profite in die eigene Tasche) sei schon ein ausreichendes Gesellschaftsprogramm. Daß aber diese finstere Geschichte erzählt werden kann, wenn man sich Nkrumahs berühmten Satz in Erinnerung ruft, weist in eine vielleicht nicht ganz abwegige Richtung.

Objektiv betrachtet, steht die Wirtschafts- und Gesellschaftspolitik des heutigen unabhängigen Afrika vor der Frage, ob und (falls ja) wie dieser Kontinent noch autozentrierte kapitalistische Produktion einführen kann. Aus der Geheimsprache der Sozialwissenschaftler in einfaches Deutsch übersetzt, heißt das: kann Afrika noch hoffen, in der engen Welt des Jahres 2000 genügend Industrien aufzubauen und – vor allem – seine Landwirtschaft ausreichend nach industriellen Grundsätzen umzumodeln, um die Massen seiner Bevölkerung mit Waren zu versorgen, die für sie die Qualität des Lebens verbessern, und um diesen Massen gleichzeitig menschenwürdige, trotzdem aber Kaufkraft bringende Arbeitsplätze zu verschaffen? Genau das, die Einbeziehung der großen Mehrheit afrikanischer Menschen in ein auf Fortschritt und Wachstum zielendes neues System von Produktion und Verteilung, hat die europäische Kolonialherrschaft nicht geleistet, weil es gar nicht ihr Ziel war. Das war vielmehr Fortschritt, Wachstum, Steigerung der Lebensqualität oder wie man es immer nennen mag (Kapitalakkumulation heißt der Fachausdruck) *diesseits* des Ozeans, in Europa. Jegliche Ausbildung, Impfung oder Bezahlung von Afrikanern diente nur als Mittel zu diesem Zweck. Würde die staatliche Unabhängigkeit, spontan oder geplant, etwas Neues bringen? Das ist, wie gesagt, die objektive Frage. Es ist nun zu ermitteln, wie Afrika subjektiv sich dazu stellt.

Besaßen die Befreiungsbewegungen der früheren Phasen, besitzen sie heute ein Wirtschaftskonzept? Diffuse Erwartungen gab es in Afrika. Von Hemden und Hosen abgesehen, können wir aus den Programmen der Befreiungsbewegungen herauslesen, daß die Substanz des *political kingdom* wohl in einem harmonischen Gleichgewicht der Gesellschaft bei gleichzeitiger Fortsetzung, ja Intensivierung und Ausbreitung des modernen industriellen Wirtschaftens bestehen würde.

Einfache Gemüter mögen sich das so vorgestellt haben, daß am Tage X der Unabhängigkeit die Steuern abgeschafft würden und alle Schwarzen so hohe Gehälter bekämen und in so schönen Häusern wohnen würden wie vorher die weißen Kolonialbeamten. Sicher, die politischen Führer waren nicht so naiv. Aber zum einen taten sie verständlicherweise wenig, um ihre mobilisierten Anhänger zu belehren (nur ein Julius Nyerere prägte schon vor der Unabhängigkeit den Slogan *Uhuru na Kazi* – Freiheit und Arbeit!). Zum anderen verraten auch ihre anspruchsvoller formulierten Ideen die Illusion, in unmittelbarem Anschluß an die politische Befreiung werde sich eine harmonische Gesellschaft mit moderner Wirtschaft kombinieren lassen.

Die berühmte *Freedom Charter* Südafrikas[7], 1955 auf einem Volkskongreß beschlossen, dessen stärkster Partner die authentische, damals noch nicht gespaltene Befreiungsbewegung der Schwarzen (der Afrikanische Nationalkongreß – ANC) war, und die heute noch als offizielles Programm des ANC gilt, malt für die Zukunft, nach dem Sieg über die Apartheid, das idyllische Bild eines solchen konfliktfreien Lebens im Wohlstand für das multirassische Südafrika aus.

In der *Freedom Charter* sind sogar die liberalen politischen Rechte wie Meinungs- und Versammlungsfreiheit, Freizügigkeit, Unverletzlichkeit der Wohnung mit den sozialen Rechten (»... alles Land soll unter jene wieder verteilt werden, die es bearbeiten...«, dazu freie und allgemeine Erziehung, billige Mietwohnungen, Rechtssicherheit) verzahnt. Obwohl moskautreue Kommunisten bei der Abfassung dieses Dokuments die Feder führten, enthält es von den Härten einer proletarischen Revolutions-Theorie nur den Hinweis, Bodenschätze, Banken und »Großindustrie« sollten in das Eigentum (natürlich!) nicht des Staates, sondern »des Volkes« übergeführt werden. Niemand darf der Versuchung nachgeben, die *Freedom Charter* kritisch zu zerpflücken, ohne dabei zu bedenken, unter welchen dramatischen Umständen sie entstand: im Abwehrkampf schwarzafrikanischer gewaltfreier Politik gegen einen immer härter zupackenden Polizeistaat, in einer letzten Anstrengung weißer Kommunisten, die ihr eigenes Volk längst als Verräter gebrandmarkt hatte, das politische Gespräch zwischen Weiß und Schwarz in Südafrika nicht völlig abreißen zu lassen. Die *Freedom Charter* und ihre Autoren verdienen Bewunderung. Aber selbst in diesem Lande Afrikas, das die Realitäten der Industriegesellschaft bereits als einziges in erheblicher Wucht auf dem Rücken seiner Volksmassen erfuhr, mußte 1955 ein Zukunftsprogramm harmonische Modernität versprechen, um dieses schwarze Volk zu beeindrucken.

Politiker wie Leopold Senghor und Julius Nyerere, beide Absolventen der Universitäten Europas, haben zeitweilig geglaubt, den afrikanischen Befreiungsbewegungen könnten die Kräfte zur Errichtung solch harmonischer Modernität aus der vorkolonialen Überlieferung zuwachsen. Deshalb bezeichnete Nyerere seinen Sozialismus mit dem Swahili-Wort *Ujamaa* und erinnerte in seiner ersten Schrift zu diesem Thema 1962 daran: »In der traditionellen afrikanischen Gesellschaft war *jeder* ein Arbeiter.«

Nyerere benutzt das Wort Arbeiter »nicht einfach als Gegensatz zu ›Unternehmer‹, sondern auch im Gegensatz zu ›Faulenzer‹ oder ›Müßiggänger‹«. Die althergebrachte soziale Sicherheit und die Gastfreundschaft des vorkolonialen Afrika bezeichnete er als »wirklich große sozialistische Errungenschaften«, weil jedermanns Arbeit ihre Grundlage war. Diese Lehrschrift verrät nicht nur Illusionen über das alte Afrika; sie zeigt vor allem die ebenso illusionäre Hoffnung, das freie Tanganjika der Zukunft werde ohne Klassenkämpfe allen seinen Bürgern ein besseres Leben einrichten können, wenn nur alle vernünftig nachdächten; »*Socialism is a state of Mind*«, glaubte Nyerere damals.[8]

Keine Klassenkämpfe im unabhängigen Afrika! Das ist die Kernidee so gut wie aller sozio-ökonomischen Befreiungsprogramme. Es weckt Sympathie, daß die politischen Führer offenbar meinten, ihre Völker hätten mit der Abschüttelung der weißen Herrschaft vorerst genug gekämpft – selbst in Ländern wie Tanganjika, wo alles sehr friedlich vonstatten ging. Aber realistisch war diese Idee nicht.

In den wenigen Ländern, wo die Befreiungsbewegungen zu den Waffen greifen mußten, finden wir keine grundsätzlich andere Situation. Zwar erlebte Algerien eine andere Geschichte als Tanzania. Hier forderten die politischen Führer der Moslems von Anfang an Autonomie zur Bewahrung der Eigenständigkeit ihres durch seine Religion definierten Volkes. Ein solches Programm enthält das von Ferhat Abbas vertretene *Manifest des Algerischen Volkes* vom 10. 2. 1943 – als gemäßigte Alternative zum radikalen algerischen Nationalismus eines Messali, der schon seit 1927 die Unabhängigkeit verlangte. Frankreich war seit 1945 auf Repression eingestellt. Es hätte das Autonomieverlangen nur im Rahmen einer föderativen Umgestaltung der gesamten Republik erfüllen können; und was Föderalismus bedeutet, hat man in Paris noch nie begriffen. Damit war schon 1945 in Algerien die Weiche auf den Krieg gestellt, der 1954 ausbrach; kein selbstbewußter moslemischer Algerier konnte eine Befreiungspolitik für sein Volk schließlich anders konzipieren.

Wie stellte sich die Nationale Befreiungsfront (FLN) das künftige Algerien vor? Die FLN ging in ihrer »Plattform«, die im Soummam-Tal verabschiedet wurde, nicht über die Standardformel von der »demokratischen und sozialen Republik« hinaus, die »wahre Gleichheit aller Bürger ein und desselben Vaterlandes ohne Diskriminierung« sichern werde. Frantz Fanon sah die künftige Gesellschaft Algeriens aus der Spontaneität der Massen entspringen, allerdings unter Gewaltanwendung. Aber wie es dann weitergehen würde, dafür formulierte er vornehmlich War-

nungen vor Irrwegen: vor Korruption, vor Personenkult, vor
einer Selbstisolierung der Einheitspartei vom Volk. Fanon vertrat
zeitweilig die FLN in Nkrumahs Ghana, von dort stammen
anscheinend seine negativen Beobachtungen. Positive Beschrei-
bungen der freien afrikanischen Zukunft sind auch in seinen
Schriften selten und undeutlich.

In Guinea-Bissau hatte mehr als zehn Jahre später Amilcar
Cabral, am modernen Marxismus geschult, noch viel mehr
abschreckende Beispiele realer unabhängiger afrikanischer Staaten vor Augen als Fanon. Cabral sah, daß auch das freie Afrika
Klassengegensätze entwickelte. Seine politische Strategie gipfelt
in dem großartigen Vorschlag, das afrikanische Kleinbürgertum,
das zwangsläufig die Herrschaft aus den Händen der weißen
Kolonialbeamten übernehmen werde, weil niemand anderer
dafür bereitstehe, solle »Selbstmord als Klasse« begehen, seine
Neigung zur bourgeoisen Selbstbereicherung verleugnen und als
Teil der (unbefleckten) Arbeiter- und Bauernklasse wiederaufer-
stehen. Außer Arbeitern, Bauern und Kleinbürgern gibt es aber
im schwarzen Volk von Guinea-Bissau, gerade wenn wir Cabrals
eigener Klassen-Analyse folgen, keine nennenswerten Klassen:
die harmonische Volksgemeinschaft ist also auch hier an dem
Tage erreicht, da die toten Kleinbürger als Arbeiter auferstehen,
und das Wirtschaftsleben in der nun folgenden Idylle denkt sich
auch Cabral natürlich modern, wenn auch vielleicht nicht nach
dem direkten Muster westlich-industriellen Wohlstands. Guinea-Bissau ist erst seit 1974 unabhängig; erweist seine Erfahrung
die Gedanken Cabrals als eine reale Utopie oder wiederum als
sympathische Illusion?

c) *Befreiung – wie?*

Algerien war 1962 das erste Land Afrikas, in dem bewaffneter
Kampf einer Guerilla die Unabhängigkeit erzwang. Erst 1974
siegten die Befreiungsbewegungen der portugiesischen Kolonien
auf diesem Weg der Zerstörungen und des Blutes, 1980 gefolgt
von der ZANU/PF Zimbabwes. Bevor die Kampfmethoden und
die Organisation der bewaffneten Befreiungsbewegungen
beschrieben werden, ist es deshalb angemessen, den unbewaffne-
ten Bewegungen des übrigen Afrika auch bei dieser Frage, *wie* die
Befreiung erreicht wurde, den Vortritt zu lassen.
Eine der frühesten wissenschaftlichen Untersuchungen unterscheidet im spätkolonialen Afrika zwischen »Parteien« und
»Kongressen«[9]: die letzteren seien weitgespannte und deshalb

Strukturen

condescendingly

signatures

locker gefügte Organisationen, die das ganze Volk umfassen wollten und deshalb alle möglichen aktiven Gruppen in sich sammelten; die ersteren strebten nach straffer Organisation mit klarer Führung, eigenen Ortsverbänden und zahlender Mitgliedschaft, verstünden sich zwar ebenfalls als Vertreter der Massen, aber als deren Avantgarde. Soweit ist diese Systematisierung heute noch brauchbar. Der Unterschied ergab sich aus einer verschiedenen Strategie, mit der die Führer der neuen Befreiungsbewegungen jenen Vereinigungen gegenübertraten, die sie als Vorläufer in den Völkern des kolonisierten Afrika vorfanden. Dies waren häufig sogenannte *tribal unions*, landsmannschaftliche Zusammenschlüsse in den rasch wachsenden, von Menschen vieler Volksgruppen bewohnten Städten, die als private Sozialversicherungskassen funktionierten. Es gab ferner Standesvereine von Beamten oder Akademikern, Bauerngenossenschaften, schließlich Gewerkschaften verschiedenster Art bis hin zu Verbänden der *chiefs* oder *chefs*, jener teils wirklich durch die Tradition installierten, teils durch die Kolonialverwaltung eingesetzten Dorf- und Bezirksfürsten, die man auf deutsch herablassend »Häuptlinge« nannte. Die Frage war: durfte und konnte die neue Befreiungsbewegung die Aktivisten dieser zersplitterten, aber zunehmend politisierten Interessengruppen in ihre Führung einbeziehen? Wenn ja, so ergab sich logisch die Organisationsform des »Kongresses« nach dem erfolgreichen indischen Vorbild. Oder sollte die Antikolonialbewegung jene Honoratioren einer früheren Stufe afrikanischer Selbstbehauptung beiseite schieben und eine neue Mannschaft (einen neuen Mann?) für den nationalen Unabhängigkeitskampf aufstellen? Dann mußte sie eine neue »Partei« gründen und die Massen von einer Basis her mobilisieren, die noch nicht in den bestehenden Verbänden organisiert war; Nkrumah, der 1949 in Ghana mit der CPP das Modell einer solchen Partei schuf, fand seine neue Basis in den jungen Menschen, die auf den kolonialen Grundschulen bestimmte Kenntnisse erworben hatten, aber den Platz in der Bürokratie, den sie deshalb beanspruchten, nicht fanden.

Zwei benachbarte Landesverbände der ursprünglich zentral gelenkten und nach einheitlichen Plänen organisierten RDA in Französisch-Westafrika bieten typische Beispiele für die beiden Alternativen. Félix Houphouet-Boigny baute ab 1947 an der Elfenbeinküste seine Demokratische Partei (PDCI) aus den landsmannschaftlichen Vereinen auf, die er vorfand, und das Syndikat afrikanischer Kaffee- und Kakao-Bauern war von Anfang an seine Hausmacht. Die *chefs* waren keine Konkurrenz für ihn in einem Volk, das wie ein Mosaik aus einer Vielzahl kleiner

vorkolonialer Einheiten besteht, von denen keine ein zentral
regierter Staat war. Sekou Touré dagegen stützte sich in Guinea
persönlich auf die Gewerkschaften in der Hauptstadt Conakry;
das war keine sichere Basis, als sich die Politik nach 1950 mehr
und mehr auf die Bauern verlagerte. Im Hochland des Futa
Dschalon stieß er zudem auf die lebendige Tradition eines starken, von einer moslemischen Aristokratie regierten vorkolonialen Staates, der sich mit Frankreich arrangiert hatte. Sekou Touré
mußte diese *chefferie* zerstören und die neuen Kader seines
RDA-Landesverbandes (ebenfalls Demokratische Partei genannt,
PDG) an ihre Stelle als Transmissionsriemen zwischen politischer
Machtzentrale und Volksmassen setzen. Einparteistaaten, mit
Konzentration der Gewalten bei dem einen Mann an der Spitze
von Partei und Staat, wurden sie beide, die Elfenbeinküste und
Guinea. Beide Systeme erwiesen sich als so stabil, daß 25 Jahre
lang keine Verschwörung gelang, daß alles beim jeweiligen alten
blieb. Erst nähere Betrachtung der politischen Organisation zeigt
die grundsätzlichen Unterschiede; vielleicht haben sie etwas
damit zu tun, daß die Elfenbeinküste sich heute vor Einwanderern kaum retten kann, während rund ein Drittel der Guineer mit
den Füßen gegen Sekou Touré gestimmt hat und das Leben im
Ausland vorzieht.

Damit soll nicht gesagt sein, daß die Entscheidung für eine
»Partei« notwendig und überall zu Despotie und schlechter Wirtschaftspolitik führte, während es sich unter erfolgreichen »Kongressen« besser leben ließe. Idealtypen sind außerdem selten, in
der Realität herrschen Mischformen vor. In Kenia setzte sich um
das Jahr 1960 die KANU im Zentralvolk der Kikuyu als ein
»Kongreß« durch, der zahlreiche Interessenverbände zusam-
menschloß und eine politische Einheit des Volkes herstellte; bei
anderen Völkern Kenias, vor allem dem zweitstärksten, den Luo,
mußte die KANU als »Partei« gegen starke Konkurrenz antreten.
In Nigeria organisierte Nnamdi Azikiwe nach 1944 seinen
NCNC[10] als typischen Kongreß, in seinen eigenen Worten »...
um die verschiedenen Elemente unserer Landsmannschaften zu
vereinigen, die natürlichen Bestrebungen unseres Volkes zu kri-
stallisieren, den Trend der öffentlichen Meinung in konkreter
Form auszudrücken und unsere Nation aus den Handschellen der
politischen Sklaverei zu befreien«.[11] Aber als sich herausstellte,
daß es mehr als einen Trend gab, der Norden seinen eigenen
konservativen Kongreß organisierte, und daß mindestens eine
große »Landsmannschaft« des Südens, die Joruba, aus ihrer
»tribalen« Kulturvereinigung eine selbständige politische Partei
entwickelten, die *Action Group* Awolowos, mußte der NCNC

ebenfalls wohl oder übel die Rolle einer Partei unter mehreren übernehmen. Dennoch ist es ihm ebensowenig wie seinen Rivalen bis zum Sturz der I. Republik 1966 gelungen, ein deutlich von den anderen unterschiedenes politisches, ökonomisches oder gesellschaftliches Programm zu entwickeln, das rationale Entscheidungen der nigerianischen Wähler für oder gegen bestimmte Kandidaten erleichtert hätte. Da mehrere Parteiführungen Nigerias die Eierschalen einer alles umfassenden, alle widerstrebenden Interessen integrierenden »Kongreß«-Politik nicht abstreiften, ohne aber die Vereinigung wirklich zu vollziehen, blieb für die Menschen an der Basis nur der Rückfall auf schmalspurig landsmannschaftliche Loyalitäten übrig. Politik degenerierte zum Tribalismus.

Nyereres TANU, um noch ein letztes Beispiel für die Wechselwirkungen zwischen »Kongreß«- und »Partei«-Politik zu erwähnen, wandelte sich auf den Schulbänken des Mwalimu[12] bald nach der Unabhängigkeit von einem »Kongreß« zu einer »Partei«. Anfangs beruhte der durchschlagende Erfolg der TANU, gegen die sich nie eine andere Organisation als ernsthafter Rivale um die politische Macht erhoben hat, auf einer Koalition verschiedener Interessenverbände, in erster Linie zwischen dem Verein der afrikanischen subalternen Staatsbeamten und den Marktgenossenschaften der für den Export produzierenden Bauern. Erst allmählich erzog Nyerere die TANU-Funktionäre zu einer Avantgarde im Volk, zwecks Durchsetzung neuer Ideen. Ob sie freilich jemals zu überzeugten, selbstlosen Mustersozialisten wurden, wie die Aruscha-Erklärung von 1967 es ihnen vorschreibt (... »muß unbedingt Bauer oder Arbeiter sein, darf an nichts Kapitalistischem oder Feudalistischem teilnehmen..., darf nicht doppelter oder mehrfacher Lohnempfänger sein, darf kein Haus haben, das er vermietet«...)[13], muß bezweifelt werden.

Für die politischen Strukturen der Befreiungsbewegungen und damit des heutigen unabhängigen Afrika wurde wichtiger, was die »Parteien« und »Kongresse« verband, als was sie unterschied. Sie strebten alle eine Bündelung der Energien möglichst des ganzen Volkes einer Kolonie an, um sie auf das Ziel der staatlichen Unabhängigkeit auszurichten. Der Name der Bewegung, meist in griffiger Abkürzung, und das Bild des Führers wurden zu Kristallisationskernen für eine einsatzbereite Macht, deren Energie auf dem Gewicht der mobilisierten Masse (dieses Wort hier nicht im herablassenden gesellschaftstheoretischen Sinn gemeint, sondern einfach als physikalischer Begriff) beruhte. Ob die Einsatzbereitschaft durch den Verkauf von Partei-Mitgliedskarten bewerkstelligt wurde oder mit anderen, Afrika vertrauteren Methoden, spielt keine entscheidende Rolle.

Der Einsatz selbst konnte die Gestalt einer Demonstration annehmen, eines Streiks oder auch des für den in ländlicher Zerstreuung siedelnden Afrikaner mühsamen Aufgebots, am Wahltag zur Urne zu marschieren und in langer Schlange zu warten, bis er seinen Zettel in den Kasten stecken durfte. Die Spielregeln diktierte anfangs die Kolonialmacht, das Spiel machte schon frühzeitig die Befreiungsbewegung. Den örtlichen Vertretern der Fremdherrschaft, den Gouverneuren und (französischen) Kreiskommandanten oder (britischen) Distriktskommissaren, wurde Zug um Zug mit jedem neuen Einsatz der Boden ein Stück weiter entzogen, die Riemen der Transmission ihrer Macht zum Volk wurden ein wenig mehr geschmälert. Sie fügten sich, weil die Direktive aus dem Mutterland immer eindeutiger auf geordneten Rückzug hinauslief. Die Führer wußten genau, daß es darauf ankam, in den Augen der europäischen Meinungsmacher die Klaviatur moderner Politik, wie sie sie verstanden, möglichst glanzvoll zu spielen. Man brauchte dabei nicht unbedingt im Piano-Bereich pro-westlicher »Mäßigung« zu bleiben: es konnte sich sogar auszahlen, gelegentlich die Töne heftiger aufbrausen zu lassen, worin Nkrumah, Kaunda, Sekou Touré Virtuosität bewiesen.

Bestand ein grundsätzlicher Gegensatz zwischen radikalen Antikolonialisten, wie eben einige benannt wurden, und den gemäßigten Führern? Zum festen Bestand der neuen Imperialismustheorien, der Theorien des Neo-Kolonialismus und der Abhängigkeit gehörte es, afrikanische Staatschefs als »Brückenköpfe«, Handlanger oder gar Marionetten der weißen Mächte des Kapitalismus zu verdächtigen. Vielen geschieht dabei bitter Unrecht. Historische Forschung kann heute wohl in allen Fällen feststellen, ob eine afrikanische Partei im Zuge der Entkolonisierung aus eigener Kraft oder ob sie auf Betreiben der Kolonialmacht ans Ruder gekommen ist. Nicht einmal dann, wenn das letztere bewiesen ist, muß ein derart zustande gekommenes Regime auf alle Ewigkeit ein Befehlsempfänger fremder Herren bleiben. Tatsächlich versuchten die Kolonialverwaltungen, mehr oder (meist) weniger deutlich instruiert durch ihre heimischen Regierungen, gefügige Parteien den echten Befreiungsbewegungen entgegenzustellen. Ihre Namen sind aber zumeist nur den Spezialisten noch bekannt, da sie ohne Erfolg blieben. Im französischen Afrika zerschlug allein in Kamerun die Kolonialmacht in den Jahren 1955–1960 eine starke Befreiungsbewegung und tötete ihre bedeutendsten Führer: die *Union der Völker Kame-*

runs (UPC), die sich zum bewaffneten Kampf entschlossen hatte. Da das islamisierte Nord-Kamerun geschlossen von der UPC nichts wissen wollte, fiel es Frankreich leicht, von dort einen jungen Mann als politische Alternative aufzubauen, ihn an die Spitze der Regierung zu bringen und ihm die Unabhängigkeit zu überlassen. Aber da dieser Mann 1980 immer noch an der Spitze Kameruns steht, die UPC-Guerilla seit vielen Jahren niedergerungen hat und das Aufkommen neuer Opposition zu verhindern verstand, wobei Polizei und Justiz nur zwei unter vielen Mitteln sind, wäre es gefährlich, ihn einseitig als bloße Figur einer neokolonialen Fassade geringzuschätzen. Die Macht eines Ahmadou Ahidjo fließt auch aus afrikanischen Quellen, nicht nur aus den Interessen der einen oder anderen französischen »Kapital-Fraktion«.

Ähnlich ambivalent ist selbst die Entkolonisierung von Zaïre zu beurteilen. Patrice Lumumba, der im Jahre 1961 ermordete erste Premierminister, war sicher ein radikaler Nationalist, der vielen Mächtigen in der westlichen Welt, weit über Belgien hinaus, unbequem war. Sie bekämpften ihn, waren froh über seinen Sturz, und vielleicht werden wir eines Tages genau wissen, wer die Schuld an seinem Tod trägt. Es ist auch richtig, daß die von Lumumba geschaffene politische Organisation – die Kongolesische Nationalbewegung (MNC) – mit ihm starb. Aber der aktuelle Konflikt, über den Lumumba stürzte, war kein Zusammenstoß mit Belgien, sondern das Zerwürfnis zwischen ihm und dem Generalsekretär der Vereinten Nationen, Dag Hammarskjöld, über den Vollzug der internationalen Kongo-Operation, die Lumumba selbst veranlaßt hatte. Und der ihn an der Macht (zuerst im Hintergrund und seit 1965 im Lichte der Öffentlichkeit) abgelöst hat, Mobutu, stammt politisch aus dem MNC Lumumbas, mag auch sein Aufstieg diskret mit Geld und Waffen der CIA abgestützt worden sein. Nicht einmal dieses einigermaßen klägliche Regime von Zaïre, das vor den Aufgaben und Chancen afrikanischer Unabhängigkeit trotz aller Reichtümer des Landes versagt, darf in Bausch und Bogen aus dem Kapitel der Befreiungspolitik gestrichen werden.

Die Methoden der gewaltfreien Bewegungen Afrikas haben den Völkern dieser Staaten mit Sicherheit Opfer in Gestalt von Blutvergießen, Flüchtlingselend und Zerstörungen erspart. Sie haben aus diesen Völkern politische Energien in ausreichender Stärke und über genügend lange Zeit freigesetzt, um die Kolonialmächte zum Abzug zu veranlassen. Daß diese Methoden regelmäßig den politischen Arsenalen Europas entlehnt wurden – Partei-Organisationen, Wahlkämpfe, Streiks, *public relations* –, war Absicht der afrikanischen Führer, denn sie wollten ja europäische Gegenspieler beeinflussen. Die Methoden waren zu diesem Zweck wirksam. Als Irrtum erwies sich nur die menschlich verständliche Erwartung der neuen Herren Afrikas, mit denselben Methoden später auch die Probleme der Unabhängigkeit automatisch meistern zu können.

Die bewaffneten Befreiungsbewegungen, zuerst in Algerien, dann im portugiesischen und im übrigen südlichen Afrika, schrieben ein neues Kapitel der Geschichte. Einige unter ihnen – vor allem der südafrikanische ANC – sind zwar aus legal operierenden Antikolonialbewegungen hervorgegangen, die genau dem bisher beschriebenen friedfertigen Typ entsprachen. Gerade der ANC folgte bis weit in die fünfziger Jahre hinein einer zurückhaltenden und gemäßigten Führung. Sein damaliger Präsident Albert John Lutuli, Träger des Friedens-Nobelpreises, ist mit Recht als Symbol der Gewaltlosigkeit auch in Deutschland noch in Erinnerung. Vielleicht ist ihm der Verzicht auf die Waffen persönlich schwergefallen: die Geschichte seiner »Landsmannschaft«, der Zulu, ist vornehmlich Kriegsgeschichte. Dennoch gingen die Protest-Aktionen des ANC (und ebenso der von Joshua Nkomo geführten schwarzen Politik Rhodesiens) bis 1960 nie über das hinaus, was Nkrumah oder Azikiwe in Westafrika taten. Die Reden des Dr. Hastings Banda in Malawi, der heute wegen seiner Zusammenarbeit mit dem weißen Südafrika als Erz-Neokolonialist gilt, klangen erheblich aufreizender.

Es ist bekannt, daß die schwarze Politik in Südafrika und Rhodesien, ebenso wie früher die moslemische Politik in Algerien, auf taube Ohren bei den weißen Herren stieß. In Portugiesisch-Afrika konnte unter der Salazar-Diktatur von vornherein keine oppositionelle Politik, geschweige denn schwarze Befreiungspolitik, legalen Ausdruck finden. Die Folge war in allen diesen Ländern der Entschluß zur Befreiung durch bewaffneten Kampf. Damit stellten sich neue, in Afrika vorher unbekannte Fragen der politischen Organisation und Strategie.

Die Erfahrung bewies sofort, daß der Versuch einer unmittelbaren Mobilisierung von Massen zum bewaffneten Aufstand, analog zu den Demonstrations- und Streikappellen der gewaltlosen Befreiungsbewegungen, scheitern mußte. Die algerische FLN unternahm einen solchen Versuch nie, beschränkte freiwillig die offene militärische Aktion, Eroberung und Konsolidierung befreiter Zonen 1954/55 auf schwer erreichbare Gebirgsmassive, versuchte allerdings auch in den Städten unter der Oberfläche französischer Herrschaft einen effektiven politischen Apparat aufzubauen und militärische Schlagkraft wenigstens durch terroristische Attentate zu beweisen. Selbst das mißlang der FLN: 1957/58 schlug die französische Armee sie in der Hauptstadt Algier unter Einsatz ebenso terroristischer Folter von Gefangenen. Im Norden Angolas gelang es im März 1961 der *Volksunion* (UPA) Holden Robertos, die sich aus dem Bakongo-Volk rekrutierte, breite Massen tatsächlich zum spontanen Aufruhr zu bewegen. Wiederum erwies sich der Gegenterror der besser organisierten kolonialen Streitkräfte als überlegen, die Revolte wurde niedergeschlagen. In Südafrika endeten die Sabotage-Akte des *Speeres der Nation* (Gewalt nur gegen Sachen, nicht gegen Menschen!), mit denen eine jüngere ANC-Führungsmannschaft um Nelson Mandela die weiße Regierung zum Einlenken zwingen wollte[14], im Juli 1963 mit dem Verrat des Hauptquartiers der Insurgenten an die Polizei und der Verhaftung ihrer gesamten Führung, 17 Personen, auf einen Schlag.

Alle kriegführenden Befreiungsbewegungen gingen nach derartigen Rückschlägen in einer zweiten Phase zu der Strategie des »Volkskrieges« über, die 1954 in Vietnam den Sieg über Frankreich gesichert hatte und dort zwanzig Jahre später selbst die Supermacht USA zum Rückzug zwang: zusätzlich zur Guerilla stellten sie in Sicherheitszonen, die dem Zugriff des Gegners entzogen waren, reguläre Truppen auf. Während des ersten Vietnamkrieges lagen diese Zonen auf dem vietnamesischen Territorium selbst, wenn auch angelehnt an die chinesische Grenze; in Afrika lagen sie jenseits der Grenzen des umkämpften Landes, auf dem Gebiet »befreiungsfreundlicher« Nachbarstaaten. Wenn nun noch ausreichend technische Hilfe einer kompetenten Militärmacht für die Ausrüstung und das Training der Befreiungsarmee gewonnen werden konnte, dann verschaffte diese Strategie der Bewegung erhebliche militärische und folglich auch politische Vorteile gegenüber dem in die Verteidigung gedrängten, zu langfristiger Kriegsanstrengung gezwungenen kolonialen Gegner.

Aber solchen Vorteilen standen auch Belastungen gegenüber. In der zweiten Phase des Volkskrieges sah sich die Befreiungsorganisation um so stärker in ihrer inneren Geschlossenheit bedroht, je länger diese Phase andauerte. Denn mindestens zwei, in besonderen Fällen sogar drei oder vier getrennte Apparate mußten ein Eigenleben entfalten und drohten, unterschiedliche Führungsspitzen auszubilden: Erstens die politische Exil-Organisation, in der Regel geführt von früher legal operierenden Zivilpolitikern aus der alten Heimat; zweitens das militärische Kommando der in den Sicherheitszonen aufgestellten regulären Truppe; wo ein Guerilla in der Heimat aktiv blieb, kam noch drittens das Kommando dieser im Untergrund oder in befreiten Gebieten isoliert von den Sicherheitszonen operierenden Kämpfer hinzu; wo die weiße Kolonialmacht nicht alles unterdrückte, was auch nur entfernt an afrikanische Politik erinnerte, mußten viertens im Lauf der Jahre neue Gruppen entstehen, die wiederum im Rahmen der kolonialen Legalität als Wortführer des schwarzen Volkes auftraten.

Alle diese Entwicklungen bringen Führungsmannschaften hervor, die in Gefahr sind, ihre Energien mehr beim Austragen der Rivalität untereinander zu verschleißen, als sie gegen den gemeinsamen Feind zu richten. Neuerliche Verbotswellen führen zur Emigration einer weiteren Generation schwarzer Politiker und verstärken die Spaltungstendenz. In Algerien konzentrierten sich die Spannungen innerhalb der FLN auf den Gegensatz zwischen den im Lande verharrenden Kommandeuren des »Maquis« (das heißt der Guerilla in den Bergen) und dem Generalstab der »Äußeren Armee« (in Tunesien und Marokko) unter dem späteren Präsidenten Houari Boumedienne. Die französische Armee tat natürlich ihr Möglichstes, um personellen Austausch zwischen Maquis und Ausland zu sperren, wodurch die Rebellion nicht nur im Inneren militärisch geschwächt, sondern auch der Zwist unter ihren Führern geschürt wurde. Gesiegt hat am Ende der Boumedienne-Generalstab.

Auch in der mozambikanischen FRELIMO ging nach der Ermordung ihres Gründers Dr. Eduardo Mondlane, der am 3. Februar 1969 im tanzanischen Exil starb, die Führung an den militärischen Kommandeur Samora Machel über, der allerdings auch die befreiten Gebiete nahe der Grenze Tanzanias kontrollierte und deshalb keinen Guerilla-Offizier gegen sich aufkommen ließ. In Angola entschied der Zivilist Agostinho Neto den Machtkampf gegen Daniel Chipenda, der bis dahin direktere Verfügungsgewalt über die »Außen-Armee« der MPLA in Zambia besessen hatte, 1975 für sich. In der PAIGC (Guinea-Bissau und Kapverden) konnte die Ermordung des Generalsekretärs Amilcar Cabral im Exil in Conakry (durch meuternde Soldaten seiner Armee) die Machtstrukturen nicht umstürzen: der politische Apparat der Partei setzte sich trotz des Verlustes seines besten Kopfes weiter durch, bis zum Sieg über die Portugiesen.

Besonders dramatisch wirkten und wirken sich die inneren Zerwürfnisse, die nicht als Zufallsergebnisse menschlicher Schwäche, sondern als strukturbedingt und deshalb unausweichlich angesehen werden sollten, auf die Befreiungsbewegungen Zimbabwe/Rhodesiens und Südafrikas aus. Die Exilgeschichte der ZANU, unter deren Flagge Robert Mugabe 1980 das massive

Vertrauensvotum des schwarzen Volkes erhielt, ist ein Beispiel dafür. Der Gründer der ZANU, Ndabaningi Sithole, verlor die Kontrolle über den Exilapparat, weil er selbst 1964 das rhodesische Gefängnis dem Exil vorzog. Als er endlich 1975 freikam, drängten ihn neue Männer ins Abseits einer vorzeitigen Aussöhnung mit der weißen Macht, die Sithole ruinierte. Wer am 18. März 1975 dem neuen ZANU-Führer Herbert Chitepo in Lusaka (Zambia) die Bombe unter das Auto schob, die ihn tötete, blieb ungeklärt. Erst danach stieg Mugabes Stern empor. Die Patriotische Front, zu der sich Mugabe, vorsichtshalber von einem neuen Exil in Mozambique aus, mit dem weiter in Lusaka residierenden Joshua Nkomo verband, war immer eine kontrollierte Rivalität, kein Bündnis. Jede Partei behielt ihre eigene Armee: Nkomos ZAPU ließ ihre Truppe Gewehr bei Fuß in den Sicherheitszonen stehen, nachdem sie sich 1967 bei einem konventionellen Einfall in Rhodesien, den sie gemeinsam mit dem südafrikanischen ANC ausführte, blutige Köpfe geholt hatte. Die ZANU dagegen schickte ihre Kommandos seit 1972 nach Rhodesien hinein, wo sie sich als unausrottbare Guerilla festsetzten.

Einig waren sich ZANU und ZAPU nur gegen den gemeinsamen Rivalen Bischof Muzorewa. Als die historischen Führer der schwarzen Befreiungspolitik, Nkomo und Sithole, noch in Haft saßen, hatte der Bischof sich Ende 1971 überreden lassen, auf der Ebene der kolonialen Legalität dem schwarzen Volk erneut eine Stimme zu geben. Sie wurde dringend benötigt, um Großbritannien klarzumachen, daß die Mehrheit der Einwohner Rhodesiens den damals gerade ausgefeilschten faulen Kompromiß mit dem weißen Rebellen-Regime Ian Smiths verwarf. Muzorewa hatte bei dieser Aufgabe vollen Erfolg. Er war keine Marionette der Weißen – weder der in London noch der in Salisbury. Er wählte die gleiche gewaltfreie Strategie für die Befreiung des schwarzen Zimbabwe, die in Dutzenden von Ländern nördlich des Sambesi zum Ziel geführt hatte. Muzorewa scheiterte 1980 daran, daß er den Widerspruch seiner Politik zur Guerilla-Präsenz der ZANU/ PF nicht aufzuheben verstand, wie es unter freilich ganz anderen Bedingungen 1963 Jomo Kenyatta gelungen war, die Kampftradition der *Mau-Mau* in seine Verhandlungsstrategie einzubauen. Vor die demokratische Wahl gestellt zwischen einem Muzorewa, der mit Ian Smith halbwegs einig geworden war, und einem Mugabe, dessen Soldaten unbesiegt in die Waffenstillstandslager zogen, votierte das schwarze Volk Zimbabwes zu 63 % für die Träger des bewaffneten Befreiungskampfes.[15] Nkomo kam nicht über eine massive Unterstützung bei seinen engeren Landsleuten, dem Ndebele-Volk, hinaus. Seine Strategie, nach algerischem Vorbild die reguläre Truppe der ZAPU für den Tag X intakt aufzusparen, mag ihm von sowjetischen Freunden geraten worden sein, das Volk hat er damit nicht begeistert.

In Südafrika war bis 1975 keine Führung eines Volkskrieges möglich, da keine Sicherheitszonen unmittelbar jenseits der Landesgrenzen zur Verfügung standen. Keine Befreiungsbewegung versuchte, eine Guerilla ohne diese Rückendeckung auszulösen. Seit 1975 bietet Mozambique theoretisch die Möglichkeit, eine »Außen-Armee« zu stationieren, und 1980 trat Zimbabwe hinzu, alsbald vielleicht ein von der SWAPO regiertes Namibia. Die »Außen-Armee« des ANC existiert seit langem, vermutlich vor allem in Zambia und Tansania, mit den gleichen sowjetischen Gewehren bei Fuß wie die ZAPU-Armee Nkomos. Auch der rivalisierende PAC besitzt militärische Verbände, die aber erheblich schwächer sind.

Wenn heute noch keine Guerillakämpfe und noch kein Grenzkrieg gegen die weiße Republik Südafrika ausgebrochen sind, dann liegt das nicht etwa daran, daß die traditionellen, 1960 ins Exil getriebenen Befreiungsbewegungen auf den bewaffneten Kampf verzichtet hätten. Es liegt vielmehr offensichtlich vor allem am Zögern der Regierung von Mozambique, durch Gastfreundschaft für eine ANC-Armee nahe der südafrikanischen Grenze die Vergeltung der gefürchteten Wehrmacht des weißen Südafrika auf sich zu ziehen, während doch der Hafen von Maputo bisher so schön durch südafrikanische Techniker in Funktion gehalten wird und der Staatshaushalt das Gold Südafrikas, das für die Arbeit der mozambikanischen »Gastarbeiter« direkt an die marxistisch-revolutionäre FRELIMO-Regierung gezahlt wird, so gut gebrauchen kann. Für dieses Zögern Samora Machels mag aber mit ein Grund sein, daß die schwarze Befreiungsbewegung aus Südafrika innerlich so zerstritten ist, daß eine Lähmung ihrer Handlungsfreiheit kaum ausbleiben kann. Vorherrschend ist dabei der Gegensatz zwischen den nunmehr seit zwanzig Jahren im Ausland agierenden Führungskadern des ANC und des PAC auf der einen Seite (bei hartnäckiger Feindschaft untereinander) und auf der anderen Seite den seit 1960 nachgewachsenen Generationen schwarzer Befreiungspolitiker im Innern Südafrikas.

Die weißen Regenten in Pretoria waren immer klug genug, einige Ventile politischer oder politisierter kultureller Aktivitäten für ihre schwarzen Landsleute ein klein wenig geöffnet zu lassen. Mehrere verschiedene Ventile müssen es sein, das ist entscheidend. Das Schema der »großen Apartheid« dient seit jeher diesem Zweck. Bis heute halten selbst *verligte*, also angeblich aufgeklärte Führer des weißen Afrikaner-Volkes daran fest, daß Südafrika aus »neun schwarzen Nationen, den Leuten asiatischer Herkunft, den farbigen Leuten und den Weißen« besteht.[16] Das bedeutet neun separate »schwarze Staaten« – früher sagte man »Bantu-Heimatländer« – mit je einem Premierminister.

Einige Schwarze machen dabei mit und haben sogar politische »Unabhängigkeit« aus den Händen der Weißen entgegengenommen, als Vorreiter Kaiser Matanzima für Transkei (eines von zwei Heimatländern der Xhosa) im Oktober 1976. Er mag sich subjektiv ehrlich als Befreier seiner engeren Landsleute verstehen; die OAU und die Vereinten Nationen, auch die meisten anderen schwarzen Politiker Südafrikas, im Exil und daheim, verurteilen ihn als einen Spalter der Nation. Mindestens einer unter den acht verbleibenden Spitzenvertretern, die im Inneren Südafrikas für die Schwarzen sprechen dürfen, versucht seit 1975, sein »Bantustan« als Plattform für eine Aktivität zu benutzen, die ein neuerlicher Versuch gewaltfreier Befreiungspolitik für das schwarze Volk ganz Südafrikas sein soll: Gatsha Buthelezi, der Ministerpräsident von Kwazulu. Sein Instrument dafür ist *Inkatha YeNkululeko YeSizwe*, der »Verband zur Befreiung der Nation«, 1975 aus einer kulturellen Landsmannschaft der Zulu entstanden. Buthelezi macht in Rede und Schrift ganz klar, daß er unter der Nation, die befreit werden soll, nicht allein die Zulu versteht, sondern das ganze schwarze Volk von Südafrika. Die Frage ist nur, ob die Nicht-Zulu bereit sind, darauf einzugehen, vor allem die junge Generation der etwas besser Gebildeten. Inkatha beruft sich stolz auf eine Mitgliederzahl von 150 000; das wäre die gleiche Größenordnung wie die ca. 100 000, die der alte ANC auf dem Höhepunkt des gewaltfreien Kampfes unter Lutuli in den fünfziger Jahren für die Zahlung eines Mitgliederbeitrages gewinnen konnte. Aber die Sprecher der schwarzen Intellektuellen in den Kasernierungsgebieten der Industriestädte (Soweto und anderen), die seit etwa 1970 unter der Parole *Black Consciousness* (Schwarzes Bewußtsein) hervortreten, bestreiten erbittert jeden Einfluß von *Inkatha* auf die städtischen Massen außerhalb des Zulu-Volkes; für sie ist Tatsha Buthelezi ein Verräter der Befreiung, dem, da er mit der weißen Herrschaft kollaboriert, das gleiche Los bevorsteht wie Bischof Muzorewa in Zimbabwe. Wer hat recht? Die Atmosphäre des repressiven Polizeistaates, der Südafrika unbestreitbar für seine schwarzen Einwohner ist, macht es unmöglich, eine Antwort zu erkunden. Auch professionelle Meinungsumfragen können in dieser Atmosphäre keine zuverlässigen politischen Ergebnisse liefern.[17]

Inkatha und die Bewegung *Black Consciousness* schaufeln, beide auf dem höchst dünnen und brüchigen Boden der von der weißen Polizei gerade noch tolerierten Legalität stehend, viel eifriger an dem Graben, der sie trennt und über den hinweg sie sich nur noch zu beschimpfen scheinen, als am Grabe der weißen Herrschaft. Das liegt ebenfalls nicht an persönlichen Schwächen eines Gatsha Buthelezi oder des einen oder anderen selbstbewußten schwarzen Intellektuellen, sondern es liegt an den Gegebenheiten afrikanischer Befreiungspolitik gegen das weiße Südafrika.

Im Oktober 1977 hat die weiße Regierung fast alle organisierten Gruppen der Bewegung *Black Consciousness* verboten. Einige Sprecher flohen ins Ausland; dort entschlossen sich die meisten von ihnen nach längerem Zögern, eine eigene Exilvertretung aufzubauen. Das bedeutet, sie konnten weder beim ANC noch beim PAC noch bei einer 1975 vom ANC abgespaltenen antisowjetischen Gruppe ihren Platz finden. Die Zersplitterung der südafrikanischen schwarzen Exilpolitik geht weiter. Nur an zwei Knotenpunkten dieses Geflechts scheint kein Zank zu herrschen:

1. Noch nie hat man gehört, daß es in der Exilorganisation des ANC, die sich seit 1969 eng an die moskautreue Südafrikanische Kommunistische Partei (SACP) anlehnt, einen Konflikt zwischen Zivilisten und Militärs gegeben hätte. Die von Lenin definierten und praktizierten Prinzipien der Machtkonzentration auf die zivile Parteispitze, »Demokratischer Zentralismus« genannt, haben sich im ANC offensichtlich bewährt.

2. Der Exil-ANC und Gatsha Buthelezis *Inkatha* schonen sich gegenseitig. Das ist vor allem in der international verbreiteten Kampfliteratur des ANC, die sonst bei der Beschimpfung der Bantustan-Kollaborateure kein Blatt vor den Mund nimmt, so deutlich, daß es einen politischen Grund haben muß. Buthelezi, der selbst in seiner Jugend vor 1960 im ANC aktiv war, benutzt die Farben dieser klassischen Befreiungsbewegung des schwarzen Südafrika und erklärt damit *Inkatha* zum Nachfolger des alten ANC der Lutuli-Jahre.

Beweise für eine organisatorische Zusammenarbeit von Exil-ANC und Inkatha gibt es nicht. Aber in der Zukunft wird sehr viel davon abhängen, ob es vielleicht doch schwarzen Politikern gelungen ist, über die Kluft von Jahrzehnten hinweg einen gewaltfreien Befreiungskampf im Innern mit dem Aufbau einer Exilpolitik zu koordinieren, die sich militärisch rüstet und auf den bewaffneten Kampf als *Ultima ratio* zum Sturz der weißen Herrschaft schwört.

imperative
essential

Nur dort, wo weißer Widerstand gegen die Befreiung der Völker Afrikas so zäh und grundsätzlich war, daß die afrikanischen Bewegungen nicht hoffen konnten, ihn durch gewaltfreie Aktionen zu überwinden, haben sie sich notgedrungen der kriegerischen Variante der Befreiungspolitik verschrieben. Der weiße Widerstand in Algerien und im südlichen Afrika muß deshalb grundsätzlich anders eingeschätzt werden als die Rückzugsgefechte der Kolonialmächte in den übrigen Ländern des Erdteils. Die Tatsache, daß in Algerien, Südafrika und Rhodesien/Zimbabwe erhebliche weiße Minderheiten lebten bzw. leben, hilft zur Erklärung des Unterschiedes mit, ist aber nicht entscheidend gewesen. Mozambique und Guinea-Bissau waren nie weiße Siedlungskolonien, auch in Angola hatten die weißen Siedler keinen politischen Einfluß; auf der anderen Seite haben sich in Kenia, Zambia, Marokko und Tunesien die Kolonialmächte trotz der Existenz weißer Siedler gewaltfrei mit den afrikanischen Befreiungsbewegungen arrangiert.

Wo also liegt der Kern des Unterschieds? Wohl in der Natur dessen, was die bedrängten weißen Herren zu bewahren versuchten, was sie in erster Linie als bewahrenswert begriffen. Denn sicher haben die Politiker und die gesellschaftlichen Kräfte in Großbritannien, Frankreich und Belgien auch dort etwas behalten und behaupten wollen, wo sie um das Jahr 1960 ihre Flaggen ohne nennenswerten Widerstand einzogen. Das war der wirtschaftliche Einfluß, teilweise vermittelt auch über fortbestehende Kulturbeziehungen, vornehmlich die Amtssprachen Englisch und Französisch und das in der Kolonialzeit begründete Schulwesen. Konkret bedeutet das in afrikanischen Gesellschaften, bei denen die Kolonisation bestimmte enge Sektoren durch Modernisierung von der westlichen Industriegesellschaft abhängig gemacht und den verbleibenden, viel breiteren Sektor der »traditionellen« Lebensweise in seinen Grundfesten erschüttert hatte: weiteren Zugriff der westlichen Industriewirtschaft auf die Bodenschätze Afrikas, in zweiter Linie weitere Versorgung der westlichen Verbraucher mit den agrarischen Rohstoffen aus Afrika, und zwar zu Bedingungen nach den Interessen und Wünschen des Westens. Die Kehrseite dieses althergebrachten »Kolonialpakts«, die Öffnung Afrikas für den Absatz westlicher Industrieerzeugnisse, erschien vollends unproblematisch, da die erfolgreichen Befreiungsbewegungen Afrikas selbst es waren, die ihren Völkern das bessere moderne Leben versprachen und deshalb darauf drängten, dem Westen zwar nicht mehr Glasperlen und billigen Schnaps, jedoch seine Fabrikeinrichtungen, Autos, sein technisches Wissen und als Zugabe immer noch viel zu viel teuren Schnaps abzukaufen. Um diese Waren einigermaßen bezahlen zu können, mußten die neuen Regierungen Afrikas sich geradezu daran klammern, die wenigen Produkte, die ihre Bauern und Arbeiter erzeugen, auf den Weltmärkten zu verkaufen. Sie mochten darüber klagen, daß sie nur über Rohstoffe, pro Land oft nur über einen oder wenige davon, verfügten; ändern konnten sie im Moment daran nichts und sich »abkoppeln« erst recht nicht, da sie ja ihre Sozialprogramme auf konfliktfreie Modernisierung aufgebaut hatten.

Offensichtlich waren die entscheidenden Leute im Westen in der Ära der raschen Entkolonisierung Tropisch-Afrikas um 1960 überzeugt, die politische Befreiung werde ihren wirtschaftlichen Interessen nicht schaden. So ist es dann ja auch gekommen. Das befreite Afrika hat sich aus eigenem Antrieb und zu Bedingungen, die in erster Linie die althergebrachten Regeln des Wirtschaftsaustauschs festschreiben, erst in zweiter Linie hier und dort etwas reformieren, an jenes Westeuropa gebunden, in dem seine ehemaligen kolonialen »Mutterländer« mit den Ton angeben. Das ist die heutige Situation. Ob sie nach 1980 noch für eine längere Zukunft stabil bleiben kann, wird im folgenden zu erörtern sein.

In einigen Ländern Afrikas waren aber die gesellschaftlichen Ausgangsbedingungen anders. Vor allem Algerien und Südafrika waren zum Zeitpunkt des Aufbruchs einheimischer Befreiungsbewegungen nach 1945 schon bis zu einem gewissen Grade industrialisiert, zumindest war der moderne Sektor breiter, dadurch auch, jedenfalls in Südafrika, gegenüber der europäischen Metropole selbständiger. Der »traditionelle« Sektor der einheimischen Gesellschaft war dagegen sichtlich schlimmer betroffen als im tropischen Afrika. Seine Sozialsicherungen funktionierten nicht mehr, die auf die menschlichen »Müllhalden« der südafrikanischen Bantu-Heimatländer und der algerischen Gebirge abgedrängten Kleinbauern verelendeten im gleichen Rhythmus mit den Arbeitslosen der Slums oder Bidonvilles.

Für die Befreiungsbewegungen führte das dazu, daß sie keine halbwegs intakten Bauern-Gesellschaften zur Verteidigung erhaltenswerter Restbestände ihrer gewohnten Lebensqualität mehr mobilisieren konnten. Sie mußten sich darauf konzentrieren, Industriearbeiter (neben den Arbeitslosen) zur Aktion aufzurufen. Streiks und andere Verweigerungen (etwa die südafrikanische *Defiance Campaign*) berührten die Interessen industrieller Unternehmer direkt; in Tropisch-Afrika dagegen betrieben die kolonialen Handelshäuser und Bergbau-Konzerne nur am Rande irgendwelche Geschäfte mit den einfachen Bauern.

Vor allem jedoch scheuten die Politiker der weißen Welt vor der Perspektive zurück, die Kontrolle der halbindustrialisierten Gesellschaften Algeriens und Südafrikas den Einheimischen zu überlassen. Sie befürchteten, dann würden die Maschinen zum Stillstand kommen – nicht aus böser Absicht, sondern aus Mangel an sachkundiger Wartung. Afrikanische Volksführer waren in den Augen vieler westlicher Politiker vermutlich nur qualifiziert, eine Nation von Subsistenz-Bauern, bestenfalls von Kakao-Pflanzern zu regieren; schlug ein solches Experiment fehl und ging der Kakao-Export zurück, dann litt in Europa nur die Schokoladen-Industrie, und die steht nicht an der Spitze der Wirtschaftsmächte. Den Afrikanern dagegen die Goldbergwerke Südafrikas oder die gerade entdeckten Öl- und Erdgasfelder Algeriens zu überlassen, war eine andere Sache.

Deshalb hat Frankreich sieben Jahre lang um Algerien gekämpft, deshalb wird das weiße Südafrika kämpfen. Warum allerdings Portugal seine Kolonien in einem aufreibenden Krieg behaupten wollte, bis die eigene Armee 1974 der Blutopfer überdrüssig war, ist nicht so einfach zu erklären. Vermutlich fehlte dem Diktator Salazar und seinem Nachfolger Caetano das Vertrauen in die Wirtschaftskraft der eigenen Nation, das die Regierungen Frankreichs, Englands und auch Belgiens besaßen: Wenn Portugal seine Flagge streicht, so fürchteten sie, würden andere, kapitalkräftigere Nationen des Westens auch die ökonomischen Interessen Portugals aus Angola und Mozambique verdrängen. Warum sie aber glaubten, der schwachen und armen portugiesischen Nation einen jahrelangen Krieg zumuten zu können, ist trotzdem rätselhaft.

In Paris und in Pretoria kamen bzw. kommen sicher politische Gründe und Gefühle zu den finanziell-wirtschaftlichen Kalkulationen hinzu, um den Entschluß zum bewaffneten Widerstand gegen die Entkolonisierung zu untermauern. Es fällt schwer, einsichtig zu machen, warum Großbritanniens Bevölkerung sich mit dem Erlöschen britischer Weltmacht kampflos abfand, während die Franzosen immerhin mehrere Jahre Krieg führten, um aus dem Traum nicht erwachen zu müssen, wonach »das Mittelmeer durch Frankreich fließt, wie die Seine durch Paris«. Dagegen ist in Südafrika deutlich, daß das weiße Volk die Behauptung seiner politischen Herrschaft über das schwarze unmittelbar als lebensnotwendig betrachtet.

Der innerste Kern des politischen Systems, das unter dem Kürzel »Apartheid« bekannt wurde, ist nicht die soziale Diskriminierung von Menschen nach ihrer Hautfarbe, auch nicht die räumliche Segregation der »Rassen« und nicht die wirtschaftliche Schlechterstellung der Schwarzen. Diese Elemente gehören zur Apartheid, aber die Regierung des weißen Südafrika kann sie verändern, abschwächen, in bestimmten Bereichen sogar aufheben, ohne sich selbst aufzugeben. Der Kern ihrer Herrschaft besteht in der Verweigerung politischer Macht. Das schwarze Volk Südafrikas wird grundsätzlich und vollständig von der Verfügungsgewalt über sein Land ausgeschlossen: nur am Rande, fern von den Knotenpunkten des Lebens der Nation, ist die zehnfach[18] zersplitterte Souveränität »Schwarzer Staaten« vorgesehen, die auch nach den Konsolidierungsplänen in keinem Fall über ein geschlossenes Territorium verfügen werden.

Man kann mit gutem Recht behaupten, daß die Souveränität der meisten Staaten Afrikas auf tönernen Füßen steht; man kann dieses Argument steigern für die schwachen Nachbarn der Republik Südafrika – Lesotho, Swaziland, Botswana –, die es nur historischen Zufällen verdanken (zum Beispiel der diplomatischen Geschicklichkeit eines Herrschers im 19. Jahrhundert), daß sie nicht ebenso vom internen Kolonialismus der weißen Afrikaner überrollt wurden wie die Zulu oder Xhosa. Noch ein erhebliches Stück weniger souverän sind aber Transkei und die übrigen »Schwarzen Staaten«. Diese Feststellung ist unabhängig von den Doktrinen, die das Afrika der OAU international durchgesetzt hat und die eine diplomatische Anerkennung der Bantustan-Unabhängigkeit weltweit verhindern. Sie wird hier nur im Zuge des Arguments getroffen, Kern der Apartheid sei die Verweigerung politischer Macht an das schwarze Volk Südafrikas. Die Schein-»Befreiung« der Bantustans kann es nicht entkräften, denn nicht sie bilden das Lebens- und Arbeits-Territorium des schwarzen Volkes. Sie sind nur der Hinterhof. Der legitime Selbstbestimmungsanspruch des schwarzen Volkes richtet sich auf ganz Südafrika.

Das weiße Volk Südafrikas beansprucht Souveränität auf exakt demselben Gebiet, abzüglich der Bantustans; es hat dieses Territorium erobert und sich als einheitliche Staatsnation spätestens 1910 konstituiert, als Großbritannien die Südafrikanische Union mit innerer Autonomie ausstattete. Der gesellschaftliche und wirtschaftliche Lebenszusammenhang des weißen Volkes erstreckt sich ebenfalls über ganz Südafrika. Hier prallen zwei einander ausschließende Souveränitäts-Ansprüche aufeinander, und das schwarze wie auch das weiße Volk sind von der Legitimität ihres Anspruches, folglich von der Gerechtigkeit ihres Kampfes, fest überzeugt. Bisher hat sich das weiße Südafrika behauptet: im Inneren geschieht das durch eine rigorose Gesetzgebung und Justiz, die das Fundament der Apartheid immer fester zementiert – eben den Ausschluß des schwarzen Volkes von jeder politischen Gewalt.

Die Wurzeln dieser Repression mit legalen Mitteln reichen Jahrhunderte tief in die Geschichte Südafrikas, die Nationale Partei hat sie seit ihrem Wahlsieg von 1948 nur in ein klares logisches System gebracht. Die Einzelheiten der Gesetzesverflechtung, die Statistiken über Todesurteile und Schilderungen anderer Taten der Justiz sind in der Spezialliteratur nachzulesen. Politisch zentral ist die Vorenthaltung des Wahlrechts zum Parlament. Denn die politische Verfassung des weißen Südafrika ist nach wie vor (wenn auch durch wuchernde Polizeigewalt bedroht) die einer bürgerlichen Demokratie, das Parlament ist Schwerpunkt der Gewalten. Die Regierung der Nationalen Partei hat die Wählerlisten von den wenigen schwarzen und anderen »nicht-weißen« Wählern gesäubert, die sich unter dem Einfluß liberaler britischer Kolonialtraditionen vor 1948 dort »eingeschlichen« hatten. Alle anderen Facetten der Apartheid-Politik lassen sich hieraus ableiten, und an diesem Fundament will auch in der neuen Ära des Premierministers Botha niemand, der im Staate etwas zu sagen hat, rütteln.

Schwarze Politik wird, wie bereits erwähnt, nicht total unterdrückt. Bis 1960 durfte der ANC sich öffentlich betätigen. Die Vereine der Bewegung *Black Consciousness* wurden erst nach rund sieben Jahren verboten. Die *Inkatha* Gatsha Buthelezis wird bisher toleriert. Unter dem Mantel christlicher Kirchen wagen sich 1980 wieder neue Sprößlinge der *Black Consciousness* ans Tageslicht (der kirchliche Mantel hat allerdings die südafrikanische Polizei noch nie am Zugreifen gehindert). Es gibt Gewerkschaften der schwarzen Industriearbeiter, sie waren nur bisher vom Abschluß der Tarifverträge ausgesperrt, aber das ist eine der sozio-ökonomischen Abschirmungsmaßnahmen, die man ändern kann und vermutlich ändern wird, ohne den Kern der Apartheid zu gefährden. Beim Studium der südafrikanischen Politik gewinnt man den Eindruck, daß die weiße Regierung bewußt seit Jahrzehnten genau so viel schwarze Politik erlaubt, wie nötig ist, um das Heranwachsen einer neuen Generation schwarzer Politiker zu beobachten. Regelmäßig werden dann, wie ein Rasenmäher, Gesetzgebung und Justiz in Gang gesetzt, und die Spitzen jeder schwarzen Generation verschwinden im Exil oder im Gefängnis; einige Aktivisten enden auf dem Schafott.

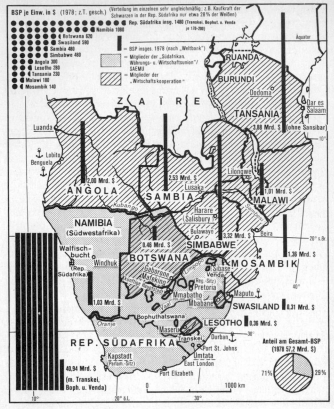

Abb. 13: *Die Republik Südafrika und ihre Nachbarn*

So erfolgreich für die weißen Herren Südafrikas bisher diese Strategie innenpolitischer Behauptung war (noch mit dem Aufruhr in Soweto und anderen schwarzen Städten sind sie 1976 ohne spürbare Anstrengung fertig geworden), so viele Rückschläge mußte Südafrika seit 1974 bei den Bemühungen einstekken, sich außenpolitisch abzusichern. Es war Premierminister Vorster, der um das Jahr 1970 als erster die Notwendigkeit einer solchen äußeren Absicherung erkannte; vorher hatte das weiße Südafrika die drohende Befreiungspolitik der OAU und die militärischen Rüstungen der Exilbewegungen nicht ernst genommen. Vorster setzte eine Doppelstrategie ein: er wollte einerseits, in

380

Umkehrung der Volkskrieg-Lehren von Vietnam, einen Gürtel von Sicherheitszonen um Südafrika legen, ein militärisch beherrschtes Glacis, in dem sich die Angreifer verbluten würden, ohne daß die Kampfhandlungen Südafrika selbst schädigen könnten. Zu diesem Zweck stärkte er Portugal den Rücken, in Angola und Mozambique weiterzukämpfen, half er 1965 den weißen Rhodesiern bei ihrer Rebellion gegen die britische Entkolonisierungspolitik, hielt er an Südwestafrika/Namibia fest. Andererseits bot Vorster den Staaten der OAU einen Dialog an, der auf Verständigung abzielte. Mit dem Angebot wirtschaftlicher Hilfe wollte er erreichen, daß die OAU das politische Machtmonopol der Weißen in Südafrika genauso hinnimmt und unter den Schutz ihrer Charta stellt, wie sie das Machtmonopol von Einheitsparteien, Militär-Juntas oder Diktatoren in gewissen afrikanischen Ländern nördlich des Sambesi hingenommen und geschützt hat. Auch in den Vereinten Nationen gilt ja die Einmischung in innere Angelegenheiten eines souveränen Staates im allgemeinen als unfein. Vorsters Ansinnen war also nicht ganz unlogisch.

Dennoch war in der OAU niemand bereit (auch nicht die ursprünglichen Befürworter des Dialogs um Houphouet-Boigny), auf dieser Grundlage mit dem weißen Südafrika ins Geschäft zu kommen. In den Augen der schwarzen und arabischen Afrikaner, die sich gerade erst vom externen Kolonialismus Westeuropas befreit hatten, war das Machtmonopol der weißen Minderheit in Südafrika eine interne Spielart desselben Kolonialismus und deshalb prinzipiell ein anderes Problem als die Entartungen der politischen Gewalt im eigenen Hause.

Es ist fraglich, ob die Regierungen der OAU das richtig sehen. Vielleicht sind Minderheits-Diktaturen verschiedenen Typs (koloniale und andere) untereinander doch enger verwandt und vergleichbarer als Kolonialsysteme des externen und internen Typs. Vielleicht schmerzen willkürlich verhängte Gefangenschaft und Folter einen Menschen in jedem Falle gleich, ohne Rücksicht darauf, ob der Gefängnisdirektor eine andere Hautfarbe hat als der Gefangene. Aber solche Überlegungen blieben dem Afrika der OAU in den ersten zwanzig Jahren seiner Unabhängigkeit fremd. Es verweigerte dem Premier des weißen Afrikanervolkes am Kap die Aufnahme in die große afrikanische Familie der Staatschefs.

Auch das militärische Glacis hat Südafrika nicht behaupten können. Die Stellvertreter-Kriege Portugals gingen verloren, und der erzwungene Rückzug einer südafrikanischen Kommandotruppe aus Angola Anfang 1976 enthüllte die Grenzen, an die Südafrikas eigene Wehrmacht stößt: Ohne Flankenschutz durch eine Supermacht kann sie nicht weiträumig operieren. In Zimbabwe und Namibia versuchte das weiße Südafrika, etwas zu wiederholen, das Frankreich und England regelmäßig in ihren Kolonien getan hatten – fast immer mit Erfolg: Rivalität zwischen Befreiungsbewegungen auszunutzen, um mitzubestimmen, welcher Schwarze regieren würde, wenn es schon kein Weißer mehr sein sollte. Südafrika war sogar klug genug, keine Marionetten eigener Herstellung aufzubauen, sondern authentische schwarze Befreiungspolitiker zu fördern: denn das war Bischof Muzorewa, er hat es in den Jahren seit 1971 bewiesen, und das war der Hererofürst Clemens Kapuuo, wenn er auch im landsmannschaftlichen Horizont seiner Herero steckenblieb. Kapuuo wurde am 27. März 1978 ermordet, Muzorewa politisch geschlagen. Beides waren Niederlagen Südafrikas. Ein schwarzer Politiker, der sich von dem weißen Südafrika fördern läßt, verspielt damit in den Augen seines Volkes den Befreiungs-Anspruch. Innerhalb der Grenzen der Republik Südafrika balanciert Gatsha Buthelezi auf einem immer dünner werdenden Seil. _rope_

V. DIE ZWEITE STUFE DER BEFREIUNG

Wie der Kampf um Südafrika ausgehen wird, ist nicht völlig sicher. Wohl spricht vieles dafür, daß die schwarze Mehrheit in diesem Lande die interne weiße Kolonialherrschaft ebenso abschütteln wird, wie alle anderen Völker Afrikas den externen Kolonialismus abgeschüttelt haben. Aber es waren von Wissenschaftlern und Aktivisten schon mehr als einmal Termine für diese Befreiung oder für den Ausbruch des Befreiungskrieges angesagt, und sie haben sich als irrig erwiesen. Der Historiker wird in diesem Fall noch weniger als sonst bereit sein, den Propheten zu spielen.

Sollte die weiße Minderheitsherrschaft in Südafrika noch für eine längere Zukunft bestehenbleiben, dann werden die Verhältnisse im übrigen Afrika zu den Ursachen dafür gehören. Nicht nur in dem Sinne, daß die Staaten der OAU zu schwach sind, kämpfenden südafrikanischen Befreiungsbewegungen wirksam an die Seite zu treten: auch die inneren Verhältnisse im befreiten Afrika werden etwas mit der Verzögerung zu tun haben. _delay / retardation_

Niemand weiß genau, warum die zentralasiatischen Kolonien, die das zaristische Rußland einst zu etwa der gleichen Zeit erobert hat, als England und Frankreich ihre afrikanischen Imperien ausbauten, heute noch friedlich im Reichsverband der Sowjetunion leben, ohne daß man je nach 1945 von einer nennenswerten Befreiungsbewegung gehört hätte – und das in einer Ära des fundamentalistischen Aufbruchs fast überall sonst in der islamischen Welt! Vermutlich zählt der Charakter des Regierungssystems, das die Kommunistische Partei der Sowjetunion von Stalin geerbt hat, mit zu den Ursachen. Aber eine Rolle könnte auch spielen, daß die turkmenischen, usbekischen, tadschikischen und übrigen moslemischen Bürger der Sowjetunion besser leben als die Moslems in den Nachbarstaaten Iran, Afghanistan (vor 1978) und Pakistan. Die Republik Südafrika ist mit ihrem Industriepotential durchaus in der Lage, auch der großen Mehrheit ihrer schwarzen Einwohner ein Leben zu bieten, das besser ist als in Malawi, Zaïre, Zambia oder auch in den sozialistischen Musterländern Mozambique und Tanzania.

Der Mensch lebt gewiß nicht von Kaufkraft allein, und die besser gefüllten Lohntüten erklären allein noch nicht, warum Südafrika (als Teil seiner repressiven Apartheid-Gesetze) *influx control* praktiziert, das heißt bürokratische Hürden gegen freie *Zuwanderung* von Schwarzen in seine Städte aufrichtet, während gewisse andere Diktaturen unserer Zeit ihre Grenzen zumauern müssen, um den *Ausbruch* der Landeskinder zu verhindern. Besseres Leben schließt Leben unter einer ordentlichen Verwaltung ein, Leben im Genuß von individuellen und kollektiven Freiheitsrechten, Leben auch unter dem Anspruch, der politischen Gleichheit mit den Mitbürgern schrittweise näher zu kommen. Mit alledem steht es in Südafrika für die Schwarzen wirklich nicht zum besten. Daß sie sich die weiße Herrschaft immer noch gefallen lassen, hängt damit zusammen, daß es in vielen Ländern des befreiten Afrika gerade damit, mit den Menschenrechten und der Demokratie und der Praxis einer halbwegs gerechten Sozialpolitik, ebenso schlecht und noch schlechter aussieht; die schwarzen Südafrikaner wissen das, denn der Informationsfluß auf diesem Kontinent hat schon in kolonialen Zeiten jeder Bemühung, ihn einzudämmen, gespottet.

Es war wohl in Zaïre, wo einige Jahre nach dem Abzug der Belgier im Volk die Rede aufkam, diese Unabhängigkeit, die man da bekommen habe, sei wohl nicht die richtige. Man rief nach der *zweiten Unabhängigkeit*. Die Intellektuellen – nicht nur in Zaïre – schrieben wohlausgefeilte Artikel darüber, daß die nationale Freiheit nur eine erste Stufe sei; die zweite Stufe der »wirtschaftlichen Befreiung« gelte es nun zu erklimmen.

Hierfür aber erwies sich das Instrumentarium der siegreichen

Befreiungsbewegungen als wenig tauglich. Die Massen des Volkes zu gewaltfreier Demonstration ihres Überdrusses an der Kolonialherrschaft zu mobilisieren, war vergleichsweise einfach. Den Menschen jahrelang alle Leiden einer Guerilla zuzumuten, gelang ebenfalls in Algerien, in Guinea-Bissau, im Norden von Mozambique und in Rhodesien (weniger gut in Angola). Mit gleichen Methoden jedoch eine nach modernen Maßstäben produktive Wirtschaftsleistung hervorzurufen oder die Balance beim Aufbau einer neuen und besseren Gesellschaft zu halten, scheiterte in allzu vielen Varianten bei viel zu vielen Modellen afrikanischer »Entwicklung«, beim Beschreiten der verschiedensten Wege zum »Sozialismus«, bei der Organisation kultureller »Authentizität«. Afrika hat die zweite Stufe der Befreiung noch nicht erklommen. Es bedarf dazu offensichtlich neuer politischer Strukturen, und es bedarf vor allem einer Revision und Präzisierung der Vorstellung davon, was Afrika auf dieser Stufe überhaupt erreichen will.

Viele Sozialwissenschaftler empfehlen, die Taue zu kappen, die Afrika wirtschaftlich an den Westen binden: das werde den Teufelskreis der »Entwicklung von Unterentwicklung«, wie André Gunder Frank klassisch formuliert hat[19], unterbrechen. Sicher wird jede einschneidende Veränderung des Wirtschaftslebens in Afrika, auch jede wirkliche Revolution in den politischen Strukturen, Rückwirkungen auf die Außenbeziehungen hervorbringen, und Europa wird etwas davon spüren. Aber als Rezept, um den Fortschritt zur zweiten Stufe der Befreiung auszulösen, erscheint die Abkoppelung vom Westen untauglich. Sich darauf zu verlassen, daß dann die innere Gesundung erleichtert, quasi von selbst einsetzen werde, erinnert wieder an das Wort Nkrumahs: »Brecht die Brücken zum Kapitalismus des Westens ab, und alles andere wird euch dazugegeben.« Kann das wirklich ein Afrikaner glauben? Tatsache ist, daß keine einzige Regierung in Afrika eine solche Politik bisher versucht hat. Tatsache ist, daß die Abkoppelung keines der beiden fundamentalen Defizite abschaffen kann, die Afrikas Gesellschaften heute am gefährlichsten bedrohen: die Bauern erzeugen nur noch etwa 80 % der Grundnahrungsmittel für die Bevölkerung (1970 waren es noch 96 %). Nur 3 % der Bevölkerung Afrikas waren im Jahre 1975 älter als 65, aber 44 % jünger als 15 Jahre.[20] Niemand weiß, wo und wie diese Jugend in wenigen Jahren, wenn sie die aktive Bevölkerung verdoppeln wird, ihren Lebensunterhalt erarbeiten soll. Das sind die realen Grundbedürfnisse Afrikas: Nahrung und Arbeitsplätze. Ihre Befriedigung muß das Ziel jeder Befreiungsbewegung der zweiten Stufe sein. Afrika muß den Hebel bei seinen

inneren Verhältnissen, seiner Sozialstruktur, seinen internen
Wirtschaftsbeziehungen zwischen Stadt und Land ansetzen, um
die Lebensmittel zu erarbeiten, die seine Menschen brauchen.
Nicht zuletzt braucht Afrika dafür auch menschenwürdige politische Zustände. Stört die Anbindung an den Westen bei dieser
Aufgabe? Die Behauptung wird aufgestellt, der empirische
Beweis jedoch fehlt. Für ihn genügt es nicht, daß einige afrikanische Völker, deren Regenten eng mit dem Westen zusammenarbeiten, im Elend verkommen (etwa in Zaïre). Es müßte auch
bewiesen sein, daß andere Völker, deren Regenten sich vom
Westen abgekoppelt haben, besser leben. Da alle Regierungen
Afrikas die Abkoppelung scheuen, und da selbst das große Vorbild China seit dem Ende der Kulturrevolution die Wiederankop-
pelung an den Westen betreibt, muß die Frage vorerst offen-
bleiben.

Skepsis gegen Abkoppelung darf nicht als ein naiver Glaube
mißverstanden werden, Afrika könne und solle die kapitalistischen Industriegesellschaften »einholen« und kopieren, womöglich gar dank westlicher »Entwicklungshilfe«. Dieser Traum ist
ausgeträumt. Im Gegenteil gerät die Zusammenarbeit zwischen
dem befreiten Afrika und Westeuropa dadurch in Mißkredit, daß
zu viele politische Führer Afrikas immer noch die Augen schließen und den Traum weiterspinnen möchten. Auch afrikanische
Intellektuelle außerhalb der Regierungs-Cliquen und sogar revolutionär sich gebärdende Oppositionelle halten immer noch an
einem undifferenzierten Sozialprogramm harmonischer Modernität fest, das mit ein wenig schärferem Druck, besserer Polizei,
mehr Fernsehempfängern (zur Verbreitung der Bildungspro-
gramme) oder einfach durch höhere Auslandskredite schon noch
erreichbar sei. Bevor nicht eine ausreichend große Zahl verantwortlicher Afrikaner eingesehen hat, daß *dieses* Ziel absolut *nicht*
erreichbar ist, wird sich wenig ändern.

Drei Grundsätze stehen fest. *Erstens* kann keine afrikanische
Regierung es schaffen, ihr Land in eine Imitation der USA,
Frankreichs oder Englands zu verwandeln. *Zweitens* würde eine
Imitation des Westens keine harmonische Modernität hervorru-
fen, denn der Westen selbst ist alles andere als eine Welt der
sozialen Harmonie. *Drittens* wäre vielleicht soziale Harmonie ein
wünschenswertes Utopia, lückenlos moderne Wirtschaft samt
Müllbergen, Autobahnen, Atomkraftwerken und Krebs aber
nicht.

Die afrikanischen Regierungen haben dennoch versucht, beim
Ausbau ihrer Hauptstädte Paris oder New York als Vorbild zu
wählen. Das ist ihnen leider sogar in gewissem Ausmaß gelun-

gen. Sie haben weiter versucht, ihre Länder nach dem Muster jener europäischen Kernlandschaften zu formen, in denen Industrie und Bodenkultur noch einigermaßen nebeneinander auskommen, etwa nach dem Muster Nordfrankreichs oder Südenglands oder Niedersachsens. Das sind ja auch die guten Stuben, die wir fremden Gästen bei einem Besuch in Europa zeigen. Erreicht haben die Afrikaner allenfalls, daß die »modernisierten« Teile ihrer Länder heute den Zustand ansteuern, den Schottland oder Süditalien oder Korsika bereits erreicht haben. Wer nach dem Vorbild Europas modernisiert, hätte eigentlich mit solchen Ergebnissen rechnen müssen.

Unter westlichen Sozialwissenschaftlern ist es zur Zeit modern, die Modernisierung in Bausch und Bogen zu verwerfen. Man versucht nachzuweisen, kein Land der Dritten Welt (und bestimmt kein afrikanisches Land) sei noch in der Lage, den Sprung in eine autozentrierte Entwicklung des Wirtschaftswachstums und sozialen Fortschritts unter kapitalistischen Vorzeichen zu schaffen. Ganz Kühne beginnen daran zu zweifeln, ob die sozialistischen Vorzeichen, das heißt das sowjetische oder chinesische oder kubanische Modell, ein besseres Sprungbrett bieten. Eine Aufforderung, sklavisch die Entwicklung eines westlichen Landes in allen Einzelheiten nachzuvollziehen, ist jedoch nicht einmal in frühen Schriften überzeugter Modernisierungs-Theoretiker zu entdecken. Dagegen sind praktische Schritte zu einer Veränderung der Lebensbedingungen, die von den Betroffenen als Verbesserung anerkannt werden, den Menschen (nicht nur in Europa) zu allen Zeiten möglich gewesen. Es kommt nicht darauf an, ob man dann ein derart verbessertes Dasein »modern« nennt oder anders. Vielleicht ist das der entscheidende Unterschied zwischen Traum und Wirklichkeit: den Illusionen des plötzlichen großen Sprunges und der sofort erreichbaren Harmonie zu entsagen. Sowohl das alte Afrika als auch der westliche Kapitalismus sind bewährte Könner auf dem Feld der kleinen Schritte, der ununterbrochenen Anpassung an neu gegebene Situationen, denen sie immer noch ein bißchen Glück abzugewinnen verstehen. Beide, das alte Afrika und der moderne Westen, haben auch Verfahren entwickelt, um ihre Konflikte, ob Kriege oder Klassenkämpfe, zu begrenzen und ein wenig zu vermenschlichen. Warum soll es ihnen jetzt nicht möglich sein, sich bei solcher Politik zu treffen?

Die Befreiungsbewegungen Afrikas stehen bei der Bewältigung *politischer* Aufgaben nach der Unabhängigkeit nicht überall als völlige Versager da. In wichtigen Ländern wie Senegal, der Elfenbeinküste, Tanzania und Tunesien regieren immer noch die

Männer der ersten Stunde mit den Parteien der antikolonialen Sammlung. Algerien, Kenia, Ägypten und Marokko haben ohne Umsturz die personelle Nachfolge im höchsten Staatsamt nach dem Tod so eigenwilliger Herrscher bewältigt, wie Boumedienne, Kenyatta, Nasser und König Mohammed V. es waren. In Nigeria und Ghana haben 1979 Militärregierungen aus freien Stücken abgedankt und neue demokratische Verfassungen hinterlassen, unter denen das Volk seine Führer aus einer Mehrzahl von Kandidaten auswählen konnte.

Mozambique und Angola scheinen sich 1980 in der internationalen Politik anders, selbständiger zu verhalten, als man es in Europa von Regierungen gewohnt ist, die mit Nachhilfe sowjetischer Waffen an die Macht kamen. Diese politischen Erfolge afrikanischer Unabhängigkeit muß man neben die schrecklichen Erfahrungen halten, die den Völkern von Uganda, Äquatorial-Guinea, Zentralafrika (und einigen anderen) nach der »Befreiung« nicht erspart geblieben sind. Schlechter sieht die Bilanz des befreiten Afrika in der *Wirtschaft* und *Gesellschaft* aus. Afrika produziert an den Bedürfnissen seiner Menschen vorbei, es produziert generell zu wenig (nicht nur zu wenig Getreide). Afrika verteilt die Güter so ungerecht, daß Protest und Aufstand der Zukurzgekommenen vorprogrammiert werden. Afrika sieht zu, wie das früher sehr tragfähige und elastische Netz überlieferter sozialer Sicherungen vermodert, ohne durch Gesetz, durch Bildung und freiwillig angenommene Bindungen laufend erneuert zu werden. Nur solche bescheidenen Reformen erfüllen den Zweck, die Basis einer neuen Gesellschaft zu legen. Man hat nach der Unabhängigkeit in Afrika viel über den »Aufbau der Nation« geredet *(nation building)*. Tatsächlich gebaut hat Afrika Staatsapparate, die selbst als Bürokratien nicht wirklich funktionieren.

Nun wäre es ein grober Irrtum, das Kind mit dem Bade auszuschütten und »den Staat« schlechthin, womöglich noch besonders den unabhängigen afrikanischen Staat, zur Ursache allen gesellschaftlichen Übels zu erklären. Gemeinschaftshilfe, Entwicklung von unten, Privatinitiative sind alles schöne Dinge. Aber ohne Staat sind sie in Afrika ebensowenig lebensfähig wie in Europa. Die Verachtung, mit der eine gewisse Schule der Entwicklungssoziologie schon zur Blütezeit der Modernisierungstheorien (Mitte der fünfziger Jahre) über den Staat in der Dritten Welt hinwegging, ist unverdient und unlogisch. Es kommt vielmehr darauf an, über bessere und menschenwürdigere Varianten der Staatsgewalt als unverzichtbaren Teil einer verbesserten Lebensqualität der Völker nachzudenken.

Afrikas nachkoloniale Geschichte enthält genügend Lehrstücke dafür, daß die nach leninistischem oder faschistischem Vorbild zentralisierte Einheitspartei keine Garantie für die Erfüllung dieser Aufgaben bietet. Über die Qualität des Lebens im heutigen Tanzania und an der Elfenbeinküste, in Algerien oder in Kenia (alles Einparteistaaten mit unterschiedlichen Wirtschaftsideologien) kann man noch diskutieren, über Guineas Leistungsbilanz auf diesem Felde nicht. Mitte der 6oer Jahre erhofften viele Afrikaner in Nigeria, in Ghana, in Obervolta, in Mali und Zaïre, daß die Offiziere ihrer Armeen es besser machen würden, weil sie doch im Umgang mit moderner Technik erfahrener, in Befehl und Gehorsam geübter waren als die Zivilisten; auch hartes Durchgreifen gegen Korruption traute man ihnen eher zu. Aber diese Hoffnung war wieder zu einfach. In den Uniformen steckten die gleichen Menschen wie in den authentisch afrikanischen (?) Roben oder westlichen Anzügen der Zivilisten. Dann hieß es da und dort, die junge Generation müsse den Wandel bringen, die besser Ausgebildeten, die nicht mehr mit den Minderwertigkeitskomplexen der Kolonialzeit Belasteten. Wo die Kombination dieser beiden Erwartungen dazu führte, daß blutjunge Offiziere die Macht ergriffen, fand bisher aber ebenfalls niemand den Stein der Weisen. Dann schlug 1974 in Äthiopien die Stunde der harten Revolutionäre, die Blutvergießen selbst im eigenen Kreis nicht scheuen. Lebt das Volk deshalb besser, freier? Oder sollte man sich überzeugten Marxisten anvertrauen, die wissenschaftlich präzise angeben können, welchen Weg der Weltgeist einschlägt? Die Regierungen in Kongo-Brazzaville, in Angola, Mozambique und andernorts erheben diesen Anspruch. Werden sie ihm gerecht?

Das ineinander verzahnte Problem von Politik, Wirtschaft und Gesellschaft im befreiten Afrika läßt sich grundsätzlich und mit einem vertrauten Begriff kennzeichnen. Was not tut, ist wieder die Mobilisierung der Kräfte der afrikanischen Völker. Was sie im Unterschied zur erfolgreichen Mobilisierung der jüngsten Vergangenheit, gegen die weiße Herrschaft, heute und künftig brauchen, ist ein längerer Atem und breiterer Ansatz – und eine Kehrtwendung um 180 Grad. Jetzt genügt es nicht mehr, für den überschaubaren Zeitraum einiger Monate oder Jahre alle Energie auf ein Ziel zu bündeln, auf die Abschüttelung eines Fremdkörpers. Jetzt muß Afrika auf Dauer und kontinuierlich in Bewegung geraten. Es muß eine Vielzahl sehr unterschiedlicher und teilweise sehr widersprüchlicher Ziele anstreben: den Aufbau von Industrien und die Beseitigung des Schmutzes, den sie verursachen; die attraktive Bezahlung der Industriearbeiter und die Eindämmung der Landflucht – alles gleichzeitig und im Prinzip gleich energisch. Afrika muß den Verstand von Spezialisten ausbilden und diese Spezialisten wieder einordnen in die nationale und gesamt-afrikanische Gemeinschaft. Es muß Dynamik mit Kompromissen verbinden. Es muß seine Führer kontrollieren, sie bei Versagen ersetzen, ohne deshalb Bürgerkriege vom Zaun zu brechen, und muß ihnen doch Raum für Phantasie und Initiative lassen.

Afrika muß vor allem – das ist mit der Kehrtwendung seiner Befreiungsbewegung um 180 Grad gemeint – davon Abschied nehmen, nur *gegen* etwas zu kämpfen, sei es selbst der Imperialismus oder der südafrikanische Rassismus. Dieser Kampf, wohlverstanden, ist nicht zu Ende, ist notwendig, und Afrika kann ihn sogar gewinnen. Aber Fortschritt in der Befreiung bedeutet jetzt und in Zukunft vornehmlich, *für* etwas zu kämpfen und mit kleinen Schritten die Irrtümer sofort und geschmeidig zu korrigieren, unter Offenhalten von Rückzugswegen und Nachdenken über Alternativen etwas hinzustellen, das sich dann nach Abschluß der Bauzeit sehen lassen kann.

Es wird nicht darauf ankommen, ob wir Europäer in der Fassade des künftigen Afrika Elemente aus unserer Architektur wiederentdecken. Es kommt darauf an, daß die Afrikaner hinter dieser Fassade besser leben werden, als sie es unter unserer Herrschaft konnten, als sie es heute tun.

VI. CHRONOLOGISCHE TABELLE ZUR ENTKOLONIALISIERUNG AFRIKAS NACH 1945

Datum der Unabhäng.	Name (Stand 1980)	ehem. Kolonie	Führungspartei bei Unabhängigkeit	Regierungschef bei Unabhängigkeit	Wichtigste Veränderungen seit Unabhängigkeit
24. 12. 51	Libyen	ital.	–	Kg. Idris I.	1969 Militärputsch (Ghadafi)
1. 1. 56	Sudan	brit.	Nat. Unionspt. (NUP)		1958 Militärputsch (Abboud)
					1964 Mehrpart.-Zivilreg.
					1969 Militärputsch (Numeiri)
					1972 Ausgleich im Bürgerkrieg
2. 3. 56	Marokko	franz./span.	–	Kg. Mohammed V.	1961 Kg. Hassan II.
20. 3. 56	Tunesien	franz.	Neo-Destour	H. Bourguiba	–
6. 3. 57	Ghana	brit.	Convention People's Party (CPP)	K. Nkrumah	1964 Einpartei-Republik
					1966 Militärputsch (Ankrah)
					1969 Mehrpt.-Demokr. (Busia)
					1972 Militärputsch (Acheampong)
					1979 Mehrpt.-Demokr. (Limann)
2. 10. 58	Guinea	franz.	Rassemblement Dém. Afr. (PDG/RDA)	S. Touré	–
1. 1. 60	Kamerun	franz.	Union Nat. Cam. (UNC)	A. Ahidjo	1961 Verein. m. Brit.-Kamerun
27. 4. 60	Togo	franz.	Comité d'Unité Tog. (CUT)	S. Olympio	1963 Militärmeuterei
					1967 Militärputsch (Eyadema)
20. 6. 60	Senegal	franz.	Union Progress. Sénég. (UPS)	L. S. Senghor	1960 Auflös. Mali-Föderation
					1976 Mehrpart.-Demokratie
20. 6. 60	Mali	franz.	Rassemblement Démocr. Afric. (US/RDA)	M. Keita	1968 Militärputsch (Traoré)
30. 6. 60	Zaire	belg.	–	P. Lumumba	1960 Sezession Katangas, UN-Operation (bis 1964)
					1964 Bürgerkrieg (bis 1965)
					1965 Militärputsch (Mobutu)

390

1. 7. 60	Madagaskar	franz.	Pt. Social-Démocr. (PSD)	Ph. Tsiranana	1972 Militärputsch (Ramanantsoa) 1975 Militärputsch (Ratsiraka)
1. 7. 60	Somalia	ital./brit.	Somali Youth League (SYL)	A. A. Shermarke	1969 Militärputsch (Barre)
1. 8. 60	Benin	franz.	–	H. Maga	1963 Militärputsch (Soglo) 1972 Militärputsch (Kérékou) 1974 Militärputsch (Kountche)
3. 8. 60	Niger	franz.	Rassemblem. Démocr. Afric. (PPN/RDA)	Hamani Diori	1966 Militärputsch (Lamizana)
5. 8. 60	Obervolta	franz.	–	M. Yaméogo	1970 Mehrpt.-Demokratie
7. 8. 60	Elfenbeinküste	franz.	Rassemblem. Démocr. Afric. (PDCI/RDA)	F. Houphouet-Boigny	–
11. 8. 60	Tschad	franz.	–	F. Tombalbaye	1967 Bürgerkrieg (FROLINAT) 1975 Militärputsch (Malloum) 1979 Koalitionsreg. (Oueddai)
13. 8. 60	Zentralafr. Rep.	franz.	Mouvem. d'Emancip. Sociale (MESAN)	D. Dacko	1966 Militärputsch (Bokassa) 1977 Kaiserreich 1979 Franz. Intervent. (Dacko)
15. 8. 60	Kongo (B)	franz.	–	F. Youlou	1963 Revol. (Massemba-Débat) 1968 Militärputsch (Ngouabi)
17. 8. 60	Gabun	franz.	Rassemblem. Démocr. Afric. (BDG/RDA)	L. Mba	1967 Nachf. O. Bongo
1. 10. 60	Nigeria	brit.	–	Abubakar Taf. Balewa	1966 Mil.-Putsche (Ironsi, Gowon) 1967 Biafra-Bürgerkrieg (bis 1970) 1975 Militärputsch (Murtala) 1979 Mehrpt.-Demokr. (Shagari)
28. 11. 60	Mauretanien	franz.	Hisb Chaab (PPM)	Mokhtar Ould Daddah	1978 Militärputsch
27. 4. 61	Sierra Leone	brit.	S. L. People's Party (SLPP)	M. A. S. Margai	1967 Militärputsch 1968 Zivilreg. (Stevens) 1978 Einpartei-Republik

Datum der Unabhäng.	Name (Stand 1980)	ehem. Kolonie	Führungspartei bei Unabhängigkeit	Regierungschef bei Unabhängigkeit	Wichtigste Veränderungen seit Unabhängigkeit
3. 12. 61	Tanzania	brit.	Tanganyika African Nat. Union (TANU)	J. K. Nyerere	1964 Union m. Sansibar 1965 Einpartei-Republik
1. 7. 62	Algerien	franz.	Front de Libération Nationale (FLN)	A. Ben Bella	1965 Mil.-Putsch (Boumedienne) 1979 Nachf. Chadli
1. 7. 62	Burundi	belg.	Unité et Progrès… (UPRONA)	Kg. Mwambutsa IV.	1966 Putsch (Micombero) 1972 Bürgerkrieg 1976 Putsch (Bagaza)
1. 7. 62	Rwanda	belg.	Parti de l'Emancip. des Hutu (PARMEHUTU)	G. Kayibanda	1973 Mil.-Putsch (Habyalimana)
9. 10. 62	Uganda	brit.	Uganda People's Congress (UPC)	M. Obote	1971 Militärputsch (Amin) 1979 Intervent. Tanzanias
10. 12. 63	(Sansibar)	brit.	–	Sultan Abdullah	1964 Revolution (Karume) und Union mit Tanganjika 1972 Ermordung Karumes
12. 12. 63	Kenia	brit.	Kenya African Nat. Union (KANU)	J. Kenyatta	1978 Nachf. D. Arap Moi
6. 7. 64	Malawi	brit.	Malawi Congress Pt.	H. K. Banda	–
24. 10. 64	Zambia	brit.	United Nat. Indep. Pt. (UNIP)	K. Kaunda	–
18. 2. 65	Gambia	brit.	People's Progress. Pt.	D. K. Jawara	–
30. 9. 66	Botswana	brit.	Botsw. Democr. Pt. (BDP)	S. Khama	–
4. 10. 66	Lesotho	brit.	Basutoland National Party (BNP)	L. Jonathan	1970 Putsch des Prem.-Min.
12. 3. 68	Mauritius	brit.	Labour Party	S. Rangoolam	–
6. 9. 68	Swaziland	brit.	Imbokodvo National Movement	Kg. Sobhuza II.	1973 Suspend. d. Verfassung
10. 12. 68	Äquat.-Guinea	span.	–	F. Macias Nguema	1969 Einmann-Diktatur 1979 Militärputsch

24. 9. 73	Guinea-Bissau	port.	Part. Afr. d'Independ. (PAIGC)	L. Cabral	1974 Anerk. d. Unab. durch Port.
25. 6. 75	Mozambique	port.	Frente de Libert. (FRELIMO)	S. M. Machel	1980 Putsch
5. 7. 75	Kapverden	port.	Part. Afr. d'Independ. (PAIGC)	A. Pereira	–
6. 7. 75	Komoren	franz.	Rassembl. Démocr. du Peuple des Ccm.	Ahmed Abdallah	1975 Putsch (Ali Soilih) 1978 Putsch (Salim Ben Ali)
12. 7. 75	São Tomé & Principe	port.	Movim. Libert. (MLSTP)	M. Pinto da Costa	–
11. 11. 75	Angola	port.	Movim. Popular de Libert. (MPLA)	A. Neto	1975 Bürgerkrieg (bis 1976) 1979 Nachf. J. E. dos Santos
4. 3. 76	Sahara	span.	Frente POLISARIO	Mohamed Lamine	Krieg gegen marokkan. (u. bis 1979 mauret.) Okkupation
28. 6. 76	Seychellen	brit.	Seych. Democr. Pt.	J. M. Mancham	1977 Putsch (René) 1978 Einpartei-Republik
27. 6. 77	Djibouti	franz.	–	Hassan Gouled	–
18. 4. 80	Zimbabwe	brit.	Zimb. Afr. National Union (ZANU/PF)	R. Mugabe	–

Anmerkungen:

1. Vor 1945 waren folgende Staaten Afrikas bereits unabhängig:
   – Äthiopien (seit jeher)   – Ägypten (seit 28. 2. 1922)
   – Liberia (seit 26. 7. 1847)   – Südafrika (seit 1931/34)

2. Als »Führungspartei« sind nur solche Parteien genannt, die zum Zeitpunkt der Unabhängigkeit tatsächlich ein Übergewicht besaßen, nicht nur eine knappe parlamentarische Mehrheit.

3. Als Regierungschef ist der tatsächliche Inhaber der Staatsmacht genannt, unabhängig davon, ob er das Amt eines Präsidenten oder Premierministers, oder die Position eines Monarchen innehatte.

7. Probleme der Entwicklungsländer, Entwicklungshilfe und Nord-Süd-Konflikt*

Von Rudolf von Albertini

I. DIE SITUATION

»Ein unterentwickeltes Land ist mit einer Giraffe zu vergleichen; es ist schwer zu definieren, aber jedermann erkennt es«, so ein ceylonesischer Delegierter auf einer internationalen Tagung. In der Tat, was mit Unterentwicklung gemeint ist, ist heute jedermann, der sich den Informationen aus der Dritten Welt nicht verschließt, bekannt. McNamara, Präsident der Weltbank, hat die Situation in seiner berühmten Nairobi-Rede 1973 eindrücklich dargelegt:

»Absolute Armut . . . ist durch einen Zustand solch entwürdigender Lebensbedingungen wie Krankheit, Analphabetentum, Unterernährung und Verwahrlosung charakterisiert, daß die Opfer dieser Armut nicht einmal die grundlegendsten menschlichen Existenzbedürfnisse befriedigen können.

– Ein Drittel bis zur Hälfte der zwei Milliarden Menschen in den Entwicklungsländern hungern oder leiden an Unterernährung.
– 20 bis 25 % deren Kinder sterben vor dem fünften Geburtstag. Und Millionen jener Kinder, die nicht sterben, sind zu einem armseligen Dasein verdammt, weil als Folge von Unterernährung ihre Gehirne geschädigt, ihre Körper verkrüppelt und ihre Lebenskraft erschöpft wurden.
– Die durchschnittliche Lebenserwartung beträgt 20 Jahre weniger als in den wohlhabenden Ländern. Mit anderen Worten, Menschen in den Entwicklungsländern werden 30 % der Lebensjahre verweigert, deren sich jene unter uns erfreuen, die aus entwickelten Ländern kommen. Schon bei der Geburt sind diese Menschen zu einem frühen Tod verurteilt.
– 800 Millionen Menschen sind Analphabeten und die Mehrzahl ihrer Kinder werden trotz des wachsenden Ausbaus des Erziehungswesens in den kommenden Jahren Analphabeten bleiben.«[1]

* Ich danke PD Dr. Albert Wirz, Zürich, und Dr. Konrad Matter, Bern, für Kritik und wertvolle Anregungen. Meinen Beitrag widme ich Ernst Schnellmann, Bern, dem langjährigen Generalsekretär der SWISSAID.

Man kann ergänzen:
- Im südlichen Afrika haben noch keine 20 % der Bevölkerung Zugang zu sauberem Trinkwasser, in Asien sind es erst 30 %. Schmutziges Trinkwasser ist aber wesentlich verantwortlich für die hohe Kindersterblichkeit und für annähernd 80 % aller Krankheiten; allein die an Bilharziose Erkrankten werden auf gegen 200 Millionen geschätzt.
- Die medizinische Versorgung ist minimal und meistens beschränkt auf die Städte. »Es gibt keine staatlichen Sozialversicherungen gegen Arbeitslosigkeit, Krankheit oder Tod des Familienernährers. Überschwemmungen, Dürre oder Seuchen, die über Mensch oder Tier kommen, können Unzähligen die Lebensgrundlage entziehen, ohne daß sie hoffen können, sie je wiederzugewinnen.«[2]
- Die Arbeitslosigkeit ist enorm. Nach Angaben des Internationalen Arbeitsamtes waren im Jahre 1975 in den außereuropäischen Entwicklungsländern offiziell 33 Millionen Menschen arbeitslos. Die Zahl der »versteckt« Arbeitslosen und Unterbeschäftigten wurde auf gegen 300 Millionen geschätzt. Und da das Angebot an Arbeitskräften bis ins Jahr 2000 um weitere 500 Millionen Menschen zunehmen wird (in Indien allein müssen jährlich etwa 8 Millionen Arbeitsplätze geschaffen werden), wird sich die Zahl der Arbeitslosen und Unterbeschäftigten gewaltig erhöhen.
- Die Verstädterung wird ein verheerendes Ausmaß annehmen. Man schätzt, daß die Zahl der Menschen, die in Großstädten und Städten leben, von etwa 650 Millionen im Jahre 1975 auf über 1,6 Milliarden im Jahre 2000 ansteigen wird. Vierzig Städte werden mehr als 5 Millionen und 18 Städte mehr als 10 Millionen Einwohner zählen. Und da es kaum gelingen wird, für eine Milliarde Menschen anständige Behausungen zu erstellen, werden Hunderte von Millionen in elenden Slums ohne ausreichende Wasserversorgung und Kanalisation vegetieren müssen.
- Der Welthandel hat spektakuläre Wachstumsraten zu verzeichnen, der Anteil der Entwicklungsländer ist aber zurückgegangen. Die Terms of Trade verschlechterten sich, die äußere Verschuldung steigt rapid.
- Es ist allerdings nicht so, daß das Nationaleinkommen (Bruttosozialprodukt = BSP) nicht gestiegen wäre, im Gegenteil: Tabelle 1 zeigt, daß die Wachstumsrate 1960–1977 hoch war, höher sogar als in den Industrieländern, viel höher auch als etwa im Europa des 19. Jahrhunderts. 1970–1976 lag sie bei 5,6 %. Pro Kopf der Bevölkerung aber ergibt sich ein anderes

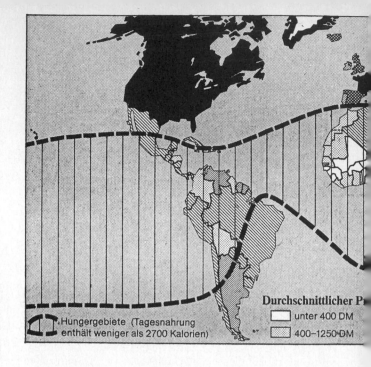

Hungergebiete (Tagesnahrung
enthält weniger als 2700 Kalorien)

Durchschnittlicher P

☐ unter 400 DM

▨ 400–1250 DM

Bild, und erst recht, wenn man nach Ländern differenziert. Das
Pro-Kopf-Einkommen gerade der ärmsten Länder ist fast kon-
stant geblieben, in einigen ist es sogar zurückgegangen: Für die
Periode 1950–1975 betrug es in 28 von 72 Entwicklungsländern mit 49 % der Bevölkerung zwischen Null und 2 %, und
nur in 11 Ländern mit 15 % der Bevölkerung lag es bei über
4 %. Der Abstand zwischen Industrieländern und Dritter Welt
ist nicht kleiner, sondern größer geworden.
– Diese Landesdurchschnitte sagen zudem wenig aus über die
interne Verteilung nach Regionen und sozialen Schichten.
Einer kleinen Schicht ist es gelungen, zu Wohlstand zu gelangen, das Einkommensgefälle zwischen Reich und Arm ist aber
groß, größer als in den Industrieländern, und es wächst.
Untersuchungen in einer Anzahl von Ländern haben ergeben,
daß die reichsten 10 % der Haushalte etwa 40 % des Privat-
einkommens beziehen, die ärmsten 20 % aber nur 5 %. Ent-

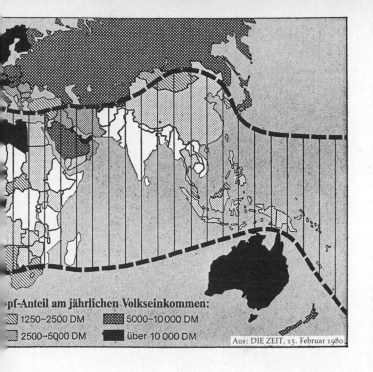

pf-Anteil am jährlichen Volkseinkommen:

- ▨ 1250–2500 DM
- ▩ 5000–10 000 DM
- ▨ 2500–5000 DM
- ■ über 10 000 DM

Aus: DIE ZEIT, 15. Februar 1980

sprechend leben diese am Rande des Existenzminimums oder unterhalb.[3]

Die Hoffnung, die Armut und Rückständigkeit könne in absehbarer Zeit überwunden werden – eine Hoffnung, die noch um 1960 weit verbreitet war –, hat sich nicht erfüllt. Wie ist dies zu erklären? Was sind die spezifischen Probleme der Entwicklungsländer? Wieso kam die Entwicklung – Entwicklung verstanden als Befriedigung der Grundbedürfnisse und Hebung des Lebensstandards für die Masse der Bevölkerung – nicht schneller voran?

s. a. Tabelle 1 auf S. 398/399

Tabelle 1: DATEN FÜR AUSGEWÄHLTE LÄNDER DER DRITTEN WELT

	Bevölk. Mio 1977	Bev.-Zunahme % 1960/70	1970/77	Lebenserwartung 1977	Alphabetisierung %	BSP pro Kopf in US-Dollar 1977	BSP pro Kopf jährl. Zuwachs in % 1960–77	Wachstumsrate der Landwirtschaft in % 1960/70	1970–77	Index der Nahrungsproduktion pro Kopf 1975/77 (1969/71 = 100)	jährliche Wachstumsrate der Industrie 1970–77	Warenhandel Mrd. $ 1977 Ausfuhr	Einfuhr	Leistungsbilanzsaldo vor Zinszahlungen auf öffentl. Auslandsverschuldung Mio $ 1970	1977	Öffentl. Auslandsverschuldung in Mio $ 1970	1977
Länder mit niedrigem Einkommen		2,4	2,3	50	36	170	1,4			98							
Indonesien	133,5	2,2	1,8	48	62	300	3,3	2,5	4,2	104	12,9	10,8	6,2	– 289	423	2 405	11 409
Bangladesh	81,2	2,9	2,5	47	22	90	–0,4	2,7	1,0	96	4,2	0,45	1,1	–	– 265	–	2 291
Indien	631,7	2,3	2,1	51	36	150	1,3	1,9	4,1	99	2,6	6,2	6,6	– 203	1874	7935	14531
Pakistan	74,9	2,8	3,1	51	21	190	3,0	4,9	1,8	101	3,6	1,1	2,4	– 591	– 578	3057	6772
Sri Lanka	14,1	2,4	1,7	69	–	200	2,0	3,0	1,6	113	2,8	0,76	0,7	– 47	158	317	787
Äthiopien	30,2	2,4	2,6	39	10	110	1,7	2,2	0,7	85	1,1	0,3	0,35	– 26	– 70	169	471
Kenia	14,6	3,4	3,8	53	40	270	2,5		2,9	89	11,0	1,2	1,3	– 37	88	313	821
Tanzania	16,4	2,7	3,0	51	66	190	2,6		3,2	93	2,9	0,5	0,35	– 30	3	249	1005
Madagaskar	8,1	2,2	2,5	46	50	240	–0,2		0,7	95	–	0,5	0,75	2	– 51	94	203
Zaire	25,7	2,0	2,7	46	–	130	1,1		2,2	96	1,6	1,0	0,6	– 55	– 486	311	2666
Tschad	4,2	1,9	2,2	43	15	130	–1,0		–	83	–	0,04	0,15	2	– 26	32	117
Sudan	16,9	2,3	2,6	46	20	290	0,1		–	106	–	0,66	1,0	– 30	– 443	302	1732

Länder mit mittlerem Einkommen		2,5	2,6	60	69	1140	3,6			105							
Taiwan	16,8	2,7	2,0	72	82	1170	6,2	3,4	1,5	–	12,2	9,3	8,5	24	1162	601	2613
Thailand	43,9	3,1	2,9	61	82	420	4,5	5,5	4,4	110	10,3	3,5	4,6	–234	–1039	322	1051
Iran	34,8			52	50	2160	7,9	4,4	5,8	109	3,4	24,2	13,7	–422	5371	2193	6198
Malaysia	13,0	2,9	2,7	67	60	930	3,9	–	5,4	113	9,3	6,0	4,6	29	– 675	390	2053
Algerien	17,0	2,1	3,5	56	55	1110	2,1	0,4	0,2	87	5,9	5,8	7,1	–116	–1935	937	8165
Ägypten	37,8	2,3	2,2	54	44	320	2,1	2,9	3,1	97	5,2	1,7	4,8	–116	– 529	1639	8099
Tunesien	5,9	2,0	2,0	57	38	860	4,3	2,0	6,9	130	9,5	0,9	1,8	– 36	– 476	524	1943
Nigeria	79,0	2,5	2,6	48	–	420	3,6	–0,5	–1,5	92	10,3	11,8	11,3	–348	– 853	478	891
Senegal	5,2	2,4	2,6	42	10	430	–0,3	1,9	5,2	104	4,8	0,5	0,67	– 14	– 73	102	441
Elfenbeinküste	7,5	3,8	5,9	46	20	690	3,3	4,2	3,5	116	7,9	2,1	1,75	– 26	– 295	256	1973
Brasilien	166,0	2,9	2,9	62	76	1360	4,9	–	5,8	118	10,7	12,0	13,2	–725	–3787	3405	19221
Kolumbien	24,6	3,0	2,1	62	81	720	2,7	3,5	4,9	107	5,9	2,3	1,5	–249	562	1249	2622
Mexiko	63	3,3	3,3	65	76	1120	2,8	3,9	1,1	97	6,2	4,0	5,5	–851	– 547	3228	19208
Nicaragua	2,4	3,0	3,3	55	57	830	2,5	6,7	5,4	103	7,3	0,6	0,75	– 33	– 122	146	864
Industrieländer		4,0	0,8	74	99	6980	3,4			106							
Staatshandelsländer		1,7	1,2	66		1160	3,4			110							

Quelle: Weltentwicklungsbericht 1979, Tabellen 1, 2, 3, 8, 13, 15

II. DIE BEVÖLKERUNGSEXPLOSION

Die Tatsache der starken Bevölkerungszunahme in der Dritten Welt ist heute jedermann bekannt, nicht aber das Ausmaß und die Prognose für die Zukunft. Es handelt sich um einen weltgeschichtlichen Vorgang von weitreichendster Bedeutung: Während Jahrtausenden blieb die Weltbevölkerung beinahe stationär, die erste Milliarde ist erst um 1800 erreicht worden; es vergingen 130 Jahre bis zur zweiten Milliarde (1930), dann aber nur 30 Jahre bis zur dritten (1961) und etwa 15 Jahre bis zur vierten (1975). Für das Jahr 2000 rechnet man mit über 6 Milliarden Menschen.[4]

Bevölkerungsexplosion:

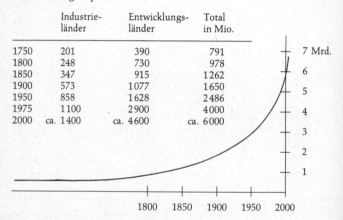

	Industrie- länder	Entwicklungs- länder	Total in Mio.
1750	201	390	791
1800	248	730	978
1850	347	915	1262
1900	573	1077	1650
1950	858	1628	2486
1975	1100	2900	4000
2000	ca. 1400	ca. 4600	ca. 6000

Die jährliche Zuwachsrate lag in Europa im 19. Jahrhundert bei etwa 1 % und wurde als außerordentlich hoch empfunden, sie liegt in den Entwicklungsländern heute jedoch zwischen 2 und 3,8 %, im Durchschnitt bei 2,5 %. Dies bedeutet, daß sich die Bevölkerung in nur 25 Jahren verdoppelt. Als Beispiel diene Indien (siehe Tabelle gegenüber).[5]

Oder: Mexiko, das 1977 63 Millionen Einwohner zählte mit einer Zuwachsrate von 3,3 %, wird im Jahr 2000 100 Millionen zählen, selbst wenn die Zunahme auf jährlich 2,5 % zurückgeht. Die Bevölkerung Ägyptens, dessen Anbaufläche nur etwa 4 % des Landes beträgt und das seine 38 Millionen schon heute nicht mehr ernähren kann, nimmt jährlich um eine weitere Million zu!

Bevölkerungszunahme in Indien:

			Zunahme im vorausgegangenen Jahrzehnt	% im Jahrzehnt
1800	ca.	120 Mio.		
1901	ca.	238 Mio.		
1911	ca.	252 Mio.	14	+ 5,7
1921	ca.	251 Mio.	− 1	− 0,3
1931	ca.	278 Mio.	17	+ 11
1941	ca.	318 Mio.	40	+ 14,2
1951	ca.	360 Mio.	42	+ 13,3
1961	ca.	439 Mio.	79	+ 21,6
1971	ca.	547 Mio.	108	+ 24,8
1978	ca.	650 Mio.		
2000	über	1 000 Mio.		

Die *Ursache der Bevölkerungsexplosion* liegt in der stark gesunkenen Sterberate bei gleichbleibender oder nur schwach fallender Geburtenrate. Erst um 1900 kam die moderne Medizin in der Dritten Welt zur Auswirkung, die großen Seuchen wie Pest, Pocken, Cholera und Malaria konnten durch Massenimpfungen, Medikamente und chemische Mittel (DDT gegen Malaria!) weitgehend ausgerottet werden: Bessere Wasserversorgung und Hygiene, der Ausbau der Gesundheitsdienste kamen und kommen hinzu. Die Säuglingssterblichkeit ist zwar noch immer erschreckend groß, nimmt aber ab und wird sich künftig auf die Zuwachsrate der Bevölkerung positiv auswirken. Demgegenüber aber hat die Geburtenrate erst in wenigen Ländern wirklich abgenommen. Die Gründe dafür sind vielfältig: Auf dem Lande benötigt man die Kinder noch immer als Arbeitskräfte, mangels einer öffentlichen Altersfürsorge ist man auf zahlreiche, vor allem männliche Nachkommenschaft angewiesen. Nur Söhne können religiöse Verpflichtungen wie den Ahnenkult erfüllen, Zeugungsfähigkeit erscheint als Ausweis der Männlichkeit u. a. Wenn zwei männliche Nachfolger überleben sollen, so ergeben sich bei einer Säuglings- und Kindersterblichkeit von 50 % und einem 1:1-Verhältnis von Knaben und Mädchen 8 mögliche Geburten!
Der Unterschied zwischen Industrieländern und Entwicklungsländern liegt darin, daß bei den ersteren Sterbe- und Geburtenrate seit Mitte des 19. Jahrhunderts in etwa parallel zurückgin-

gen, bei den letzteren sich aber ein eklatanter »time-lag« und die heute hohe Bevölkerungszuwachsrate ergeben hat:[6]

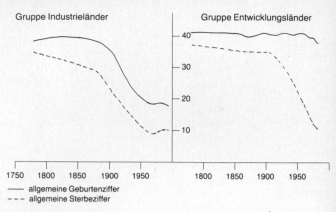

Gruppe Industrieländer Gruppe Entwicklungsländer

—— allgemeine Geburtenziffer
- - - allgemeine Sterbeziffer

Der Höhepunkt des Bevölkerungszuwachses ist zwar überschritten, aber die Reduktion der Kinderzahl gehört heute dennoch zu den vordringlichsten Aufgaben der Entwicklungsländer. Familienplanungsprogramme sind allenthalben angelaufen: Beratungsstellen wurden eingerichtet, mit Plakaten und im Rundfunk wird die »Kleinfamilie« propagiert, Verhütungsmittel werden gratis verteilt, die Vasektomie gefördert. Die Hoffnungen auf schnellen Erfolg haben sich aber nicht erfüllt: Außer in China, das im Jahre 2000 das Nullwachstum zu erreichen hofft, konnte zwar in einigen Ländern wie Südkorea, Thailand, Malaysia, Taiwan, Mauritius und Trinidad und in den Stadtstaaten Hongkong und Singapore die Geburtenrate drastisch gesenkt werden, in den anderen Ländern jedoch ist die Abnahme bescheiden, in einigen (afrikanischen) ist jene sogar noch gestiegen: Die Landbevölkerung ist kaum erfaßt worden, die hohe Analphabetenrate erschwert die Propaganda, Verhütungsmittel sind nicht zugänglich oder werden falsch verwendet, und die genannten Motive für hohe Kinderzahl sind noch immer wirksam. Zudem: Die mohammedanische und katholische Geistlichkeit lehnt künstliche Geburtenbeschränkung aus religiösen Gründen ab.

Die Bevölkerungsexplosion ist zwar nicht so sehr Ursache als Folge der Unterentwicklung, aber sie stellt dennoch unzweifelhaft ein schwerwiegendes Entwicklungshemmnis dar. Zum einen, weil die Jugendlichen unter 20 Jahren bis zu 50 % der

Bevölkerung ausmachen, und das Heer der Arbeitslosen vermehren, zum andern, weil der Bevölkerungsdruck auch auf dem Lande ständig zunimmt, die Abwanderung in die Slums der städtischen Agglomerationen nicht aufgehalten werden kann, die kleinen Güter infolge Erbteilung noch kleiner werden und die Produktionsfortschritte in Landwirtschaft und Industrie von der wachsenden Bevölkerung ständig »aufgefressen« werden. Es stellt sich global wie für die einzelnen Länder heute die beklemmende Frage, ob die explosiv wachsende Bevölkerung künftig überhaupt noch ernährt werden kann.

III. WELTERNÄHRUNG UND AGRARSTRUKTUREN

Die landwirtschaftliche Produktion hat seit dem Zweiten Weltkrieg nicht nur in den Industrieländern – bei rapid abnehmendem Anteil der im Agrarsektor tätigen Personen, aber enormem Produktivitätszuwachs infolge Mechanisierung und Düngereinsatz –, sondern auch in der Dritten Welt zugenommen. Deren Zuwachsraten lagen weit über denjenigen Europas im 19. Jahrhundert. Dies muß als Erfolg gewertet werden. Und doch ist die Situation beängstigend:[7]

– Die Zuwachsraten lagen nicht nur weit unter den Planzielen der einzelnen Länder und der internationalen Organisationen, sondern waren auch rückläufig: Sie erreichten in den 50er Jahren beinahe 3,5 %, in den 60er Jahren nur noch 2,8 % und 1970/77 2,7 %, und dies trotz Neulandgewinnung, Investitionen im Bewässerungssystem und »Grüner Revolution«. Sie lagen unter 2 % vor allem in den ärmsten Ländern, während in jenen mit Raten zwischen 4 und 5 % das Wachstum vor allem dem Exportsektor und nicht den Nahrungsmitteln zugute kam.

– Die Nahrungsmittelproduktion konnte in den 50er und 60er Jahren knapp mit der Bevölkerungszunahme Schritt halten, in den 70er Jahren hat die Pro-Kopf-Produktion in zahlreichen Ländern sogar abgenommen. Die Situation ist vor allem in Afrika alarmierend, denn »schon jetzt hat der Durchschnittsafrikaner 10 % weniger zu essen als vor 10 Jahren« (FAO-Generaldirektor Saouma).

– Dabei müssen die niedrige Ausgangsbasis, die regionalen und sozialen Unterschiede und die Preisentwicklung beachtet werden. Die Situation insbesondere der ländlichen Unterschichten – also der Kleinstbauern, Pächter und Landlosen – ist noch prekärer geworden, da sie, selbst wenn die Versorgungslage an sich gesichert war, nicht ausreichend Nahrungsmittel kaufen konnten und können.

- Wenn man vom eigentlichen Bedarf ausgeht – dieser ist z. T. gestiegen und müßte steigen, um die Massen ausreichend zu ernähren –, wird das Produktionsdefizit noch eklatanter. Indonesien z. B. hat 1979 2 Millionen t Reis (= 1 Milliarde Dollar) einführen müssen, weil der Pro-Kopf-Verbrauch jährlich um 4 % steigt; dabei nahm die Reisproduktion um 3,5 % zu!

- Haben die Entwicklungsländer in den 30er Jahren noch Getreide ausgeführt, so sind sie heute auf Importe angewiesen. Diese sind von etwa 20 Millionen t 1960/61 auf 52 Millionen t im Jahresdurchschnitt 1972–1974 und 80 Millionen t 1979 gestiegen. Bei gleichbleibendem Trend, zu dem eine jährliche Steigerung der Produktion von etwa 2,4 % gehört, ergibt sich für das Jahr 1985 ein Einfuhrbedarf von 150 Millionen t!

- Die USA, Kanada und Australien verzeichnen hohe Produktionsüberschüsse, und die Getreideexporte Nordamerikas sind von 34 Millionen t 1960 auf gegen 100 Millionen t 1977 gestiegen. Aber auch die Preise sind gestiegen, vor allem 1971/74 infolge von Anbaurestriktionen in den USA in den vorausgegangenen Jahren, schlechter Ernten in zahlreichen Regionen der Welt und massiver sowjetischer Getreidekäufe. Einen kleinen Teil ihres Importes erhalten die Entwicklungsländer in Form von Nahrungsmittelhilfe (1977 9 Millionen t), der größere Teil muß aber auf dem Weltmarkt gekauft und mit Devisen bezahlt werden (1978 für ca. 10 Milliarden Dollar, d. h. 80 % der öffentlichen Entwicklungshilfe). Diese Käufe belasten die Handels- und Zahlungsbilanzen vieler Länder der Dritten Welt und, sofern die teuren Importe verbilligt an den Inlandmarkt abgegeben werden, auch das staatliche Budget. Oder anders formuliert: anstatt für Investitionen müssen die knappen Mittel und Devisen für den Kauf von Nahrungsmitteln verwendet werden.

- Mit Recht wird heute auf die Verschwendung von Getreide in den Industrieländern verwiesen, insofern zur Deckung unseres gestiegenen Fleischbedarfes gewaltige Mengen an Futtergetreide benötigt werden. An sich wäre also die Welternährung auf Jahrzehnte hinaus sichergestellt.[9] Die armen Länder werden aber nicht die Mittel zur Bezahlung ihres steigenden Einfuhrbedarfes haben, und es ist auch nicht damit zu rechnen, daß in einem bedeutend stärkeren Ausmaß als heute Nahrungsmittelhilfe geleistet werden wird.

Die Agrar- und Nahrungsmittelproduktion muß also in den Entwicklungsländern mit allen Mitteln gesteigert werden. Dabei ist davon auszugehen, daß nur noch wenig Neuland zur Verfügung steht. Man kann zwar darauf hinweisen, daß heute nur ein kleiner Teil der an sich kulturfähigen Böden unter dem Pflug steht, aber die Erschließungskosten gelten als prohibitiv: Höchstens im TseTse-Gürtel Tropisch-Afrikas, im Sudan und in den Weidegebieten Lateinamerikas und im Amazonasbecken gibt es noch einige Reserven, sonst sind sie weitgehend erschöpft, insbesondere in Asien. Ja, man hat vielerorts bereits zuviel Marginalland unter den Pflug genommen, Wälder abgeholzt und Savannen überweidet, so daß Erosionen und Versteppung zur Aufgabe kultivierten Bodens geführt haben.[10] Die Produktionsreserven liegen also nicht in der Neulandgewinnung, sondern in einer Produktivitätssteigerung.

Die *Hektarerträge* konnten zwar zwischen 1951 und 1974 in den meisten Ländern erheblich gesteigert werden, sie liegen aber noch immer weit unter denen der Industrieländer:[11]

Hektarerträge:

Ausgewählte Länder	Weizen 1951 in DZ/ha	Weizen 1974 in DZ/ha	Mais 1951 in DZ/ha	Mais 1974 in DZ/ha	Reis 1951 in DZ/ha	Reis 1974 in DZ/ha
USA	10,8	18,4	22,7	44,8	26,1	49,8
Japan	–	–	–	–	37,6	57,3
Bundesrepublik	28,6	47,6	27,9	48,4	–	–
Indien	6,6	11,6	6,3	9,1	10,6	16,0
Ägypten	19,2	32,7	–	–	–	–
Algerien	5,5	5,7	–	–	–	–
Marokko			4,2	8,7	–	–
Mexiko	11,6	35,5	–	–	–	–
Brasilien	–	–	–	–	–	10,0
Peru	9,7	7,6	–	–	–	–

Berücksichtigt man, daß in den Industrieländern nur noch 5–10 % der Bevölkerung in der Landwirtschaft tätig sind, in der Dritten Welt aber noch immer 60–90 %, so ergeben sich erst recht enorme Unterschiede in der Produktivität pro Arbeitskraft: um 1960 produzierte ein amerikanischer Farmer beinahe 40mal mehr als ein asiatischer oder afrikanischer Bauer! Trotz beginnender Industrialisierung und massiver Abwanderung in die Städte wird die Landbevölkerung weiterhin ansteigen, die Kleinbetriebe werden noch kleiner, und die Zahl der Landlosen, die bereits heute in Asien, Lateinamerika und Nordafrika bei 20–30 % liegt, wird zunehmen. Um so wichtiger ist die Erhöhung der Hektarerträge; diese darf aber nicht etwa durch forcierte Mechanisierung, also den massiven Einsatz von Traktoren und Mähdreschern, erfolgen, da diese Arbeitskräfte freisetzen und die ohnehin hohe Arbeitslosigkeit und Unterbeschäftigung auf dem Lande noch erhöhen würden – eine beinahe unlösbare Aufgabe zeichnet sich ab.

Die *Agrarstrukturen* sind in den drei Erdteilen allerdings sehr unterschiedlich. Ein auch noch so kurzer Aufriß wird von den geographischen Voraussetzungen ausgehen müssen.

In *Süd- und Südostasien*[12] bilden die Monsune den beherrschenden Faktor: wo die großen Niederschläge fallen, wird Reis gebaut, während in den Trockengebieten bestenfalls der Anbau von Weizen möglich ist. Das rechtzeitige Eintreffen und die Menge der Niederschläge spielen dabei, besonders für den indischen Subkontinent, eine lebenswichtige Rolle. Kommt der Monsun zu spät oder bringt er zu wenig Niederschläge, so ist die Ernte gefährdet, bringt er zu viel in kurzer Zeit, so drohen Überschwemmungen. Reisgebiete wie West-Bengalen, Bangladesh und Java haben eine Bevölkerungsdichte, die über derjenigen europäischer Industrieländer liegt und nur mit der Japans verglichen werden kann; sie stellt zweifellos ein Entwicklungshemmnis dar, doch zeigt gerade Japan, dessen Hektarerträge an Reis beinahe viermal höher sind als diejenigen Indiens, daß eine Intensivkultur mit hohem Arbeitseinsatz möglich ist. Die Weizengebiete Nordindiens und Pakistans benötigen meist künstliche Bewässerung. Diese erhöht die Erträge und erlaubt eine zweite Ernte. Bereits in britischer Zeit ist im Punjab und in Sind ein imposantes System von Staudämmen und Kanälen entstanden, das unabhängige Indien und Pakistan haben ihrerseits große Anstrengungen unternommen, die künstlich bewässerte Anbaufläche auszudehnen: In Indien z. B. ist diese um 50 % von 20 Millionen ha 1950/51 auf 31 Millionen 1970/71 ausgedehnt worden. Standen anfänglich Großprojekte – Staudämme zur Bewässerung und zur Gewinnung von Elektrizität – im Vordergrund, so hat man sich in den letzten Jahren – übrigens analog zu China – auf kleinere, weniger kostspielige, aber wirkungsvollere Kleinprojekte im lokalen Bereich verlegt. Das Wasser wird von Hand geschöpft oder mit dem persischen Rad auf die Felder gebracht, neuerdings sind Dieselmotoren oder elektrisch betriebene Pumpen im Einsatz – mit großen Schöpfleistungen, aber abhängig von importiertem Öl und von Strom.

Die Anbaumethoden für Reis und Weizen sind noch weitgehend die althergebrachten: Man pflügt mit dem einfachen Holzpflug im Ochsenzug, sät von Hand, erntet mit der Sichel und drischt mit dem Handflegel. 1–2 Hektar Reisland oder 5–10 Hektar Weizenland reichen aus für den Lebensunterhalt einer Familie. Das schwerwiegendste Strukturproblem der süd- und südostasiatischen Länder liegt darin, daß nur eine Minderheit der Familien über soviel Bodeneigentum verfügt. Drei Beispiele zeigen dies nur allzu deutlich:

Besitzverteilung von Sawah-Land (bewässertes Land) auf Java 1960[13]:

Nutzfläche in ha	Anzahl der Besitze	% von Besitzern
0,5 und weniger	7 143 938	78,03
0,6– 1	1 074 286	11,74
1,1– 2	624 321	6,82
2,1– 5	274 406	3,00
5,1–10	32 334	0,35
über 10	6 084	0,06

Betriebsgrößen in Westpakistan[14]:

Betriebsgröße in ha	1960		1972	
	Betriebe in Tsd.	Flächenanteil %	Betriebe in Tsd.	Flächenanteil %
0– 3	2 983	16	1 639	12
3,1– 5	759	15	921	18
5,1–10	730	26	794	27
10,1–20	286	19	289	19
20,1–61	88	13	103	15
über 61	14	10	16	9
	4 860	99	3 762	100

Man kann also davon ausgehen, daß 60–90 % der ländlichen Bevölkerung entweder gar kein oder nicht ausreichend Land besitzen, um davon leben zu können, während eine Minderheit von 10–20 % über etwa die Hälfte des Bodens verfügt. Der eigentliche Großgrundbesitz ist außer auf den Philippinen mit

Die Situation in einem typischen indischen Dorf in Uttar Pradesh 1973[15]:

»Unberührbare« Kasten:		Total-Besitz:
Balmiki[1]	1 Familie	0,4 Hektar
Dhobi[2]	1 Familie	0,3 Hektar
Schneider[3]	1 Familie	– Hektar
Jallaha[4]	3 Familien	– Hektar
Mallah[5]	4 Familien	5,0 Hektar
Khatik[6]	3 Familien	6,0 Hektar
Chamar[7]	22 Familien	3,2 Hektar
»Höhere« Kasten:		
Bhat	1 Familie	8 Hektar
Brahmane	1 Familie	7,2 Hektar
Jats	20 Familien	105 Hektar

[1] Haupteinkommen durch Arbeit des Familienvaters als Diener in Delhi.
[2] Haupteinkommen durch Wascharbeiten für einen Teil der Jat-Familien.
[3] Haupterwerb Schneiderarbeiten.
[4] Haupterwerb durch Weben einfacher Stoffe.
[5] Ehemals Fährleute am nahen Jumna-Fluß; jetzt Korbmacher und Landarbeiter.
[6] Ehemals Ziegenhirten, jetzt Bauern.
[7] Landarbeiter und in der Zwischenzeit Bauarbeiter.

ihrer spanischen Vergangenheit nicht mehr allzu wichtig, obschon die Agrarreformen in Indien, Indonesien und Pakistan nur halbherzig durchgeführt wurden und zu einem guten Teil umgangen werden konnten (wenn eine Obergrenze festgesetzt war, wurde das Land auf die Familienmitglieder verteilt!). Es sind die Mittel- und Großbauern, die heute die dörfliche Oberschicht darstellen. Sie verfügen meist über die besseren Böden, haben leichteren Zugang zum Wasser, bebauen ihr Land mit Pächtern oder Landarbeitern und produzieren für den Markt. Die Masse der Bauern aber ist auf Nebenbeschäftigung aus Lohnarbeit angewiesen, insbesondere als Landarbeiter. Die Löhne sind minimal oder basieren auf Anteilspacht, ihre Arbeitskraft wird zudem nur zeitweise benötigt; fällt die Ernte schlecht aus und steigen die Preise, so fehlen die Mittel für den Kauf auch nur der dringendsten Nahrungsmittel. Verschuldung, ungleicher Schulbesuch, soziale Diskriminierung und politische Abhängigkeit von der Dorfelite vervollständigen das Bild – Resignation und Verzicht auf Innovationen sind die Folge.

Die *Grüne Revolution*[16] hat nun diese »dualistische« Sozialstruktur nicht wie erhofft abgebaut, sondern – wie zahlreiche Untersuchungsberichte aus mehreren Ländern, nicht nur aus Indien, belegen – noch verschärft. Die wohlhabenderen Bauern haben profitiert, kaum aber die Kleinstbauern und Landlosen. Was war die Grüne Revolution? Ausgehend von den geringen Hektarerträgen in den Tropen haben amerikanische Forscher, finanziert von der Rockefeller- und Ford-Foundation, nach dem Zweiten Weltkrieg in Versuchsanstalten (in Mexiko für Mais und Weizen, auf den Philippinen für Reis) für tropisches Klima geeignete Hochertragssorten (High Yield Varieties = HYV) gezüchtet und dann ab etwa 1964 über Agraruniversitäten und staatliche Agrardienste an die Bauern abgegeben. Erfolge stellten sich schnell ein, insbesondere beim Weizen ergaben sich um 30–100 % erhöhte Erträge (infolge verkürzter Reifezeit konnten zudem vermehrt Doppel- und Dreifacherneten erzielt werden): Heute werden auf 20–50 % der Anbaufläche HYV-Samen verwendet. Der erfolgreiche Einsatz ist aber an bestimmte Voraussetzungen gebunden und benötigt beträchtliche Inputs:

– Notwendig ist ausreichend Wasser, die Wasserversorgung muß zudem sichergestellt sein; es kommen daher für Weizen praktisch nur künstlich bewässerte Böden in Frage.
– Es geht nicht ohne Kunstdünger, und der Einsatz von Wasser und Dünger muß im richtigen Verhältnis erfolgen.
– Die neuen Sorten sind anfällig für Schädlinge, Pestizide müssen eingesetzt werden; da jene resistent werden, müssen stets neue Sorten entwickelt werden. Der Bauer kann zudem nur wenige Jahre die Samen der eigenen Ernte verwenden.
– Dünger und Schädlingsbekampfungsmittel müssen rechtzeitig zur Stelle sein, was keineswegs immer gewährleistet ist.
– Die Bauern müssen intensiver beraten werden, und ein Kreditsystem muß zur Verfügung stehen.

Die Produktionserfolge waren eindrücklich in den Jahren 1965–1970. Die Hektarerträge stiegen z. T. sprunghaft an, ebenso die nationale Produktion. Der Grad an Selbstversorgung nahm zu, die Importe konnten reduziert werden; das Agrar- und Nahrungsmittelproblem schien gelöst. Bald aber zeigten sich die Probleme und Grenzen der neuen Sorten:

– Die großen Erfolge betrafen vorerst vor allem den Weizen, die Ertragssteigerung beim Reis war geringer; Reis aber ist das Hauptnahrungsmittel in Süd- und Südostasien. Der neue Reis hatte zudem einen anderen Geschmack und stieß auf Widerstand.
– Der künstlichen Bewässerung sind Grenzen gesetzt und damit auch der Verwendung von HYV. Die Forcierung der Bewässerung kann zu Versalzung der Böden und zum Absinken des Grundwasserspiegels führen.

unter uns fanden

- Die HYV verlangen einen relativ hohen finanziellen Einsatz und erhöhen daher das Risiko. Fällt die Ernte wegen Wetterbedingungen schlecht aus, geht der Bauer nicht nur wie bisher der Ernte verlustig, sondern auch der eingesetzten Mittel; u. U. verschuldet er sich.
- Die Hochertragssorten beanspruchen den Boden stärker als bisher und fördern die Bodenerosion. Entweder gehen die Erträge zurück oder der Einsatz von Kunstdünger muß erhöht werden – die Rentabilität sinkt.
- Auf nationaler Ebene stiegen Produktion und Produktivität nach 1970 nur noch langsam.
- Der Düngerbedarf ist gewaltig gestiegen. Mit der Ölpreiserhöhung haben sich sowohl die Eigenproduktion als auch die Importe enorm verteuert und belasten die Zahlungsbilanz: Der Kunstdüngerverbrauch Indiens z. B. ist von Null im Jahr 1950 auf 2 Millionen t 1974 angestiegen; obschon die Eigenproduktion etwa die Hälfte deckte, stiegen die Importe von 1 Milliarde Rupien 1970/71 auf 5,8 Milliarden 1975/76. Malaysia hat 1979 770000 t Dünger im Wert von 115 Millionen US-Dollar eingeführt, die Philippinen die Hälfte ihres Bedarfs im Wert von 52 Millionen Dollar.

Gravierend waren vor allem die sozialen Folgen. An sich ist der Einsatz von Hochertragssorten flächenunabhängig, d. h. auch ein Kleinbauer kann sie verwenden. Viele haben es auch getan. Untersuchungen haben aber doch gezeigt, daß es vor allem die Groß- und Mittelbauern waren, die zum Anbau mit HYV übergingen, sei es, weil die staatlichen Stellen sich zuerst an sie wandten, sei es, weil sie eher zu Innovationen bereit waren und über die Mittel dazu verfügten und eher das Risiko einzugehen bereit waren. Wichtiger noch: Als Dorfelite hatten und haben sie bevorzugten Zugang zu agrarischen Krediten und oft auch zum Wasser. Die sprunghaft ansteigenden Erträge veranlaßten viele, mehr Land direkt zu bewirtschaften, Pächter und Anteilspächter zu entlassen und die Felder mit Lohnarbeit zu bestellen; Kleinstbetriebe wurden aufgekauft. Die soziale Differenzierung hat sich also verstärkt: Die Dorfelite kam zu einem gewissen Wohlstand, während sich die Zahl der Landlosen erhöhte. Umstritten ist die Auswirkung auf die Beschäftigung: Die HYV sind an sich arbeitsintensiver, zumal wenn sie zwei Ernten ermöglichen. Die Löhne sind z. T. gestiegen, vor allem etwa im Punjab, wo die Grüne Revolution besonders erfolgreich war. Diese zeitigte zudem indirekte Beschäftigungsimpulse im Weg- und Straßenbau, in Transport, Lagerhaltung und Vermarktung, in der gesteigerten Nachfrage nach Pumpen, Pflügen u. a. Erhöhte Rentabilität und höhere Löhne ergaben aber auch die Tendenz, vermehrt Maschinen, Traktoren und vereinzelt sogar Mähdrescher einzusetzen – entsprechend wurden wieder Arbeitskräfte freigesetzt.

Das Urteil über die Grüne Revolution fällt entsprechend ambivalent aus. Die Produktions- und Produktivitätssteigerung war und ist notwendig, insofern gibt es kein Zurück. Andererseits ist die Revolution ausgerechnet an den Massen der Kleinstbauern und Landlosen vorbeigegangen; diese aber sind unterernährt oder hungern, und von der Erhöhung ihrer Kaufkraft hängt auch die Industrialisierung ab. Reformen drängen sich auf, aber die Dorfnotabeln sind gleichzeitig Träger der politischen Macht und haben Reformen bis jetzt zu boykottieren verstanden. Die städtischen Eliten haben Angst vor dem »Sozialismus« und kümmern sich wenig um die ländliche Bevölkerung. »Korruption, schlampige Administration, Brutalitäten der Streitkräfte, dramatische Einkommensunterschiede, Verarmung auf dem Land, Zusammenbruch alter Sozialstrukturen« – so beschreibt ein Berichterstatter die Situation in Südostasien.[17] Sollten die ländlichen Massen beginnen, sich aufzulehnen, so wird wohl eine verstärkte Repression die Antwort sein. Immerhin scheint sich die Einsicht durchzusetzen, daß eine Agrarpolitik, die allein auf Produktionssteigerung abzielt, sozial unerwünschte Nebeneffekte zeitigt und Anstrengungen gemacht werden müssen, um auch den Kleinbauern Zugang zu den Krediten und Subventionen zu verschaffen und eine gerechte Verteilung der Wasserressourcen sicherzustellen. Notwendig wären die Aktivierung der Dorfgemeinschaft, der Einsatz der Bauern in der arbeitsfreien Zeit und die Förderung der »self-reliance« mit Hilfe einfacher, angepaßter Technik. China bietet dazu ein Vorbild, doch bleibt fraglich, ob das Ziel auch ohne Zwangseinsatz und totalitäre Ideologie erreicht werden kann.

Die Agrarstruktur *Schwarzafrikas* ist seit der Kolonialzeit geprägt durch den Dualismus eines traditionellen Subsistenzsektors einerseits und der Cash Crops-Produktion, d. h. den Anbau von Produkten für den Export, andererseits.[18] Je nach Klima und Bodenbeschaffenheit waren dies Erdnüsse und Baumwolle (im Sahelgürtel vom Senegal bis in den Sudan), Palmöl, Kaffee und Kakao (Westafrika), Kaffee, Mais, Sisal (Ostafrika). Die Anbauflächen expandierten, Produktions- und Exportzahlen stiegen vor und nach dem Ersten Weltkrieg rasch an und schienen den Kolonialmächten einen Beweis zu liefern für eine erfolgreiche »mise-en-valeur« ihrer Territorien. Plantagen unter europäischer Leitung mit angeworbenen afrikanischen Arbeitskräften gab es im deutschen Kamerun, im portugiesischen Kolonialreich, im belgischen Kongo und in Tanganyika; in Kenya und Rhodesien etablierte sich eine Siedlerherrschaft, der Großteil der Cash Crops aber wurde im sog. Native Farming angebaut, d. h. von afrikanischen Bauern im Rahmen ihrer traditionellen Produktionsweise. Der Übergang zum Anbau von Exportprodukten erfolgte meist freiwillig, Zwangsanbau war die Ausnahme; die Steuereinziehung in bar hat allerdings die Monetarisierung gefördert und kann, vor allem im französischen Bereich, als indirekter Zwang zum Anbau von Cash Crops interpretiert werden. Die Produktionsmethoden haben sich wenig verändert, was der Bauer auf dem Grundstück, das ihm jährlich neu zugewiesen und mit der alten Holzhacke bearbeitet wurde, ernten konnte, war bescheiden und reichte gerade aus, um die Steuern zu zahlen und einige Konsumwaren zu kaufen. Eine Ausnahme stellte der Kakao dar, der pro Hektar einen bedeutend höheren Ertrag abwirft als etwa Erdnüsse oder Baumwolle und vor allem den afrikanischen Produzenten an der Goldküste, die 1935 etwa 250000 t exportierte, einen bescheidenen Wohlstand ermöglichte. Hier entwickelte sich auch ein quasi-Eigentum an Boden und eine einheimische Pflanzer-Bourgeoisie, die Arbeitskräfte aus den armen Territorien des Nordens als Saisonniers beschäftigte. Nach dem Zweiten Weltkrieg folgte die Elfenbeinküste dem Vorbild Ghanas. Exporte erbrachten für die Kolonie Zolleinnahmen, der Hauptgewinn ging aber an die europäischen Handelsfirmen, die den Aufkauf, den Transport und die Vermarktung kontrollierten.

Die unabhängigen afrikanischen Staaten haben diese Politik einer einseitigen Ausrichtung auf den Anbau von Exportprodukten fortgesetzt. Sie schien die einzige Möglichkeit zu bieten, die zur Realisierung der großzügig konzipierten Entwicklungspläne notwendigen Mittel zu erwirtschaften. Schrittweise wurden zwar nationale Aufkaufs- und Vermarktungsorganisationen geschaffen, die einseitige Abhängigkeit vom Weltmarkt und den schwankenden Weltmarktpreisen blieb aber bestehen; und je schlechter die Terms of Trade waren, desto mehr war man auf Auslandsinvestitionen, Kredite und Entwicklungshilfe angewiesen. Während die Exportprodukte gefördert wurden (Infrastrukturinvestitionen u. a. kamen primär ihnen zugute), wurde der Anbau von Nahrungsmitteln vernachlässigt. Und dies, obschon die Bevölkerung zunahm und der Bedarf anstieg: Beste Böden wurden für die Cash Crops verwendet, Brachezeiten mußten verkürzt werden, die ohnehin mageren Böden wurden ausgesaugt, die Erträge stagnierten oder gingen gar zurück. Kraß ist vor allem die Situation im Senegal[19]: obwohl bereits in der Kolonialzeit ganze Landstriche infolge forcierten Erdnußanbaues verödeten, wurde dessen Expansion weiterhin vorangetrieben. Er erfaßt heute einen Großteil des Landes, die verarbeitende Industrie ist auf die Erdnuß ausgerichtet, Erdnüsse bilden das Hauptexportgut. Die Produktion blieb aber hinter den Planzahlen weit zurück, ebenso der Ertrag pro Hektar – und die Bodenerosion geht weiter. Gleichzeitig ging die Lebensmittelproduktion – vor allem natürlich in den Dürrejahren – zurück, Nahrungsmittel mußten und müssen in großen Mengen eingeführt werden. Tendenziell analoge Entwicklungen finden sich auch in anderen afrikanischen Ländern. Von Diversifikation ist viel die Rede, sie betrifft aber wiederum vor allem den Exportsektor.

Die Sachzwänge der Monokultur sind stark, auf Exporteinnahmen sind die afrikanischen Staaten dringend angewiesen, zumal die neue städtische Elite auf Konsumimporte nicht zu verzichten gedenkt. Die Erhöhung der Ölpreise belastet die Handelsbilanz zusätzlich. Das Interesse an hohen und stabilen Rohstoffpreisen ist verständlich, die Terms of Trade sind lebenswichtig. Aber es scheint sich doch die Erkenntnis durchzusetzen, daß künftig die Priorität der Nahrungsmittelproduktion gebührt. Self-reliance sollte erreicht werden. Der Weg dazu ist mühsam, Großprojekte haben sich als problematisch erwiesen; es bleibt nur die geduldige Entwicklungsarbeit in den Dörfern: bessere Wasserversorgung und effizienterer Anbau durch entsprechende Erziehung und Beratung; bessere Vorratshaltung und Vermarktung, Anreize durch entsprechende Preisgestaltung, Aktivierung des Einzelinteresses und Förderung gemeinschaftlicher Anstrengungen. Erhöhung der Nahrungsmittelproduktion als Teil einer Strategie, die auf die Erfüllung der Grundbedürfnisse abzielt, soll nicht nur die Abhängigkeit vom Ausland abbauen, sondern auch das eklatante Stadt-Land-Gefälle und die Landflucht mildern; sie erst schafft zudem einen wachsenden inneren Markt, ohne den die Industrialisierungsbemühungen scheitern werden. Ob ein privatkapitalistisches oder ein sozialistisches System in diesen Bemühungen größeren Erfolg erzielen wird, ist noch nicht abzusehen.

In *Lateinamerika* dominiert noch immer der Großgrundbesitzer.[20] Die spanische Kolonialzeit mit ihrem quasi-Feudalismus ist auch heute noch präsent, obgleich sich im späteren 19. Jahrhundert die alten riesigen Latifundien teilweise aufgelöst hatten und im Zeichen des Exportbooms von Getreide, Vieh, Kaffee u. a. neue Großdomänen entstanden. 1960 besaßen 10 % der Land-

413

eigentümer 90 % des kultivierten Bodens, 1,5 % der Betriebe
umfaßten mehr als 1000 ha und nahmen 65 % des Bodens in
Anspruch, während 73 % der Betriebe sich mit 3,4 % zufrieden-
geben mußten. Den wenigen Latifundisten steht die große Zahl
der Minifundisten gegenüber. Drei Länder als Beispiele: In Brasilien besaßen 1964/65 32000 Landeigentümer 133 der 265 Millionen ha kultivierbaren Bodens, 20 % der Domänen waren über
10000 ha groß, einige Dutzend sogar über 100000 ha, 500000
Kleinstbetriebe hingegen machten zusammen nur gerade 0,5 %
der kultivierten Fläche aus. In Kolumbien verfügen 10 % der
Eigentümer über 80 % des Bodens, während die 50 % der kleinsten Bauern ganze 2,5 % des Bodens besitzen. In Guatemala
umfassen 2,1 % der Betriebe 82,3 % der Wirtschaftsfläche;
88,4 % der Kleinstbauern besitzen hingegen nur gerade
16,6 %.
Latifundien und Minifundien gehören symbiotisch zusammen
und bilden ein eigentliches Herrschaftssystem. Die Latifundien
sind meist extensive Großbetriebe, nur ein Bruchteil des Bodens
wird überhaupt bewirtschaftet, riesige Viehweiden dominieren.
Der Eigentümer wohnt oft in der Stadt und überläßt die Bewirtschaftung einem Verwalter. Diese erfolgt durch Landarbeiter und
Kleinpächter; letztere sind als Entgelt für Hütte und Garten zur
Arbeitsleistung auf der Domäne gezwungen oder werden noch
immer in Naturalien entlohnt. Bei Entlohnung in Geld besteht
oft die Verpflichtung, Konsumwaren in den Läden des Latifundisten zu kaufen; Kreditvergabe ist ein beliebtes Mittel, Pächter
und Arbeiter an das Latifundium zu binden. Noch immer gibt es
ein »Vermieten« von Arbeitern und selbst körperliche Züchti-
gung. Ein gewisser Paternalismus kann die krasse Ausbeutung
nur gerade verschleiern. Leben die Minifundisten außerhalb der
Großdomänen, so steht ihnen meist nur schwer bewirtschaftba-
rer Boden zur Verfügung, in den Anden etwa die Berghänge:
Was sie in intensiver Hackkultur erwirtschaften, reicht kaum zu
einer kargen Subsistenz aus. Wenn sie geringe Überschüsse oder
Handelsprodukte auf den Markt bringen – Kaffee in Kolumbien
wird zu einem guten Teil von Kleinproduzenten angebaut –, so
sind sie als Analphabeten den rücksichtslosen Praktiken der
Händler und Transporteure ausgeliefert.
Man ist sich heute einig, daß dieser Komplex von Latifundien
und Minifundien eine enorme Verschwendung der beiden Ressourcen Boden und Arbeit bedeutet: Die Großdomäne läßt große
Flächen brach, weil größere Investitionen nicht getätigt werden,
die Hektarerträge sind bescheiden, die Erträge pro Arbeitskraft
aber relativ hoch; die Minifundisten verzeichnen demgegenüber

hohe Hektarerträge, aber die Arbeitsproduktivität ist gering. Die Bevölkerungszahl steigt erst noch rapid an, die Parzellen werden noch kleiner, freier Boden steht nicht mehr zur Verfügung, und Kredite sind schwer zu erhalten. Kein Wunder, daß der Strom in die Städte anhält.

Neben dem extensiv betriebenen Latifundium gibt es zunehmend die modern verwaltete Großdomäne: vor allem Kaffee- und Zuckerrohrplantagen (von den Bananenpflanzungen der amerikanischen Konzerne in Mittelamerika abgesehen). Dies bedeutet verstärkten Kapitaleinsatz, vermehrte Mechanisierung, hohe Erträge für den Markt – impliziert aber nur bedingt die Beschäftigung von mehr Arbeitskräften. Im Gegenteil, sehr oft werden Pächter vertrieben und Arbeitskräfte freigesetzt. Dies gilt insbesondere dort, wo – wie etwa in Guatemala und im brasilianischen Norden und Nordosten – bisheriges Ackerland in Weideland verwandelt wurde, um Fleisch für die Städte und den Export zu produzieren.

Dieser Verschleiß an Ressourcen macht verständlich, daß Lateinamerika mit seinen gewaltigen Flächen bebaubaren Bodens nicht mehr ausreichend Nahrungsmittel für die eigene Bevölkerung produziert, und dies, obschon Millionen unter- und fehlernährt sind. Verglichen mit der Vorkriegszeit hatte sich die 1965/66 die gesamte Agrarproduktion beinahe verdoppelt, pro Kopf aber um 8 % abgenommen. In 10 von 20 Ländern war die landwirtschaftliche Produktion hinter dem Bevölkerungszuwachs zurückgeblieben und in 5 Ländern übertraf sie letztere um weniger als 1 %. Seit 1970 hat die Produktion zwar beträchtlich zugenommen, vor allem aber die Intensivproduktion für den Export. Getreide muß heute eingeführt werden. Die Preise sind stark gestiegen, meist bedeutend stärker als die Reallöhne; und 20–40 % der ländlichen wie städtischen Bevölkerung sind erst noch arbeitslos. Die Ernährung der Unterschichten wird immer prekärer!

Agrarreformen sind seit Jahren im Gespräch, außer in Kuba und Chile ist aber noch keine wirklich erfolgreich durchgeführt worden. In Bolivien, Peru, Venezuela und Kolumbien waren die Ergebnisse höchst bescheiden: In Peru wurden die ausländischen Plantagenbesitzer an der fruchtbaren Küste enteignet, einiger Boden ist verteilt worden, meist ungenutzter und wenig ertragreicher. In Guatemala hat ein energischer Versuch unter Präsident Arbenz 1954 zum Sturz des Regimes geführt. Als Ausweg bot sich die Kolonisation auf nicht bebauten Staatsländereien an, sie erwies sich aber als außerordentlich kostspielig und verschaffte nur relativ wenigen Bauern eigenen Boden. In den meisten lateinamerikanischen Ländern gibt es zwar staatlich festgesetzte Minimallöhne, Vorschriften über Arbeitszeit und die Schulung der Landarbeiterkinder u. a., aber die Vorschriften werden nicht eingehalten, solange die Landaristokratie im Staat dominiert und oft über eigene Schlägertruppen verfügt, die rücksichtslos eingesetzt werden, wenn Landarbeiter »aufmukken« oder illegale Landbesetzungen vornehmen. Gesetzliche Regelungen der Pachtverträge haben dazu geführt, daß Pächter vertrieben, Boden der landwirtschaftlichen Nutzung entzogen oder Arbeitskräfte durch Maschinen ersetzt wurden.

Die Grüne Revolution ist kein Ersatz für Agrarreformen. Sie kann die nationale Produktion, auch für Nahrungsmittel, stark erhöhen und eventuelle Importe unnötig machen, verschärft aber auch in Lateinamerika die regionalen und sozialen Disparitäten. Beispiel dafür ist Mexiko, das zwar unter Präsident Cardenas in den späten 30er Jahren eine eigentliche Agrarreform mit weitgehender Ausschaltung des Großgrundbesitzes erzwang, sich aber seit den 50er Jahren einseitig auf eine rapide Produktionserhöhung konzentrierte; große staatliche Mittel wurden für Bewässerungsprojekte in den nördlichen Staaten eingesetzt, die staatliche Kreditbank gewährt billige Kredite, Lizenzen zum Import von landwirtschaftlichen Maschinen wurden erteilt, mit dem Ergebnis, daß regional ein neuer, ertragsstarker Großgrundbesitz entstand. 1960 erbrachten nur 1,3 % der Betriebe 54 % des landwirtschaftlichen Ertrages und erzielten zwischen 1950 und 1960 80 % des Produktionszuwachses. Produktion und Hektarerträge der meisten Bauerngemeinschaften (ejidos) und Minifundisten aber stagnierten, die Verschuldung wuchs, Parzellen wurden an die privaten Großgrundbesitzer verpachtet und Landarbeiter fanden immer weniger Arbeit. Man schätzt, daß sich deren Zahl von etwa 3,5 Millionen (1960) bis 1980 verdoppeln wird.

Ohne großzügige Landreformen durch Enteignungen des Großgrundbesitzes, die Schaffung von Gemeinschaftseigentum und Kleinbesitz, verbunden mit entsprechendem Agrarkredit, mit Schulung und Beratung der Bauern und Verbesserung der Vermarktung wird das Agrarproblem Lateinamerikas nicht zu lösen sein. Unbebautes Land ist vorhanden, die Erträge der Kleinbauern sind, wenn diese unterstützt werden, höher als im Großbetrieb. Nur so können die minimalen Einkommen der großen Masse der Bauern erhöht werden und nur so besteht die Hoffnung, daß mindestens ein Teil des rapid wachsenden Landproletariates Beschäftigung findet. Selbst eine schnell wachsende Industrie kann unmöglich ausreichend Arbeitsplätze schaffen. Ob effektive Reformen auf evolutionärem Weg heute noch möglich sind, kann füglich bezweifelt werden; es scheint eher, daß

wir künftig mit revolutionären Bewegungen zu rechnen haben
und folglich mit Bürgerkriegen. Die blutigen Auseinandersetzungen in Nicaragua und El Salvador werden nicht die letzten
sein!

IV. DIE SCHWIERIGKEITEN DER INDUSTRIALISIERUNG

»Industrialisierung und Entwicklung werden häufig als Synonyme verwendet. Das ist gewiß eine falsche Gleichsetzung, aber
in ihr steckt dennoch ein Stückchen Wahrheit. Die Industrialisierung ist im allgemeinen der sicherste Weg zu einer höheren
wirtschaftlichen Entwicklungsstufe und damit zu einem höheren
Lebensstandard.«[21] In der Tat hofften die Entwicklungsländer,
auch die unabhängig gewordenen Kolonien, sich nach dem Zweiten Weltkrieg schnell industrialisieren zu können. Eine eigene
Industrie, vor allem eine eigene Schwerindustrie, erschien als
Ausweis nationaler Unabhängigkeit und galt als Voraussetzung
für das große Ziel, den Metropolen gegenüber »aufzuholen«,
gleichberechtigt zu sein und die Unterentwicklung zu überwinden. Die Schwierigkeiten wurden aber unterschätzt, denn ein
energischer Wille, staatliche Planung, konzentrierter Kapitaleinsatz in Schlüsselbereichen und Schutzzölle schienen auszureichen, um einen Prozeß in Gang zu bringen, der dann, einem
Schneeball vergleichbar, schnell weitere Bereiche erfassen und
den Übergang von der Agrar- zur Industriegesellschaft nach
westlichem Vorbild ermöglichen würde. Entsprechend groß war
dann die Enttäuschung, als die Industrialisierung viel langsamer
als erwartet erfolgte, auf Hemmnisse stieß oder stagnierte, der
Abstand zu den Industrieländern nicht kleiner, sondern größer
wurde und erst noch der erhoffte Beschäftigungseffekt ausblieb.
Bis nach dem Zweiten Weltkrieg war die Industrialisierung in
den heute zur Dritten Welt zählenden Ländern über Ansätze
nicht hinausgekommen.[22] Die Kolonialmächte hatten sie nicht
verboten, aber auch in keiner Weise gefördert; noch immer galt
der Grundsatz, daß Kolonien Rohstoffe und tropische Nahrungsmittel liefern und Industrieprodukte der Metropolen aufnehmen
sollten. In Indien war zwar bereits im 19. Jahrhundert eine
Baumwollindustrie entstanden, und zu Anfang dieses Jahrhunderts lief das erste Stahlwerk an, aber Zollschutz war ihnen nicht
gewährt worden; in der Zwischenkriegszeit war dieser möglich,
und die Textil-, Zucker- und Papierindustrien haben davon stark

profitiert, aber die Industrialisierung blieb doch sektoral begrenzt, und im Moment der Unabhängigkeit 1947 besaß Indien noch keine Maschinenindustrie. Noch bescheidener waren die Industrien in den anderen asiatischen oder afrikanischen Kolonien: Es gab Zementwerke, Sägereien und Möbelwerkstätten, Mühlen und Brauereien, vereinzelt auch Textilfabriken, aber nur ein kleiner Teil der Rohstoffe wurde in der Kolonie verarbeitet; Konsum- und Investitionsgüter, aber auch das Transportmaterial bezog man aus den Metropolen. Wenn Marx 1853 prophezeit hatte, daß eine Kolonialmacht wie England, die in Indien Eisenbahnen baue, nicht darum herumkommen werde, auch Lokomotiven zu bauen, also einen breiten Industrialisierungsprozeß in Gang zu bringen, so hatte er sich getäuscht, und zwar, weil er den rapiden Fall der Transportpreise im 19. Jahrhundert nicht in Rechnung stellte: Es war billiger, Lokomotiven und Textilmaschinen aus England zu importieren, als diese in Indien herzustellen. In Lateinamerika basierte die zeitweise boomartige Wirtschaftsentwicklung im letzten Jahrhundert ausschließlich auf dem Bergbau und dem Export von Agrarprodukten wie Getreide, Fleisch, Kaffee, Kautschuk und Zucker. Erst der katastrophale Zusammenbruch dieser Exporte in der Krise hat eine gewisse Industrialisierung ausgelöst: Bisherige Einfuhren sollten durch Eigenproduktion substituiert werden, insbesondere Textilien. Der Zweite Weltkrieg hat dieser Importsubstitution zusätzlichen Auftrieb verschafft.

Die eingangs erwähnten Industrialisierungsanstrengungen *seit dem Zweiten Weltkrieg* haben ohne Zweifel beachtliche Erfolge gezeigt, und zwar sowohl im Bergbau und der Schwer- und Grundstoffindustrie als auch in der Fertigungsindustrie:

Produktionsindex der Fertigungsindustrie in den nichtkommunistischen Entwicklungsländern (1963 = 100)[23]:

	Insgesamt	Lateinamerika	Asien
1938	29	28	30
1948	41	46	34
1955	60	65	56
1960	85	88	83
1965	116	117	120
1970	161	160	164

Das sind an sich eindrückliche Zahlen: Die Wachstumsraten der Industrieproduktion in der Dritten Welt erreichten ca. 7 % 1950–1960 und 8 % 1960–1970. Sie waren weit höher als in den Industrieländern im 19. Jahrhundert und sogar höher als in der Hochkonjunktur der Nachkriegszeit. Man kann dies mit Beispielen illustrieren: Indien etwa hat seine Stahlproduktion von 1 auf 6 Millionen t gesteigert, die Stromerzeugung von 801 Millionen kWh im Jahr 1956 auf 6218 im Jahr 1975; es stellt heute Elektrizitätsausrüstungen und Maschinen aller Art, Flugzeuge und Computer her. In Lateinamerika hat sich die Stromerzeugung 1948–1964 vervierfacht, die Stahlproduktion 1938–1964 verfünfzigfacht (in Brasilien 1948–1964 versechsfacht, in Mexiko verzwölffacht). Der Anteil von Nahrungs- und Textilindustrie an der gesamten Industrieproduktion ist stark zurückgegangen zugunsten der eisenverarbeitenden Industrie. Und doch erscheint diese Industrialisierung als unbefriedigend, waren und sind die *Hemmnisse und Schwierigkeiten* enorm. Wieso?

- Der Ausgangspunkt war äußerst niedrig, auch hohe Wachstumsraten sagen daher über den Industrialisierungsgrad wenig aus. Der Anteil der Dritten Welt an der Weltindustrieproduktion lag 1977 erst bei 9 %.
- Die Unterschiede zwischen den Ländern sind groß, die Industrialisierungserfolge konzentrieren sich auf einige wenige Länder. Die ärmsten Entwicklungsländer sind über Ansätze nicht hinausgelangt und stellen bestenfalls einige Konsumgüter des täglichen Gebrauchs her.
- Die Industrien haben sich zudem in den großstädtischen Agglomerationen angesiedelt, während weite Gebiete des Landes kaum erfaßt wurden.
- Hohe Wachstumsraten im Bergbau besagen an sich wenig, zumal wenn der Großteil der Mineralien exportiert wird (Zinnausfuhr Malaysias und Boliviens, Kupferbergbau Zaires, Sambias und Chiles, Bauxit aus Guayana, Jamaika, Guinea). Selbst wenn die Minen nationalisiert werden, bleibt die Abhängigkeit von ausländischen Konzernen, ausländischem Management und vor allem vom Weltmarkt mit seinen starken Preisschwankungen. Der Bergbau verschafft zwar dem Land die dringend benötigten Devisen, die von ihm ausgehenden Impulse auf die übrige Wirtschaft sind aber gering: Die Verarbeitung erfolgt in den Metropolen, Ausrüstungsgüter müssen importiert werden, ebenfalls Konsumwaren für das ausländische Personal. Der Beschäftigungseffekt des modernst betriebenen Bergbaus ist ebenfalls gering, dieser behält seinen »Enklaven«-Charakter.

– Die heutige Industrie basiert auf komplizierter Technik und ausgeklügeltem Management. Das war in der Anfangsphase der industriellen Revolution anders: Der Übergang vom Handwerk zur maschinellen Produktion in Fabriken war fließend, die Herstellung von Maschinen verlangte relativ geringes Know-how und war relativ leicht erlernbar. Die Ausbreitung von England in andere Länder erfolgte daher verhältnismäßig schnell. Die heutige Technik aber ist kompliziert und stellt laufend höhere Anforderungen. Ihre Anwendung verlangt nicht nur einen kleinen, meist im Ausland ausgebildeten Spitzenkader, sondern auch eine Masse von qualifizierten Arbeitern, über die die Entwicklungsländer meist nicht verfügen. Ausländische Kader sind teuer und machen den Vorteil niedriger Arbeitslöhne der Einheimischen leicht wett. Es kommt hinzu, daß die Herstellung von Ausrüstungsgütern meist große Produktionseinheiten mit entsprechenden Kapazitäten erfordert: das Land selbst hat nur einen bescheidenen Bedarf, Transportkosten aber erschweren den Export, selbst dann, wenn die Maschinen/Güter der Qualität nach international wettbewerbsfähig sind. Die moderne Industrie ist zudem auf eine große Zahl von Zulieferbetrieben angewiesen, die in einem Neuland fehlen. Von anderen Engpässen – Abhängigkeit von Importlizenzen, unregelmäßiger Energielieferung u. a. – ganz abgesehen.

Für die Entwicklungsländer schien es vorerst angezeigt, ihre Industrialisierung mit einer Politik der *Importsubstitution* einzuleiten oder voranzutreiben. Es war naheliegend, Güter, die bis dahin importiert wurden, im Lande selbst herzustellen: Der Markt war gegeben, Arbeitsplätze entstanden, Devisen konnten gespart werden. Einige lateinamerikanische Länder waren vorausgegangen, Indien, die Philippinen, Ägypten und andere, größere Länder Asiens und Afrikas folgten. Zollschutz war das notwendige und probate Mittel, um die Importe zu senken und der eigenen Industrie den Start zu ermöglichen; hinzu kamen weitere staatliche Förderungsmaßnahmen wie Zollvergünstigungen für importierte Rohstoffe und Ausrüstungsgüter, Steuerbefreiung und Subventionen. Was die Kolonialmächte verweigerten oder unterließen, war den unabhängigen Ländern möglich und wurde konsequent gehandhabt. Es entstanden Zementwerke, Textil- und Schuhfabriken, Betriebe zur Herstellung von Seife und Gummiwaren, Teigwaren und anderen Nahrungsmitteln. Hohe Zölle oder Importverbote veranlaßten ausländische Konzerne, in den bevölkerungsstärkeren Ländern Fabrikationsbetriebe oder Montagebetriebe für Autos, Pumpen, Kühlgeräte,

Pharmazeutika u. a. zu errichten. Die hohen Wachstumsraten auch in der Fertigungsindustrie spiegeln die Erfolge dieser Politik der Importsubstitution.

Mit der Zeit aber zeigten sich deren Grenzen. Wenn man geglaubt hatte, durch Eigenanfertigung bisheriger Importgüter die Handels- und Zahlungsbilanz in großem Ausmaß entlasten zu können, so hat sich dies als Täuschung erwiesen. Nicht nur die Ausrüstung der neuen Fabriken mußte man importieren, sondern auch Rohstoffe, Halbfabrikate und Ersatzteile. Es kam vor, daß der Importgehalt der national hergestellten Produkte höher lag als der Preis, den man für entsprechende Importprodukte hätte bezahlen müssen. Nur zu oft erwiesen sich die Produktionskosten als zu hoch und belasteten folglich den Konsumenten, zumal dann, wenn infolge mangelhafter Planung Überkapazitäten geschaffen worden waren oder infolge mangelhaften Managements trotz bestehenden Bedarfs die Fabriken nicht voll produzierten. Der Inlandbedarf war zudem bald einmal gedeckt und stieg nicht ausreichend an, weil die Kaufkraft der Massen gering blieb und ein hoher Prozentsatz der Bevölkerung faktisch außerhalb des Marktes lebte. Der Rückgang der anfänglich hohen industriellen Wachstumsraten wird heute mit den der Importsubstitution gesetzten Grenzen erklärt.

Einige wenige Länder sind den Weg einer forcierten *Industrialisierung für den Export* gegangen und haben dabei eindrückliche Erfolge erzielt. Es sind dies einerseits die beiden Stadtstaaten Hongkong und Singapore, anderseits Taiwan und Südkorea. Den beiden ersteren ging es vor allem darum, ihrer auf engstem Raum lebenden Millionen-Bevölkerung Arbeit zu verschaffen; ein agrarisches Hinterland steht nicht zur Verfügung, Rohstoffe und Nahrungsmittel müssen importiert und bezahlt werden – beides war und ist nur mit forciertem Export möglich. Es galt, ihre wichtigste Ressource – arbeitswillige chinesische Arbeitskräfte mit relativ hohem Bildungsstand – effizient einzusetzen. Ausländisches Kapital und Know-how waren notwendig, folglich wurde auf protektionistische Maßnahmen verzichtet und ein vorteilhaftes Investitionsklima geschaffen; dazu gehörten nicht nur der freie Kapital- und Gewinntransfer, sondern auch der Ausbau der Infrastrukturen in Form spezieller Industriezonen, Steuererleichterungen u. a. Eine analoge Politik befolgten Taiwan und Südkorea, die zudem aus politischen Gründen in den Genuß hoher amerikanischer Entwicklungshilfe und Privatinvestitionen gelangten. Eine weitere Voraussetzung wurde von allen vier Staaten erfüllt: Die Arbeitskraft war billig und die Gewerkschaften waren faktisch nicht-existent, und die autoritäre Staatsmacht sorgte dafür, daß dies so blieb. Es gelang, arbeitsintensive Fertigungsindustrien anzuziehen und zu expandieren, mit jährlichen Wachstumsraten zwischen 10 und 20 %. Der Export nahm gleichermaßen zu. Jedermann ist bekannt, daß heute ein ansehnlicher Teil unseres Bedarfes an Stoffen, Konfektionskleidern, Wäsche und Schuhen aus den vier asiatischen Ländern stammt. Etwa gleichzeitig hat auch die Auslagerung der arbeitsintensiven Produktion von Bestandteilen der Elektro- und Elektronikindustrie und anderer Branchen eingesetzt, d. h. amerikanische, japanische und europäische Konzerne lassen in diesen Billigländern importierte Bestandteile zusammensetzen, um dann die Teilfabrikate zur Endmontage zurück in die Metropolen zu exportieren.

Der Erfolg dieser Politik ist nicht zu leugnen, ihre problematischen Aspekte sind aber nicht zu übersehen: Der weiteren Expansion scheinen Grenzen gesetzt, zumal wenn weitere Länder als Konkurrenten auftreten; der Industrieauslagerung erwächst in den Industrieländern zunehmend Opposition; der Industrialisierungsprozeß beschränkt sich auf einfache Fertigung oder bloße Zwischenprodukte, so daß der Lernprozeß und die Übertragung von Know-how bescheiden bleiben. Die Löhne müssen niedrig und die Arbeitsleistung muß hoch sein, um die Konkurrenzfähigkeit aufrechterhalten zu können. Ob es gelingt, schrittweise den Übergang von dieser Billig- und Teilfabrikation zum Aufbau integrierter Industrieanlagen, die auch Produktionsgüter herstellen, zu vollziehen, bleibt abzuwarten. Ansätze dazu sind in Südkorea und Taiwan vorhanden.

Der u. E. gravierendste Aspekt aber in der Industrialisierungsproblematik der Dritten Welt ist folgender: Der hohe Kapitalbedarf einerseits, der *geringe Beschäftigungseffekt* der modernen Industrie andererseits. Hier liegt ein entscheidender Unterschied zur industriellen Revolution in Europa: Im beginnenden 19. Jahrhundert wurde nicht nur eine verhältnismäßig einfache Technologie, sondern auch wenig Kapital für den Bau von Fabriken benötigt, andererseits waren diese arbeitsintensiv, d. h. eine relativ große Zahl von Arbeitern und Arbeiterinnen fand Beschäftigung. Heute ist die Situation umgekehrt: Es wird viel Kapital, aber wenig Arbeitskraft benötigt. Nach Bairoch muß heute 70mal mehr Kapital eingesetzt werden, um einen Arbeitsplatz zu schaffen, als zu Beginn der Industrialisierung in Europa.[24] In technologisch komplizierten Industrien wie der Stahlindustrie und Petrochemie oder im Maschinenbau wird mit Investitionen von 200 000 Dollar pro Arbeitsplatz gerechnet. Die Folgen sind für die Dritte Welt katastrophal: Selbst bei hohen Spar- und Investitionsraten und umfangreichen ausländischen Kapitalzuflüssen nimmt die Zahl der in der Industrie Beschäftigten nur geringfügig zu.

Drei Beispiele[25]: In Indien, dessen industrielle Produktion sich *depressing* zwischen 1951–1974 immerhin beinahe vervierfacht hat, ist die Zahl der in Fabriken Beschäftigten zwischen 1959 und 1974/75 nur gerade von 3,6 auf 6 Millionen gestiegen, bei einer jährlichen Bevölkerungszunahme von an die 15 Millionen. In Brasilien, dessen rapide Industrialisierung offenkundig ist, hat die Zahl der im Sekundärsektor Beschäftigten zwischen 1950–1970 nur von 2,4 auf 5,3 Millionen zugenommen, während in Nicaragua, wo die Wachstumsrate der Industrie 1960/70 bei 12,6 % lag, die Zahl der Industriearbeiter im gleichen Zeitraum von 66 600 auf ganze 73 000 anstieg. Selbst wenn man die vom industriellen Sektor in Transport und Handel indirekt ausgelösten Beschäftigungseffekte berücksichtigt, ergibt sich die deprimierende Feststellung, daß auch eine erfolgreiche Industrialisierung niemals die dringend benötigten Arbeitsplätze schaffen kann: Allen schönen Planzahlen zum Trotz kann nicht einmal den jährlich neu hinzukommenden Bewerbern Arbeit verschafft, geschweige denn die immense Zahl von bereits Ganz- und Halbarbeitslosen absorbiert werden. Dies kann, wenn überhaupt, nur der Agrarsektor, verbunden mit einer rapiden Senkung der Geburtenrate. Selbst das kommunistische China scheint nach neuesten Meldungen zu diesen Schlußfolgerungen gekommen zu sein.

Dringend geboten ist außerdem der möglichst breite Einsatz von sogen. *angepaßter Technologie*, d. h. arbeitsintensiver und meist auch einfacher Technologie. Es ist heute üblich, eine solche zu fordern und unsere kapitalintensive Technologie als für die Entwicklungsländer ungeeignet auszugeben. Sehr viel schwieriger aber ist es, ihre konkreten Anwendungsmöglichkeiten auszumachen: solche ergeben sich im ländlichen Bereich, insbesondere bei der vermehrt handwerklichen oder klein- und lokalindustriellen Herstellung landwirtschaftlicher Geräte. Hier haben vor allem die Chinesen Vorzügliches geleistet. Bei der Stahlerzeugung, in der Elektrizitäts-, Zement- und Düngerindustrie, bei der Fabrikation von Traktoren und Maschinen aber werden sich bald die Grenzen der einfachen, arbeitsintensiven Technik zeigen. Von der Warnung vor moderner Technologie und der Forderung nach angepaßter Technologie ist es zudem nur ein Schritt zur Postulierung einer neuen Form internationaler Arbeitsteilung, in der die Entwicklungsländer auf die Intensivierung ihrer Landwirtschaft und einfache Fertigung verwiesen und uns, den Industieländern, die modernen Industrieanlagen reserviert werden – eine unbeabsichtigte Diskriminierung, die die Dritte Welt nicht akzeptieren wird.

Die rasante Unternehmenskonzentration in den Industrieländern seit den 1950er Jahren, die immer augenscheinlichere Machtposition der transnationalen oder multinationalen Unternehmungen und deren ständig wachsende Auslandsinvestitionen haben in den letzten Jahren eine internationale *Diskussion über die Multis* ausgelöst.[26] Besonders heftig und kontrovers ist dabei die Auseinandersetzung über Rolle und Funktion der multinationalen Konzerne in den Entwicklungsländern: für die einen sind sie die eigentlichen Träger der Entwicklung, insbesondere natürlich im Industrialisierungsprozeß, für die anderen die »Ursache alles Bösen«, Inbegriff des Neo-Kolonialismus und des amerikanischen Imperialismus, der die Strukturen der Unterentwicklung festschreibt und die Ausbeutung der Peripherieländer durch die Metropolen perpetuiert. Die höchst fragwürdige Rolle der United Fruit Company beim Sturz der Reformregierung von Arbenz in Guatemala 1954 und der ITT beim Sturz Allendes in Chile dient als Beweis. In der heute dominierenden Dependenztheorie sind es insbesondere die Multis, die in der Dritten Welt Ansätze zu einer eigenständigen Entwicklung blockieren und im besten Fall einen »peripheren Kapitalismus« fördern.

Die vorwiegend von den Multis der acht Industrieländer USA, Großbritannien, Bundesrepublik, Frankreich, Japan, Kanada, Niederlande und Schweiz getätigten *Direktinvestitionen* im Ausland[27] ergaben bereits 1971 einen Bestand von etwa 165 Milliarden Dollar, davon entfielen allein 86 Milliarden auf die USA. Diejenigen der Bundesrepublik stiegen von 4,1 Milliarden 1961 auf 32,2 Milliarden 1973. Etwa ein Drittel betraf die Entwicklungsländer. Die Neuinvestitionen erreichten um 1975 jährlich etwa 8 Milliarden Dollar, gegen 12 % aller Mittel, die in die Dritte Welt flossen. Die regionale Verteilung variiert jedoch stark: 67,6 % der amerikanischen Investitionen in Entwicklungsländern gingen nach Lateinamerika und 20,1 % nach Asien. Das Schwergewicht der englischen Investitionen liegt eindeutig in den ehemaligen Kolonien Afrikas und Asiens, 24,5 % der bundesdeutschen erfolgten allein in Brasilien, während 63,2 % der japanischen nach Asien gingen. Noch wichtiger ist die Branchenaufgliederung, weil sich hier eine eindeutige Verlagerung vom Bergbau auf die verarbeitende Industrie vollzogen hat, im Falle der USA von 19 % 1950 auf 38 % 1972; bei den bundesdeutschen Investitionen lag der Anteil der verarbeitenden Industrie sogar bei 59 % (1972). Aus der Sicht der Entwicklungsländer stellt sich die Rolle der ausländischen Investitionen noch eindeutiger dar:

Nur gerade 3 % der USA-Auslandsinvestitionen lagen 1971 in Brasilien, aber 1972 kontrollierten ausländische, vorwiegend amerikanische Unternehmungen 68 % der Automobilindustrie, 78,9 % des Maschinenbaus, 71,5 % der Chemischen Industrie. Was sind die *Motive* für Privatinvestitionen in Entwicklungsländern? Die wichtigsten scheinen zu sein:

- Die gewissermaßen traditionelle Rohstoffsicherung: Es genügt der Hinweis auf die Ölfirmen, die Kupferkonzerne oder die internationalen Konsortien für den Abbau von Bauxit, Eisen- und Uranerz.
- Für die verarbeitende Industrie erscheint als Hauptmotiv das Bestreben, einen Marktanteil zu halten, zu erweitern oder einen solchen neu zu erobern. Dies erfolgt durch Exporte aus der Metropole und wenn nötig durch die Errichtung von Tochtergesellschaften und Fabrikationsbetrieben in den Entwicklungsländern. Letzteres geschieht vor allem dann, wenn hohe Zölle oder Importquoten den Export aus der Metropole erschweren, wenn die Transportkosten ins Gewicht fallen oder lokale Rohstoffe verarbeitet werden (z. B. in der Nahrungsmittelindustrie Nestlé). Ziel kann sein, die nationale oder ausländische Konkurrenz auszuschalten und eine Monopolposition zu gewinnen.
- Förderung der Auslandsinvestitionen entweder durch die Entwicklungsländer selbst (Steuer- und Devisenvergünstigungen, zollfreie Zonen u. a.) oder durch die Metropolen (erleichterte Abschreibemöglichkeiten, Steuervergünstigungen).
- Der sog. Produktzyklus: Neue Produkte oder neue Technologien werden zuerst in der Metropole eingesetzt; ist der Markt gesättigt oder wird die Technologie von der Konkurrenz übernommen, weicht man auf die Entwicklungsländer aus.
- Niedere Löhne locken zur Auslagerung arbeitsintensiver Industrien oder einzelner Fabrikationsstufen, nicht zuletzt, um sich gegenüber der Konkurrenz aus Billiglohnländern zu behaupten.

In der Diskussion um die Multis sind nun etwa folgende *Argumente für und gegen Direktinvestitionen in Entwicklungsländern* vorgebracht worden:

- Besonders heftig umstritten ist die Frage nach den Kapitalzu- und -abflüssen. Fest steht, daß die Entwicklungsländer an Kapitalmangel leiden und die Entwicklungshilfe oder Anleihen der Weltbank u. a. nicht ausreichen. Die Multis halten dafür, daß nur sie über entsprechende Mittel verfügen und diese in der Dritten Welt produktiv einsetzen. Demgegenüber verweisen die Kritiker auf Berechnungen, nach denen mindestens

to flow into *interest*

langfristig die Rückflüsse infolge Amortisationen, Zinsen und Gewinntransfer größer sind als die Neuinvestitionen: Eine UNO-Berechnung ergab z. B. für eine große Zahl nicht-ölproduzierender Länder im Jahre 1969 Zuflüsse in der Höhe von 1,1 Milliarden Dollar und Abflüsse von 1,7 Milliarden Dollar.[28] Andere Berechnungen kommen auf weit höhere Netto-Abflüsse, in Lateinamerika scheinen sie besonders groß zu sein. Man kann dem Argument, der Dritten Welt würden Mittel nicht zufließen, sondern laufend entzogen, entgegenhalten, daß mit den Direktinvestitionen nicht nur die Importe reduziert, sondern auch vermehrte Exporte ermöglicht werden, die Zahlungsbilanz des Entwicklungslandes also entlastet wird. Andererseits steht fest, daß durch die sog. Transferzahlungen ein faktisch höherer Abfluß verschleiert wird: Den Tochtergesellschaften werden für Bezüge aus der Metropole höhere Preise und für Exporte niedrigere Preise verrechnet. Damit wird gleichzeitig der Gewinnausweis im Entwicklungsland reduziert und dieses um entsprechende Steuereinkommen »betrogen«.

Die direkten Devisenüberweisungen sind zudem kleiner als meist angenommen, da der Ausbau der Tochtergesellschaften oder auch Neuerwerbungen zu einem guten Teil aus nicht-transferierten Gewinnen erfolgen, diese aber statistisch als Neuinvestitionen aufgeführt werden. Es kommt hinzu, daß die Multis Kapital im Anlageland aufnehmen, oft sogar zu besseren Bedingungen als nationale Gesellschaften. Ohnehin knappes Kapital wird also der nationalen Wirtschaft entzogen.

– Wenn die Multis davon ausgehen, daß sie mit ihren Tochtergesellschaften im Entwicklungsland einen entscheidenden Beitrag zur Industrialisierung leisten, moderne Technologie und Management einbringen und Arbeitsplätze schaffen, so relativieren die Kritiker dies mit dem Hinweis, daß sehr häufig bestehende einheimische Industrien in den Bankrott getrieben oder/und von den Multis aufgekauft werden, die Technologie modern, aber kapitalintensiv ist und somit sogar Arbeitskräfte freigesetzt werden.

– Der an sich richtigen Feststellung, daß die Multis den Entwicklungsländern neue Exportmöglichkeiten eröffnen, wird entgegengehalten, daß diese sehr oft von der Konzernzentrale eingeschränkt werden, um nicht mit anderen Tochtergesellschaften in Konkurrenz zu treten.

preference

– Die Kritiker betonen außerdem, daß sich die Multis auf die schnell wachsenden Branchen konzentrieren und mit Vorliebe in den bereits industrialisierten Regionen investieren, also

426

regionale Ungleichheiten verstärken; daß sie sich oft nicht an die nationalen Entwicklungspläne halten oder diese unterlaufen; daß sie zwar nicht nur billige ungelernte Arbeitskräfte einstellen, sondern auch einheimische Kader heranbilden, diese aber gleichzeitig fest an sich binden und als »Brückenkopf« zur Einflußnahme auf das Entwicklungsland benutzen – von direkter Machtausübung und Korruption gegenüber Regierung und Amtsstellen ganz abgesehen.

Wenn also die Multis sich als die eigentlichen Entwicklungspromotoren zu sehen belieben und ihre privaten Direktinvestitionen als einen entscheidenden Beitrag zur Überwindung von Unterentwicklung interpretieren, so betonen die Kritiker die negativen Auswirkungen: Die internationale Arbeitsteilung basiere auf ungleichen Partnern und zementiere die Abhängigkeit gegenüber den Industriemetropolen. Der Entwicklungseffekt der Tochtergesellschaften sei fragwürdig, zumal die Investitionen selektiv erfolgten, den Aufbau vor- und nachgelagerter Industrien erschwerten und, anstatt ein breitgefächertes, selbsttragendes Wachstum zu ermöglichen, die Wirtschaften und Gesellschaften der Entwicklungsländer de-nationalisierten und einer weitgehend ausländischen Kontrolle unterstellten, aus der sich zu befreien eine immer schwierigere Aufgabe werde.

Beide Interpretationen sind in ihren Pauschalurteilen einseitig. Die Direktinvestitionen der Multis erfüllen in vielen Fällen wichtige Entwicklungsaufgaben, und die Entwicklungsländer werden kaum ohne sie auskommen – selbst sozialistische Staaten rufen nach privaten Investitionen –, aber es ist andererseits zweifellos an der Zeit, daß wir in den Metropolen die von den Kritikern der Multis vorgebrachten Argumente aufnehmen und den Entwicklungsländern helfen, die unbestreitbar enorme Macht der multinationalen Konzerne unter Kontrolle zu bringen und die negativen Effekte an sich positiver Investitionstätigkeit zu reduzieren. Die Entwicklungsländer haben bereits einiges gelernt, beginnen Verträge zu überprüfen oder versuchen, die Multis zur Offenlegung ihrer Preis- und Transferpolitik zu zwingen; einige Staaten verlangen, daß die Zulieferungen nach einem bestimmten Zeitraum ganz oder größtenteils von einheimischen Betrieben gedeckt werden müssen. Verhandlungen über einen Verhaltens-Kodex der Multis sind im Gange. Im Rahmen der Neuen Weltwirtschaftsordnung soll zudem der immer wichtiger werdende Technologietransfer zugunsten der Entwicklungsländer geregelt werden. Über Ansätze ist man allerdings noch nicht hinausgelangt.

precious metal

Einen Handelsaustausch zwischen den Erdteilen hat es seit jeher gegeben, ein Welthandelssystem mit Europa im Zentrum ist aber erst mit dem europäischen Ausgreifen nach Übersee im 16. Jahrhundert entstanden. Im 18. Jahrhundert hat es einen beträchtlichen Umfang angenommen: Die amerikanischen Kolonien lieferten Edelmetall, Zucker und Tabak, China Tee und Seide, Indonesien und Indien Gewürze, Seide, Baumwollstoffe; Europa bezahlte mit Fertigwaren oder Edelmetall, Afrika fungierte als Sklavenlieferant für die amerikanischen Plantagen. Mit der industriellen Revolution hat sich dann im 19. Jahrhundert die Struktur des modernen Welthandelssystems herausgebildet: Übersee lieferte Nahrungsmittel und agrarische wie mineralische Rohstoffe, Europa, später auch die USA, lieferten industriell gefertigte Produkte. Die Dampfschiffahrt hat die Transportkosten gesenkt, der Welthandel expandierte rapid bis 1914. Die Weltkriege und die Weltwirtschaftskrise brachten Rückschläge, aber 1950 hat eine neue »in der Wirtschaftsgeschichte beispiellose« (Bairoch) Expansion eingesetzt. In den Jahren 1955 bis 1970 sind die Weltexporte von 94 auf 310 Milliarden Dollar gestiegen und bis 1978 auf gegen 1280 Milliarden. Volumenmäßig lag die Wachstumsrate 1965–1973 bei etwa 9 % pro Jahr. Als Grund können das hohe Wirtschaftswachstum in den Industrieländern nach dem Zweiten Weltkrieg, der allgemeine Zollabbau und die europäische Wirtschaftsintegration angeführt werden. Infolge der Rezession ist allerdings die Zuwachsrate 1973–1977 auf 4 % zurückgegangen.[29]

Auch die Exporte der nichtkommunistischen Entwicklungsländer stiegen rapid an, aber langsamer als die der Industrieländer. Deren Anteil am Welthandel stieg 1950–1973 von etwa 60 % auf über 70 %, während der Anteil der Entwicklungsländer von 31 % auf 19 % zurückging, wovon rund 6 % auf Erdöl entfielen. Etwas überspitzt sprachen die Experten deshalb von einer Desintegration der Entwicklungsländer aus dem Welthandel. Gravierend ist die Tatsache, daß die Exporte der ärmeren Entwicklungsländer in den 70er Jahren sogar zurückgingen:[30]

Zuwachsrate der Exportvolumen	1960–1970	1970–1977
Länder mit niedrigem Einkommen	5,0	–1,7
Länder mit mittlerem Einkommen	5,4	5,1
Industrieländer	8,7	6,2

Der Grund für das Zurückbleiben liegt in der Zusammensetzung der Exporte: Der Anteil der Primärgüter liegt noch immer bei 75 % (und gerade bei den ärmsten Entwicklungsländern über 90 %), die Nachfrage danach stieg aber langsamer als die nach Fertigwaren. Der Exportwert für die agrarischen Rohstoffe Baumwolle, Jute, Sisal, Kautschuk ist 1955–1967 sogar um 7,8 % zurückgegangen, da diese zunehmend durch Kunststoffe ersetzt werden. Derjenige für Nahrungsmittel und vor allem für mineralische Rohstoffe (ohne Erdöl) hat beträchtlich zugenommen, sein Anteil an den Weltexporten ging aber zurück, u. a., weil sich die Terms of Trade verschlechterten.

Der *Anteil der Industriegüter* an den Ausfuhren der Entwicklungsländer hat stark zugenommen, von etwa 12 % in den 50er Jahren auf gegen 25 % heute, mit jährlichen Zuwachsraten zwischen 12 und 14 %. Diese Industrialisierungserfolge konzentrieren sich aber auf verhältnismäßig wenige Länder: Südkorea, Taiwan, Hongkong und Singapore, außerdem Indien, Brasilien, Mexiko und Kolumbien. Zudem ist der Anteil der Textilien noch immer hoch, ergänzt heute durch die Teilfertigung ausgelagerter Industrien.

Bedenklich ist die *regionale Struktur* des Welthandels[31]. Mehr als 75 % der Exporte der Industrieländer gehen heute in andere Industrieländer, und dieser Anteil ist gegenüber 1955 beträchtlich gestiegen; 1973 gingen nur 18 % in die Entwicklungsländer gegenüber noch 25 % 1953. Hingegen exportieren die Entwicklungsländer zu 75 % in die Industrieländer, während der Handel zwischen den Entwicklungsländern nur etwa 20 % ausmacht, und dieser Anteil ist seit dem Krieg stark zurückgegangen. Diese Zahlen zeigen, daß die Entwicklungsländer bedeutend abhängiger sind von den Märkten der Industrieländer als umgekehrt, und machen die Bemühungen um regionale Wirtschaftsgemeinschaften verständlich. Immerhin wäre darauf hinzuweisen, daß die Industrieländer auf gewisse agrarische und mineralische Primärprodukte der Dritten Welt angewiesen sind, und daß in der Rezession die Industrieexporte in die Entwicklungsländer sich als außerordentlich wichtig erwiesen haben und deshalb auch mit Nachdruck gefördert werden (Ausbau der Exportrisikoversicherung u. a.).

Nachteilig für die Entwicklungsländer entwickelten sich die *Terms of Trade*, also das Verhältnis zwischen den Export- und Importpreisen eines Landes.[32] Da die Entwicklungsländer vorwiegend Primärprodukte exportieren, entsprechen ihre Terms of Trade in etwa dem Preisverhältnis von Primärprodukten und Fertigwaren. Ohne auf Berechnungsprobleme einzugehen, kann

gesagt werden, daß die um 1950 vom späteren ersten Generalsekretär der UNCTAD-Welthandelskonferenz (United Nations
Conference on Trade and Development), Raoul Prebisch, aufge-
stellte These, die Terms of Trade der rohstoffproduzierenden
Länder hätten sich seit Mitte des 19. Jahrhunderts ständig verschlechtert – und diese Verschlechterung erkläre weitgehend den
Entwicklungsrückstand insbesondere Lateinamerikas –, nur
bedingt zutrifft. Das Austauschverhältnis hat sich für die heutigen Entwicklungsländer vor und während des Ersten Weltkrieges
verbessert, in den 30er Jahren hingegen stark verschlechtert; im
Zweiten Weltkrieg und danach zogen die Rohstoffpreise wiederum an, um aber nach dem Koreaboom von neuem zu fallen, so
daß sich für die Jahre 1954–1963 die Terms of Trade der Entwicklungsländer eindeutig verschlechterten, insbesondere beim Import von Investitionsgütern. Die Ölpreiserhöhung 1973 wirkte
sich positiv auch auf die Preise einiger anderer Rohstoffe aus,
aber nur kurzfristig, denn mit der Rezession in den letzten Jahren
haben sich die Austauschverhältnisse wieder verschlechtert; »im
Jahre 1978 wurde der Zuwachs des Exportvolumens der Entwicklungsländer durch ungünstige Veränderungen der Ausfuhr- und
Einfuhrpreise mehr als aufgezehrt, was zu einer Abnahme der
Kaufkraft ihrer Exporte geführt hat.«[33]
Diese Durchschnittswerte müssen nach Ländern und Produkten
differenziert werden. So haben sich die Terms of Trade der
ärmeren Entwicklungsländer auch in der Periode 1960–1975 eher
verschlechtert, während die der Länder mit mittlerem Einkommen sich leicht verbesserten. Die Unterschiede zwischen den
Ländern waren besonders in den letzten Jahren groß, und zwar
als Folge gegenläufiger Tendenzen bei den verschiedenen Haupt-
ausfuhrprodukten: Länder, die Reis, Kautschuk, Eisenerz oder
Jute exportieren, erlitten 1970–1977 große Einbußen, der Preis-
sturz für Kupfer 1974 brachte Sambia, Zaire und Chile an den
Rand des finanziellen Ruins, während andererseits die hohen
Kaffeepreise zahlreichen Ländern verbesserte Austauschverhältnisse und hohe Deviseneinlöse einbrachten. Jedenfalls wird verständlich, daß die Entwicklungsländer an stabilen, möglichst
hohen Rohstoffpreisen brennend interessiert sind und dies mit
dem integrierten Rohstoffprogramm im Rahmen der Neuen
Weltwirtschaftsordnung zu erreichen hoffen.
Etwa 80 % der Deviseneinnahmen der Entwicklungsländer stammen aus den Rohstoffexporten. Kein Wunder, daß bei fallenden
oder stagnierenden Terms of Trade sich ein *Handelsbilanzdefizit*
ergeben hat, zumal Entwicklungs- und Industrialisierungsbemühungen einen hohen Bedarf an Investitionsgüter-Importen erga-

Verhältnis der Preise (Terms of Trade) 1953 bis 1. Hälfte 1975[34]

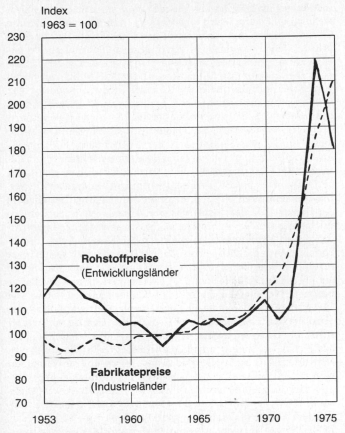

ben; Rohstoff- und Nahrungsmitteleinfuhren belasteten und belasten zusätzlich die Handelsbilanz. Verzeichneten die erdölimportierenden Entwicklungsländer bis etwa 1952 einen Exportüberschuß, so stieg seither der jährliche Importüberschuß – zwischen 1956 und 1970 – von 3,5 auf etwa 9 Milliarden Dollar, 1976 erreichte er 24 Milliarden Dollar; außer den Ölländern hatten nur einige wenige wie Burma, die Elfenbeinküste und Taiwan einen Ausfuhrüberschuß.[35]

Ein wachsender Teil dieses Handelsbilanzdefizites wird durch die

Öleinfuhr verursacht.[36] Die Vervierfachung des Ölpreises im Herbst 1973 durch die OPEC-Länder hat einerseits die Devisensituation der ölausführenden Entwicklungsländer (neben den klassischen Ölländern auch Indonesien, Algerien, Nigeria und Gabun) entscheidend verbessert, diejenige der meisten anderen jedoch ebenso entscheidend verschlechtert. So mußten die importabhängigen Entwicklungsländer 1973 3,4 Milliarden Dollar, 1974 aber bereits 13,2 Milliarden und 1978 28 Milliarden für Öl ausgeben. Im Falle Indiens z. B. machten die Ölimporte 1973 8,8 % der Gesamteinfuhren aus, 1974 aber 33,8 %. Die Tatsache, daß fast die ganzen Exporterlöse der Türkei von den Öleinfuhren »aufgefressen« werden, macht die heutige schwere Finanzkrise dieses Landes verständlich und deren Überwindung fast unmöglich. Die indirekten Auswirkungen waren nicht minder gravierend: Die Düngerimporte und -produktion haben sich stark verteuert, was die Steigerung der Agrarproduktion erschwert, Industrieeinfuhren sind teurer geworden, während gleichzeitig die Bereitschaft der Industrieländer, Finanzhilfe zu gewähren, infolge eigener Devisenprobleme geschmälert wurde. Importrestriktionen häuften sich, Entwicklungsprojekte mußten zurückgestellt werden. Diese Situation hat sich seither weiter verschlimmert, da die neue Ölpreiserhöhung von 1979 (um 60 %) die Entwicklungsländer ohne Öl weitere 12 Milliarden gekostet hat. Kein Wunder, daß die *Leistungsbilanzen* (Handelsbilanz und Dienstleistungsbilanz) der ölimportierenden Entwicklungsländer defizitär sind und diese Defizite nach der Ölkrise sprunghaft anstiegen. Betrugen diese z. B. für die Jahre 1971/73 29,7 Milliarden Dollar, so stiegen sie für die Jahre 1974/77 auf gegen 153 Milliarden. Für 1979 allein wird das Defizit auf 50 Milliarden geschätzt. Die Tatsache, daß etwa 60 % der türkischen Exporterlöse und über 40 % der brasilianischen von den Öleinfuhren »aufgefressen« werden, macht deren schwere Finanzkrise verständlich und ihre Überwindung fast unmöglich.

Diese Defizite wurden ausgeglichen durch Zahlungen der Industrieländer – Entwicklungshilfe, staatliche Kredite in verschiedener Form, Kredite multilateraler Organisationen und, vor allem, durch Bankkredite. Damit wuchsen aber auch die *Schulden*. Allein die öffentlichen Auslandsschulden sind von etwa 20 Milliarden Dollar 1960 auf 235 Milliarden 1976 angestiegen. Die Gesamtschuld Ende 1980 wird auf 450 Milliarden Dollar geschätzt. Wohl sind die Inflation und beträchtlich gestiegene Währungsreserven zu berücksichtigen, es bleibt aber die Tatsache einer gewaltigen Auslandsverschuldung. Mit den Schulden haben natürlich auch die Tilgungslasten (Verzinsung und Amortisation) zugenommen, der Schuldendienst allein auf den öffentlichen Schulden betrug 1977 25 Milliarden Dollar; 1980 rechnet man mit 88 Milliarden. Dies wiederum bedeutete, daß die Entwicklungsländer einen beträchtlichen Teil ihrer Exporterlöse für den Schuldendienst verwenden müssen. Der entsprechende Wert lag 1977 im Durchschnitt über 8 %, variierte nach Ländern aber außerordentlich stark: Er ging z. B. 1970/77 für Korea von 18,9 % auf 8,7 %, für Indien von 22 % auf 10,5 % zurück, stieg aber in Indonesien von 6,4 % auf 11,9 %, an der Elfenbeinküste von 6,7 % auf 12,2 % und in Mexiko von 23,6 % auf 48,1 %.[37] Häufig übersteigen die Schuldverpflichtungen die Neukapitalzuflüsse, oder neue Schulden müssen gemacht werden, um die alten zu tilgen. Kann dies so weitergehen, oder bricht das ganze Kredit- und Schuldengebäude in den 8oer Jahren ein? Reichlich spät sind sich Entwicklungsländer wie Industrieländer der bedrohlichen Lage bewußt geworden. Umschuldungsaktionen (u. a. für Indonesien, Zaire, Peru) der Hauptgläubigerländer haben eingesetzt, einigen besonders armen Ländern sind Schulden erlassen worden. Die Einsicht setzt sich langsam durch, daß insbesondere letzteren nur noch nichtrückzahlbare Finanzhilfe gewährt werden sollte. Das Problem als solches aber harrt einer Lösung, und eine solche ist nicht denkbar, solange die Handels- und Leistungsbilanzen der meisten Entwicklungsländer hohe Defizite aufweisen. Und dies wiederum drängt nach einer Erhöhung der Exportpreise für Primärprodukte und nach erweiterten Exportmöglichkeiten für Industrieprodukte. Oder müssen bisherige Entwicklungskonzepte revidiert werden?

VI. ZUM WANDEL DER ENTWICKLUNGSTHEORIEN

Bis nach dem Zweiten Weltkrieg haben sich die Nationalökonomen – und im weiteren Sinne die Sozialwissenschaftler – kaum mit dem Phänomen der Unterentwicklung und den spezifischen Problemen der heutigen Dritten Welt befaßt. Bei den klassischen Ökonomen des frühen 19. Jahrhunderts und bei Marx gab es Ansätze dazu, aber ihr Interesse konzentrierte sich doch wesentlich auf die Voraussetzungen der industriell-kapitalistischen Entwicklung in der westlichen Welt, der gegenüber etwa Asien in Stagnation zu verharren schien. Dementsprechend bedeutete für Marx die britische Herrschaft in Indien die revolutionäre Umgestaltung einer über Jahrhunderte stagnierenden Gesellschaft, die nun einen analogen Übergang zur kapitalistischen Produktionsweise vollziehen werde. In der Folgezeit blieben Asien und Afrika außerhalb des Blickfeldes der Ökonomie; in der Zwischenkriegszeit sah man sich zwar mit dem Strukturwandel der Weltwirtschaft, d. h. etwa mit der Sorge um die Absatzmärkte in Argentinien, Australien und Indien und mit der Konkurrenz der neuen Wirtschaftsmacht Japan konfrontiert, aber den spezifischen Wirtschaftsproblemen der »backward areas« hatten sich die Wirtschaftswissenschaftler nicht zugewandt, auch nicht ein Keynes oder ein Schumpeter. Die ethnologische Forschung hat Struktur und Funktionsweise »primitiver« Gesellschaften untersucht, Afrika-Spezialisten befaßten sich auch mit Wirtschaftsproblemen, dies aber im Rahmen eines Kolonialsystems, an dessen Dauer noch kaum jemand Zweifel hegte. Als Außenseiter allerdings hat der ehemalige Kolonialbeamte J. C. Furnivall wegweisende Untersuchungen über den Zusammenstoß »traditioneller« Gesellschaften mit dem von außen eindringenden Kapitalismus in Indonesien und Burma vorgelegt.[38]

Erst nach 1950 begannen die Ökonomen, sich mit dem Wesen und den Ursachen der Unterentwicklung, aber auch mit den Strategien zu deren Überwindung theoretisch zu befassen; die »klassischen Ansätze« stammen aus diesen Jahren.[39] Von diesen wäre das Konzept der »*Dual Economy*« des Holländers Boeke zu nennen: In der Kolonialzeit hätten sich dualistische Wirtschafts- und Sozialstrukturen ergeben, insofern ein moderner, kapitalintensiver, am Export orientierter und meist auch von Ausländern kontrollierter Bereich entstanden sei, während die Masse der Einwohner weiterhin im Subsistenzsektor lebe, also in traditioneller Weise vorwiegend für den Eigengebrauch mit sehr spärlichen monetären Beziehungen produziere. Die beiden Sektoren stünden weitgehend unverbunden nebeneinander, vom modernen Sektor gingen denn auch wenig Entwicklungsimpulse auf die Gesamtwirtschaft aus. Das gelte nicht nur für Bergbau und Plantagen, deren »Enklavencharakter« besonders deutlich sei, sondern auch für den weiteren Bereich von Handel, Schiffahrt, Bankwesen, an dem die Einheimischen kaum Anteil hätten. Deren Wertvorstellungen seien zudem grundlegend andere als die im modernen Sektor gültigen. Dieser Dualismus stelle demnach ein schwer zu überwindendes Entwicklungshemmnis dar. Man kann einwenden, daß auch asiatische und afrikanische Bauern viel gewinnorientierter produzieren, als gemeinhin angenommen wird, und durch den Anbau von Cash Crops heute in den Weltmarkt integriert sind. Das Konzept des Dualismus behält aber seinen heuristischen Wert und verweist auf wesentliche Aspekte der Entwicklungsproblematik.

Ein gleiches gilt vom Konzept der *Teufelskreise* (Circuli vitiosi), das vor allem von Nurske und Singer beschrieben wurde. Warum ist die Produktivität so gering und läßt sich so schwer steigern? Der Grund liege in der unzureichenden Ersparnisbildung. Ein »Teufelskreis der Armut« ergebe sich, weil infolge geringer Produktivität nur wenig gespart werden könne, folglich könne auch wenig investiert werden, und mangels Investitionen blieben Produktion und Produktivität gering. Übertragen auf den gewerblich-industriellen Bereich bedeutet dies, daß die Masse der Bevölkerung arm ist und nur wenig Ersparnisse machen kann, folglich die Kaufkraft gering bleibt und sich somit nur geringe Anreize zur Produktionsausweitung ergeben. Dies führte zur lapidaren Feststellung: »Die Länder sind und bleiben arm, weil sie arm sind!«

Die meisten Entwicklungsökonomen der 50er Jahre haben folglich die Unterentwicklung wesentlich auf den *Kapitalmangel* zurückgeführt; zu deren Überwindung – um die Teufelskreise zu durchbrechen – bedürfe es in erster Linie des Kapitals. Ein kräftiger Investitionsstoß (Big Push) sei notwendig, um wirtschaftliches Wachstum in Gang zu bringen. Kontrovers war die Frage, ob ein »unbalanced growth« wünschbar sei, also zunächst nur einzelne Industrien gefördert werden sollten – in der Annahme, daß die entstehenden Engpässe Verkettungseffekte auf weitere Bereiche auslösen würden – oder ob sich ein »balanced growth« aufdränge, also in verschiedenen Bereichen gleichzeitig investiert werden müsse, um wechselseitige Nachfrage zu erzielen. Diese Diskussion mag uns heute reichlich spitzfindig erscheinen; sie zeigt jedoch, daß man damals Entwicklung primär als Industrialisierung verstand und sich der Hoffnung hingab, durch massive Kapitalzufuhr von außen – sei dies öffentliche Entwicklungshilfe oder private Investitionstätigkeit aus den Industrieländern – der entscheidende Durchbruch erzielt und der Übergang zu einem »sich selbsttragenden Wachstum« erreicht werden könne. Dieses ist 1960 von W. W. Rostow in seiner epochemachenden Schrift »Stages in Economic Growth« als Kennzeichen der modernen Industriegesellschaft dargelegt worden. In seiner Stufenlehre des Wirtschaftswachstums interpretierte er den schrittweisen Übergang von der »traditionellen Gesellschaft« zur »Massenkonsumgesellschaft«, wobei die Höhe der Investitionsquote eine zentrale Rolle spielte. Mindestens implizite war damit gesagt, daß durch Kapitalzufuhr von außen der Industrialisierungsprozeß der Entwicklungsländer entscheidend gefördert werden könne. Wie bereits ausgeführt, haben sich diese Annahmen als trügerische Hoffnungen erwiesen. Falsch war aber auch die Annahme, daß die Wachstumsgewinne automatisch »durchsickern«, also über eine Erhöhung der Nachfrage nach Arbeitskräften und über Lohnerhöhungen auch die Armen erreichen würden. Das Wirtschaftswachstum war zeitweise spektakulär, aber die Einkommensunterschiede nahmen zu und die Armut wuchs.

Wirtschaftliches Wachstum schien zudem nicht möglich zu sein ohne eine *Steigerung der Exportkapazität.* Rapid steigende Exportzahlen hatten bereits den Kolonialmächten als Ausweis ihrer Entwicklungstätigkeit gedient. In der Zwischenkriegszeit hatten Wirtschaftskrise und steigende Zollschranken den Welthandel eingeengt und die Exporteinnahmen der überseeischen Länder drastisch reduziert; entsprechend konnte davon ausgegangen werden, daß die Bemühungen um eine Liberalisierung des Welthandels nach 1945 allen Ländern zugute kommen würden. Gemäß dem Theorem der komparativen Kosten, demzufolge jedes Land mit Vorteil das produziert, wofür es besonders günstige Voraussetzungen besitzt, und basierend auf der Tatsache, daß gewisse Nahrungsmittel und Rohstoffe nur von den tropischen Ländern geliefert werden können, schien es naheliegend, daß die überseeischen Länder weiterhin in erster Linie Primärprodukte exportierten und dafür Fertigwaren aus den westlichen Industrieländern bezögen. Die internationale Arbeitsteilung gereiche beiden zum Vorteil und müsse gefördert werden: Wachsende Exporterlöse seien Voraussetzungen für die wirtschaftliche Entwicklung.

Diese klassisch-liberale Theorie des internationalen Handels wurde in den letzten Jahren zunehmend kritisiert. So hat schon früh der Nobelpreisträger Gunnar Myrdal[40] darauf hingewiesen, daß entgegen der liberalen Theorie, nach der sich innerhalb eines Landes der Abstand zwischen reichen und ärmeren Regionen ausgleichen müsse – etwa durch Verlagerung der Industrie in Gebiete mit niedrigeren Löhnen –, die Ungleichheit größer werde: In einem Prozeß »kumulativer Verursachung« konzentrierten sich Kapital, Know-how und Unternehmertum in den bereits entwickelteren Regionen, während negative Konter-Effekte die ärmeren Regionen noch ärmer machten (Beispiel: Nord-Süditalien). Analoges gelte für das Verhältnis von Industrie- und Entwicklungsländern: Erstere expandierten ihre Industrie und erzielten hohe Sparraten, die weitere Investitionen ermöglichten, während die Entwicklungsländer zurückblieben. Im gleichen Sinne wies der Norweger Johan Galtung[41] auf die Tatsache hin, daß der An- und Abbau von Primärprodukten weitgehend mit einfacher oder importierter Technologie erfolge und deren Ausbreitungseffekt (spinoff effects) auf den weiteren Bereich von Wirtschaft und Gesellschaft gering sei, während die Verarbeitung der Rohstoffe einen komplexen Prozeß darstelle, der qualifizierte Arbeitskraft benötige, nach vor- und nachgelagerter Industrie verlange und die technische Forschung vorantreibe. Von den Entwicklungsimpulsen der arbeitsteiligen Weltwirtschaft profitierten folglich in erster Linie die Industrieländer. Der Annahme, daß von einem wachsenden Welthandel Primärproduzenten und Industrieländer gleichermaßen profitierten, hat außerdem der bereits genannte Raoul Prebisch mit seiner These von den langfristig sich verschlechternden Terms of Trade widersprochen. Diese These mag nur bedingt richtig sein, ihre Begründung deckte aber einen wichtigen Sachverhalt auf: Produktions- und Produktivitätssteigerung hat in den Industrieländern dank starker Gewerkschaften zu höheren Löhnen und erhöhten Preisen für Fertigwaren geführt, während in den Entwicklungsländern eine entsprechende Steigerung infolge des Überangebots an billigen Arbeitskräften ohne jede gewerkschaftliche Organisation und infolge der starken internationalen Konkurrenz ein Sinken der Preise bei gleichbleibenden oder sinkenden Profiten und Löhnen bewirkt hat. Diese Tendenz ist um so stärker, als die internationale Nachfrage nach Primärprodukten relativ unelastisch ist: Der Konsum tropischer Nahrungsmittel kann nicht beliebig gesteigert werden, natürliche Rohstoffe werden durch synthetische ersetzt, und der Wertanteil der Rohstoffe an den Industriegütern ist im Verhältnis zum Anteil der Arbeitskraft gesunken.

Vorwiegend französische Entwicklungsökonomen haben das *Theorem des »Ungleichen Tausches«* entwickelt: Der Austausch von Rohstoffen gegen Industriewaren sei ungeachtet der jeweiligen Terms of Trade auch deshalb ungleich, weil die Rohstoffe und Nahrungsmittel, neuerdings auch die Fertigwaren, die die Dritte Welt exportiert, auf der Basis geringer Produktivität und viel niedrigerer Löhne produziert werden als die Güter der Industrieländer. Die Produktivitäts- und Lohndifferenz habe sich zudem in den vergangenen Jahrzehnten rapid vergrößert. Folglich bedeute der Handel mit den Entwicklungsländern eine gewaltige Mehrwertaneignung (= Ausbeutung) durch die Industrieländer und sei für Unterentwicklung und Stagnation weitgehend verantwortlich.

Die schwerwiegendste Infragestellung der landläufigen, durch die Theorie scheinbar abgesicherten Annahme, daß der freie Welthandel Industrieländern und Entwicklungsländern gleichermaßen zum Vorteil gereiche und eine möglichst intensive Teilnahme an ihm wünschenswert sei, ist aber von der sog. *Dependenz-Theorie* ausgegangen.[42] Ihre Begründer und Exponenten sind lateinamerikanische Ökonomen und an Lateinamerika interessierte Sozialwissenschaftler der USA. Die Enttäuschung über die von der Prebisch-Schule geförderte Politik der Importsubstitution gilt als der entscheidende Anstoß, die spezifischen Strukturen der Unterentwicklung in Lateinamerika neu zu analysieren (trotz moderner städtischer Zentren und zeitweise hoher Wachstumsraten weiterhin, ja zunehmende, Armut auf dem Lande und in der Stadt; weiterhin Abhängigkeit von wenigen Exportprodukten und negative Terms of Trade; umfangreiche Privatinvestitionen des Auslandes in der Industrie, aber zunehmende Kontrolle der einheimischen Wirtschaft durch vorwiegend amerikanische Konzerne, enorm ansteigende innere wie äußere Verschuldung u. a.). Die Thesen lassen sich etwa so zusammenfassen: Unterentwicklung ist nicht einfach Rückständigkeit, die aufgeholt werden kann, sie ist historisch entstanden, und zwar mit der Integration vorkolonialer Gesellschaften in das kapitalistische Weltwirtschaftssystem seit dem 16. Jahrhundert. Die vorkolonialen Gesellschaften haben ihre Autonomie eingebüßt und sind zur Peripherie der kapitalistischen Metropolen geworden; ein sozioökonomischer Wandel hat stattgefunden, aber er wurde von außen aufgezwungen und war von den Interessen der Metropolen abhängig. In diesem Penetrationsprozeß ist die autochthone Gesellschaft so deformiert worden, daß ihre genuinen Entwicklungsmöglichkeiten verbaut und Strukturen der Abhängigkeit entstanden sind, die heute kaum mehr überwunden werden können. Im 19. Jahrhundert war England, seit dem Ersten Weltkrieg sind die USA Träger dieser Form des Imperialismus. Die Exportorientierung hat wohl sektorales Wachstum, aber nicht Entwicklung gebracht: Im Gegenteil, die Unterentwicklung ist festgeschrieben worden und hat sich vertieft. Von ihr profitieren die amerikanischen Multis einerseits und die kleine, von jenen abhängige Oberschicht in der Peripherie andererseits. Galtung hat dafür den Begriff des »Brückenkopfes« geprägt. Was im besten Fall möglich ist, seien Formen eines »peripheren Kapitalismus«, d. h. die Multis investierten heute vorwiegend in der verarbeitenden Industrie, aber diese produziere kapitalintensiv und verschärfe regionale wie soziale Ungleichheit: Die Reichen sind reicher und die Armen noch ärmer geworden. Als Beispiel dient natürlich vor allem Brasilien, dessen sensationelle industrielle Wachstumsdaten nicht über die gravierenden sozialen Auswirkungen und die Abhängigkeit gegenüber den USA hinwegtäuschen können.

Auf der Basis der Dependenz-Theorie hat Galtung sein Konzept des »strukturellen Imperialismus« entwickelt, Samir Amin hat sie auf Afrika übertragen. Hier ist vor allem die Elfenbeinküste Objekt der Kritik: Ihre konsequente Politik der Exportförderung – vor allem des Kaffee- und Kakaoanbaues – habe zwar hohe Exporterlöse ergeben, aber auch zunehmenden Kapitalrücktransfer der die Wirtschaft kontrollierenden französischen Firmen und hohe Auslandsverschuldung, die über kurz oder lang in eine Krise einmünden müsse; der Bauboom in der Großregion Abidjan könne nicht darüber hinwegtäuschen, daß von den Exporterfolgen und den ausländischen Investitionen nur die kleine Kompradorenbourgeoisie auf dem Land und in der Stadt profitiert habe, während gleichzeitig die Slums und die Arbeitslosigkeit wachsen und das Hinterland und die Nahrungsmittelproduktion vernachlässigt würden. Das sei eine »abhängige Entwicklung« auf Kosten der Masse der Bevölkerung.

Die Dependenz-Theorie beherrscht heute die entwicklungspolitische Diskussion. Man kann Kritik anbringen: Es wird ein eigener, mit dem landläufigen nicht übereinstimmender Begriff der Unterentwicklung verwendet, indem einseitig das Ausmaß der Auslandsabhängigkeit und sozialer Gleichheit bzw. Ungleichheit herausgestellt wird; sie idealisiert vorkoloniale Gesellschaften und überschätzt u. E. deren genuine Entwicklungsmöglichkeiten; sie muß – meist unausgesprochen – zwischen unentwickelt und unter-entwickelt unterscheiden, um Unterentwicklung einseitig als Folge kapitalistischer Penetration und kolonialer Ausbeutung ausgeben zu können; soziokulturelle Faktoren werden kaum beachtet. Entsprechend vage ist denn auch die von der Dependenz-Theorie angebotene Alternative einer »richtigen« Entwicklungspolitik: Einige Vertreter halten eine Revolution und einen daran anschließenden sozialistischen Aufbau für die einzige Möglichkeit, um den desaströsen Prozeß der »Entwicklung zur Unterentwicklung« zu durchbrechen, andere propagieren die radikale oder – wie der Deutsche Senghaas – eine »selektive« Dissoziation aus dem Weltmarkt bzw. die »Abkoppelung« der Entwicklungsländer von den Industrieländern.[43] Nur der weitestgehende Verzicht auf Außenhandel und ausländische Investitionen, bei gleichzeitiger Erschließung des Binnenmarktes für Güter des Massenbedarfs, mache den Weg frei für eine Politik der »self-reliance« und leite eine »autozentrierte Entwicklung« ein. Ob eine solche Politik möglich ist – selbst abgesehen vom Widerstand der an der jetzigen Politik Interessierten –, erscheint aber fraglich. Wenn etwa Tansania als Vorbild erscheint, so wird übersehen bzw. verschwiegen, daß dessen Nahrungsmittelpro-

duktion stagniert und das Land auf massive öffentliche Auslandshilfe angewiesen ist. Fragwürdig wird das Konzept, wenn leicht-
hin der Aufbau einer Kapital- und Investitionsgüterindustrie
postuliert wird, als ob dies ohne ausländisches Kapital und Know-
how möglich wäre; der Hinweis auf die Erfolge Chinas kann
dabei nicht überzeugen.

Dennoch, die von der Dependenz-Theorie vorgelegte Analyse der
»abhängigen Entwicklung«, die Kritik an der Exportorientierung
und den Multis, aber auch die von Senghaas geforderte »selektive
Dissoziation« müssen erwogen und als kritische Auseinandersetzung mit den gängigen Konzepten akzeptiert werden. Die nicht-
marxistische Entwicklungsökonomie hat zwar begonnen, ent-
wicklungsfördernde und entwicklungshemmende Aspekte des
Außenhandels abzugrenzen[44], die Wirtschaftspolitiker der Industrieländer, die Vertreter der Multis und auch die Weltbank –
trotz des Kurswechsels unter McNamara – tendieren aber noch
immer dahin, Exporterfolge kurzerhand als Entwicklung anzusehen und primär massive Exportanstrengungen der Entwicklungsländer zu fordern. Sie verschließen sich noch immer der Einsicht,
daß die forcierte Exportorientierung zu einem sektoral und meist
auch regional einseitigen Einsatz der knappen Mittel (Straßenbau, Beratungsdienste, Subvention der Dünger u. a.) führt oder
führen kann und daß darüber der Anbau von Nahrungsmitteln
vernachlässigt wird. Ein Beispiel bietet der Baumwoll- und Erd-
nußanbau in den Sahelländern, oder: Die Exporterfolge Guate-
malas verdecken die Tatsache, daß Ackerflächen in Weiden für
den Vieh- und Fleischexport umgewandelt worden sind. Es
besteht die Gefahr, daß die Bemühungen um eine »Neue Weltwirtschaftsordnung», wie sie von den Entwicklungsländern hartnäckig und zu Recht gefordert wird, die Einsicht verdrängt, daß
die Entwicklungsanstrengungen primär auf eine möglichst weitgehende Selbstversorgung an Nahrungsmitteln ausgerichtet werden sollten.

Die Enttäuschung mit der forcierten Industrialisierung, die Einsicht, daß die bisherigen, einseitig am Export orientierten Entwicklungsanstrengungen an Grenzen stießen und die Lage der
Armen sich nicht verbesserte, führte in den 70er Jahren zum
Konzept der Grundbedürfnisse (basic needs). McNamaras Nairobi-Rede von 1973 war ein Anstoß dazu, ebenso die von einer
Gruppe kritischer Sozialwissenschaftler erarbeitete »Erklärung
von Cocoyoc« (Mexiko 1974).[45] Es gehe künftig primär darum,
den legitimen Anspruch der Menschen nach ausreichender
Ernährung, sauberem Wasser, menschenwürdiger Behausung,
nach Gesundheit und Erziehung zu befriedigen; als nicht-mate-

rielle Güter werden die Erhaltung der eigenen Identität und die Möglichkeit der Mitbestimmung (Partizipation) aufgeführt. An diesen Zielen habe sich künftig die Entwicklungspolitik zu orientieren. Das neue Konzept bedeutet eine Absage an das »Einholen der Industrieländer«, es will Abhängigkeiten und Ungleichheiten reduzieren und hofft, durch die Mobilisierung der Massen eine »Entwicklung von unten« einzuleiten, die schließlich nicht zuletzt eine Verlangsamung des Bevölkerungswachstums nach sich ziehen werde. Das Konzept impliziert nicht einen Verzicht auf Außenhandel und Hilfe von außen, will aber primär von den eigenen Ressourcen ausgehen und orientiert sich am sozialistischen Leitbild einer sich selbst regierenden Gesellschaft der Gleichen. Bisherige Versuche eines sozialistischen Entwicklungsweges in der Dritten Welt sind jedoch weitgehend gescheitert, u. a. weil die Mobilisierung der Massen nur mit Gewalt erzwungen werden konnte und sich anstelle der »Partizipation von unten« die Staats- und Parteibürokratie als neue elitäre Macht etablierte. Das Konzept einer »Befriedigung der Grundbedürfnisse« aber wird künftig für die Entwicklungspolitik gerade der ärmsten Länder wegleitend sein müssen. Es ist in den letzten Jahren von den Industrieländern zur Legitimierung und Zielsetzung ihrer Entwicklungshilfe herangezogen worden.

VII. ASPEKTE DER ENTWICKLUNGSHILFE

Zum *Begriff:* Wir wollen unter Auslands- oder Entwicklungshilfe die Ressourcentransfers verstehen, die nicht zu internationalen Marktbedingungen vorgenommen werden.[46] Was heißt das? Die Industrieländer liefern Kapital, Güter, Know-how; um Hilfe handelt es sich aber nur, wenn die Entwicklungsländer jene geschenkt oder zu besseren Bedingungen erhalten, als wenn sie sie zu normalen Marktpreisen hätten bezahlen müssen. Private Investitionen rechnen wir folglich nicht zur Entwicklungshilfe; sie mögen einen Entwicklungseffekt zeitigen, werden aber von den Unternehmen und Banken nach Rentabilitätsüberlegungen getätigt. Diese Einschränkung hat sich erst in den letzten Jahren durchgesetzt, nachdem früher die Industrieländer ihre Hilfe-Statistik durch Anrechnung der Privatinvestitionen »aufpolierten«. Wir sind jedoch insofern inkonsequent, als wir die Kredite der Weltbank zur Entwicklungshilfe zählen, obschon sie zu marktüblichen Bedingungen aufgenommen wurden, und andererseits die Militärhilfe – Ausbildungshilfe oder Materiallieferungen – ausschließen, auch wenn sie geschenkt wurde. *Aufgabe* der Entwicklungshilfe ist es, das wirtschaftliche Wachstum in der Dritten Welt zu fördern, die Lebensbedingungen für die Masse der Bevölkerung zu verbessern und die Einkommensunterschiede innerhalb der Länder abzubauen.

Zur *Geschichte:* Entwicklungshilfe gibt es erst seit dem Zweiten Weltkrieg. Für die Kolonialmächte hatte der Grundsatz gegolten, daß jede Kolonie finanziell selbsttragend sein solle, d. h. es wurden ihnen – von Ausnahmen, vor allem in der Frühzeit, abgesehen – keine Mittel aus dem Budget der Metropolen zur Verfügung gestellt. Sie hatten ihre Ausgaben aus den eigenen Einnahmen (Zölle und Steuern) zu bestreiten. Kolonien konnten Anleihen aufnehmen, hatten diese aber normal zu verzinsen und zu amortisieren, was zur Folge hatte, daß gerade arme Kolonien von dieser Möglichkeit nur spärlich Gebrauch machten. 1929 hat das englische Parlament zwar einen Colonial Development Fund gutgeheißen, aber der jährliche Betrag von 1 Million Pfund war minimal und sollte noch primär der Arbeitsbeschaffung in der Metropole dienen. In den 30er Jahren machten ausführliche Berichte auf die z. T. katastrophale wirtschaftliche und soziale Situation einzelner Kolonien (vor allem Westindiens) aufmerksam, und während des Krieges hat sich schrittweise die Erkenntnis durchgesetzt, daß künftig Mittel aus dem Budget der Metropolen für die Entwicklung in den Kolonien zur Verfügung gestellt werden müßten: Der Colonial Development Fund wurde 1945 stark erweitert, Frankreich schuf 1946 seinen Fonds d'Investissement pour le Développement Économique et Social (FIDES). Die Bereitschaft zu großzügigen Investitionen im ökonomischen wie sozialen Bereich war um so eher vorhanden, als man sich amerikanischer Kritik ausgesetzt sah und eine »mise-en-valeur« der Kolonien die Möglichkeit eröffnete, die Einfuhren von Nahrungsmitteln und Rohstoffen aus dem Dollarraum zu reduzieren.[47]

Als die Kolonien unabhängig wurden, erkannten auch die anderen Industrieländer, daß den jungen Staaten geholfen werden mußte; dabei schienen die Stellung von Experten und die Hilfe bei der Ausbildung von Kadern vordringlich. Die USA gingen 1949/50 mit dem Point-4-Program Präsident Trumans voran. Der Kalte Krieg hat die Bereitschaft zur Hilfe entscheidend erhöht, galt es doch ein Abgleiten der neuen, unabhängigen Staaten ins Lager des Gegners zu verhindern. Eine offene Konkurrenzsituation ergab sich z. B. in Indien, wo in den 50er Jahren die Sowjetunion, England und die Bundesrepublik je ein Stahlwerk bauten. Nasser konnte andererseits beim Bau des Assuan-Staudammes 1954 die USA und die Sowjetunion gegeneinander ausspielen. *exhorted*

Etwa gleichzeitig engagierten sich auch die Vereinten Nationen vermehrt in der Dritten Welt, insbesondere mit ihren Sonderorganisationen, und im Dezember 1960 erklärte die Vollversammlung die 60er Jahre zur *Ersten Entwicklungsdekade*. Die Entwicklungsländer sollten jährlich ihr Volkseinkommen um 5 % steigern, ein Ziel, das gegen Ende der Dekade erreicht wurde, wenn auch mit großen regionalen Unterschieden. Ebenfalls 1960 riefen die OECD-Länder das DAC (Development Assistance Committee) ins Leben, um die Hilfeleistung zu koordinieren. Im Oktober 1969 legte eine im Jahr zuvor von der Weltbank bestellte Expertengruppe unter dem Vorsitz des ehemaligen kanadischen Ministerpräsidenten Pearson ihren Bericht vor. Er beschrieb die Probleme der Entwicklungsländer, nahm einige von diesen artikulierte Forderungen (z. B. Preisstabilisierungsabkommen für Primärprodukte mittels »buffer stocks«, nicht-reziproke Zollpräferenzen) auf und ermahnte die reichen Länder, ihre Wirtschaftshilfe (inklusive Privatinvestitionen) auf jährlich 1 % des Bruttosozialprodukts (BSP) und die öffentliche Auslandshilfe bis spätestens 1980 auf 0,7 % des BSP zu steigern.[48] Diese Ansätze gelten seither als Richtlinien, sind aber bislang erst von wenigen Ländern erreicht worden (vgl. Tabelle 2). Die Forderungen des Pearson-Berichtes sind eingegangen in die »*Entwicklungsstrategie für die Zweite Entwicklungsdekade*«, die im Oktober 1970 von der UN-Generalversammlung verabschiedet wurde.[49] Von einem weltweit wachsenden Interesse für die Probleme der Dritten Welt zeugten die großen Konferenzen über Einzelaspekte (Bevölkerungsfragen 1974 in Bukarest, Ernährung 1974 in Rom, Beschäftigung 1976 in Genf, Agrarreform und ländliche Entwicklung 1979 in Rom). Die Ergebnisse mögen mager gewesen sein, die Resolutionen unverbindlich, die Berichterstattung in der Tagespresse hat aber doch wohl geholfen, die Probleme einem größeren Publikum näherzubringen. Für das Verhältnis Nord-Süd wichtiger erwiesen sich in den letzten Jahren die UNCTAD-Konferenzen und die Auseinandersetzung um den Internationalen Währungsfonds.

Politische, wirtschaftliche und humanitäre *Motive der Hilfeleistung* sind schwer auseinanderzuhalten und variieren nach Land, Ministerium und Organisation. Das Bundesministerium für Wirtschaftliche Zusammenarbeit hat 1969 sehr eindrücklich formuliert: »Das wirtschaftliche und soziale Gefälle zwischen den industrialisierten Zonen und den Entwicklungsgebieten der Erde erhält Abhängigkeiten und schafft Konflikte. Entwicklungspolitik

Tabelle 2: DIE ÖFFENTLICHE ENTWICKLUNGSHILFE EINIGER OECD-LÄNDER:

| | 1960 | | 1965 | | 1970 | | 1977 | | 1978 | |
	Mio US-$	% BSP	Mio US-$	% BSP	Mio US-$	% BSP	Mio US-$	% BSP	Mio US-$	% BSP
Bundesrep.	223	0,31	456	0,40	599	0,32	1386	0,27	1984	0,31
Frankreich	823	1,38	752	0,76	971	0,66	2267	0,60	2689	0,57
Großbrit.	407	0,56	472	0,47	447	0,37	914	0,37	1226	0,40
Niederlande	35	0,31	70	0,36	196	0,61	900	0,85	1072	0,82
Norwegen	5	0,11	11	0,16	37	0,32	295	0,83	355	0,90
Österreich	–	–	10	0,11	11	0,07	118	0,24	156	0,24
Schweden	7	0,05	38	0,19	117	0,38	779	0,82	783	0,88
Schweiz	4	0,04	12	0,09	30	0,15	119	0,19	176	0,20
Japan	105	0,24	244	0,27	458	0,23	1424	0,21	2215	0,23
USA	2702	0,53	3418	0,49	3050	0,31	4159	0,25	4857	0,23
Alle 17 OECD-Staaten in Mrd. US-$	4,6	0,51	5,8	0,45	6,8	0,34	14,7	0,31	18,3	0,32
In Preisen von 1977 in Mrd. US-$	12,2		13,1		12,7		14,7		15,8	

Die öffentliche Entwicklungshilfe der OPEC-Staaten:

1974	5,9 Mrd. US-$	1976	8,1 Mrd. US-$
1975	8,2 Mrd. US-$	1977	7,6 Mrd. US-$

(aus: Weltentwicklungsbericht, 1976; Tab. 16. Journalisten-Handbuch Entwicklungspolitik 1979, Tab. 5)

Die Tabelle zeigt, daß

– sich die öffentliche Entwicklungshilfe (also ohne privaten Kapitaltransfer) der OECD-Länder von 1960–1978 vervierfacht hat. (Wenn aber Inflation und der Wertverlust des Dollars berücksichtigt werden, so hat sie sich nur etwa um ein Viertel des Betrages von 1960 erhöht!),
– der prozentuale Anteil am Bruttosozialprodukt von 0,51 auf 0,32 gesunken ist, anstatt auf die gewünschten 0,7 anzusteigen,
– der Satz von 0,7 nur von den Niederlanden, Norwegen, Dänemark und Schweden erreicht wurde,
– die Entwicklungshilfe ab 1977 wieder zu steigen begonnen hat.

soll Völkern helfen, sich selbst zu helfen, damit sie sozial und wirtschaftlich aufholen, ihre Gesellschaft nach eigenen Zielen modernisieren und in der weltweiten Interdependenz über die gemeinsame Zukunft mitbestimmen können. Entwicklungspolitik macht politische Kräfte, wirtschaftliche Interessen und solidarische Hilfsbereitschaft dem sozialen und politischen Ausgleich dienstbar und bringt sie zu optimaler Wirksamkeit. Entwicklungspolitik fordert die Lernfähigkeit auch unserer Gesellschaft heraus, ihre Bereitschaft, die Sorgen anderer Länder zu teilen und ihre Entscheidung ernst zu nehmen. Entwicklungspolitik ist Ansatz zu einer Weltinnenpolitik. Sie tut das Nächstliegende in einer revolutionären Weltlage. Entwicklungspolitik zielt auf Frieden. Sie beweist und mobilisiert Hoffnungen.«[50]

Wichtiger sind aber doch wohl sehr konkrete Motive. So geht es insbesondere den Großmächten darum, ihren Einfluß in der Dritten Welt zur Geltung zu bringen, das eigene »Lager« zu stärken und das gegnerische zu schwächen. Strategische Positionen sollen durch Entwicklungs- (und Militär-)hilfe gewonnen oder abgesichert werden, Kolonialmächte versuchen, in ihren ehemaligen Kolonien gewisse Positionen aufrechtzuerhalten. Kleinere Industrieländer können Prestigeerfolge erzielen oder werden von den Großmächten aufgefordert, einen Teil der Last zu tragen. Der Nord-Süd-Konflikt soll durch teilweises Entgegenkommen und höhere Hilfeleistung entschärft werden. Wirtschaftlich geht es darum, die Versorgung mit wichtigen Rohstoffen und Absatzmärkte zu sichern oder durch »pre-investments« private Direktinvestitionen zu erleichtern. Je entwickelter ein Land, desto größer ist sein Importbedarf für Industriegüter, langfristig – so heißt es etwa – säßen Entwicklungs- und Industrieländer »im gleichen Boot«. Humanitäre Motive sind vor allem für die privaten Organisationen und die Kirchen wegweisend.

Man unterscheidet *multilaterale* und *bilaterale Hilfe,* also zwischen der Hilfe, die über die internationalen Organisationen läuft, und jener, die ein Geberland direkt mit einem Entwicklungsland aushandelt. Erstere wird außer von den Organisationen selbst auch von den Hilfebeziehern bevorzugt, weil politische Pressionen weniger ausgeprägt sind. Die Parlamente der Geberländer ziehen meist die bilaterale Hilfe vor, weil sie mit ihr politische Ziele zu erreichen hoffen und/oder der administrativen Effizienz der internationalen Behörden mißtrauen. Entwicklungshilfe kann sodann entweder als *Finanzhilfe* oder als *Technische Hilfe* gewährt werden. Letztere ist vorwiegend Ausbildungshilfe in einem allerdings weiten Sinne. Sie umfaßt einerseits die Ausbildung von Studenten und Praktikanten in den Geberländern und andererseits die Entsendung von Experten und Fachleuten für den Bau und Betrieb von Schulen, für landwirtschaftliche Entwicklungsprojekte (wie etwa Brunnenbau) und für den Ausbau der Gesundheitsdienste. Die Kosten übernimmt das Geberland. Die öffentliche und bilaterale Finanzhilfe hingegen ist für den Ausbau der Infrastruktur (Straßen, Hafenanlagen, Dammbauten), der Wasser- und Elektrizitätsversorgung und für die Errichtung von Industrieanlagen wie Düngerfabriken, Stahlwerke u. a. bestimmt. Die Mittel werden meist als Darlehen gewährt und dienen in erster Linie dazu, dem Entwicklungsland den Import von Investitionsgütern zu ermöglichen.

Die Kapitalhilfe kann dabei *»gebunden«* oder *»ungebunden«* gewährt werden. Gebundene Hilfe besagt, daß die Importe aus dem Geberland bezogen werden müssen. Letzteres verhindert damit eine Belastung seiner Zahlungsbilanz, denn die Mittel bleiben faktisch im Land und dienen erst noch der Exportförderung, das Entwicklungsland aber hat meist einen höheren Preis zu bezahlen; man schätzt, daß die gebundene Hilfe die Importe um etwa 20 % verteuert! Weiter sind wichtig die *Konditionen* der Finanzhilfe: der Zinssatz, die Laufzeit und die Freijahre, d. h. die Zeitspanne, in der die Tilgung ausgesetzt wird. Die wachsende Verschuldung der Entwicklungsländer hat die Geberländer veranlaßt, die Konditionen ihrer Finanzhilfe zu erleichtern. Die Bundesrepublik hat sie 1972 wie folgt festgesetzt: ein Zinssatz von 2 %, eine Laufzeit von 30 Jahren bei 10 tilgungsfreien Jahren. Den ärmsten Ländern werden noch günstigere Bedingungen gewährt.

Schließlich wäre die *Nahrungsmittelhilfe* zu nennen, meist aus Überschußbeständen der Geberländer. Sie wird – mit Ausnahme der Katastrophenhilfe – zunehmend kritisiert: Sie schwäche die Eigenanstrengungen der Nehmerländer und könne die Nahrungsgewohnheiten ungünstig beeinflussen; sie könne zudem als politische Waffe eingesetzt werden. Sie wird jedoch so lange nötig sein, als viele Entwicklungsländer ihre wachsende Bevölkerung nicht zu ernähren vermögen.

VIII. DIE ENTWICKLUNGSHILFE EINIGER ORGANISATIONEN UND LÄNDER

Innerhalb der Vereinten Nationen befassen sich der Wirtschafts- und Sozialrat (ECOSOC) und dessen regionale Wirtschaftskommissionen mit den Problemen der Entwicklungsländer. Projekte werden zudem über das Entwicklungsprogramm der UNO realisiert (UNDP): Vor allem sind es aber die Sonderorganisationen, die in der Dritten Welt tätig sind: die FAO im Bereich der Landwirtschaft, die UNESCO im Erziehungswesen, das ILO im Bereich der Sozialgesetzgebung und der Gewerkschaften, das WHO ist zuständig für Seuchenbekämpfung und Gesundheitsdienste, die UNIDO soll die Industrialisierung fördern. Wir müssen auf eine Schilderung ihrer Tätigkeit verzichten und beschränken uns auf die Weltbank.

Die »*Internationale Bank für Wiederaufbau und Entwicklung*« ist im Rahmen des Bretton-Woods-Abkommens von 1944 entstanden und sollte den vom Krieg betroffenen Ländern Wiederaufbaukredite gewähren.[51] Sie hat sich anschließend ganz den Entwicklungsländern zugewandt; ihr Sitz ist Washington, ihr Leiter jeweils ein Amerikaner, seit 1968 Robert McNamara. Die Mittel der Weltbank stammen aus den auf den Kapitalmärkten aufgenommenen Anleihen; in den letzten Jahren waren die USA, Japan, die Bundesrepublik Deutschland, die Schweiz und die OPEC-Staaten die wichtigsten Kreditgeber. Die projektbezogenen Kredite mit einem Zinssatz von 7–8 % werden meist an Regierungen vergeben, Infrastrukturvorhaben stehen im Vordergrund.

Um den ärmsten Entwicklungsländern die Kreditaufnahme zu erleichtern, ist 1960 die Tochtergesellschaft IDA (International Development Association) ins Leben gerufen worden. Ihre Kredite sind zinsfrei und haben eine Laufzeit von 50 Jahren; entsprechend stammen die Mittel nicht aus Anleihen, sondern aus dem von Regierungen der Industrieländer gezeichneten Kapital, das periodisch aufgestockt wird. Mit der 6. Aufstockung vom Januar 1980 erhielt die IDA für die Periode 1980–1983 neue Mittel in der Höhe von 12 Milliarden Dollar.

Die Weltbank hat im Geschäftsjahr 1969/70 69 Darlehen in der Höhe von 1,6 Milliarden Dollar an 39 Länder vergeben, im Jahr 1978/79 hingegen 142 Darlehen an 44 Länder mit einem Gesamtbetrag von 7 Milliarden Dollar. Bei der IDA waren es 1969/70 50 Darlehen mit einem Kreditbetrag von 606 Millionen an 33 Länder und 1978/79 105 Darlehen mit einem Betrag von 3 Milliarden an 43 Länder. Im Geschäftsjahr 1978/79 sind folglich erstmals Kredite in der Höhe von 10 Milliarden Dollar bewilligt worden.

Es entsprach den in den kapitalistischen Industrieländern allgemein gehegten Entwicklungsvorstellungen, wenn die Weltbank in den ersten Jahrzehnten dem Produktionswachstum als solchem Priorität einräumte und die Industrialisierung zur Aufgabe des Privatkapitals erklärte; Aufgabe der Bank sei es, die dafür notwendigen Infrastrukturbauten und den Ausbau der Elektrizitätsversorgung zu finanzieren.[52] 1973 jedoch hat McNamara in der erwähnten Nairobi-Rede kritische Bilanz gezogen, das Problem der absoluten Armut und die wachsende Ungleichheit der Einkommensverteilung in den Entwicklungsländern herausgestellt

447

Die Verwendung der Mittel (in Millionen Dollar)[53]:

| | 1972/73 | | | 1978/79 | | |
	WB	IDA	Total	WB	IDA	Total
Landwirtschaft	501,6	436,1	937,7	1568,1	953,7	2521,8
Entw. u. Finanzges.	268,0	42,0	310,0	628,6	48,2	676,8
Erziehung/Bildung	161,6	114,5	276,1	245,5	250,5	496,0
Energie	174,3	147,2	321,5	954,5	512,4	1467,3
Industrie	–	67,2	67,2	721,0	121,5	842,5
nicht vorhabengebund.	80,0	145,0	225,0	301,5	105,0	406,5
Bevölkerungspl./Ernährg.	21,5	–	21,5	17,0	97,0	114,0
Technische Hilfe	–	4,0	4,0	–	29,7	29,7
Fernmeldewesen	157,8	90,0	247,8	110,0	–	110,0
Fremdenverkehr	–	–	–	66,7	46,5	113,2
Verkehr	520,1	162,3	682,4	1430,9	473,5	1904,4
Städteentwicklung	16,0	20,0	36,0	297,5	12,0	309,5
Wasservers./Kanalis.	200,1	78,7	278,2	647,3	371,5	1018,8
	2051,0	1357,0	3408,0	6989,0	3021,5	10010,5

und eine Neuorientierung angekündigt: Es gelte fortan, primär
die Landwirtschaft zu fördern, und zwar mit einer systematischen Förderung der Kleinbauern. Landreform, Wasserversorgung, Ausbau der Beratungsdienste, des Genossenschafts- und
des Kreditwesens wurden als vordringlich erklärt. Um die Belastungen der Zahlungsbilanzen durch die Ölimporte zu reduzieren, sollen in den kommenden Jahren wieder vermehrt Kredite
für Energieprojekte vergeben werden.
An der Weltbank wird mancherlei Kritik geübt: Da deren Mittel
auf dem privaten Geldmarkt aufgenommen werden, sind ihre
Kredite teuer und fördern die Verschuldung. Die »Kreditwürdig-
keit« habe bei der Vergabe eine größere Rolle gespielt als die
Bedürftigkeit, wachstumsstarke Länder seien bevorzugt worden.
Manche Projekte seien Vorleistungen für die Investitionen der
Multis. Die Experten seien teuer, fragwürdig die Rentabilitätsbe-
rechnungen. Die Dominanz der USA habe sich darin gezeigt, daß
der Regierung Goulart in Brasilien und der Regierung Allende in
Chile keine Kredite bewilligt wurden. Dem neuen Agrarpro-
gramm McNamaras wird vorgeworfen, dem Agro-Business Vorschub zu leisten, noch immer die Exportproduktion zu bevorzu-
gen und die große Masse der Landlosen unberücksichtigt zu
lassen. Ein alternatives Konzept liegt aber nicht vor, zumal die
Weltbank Agrarreformen als notwendig erachtet, diese aber nicht
erzwingen kann. Der Anteil der ärmsten Länder bei der Vergabe
der IDA-Kredite ist gestiegen, und die Weltbank evaluiert ihre

Projekte heute kritischer als früher. So oder so wird die Weltbank auch in den kommenden Jahren die führende Rolle beim Kapitaltransfer in die Dritte Welt spielen. Auch die Nord-Süd-Kommission unter dem Vorsitz von Willy Brandt betont diese Aufgabe in ihrem im Februar 1980 abgegebenen Bericht mit Nachdruck.

Eine Erwähnung verdient auch der *Internationale Währungsfonds*, dessen Existenz ebenfalls auf dem Bretton-Woods-Abkommen basiert.[54] Länder, die in Zahlungsbilanzschwierigkeiten geraten, sollten kurzfristige Überbrückungskredite in Hartwährung erhalten, und zwar in Höhe der von ihnen in nationaler Währung einbezahlten Quoten. Der IWF hat insbesondere den Industrieländern wertvolle Dienste geleistet, den Zusammenbruch des auf fixem Wechselkurs basierenden Weltwährungssystems 1971/73 aber nicht verhindern können. Die Quoten wurden laufend erhöht, zudem sind 1969 Sonderziehungsrechte (SZR) geschaffen worden – »Geld aus der Retorte«, das nur zwischen den Notenbanken verwendet wird –, um die Liquidität des IWF zu erhöhen. Für die Entwicklungsländer gibt es außerdem »Sonderfazilitäten«, u. a. zur Finanzierung von Exporterlösschwankungen; weitere Sondermittel ergab ab 1976 die Versteigerung von IWF-Goldbeständen.

Die Kreditnahme ist jedoch an harte Auflagen gebunden wie massive Abwertung, radikale Kürzung der Staatsausgaben, Aufhebung von Preiskontrollen und eventuellen Subventionen zur Verbilligung von Nahrungsmitteln, Limiten beim Wachstum der Löhne und Liberalisierung des Außenhandels. Die Erfahrung zahlreicher Länder (Peru, Jamaica, Ägypten, Zaire u. a.), die diese Auflagen nolens volens akzeptieren mußten, hat gezeigt, daß zwar vorübergehend die Zahlungsbilanzkrise überwunden werden konnte und die Ausfuhren anstiegen, die sozialen Kosten aber hoch waren: steigende Inflation, Sinken der Reallöhne, höhere Arbeitslosigkeit. Entsprechend scharf ist heute die Kritik am IWF von seiten der Entwicklungsexperten. Auf der Währungskonferenz im September 1979 in Belgrad haben die Entwicklungsländer ihre Kritik in geschlossener Front artikuliert und u. a. folgende Forderungen gestellt: außer einer Erhöhung der öffentlichen Kapitalhilfe eine jährliche Neuemission von Sonderziehungsrechten, Bevorzugung der Entwicklungsländer bei der Zuteilung, eine Koppelung von SZR mit Entwicklungshilfe und Verzicht auf die harten Auflagen, also bessere Anpassung an die besondere Situation der Entwicklungsländer. Jedenfalls ist deutlich geworden, daß nun auch der IWF ins Schußfeld geraten ist.

Das Prestige der *amerikanischen Auslandshilfe* war bis vor weni-

gen Jahren hoch und unangefochten.[55] Wir Europäer haben die
großzügige Marshallhilfe nicht vergessen, die zum rapiden Wiederaufbau des zerstörten Europas ganz wesentlich beigetragen
hat. Etwa gleichzeitig hat Präsident Truman mit dem in der
Inauguralrede 1949 in Aussicht gestellten Point-4-Programm die
Technische Hilfe an die Entwicklungsländer angekündigt und
damit gewissermaßen die allgemeine Entwicklungshilfe lanciert.
In den Jahren 1956–1960 stammte mehr als die Hälfte der von
den im Development Assistance Committee der OECD zusam-
menarbeitenden Ländern geleisteten öffentlichen Hilfe aus den
USA; ein Großteil der Weltbank-Mittel war amerikanisch, ihr
Präsident ein Amerikaner. Präsident Kennedys »Allianz für den
Fortschritt«, die er – ebenfalls in seiner Inauguralrede – 1960 mit
enthusiastischen Worten proklamierte und die einen neuen
reformerischen Kurs in der Lateinamerikapolitik ankündigte,
fand weltweites Echo, ebenso das Friedenskorps.[56] Die gleichzeitige Aufforderung an Europa, für die neue große Aufgabe einen
dem gewonnenen Wohlstand entsprechenden Beitrag zu leisten
(»burden sharing«), stieß auf Verständnis. Auch in den 70er
Jahren kam mehr als ein Drittel der OECD-Hilfe aus Amerika.
Begreiflich, daß die Welt und vor allem die Entwicklungsländer
Auslands- und Entwicklungshilfe weitgehend mit der amerikanischen identifizieren. Es ist noch immer McNamara, der auf
UNCTAD- und Währungskonferenzen mit eindrücklichen Worten die mißliche Situation der Dritten Welt in Erinnerung ruft
und die reichen Länder zu verstärkten Anstrengungen auffordert.
Eine kritische Analyse zwingt jedoch zur Differenzierung. Von
den 33,5 Milliarden Dollar Wirtschaftshilfe der Jahre 1946–1952
ging der überwiegende Teil nach Europa und Japan, während z. B.
das Point-4-Programm ausgesprochen stiefmütterlich bedacht
wurde. Seither floß die amerikanische Auslandshilfe zwar fast
ausschließlich in die Dritte Welt, fast die Hälfte davon war aber
Militärhilfe. Etwa 10 % der Wirtschaftshilfe entfallen auf die
Export-Import-Bank, die primär der Exportförderung dient. Weitere 15 % werden von der Nahrungsmittelhilfe über Public Law
480 beansprucht. Der Agency of International Development
(AID), die seit 1961 für die Entwicklungshilfe im engeren Sinne
verantwortlich ist, stehen jährlich nur 2–3 Milliarden Dollar zur
Verfügung. Die Wirtschaftshilfe stieg in den 50er Jahren regelmäßig an, stagniert aber seit etwa 1962. Entsprechend ist ihr
Anteil am Bruttosozialprodukt von 0,53 % 1960 auf nur 0,23 %
1978 gesunken! Aber nicht nur dies: Anfänglich wurde die
Auslandshilfe fast ganz als verlorener Zuschuß gewährt; von
dieser Großzügigkeit haben Europa und Japan profitiert. Mit den

einsetzenden Zahlungsbilanzschwierigkeiten um 1960 drängte sich aber ein Kurswechsel auf, und der Anteil der Kredite stieg auf etwa 50 %. Ein wachsender Teil der Kredite wurde zudem »gebunden«, mußte also zur Anschaffung amerikanischer Güter (die meist teurer waren als etwa japanische) verwendet werden.[57] Fragt man, welche Länder von der AID-Hilfe besonders profitiert haben, so ergibt sich eine enge Verbindung mit den amerikanischen Sicherheitsinteressen: In der Periode 1956/65 stand Indien an der Spitze, gefolgt von Pakistan, Korea und Vietnam; pro Kopf erhielten Israel, Jordanien, Laos, Vietnam, Chile, Korea und Taiwan am meisten. Im Jahre 1975 verzeichneten folgende Länder die höchste AID-Hilfe: Vietnam, Ägypten, Kambodscha, Jordanien, Indien; ganz Afrika erhielt weniger als Ägypten, eine große Zahl afrikanischer Staaten nur Nahrungsmittelhilfe und Zuwendungen für das Friedenskorps.[58] *financial contributions*

Das Programm »Brot für den Frieden« (später »Brot für die Freiheit«) muß gesondert genannt werden. Gemäß Public Law 480 aus dem Jahre 1954 können Nahrungsmittel an notleidende *needy* Länder abgegeben werden, und zwar mit folgendem Prozedere: Die Agrarprodukte werden den Regierungen gegen nationale Währung verkauft; die Mittel laufen in einen Sonderfonds, über den die Botschaft verfügt. Auf diese Weise konnte die vom amerikanischen Landwirtschaftsministerium (teuer) gelagerte Überschußproduktion an die Dritte Welt abgegeben werden. Gegen diese Nahrungsmittelhilfe wurde in den letzten Jahren polemisiert: Sie sei als Instrument des amerikanischen Agro-Business und als »politische Waffe« eingesetzt worden; man habe Märkte geöffnet, die einheimische Versorgung gestört, an Hilfe politische Bedingungen geknüpft, die Hilfe vor allem den »befreundeten« Ländern zukommen lassen. Dies mag richtig sein, aber es bleibt die Tatsache, daß ohne diese Hilfe Millionen von Menschen in der Dritten Welt verhungert wären.

Die amerikanische Entwicklungshilfe war ein Instrument der Außenpolitik, diente der Verteidigung der »freien Welt« und sollte Revolutionen und das Abschwenken ins kommunistische Lager verhindern. Dies hat den Kongreß allerdings nicht daran gehindert, die von der Administration beantragten Kredite regelmäßig zu kürzen. Nur sehr widerwillig hat er sich auf öffentliche Entwicklungshilfe eingelassen, sich häufig etwa gegen »soft loans«, also Kredite zu »weichen« Bedingungen, gewandt und immer wieder mit Nachdruck betont, daß die eigentliche Entwicklung von der Privatinitiative ausgehen müsse und die Direktinvestitionen der Multis den wichtigsten Beitrag zur wirtschaftlichen Entwicklung in der Dritten Welt leisteten. 1973 hat die

Nixon-Administration »Neue Richtlinien« für Auslandshilfe angenommen, die inner- und außerhalb des Kongresses scharf kritisiert worden war. Die AID soll künftig ihre Mittel primär für die Befriedigung der Grundbedürfnisse einsetzen und dafür sorgen, daß die Hilfe auch die bislang vernachlässigten Armen in den am wenigsten entwickelten Ländern erreicht. Es ist jedoch fraglich, ob sich diese Politik gegen etablierte Interessen und außenpolitische Erwägungen durchsetzen kann. Auch der Versuch Präsident Carters, die Hilfe mit der Menschenrechtsfrage zu koppeln, ist weitgehend gescheitert.

Lenin hat mit seiner Imperialismustheorie die theoretischen Grundlagen für die *Entwicklungshilfe der Sowjetunion und der Ostblockländer* geliefert. Da der Monopolkapitalismus seinen an sich notwendig vorgezeichneten Verfall nur durch die Expansion nach Übersee und die Ausbeutung kolonialer und halbkolonialer Länder habe verzögern können, gelte es zunächst, die »schwachen Glieder in der Kette des Imperialismus« herauszubrechen, d. h. die nationalen Befreiungsbewegungen zu unterstützen. Der revolutionäre Aufstand in den Kolonien werde die Revolution in den Metropolen beschleunigen. Nachdem die Russische Revolution nicht wie erwartet die Weltrevolution auslöste, hat Lenin um 1920 große Hoffnungen auf die Unruhen im Nahen und Fernen Osten gesetzt. Da aber das Industrieproletariat als Träger der Revolution in den asiatischen Ländern offensichtlich zu schwach war und die nationale Bewegung vom Bürgertum getragen wurde, ergab sich das Dilemma einer Zusammenarbeit mit der Bourgeoisie. Man entzog sich diesem, indem man eine gemeinsame Front mit der Bourgeoisie akzeptierte, insofern und solange diese als »antiimperialistisch« und »progressiv« eingestuft werden konnte. Die Beurteilung hat sich in der Folgezeit mehrmals geändert, je nach der innen- wie außenpolitischen Situation der Sowjetunion.
Nach dem Scheitern der Kollaboration mit dem Kuomintang in China (1927) hat sich Stalin kaum mehr um die nationalistischen Befreiungsbewegungen gekümmert. Ab 1941 unterstützten die kommunistischen Parteien zudem die alliierte Kriegführung und kompromittierten sich in den Augen der kolonialen Nationalisten; dies gilt insbesondere für die KP Indiens. Dagegen wurde der Aufstieg Ho Chi Minhs durch die Tatsache erleichtert, daß er zunächst mit amerikanischer Unterstützung gegen die japanische Besatzungsmacht in Indochina kämpfte. Allgemein kann gesagt werden, daß in der einsetzenden Dekolonisation weder die Sowjetunion noch die kommunistischen Parteien in den Kolonien

eine bedeutende Rolle spielten. Kommunistische Aufstände 1948 in Indien, den Philippinen und in Malaya wurden niedergeschlagen, die siegreichen Nationalisten und Führer der unabhängig gewordenen Kolonien (u. a. Nehru und Sukarno) von der Sowjetunion als Marionetten und Handlanger des Imperialismus diffamiert.[59]

Dies änderte sich schnell nach Stalins Tod. Der Aussöhnung mit Tito gingen parallel Reisen sowjetischer Führer nach Afghanistan, Indien und Indonesien mit entsprechender Neubewertung der nicht-kommunistischen Regime. Der Neutralismus wurde anerkannt, eine »Zone des Friedens« konzipiert und gegen die amerikanische Bündnis- und Blockpolitik ausgespielt. Gleichzeitig lief die Entwicklungshilfe der Sowjetunion und der Ostblockstaaten an: Einen ersten Kredit erhielt Afghanistan für den Bau eines Getreidesilos in Kabul, mit sowjetischer Hilfe sind auch die beiden strategisch wichtigen Straßen an die russische Grenze und nach Kandahar gebaut worden. (Im Januar 1980 sind diese Straßen dann für den Einmarsch sowjetischer Truppen benutzt worden!) Ein Kreditabkommen mit Indien (1955) ermöglichte den Bau des Stahlwerks von Bhilai, während gleichzeitig Indiens Anspruch auf Kaschmir unterstützt wurde. Die Entwicklungshilfe der Sowjetunion in den Jahren 1954–1966 wurde auf 5,9 Milliarden Dollar (ohne die Hilfe an China, Nordvietnam und Nordkorea) geschätzt; davon gingen 4,9 Milliarden oder etwa 82 % an 10 Länder: Indien, Ägypten, Afghanistan, Indonesien und Iran lagen an der Spitze.[60] Der enge Zusammenhang mit der sowjetischen Außenpolitik liegt auf der Hand. In Schwarzafrika erhielten vor allem Ghana unter Nkrumah, Guinea unter Sekou Touré und Mali unter Mobito Keita Hilfe – Staaten, die sich einer sozialistischen Entwicklung verschrieben hatten und ihre Unabhängigkeit gegenüber den »imperialistischen« Ländern betonten. Sie galten als »Staaten der nationalen Demokratie«, nach einem 1960 proklamierten Konzept eine Übergangsform der Entwicklungsländer zum Kommunismus.

Nach dem Sturz Chruschtschows scheinen die politischen Enttäuschungen (Sturz Sukarnos, Nkrumahs und Keitas, Mißerfolg im Kongo) eine Überprüfung der Vergabepolitik eingeleitet zu haben. Die unmittelbar politisch-strategischen Erwägungen dominieren seither noch deutlicher. In Asien wurden weiterhin Afghanistan und Indien bevorzugt, ohne allerdings Pakistan zu vernachlässigen; im Nahen Osten erhielten vor allem Ägypten (bis 1972), Syrien, Irak und Südjemen Wirtschaftshilfe (die Militärhilfe, die mit tschechischen Waffenlieferungen an Ägypten 1955 eingesetzt hatte, klammern wir aus); in Afrika bestehen enge Beziehungen zu Algerien und zu Somalia, das den Bau des Flottenstützpunktes Berbera erlaubt hatte; seit 1977 wurde jedoch Somalia von Äthiopien abgelöst. In Lateinamerika hat sich Moskau zurückgehalten, mit Ausnahme des Engagements in Kuba nach 1960, das den Ostblock bekanntlich sehr teuer zu stehen kommt. Zahlreiche Kooperationsabkommen und Handelsverträge sind auch mit »reaktionären« Staaten (z. B. Iran, Pakistan, Philippinen, Malaysia) abgeschlossen worden, seit Ende der 60er Jahre ist die sowjetische Handelsbilanz gegenüber den Entwicklungsländern positiv.

Analog ihrem eigenen Entwicklungskonzept hat die Sowjetunion anfänglich die Hilfe für den Aufbau der Schwerindustrien bevorzugt, also Stahlwerke (Indien, Ägypten, Indonesien, Algerien u. a.), Aluminiumhütten (Ägypten, Türkei) und Erdöl- und Erdgasförderungsanlagen gebaut oder unterstützt, außerdem Großbewässerungen (Assuan) und Straßen. In der Folgezeit hat sich die UdSSR vermehrt auch der Landwirtschaft zugewandt, Tausende von Technikern und Ärzten aus Entwicklungsländern sind an russischen Universitäten ausgebildet worden.

Die bilaterale Hilfe wird eindeutig bevorzugt, die Kredite sind gebunden mit Zinssätzen zwischen 2,5 und 3 %; die Tilgung setzt unmittelbar nach Abschluß des Projektes ein. Die Rückzahlung erfolgt zu einem guten Teil in Warenlieferungen und belastet folglich die Devisenbilanz nicht; hingegen hat die Sowjetunion solche Lieferungen verschiedentlich gegen Hartwährung in westliche Länder verkauft (etwa Baumwolle aus Ägypten, Öl aus dem Irak) und damit die Empfänger von Wirtschaftshilfe verärgert. Auch die Qualität der von den Ostblockländern gelieferten Maschinen etc. hat zur Kritik Anlaß gegeben.

Insgesamt macht die Entwicklungshilfe der Ostblockländer an nichtkommunistische Staaten nur einen Bruchteil der westlichen aus (1970–79 ganze 6,5 Milliarden Dollar). Die Forderung, 0,7 % des Bruttosozialprodukts als öffentliche Entwicklungshilfe zu geben, hat Moskau nicht anerkannt, weil sie für die Unterentwicklung der Dritten Welt nicht verantwortlich sei und diese nicht ausbeute.[61] In letzter Zeit – etwa auf der UNCTAD-Konferenz von Manila – pochen jedoch die Entwicklungsländer auf verstärkte Hilfe auch von seiten des Ostblocks.

Frankreich ist es gelungen, seine koloniale Entwicklungspolitik fast bruchlos in Entwicklungshilfe an die unabhängig gewordenen Kolonien überzuleiten und dabei weiterhin einen starken Einfluß – politisch, wirtschaftlich und kulturell – auszuüben. Es hatte 1946 den Fonds d'Investissement pour le Développement

Économique et Social des Territoires d'Outre-mer (FIDES) ins Leben gerufen, der in den folgenden Jahren beträchtliche Mittel aus dem Budget der Metropole für den Ausbau der Infrastrukturen und für Produktionsförderung, aber auch im sozialen Bereich (Bau von Spitälern und Schulen) einsetzte, insbesondere in Schwarzafrika. Das Konzept eines Komplementärraumes zur Metropole blieb jedoch erhalten, entsprechend wurden die Mittel gezielt zur Exportförderung verwendet.[62] Im Zeichen der Dekolonisation erfolgten die notwendigen Anpassungen: 1960/61 wurden Kooperationsverträge mit den neuen Staaten abgeschlossen, das Ministère de la France d'Outre-Mer wurde 1961 vom Ministère de la Coopération abgelöst, der FIDES vom FAC (Fonds d'Aide et de Coopération); ersterer war fortan nur noch für die Hilfe an die verbleibenden Überseeterritorien (einige Pazifikinseln) zuständig, parallel zum FIDOM, dem Entwicklungsfonds für die Überseedepartements (Guayana, Guadeloupe, Martinique, Réunion). Weitere Ministerien sind an der Entwicklungshilfe beteiligt. Eine entscheidende Rolle spielt dabei die Caisse Centrale de la France d'Outre-Mer (CCCE), die sowohl als Zentralkasse der verschiedenen Amtsstellen als auch als Investitionsbank, die Investitionskredite und Anleihen ausgibt, fungiert.[63]

Frankreich gehört zu den Ländern, die am meisten öffentliche Entwicklungshilfe leisten, obschon der Anteil am Bruttosozialprodukt seit den 50er Jahren (Algerienkrieg) zurückgegangen ist. Frankreich ist zu Recht stolz darauf. Eine kritische Differenzierung drängt sich jedoch auf. Ein unverhältnismäßig hoher Teil (1967 34 %, 1973 sogar 38 %) geht in die Überseeterritorien und -departements; letztere gehören aber zum nationalen Territorium, so daß diese Hilfe mit der Unterstützung schwach entwickelter Regionen in den Industrieländern verglichen werden kann. Der Rest geht fast ausschließlich nach Algerien, Tunesien, Marokko und in die frankophonen Staaten Afrikas.

Weitere Besonderheiten der französischen Entwicklungshilfe kommen hinzu:

– Frankreich leistet nur geringe multilaterale Hilfe (mit Ausnahme des europäischen Entwicklungsfonds).
– Der Anteil der nicht-rückzahlbaren Hilfe liegt mit über 80 % sehr hoch. Dies kommt afrikanischen Bedürfnissen natürlich entgegen, obschon es sich fast ganz um gebundene Hilfe handelt.
– Frankreich leistet unmittelbare Budgethilfe (aide au développement général), also Zuschüsse an die laufenden Verwaltungskosten. Daß damit die Abhängigkeit und die Einflußnahme von Paris verstärkt wird, ist klar.

– Im Rahmen der technischen Hilfe steht die Bildungshilfe eindeutig im Vordergrund. Einerseits erhalten Tausende von afrikanischen Studenten und Praktikanten ihre Ausbildung in Frankreich, andererseits schickt Frankreich Lehrer in großer Zahl nach Afrika: Von 46 363 Entwicklungshelfern und Experten in Übersee waren 1967 29 683 Lehrer und Berater im Bildungswesen, 1973 noch 22 666 von 34 033. Französisch ist Nationalsprache in den ehemaligen Kolonien, Französisch ist alleinige Unterrichtssprache, französisch geprägt sind Aufbau, Curricula und Lehrmittel; nur langsam erfolgt eine Anpassung an die lokalen Erfordernisse. Paris pflegt diese Bildungshilfe mit Nachdruck, weil sie einem traditionellen Zivilisationsanspruch (le besoin de rayonnement intellectuel) entspricht, die französische Sprache weiterhin als Weltsprache auszugeben erlaubt und eine frankophone Gemeinschaft artikuliert, in der ehemalige Metropole und ehemalige Kolonien sich »freundschaftlich verbunden« wissen. Kritiker sprechen von einer Form des »kulturellen Imperialismus«, der die afrikanischen Eliten von der Masse der Bevölkerung trennt und an Paris bindet, die nationale Identifikation der jungen Staaten erschwert und die ökonomischen Interessen hinter der französischen Entwicklungshilfe verschleiert.
– Diese sind allerdings nur allzu offensichtlich. Die ehemaligen Kolonien bilden nicht nur einen wichtigen Absatzmarkt, sondern liefern – neben den traditionellen Cash Crops wie pflanzliche Öle, Kaffee, Kakao und Baumwolle – auch strategisch wichtige Rohstoffe, insbesondere Uran (Gabun und Niger) und Erdöl (Algerien und Gabun).
– Der Handel mit dem frankophonen Afrika vollzieht sich dabei innerhalb der Franc-Zone.[64] Dies bedeutet die Garantie der nationalen Währung durch das französische Schatzamt und die freie Konvertibilität zu einem fixen Wechselkurs; die Mitglieder haben ihre Gold- und Devisenreserven in einem Pool zusammengelegt, den die Bank von Frankreich verwaltet. Als Vorteile ergeben sich: Auch bei chronischen Zahlungsbilanzdefiziten ist die Zahlungsfähigkeit sichergestellt, da der Pool die notwendigen Devisen zur Verfügung stellt; die Konvertibilität ist gewährleistet und lockt Auslandskapital an. Die Nachteile sind folgende: Auch der Kapitalabfluß ist groß und erschwert die Kapitalbildung in Afrika; die weitgehende Liberalisierung des Handels erleichtert den Import von Konsumgütern und erschwert die Produktion im Land; Schwächen des Franc übertragen sich auf die afrikanischen Mitglieder, und über die Währungspolitik der Franc-Zone entscheiden primär französische Gremien.

on balance

Fazit: Die umfangreiche Entwicklungshilfe Frankreichs kommt fast ausschließlich seinen ehemaligen Kolonien zugute. Einige könnten ohne sie kaum überleben. Sie bindet jene aber gleichzeitig eng an die ehemalige Metropole, verbaut oder erschwert eine auf »self reliance« gerichtete Politik und kann als erfolgreicher, neo-kolonialistischer Versuch gelten, alte Machtpositionen in den unabhängig gewordenen Staaten Schwarzafrikas aufrechtzuerhalten.

Die Entwicklungshilfe der *Bundesrepublik Deutschland*[65] geht auf das Jahr 1953 zurück, als im Haushaltsplan des Bundesministeriums für Wirtschaft 500 000 DM für die neue Aufgabe figurierten; der Betrag war bescheiden. 1956 jedoch wurden bereits 3,5 Millionen DM für Ausbildungshilfe zur Verfügung gestellt. Im gleichen Jahr hat der Bundestag zudem nach heftiger Diskussion einem SPD-Antrag Folge geleistet und dem Auswärtigen Amt 50 Millionen DM zur »Förderung wirtschaftlich unterentwickelter Länder« bewilligt. Zur Begründung wurden vorwiegend moralische Motive angeführt, etwa: »Man hat uns geholfen, jetzt müssen wir unsererseits helfen.« Der globale Rahmen wurde aber deutlich erkannt. So erklärte der Abgeordnete Kalbitzer (SPD) weitsichtig: »Der Ost-West-Konflikt, der unsere heutige Diskussion fast monoman beherrscht, wird noch in diesem Jahrzehnt unmittelbar von einem Nord-Süd-Konflikt abgelöst werden, das heißt, von einem Konflikt größten Ausmaßes zwischen den Industrieländern des nördlichen Teils der Erdkugel und den mehr in den Tropen liegenden Entwicklungsländern.«

Bis 1960 leistete die Bundesrepublik bereits gegen 3,7 Milliarden DM Entwicklungshilfe. Der Bau des indischen Stahlwerkes Rourkela hat dabei besonderes Aufsehen erregt und zur Kritik Anlaß gegeben: Deutsche Firmen unter Führung von Krupp und Demag hatten den Großauftrag erhalten; der 1957 gewährte Kredit von 600 Millionen DM war zunächst als eine Art Exportgarantie für die deutschen Firmen gedacht. Bald aber mußten die Kredite erhöht (bis 1964 1,8 Milliarden DM) und die Bedingungen erleichtert werden; der Bau verzögerte sich, die deutschen Techniker in Indien waren für ihre Arbeit in fremder Umgebung nicht vorbereitet, es kam zu Spannungen und gegenseitigen Vorwürfen.

Das Engagement in Indien muß im Rahmen der weltpolitischen Auseinandersetzungen gesehen werden: Die Briten, Russen und Deutschen bauten je ein Stahlwerk und wetteiferten um die Gunst der Inder! Das Auswärtige Amt sprach bei der Vergabe von Krediten und technischer Hilfe ein entscheidendes Wort mit.

Entwicklungshilfe sollte der jungen Bundesrepublik »Freunde« verschaffen und Beziehungen zu den neuen asiatischen und afrikanischen Ländern knüpfen. Es galt vor allem, den Anspruch auf Alleinvertretung deutscher Interessen und die Nicht-Anerkennung der DDR durch die Entwicklungsländer durchzusetzen; wer diplomatische Beziehungen zur DDR aufnehmen wollte, mußte gemäß Hallstein-Doktrin auf Entwicklungshilfe aus der Bundesrepublik verzichten. Die Erfolge sind nicht zu leugnen: Kein Land der Dritten Welt hat zunächst die DDR anerkannt. 1965 allerdings hat Ägypten unter Nasser den Schritt getan, als Reaktion auf die bundesdeutsche Militärhilfe an Israel; Bonn hat darauf die diplomatischen Beziehungen abgebrochen. Im gleichen Jahr hat Tansania nach dem Zusammenschluß mit Sansibar dessen DDR-Botschaft in ein Generalkonsulat in Dar-es-Salam umgewandelt: Bonn hat wiederum seinen Botschafter abberufen und die Militärhilfe – nicht aber die Wirtschaftshilfe – eingestellt. Erst nach dem Verzicht auf die Hallstein-Doktrin durch die Regierung Brandt wurde es möglich, einem Land trotz Anerkennung der DDR Entwicklungshilfe zu leisten, z. B. Somalia.

Der Kompetenzwirrwarr der für Entwicklungshilfe zuständigen Ressorts, aber auch Koalitionserwägungen, haben Bundeskanzler Adenauer 1961 veranlaßt, endlich ein eigenes Entwicklungsministerium (Bundesministerium für Wirtschaftliche Zusammenarbeit – BMZ) zu schaffen, Walter Scheel wurde erster Entwicklungsminister (1961–1966). Aber erst drei Jahre später wurde das neue Ministerium zuständig für die gesamte Technische Hilfe und verantwortlich für Grundsätze und Programme der Hilfe, 1972 kam die Zuständigkeit für die Kapitalhilfe hinzu, 1975 auch die Kompetenz für die Nahrungsmittelhilfe. Als »Ausführungshilfen« bedient sich das Ministerium jedoch mehrerer ganz oder teilweise vom Bund finanzierter Gesellschaften:

Die 1959 gegründete »Deutsche Stiftung für internationale Entwicklung« (DSE) in Berlin organisiert Kurse, Tagungen und Seminarien für Fachleute und höhere Beamte aus Entwicklungsländern; sie gibt zudem die Monatsschrift »Entwicklung und Zusammenarbeit« (E+Z) heraus. Die Deutsche Gesellschaft für Technische Zusammenarbeit (GTZ) besorgt im Auftrag des Bundesministeriums für Wirtschaftliche Zusammenarbeit die Technische Hilfe, d. h. sie stellt die für die einzelnen Projekte vorgesehenen Experten an und übernimmt die Beschaffung der notwendigen Ausrüstung, Fahrzeuge u. a. Die Kreditanstalt für Wiederaufbau ist in analoger Weise zuständig für die Vergabe von Krediten und Zuschüssen zu Entwicklungsprojekten. Die

Carl-Duisberg-Gesellschaft in Köln organisiert den Einsatz von Praktikanten in der deutschen Industrie und übernimmt deren Betreuung. Die Deutsche Entwicklungsgesellschaft (DEG) hat die Aufgabe, Direktinvestitionen, insbesondere von kleinen und mittleren Firmen, in den Entwicklungsländern zu fördern, durch Information, Beratung, Erwerb von Beteiligungen und Kreditvergabe. Ihr Stammkapital im Besitz des Bundes ist schrittweise von 75 Millionen DM 1962 auf 1 Milliarde DM 1978 erhöht worden. Bis Ende 1977 sind 214 Unternehmungsgründungen in 60 Ländern durch Bereitstellung von 575 Millionen DM mitfinanziert worden. Entwicklungshilfe leisten aber auch die den drei Parteien nahestehenden Stiftungen (Friedrich-Ebert-Stiftung, Friedrich-Naumann-Stiftung, Konrad-Adenauer-Stiftung) und die Kirchen (Misereor, Brot für die Welt).

Mit der Formulierung eines Gesamtkonzeptes für die Entwicklungshilfe tat sich die Bundesrepublik eher schwer. In den ersten Jahren hatte man sich auf Ausbildungshilfe konzentriert: Bau und Betrieb von Technischen Schulen, landwirtschaftlichen Mustergütern und Kliniken. Manche Projekte erwiesen sich als zu groß und zu perfektioniert, ergaben hohe Folgekosten und/oder zeitigten nur geringe Ausstrahlung. Der Pearson-Bericht von 1969 und der Start zur Zweiten Entwicklungs-Dekade veranlaßten die Bundesregierung 1971, ihre »Entwicklungspolitische Konzeption« zu formulieren: Sie will sich danach in einem »System weltweiter Partnerschaft« um eine kooperative Hilfeleistung bemühen, wobei die Entwicklungsländer die Prioritäten selbst bestimmen und »kurzfristige außenpolitische Erwägungen« der Bundesrepublik zurücktreten sollten. Es entsprach den Intentionen des Entwicklungsministers Erhard Eppler (1968–1974), wenn künftig weniger isolierte Einzelprojekte als sorgfältig vorbereitete Entwicklungspläne für Sektoren wie das Bildungswesen oder für ganze Regionen finanziert werden sollten. Die Bekämpfung der Arbeitslosigkeit, Strukturverbesserungen auf dem Lande und die Ausweitung des gewerblichen Sektors u. a. würden zu Schwerpunkten erklärt. Die Beiträge an internationale Organisationen sollten erhöht, die Kapitalhilfe zu günstigeren Bedingungen gewährt werden. Im Juli 1975 hat das Bundeskabinett auf einer Klausurtagung auf Schloß Gymnich neue bzw. erweiterte Thesen verabschiedet, um sie der veränderten Weltlage – Erfolg der OPEC-Staaten, Forderung nach einer Neuen Weltwirtschaftsordnung – anzupassen. Es sei nunmehr künftig verstärkt der Entwicklungsstand der Länder zu berücksichtigen, indem die ärmsten mehr Hilfe zu besseren Konditionen erhalten sollten, die Nahrungsmittelversorgung Priorität genießen solle, aber auch Strukturwandlungen infolge verstärkter Einfuhren akzeptiert werden müßten. Schließlich hat das Bundeskabinett Ende Mai 1979 17 Thesen zur Politik der Zusammenarbeit gutgeheißen. McNamara folgend, wird die Bekämpfung der absoluten Armut zur vorrangigen Aufgabe erklärt, aber auch der Ausbau der Handelsbeziehungen und die Bedeutung der Privatinvestitionen betont: Die Bundesregierung setze sich für stabilere Exporterlöse ein und erkläre sich bereit, die öffentliche Entwicklungshilfe bis 1983 über die Ansätze der geltenden Finanzplanung hinaus zu erhöhen.[66] In ministeriellen Erklärungen wurden die konkreten, nationalen Interessen deutlicher ausgesprochen: Exportförderung und Rohstoffsicherung, sicherheits- und allianzpolitische Erwägungen (Türkenhilfe 1980), Bewahrung der freien Weltwirtschaft (Konzept einer Internationalen Sozialen Marktwirtschaft) u. a.; Kritiker haben hier eingesetzt.[67]

Die öffentliche Entwicklungshilfe der Bundesrepublik im internationalen Vergleich ist aus Tabelle 2 zu ersehen. Sie wurde zwischen 1977 und 1979 verdoppelt und erreichte 6 Milliarden DM oder 0,44 % des BSP. Im Unterschied zu Frankreich hat die Bundesrepublik ihre Hilfe regional breit gestreut, zu den Schwerpunktländern gehören neben der Türkei, Jugoslawien und Israel vor allem Indien, Pakistan, Indonesien, Ägypten und Tunesien.[68] Der Anteil der ärmsten Länder bei den Kapitalhilfezusagen hat sich 1972–1976 von 12 % auf 27 % erhöht; sie sollen künftig nur noch Zuschüsse erhalten, Schulden sind gestrichen worden. Nur etwa 15 % der deutschen Entwicklungshilfe sind liefergebunden, aber mehr als 80 % verbleiben in Form von Aufträgen in der Bundesrepublik. Die Qualität der Hilfe hat sich im Laufe der Jahre zweifellos verbessert.

Als sich die »Sechs« 1958 zur Europäischen Wirtschaftsgemeinschaft (EWG) zusammenschlossen, hat Frankreich die »Assoziierung« seiner afrikanischen Kolonien durchgesetzt (dazu kamen das damals noch italienische Somalia und der belgische Kongo): Diese Länder erhielten gegenüber den übrigen Entwicklungsländern insofern eine Sonderstellung eingeräumt, als sie ihre Agrarprodukte zollfrei in die EWG exportieren konnten; sie mußten sich jedoch verpflichten, ihrerseits die Zölle gegenüber der EWG abzubauen! Frankreich erreichte zudem, daß der Europäische Entwicklungsfonds (EEF) in der Höhe von 58 Millionen Dollar, zu dem die Bundesrepublik gleich viel wie Frankreich beitrug, in den Kolonien eingesetzt wurde, womit 88 % der Mittel dem französischen Herrschaftsbereich zustanden!

Die Konvention galt für 5 Jahre, in denen die Kolonien unabhängig wurden. 1963 und 1969 wurden mit den neuen Staaten Abmachungen getroffen (Jaunde I und Jaunde II): Die Assoziierung sollte für weitere beitrittswillige Staaten »offen« sein, der EEF wurde aufgestockt, die Mittel sollten vermehrt auch für produktive Investitionen zur Verfügung stehen, die Vorzugsstellung auf dem europäischen Markt reduzierte sich. Bundesdeutschen Forderungen wurde teilweise Rechnung getragen, es blieb jedoch, daß die deutschen Zahlungen an den EEF ins frankophone Afrika flossen, das durch bilaterale Kooperationsverträge weiterhin fest an Frankreich gebunden war. Immerhin, die Entwicklungshilfe wurde zinslos gewährt und die Assoziation ergab eine gewisse Multilateralisierung der Abhängigkeit, d. h. der Anteil Frankreichs am Außenhandel des frankophonen Afrika nahm deutlich ab.

Der Beitritt Großbritanniens zur EG schuf eine neue Situation, da nun auch Commonwealth-Länder eine Assoziierung wünschten, unter Führung Nigerias aber Kritik am »neokolonialen Jaunde-Modell« anbrachten. Nach langwierigen Verhandlungen ist schließlich am 28. Februar 1975 in Lomé (Togo) ein neues Abkommen zwischen der Europäischen Gemeinschaft und den 46 sog. AKP-Staaten (Staaten Afrikas, der Karibik und des Pazifik) unterzeichnet worden.[69] Es enthielt zwei wichtige Neuerungen: Die EG gewährte für 94 % der AKP-Agrarausfuhren Zollfreiheit und für die restlichen 6 % (u. a. Getreide und Fleisch) substantielle Zollermäßigungen. Die EG verzichtete auf die bisherigen Ansprüche auf Gegenpräferenzen, d. h. die AKP-Staaten konnten ihre Einfuhren aus der EG mit Zöllen belasten.

Es wurde außerdem ein Ausgleichsmechanismus zur Stabilisierung der Ausfuhrerlöse *(Stabex-System)* geschaffen. Wenn künftig bei 12 Agrarerzeugnissen infolge fallender Weltmarktpreise oder schlechter Ernten die Exporterlöse eines Landes im Handel mit der EG im Verhältnis zum Durchschnitt der vier vorausgegangenen Jahre um ein bestimmtes Maß sanken, so sollten aus einem speziellen Fonds gewisse Ausgleichszahlungen erhalten. Damit hatte die EG – im Ansatz wenigstens – das gewährt, was die Entwicklungsländer auf den UNCTAD-Konferenzen mit Nachdruck forderten und weiterhin fordern: eine gewisse Garantie für ihre Ausfuhrerlöse, die in Anbetracht ihrer extremen Abhängigkeit von den Exporteinnahmen weniger Produkte für ihre Handelsbilanz und damit für ihre wirtschaftliche Entwicklung von so enormer Bedeutung sind!

Auf Wunsch der AKP-Staaten ist außerdem eine verstärkte industrielle Zusammenarbeit postuliert worden (Schaffung eines speziellen Zentrums für industrielle Vorhaben, Möglichkeit der Beteiligung des EEF an industriellen Investitionen u. a.); sie mußten sich hingegen zu einer »angemessenen« Behandlung privater Direktinvestitionen verpflichten. Auf die Forderung nach 8 Milliarden Rechnungseinheiten (RE) Gesamthilfe für die 5jährige Laufzeit des Abkommens sind die EG-Länder nicht eingegangen und haben »nur« 3,4 Milliarden Rechnungseinheiten (ca. 10 Milliarden DM) zugesagt.

Die Auswirkungen des Lomé-Abkommens blieben insgesamt hinter den Erwartungen zurück:

– Die Exporte der AKP-Länder in die EG sind nur geringfügig gestiegen (davon fiel ein Großteil auf Erdöl aus Nigeria), einige Agrarprodukte stießen auf den Widerstand des EG-Agrarmarktes, Industrieprodukte auf zunehmenden Protektionismus.

– Für das Stabex-System wurden nur gerade 375 Millionen RE zur Verfügung gestellt. Immerhin haben einige Länder wertvolle Beträge erhalten (u. a. Niger für Erdnußöl, Tansania für Sisal).

– Außer für Eisenerz waren Ausgleichszahlungen für mineralische Produkte wie Kupfer, Phosphate, Bauxit nicht vorgesehen, obwohl diese für einige AKP-Staaten lebenswichtig sind.

Das im Oktober 1979 unterzeichnete neue Lomé-II-Abkommen für die Jahre 1980/85 hat nun den 57 AKP-Staaten einige Verbesserungen gebracht: *Threshold*

– Das Stabex-System wurde auf weitere Agrar-Erzeugnisse ausgedehnt, auch Mineralien sind einbezogen worden. Die Schwelle für das Einsetzen von Zahlungen wurde herabgesetzt; die armen Länder erhalten diese als verlorene Zuschüsse. Der Gesamtfonds bleibt aber weiterhin bescheiden.

– Für einige Agrarprodukte (Rindfleischexporte aus Botswana, Zwiebeln aus Kapverden u. a.) sind Sonderregelungen getroffen worden.

– Die Entwicklungshilfe der EG soll erhöht werden; die bilaterale Hilfe bleibt davon unberührt.

– Die Europäische Investitionsbank wird ermächtigt, Darlehen für Bergbauprojekte zu gewähren; dies nicht zuletzt im Interesse der Rohstoffversorgung der Industrieländer.

– Fertigwaren können zollfrei in die EG ausgeführt werden. Diese hilft bei der Vermarktung.

– Die von den EG-Ländern geforderte Aufnahme einer Menschenrechtsklausel scheiterte am Widerstand der AKP-Staaten.

Die Verhandlungen sind sehr hart geführt worden. Obwohl die Präambel des Vertrages von einem »neuen Modell für die Beziehungen zwischen Industrie- und Entwicklungsstaaten« spricht, haben die AKP-Staaten ihn schließlich doch nur gezwungenermaßen unterzeichnet. Die Mißstimmung auf ihrer Seite war ausgeprägt, ein kamerunischer Minister sprach von »mehr Moral als Hilfe«[70]. Die Konzessionsbereitschaft der EG war und ist in der Tat begrenzt. Das »neue Modell« des Stabex-Systems kann mit seinem kleinen Einsatzfonds nur einen höchst bescheidenen Beitrag leisten zur so dringenden Stabilisierung der Exporterlösen, und es ist untauglich zur Stabilisierung der Rohstoffpreise oder gar zu ihrer Anhebung. Dies ist das Ziel der »Neuen Weltwirtschaftsordnung«.

IX. NORD-SÜD-KONFLIKT
UND NEUE WELTWIRTSCHAFTSORDNUNG

Es lag nahe, daß die neuen Staaten Süd- und Südostasiens den Versuch machten, sich zu organisieren und im globalen Kalten Krieg ihre spezifischen Interessen zu artikulieren. Die Außenminister der asiatischen Commonwealth-Länder hatten sich im Januar 1950 in Colombo auf den sog. Colomboplan geeinigt, der den Einsatz insbesondere britischer Entwicklungshilfe koordinieren sollte und am 1. Juli 1951 in Kraft trat. Weitere Länder wie Burma und Indonesien traten ihm bei. Von den Colombo-Staaten ging unter Führung des indischen Premierministers Nehru die Initiative zur Konferenz von *Bandung* (Java) im April 1955 aus, auf der »Probleme, die die nationale Souveränität, die Rassenfrage und den Kolonialismus betreffen«, erörtert werden sollten.[71] Unter den Delegationen aus 29 asiatischen und afrikanischen Entwicklungsländern befand sich auch eine aus der Volksrepublik China; die Sowjetunion hingegen war nicht vertreten. Entwicklungspolitische Fragen wurden diskutiert, wichtiger aber waren die Resolutionen gegen jede Form des Kolonialismus und der Rassendiskriminierung, gegen Einmischung in die inneren Angelegenheiten anderer Länder und gegen »Vereinbarungen über kollektive Verteidigung, die den besonderen Interessen einer der Großmächte dienen«. Damit übernahm die afrikanisch-asiatische Solidaritätskonferenz von Bandung Formeln aus dem indisch-chinesischen Freundschaftsvertrag von 1954 und bekannte sich zur Blockfreiheit. Es war vor allem Nehru, der die jungen Staaten Asiens und Afrikas dazu aufrief, sich außerhalb der Machtblöcke zu halten, d. h. keine Militärbündnisse mit den Supermächten zu schließen und gemeinsam aktiv für den Abbau der Spannungen einzutreten.

Nehru, Nasser und Tito waren in den folgenden Jahren die eifrigsten Protagonisten der Blockfreiheit (oder: »Non-Alignment«). Auf Betreiben Titos hat Anfang September 1961 die erste Konferenz der Blockfreien in Belgrad getagt, weitere Konferenzen gab es 1964 in Kairo, 1970 in Lusaka, 1973 in Algier, 1976 in Colombo und 1979 in Havanna. Die Zahl der Teilnehmer hat zugenommen (in Havanna 93 Mitglieder und 40 Beobachter), die gemeinsame Basis aber ist weitgehend verlorengegangen. Zu Beginn standen politische Fragen eindeutig im Vordergrund: Forderungen nach allgemeiner und totaler Abrüstung, Einstellung der Kernwaffenversuche, Verhinderung der Weitergabe von Kernwaffen, Verhandlungen zwischen den beiden Machtblöcken. Einigkeit bestand in der Kampfansage an den Kolonialismus, insbesondere Portugals, an die Apartheidpolitik Südafrikas und in der Unterstützung der Befreiungsbewegungen im südlichen Afrika. Der Zwist jedoch zwischen der Sowjetunion und China schlug sich in Polemiken zwischen den Blockfreien nieder, ebenso der Krieg zwischen China und Indien wie derjenige zwischen Indien und Pakistan. Der Tod Nehrus und Nassers wirkte sich aus, die enge Anlehnung einiger Staaten an die Sowjetunion machte die Blockfreiheit brüchig, in Havanna schließlich stieß Kubas Interventionspolitik in Afrika ebenso auf Kritik wie sein Versuch, die Blockfreien auf einen prosowjetischen Kurs festzulegen. Ein Bruch konnte nur noch knapp vermieden werden. Die russische Intervention in Afghanistan hat die Blockfreien erst recht gespalten. Wenn Tito in Algier 1973 erklärte, »die blockfreien Länder ersuchen niemanden mehr, ihnen das Recht zuzusprechen, sich an der Lösung internationaler Probleme zu beteiligen, weil sie sich dieses Recht durch ihren Kampf erobert haben und bereit sind, ihren Teil der Verantwortung für die Weiterentwicklung der internationalen Beziehungen zu tragen«, so trifft dies nur insofern zu, als die Entwicklungsländer heute von Objekten zu Subjekten der Weltpolitik geworden sind und diese nicht mehr ohne sie gemacht werden kann; eine relativ geschlossene Stellungnahme zu politischen Fragen erscheint in absehbarer Zukunft jedoch kaum mehr möglich.

In wirtschaftlichen Fragen aber sehr wohl. Diese haben auf den Konferenzen der Blockfreien zunehmend an Bedeutung gewonnen. In Lusaka ist 1970 der Begriff der kollektiven Selbsthilfe (»collective self-reliance«) als Mittel im Kampf um eine größere wirtschaftliche Unabhängigkeit geprägt worden, in Algier wurde 1973 das Recht auf Verstaatlichung ausländischer Betriebe proklamiert und die Bildung von Rohstoffkartellen gefordert, um die Position der Entwicklungsländer in der Auseinandersetzung mit den Industrieländern zu stärken. In Colombo schließlich sind konkrete Vorschläge für eine intensivere Zusammenarbeit zwischen den Entwicklungsländern gutgeheißen worden, die zwar den Willen zu einer Front des »Südens« gegen den »Norden« markierten, die Schwäche dieser Front aber nicht verdecken konnten. Ohne Zusammenarbeit mit dem Norden war offenbar kaum etwas zu erreichen.

Die Initiative zur Einberufung einer *Welthandelskonferenz* im Rahmen der UNO ging von den Entwicklungsländern aus.[72] Diese haben auf der UNO-Generalversammlung von 1961 einen entsprechenden Beschluß dank ihrem neu gewonnenen Stimmenübergewicht – bei Stimmenthaltung der Industrieländer – durchgesetzt. Der Wirtschafts- und Sozialrat (ECOSOC) schloß sich 1962 an, und im März–Juni 1964 hat in Genf die *UNCTAD I* (United Nations Conference on Trade and Development) getagt. Den Verhandlungen lag ein Bericht ihres ersten Generalsekretärs Raoul Prebisch zugrunde, der zur Verbesserung der Lage der Entwicklungsländer primär eine Erhöhung ihres Anteils am Welthandel postulierte und dafür insbesondere einen präferenziellen Abbau der Handelsschranken für die Exportgüter der Entwicklungsländer forderte. Zu mehr als vagen Versprechungen ließen sich die Industrieländer aber nicht herbei, die harte Konfrontation zwischen Nord und Süd hat beinahe zu einem vorzeitigen Abbruch der Konferenz geführt. Die Entwicklungsländer waren geschlossen aufgetreten und legten am Schluß eine Resolution vor, die von 77 Delegationen unterzeichnet war; seither spricht man von der »Gruppe der 77«, obwohl deren Mitgliederzahl schnell anstieg und 1979 bei 119 lag.

Der nächste Schritt war ein Ministertreffen der »Gruppe der 77« im Oktober 1967 in Algier und die Verabschiedung der »Charta von Algier über die wirtschaftlichen Rechte der Dritten Welt«. Neben Bestrebungen zur Stabilisierung der Rohstoffpreise wurde wiederum eine liberale Zollpolitik gefordert: Halb- und Fertigwaren aus Entwicklungsländern soll zollfreier Zugang zu den Märkten der Industrieländer gewährt werden, ohne daß diese Gegenseitigkeit beanspruchten. Diese Forderungen stehen noch heute im Mittelpunkt der Diskussion.

UNCTAD II in New-Delhi 1968 und UNCTAD III in Santiago de Chile 1972 brachten wenig Neues. Verschiedene Faktoren offenbarten gleichzeitig die kritische Situation der Dritten Welt, weckten Zweifel an den geltenden Entwicklungskonzeptionen und führten zu einer Verhärtung der Fronten zwischen Süden und Norden:

- Die Erste Entwicklungsdekade war enttäuschend zu Ende gegangen.
- Das internationale Währungssystem geriet 1971 in die Krise.
- Die zunehmende Inflation in den Industrieländern schlug sich in steigenden Handels- und Zahlungsbilanzdefiziten der Entwicklungsländer nieder. Die Verschuldung nahm beängstigende Ausmaße an.
- Die Hungersnot in der Sahelzone und schlechte Ernten auch in Südasien markierten um 1974 eine weltweite Ernährungskrise.
- Der Bericht des »Club of Rome« 1972 sensibilisierte eine weite Öffentlichkeit für die »Grenzen des Wachstums« und ließ Zweifel an dem auf Industrialisierung basierenden Entwicklungsweg aufkommen.
- Die Exportorientierung der Entwicklungsländer kollidierte mit neuen protektionistischen Maßnahmen in den Industrieländern. Gleichzeitig stagnierte in der Rezession die Nachfrage nach Rohstoffen.
- Die versprochene massive Erhöhung der öffentlichen Entwicklungshilfe erfolgte nicht.
- Die Verwendung der Erdölwaffe in der Nahostkrise 1973 und die unerwartete, massive Erhöhung der Ölpreise demonstrierten erstmals den Erfolg eines Rohstoffkartells und die Macht einer geeinten Front der Entwicklungsländer.

Obschon die UN-Generalversammlung bereits 1972 und 1973 die Notwendigkeit, die Weltwirtschaftsbeziehungen »fairer zu regeln«, bekräftigt hatte, gab doch erst der Erfolg der OPEC den Anstoß zur wegweisenden »Erklärung über die Errichtung einer neuen Weltwirtschaftsordnung«, die am Ende der 6. Sondersession der UN-Vollversammlung am 1. Mai 1974 verabschiedet wurde – und zwar nach harten Verhandlungen und gegen den Willen der Industrieländer (nur Schweden hat zugestimmt). In ihr heißt es u. a.[73]

- »Die Früchte des technologischen Fortschritts kommen nicht allen Mitgliedern der Völkergemeinschaft in gerechter Weise zugute. Es hat sich als unmöglich erwiesen, eine gleichmäßige und ausgeglichene Entwicklung der Völkergemeinschaft im Rahmen der bestehenden Weltwirtschaftsordnung zu erreichen.«
- »Die sich entwickelnde Welt ist zu einem machtvollen Faktor geworden, der seinen Einfluß auf allen Gebieten internationaler Tätigkeit geltend macht.«
- »Jedes Land hat das Recht, das wirtschaftliche und soziale System anzunehmen, das es für seine eigene Entwicklung als am besten geeignet erachtet.«

- Jeder Staat kann souverän über seine natürlichen Hilfsquellen verfügen und hat das Recht zu deren Nationalisierung.
- Notwendig sind »gerechte und faire Relationen« zwischen den Export- und Importpreisen der Entwicklungsländer und die »beschleunigte Ausarbeitung von Grundstoffabkommen«.
- »Jedes entwickelte Land soll vermehrte Einfuhren aus Entwicklungsländern auch in den Fällen erleichtern, wo Erzeugnisse der Entwicklungsländer mit den einheimischen Erzeugnissen der entwickelten Länder im Wettbewerb stehen.«
- Die »Durchführung, Verbesserung und Erweiterung des allgemeinen Präferenzsystems«, das die Industrieländer 1968 beschlossen und ab 1971 zu realisieren begonnen hatten, wird propagiert.
- Die Entwicklungsländer sollten einen größeren Anteil an der Weltschiffstonnage erhalten; das Ansteigen der Frachtraten müsse gestoppt werden.
- Reform des Weltwährungssystems: stärkere Beteiligung in den Entscheidungsgremien, Stabilisierung der Währungen, zusätzliche Sonderziehungsrechte u. a.
- Förderung der Zusammenarbeit zwischen den Entwicklungsländern.
- Die Tätigkeit transnationaler Gesellschaften soll durch einen Verhaltenskodex kontrolliert werden, um »restriktive Geschäftspraktiken« auszuschalten.
- Gefordert werden Sonderprogramme für die besonders benachteiligten Länder.

Die Entwicklungsländer sind also 1974 zur Offensive übergegangen und haben mit ihrer Forderung nach einer *Neuen Weltwirtschaftsordnung* (NWWO) die Weichen für die nachfolgende Auseinandersetzung zwischen »Süden« und »Norden« gestellt. Dazu gehörte die Forderung nach einem »integrierten Rohstoffprogramm«, das im Frühjahr 1975 vom UNCTAD-Rohstoffausschuß aufgestellt wurde und auf der UNCTAD IV in Nairobi 1976 im Mittelpunkt der Diskussion stand. Der geschlossen agierenden »Gruppe der 77«, die vom UNCTAD-Sekretär, dem Ceylonesen Corea tatkräftig unterstützt wurde, standen dabei die schlecht vorbereiteten und unter sich uneinigen Industrieländer gegenüber.

Um was handelte (und handelt) es sich beim sog. *Integrierten Rohstoffprogramm?* Über 60 % der Exporte der Entwicklungsländer sind mineralische und agrarische Rohstoffe, in zahlreichen Ländern stammen 60–90 % der Exporterlöse von nur einem Produkt. Groß waren und sind Preisschwankungen auf dem Weltmarkt. Diese Abhängigkeit von instabilen Weltmarktpreisen und Exporterlösen (diese können auch bei stabilen Preisen infolge schlechter Ernten rapid zurückgehen) macht wirtschaftliche Planung unmöglich. Rohstoffabkommen oder -kartelle zwischen den Produzentenländern waren seit langem angestrebt worden; wenn solche überhaupt zustande kamen, haben sie sich meist als wenig haltbar erwiesen. Das Integrierte Rohstoffprogramm sollte hier endlich Abhilfe schaffen und nicht nur stabilere, sondern auch »gerechtere«, d. h. höhere Preise gewährleisten. Es sieht die Einrichtung von Lagern (buffer stocks) für mindestens 10 Rohstoffe vor; innerhalb einer gewissen Bandbreite solle durch Aufkauf oder Abgabe an den Markt interveniert und so eine Preisstabilisierung erreicht werden. Für die Finanzierung der Lager war ein »Gemeinsamer Fonds« vorgesehen mit einem Anfangskapital von 3–6 Milliarden Dollar. Auszuhandelnde Warenabkommen gehörten ebenso dazu wie ein System zwischenstaatlicher Liefer- und Abnahmeverpflichtungen. Eine Indexierung der Rohstoffpreise an die Fertigwarenpreise sollte schließlich eine weitere Verschlechterung der Terms of Trade verhindern.

Die Industrieländer lehnten ab, insbesondere die USA und die Bundesrepublik, weil sie einen »Superdirigismus« befürchteten, der die Preisbildung auf dem Weltmarkt außer Kraft setze.[74] Insbesondere der Gemeinsame Fonds stieß auf scharfe Kritik: Wenn die Entwicklungsländer auf den längst nicht mehr freien Agrarmarkt der EG verwiesen und diesen offenbar zum Vorbild nahmen, so verwiesen die Industrieländer auf die enormen Kosten eben dieses Agrarmarktes und seine umstrittenen Resultate. Der vorgesehene Fonds sei entweder zu klein, um wirksam zu sein, oder werde massiv erhöht werden müssen und einen Ressourcentransfer via erhöhte Rohstoffpreise ergeben. Dieser und schon gar die Indexierung würden die weltweite Inflation anheizen. –

Die Schlußresolution von Nairobi nahm zwar die Forderung nach Preis- und Erlösstabilisierung auf, ohne sich aber irgendwie festzulegen, und beauftragte das UNCTAD-Sekretariat, auf weiteren Konferenzen Rohwarenabkommen vorzubereiten und die Frage eines gemeinsamen Fonds näher zu prüfen.

Auch in der Schuldenfrage, dem zweiten wichtigen Traktandum in Nairobi, konnten die Entwicklungsländer ihre Forderungen nicht durchsetzen. Sie verlangten einen pauschalen Schuldenerlaß für die ärmsten Länder und Moratorien bzw. die Konsolidierung der Schulden der übrigen Länder, zudem Aufstellung von Verfahrensregeln für Umschuldungsaktionen und eine besondere Schuldenkonferenz. Die Industrieländer lehnten ab und erklärten

nur gerade ihre Bereitschaft, Schuldenerlaß und Umschuldungsaktionen von Fall zu Fall zu prüfen.
Im Bereich des Technologietransfers wurde u. a. vereinbart,
regionale Technologiezentren in Entwicklungsländern zu errichten und einen Beratungsdienst aufzubauen. Der Forderung nach
einem rechtlich-bindenden Verhaltenskodex für den Technologietransfer, der insbesondere die transnationalen Gesellschaften
betroffen hätte, widersetzten sich aber die Industrieländer sehr
entschieden. Die Frage wurde dem Verhandlungsweg überant-
wortet, doch hat weder Manila noch die Technologiekonferenz in
Genf 1978 eine Annäherung der Standpunkte gebracht.
Wir haben Nairobi ausführlich erwähnt, weil hier erstmals wichtige Punkte der NWWO auf der Tagesordnung standen, die
Entwicklungsländer ihre Forderungen resolut vorbrachten und
sich offenbar einen »Durchbruch« erhofften. Die Konferenz hat
viel Aufsehen erregt und wurde vom Norden dahin interpretiert,
daß in den Industrieländern die Bereitschaft zur internationalen
Zusammenarbeit gewachsen sei. Faktisch erwies sich diese
Bereitschaft aber als recht bescheiden, denn in allen wichtigen
Punkten hat man sich den »Süd«-Forderungen widersetzt, nur
vage Zusagen gegeben oder die Behandlung der strittigen Punkte
»vertagt«.
Nicht viel anders verlief *UNCTAD V in Manila* im Mai 1979.[75]
Traten diesmal die Industrieländer, vor allem die der EG,
geschlossen auf, so zeigten sich Spannungen in der »Gruppe der
77«, insbesondere zwischen den erdölproduzierenden und nicht-
erdölproduzierenden Ländern; erstmals haben die Entwicklungsländer zudem die geringe Hilfe und die restriktive Handelspolitik
der Ostblockstaaten kritisiert.
Im Unterschied zu Nairobi standen in Manila Handelsfragen im
Vordergrund. Die Entwicklungsländer vertraten einmal mehr die
Forderung, daß bis zum Jahr 2000 25 % (gegenüber bisher 9 %)
der globalen Industrieproduktion in der Dritten Welt angesiedelt
sein müsse, sie verlangten einen Ausbau des Präferenzensystems,
d. h. vor allem einen Abbau der Schutzklauseln für Agrarimporte
und in den sog. »sensiblen Bereichen« wie etwa den Textilien,
und postulierten eine gezielte »Strukturanpassung« in den Industrieländern. Im Klartext hieß dies, daß bestimmte Industrie-
zweige den Entwicklungsländern überlassen werden sollen. Die
Vertreter des »Nordens« bekannten sich einmal mehr zum freien
Welthandel und gegen tarifarische wie nicht-tarifarische Handelsbeschränkungen, pochten aber auf ihre nationalen Entschei-
dungsbefugnisse über Präferenzgewährung und lehnten eine
»weltweit verordnete Strukturanpassung« ab. Über Schulden-

erlaß und Richtlinien für die Umschuldung konnte wiederum keine Einigung erzielt werden. Die Industrieländer versprachen zwar, ihre Entwicklungshilfe zu erhöhen, lehnten aber eine Reform des Weltwährungssystems, insbesondere des IWF, ab.

Nach mühsamen Verhandlungen konnte Ende Juni 1980 in Genf ein Abkommen über den Rohstoff-Fonds (Agreement establishing the Common Fund for Commodities) unterzeichnet werden. Zwei »Schalter« sind vorgesehen: Der erste soll der Finanzierung von Bufferstock dienen, wobei die auf der Basis von Rohwarenabkommen entstehenden Organisationen sich dem Fonds assoziieren und von diesem die Mittel erhalten (vorgesehen sind zunächst 400 Millionen Dollar); das zweite ist für »andere Maßnahmen« wie die Förderung der Diversifikation, der Erstverarbeitung der Rohstoffe und des Marketing bestimmt (mit 350 Millionen Dollar als Startbasis). Sehr viel wird man von diesem Gemeinsamen Fonds nicht erwarten dürfen, da die notwendigen Einzelabkommen noch ausstehen, die Interventionsmöglichkeiten beschränkt und die zur Verfügung stehenden Mittel bescheiden sind. (Zum Vergleich sei angeführt, daß das Agrarbudget der EG 1979 27 Milliarden DM betrug, wovon allein 11 Milliarden vom Milchmarkt beansprucht wurden!)

Die Großkonferenz der UNIDO in Neu-Delhi im Januar 1980 ist gescheitert, ebenso die UNO-Sondergeneralversammlung vom September 1980 über die Entwicklungsstrategie der 80er Jahre[76]. Sie sollte u. a. die Tagesordnung und das Prozedere für »Globalverhandlungen« festlegen, die anfangs 1981 wiederum im Rahmen der UNO stattfinden werden. Die »Gruppe der 77« drängte darauf, alle relevanten Fragen des Nord-Süd-Konfliktes auf einer Tagung der UNO zu behandeln, weil hier alle Staaten gleichberechtigt sind (und die Entwicklungsländer eine Mehrheit haben), während die Industrieländer auf einer Behandlung in den Spezialorganisationen wie IWF, Weltbank und GATT beharrten, da sie in deren Gremien ein Übergewicht besitzen. Man sieht, es geht in der Auseinandersetzung nicht mehr nur um Ressourcentransfer und Handelsbeziehungen, sondern zunehmend auch (und vor allem) um Status und Macht.

»Muß man diese permanente Auseinandersetzung zwischen Erster und Dritter Welt als Konflikt bezeichnen? Man muß.«[77] Der Ausgang der Konferenz in Manila war für den Norden »befriedigend«, man war »noch einmal davongekommen«; man hatte die »übertriebenen« Forderungen des Südens einigermaßen abgewehrt. Wie lange kann sich aber der Norden eine bloß abwehrende Haltung noch leisten? Ein wirksames System der Preis- und Erlösstabilisierung ist noch nicht in Sicht, auf die in der Tat dringend gewordene »Strukturanpassung« lassen sich die Industrieländer nur zögernd ein und ziehen es meist vor, die durch die Konkurrenz der Billiglohn-Länder bedrohte Industrie durch mancherlei Maßnahmen zu schützen. Dabei haben zahlreiche Untersuchungen gezeigt, daß zwar einige Industrien in der Tat gefährdet sind und Arbeitskräfte entlassen werden mußten, daß aber die Importe von Fertigwaren aus Entwicklungsländern nur einen Bruchteil unserer Gesamtimporte ausmachen und der Verlust von Arbeitsplätzen wettgemacht wurde durch die Schaffung neuer Arbeitsplätze in anderen Sektoren, und zwar als Folge erhöhter Ausfuhren in die Billiglohnländer. Die meisten Industrieländer verzeichnen einen z. T. eklatanten Handelsbilanzüberschuß gegenüber den Entwicklungsländern. Dieser kann aber nicht auf die Dauer über Exportkredite und damit mit einer wachsenden Verschuldung der Dritten Welt zum Ausgleich gebracht werden. Der Schuldenerlaß könnte zudem viel großzügiger gehandhabt werden, und es ist höchst fraglich, ob die Parlamente der Industrieländer einer Erhöhung auf die 0,7 % des BSP in absehbarer Zeit zustimmen werden. Wie lange können wir es uns aber leisten, eine angebliche Partnerschaft zwischen Industrie- und Entwicklungsländern zu proklamieren, in Wirklichkeit jedoch weiterhin die Entwicklungsländer als für uns wichtige Rohstofflieferanten und als Abnehmer unserer Industrieprodukte zu betrachten? Denn noch immer ist es so, daß unsere Zollsätze mit dem Grad der Rohstoffverarbeitung steigen. Auf diese Weise wird die so dringende Erstverarbeitung der Rohstoffe in den Entwicklungsländern, die ihnen zusätzliche Devisenerlöse einbringen und Arbeitsplätze schaffen würde, erschwert oder unmöglich gemacht.

Die großen Krisen und Zusammenbrüche in der Dritten Welt stehen uns noch bevor; wollen wir wirklich zuwarten, bis der latente Nord-Süd-Konflikt offen ausbricht? Er wird auch uns nicht ungeschoren lassen. Was auf uns zukommt, hat die Nord-Süd-Kommission unter dem Vorsitz von Willy Brandt eindrücklich formuliert: »Einer Reihe armer Länder droht die nicht wiedergutzumachende Zerstörung ihres ökologischen Systems; weitaus mehr Länder noch stehen vor wachsenden Nahrungsmitteldefiziten und möglicherweise vor großen Hungersnöten. In der Weltwirtschaft drohen große Handelsbeschränkungen oder Abwertungen im Wettlauf der Länder gegeneinander; ein Zusammenbruch des Kreditsystems mit Zahlungsunfähigkeit großer Schuldner; Bankzusammenbrüche, eine fortschreitende Rezession als Folge möglicher Energieknappheit oder weiterer Fehlschläge in der internationalen Zusammenarbeit; verschärfter

Kampf um Interessen- und Einflußbereiche oder um die Kontrolle von Ressourcen, der zu militärischen Konflikten führen kann. Die 80er Jahre könnten noch weit größere Katastrophen bringen als die Wirtschaftskrise der 30er Jahre.«[78]
Werden wir diesen Herausforderungen gewachsen sein?

Anmerkungen

Kap. 1: HISTORISCHE VORAUSSETZUNGEN ZEITGENÖSSISCHER KONFLIKTE

1 An jüngeren zusammenfassenden und einführenden deutschen Arbeiten sind für die letzten Jahre vor allem zu nennen: DIETER SENGHAAS, *Gewalt – Konflikt – Frieden*, Frankfurt 1974; ders.: *Abschreckung und Frieden*, Frankfurt ³1980; WOLF-DIETER EBERWEIN, PETER REICHEL, *Friedens- und Konfliktforschung*, München 1976; MANFRED FUNKE (Hrsg.), *Friedensforschung. Entscheidungshilfe gegen Gewalt*, München ²1978; HANS-GÜNTHER BRAUCH, *Entwicklungen und Ergebnisse der Friedensforschung 1969–1978*, Frankfurt 1979.

2 JÜRGEN GANTZEL, GISELA KRESS, VOLKER RITTBERGER (Hrsg.), *Konflikt – Eskalation – Krise. Sozialwissenschaftliche Studien zum Ausbruch des Ersten Weltkrieges*, Düsseldorf 1973. Die – vernichtende – Kritik von drei Historikern (JOHN C. G. RÖHL, VOLKER BERGHAHN, IMANUEL GEISS) an jeweils drei amerikanischen Beiträgen sozialwissenschaftlicher Art zum Ausbruch des Ersten Weltkriegs wird in dem Band gleich mitgeliefert.

3 Vgl. die immer noch unübertroffene Übersicht bei WOLFGANG FRANCKE, *Das Jahrhundert der chinesischen Revolution*, Hamburg 1958, ² 1982.

4 So der Beitrag von KARL DIETRICH ERDMANN *zum Handbuch der deutschen Geschichte* von GEBHARDT.

5 Für Deutschland HANS-ULRICH WEHLER, *Bismarck und der Imperialismus*, Köln ⁴1974.

6 Für die Anfänge der russischen Expansion in den Fernen Osten vgl. GEORGE V. LANTZEFF, RICHARD A. PIERCE, *Eastward to Empire. Exploration and Conquest on the Russian Open Frontier to 1750*, Montreal, London 1973.

7 VOLKER BERGHAHN, *Der Tirpitz-Plan. Genesis und Verfall einer innenpolitischen Krisenstrategie unter Wilhelm II.*, Düsseldorf 1973.

8 ANDREAS HILLGRUBER, *Bismarcks Außenpolitik*, Freiburg 1972.

9 P. J. V. ROLO, *Entente Cordiale. The Origins and the Negotiation of the Anglo-French Agreements of 8 April 1904*, London 1969; CHRISTOPHER ANDREW, *Théophile Delcassé and the Making of the Entente Cordiale. A Reappraisal of French Foreign Policy 1898–1905*, London 1968.

10 M. S. ANDERSON, *The Eastern Question 1774–1923. A Study in International Relations*, London ⁴1966.

11 DIMITRIJ DJORDJEVIĆ, *Révolutions nationales des peuples balkaniques 1804–1914*, Belgrad 1962 (eine erweiterte englische Neuausgabe ist angekündigt).

12 IMANUEL GEISS (Hrsg.), *Der Berliner Kongreß 1878. Protokolle und Materialien*, Boppard 1979.

13 VLADIMIR DEDIJER, *The Road to Sarajevo*, London 1966.

14 KLAUS WERNECKE, *Der Wille zur Weltgeltung. Außenpolitik und Öffentlichkeit im Kaiserreich am Vorabend des Ersten Weltkrieges*, Düsseldorf 1970.

15 Dafür zusammenfassend, und wohl auch abschließend J. C. G. RÖHL, An der

Schwelle zum Weltkrieg. Eine Dokumentation über den »Kriegsrat« vom 8. Dezember 1912, in: *Militärgeschichtliche Mitteilungen*, 1/77, S. 77–134.
16 In der Kürze und mit allen wesentlichen Dokumenten am ausführlichsten IMANUEL GEISS (Hrsg.), *Juli 1914. Die europäische Krise und der Ausbruch des Ersten Weltkriegs*, München ²1980.
17 N. MAXWELL, *India's China War*, London 1970; A. LAMB, *The MacMahon Line*, 2 Bde., Toronto 1966.
18 FREDERICK J. D. LUGARD, *The Dual Mandate in British tropical Africa*, Hamden 1965.
19 Für das Folgende wird summarisch auf die Bibliographie für die betreffenden Länder verwiesen. Für erste einführende Skizzen zur jeweiligen Nationalgeschichte mit weiterführenden Literaturhinweisen, die hier nicht noch einmal aufgenommen werden, vgl. IMANUEL GEISS, *Geschichte griffbereit*, Bd. 5: *Staaten, Die nationale Dimension der Weltgeschichte*, Reinbek 1980.
20 Als zusammenfassender Überblick vgl. JOHN E. FLINT, IMANUEL GEISS, *Africans overseas, 1790–1870*, in JOHN E. FLINT, (Hrsg.), *The Cambridge History of Africa*, Bd. V: From c. 1790 to t. 1870, Cambridge 1976, S. 418–457.

Kap. 3: ISRAEL: NATIONALSTAATSPROBLEM UND NAHOSTKONFLIKT

1 Dazu die theoretische Studie: DAN DINER, *Israel in Palästina. Über Tausch und Gewalt im Vorderen Orient*, Königstein/Ts. 1980.
2 WEITZMANN vor der Pariser Friedenskonferenz, *Memorandum to the League of Nations* (1922), Israel State Archives, Arab Executive Committee, 1810, zit. bei YEHOSHUA PORATH, *The Emergence of the Palestinian-Arab National Movement 1918–1929*, London 1974, S. 35.
3 ABRAHAM GRANOVSKY, *Probleme der Bodenpolitik in Palästina*, Berlin, 1925 S. 34 (Hervorhebung im Original).
4 HEINZ WAGNER, *Der arabisch-israelische Konflikt im Völkerrecht*, Berlin 1971, S. 277.
5 Ansprache im Rahmen einer Presse-Erklärung am 19. Februar 1933, Hauptbüro des KKL, Jerusalem (hebr.), zit. bei BARUCH KIMMERLING, *hashpaat ha' gormim ha'karkaim ve haterritorialim besichsuch ha'jehudi-aravi al binui hachevra ha'jehudit be'erez-israel* (Der Einfluß boden- und territorialbedingter Ursachen im jüdisch-arabischen Konflikt in der Grundlegung der jüdischen Gesellschaft in Palästina), Diss. Jerusalem 1974, S. 55 (hebr.).
6 ABRAHAM GRANOTT, *Agrarian Reform and the Record of Israel*, London 1956, S. 28.
7 EPHRAIM ORNI, *Bodenreform und sozialer Fortschritt in Israel* (Hrsg.: Hauptbüro des Keren Kayemet Leisrael), Jerusalem 1976, S. 37/38. Siehe dazu auch WALTER LEHN, The Jewish National Fund, in: *Journal of Palestine Studies*, Vol. III, No. 4, 1974, S. 74ff., und SABRI JIRYIS, The Leagal Structure for the Expropriation and Absorption of Arab Lands in Israel, in: ebenda, Vol. II, No. 4 (1973), S. 82ff.
8 FRANZ OPPENHEIMER, *Gemeineigentum und Privateigentum an Grund und Boden*, Berlin 1914, S. 19.
9 FRANZ OPPENHEIMER, *Erlebtes, Erstrebtes, Erreichtes*, Berlin 1931, S. 165.
10 ADOLF BÖHM, *Der jüdische Nationalfonds*, Berlin 1917, S. 30/31.
11 ADOLF BÖHM, *Der Keren Kayemet Leisrael*, Jerusalem 1931, S. 29.
12 GRANOVSKY, *Probleme der Bodenpolitik in Palästina*, S. 32.
13 ZVI SUSSMAN, The Determinations of Wages for unskilled Labour in the Advanced Sectors of the Dual Economy of Mandatory Palestine, in: *Economic Development and Cultural Change*, Vol. 22, No. 1 (1973), S. 95ff. SUSSMAN ist gegenwärtig in führender Stellung bei der israelischen Zentralbank tätig.
14 Ebenda, S. 103f.
15 DAVID HACOHEN in *Ha'arez* vom 15. November 1968.

16 ALFRED BONNÉ, *Palästina – Land und Wirtschaft*, Berlin 1935, S. 155.
17 Abgedruckt bei ARNO ULLMANN (Hrsg.), *Israels Weg zum Staat*, München 1964, S. 309.
18 Ebenda, S. 310.
19 YEHOSHUA FREUDENHEIM, *Die Staatsordnung Israels*, München, 1963, S. 246.
20 Siehe das Urteil Ziv. v. Gubernik (1948) 1 P. E. 33.
21 »König-Bericht«, abgedruckt in: *Al-Ha'mishmar* vom 7. September 1976, deutsch in: *Israel-Information*, Nr. 3 vom 13. November 1977, Bonn.
22 Zit. bei ABRAHAM RABINOVICH, Settlement on the Crossroads, in: *Jerusalem Post* (International Edition) vom 20. September 1977.
23 *Ha'arez* vom 24. November 1976.
24 Der israelische Staat und die Jewish Agency sind durch ein Gesetz mit Verfassungsrang, dem »Jewish-Agency (Status)-Law« von 1952 in einer Art Condominium miteinander verbunden.
25 *Yedioth Aharonoth* vom 17. Oktober 1969.
26 ELI LÖBEL, L'escalade à l'intérieur de la société israélienne, in: *Partisan*, Nr. 52 (1970), S. 116ff., S. 131.
26a MICHAEL BRECHER, *Decisions in Israel's Foreign Policy*, London 1974, S. 47; Gesetzestext in *Sefer Ha'chukim*, No. 499, 28. Juni 1967, S. 74f.
26b UN Docs. S/8052 und A/6753 vom 10. Juli 1967.
27 ABRAHAM GRANOVSKY, *Nationale Bodenpolitik*, Prag 1938, S. 42.
28 ARTHUR RUPPIN, Bericht auf dem XI. Zionistenkongreß, »Zionistische Kolonisationspolitik«, Berlin 1914, S. 15.
29 ADOLF BÖHM, *Der Keren Kayemet Leisrael*, S. 28.
30 ALFRED BONNÉ, Die Finanzierung des zionistischen Aufbauwerkes in Palästina durch die Keren Hajessod, in: *Finanzarchiv*, Bd. XLV (1928), S. 60ff., S. 76.
31 ALFRED BONNÉ, *Palästina – Land und Wirtschaft*, S. 270.
32 Zit. bei MICHAEL BRECHER, *Decisions in Israel's Foreign Policy*, London 1974, S. 71.
33 Zit. bei MICHAEL BRECHER, *The Foreign Policy System of Israel*, London 1972, S. 111.
34 Alle Zahlen aus ANN CRITTENDEN, Israel's Economic Plight, in: *Foreign Affairs*, Vol. 57, No. 5 (1979), S. 1005ff.
35 Dazu ELIYAHU KANOVSKY, *The Economic Impact of the Six-Day-War*, New York, Washington, London 1970, S. 8f.
36 Bank of Israel, *Jahresbericht für 1966* (hebr.), S. 233, Zit. bei KANOVSKY, *The Economic Impact*, S. 30.
37 *Jerusalem Post Weekly* vom 2. Januar 1967.
38 MICHAEL I. HANDEL, *Perception, Deception and Surprise: The Case of the Yom-Kippur-War*, Jerusalem 1976, S. 41.
39 ELIYAHU KANOVSKY, *The Economy of the Israeli Kibbutz*, Cambridge/Mass. 1966, S. 41, S. 89ff., sowie die Artikelserie von SHIMSHON ERLICH, Die Kuh und der Strick, in: *Ha'arez* vom 25. Februar 1977 und ff.
40 CRITTENDEN, *Israel's Economic Plight*, S. 1011.
41 Ebenda, S. 1005.
42 Siehe S. 194ff.
43 Siehe u.a. bei YEHOSHUA PORATH, *The Emergence of the Palestinian-Arab National Movement*, S. 25.
44 Über die Niederschlagung TOM BOWDEN, *The Breakdown of Public Security. The Case of Ireland 1916–1921 and Palestine 1936–1939*, London 1977, S. 141ff.
45 Dies gegenüber dem US-amerikanischen Botschafter in Tel Aviv; vgl. JAMES McDONALD, *My Mission to Israel 1948–1951*, New York 1951, S. 176.
46 MICHAEL BAR-ZOHAR, *Ben-Gurion. Eine politische Biographie*, 3 Bde., Bd. II, Tel Aviv 1977, S. 775 (hebr.).
47 Ebenda, S. 776.
48 WOLF-DIETER BOPST, *Die arabischen Palästina-Flüchtlinge. Ein sozial-geogra-*

    phischer Beitrag zur Erforschung des Palästina-Problems, Regensburg 1968, S. 75/76.
49 Ebenda, S. 161.
50 Ebenda, S. 143 und 157 f.
51 Ebenda, S. 156.
52 Ebenda, S. 157.
53 UN, CCP, *Economic Survey Mission*, Part I, p. 3, zit. bei DON PERETZ, *The Palestinian Arab Refugee Problem*, Rand Corporation Publication, o. J. (1969), S. 25.
54 TALAL ASSAD, Anthropological texts and ideological problems. An analysis of Cohen on Arab Villages in Israel, in: *Economy and Society*, Vol. 4 (1975), S. 253 ff., S. 268.
55 P. J. VATIKIOTIS, *Politics and the Military in Jordan. A Study of the Arab Legion, 1921–1957*, London 1967, S. 10.
56 ODD BULL, *War and Peace in the Middle East. The Experience and Views of an UN-Observer*, London 1976, S. 61.
57 *The Times*, London, vom 7. Juni 1950.
58 *Davar* vom 2. Mai 1956, deutsch – ohne Nachweis – bei SHABTAI TEVETH, *Moshe Dayan*, Hamburg 1973, S. 290.
59 Dazu ausführlich GLUBB PASCHA, *Jenseits vom Jordan*, München 1958, S. 288 f.
60 E. H. HUTCHISON, *Violent Truce*, New York 1956, S. 105.
61 Darüber ausführlich mit Belegen und Dokumentation EHUD YA'ARI, *mizrayim ve'hafedayin* (Ägypten und die Fedayeen) Arab and Afro-Asian Monograph Series, No. 13, Givat Haviva 1975 (hebr.).
62 Ebenda, S. 16.
63 Immer noch die beste Darstellung über Hintergrund und Entwicklung zum Juni-Krieg 1967 bietet MAXIME RODINSON, *Israel and the Arabs*, Harmondsworth 1968, S. 70 f.
64 Ebenda, S. 184 f.
65 HANS KOHN, *Nationalismus und Imperialismus im Vorderen Orient*, Frankfurt 1931, S. 220 f.
66 H. F. FRISCHWASSER-RA'ANAN, *The Frontiers of a Nation. A re-examination of the forces which created the Palestine Mandate and determined its territorial shape*, London 1955, S. 47.
67 COLONEL R. MEINERTZHAGEN, *Middle East Diary 1917–1956*, London 1959, S. 50, S. 135.
68 Darüber BAR-ZOHAR, *Ben-Gurion*, Bd. III, S. 1166, ISRAEL BEER, *bitahon israel – etmol, hayom, mahar* (Die Sicherheit Israels – gestern, heute, morgen), Tel Aviv 1966, S. 127 (hebr.).
69 ISRAEL BEER, *bihaton israel*, S. 145.
70 ZUHAYR MIKDASHI, *A Financial Analysis of Middle Eastern Oil Concessions: 1901–1965*, New York, Washington, London 1966, S. 64 f.
71 CHARLES ISSAWI, Coming Changes in the World Oil Industry, in: *Midway*, Summer 1968, zit. bei CHARLES ISSAWI, *Oil, the West and the Middle East*, Washington 1972, S. 45.
72 HANNAH ARENDT, Der Zionismus aus heutiger Sicht, in: dieselbe, *Die verborgene Tradition*, Frankfurt 1976, S. 127 ff., S. 155.
73 SHLOMO AHRONSON, DAN HOROWITZ, *haestrategia shel tagmul mevukar – ha dugma ha'israelit* (Die Strategie der eingeschränkten Vergeltung – das israelische Beispiel), in: *medina ve mimshal* (Staat und Regierungswesen), Bd. 1, Nr. 1 (1971), S. 77 ff (hebr.).
74 Darüber ausführlich PATRICK SEALE, *The Struggle for Syria. A Study of Post-War Arab Politics 1945–1958*, London, New York, Toronto 1965, S. 187 f., S. 223.
75 Zit. in: *Davar* vom 16. November 1958.
76 Dazu ausführlich DAN DINER, *Israel in Palästina*, S. 149 ff.
77 EDWARD LUTTWAK, DAN HOROWITZ, *The Israeli Army*, London 1975, S. 341.

78 *Ha'arez* vom 30. September 1951.
79 M. MASSARRAT, *Weltenergieproduktion und die Neuordnung der kapitalistischen Weltwirtschaft. Eine Analyse der Weltarbeitsteilung und der Neuverteilung des Reichtums*, Frankfurt 1980, S. 176.
80 Darüber ausführlich: Susan Lee Hattis, The Bi-National Idea in Palestine during Mandatory Times, Tel-Aviv 1970 (engl.), S. 35 f., 198 f., 258 f.

Kap. 6: AFRIKA: BEFREIUNGSBEWEGUNGEN
UND BEHAUPTUNGSVERSUCHE WEISSER HERRSCHAFT

1 Hier zitiert nach JAMES A. WILLIAMSON, *A short History of British Expansion*, Bd. 2, London ⁵1964, S. 57.
2 KWAME NKRUMAH, *Revolutionary Path*, London 1973, S. 15 (aus der Schrift *Towards Colonial Freedom*, deren Vorwort Oktober 1947 datiert ist).
3 Ebenda, S. 13 ff.
4 Auszüge bei FRANZ ANSPRENGER, *Kolonisierung und Entkolonialisierung in Afrika*, Stuttgart ³1979, S. 43 f.
5 PHILIP CURTIN et al., *African History*, London 1978, S. 465; ACHEBES Roman erschien 1958, die deutsche Übersetzung *Okonkwo oder das Alte stürzt* 1959.
6 Quelle: *Ashanti Pioneer* vom 5. März 1949; hier zit. n. BOB FITCH, MARY OPPENHEIMER, *Ghana: End of an Illusion*, New York, London 1966, S. 25.
7 Wortlaut bei ANSPRENGER, *Kolonisierung*, S. 61 ff.
8 JULIUS K. NYERERE, Afrikanischer Sozialismus, in: derselbe, *Reden und Schriften*, Stuttgart ²1974, 98 S. (= Texte zur Arbeit von »Dienste in Übersee«, Bd. 5), S. 10 ff. – Diese ins Deutsche übersetzte Auswahl umfaßt u. a. die Broschüre »Ujamaa – Grundlage des afrikanischen Sozialismus« von 1962 und die Entschließung von Arusha aus dem Jahre 1967. Spätere Schriften NYERERES wurden in Texte 10 und 14 (1975 und 1977) deutsch veröffentlicht. Im englischen Original sind bisher drei Bände mit Schriften und Reden NYERERES seit 1966 in Dar Es Salaam erschienen.
9 THOMAS HODGKIN, *Nationalism in Colonial Africa*, London 1956, S. 139 ff.
10 1944 gegründet als National Council of Nigeria and the Cameroons, 1962 nach der Ablösung des südwestlichen Kamerun umbenannt in National Convention of Nigerian Citizens.
11 NNAMDI AZIKIWE, *Zik. A selection from the speeches of Nnamdi Azikiwe*, Cambridge 1961, S. 163; mit »Landsmannschaften« ist hier das englische Wort *communities* übersetzt.
12 Swahili = Lehrer; offiziöser Titel des Präsidenten NYERERE.
13 NYERERE, Afrikanischer Sozialismus, S. 97.
14 Nach dem Sharpeville-Massaker hatte die Regierung am 8. 4. 1960 ANC und PAC verboten. MANDELA, der seit 1953 dem Regionalverband des ANC in Transvaal vorstand, konzipierte den »Speer der Nation« als geheime, paramilitärische Kadertruppe. Ab Dezember 1961 verübte der »Speer« etwa 200 Bombenanschläge auf Amtsgebäude, Strom-Überlandleitungen usw. MANDELA selbst wurde schon im August 1962 verhaftet.
15 Entgegen der britischen Wahlrechts-Tradition, die ihr System der relativen Mehrheitswahl mit Einmann-Wahlkreisen überall in das ehemals britische Afrika verpflanzt hat (es gilt auch im weißen Südafrika und festigt dort die Macht der Nationalen Partei weit über ihren prozentualen Anteil an den Stimmen hinaus), stimmten die schwarzen Wähler in Zimbabwe im Februar 1980 nach dem Verhältniswahlrecht ab, wobei die 80 Mandate sich auf 8 Bezirke verteilten. Die 57 Abgeordneten der ZANU/PF entsprechen deshalb mit 71 % der Mandate einigermaßen dem Stimmenanteil von fast 63 %. MUZOREWAS Partei erhielt 8,3 % der Stimmen und nur 3 Mandate (3,7 %), NKOMOS Partei 24 % der Stimmen und 20 Mandate (25 %).

16 P. G. J. Koornhof, Creating conditions for peaceful co-existence in South Africa, in: *Politikon* (Pretoria), Bd. 6, Nr. 2 (Dezember 1979). Verf. ist Südafrikas Minister für »Zusammenarbeit und Entwicklung« – früher sagte man »Bantu-Angelegenheiten«.

17 Durch Meinungsumfragen in den Schwarzen-Städten haben deutsche Sozialwissenschaftler (s. Theodor Hanf, Heribert Weiland, Gerda Vierdag, *Südafrika: Friedlicher Wandel? Möglichkeiten demokratischer Konfliktregelung – Eine empirische Untersuchung*, München, Mainz 1978, S. 369 ff.) nach dem Aufruhr von 1976 ermittelt, daß Buthelezi von 43,8 % der Befragten als der am meisten bewunderte schwarze Führer genannt wurde. Er hat damit einen weiten Vorsprung vor den ANC-Führern (21,7 %), dem PAC-Führer Sobukwe (7,4 %) und den Sprechern der Bewegung Black Consciousness (5,6 %). Man muß aber bedenken, daß Buthelezi zur Zeit der Umfrage der einzige schwarze Befreiungspolitiker war, der einigermaßen frei in Südafrika reden und agieren durfte. Die im Fragebogen genannten ANC- und PAC-Führer befanden sich dagegen sämtlich in Haft.

18 Oben war von neun Nationen die Rede, aus denen das schwarze Volk Südafrikas nach der Überzeugung seiner weißen Herren besteht; für die Xhosa-»Nation« sind aber zwei Staaten – Transkei und Ciskei – vorgesehen.

19 Vgl. in deutscher Sprache vor allem Dieter Senghaas, *Weltwirtschaftsordnung und Entwicklungspolitik. Plädoyer für Dissoziation*, Frankfurt 1977; der Aufsatz Franks mit dem im Text zitierten Titel erschien 1966 (deutsch 1969).

20 Das Getreide-Defizit hat die FAO in ihrem »Regional Food Plan for Africa« berechnet (dargestellt in der *Neuen Zürcher Zeitung* vom 14. November 1978); die Bevölkerungsstatistik stammt aus dem *Demographic Yearbook* der Vereinten Nationen, 1977, S. 138.

Kap. 7: PROBLEME DER ENTWICKLUNGSLÄNDER, ENTWICKLUNGSHILFE UND NORD-SÜD-KONFLIKT

1 Die Rede von McNamara ist zugänglich in dessen Buch: *Die Jahrhundertaufgabe – Entwicklung der Dritten Welt*, Stuttgart 1974, S. 156 f.; zudem Weltentwicklungsberichte der Weltbank 1978 und 1979; eindrückliche Belege in: V. Fröbel u. a. (Hrsg.), *Die Armut des Volkes. Verelendung in den unterentwickelten Ländern. Auszüge aus Dokumenten der Vereinten Nationen*, Reinbek 1974.

2 *Das Überleben sichern. Gemeinsame Interessen der Industrie- und Entwicklungsländer. Bericht der Nord-Süd-Kommission*, Köln 1980, S. 65. (Im Folgenden iz.: *Das Überleben sichern*.)

3 *Dritter Bericht zur Entwicklungspolitik der Bundesregierung*. Hrsg. v. Bundesministerium für wirtschaftliche Zusammenarbeit (BMZ), Bonn 1977, S. 7.

4 Nach Jürg Hauser, Bevölkerungsentwicklung: Projektionen und Steuerungsmöglichkeiten, in: *Neue Zürcher Zeitung* vom 26. August 1974. Zum Problem allgemein Jürg Hauser, *Bevölkerungsprobleme der Dritten Welt*, Bern 1974; Prognose für 2000 aus *Weltentwicklungsbericht 1979*, S. 65.

5 A. N. Agrawal, *Indian Economy*, 1978, S. 138.

6 Hauser, *Bevölkerungsprobleme*, S. 137.

7 Einen guten Aufriß geben Anne-Marie Holenstein, Jonathan Power, *Hunger. Die Welternährung zwischen Hoffnung und Skandal*, Frankfurt (Fischer Taschenbuch, Bd. 1712) 1976.

8 Angaben des Exekutivdirektors des Welternährungsrates, Maurice J. Williams, im Bericht Otto Matzkes in: *Neue Zürcher Zeitung* vom 1. Februar 1979; zudem Bericht Otto Matzkes über zwei FAO-Studien, in: *Neue Zür-

cher Zeitung vom 13. September 1979; zudem MATZHE in: *Agrarreform in der Dritten Welt*, hrsg. v. H. ELSENHANS, 1979, S. 21.

9 Neben HOLENSTEIN/POWER auch JOSEPH COLLINS, FRANCES MOORE LAPPÉ, *Vom Mythos des Hungers*, Frankfurt (S. Fischer) 1978.

10 Vgl. den eindrücklichen Bericht von JÜRG HAUSER über einen Report des Worldwatch Institute in Washington, in: *Neue Zürcher Zeitung* vom 28. Juli 1979.

11 Aus WOLFRAM FISCHER, *Die Weltwirtschaft im 20. Jahrhundert*, Göttingen 1979, S. 101 f.

12 Eine ausgezeichnete Einführung bietet noch immer GUNNAR MYRDAL, *Asiatisches Drama*, Frankfurt 1973.

13 Abschnitt »Indonesien« im *Handbuch der Dritten Welt*. Hrsg. *v.* DIETER NOHLEN, FRANZ NUSCHELER, Bd. 4/2, 1978, S. 188.

14 Abschnitt »Pakistan«: Ebenda, Bd. 4/2, 1978, S. 512.

15 Ein Bericht von PETER HESS in *Neue Zürcher Zeitung* vom 24. Juni 1973.

16 Eine Einführung bieten HOLENSTEIN/POWER, *Hunger*, S. 123 ff. Für Indien wichtig GILBERT ETIENNE, *Les chances de l'Inde*, Paris 1973.

17 Vernachlässigte Landbevölkerung in Südostasien, in: *Neue Zürcher Zeitung* vom 25. September 1979.

18 RUDOLF VON ALBERTINI, ALBERT WIRZ, *Europäische Kolonialherrschaft 1880–1940*, Zürich, Freiburg 1976, S. 242 f.

19 Eindrücklich RENÉ DUMONT, *Paysanneries aux Abois. Ceylan, Tunisie, Sénégal*, Paris 1972. Über die einzelnen afrikanischen Staaten orientiert heute am besten NOHLEN/NUSCHELER (Hrsg.), *Handbuch der Dritten Welt*, Bd. 2/1–2, 1976. Eine konkrete Untersuchung bietet ULRICH STÜRZINGER, *Der Baumwollanbau im Tschad. Zur Problematik landwirtschaftlicher Exportproduktion in der Dritten Welt*, 1980.

20 Vor allem das Buch ERNEST FEDER (Hrsg.), *Gewalt und Ausbeutung. Lateinamerikas Landwirtschaft*, Hamburg 1973; darin der Aufsatz von S. L. BARRACLOUGH, A. L. DOMIKE, Die Agrarstruktur in sieben lateinamerikanischen Ländern.

21 PAUL BAIROCH, *Die Dritte Welt in der Sackgasse*, Wien 1973, S. 145.

22 VON ALBERTINI/WIRZ, *Europäische Kolonialherrschaft*.

23 BAIROCH, *Die Dritte Welt in der Sackgasse*, S. 152.

24 Ebenda, S. 210.

25 AGRAWAL, *Indian Economy*, a.a.O., S. 398; NOHLEN/NUSCHELER (Hrsg.), *Handbuch der Dritten Welt*, Bd. 3, S. 87, 350.

26 Die kritische Sicht vor allem in DIETER SENGHAAS (Hrsg.), *Peripherer Kapitalismus. Analysen über Abhängigkeit und Unterentwicklung*, Frankfurt 1974; eine abwägende Einführung bietet DIETRICH KEBSCHULL, O. G. MAYER (Hrsg.), *Multinationale Unternehmen. Anfang oder Ende der Weltwirtschaft*, Frankfurt 1974; zudem *Das Überleben sichern*, S. 235 f.

27 DAGMAR SCHMIEDER, *Auslandskapital und Entwicklungsstrategie*, Meisenheim 1977, S. 153; KEBSCHULL/MAYER (Hrsg.), *Multinationale Unternehmen*, S. 25 ff., 139 f.

28 SCHMIEDER, *Auslandskapital*, S. 125.

29 Für die Zeit 1955–1967 KLAUS DORNER, *Probleme einer weltwirtschaftlichen Integration der Entwicklungsländer*, Tübingen, Basel 1974, Kap. I; BAIROCH, *Die Dritte Welt in der Sackgasse*, S. 156 f.

30 *Weltentwicklungsbericht 1979*, Tabelle 8.

31 DORNER, *Probleme einer weltwirtschaftlichen Integration*, S. 11; BAIROCH, *Die Dritte Welt in der Sackgasse*, S. 161.

32 BAIROCH, *Die Dritte Welt in der Sackgasse*, S. 163 f.; FISCHER, *Die Weltwirtschaft im 20. Jahrhundert*, a.a.O., S. 22 f.

33 *Weltentwicklungsbericht 1979*, S. 4.

34 Aus RUDOLF H. STRAHM, *Überentwicklung – Unterentwicklung*, Stein 1975, S. 44.

35 Dorner, *Probleme einer weltwirtschaftlichen Integration*, S. 20; Bairoch, *Die Dritte Welt in der Sackgasse*, S. 157; *Weltentwicklungsbericht 1978*, Tabelle 6.

36 Manfred Tietzel, Jürgen Melcher, *Erdöl und die Dritte Welt*, Bonn 1975.

37 *Weltentwicklungsbericht 1979*, Tabelle 13.

38 Von Albertini/Wirz, *Europäische Kolonialherrschaft*, S. 104, 140.

39 Wichtige Textauszüge gibt Michael Bohnet (Hrsg.), *Das Nord-Süd-Problem*, München ³1974; ein Überblick findet sich auch in Dietrich Kebschull, Karl Fasbender, Ahmad Naini, *Entwicklungspolitik. Eine Einführung*, Düsseldorf ³1976, S. 134ff.; eine theoretische Auseinandersetzung mit den divergierenden Theorien in Hans-Rimbert Hemmer, *Wirtschaftsprobleme der Entwicklungsländer*, München 1978, S. 135ff., und Hans-Balz Peter, *Sozialökonomische Grundprobleme der Entwicklungsländer*, Diss. Zürich 1972, S. 64ff.

40 Gunnar Myrdal, *Ökonomische Theorie und unterentwickelte Regionen. Weltproblem Armut*, Frankfurt 1974, S. 62.

41 Der berühmte Aufsatz von Galtung, »Eine strukturelle Theorie des Imperialismus« ist zugänglich in Dieter Senghaas (Hrsg.), *Imperialismus und strukturelle Gewalt. Analysen über abhängige Reproduktion*, Frankfurt 1973.

42 Wichtige Aufsätze im Band *Imperialismus und strukturelle Gewalt*; zudem Dieter Senghaas (Hrsg.), *Analysen über Abhängigkeit und Unterentwicklung*, Frankfurt 1974; kritische Einzeluntersuchungen in: Hans-Jürgen Puhle (Hrsg.), *Lateinamerika – Historische Realität und Dependencia-Theorien*, Hamburg 1977.

43 Dieter Senghaas, *Weltwirtschaftsordnung und Entwicklungspolitik. Plädoyer für Dissoziation*, Frankfurt 1977; eine Kurzfassung auch im Band *Entwicklungspolitik im Umbruch*. Hrsg. v. der Wirtschaftsredaktion der Neuen Zürcher Zeitung, 1979.

44 Dorner, *Probleme einer weltwirtschaftlichen Integration*, S. 64f.; Fischer, *Die Weltwirtschaft im 20. Jahrhundert*, S. 59f.; Hemmer, *Wirtschaftsprobleme der Entwicklungsländer*, S. 202f.

45 Text in Rainer Jonas, Manfred Tietzel (Hrsg.), *Die Neuordnung der Weltwirtschaft*, Bonn 1976; Dudley Sears, »Was heißt Entwicklung?« in: Senghaas (Hrsg.), *Peripherer Kapitalismus*; zudem der Aufsatz von Paul Streeten, Vom Wachstum zu den Grundbedürfnissen, in: *Finanzierung und Entwicklung*, 16. September 1979.

46 So Hemmer, *Wirtschaftsprobleme der Entwicklungsländer*, S. 455.

47 Rudolf von Albertini, *Dekolonisation. Die Diskussion über Verwaltung und Zukunft der Kolonien 1919–1960*, Köln 1966, S. 206, 491.

48 L. Pearson u.a., *Der Pearson-Bericht. Bestandsaufnahme und Vorschläge zur Entwicklungspolitik*, Wien, München, Zürich 1969.

49 Text in Nohlen/Nuscheler (Hrsg.), *Handbuch der Dritten Welt*, Bd. 1, 1974.

50 Kebschull/Fasbender/Naini, *Entwicklungspolitik*, a.a.O., S. 70.

51 Die Jahresberichte der Weltbank. Die kritische Sicht wird etwa von Rainer Tetzlaff vertreten, *Die Weltbank: Machtinstrument der USA oder Hilfe für die Entwicklungsländer?* 1980.

52 Vgl. den Aufsatz The World Bank at Work des damaligen Präsidenten Eugene R. Black, in: *Foreign Affairs*, 30 (1952).

53 *Jahresbericht der Weltbank 1975*, S. 17 und 1979, S. 30.

54 Über den IWF orientiert etwa W. Woyke (Hrsg.), *Handwörterbuch Internationale Politik*, Stuttgart 1977; zudem Kebschull/Fasbender/Naini, *Entwicklungspolitik*, S. 183f.; Tetzlaff, *Die Weltbank*, S. 220ff. Kritik an den Auflagen äußert auch die Nord-Süd-Kommission in ihrem Bericht *Das Überleben sichern*, S. 270f.

55 Eine Gesamtdarstellung, die bis in die Gegenwart reicht, fehlt. Wir nennen: Christian Uhlig, *Entwicklungshilfepolitik. Analyse der Konzeption westlicher Geberländer*, Hamburg 1971, Kap. 6; David A. Baldwin, *Economic Development and American Foreign Policy 1943–1962*, Chicago 1966.

56 Die Botschaft Präsident KENNEDYs an den Kongreß bezüglich Auslandshilfepro-
gramm vom 22. März 1961, in: *Europa-Archiv*, 16 (1961), S. D 233 f.
57 Die Zahlenangaben schwanken in der Literatur, da oft unklar bleibt, was unter
Wirtschaftshilfe erfaßt wird. Für die frühe Phase sorgfältig abwägend: K. M.
KAUFFMANN, H. STALSON, US Assistance to less devloped countries 1956–1965,
in: *Foreign Affairs*, 45 (1967). Für die Jahre 1962–1977:

US-Auslandshilfe sowie Kredite der Export-Import-Bank (in Mio. US-$):

	1962–74	1975	1976	1977	1962–77
Wirtschaftshilfe insgesamt	52469	4908	3878	5591	68778
Darlehen	22288	1679	1759	2083	28649
Zuschüsse	30181	3229	2119	3508	40129
AID	28096	2519	2333	3178	37442
davon SSA*	8053	1226	1122	1766	13058
Food for Peace	16437	1328	1300	1193	20451
Title I	10631	868	902	735	13245
Title II	5806	460	398	458	7206
Int. Finanzorganisationen	4740	784	24	931	6823
Peace Corps	1078	82	82	85	1354
Andere Programme	1062	193	139	203	1650
Militärhilfe gesamt	43202	2331	2727	2355	51326
Militär- u. Wirtschaftsh.	95671	7239	6605	7946	120104
Export-Import-Bank	16824	2569	2218	719	22934
andere Kredite	2286	189	465	615	3863

* Security Supporting Assistence, in engster Beziehung zur Außenpolitik: Hilfe
an Vietnam, Ägypten, Israel, Jordanien u. a.

aus: Franz Nuscheler, Strategiewandel der amerikanischen Entwicklungspolitik,
Programm und Effekte der »neuen Richtlinien« von 1973, München, London
1979, Seite 35.

58 Die Länderverteilung für 1975 stammt aus: STEVE WEISSMANN (Hrsg.), *Das
Trojanische Pferd. Die »Auslandshilfe« der USA*, Berlin 1975, S. 186 f. Für
1977 und 1978 vgl. NUSCHELER, *Strategiewandel*, Anhang I.
59 VON ALBERTINI, *Dekolonisation*, S. 40 f.
60 Tabelle in REINHOLD BISKUP, *Sowjetpolitik und Entwicklungsländer. Ideologie
und Strategie in der sowjetischen Politik gegenüber Entwicklungsländern*, Freiburg 1969, S. 26; *Osteuropa-Handbuch. Sowjetunion Außenpolitik II*, 1976;
KEBSCHULL, *Entwicklungspolitik*, S. 81 f.
61 Vgl. Erklärung der sowjetischen Regierung über die Umgestaltung der internationalen Wirtschaftsbeziehungen vom 4. Oktober 1976, in: *Europa-Archiv*, 32
(1977), S. D 263 f.
62 Ausgezeichnet HEIKO KÖRNER, *Kolonialpolitik und Wirtschaftsentwicklung. Das
Beispiel Französisch-Westafrika*, Stuttgart 1965.
63 Über Organisation und Vergabepolitik orientieren KLAUS DIETER OSSWALD u. a.
Frankreichs Entwicklungshilfe. Politik auf lange Sicht?, Köln 1967, und UHLIG,
Entwicklungspolitik, Kap. 3.
64 CHRISTIAN UHLIG, Möglichkeiten und Gefahren einer monetären Integration:
Das Beispiel der Franc-Zone, in: M. BOHNET u. a. (Hrsg.), *Integration der
Entwicklungsländer in eine instabile Weltwirtschaft – Probleme, Chancen,
Gefahren*, Berlin 1976.

65 Uhlig, *Entwicklungshilfepolitik*, Kap. 2; Karl-Heinz Sohn, *Entwicklungspolitik. Theorie und Praxis der deutschen Entwicklungshilfe*, München 1972; Die Bundesrepublik und die Entwicklungsländer, in: Hans-Peter Schwarz (Hrsg.), *Handbuch der deutschen Außenpolitik*, München, Zürich 1975; BMZ (Hrsg.), *Politik der Partner, Aufgaben, Bilanz und Chancen der deutschen Entwicklungspolitik*, Bonn 1978; für die Anfänge: Jürgen Dennert, *Entwicklungshilfe geplant oder verwaltet? Entstehung und Konzeption des BMZ*, Bielefeld 1968.

Übersicht der Netto-Leistungen der Bundesrepublik Deutschland an Entwicklungsländer und multilaterale Stellen in den Jahren 1950–1978 (in Millionen DM)

	1950–1975	1976	1977	1978	1950–1978
I. Öffentliche Zusammenarbeit[1]	38 430,6	3 483,1	3 218,0	3 985,1	49 116,8
1. Bilateral	30 046,9	2 628,4	2 399,2	3 134,4	38 208,9
a) Zuwendungen (nicht rückzahlbar)	14 184,4	1 288,4	1 378,1	1 575,9	18 426,8
– Technische Zusammenarbeit	8 631,5	1 113,3	1 208,5	1 371,1	12 324,4
– Sonst. Zuwendungen (inkl. Indusbecken)	5 552,9	175,1	169,6	204,8	6 102,4
b) Kredite über 1 Jahr (einschl. Umschuldungen und DEG-Beteiligungen)	15 862,5	1 340,0	1 021,1	1 558,5	19 782,1
2. Multilaterale Zuwendungen und Kredite	8 383,7	854,7	818,8	850,7	10 907,9
a) Beiträge an multilat. Organisationen	4 736,8	708,0	767,5	616,1	6 828,4
b) Zahlungen auf gezeichnetes Kapital	3 358,0	89,4	37,2	224,8	3 709,4
c) Kredite	288,9	57,3	14,1	9,8	370,1
II. Sonstige öffentliche Leistungen	7 491,8	106,2	141,6	445,5	8 187,1
1. Bilateral	4 843,8	30,7	134,2	436,7	5 453,4
– Kredite der KfW (einschl. Umschuldungen)	3 919,9	27,3	4,0	175,9	4 127,1
– Refinanzierungen des BMF	859,8	– 22,2	98,7	247,9	1 184,2
– DEG-Darlehen	64,1	33,6	31,5	12,9	142,1
2. Multilateral (Kredite der Bundesbank)	2 648,0	69,5	7,4	8,8	2 733,7
III. Private Entwicklungshilfe[2]	2 445,1	515,1	522,3	570,3	4 052,8
IV. Leistungen der Wirtschaft	45 818,5	9 269,1	9 476,2	9 455,1	74 019,3
1. Bilateral	39 970,3	6 927,0	7 383,4	7 815,9	62 096,6
– Investitionen und sonstiger bilateraler Kapitalverkehr	24 702,8	4 790,8	6 981,7	6 207,1	42 682,4
– Garantierte Exportkredite (100 %)	15 267,5	2 136,2	401,7	1 608,8	19 414,2
2. Multilateral	5 848,6	2 342,1	2 092,8	1 639,2	11 922,7
V. Gesamte Leistungen (netto)	94 186,4	13 375,5	13 358,1	14 456,0	135 376,0
davon: öffentlich	45 922,4	3 591,3	3 359,6	4 430,6	57 303,9
privat	48 264,0	9 784,2	9 998,5	10 025,4	78 072,1

[1] Bi- und multilaterale Zuwendungen sowie Kredite zu weichen Bedingungen
[2] Zuwendungen nicht-staatlicher Einrichtungen (Kirchen, Gewerkschaften, Verbände, Stiftungen usw.) aus Eigenmitteln

aus: Journalisten-Handbuch Entwicklungspolitik, 1979, S. 36

66 *Entwicklung und Zusammenarbeit. Mitteilungen und Beiträge der Deutschen Stiftung für Entwicklungsländer* (im Folgenden zit.: E+Z), 7/8, 1979, S. 4.
67 Z. B. Ansgar Skriver, *Das Konzept der Hilfe ist falsch. Entwicklung in Abhängigkeit*, Wuppertal 1977. Rolf Hofmeier, Möglichkeiten und Grenzen deutscher Entwicklungspolitik gegenüber Afrika, in: Helmut Bley, Rainer Tetzlaff (Hrsg.), *Afrika und Bonn. Versäumnisse und Zwänge deutscher Afrika-Politik*, Reinbek 1978.
68 BMZ (Hrsg.), *Politik der Partner*, S. 131, und Journalisten-Handbuch *Entwicklungspolitik 1979*, S. 45 f.
69 Hans-Broder Krohn, Das Abkommen von Lomé zwischen der Europäischen Gemeinschaft und den AKP-Staaten. Eine neue Phase der EG-Entwicklungspolitik, in: *Europa-Archiv*, 30 (1975), S. 177 ff.; Georg von Koppenfels, Die Bedeutung des Abkommens von Lomé für die Entwicklung der Beziehungen zwischen Europa und der Dritten Welt, in: ebenda 31 (1976), S. 10 ff.; Hella Gerth-Wellmann, *Das AKP-EG-Abkommen von Lomé. Bilanz und Perspektiven*, München, London 1979; kritische Ausführungen von Rainer Tetzlaff, Das Abkommen von Lomé, in: Bley/Tetzlaff (Hrsg.), *Afrika und Bonn*
70 Fritz Schatten, Ein Gemeinschaftswerk, das trennt? Zur Unterzeichnung des Lomé-II-Abkommens, in: E+Z, 11/1979.
71 Herward Sieberg, *Dritte Welt – Vierte Welt*, Hildesheim, New York 1977, S. 25 f.; ausführlich: *Die Internationale Politik 1955, 1958*, S. 786 f.
72 Eine Orientierung gibt das *Handwörterbuch Internationale Politik*, S. 310 f.; Rainer Jonas, Manfred Tietzel (Hrsg.), *Die Neuordnung der Weltwirtschaft*, Bonn, 1976; Dietrich Kebschukk (Hrsg.), *Die Neue Weltwirtschaftsordnung*; Frank Seelow, »NWWO – Grundpositionen von Industrie- und Entwicklungsländern«, in: *Vierteljahresberichte*, Nr. 81, September 1980. Hamburg 1977.
73 Text in Jonas/Tietzel, *Die Neuordnung der Weltwirtschaft*, S. 232–242.
74 Zu Nairobi: Aufsätze in E+Z, 11/1976. Die Position der BRD: Hans Friderichs, Nairobi und die Folgen, in: *Europa-Archiv*, 31 (1976), S. 517 ff.; positiv zu den Rohstoffabkommen Konrad Seitz, Ein deutscher Alptraum. Wie gefährlich ist die Stabilisierung der Rohstoffpreise? in: *Die Zeit*, vom 20. August 1976.
75 Zu Manila: Aufsätze in E+Z, 5/1979; BMZ (Hrsg.), *UNCTAD V.*, Materialien Nr. 64, September 1979. Winfried Böll, nach UNCTAD V. – Erfolg, Pleite, Pause?, in: *Vierteljahresberichte*, Nr. 77, September 1979.
76 Dieter Brauer, »Fehlschlag am East River«, in: E + Z, 10/1980.
77 Ernst-Otto Czempiel, Fronten im Nord-Süd-Konflikt, in: *Merkur*, 33 (1979), S. 741 ff.
78 *Das Überleben sichern*, S. 178; Schlußzitat: S. 62.

Literaturhinweise

Die Literaturhinweise sind lediglich als erste Orientierungshilfe gedacht. Titel zu speziellen Themen, die in den Anmerkungen zu den einzelnen Kapiteln zitiert sind, wurden in der Regel nicht in die Bibliographie aufgenommen. Zu beachten ist auch, daß in den Literaturangaben zu den einzelnen Kapiteln nicht alle Titel wiederholt wurden, die zum ersten Kapitel genannt sind.

Kap. 1: HISTORISCHE VORAUSSETZUNGEN ZEITGENÖSSISCHER KONFLIKTE

ALLEN, RICHARD, *Imperialism and nationalism in the fertile crescent. Sources and prospects of the Arab-Israeli conflict*, New York 1975

BARNETT, DON, ROY HARVEY, *The Revolution in Angola*, Indianapolis 1972

BROTZ, HOWARD, *The politics of South Africa. Democracy and racial Diversity*, New York 1977

CALDWELL, MALCOLM, LEK TAN, *Cambodia in the Southeast Asian war*, New York 1973

CERVENKA, ZDENEK, *The Nigerian war, 1967–1970. History of the war. Selected bibliography and documents*, Frankfurt 1971

DUVE, FREIMUT (Hrsg.), *Kap ohne Hoffnung oder Die Politik der Apartheid*, Reinbek 1965

ELSENHANS, HARTMUT, *Frankreichs Algerienkrieg 1954–1962. Entkolonialisierungsversuch einer kapitalistischen Metropole*, München 1974

FAALAND, JUST, J. R. PARKINSON, *Bangladesh. The test case of development*, London 1976

GSTREIN, HEINZ, *Volk ohne Anwalt. Die Kurdenfrage im Mittleren Osten*, Stein b. Nürnberg 1974

HAMMER, ELLEN JOY, *Vietnam yesterday and today*, New York 1966

–, *The struggle for Indochina 1940–1955*, Stanford 1966

HANISCH, ROLF, *Bürgerkrieg in Afrika? Biafra und die inneren Konflikte eines Kontinents*, Berlin 1970

HATADA, TAKASHI, *A History of Korea*, Oxford 1969

HERMLE, REINHARD, *Der Konflikt in Nordirland*, München 1979

HESS, PETER, *Bangladesh. Tragödie einer Staatsgründung*, Stuttgart 1972

JANSSEN, VOLKER, *Politische Herrschaft in Äthiopien*, Freiburg 1976

KOSUT, HAL (Hrsg.), *Cyprus. 1946–1968*, New York 1970

LEE, FRANZ T. J., *Südafrika am Vorabend der Revolution*, Frankfurt 1976

LÉVY, BERNARD-HENRI, *Bangla Desh. Nationalisme dans la révolution*, Paris 1973

MAQUET, JACQUES J., *The premise of inequality in Ruanda. A study of political relations in a Central African Kingdom*, London 1961

MARKIDES, KYRIAEOS C., *The rise and fall of the Cyprus republic*, New Haven 1977
MELADY, THOMAS PATRICK, *Burundi. The tragic years*, Maryknoll 1974
MONDLANE, EDUARDO, *Kampf um Mozambique*, Frankfurt 1970
MOODIE, THOMAS DUNBAR, *The rise of afrikanerdom. Power, apartheid and the Afrikaner civil religion*, Berkeley 1975
MOORE, JOHN NORTON (Hrsg.), *The Arab-Israeli conflict*, Princeton 1977
MURPHY, JOHN A., *Ireland in the twentieth century*, Dublin 1975
POLYVIOU, POLYVIOS G., *Cyprus. In search of a constitution. Constitutional negotiations and proposals. 1960–1975*, Nicosia 1976
POTYKA, CHRISTIAN, *Haile Selassie. Der Negus Negesti in Frieden und Krieg. Zur Politik des äthiopischen Reformherrschers*, Bad Honnef 1974
RODE, REINHARD (Hrsg.), *Der Konflikt im Südlichen Afrika. Analysen, Diskussionen, Strategien*, München 1977
RODE, REINHARD, *Wandel in Südafrika. Stabilisierung oder Überwindung der weißen Minderheitsherrschaft. Ansatzpunkte für Konfliktlösungsstrategien und Grundlinien eines Lösungsmodells*, Hamburg 1976
SCHOLLER, HEINRICH, PAUL BRIETZKE, *Ethiopia: revolution, law and politics*, München 1976
SHARABI, HISHAM BASHIR, *Nationalism and revolution in the Arab world*, Princeton 1966
STEINHAUS, KURT, *Vietnam. Zum Problem der kolonialen Revolution und Konterrevolution*, Frankfurt 1966
TOPHOVEN, ROLF, *Fedayin, Guerilla ohne Grenzen. Geschichte, soziale Struktur und politische Ziele der palästinensischen Widerstandsorganisationen. Die israelischen Konter-Guerilla*, Frankfurt 1974
TREVASKIS, G. K. N., *Eritrea. A colony in transition 1941–1952*, New York 1960

Kap. 2: DIE ARABISCH-ISLAMISCHE WELT IM AUFBRUCH

ABDEL MALEK, ANWAR, *Ägypten: Militärgesellschaft*, Frankfurt 1971
ANTONIUS, GEORGE, *The Arab Awakening. The Story of the Arab National Movement*, Beirut 1955
BEN BARKA, MEHDI, *Revolutionäre Alternative*, München 1969
BE ERI, ELIEZER, *Army Officers in Arab Politics and Society*, New York 1970
ELSENHANS, HARTMUT, *Frankreichs Algerienkrieg 1954–1962. Entkolonisierungsversuch einer kapitalistischen Metropole*, München 1974
GABBY, RONNY, *Communism and Agrarian Reform in Iraq*, London 1978
HALLIDAY, FRED, *Arabia without Sultans*, Harmondsworth 1975
HENLE, HANS, *Der Neue Nahe Osten*, Frankfurt 1972
JULIEN, CHARLES-ANDRÉ, *Afrique du Nord en marche, nationalismes musulmans et souveraineté française*, Paris 1972
KERR, MALCOLM, *The Arab Cold War 1958–1964. A Study of Ideology and Politics*, London, New York, Toronto 1965
KISCHLI, MUHAMMAD, *Kapitalismus und Linke im Libanon*, Frankfurt 1970
LEGGEWIE, CLAUS, *Siedlung, Staat und Wanderung. Besonderheiten des Siedlungskolonialismus am Beispiel Algeriens*, Frankfurt 1979
LEVI, REUBEN, *The Social Structure of Islam*, Cambridge 1969
LOUIS, BERNHARD, *The Emergence of modern Turkey*, London 1968
MUHAMMAD, MORSY ABDULLAH, *The United Arab Emirates. A modern history*, London, New York 1978
PHILBY, ST. JOHN, *Saudi-Arabia*, Beirut 1968
RODINSON, MAXIME, *Les Arabes*, Paris 1979
RUF, WERNER, *Der Bourgibismus und die Außenpolitik des unabhängigen Tunesien*, Bielefeld 1969

SEALE, PATRICK, *The Struggle for Syria. A Study of Post-War Arab Politics 1945–1958*, London, New York, Toronto 1963
STEINBACH, UDO, ROLF HOFMEISTER, MATHIAS SCHÖNBORN (Hrsg.), *Politisches Lexikon Nahost*, München 1979
STEINHAUS, KURT, *Soziologie der türkischen Revolution*, Frankfurt 1969
TIBI, BASSAM, *Militär und Sozialismus in der Dritten Welt. Allgemeine Theorie und Regionalstudien über arabische Länder*, Frankfurt 1973
–, *Nationalismus in der Dritten Welt am arabischen Beispiel*, Frankfurt 1973
VATIKIOTIS, P. J., *Nasser and his Generation*, London 1978
VATIN, JEAN-CLAUDE, *L'Algérie politique. Histoire et Société*, Paris 1974
VATIN, J. C. et JEAN LECA, *L'Algérie politique. Institutions et régime*, Paris 1975

Kap. 3: ISRAEL – NATIONALSTAATSPROBLEM UND NAHOSTKONFLIKT

ANSPRENGER, FRANZ, *Juden und Araber in einem Land*, Mainz, München 1978
ARONSON, SHLOMO, *Conflict & bargaining in the Middle East. An Israeli persepective*, Baltimore, London 1978
BAKER, HENRY E., *The Legal System of Israel*, Jerusalem 1968
BETHELL, NICHOLAS, *Das Palästina-Dreieck. Juden und Araber im Kampf um das britische Mandat 1935–1948*, Frankfurt, Berlin, Wien 1979
BRECHER, MICHAEL, *Decisions in Israels Foreign Policy*, London 1974
JOHN BUNZL (Hrsg.), *Israel/Palästina. Klasse, Nation und Befreiung im Nahost-Konflikt*, Hamburg 1980
BURNS, E. L. M., *Between Arab and Israeli*, London 1970
DAVIS, URI, *Morton Mezvinsky, Documents from Israel 1967–1973*, London 1975
DINER, DAN, *Israel in Palästina. Über Tausch und Gewalt im Vorderen Orient*, Königstein 1980
ELON, AMOS, *Die Israelis*, Wien 1971
GERIES, SABRI, ELI LÖBEL, *Die Araber in Israel*, München 1970
GLUBB, JOHN B., *Jenseits vom Jordan*, München 1958
GRANOTT (GRANOVSKY), ABRAHAM, *The Land System in Palestine. History and Structure*, London 1952
GRANOVSKY, ABRAHAM, *Um den Boden Palästinas*, Jerusalem 1936
HANDEL, MICHAEL I., *Israels Political-Military Doctrin*, Cambridge/Mass. 1973
HOLLSTEIN, WALTER, *Kein Frieden um Israel*, Bonn 1977
HUTCHISON, E. H., *Violent Truth*, New York 1956
KANOVSKY, ELIYAHU, *The Economy of the Israeli Kibbutz*, Cambridge/Mass. 1966
LOVE, KENNETH, *Suez – the Twice Fought War*, London 1970
LUTTWAK, EDWARD, *Dan Horowitz, The Israeli Army*, London 1975
RODINSON, MAXIME, *Israel and the Arabs*, Harmondsworth 1968
SCHIFF, ZE EV, *October Earth Quake, Yom Kippur 1973*, Tel Aviv 1974
WAGNER, HEINZ, *Der arabisch-israelische Konflikt im Völkerrecht*, Berlin 1971

Kap. 4: INDOCHINA IM WANDEL DER MACHTKONSTELLATIONEN

BERVAL, RENÉ DE, *Kingdom of Laos*, Limoges 1959
BLACK, EUGENE R., *Alternative in Southeast Asia*, New York, Washington, London 1969
BROWNE, MALCOLM W., *The New Face of War*, Indianapolis 1965
FIELD, MICHAEL, *The Prevailing Wind*, London 1965
HALBERSTAM, DAVID, *The Making of a Quagmire*, New York 1965
KAHIN, GEORGE McTURNAN, *Governments and Politics of Southeast Asia*, Ithaca, New York 1959

KING, JOHN KERRY, *Southeast Asia in Perspective*, New York 1956
KISSINGER, HENRY A., *Memoiren*, Bd. 1: 1968–1973, München 1979
LAMB, ALASTAIR, *Asian Frontiers*, London 1968
LEBAR, FRANK M., ADRIENNE SUDDARD, *Laos*, New Haven 1960
MANICH, M. L., *History of Laos*, Bangkok 1967
MECKLIN, JOHN, *Mission in Torment*, Garden City, New York 1965
PIKE, DOUGLAS, *Viet Cong*, Cambridge/Mass., London 1967
REISCHAUER, EDWIN O., *Beyond Vietnam: The United States and Asia*, New York 1968
ROY, JULES, *Der Fall von Dien Bien Phu*, München, Esslingen 1964
SALISBURY, HARRISON E., *Hinter den feindlichen Linien*, Frankfurt 1967
SCHLESINGER, ARTHUR M., *Das bittere Erbe*, Bern, München 1967
SCHOLL-LATOUR, PETER, *Der Tod im Reisfeld. Dreißig Jahre Krieg in Indochina*, Stuttgart 1979
SHAPLEN, ROBERT, *The Lost Revolution*, New York 1965
SHAWCROSS, WILLIAM, *Schattenkrieg. Kissinger, Nixon und die Zerstörung Kambodschas*, Frankfurt, Berlin 1980
SIHANOUK, NORODOM, *Indochina, von Peking aus gesehen*, Stuttgart 1972
SILVERT, K. H., *Expectant Peoples – Nationalism and Development*, New York 1963
THOMPSON, ROBERT, *No Exit from Vietnam*, London 1969
WINT, GUY (Hrsg.), *Asia – A Handbook*, New York, Washington 1968

Kap. 5: DIE VOLKSREPUBLIK CHINA ALS NEUER MACHTFAKTOR IN DER WELTPOLITIK

BARNETT, A. DOAK (Hrsg.), *Chinese Communist Politics in Action*, Seattle 1969
–, *Uncertain Passage*, Washington 1974
DOMES, JÜRGEN, *China nach der Kulturrevolution*, München 1975
–, *Die Ära Mao Tse-tung*, Stuttgart, Berlin, Mainz, Köln ²1972
–, *Politische Soziologie der Volksrepublik China*, Wiesbaden 1980
ELLEGIERS, DANIEL (Hrsg.), *Twenty Years of Communist China*, Brüssel 1970
GROELING, ERIK V. und MARIE-LUISE NÄTH (Hrsg.), *Die Außenpolitik Chinas*, München, Wien 1975
GUILLERMAZ, JACQUES, *The Chinese Communist Party in Power 1949–1976*, Boulder/Col. 1976
HINTON, HAROLD C., *An Introduction to Chinese Politics*, New York, Washington 1973
JOHNSON, CHALMERS (Hrsg.), *Ideology and Politics in Contemporary China*, Seattle 1973
KISSINGER, HENRY A., *Memoiren*, Bd. 1: 1968–1973, München 1979
MACFARQUHAR, RODERICK, *The Origins of the Cultural Revolution. 1. Contradictions among the People 1956/57*, London, Kuala Lumpur 1974
NÄTH, MARIE-LUISE, *Strategie und Taktik der chinesischen Außenpolitik*, Hannover 1978
OPITZ, PETER J., *Maoismus*, Stuttgart, Berlin, Köln, Mainz 1972
–, (Hrsg.), *China – zwischen Weltrevolution und Realpolitik. Ursachen und internationale Konsequenzen der amerikanisch-chinesischen Annäherung*, München 1979
PYE, LUCIEN W., *The Spirit of Chinese Politics*, Cambridge/Mass. 1968
SCHRAM, STUART R., *Authority, Participation and Cultural Change in China*, Cambridge 1973
SCHWARTZ, BENJAMIN, *Communism and China. Ideology in Flux*, Cambridge/Mass. 1968

Solomon, Richard H., *Mao's Revolution and the Chinese Political Culture*, Berkeley 1967

Townsend, James R., *Politics in China*, Boston, Toronto ²1980

Thornton, Richard D., *China, the Struggle for Power 1917–1972*, Berkeley, Los Angeles 1967

Whitson, William W., *The Military and the Political Power in China in the 1970s*, New York 1972

Kap. 6: AFRIKA: BEFREIUNGSBEWEGUNGEN UND BEHAUPTUNGS-VERSUCHE WEISSER HERRSCHAFT

Ansprenger, Franz, *Die Befreiungspolitik der Organisation für Afrikanische Einheit (OAU) 1963 bis 1975*, München, Mainz 1975

–, *Kolonisierung und Entkolonisierung in Afrika*, Stuttgart ³1979

Azikiwe, Nnamdi, *Zik. A selection from the speeches of Nnamdi Azikiwe*, Cambridge 1961

Cabral, Amilcar, *Die Revolution der Verdammten. Der Befreiungskampf in Guinea-Bissau*, Berlin 1974

Curtin, Philip et al., *African History*, London 1978

Dunn, John (Hrsg.), *West African states. Failure and promise. A study in comparative politics*, Cambridge, London 1978

Fanon, Frantz, *Die Verdammten dieser Erde*, Reinbek 1969

Fitch, Bob, Mary Oppenheimer, *Ghana: End of an Illusion*, New York, London 1966

Gann, L. H., Peter Duignan, *Burden of Empire. An appraisal of Western Colonialism in Africa south of the Sahara*, London 1967

Gibson, Richard, *African Liberation Movements. Contemporary struggles against white minority rule*, London 1972

Hanf, Theodor, Heribert Weiland, Gerda Vierdag, *Südafrika: Friedlicher Wandel? Möglichkeiten demokratischer Konfliktregelung – Eine empirische Untersuchung*, München, Mainz 1978

Hodgkin, Thomas, *Nationalism in Colonial Africa*, London 1956

Iliffe, John, *A modern History of Tanganyika*, Cambridge 1979

Ki-Zerbo, Joseph, *Die Geschichte Schwarz-Afrikas*, Wuppertal 1979 (ab August 1981 als Fischer Taschenbuch)

Loth, Heinrich, *Afrika unter imperialistischer Kolonialherrschaft und die Formierung der antikolonialen Kräfte 1884–1945*, Köln 1979

Nkrumah, Kwame, *Revolutionary Path*, London 1973

Nyerere, Julius K., *Afrikanischer Sozialismus. Aus den Reden und Schriften von Julius K. Nyerere*. Stuttgart ²1974

Rodney, Walter, *Afrika. Die Geschichte einer Unterentwicklung*, Berlin 1975

Senghaas, Dieter, *Weltwirtschaftsordnung und Entwicklungspolitik. Plädoyer für Dissoziation*, Frankfurt 1977

Survey of Race Relations in South Africa. Jahrbücher des South African Institute of Race Relations, Johannesburg; zuletzt erschienen: 1978, Johannesburg 1979

Wilson, Monica, Leonard Thompson, *The Oxford history of South Afrika*, 2 Bde., London 1975 und 1978 (Reprint)

Kap. 7: PROBLEME DER ENTWICKLUNGSLÄNDER, ENTWICKLUNGSHILFE UND NORD-SÜD-KONFLIKT

BAIROCH, PAUL, *Die Dritte Welt in der Sackgasse. Die Entwicklung vom 18. bis zum 20. Jahrhundert*, Wien 1973

BOHNET, MICHAEL (Hrsg.), *Nord-Süd-Problem. Konflikte zwischen Industrie- und Entwicklungsländern*, München ³1974

DAMS, THEODOR, *Weltwirtschaft im Umbruch. Konfrontation oder Kooperation mit der Dritten Welt?*, Freiburg, Würzburg 1978

ELSENHANS, HARTMUT (Hrsg.), *Agrarreform in der Dritten Welt*, Frankfurt, New York 1979

Entwicklungspolitik im Umbruch, Hrsg. von der Wirtschaftsredaktion der *Neuen Zürcher Zeitung*, Zürich 1979

FRÖBEL, VOLKER, JÜRGEN HEINRICHS, OTTO KREYE, *Die Armut des Volkes. Verelendung in den unterentwickelten Ländern. Auszüge aus Dokumenten der Vereinten Nationen*, Reinbek 1974

Handbuch für Internationale Zusammenarbeit, Baden-Baden 1976ff. (Fortsetzungswerk in Loseblattform, früher u. d. T.: Handbuch der Entwicklungshilfe)

HANISCH, ROLF, RAINER TETZLAFF (Hrsg.) *Die Überwindung der ländlichen Armut in der Dritten Welt*, Frankfurt 1979

HAUSER, JÜRG A., HANS-BALZ PETER (Hrsg.), *Entwicklungsprobleme interdisziplinär*, Bern, Stuttgart 1976

HEMMER, HANS-RIBERT, *Wirtschaftsprobleme der Entwicklungsländer. Eine Einführung*, München 1978

KEBSCHULL, DIETRICH, KARL FASBENDER, AHMAD NAINI, *Entwicklungspolitik. Eine Einführung*, Düsseldorf ³1976

MATZKE, OTTO, *Entwicklungspolitik ohne Illusionen*, in: HERMANN PRIEBE (Hrsg.), *Beiträge zur Beurteilung von Entwicklungsstrategien*, Berlin 1974

NOHLEN, DIETER, FRANZ NUSCHELER (Hrsg.), *Handbuch der Dritten Welt*, 4 Bde., Hamburg 1974–1978

PETER, HANS-BALZ, *Sozialökonomische Grundprobleme der Entwicklungsländer*, (Diss.) Zürich 1972

SCHMIDT, ALFRED (Hrsg.), *Strategien gegen Unterentwicklung. Zwischen Weltmarkt und Eigenständigkeit*, Frankfurt, New York 1976

SIEBERG, HERWARD, *Dritte Welt – Vierte Welt. Grundprobleme der Entwicklungsländer*, Hildesheim, New York 1977

STRAHM, RUDOLF H., *Überentwicklung, Unterentwicklung*, Stein b. Nürnberg ³1978

Das Überleben sichern. Gemeinsame Interessen der Industrie- und Entwicklungsländer. Bericht der Nord-Süd-Kommission, Köln 1980

Weltentwicklungsberichte der Weltbank 1978 und 1979

Abbildungsnachweis

1 *Krisengebiet Äthiopien-Eritrea-Ogaden* aus: Fischer Welt-almanach (hg. v. Gustav Fochler-Hauke) (i. Folg. abgek. WA) 1978, Sp. 697/8
2 *Die sowjetische Intervention in Afghanistan* aus: WA 1981, Sp. 115/6
3 *Krisenherde in Afrika* aus: WA 1980, Sp. 753/4
4 *Die Verbreitung des Islam* aus: Ebda., Sp. 735/6
5 *Arabische Liga und Vereinigungsprojekte arabischer Staaten* aus: Ebda., Sp. 719/20
6 *Die Situation zwischen Suez-Kanal und Jordan* aus: Ebda., Sp. 715/6
7 *Vietnam und seine Nachbargebiete* aus: WA 1968, Sp. 378
8 *Vietnam nach dem Abzug der US-Streitkräfte* aus: WA 1974, Sp. 408
9 *Kambodscha und Vietnam* aus: WA 1979, Sp. 773/4
10 *Indochina nach dem chinesisch-vietnamesischen Grenzkrieg 1979* aus: WA 1980, Sp. 745/6
11 *China wird eine asiatische Macht* gezeichnet nach Angaben aus: Informationen zur politischen Bildung (hg. v. Bundeszentrale für politische Bildung), Nr. 166/1976
12 *Afrika zu Beginn des Ersten Weltkrieges* gezeichnet nach Angaben aus: Informationen zur politischen Bildung, a.a.O., Nr. 100/1962
13 *Die Republik Südafrika und ihre Nachbarn* aus: WA 1981, Sp 131/2

Register

494

497

505

506

Henri Pirenne
Geschichte Europas
Von der Völkerwanderung
bis zur Reformation
Band 7321

Henri Pirenne

Geschichte Europas

Von der
Völkerwanderung bis
zur Reformation

Fischer
Wissenschaft

Henri Pirenne hat mit diesem
Werk seine Sicht der wesentlichen Entwicklungslinien
und Ereignisse in Europa
vom Zerfall des römischen
Reiches und dem Ansturm
des Islam bis zur Renaissance
und Reformation gegeben.
Die Kontinuitäten und
Brüche dieser rund tausend
Jahre europäischer
Geschichte finden eine prä-
gnante Darstellung. Einen
breiten Raum nehmen dabei
die wirtschaftlichen und
sozialen Aspekte ein.
Das Buch ist erst 1936
posthum veröffentlicht worden. Geschrieben hat es
Pirenne in deutscher Int-
ernierung während des
Ersten Weltkrieges, ohne
eine Bibliothek zur Ver-
fügung zu haben. Und diesen
außergewöhnlichen Entste-
hungsbedingungen verdankt
das Buch seinen Charakter:
nämlich aus einem Guß zu
sein, anschaulich zu erzählen.
Golo Mann hat es als eine
»sehr schön zu lesende, tiefe,
breit und stetig fließende
Geschichte Europas«
bezeichnet und Pirenne, weil
»er wunderbar zu ver-
anschaulichen weiß«, in die
Reihe »der großen Erzähler,
der Schiller, Macaulay,
Ranke« gestellt.

Fischer Taschenbuch Verlag

Joseph Ki-Zerbo
**Die Geschichte
Schwarz-Afrikas**
Band 6417

Als dieses Buch erstmals 1979
in der Bundesrepublik
erschien, schrieb G. Péus in
der ZEIT: »Da ist sie nun
endlich, … die große populär-
wissenschaftliche Gesamtge-
schichte Afrikas in deutscher
Sprache, zum erstenmal und
auf nahezu 800 Seiten von
einem Afrikaner niederge-
schrieben …«
Das besondere an diesem
Buch ist der Glücksfall, daß
hier ein afrikanischer Gelehr-
ter, mit den wissenschaftlichen Methoden europäischer
Forschung vertraut, aus der
Perspektive seines Kontinents
die Geschichte des Schwarzen
Erdteils erforscht und in einer
großen Darstellung vorgelegt
hat.
Joseph Ki-Zerbos großes Verdienst besteht darin, daß er
mit seinem Werk die Mauer
der Mythen über Afrika
durchbrochen hat: Er zeigt,
daß sein Kontinent – im
Gegensatz zu einem beliebten
Vorurteil – durchaus schon
lange vor David Livingstone
eine eigene Geschichte und
richtungweisende Kultur
gehabt hat: Nach den
sensationellen Knochenfun-
den in Ostafrika liegt der
Schluß sogar nahe, Afrika als
Wiege der Menschheit sehen
zu müssen.

Fischer Taschenbuch Verlag

fi 561 / 1

**Wendepunkte deutscher
Geschichte 1848-1945**

Herausgegeben
von Carola Stern
und Heinrich A. Winkler

Mit Beiträgen von
Jürgen Kocka, Eberhard Kolb,
Wolfgang J. Mommsen,
Wolfgang Schieder,
Gottfried Schramm und
Heinrich A. Winkler

Band 3421

In jüngster Zeit wird aus unterschiedlichen Gründen – seien
es Aktionen von Terroristen
oder die Bekämpfung ihrer
Gewalttaten, die Handhabung

des sogenannten Radikalener-
lasses oder der Streit um die
Verjährung von Mord – immer
wieder die Frage gestellt, wie
demokratisch die Bundesrepublik Deutschland eigentlich ist.
Diese Frage wird regelmäßig
verknüpft mit dem Hinweis auf
die »deutsche Vergangenheit«,
womit in erster Linie die Zeit
des Nationalsozialismus
gemeint ist.
Das »Dritte Reich« war kein
Betriebsunfall der deutschen
Geschichte. Darin sind sich die
meisten Historiker einig. Aber
ist deshalb der Umkehrschluß
erlaubt, Hitlers Machtübernahme sei ein notwendiges
Ergebnis der politischen Entwicklung Deutschlands gewesen? Gab es nicht doch Wendepunkte, an denen Geschichte
auch anders hätte verlaufen
können? Und: Sind jene Traditionen, die den 30. Januar 1933
möglich machten, heute noch
wirksam oder gehören sie
inzwischen der Vergangenheit
an?
Das vorliegende Buch ist ein
Versuch, diese Fragen zu
beantworten. Im Mittelpunkt
steht das Problem, warum
Deutschland einen anderen
Weg gegangen ist als die großen westeuropäischen Demokratien.

Fischer Taschenbuch Verlag

Die Geschichte der
Bundesrepublik Deutschland

Herausgegeben von Wolfgang Benz

Aus Anlaß der 40. Wiederkehr
der Gründung der Bundesrepublik Deutschland wird dieses
vierbändige Werk der Öffentlichkeit vorgelegt. Es handelt sich um
die aktualisierte Neuausgabe des
erstmals 1983 erschienenen Werkes »Die Bundesrepublik
Deutschland. Geschichte in drei
Bänden«. Die Gesamtdarstellung
der Geschichte der Bundesrepublik Deutschland in Form historischer Längsschnitte bot gegenüber anderen Darstellungsformen
Vorteile. Zum einen konnten
kompetente und spezialisierte
Autoren für das Projekt gewonnen, zum anderen die Themen-
stellungen an den Problemen der
Gegenwart orientiert werden.
Das Ergebnis ist daher nicht nur
der Blick zurück, sondern eine
Geschichtsschreibung, die zum
Verständnis unserer Zeit beiträgt.
Die Verbindung von politischer
Geschichte und Sozialgeschichte
ist Leitmotiv des Werkes. Die
Auswahl der Themen spiegelt
diese Absicht wider. Hier wird
erstmals der Versuch unternommen, Aspekte wie Freizeit, Sport
und Wohnen oder Bereiche wie
Jugend und Frauen mit der gleichen Intensität (und Kompetenz)
in den Rahmen einer Gesamtdarstellung einzubringen wie die

Vier Bände in Kassette
Band 1/4420: Politik
Band 2/4421: Wirtschaft
Band 3/4422: Gesellschaft
Band 4/4423: Kultur

klassischen Themen Recht und
Justiz, Außenpolitik oder Literatur,
Bildende Kunst und Theater oder
Wirtschaftsordnung, Gewerkschaften und Sozialpolitik.
Die Beiträge der mehr als 40 Fachleute fügen sich mit ihren Beiga-
ben (Literaturverzeichnissen,
Anmerkungen, Chroniken, Tabellen, Grafiken und Abbildungen) zu
einem Nachschlagewerk von höchstem Gebrauchswert zusammen.

Fischer Taschenbuch Verlag

...ismus
in Deutschland

Dokumente zur
Friedensbewegung 1890-1939
Herausgegeben von Wolfgang Benz

Geschichte
Fischer

Band 4362

Die heutige Friedensbewegung begreift sich als Protest gegen akute Bedrohungen – die Verbindungslinien zur historischen Friedensbewegung werden nicht genügend mitbedacht. Der vorliegende Band will den inneren Zusammenhang deutlich machen.

Die hier abgedruckten vierzig ausgewählten Dokumente geben Einblick in die historische Friedensbewegung, die im Kaiserreich entstand, den Ersten Weltkrieg überdauerte, in der Weimarer Republik kurzzeitig sogar zu mächtigen Kundgebungen fähig war, die 1933 mit der Machtübernahme durch die Nazis geächtet und anschließend ins Exil gezwungen wurde. Das Jahr 1939 bezeichnet ihr dramatisches Scheitern; die historische Friedensbewegung war tot.

In den Dokumenten, die jeweils mit einem knappen Kommentar des Herausgebers versehen sind, kommen die verschiedenen politischen Strömungen und Organisationen zu Wort, werden die wichtigsten publizistischen Unternehmungen – Flugblätter, Bücher, Zeitschriften – zitiert und die herausragenden, die heute noch immer bekannten ebenso wie die inzwischen vergessenen Persönlichkeiten der historischen Friedensbewegungen vorgestellt.

Fischer Taschenbuch Verlag